Willy Meyer

Fremdwort gesucht?

Wörterbuch Deutsch-Fremd

Eichborn Verlag

Dem Rüdiger Koch

All jenen sei an dieser Stelle tiefe Anerkennung bezeigt, die durch Geduld, Mitarbeit, propagative Bemühung oder sonstigen Sukkurs hilfreich waren. Besonders erwähnen möchte ich Fina Larrain und Dagi Lüdke (Ultima-ratio-Engel, als gar nichts mehr ging), Karin Garbers und Mike Kuss (Positionslichter im kartothekischen Meer), Ellikon Amend, Rainer Banse, AKS Schmidt sowie C-Stoff Zahneissen (Rückhalt und Kritik aus dem Background), Hanna und Walter Meyer (Sustentation), Günther Scheib (Hardware-Lötung), die Lüneburger Scene (Persönlichkeitsprägung im Sub-Basement) sowie schließlich die Freiburger Gottliebsupermarktbelegschaften in der Eisenbahnstraße und äußeren Kajo (Nutrition). Ohne sie alle gäb's dieses Lexikon nicht. Danke.

Der Autor

Willy Meyer, 1958 in Lüneburg geboren, studierte in Göttingen und Freiburg Germanistik, Urgeschichte, Neuere Geschichte, Volkskunde, Ethnologie, Soziologie und Anthropologie, trug in jahrelangen Bemühungen den für die allgemeine Verbreitung geeigneten Fremdwortbestand zusammen und bereitete ihn zur vorliegenden Wörterbuchfassung auf, lebt z. Zt. als Freischaffender in Freiburg.

Januar 1988. Umschlaggestaltung: Uwe Gruhle. Gesamtherstellung: Fuldaer Verlagsanstalt GmbH. ISBN 3-8218-1091-2. Verlagsverzeichnis schickt gern: Eichborn Verlag, D-6000 Frankfurt 70.

CIP-Kurztitelaufnahme der Deutschen Bibliothek

Meyer, Willy:
Fremdwort gesucht? : Wörterbuch dt.-fremd —
Willy Meyer. — Frankfurt/Main :
Eichborn, 1988.
ISBN 3-8218-1091-2

NE: HST

Vorbemerkung

Das Wörterbuch »Deutsch-Fremd« liefert dem Benutzer die einsetzbaren Fremdwörter zu den Stichwörtern, unter denen er nachschlägt. Die Stichwörter können fast allen Wortarten angehören — man schlage einfach nach, wie man denkt, also bei »**die** Würfel sind gefallen ...« und nicht bei »**Würfel**, gefallene ...« oder bei »**unter** dem Nagel ...« statt unter »**Fingernagel** ...«. Stichwortfähig sind übrigens auch Fremdwörter, deren bezeichnete Gegenstände ziemlich bekannt, deren deutsche Bezeichnungen aber weithin ungeläufig sind und für die es andere, tatsächlich fremd wirkende Fremdausdrücke gibt. Es lohnt sich also, auch bei Stichwörtern wie etwa »**dogmatisch** ...«, »**Pedant** ...« oder »**radioaktiv** ...« nachzuschlagen. Im übrigen gilt grundsätzlich der Vorrang des (vermutlich) gebräuchlichsten Wortes, demnach heißt es »**Anhänger** ...« und nicht »**Hänger** ...« oder »**Kraftfahrzeuganhänger** ...« Es folgen nun einige Ausführungen zu Idee und Hintergrund dieses Wörterbuchs.

Einen Schatz galt es zu heben: den in herkömmlichen Fremdwortlexika schlummernden Fundus deutschen Fremdwortgutes. Gab er bisher Einblicke in seine reichhaltige Wunderwelt dem deutschen Normalsprecher nur schlaglichtartig (man schlägt unter dem Fremdwort nach, auf das man zufällig stieß, um seine Bedeutung zu erfahren), soll es nun angängig werden, ihn systematisch als Sprachinstrumentarium für jederman nutzbar zu machen (eben durch Nachschlagen deutscher Stichworte und Einsetzen der so gewonnenen Fremdworte in den eigenen Text oder in die eigene Rede!). Konnte sich jemand bislang durch einen mit einem für andere schwerlich einholbaren Bildungsvorsprung erworbenen Fremdwortschatz hervortun, verlassen die Fremdworte nun ihren Gebrauchselfenbeinturm und können mit Hilfe dieses in seiner Art einzigartigen Wörterbuchs[1] Gemeineigentum werden: auch und gerade denjenigen, die Fremdwörtern bislang ablehnend gegenüberstanden oder wenig Erfahrung mit ihnen hatten, ist nun die Gelegenheit geboten, sich von sprachlicher Unterlegenheit zu emanzipieren. Auf der anderen Seite leistet das Lexikon bei der Stilgebung von Texten, sei es nun der Brief ans Amt oder ein Artikel, als Synonymwörterbuch wertvolle Dienste.

Es soll nun keineswegs jenem gräßlichen Akademikerslang Vorschub geleistet werden, der, allenfalls deutsche Partikel noch als Fremdwortkitt duldend, mit meist häßlichen wie leeren Worthülsen

1 Dieses Lexikon ist grundsätzlich ohne weitere Fremdwörterbücher benutzbar, insbesondere kann man sich voll darauf verlassen, daß das angegebene Fremdwort in dem vom Stichpunktartikel spezifizierten Sinne voll anwendbar ist. Bei dem (zu Unrecht) ziemlich unbekannt gebliebenen Wörterbuch von Wilhelm Dultz, »Das Fremdwörterlexikon. Gebrauch und Bedeutung von Fremdwörtern«, 2. Aufl. 1968 (1965), war der deutsch-fremde Teil nur durch korrespondierende Zuhilfenahme des fremd-deutschen Teils nutzbar.

den Kreis selbstgefälliger Denk- und Bildungsolympier gegen den gemeinen Kommunikationsplebs abgrenzt[2]. Vielmehr ist es dem Autor darum zu tun, einen Beitrag zur Entwicklung einer neuen ästhetischen Anschauung der Fremdwörter in breiten Volksschichten zu leisten. Wem etwa ist es beim Nachschlagen eines Fremdwortes nicht auch schon so ergangen, daß der neugierige Blick abschweift zu anderen, optisch bestrickenderen Fremdwörtern und man so nebenbei erstaunt gewahr wird, daß »Salazität« mitnichten die Mischung aus Kalamität und dem Salat, den wir jetzt haben, meint, sondern den übermäßig gesteigerten Geschlechtstrieb, und »ultramontan« nicht das hoher Berge treffendste Attribut darstellt, sondern nur streng päpstliche Gesinnung bezeichnet? Ob nun mittels solcher zunächst wegführende Vorstellungen auslösenden Euphonien Texte eine gezielte Verfremdung erfahren oder ob durch die Verwendung veralteter Ausdrücke[3] ein Text mit einer feinen Staubschicht überzogen wird — immer lassen sich mit der Dezenz maßvollen Einsatzes nicht nur rar-fremder, sondern auch klanglich und anklanglich harmonisch in den Satz sich fügender Worte vielfältige stilistische Wirkungen erzielen[4].

Geeignet dafür sind auch die eine erstaunliche Nuancierung des Ausdrucks- und Seelenlebens widerspiegelnden Vortragsanweisungen (italienischer Herkunft), welche durchaus über die Grenzen der Musik hinaus Anwendung verdienen, oder jene Austriazismen mit der besonderen konnotativen Mischung aus Wiener Gemütlichkeit und sprachlicher Weltoffenheit[5].

Weniger Gewicht legt dieses Diktionär auf allzu bekannt-abgedroschene Fremdwörter wie »total« oder »extrem« oder besonders von den Fachdisziplinen geschundenen Bedeutungsmülleimern wie »Struk-

2 Unfreiwillige Komik kann die Folge von Fremdwortübertreibung in Tateinheit mit völliger Satzbauverschwurbelung sein, hier ein herbes Beispiel von Hans-Jürgen Krahl, »Konstitution und Klassenkampf«, 1971: »Die theoretisch nicht auflösbaren Aporien der kontemplativen Vernunft, wie sie die Kantische Erkenntnistheorie aufrichtig präzisiert, ohne den Versuch, den ontischen hiatus irrationalis spekulativ zu überbrücken, der als ein transzendentaler chorismus den metaphysischen Anspruch zurückweist, die Dinge zu erkennen, wie sie bezugslos in ihrem absoluten Ansichsein sind, begreifen im Medium der basisenthobenen Abstraktion des philosophischen Denkens die widersprüchliche Aseität im Verwertungs- und Akkumulationsprozeß der kapitalproduzierten gegenständlichen Realität.«

3 »Ein Wort, das irgendein Lexikograph als veraltet bezeichnet hat, ist von da an für den dümmlichen Schriftsteller ein Gegenstand des Abscheus und Entsetzens, doch wenn es ein gutes Wort ist, das kein gleich gutes modernes Gegenstück hat, bleibt es gut genug für den guten Schriftsteller ... Ein Wörterbuch veralteter und veraltender Ausdrücke wäre nicht nur einzigartig reich an kräftigen und sanften Redewendungen ...« (Ambrose Bierce, »Aus dem Wörterbuch des Teufels«, 1966 (1911)).

4 Vielleicht die einzige bisweilige Gemeinsamkeit von SPIEGEL und FJS!

5 Wien bildet eine Insel der Unbefangenheit im sonst Fremdwörter so zwiespältig behandelnden Deutschen: dort »sekkiert« und »menagiert« ein jeder.

tur«, »Komplex« oder »permanent«[6]; wenn sie aufgeführt werden, dann meist in ihrem spezielleren und damit fremderen Sinn.

Grundsätzlich ist am intensionalen Ausfransen nichts auszusetzen: Da das Sprechen von Sprache ebenso wie das Aufnehmen fremdsprachiger Ausdrücke ins heimische Wortrepertoire ein lebendiger Vorgang ist, wünscht sich der Autor, dieses Lexikon möge den Benutzer anregen zu einem freien Umgang mit Sprache und besonders mit Fremdwörtern, auch mittels (von vielen Fremdausdrücken geradezu herausgeforderter) Sinnübertragung.

Nicht immer genoß das fremde Wort beim breiten Publikum wie bei reellen oder virtuellen Größen der deutschen Kultur- und Geistesgeschichte solche Duldung wie heute. Statements wie »Deutschland soll rein sich isolieren, einen Pestkordon um die Grenze führen, daß nicht einschleiche fort und fort Kopf, Körper und Schwanz vom fremden Wort« (Goethe) oder knapp »Wer mich verbrittet, ich haß' ihn! mich gallicismet, ich haß' ihn!« (Klopstock) begünstigten eine wahre Hexenjagd auf die Fremdlinge — sogar »Pistole« und »Nonnenkloster« sollten den teutschen Kunstbildungen »Meuchelpuffer« und »Jungfernzwinger« weichen. Erst viel später konnte Tucholsky eine Lanze für den Fremdwortgebrauch brechen mit »Es gibt zum Beispiel gewisse französische Satzwendungen, Wörter... die sind so durchtränkt von Französisch, daß sie auf dem Wege der Übersetzung grade das verlieren, worauf es ankommt: Klang, Melodie, Geist.«[7] Walter Benjamin sah in den Fremdworten das »silberne Gerüst« eines Textes, und Theodor Wiesengrund Adorno gar gelangte zu der Einsicht, in der deutschen Sprache, deren Zivilisation als Latinisierung nur halb gelungen sei, tauge die Härte und Konturiertheit des Fremdworts dazu, das Vorschwebende genau hervorzutreiben, konformistische Momente der Sprache zu unterbrechen und in seiner Diskrepanz zum Sprachkontinuum in den Dienst des Ausdrucks der Wahrheit zu treten[8]. Genau.

6 Überhaupt sind derartige Begriffe am besten wieder deutsch auszudrücken; so setzt sich etwa »Schrifttumsverzeichnis« allmählich gegen »Bibliographie« durch.

7 Siehe Schrifttumsliste hinten.

8 Siehe Schrifttumsliste hinten (bei P. Braun).

Im Anfang war das
FREMDWORT...
P. GAY

Zeichenerklärungen

Dieser Teil kann eigentlich getrost überlesen werden — zur Benutzung des Lexikons reichen Alphabetkenntnis und ganz durchschnittlicher Wörterbuchverstand völlig aus. Nach dem Doppelpunkt (:) steht der gesuchte Fremdausdruck, der Pfeil (– – >) bedeutet »siehe auch unter« und in den geschweiften Klammern {( )} befinden sich Unterstichpunkte. So einfach ist das. Im einzelnen:

: — Der Doppelpunkt teilt den mit dem fetten Stichwort beginnenden Stichpunktartikel in **Stichwortteil** und **Fremdwortteil** und bedeutet soviel wie »für das ab dem Stichpunktartikelanfang bzw., falls vorhanden, ab dem Abtrennungszeichen (◇) Geschriebene sind die ab diesem Doppelpunkt bis zur nächsten Klammer ((,[, {) oder zum nächsten Verweispfeil (– – >) oder Stichwortartikel angegebenen Fremdausdrücke einsetzbar«. Das hat zur Folge, daß im Stichwortteil nicht unbedingt alle Bedeutungen der Fremdausdrücke ausgedrückt sind (was auch meist nicht der Fall ist). Die Schreibung der Fremdwörter folgt dem Duden mit seiner gemäßigt modernisierenden Manier (also meist ein K statt einem C, oder ein F statt einem Ph). Mußte ein Fremdwort getrennt werden, ist sichergestellt, daß der Trennungsstrich nie zugleich ein Bindestrich ist.

– – > — Der Verweispfeil bedeutet »siehe in diesem Lexikon auch unter«. Es lohnt die Mühe!

◇ — Vor dem Abtrennungszeichen steht das lediglich hinführende Stichwort (ggf. mit weiteren spezifizierenden Wörtern), welches inhaltlich nicht zum bedeutungsgebenden Teil des Stichwortteils nach diesem Zeichen gehört.

( ) — Im Stichwortteil spezifiziert der Inhalt der runden Klammer die Bedeutungsangabe (Sonderfall: »(Musik)« weist auf eine musikalische Vortragsanweisung hin), im Fremdwortteil beinhalten die Klammern Abkürzungen oder wichtige Fremdwortableitungen oder -stammformen.

[ ] — In Stichwortteil und Fremdwortteil ist das in eckigen Klammern Stehende wahlweise hinzuzunehmen oder wegzulassen. Es dient dabei zur Angabe nicht mehr allzu bindender näherer Bestimmungen (z. B. **fein**; [etwas zu] dünn oder zart: hypoleptisch), der Vereinfachung der Stichpunktartikel (z. B. **Ziehen**; Zug[kraft]: Traktion) oder der Angabe alternativer Schreibweisen, z. T. mit leichter Bedeutungsnuancierung (z. B. **Zweideutigkeit**; Doppelsinn; Mehrsinn: Amphibolie (amphibol[isch])). Sichergestellt ist, daß ein Fremdwort bei der Erweiterung um den Eckklammerinhalt nie sein Geschlecht ändert. Im Fremdwortteil stehen in Eckklammern auch wichtige Hinweise allgemeiner Art (z. B. **Depression** ◇ Schwermut; Trübsinn; Traurigkeit: Blues m [oh. Mz] / Elegie / Melancholie / Tristesse) oder Aussprachehinweise in einer Art Lautschrift (z. B. **Helfer** in der Not, unerwarteter; überraschende Lösung einer Schwierigkeit: Deus ex machina m [de-us - -]).

{ } — Die Schweifklammern umfassen einen Unterstichpunktartikel (wieder mit Stichwortteil — natürlich ohne eigenes Stichwort — und Fremdwortteil), der in inhaltlicher Beziehung zum Hauptstichpunktartikel steht. Besonders eng ist die Beziehung, wenn der Stichwortteil nur aus einer in runde Klammern gefaßten Spezifizierung des Hauptartikel-Stichwortteils besteht, welche die dortige, falls vorhanden, ersetzt (z. B. **Willkommener**; gern Gesehener: Persona grata w {(Steigerung): Persona gratissima w}).

, — Eine besondere Bedeutung kann das Komma im Stichwortteil haben: falls es das erste Satzzeichen ist, ist der bis zum nächsten andersartigen Satzzeichen (auch [, wenn mit den Eckklammern vollständige Wörter eingefaßt werden, oder auch ◇) folgende Text dem Stichwort gedanklich voranzustellen (z. B. **Literatur**, schöngeistige, erzählende; Unterhaltungsliteratur: Belletristik).

; — (Außerhalb der runden Klammern) ist aus den mit Semikolon verbundenen Wörtern oder Satzteilen zur Bedeutungsgebung der gemeinsame Sinn auszufällen.

/ — Die mit Schrägstrich verbundenen Teile sind alternativ verwendbar.

† — Die ab diesem Zeichen bis zum nächsten Unterstichpunkt ({(), Verweispfeil (– – >) oder bis zum Stichpunktende aufgeführten Ausdrücke sind in der angegebenen Bedeutung veraltet oder veraltend.

– — Bei unvollständigen Worten oder Wortfolgen dient der Mittelstrich als Wiederholungszeichen.

w,m,s — Vielen Fremdwörtern ist nicht unmittelbar anzusehen, ob sie weiblichen, männlichen oder sächlichen Geschlechts sind; sie sind daher mit solchen Genusangaben versehen, die bisweilen miteinander konkurrieren (z. B. **Pornofilm**; erotischer Film: Blue Movie m,s). Kann das Geschlecht beim vom Fremdwort benannten Gegenstand unterschiedlich sein, also etwa bei den Lebewesen, verbindet ein Schrägstrich die konkurrierenden Genera (z. B. **hager** ◇ schmalwüchsig; schlankwüchsig: leptosom/leptomorph (Leptosome w/m)).

Mz, Ez — Mehrzahl, Einzahl

engl, it, frz, lat, span, dt, niederl — Englisch, italienisch, französisch, lateinisch, spanisch, deutsch oder niederländisch auszusprechen. Diese bei Zweifelsfällen gegebenen Hinweise zur Aussprachemanier (nicht zur Wortherkunft!) werden, wenn sie konkurrieren, durch Schrägstrich verbunden (z. B. **Reisehandbuch**; Reiseführer: Guide frz/engl), oder es wird, wenn Fremdwortteile in unterschiedlicher Manier ausgesprochen werden, ein Bindestrich verwendet (z. B. **Zahnkrone** aus Porzellan oder Kunstharz: Jacketkrone engl-dt).

Kursiv — Noch nicht lexikalisierte Fremdwörter, Fremdwortwendungen oder Fremdwortbedeutungen (darunter Eigenbaubildungen) sind kursiv gedruckt (z. B. **Zahnstocher:** *[Inter]dentalrhabdoid s).*

Cartoon – Fremdwortglossar

Seite 161

Triskaidekaphobie: Angst vor der Zahl 12

Seite 106

Leukoderme: »Weißhäutige«; Albinos
obsolet: veraltet
armiert: mit Waffen ausgerüstet
Offensive: Angriff
in spe: zukünftig; baldig

Seite 90

insolent: anmaßend; unverschämt
Insimulation: Verdächtigung; Anschuldigung (veraltet)
moros: mürrisch; verdrießlich (veraltet)

Seite 108

Loquazität: Geschwätzigkeit (Med.)

Seite 174

cash and carry: bar bezahlen und mitnehmen
Vegetabilien: pflanzliche Nahrungsmittel
Agro-Set: »Landwirts-Satz« (Kunstwort)
semi-gratis: »halb geschenkt« (Kunstfügung)

Seite 50

restriktiv: einschränkend; einengend
Enkulturation: das Hineinwachsen des einzelnen in die Kultur der ihn umgebenden Gesellschaft
affektlabil: impulsiv im Verhalten; jähzornig (Kunstwort)
latent ixo-zyklothym: verkappt von zähbeharrlich-schwerfälligem Temperament sowie zugleich von gesellig-stimmungsschwankender Wesensart (Scherzkunstfügung)
temporäre Vaginaphobie: zeitweise Scheidenangst
permanent kommunikative Insuffizienz: dauernde Verständigungsunzulänglichkeit

Seite 123

Elysium: Land der Seligen für gestorbene Götterlieblinge und Gerechte (griech. Mythol.)
Orkus: Unterwelt; Totenreich (röm. Antike)
Erotema: Frage; Fragesatz

Seite 131

Medikaster: Kurpfuscher; Quacksalber
versiert: erfahren; bewandert
Önomanie: Säuferwahnsinn; Delirium tremens
Reanimation: Wiederbelebung durch künstliche Maßnahmen
ennuyieren: langweilen; ärgern; belästigen

Seite 97

Komestibilien: Eßwaren; Lebensmittel

Seite 137

Tantalusqualen: Qualen durch etwas nahes Ersehntes, doch nicht zu Erreichendes
unreflektiert: nicht widergespiegelt, hier: unerwidert
Tendresse: zärtliche Liebe; Zärtlichkeit (veraltet)
sans phrase: ohne Umschweife (veraltet)
Sozia: Beifahrerin auf motorisiertem Zweirad
driven: ugs. eingedeutschte engl. Bez. für »fahren«

Seite 53

Moria: leichte geistige Störung mit krankhafter Geschwätzigkeit und Albernheit (Med.)
Epanalepsis: Wort- oder Wortgruppenwiederholung im Satz
Echophrasie: sinnlos-mechanisches Nachsprechen von vorgesprochenen Wörtern oder Sätzen (Med.)
Radotage: leeres Geschwätz

A

ab und zu --> verstreut
Abänderungen --> mit den nötigen
abbaubar --> zerlegbar
abbekommen; teilhaben: partizipieren
Abberufung; Schreiben zum Rückruf eines Gesandten: † Rappel m
Abbild; Kopie; Nachbildung: Ektypus
Abbild; Porträt; Bildnis; Bild: † Konterfei s {stilisierte Abbildung (vom Gegenstand): Ikon s}
abbrechbar --> zerlegbar
Abbruch der Rede oder Gedankenausbreitung vor der entscheidenden Aussage (bewußt): Aposiopese
Abdankung; Verzicht: † Abdiktion {(Monarch): Renunziation/Renuntiation} {A. oder Verzicht bewirkend: abdikativ}
Abdeckerei: Kafillerei
Abdeckung ◇ abnehmbares Verdeck ([Sport]wagen): Hardtop s,m
abdichten (Schiffsholzfugen mit Teer, Werg etc.): kalfatern
Abdrängung ◇ das Zurseitedrücken der gegnerischen Klinge (Fechten): Ligade
Abdruck; Abguß (insb. farbiges Wachsmodell [von Organen]): Moulage m,w
Abdrücken --> Blutgefäß
Abendempfang oder Abendgesellschaft: † Rout m engl
Abendland; Europa: Okzident m
Abendmahlzeit (Hauptmahlzeit in England): Dinner s {kalte A.: Ambigu s frz}
Abendstern, Venus als: Hesperos/-rus m
Abenteuer, eigenwilliges; mutwilliger Streich; Seitensprung: Eskapade --> Affären
Abenteuer; seltsam Vorfall: Aventüre {A.bericht; erdichtete Erzählung: † Historie}
Abenteurer; Glücksritter: Aventurier
aber nicht so sehr (Musik): [ma] non tanto
aber nicht zu sehr (Musik): [ma] non troppo
Aberglaube: † Superstition (superstitiös)
aberkennen; absprechen (gerichtlich): abjudizieren (Abjudikation)
Abfall [vom Glauben]: Renegation (Renegat m) {A. vom christlichen Glauben : Apostasie (Apostat m)}
abfallend; absteigend (insb. Wind): katabatisch
abfallend; sich vermindernd (insb.Schulden): degressiv
Abfallhaufen (Steinzeit): Kökkenmöddinger/Kjökkenmöddinger Mz
abfällig; geringschätzig; abschätzig: despektierlich {sich a. äußern; sich lustig machen oder spöttisch äußern: sich mokieren} {Spottlust: † Mokerie}
Abfangjäger (Jagdflugzeug): Interzeptor
abfertigen; absenden; befördern (Personen,Güter): expedieren
Abfindungssumme; Ablösung: † Aversum s / Aversionalsumme (aversionieren)
Abflugzeit: Departure w
Abflußgeruchsverschluß, S-förmiger: Siphon m
Abführmittel: Aperiens/Depurans s / † Abluentia w {mildes A.: Aperitivum/Laxans/Laxativ[um]/Lenitivum} {starkes A.: Drastikum/Purgativ[um]} {abführen: laxieren} --> entwässerndes Mittel
Abgabe; Pachtzins: Zensus m {A.; pflichtmäßige Leistung: † Prästandum s/ Prästation} {A.nfreiheit; Zollfreiheit: Franchise w frz}
abgegrenzt, scharf (Hautkrankheiten): zirkumskript --> klar
abgehoben; vergeistigt; erdentrückt; überaus zart: ätherisch
Abgeleitetes (chem. Verbindung): Derivat {abgeleitetes Wort: Derivat[iv] / † Derivativum}
Abgeordneter (insb. Frankreich): Deputierte w/m
Abgesandter mit bestimmtem Auftrag: Emissär
abgeschlossenes Gebiet, einer Person oder Gruppe o.ä. vorbehaltenes: Internum
abgeschmackt ◇ fade; schal: † insipid[e]/maussade {a.es Getue; billiger Scherz: Farce}
abgestorben; leblos: devital {a.; brandig (Gewebe): nekrotisch} --> Gewebereste
abgeteiltes Feld: † Kompartiment
Abgrenzung: Demarkation {abgrenzen; unterscheiden (sprachliche Einheiten): diskriminieren}
abgrundtief: abyssisch/abyssal
Abguß --> Abdruck
Abhaltung; Abschreckung: Dissuasion
Abhandlung; Traktat: † Traité m {methodische, [wissenschaftliche] themaorientierte A.: Diskurs}
Abhängiger --> Gefolgsmann
Abhängigkeit: Obliquität {(Philos., Sprache): Dependenz} {voneinander abhängend: interdependent} {im gleichen Sinne veränderlich; voneinander abhängig (statist. Größen): kovariant} --> statistische
Abhängigmachung; zunehmende Einflußnahme auf ein anderes Land: Finnlandisierung {von einem anderen Staat abhängiger Staat: Vasallenstaat}
abheben, in besonderer Weise; unterscheiden: distinguieren
Abheilung eines krankhaften Prozesses: Konsolidation/Konsolidierung --> Besserung
abhorchen; Körperteile abhören: auskultieren
Abitur; Reifeprüfung: † Matur[um] --> Studienbeginner
abkanzeln; schelten: † abkapiteln
Abkassierung; Eintreibung: Inkasso s
abkochen ◇ einem Stoff oder Mikroorganismus seine Wirksamkeit nehmen (z.B. durch Erhitzen): inaktivieren
Abkommen; Übereinkunft: Konvention
Abkömmling; Nachkomme: Deszendent
Abkühlungsraum (altröm. Bäder): Frigidarium

Abkürzung, schriftliche: Abbreviatur/Abbreviation (abbreviieren) {Verschmelzung eines betonten [kurzen] mit einem unbetonten Wort (z.B. denkste): Enklise/Enklisis} {aus einer Verschmelzung eines betonten [kurzen] mit einem unbetonten Wort gebildetes Wort (z.B. denkste): Enklitikon} {aus zusammenrückenden Anfangsbuchstaben gebildetes A.swort (z.B. UNO): Initialwort} --> Kurzform --> Silbenverschmelzung

ablagern (Staub, Sand etc. durch Wind, Wasser, Eis): sedimentieren {Ablagerungsgestein: Sedimentgestein/† neptunisches Gestein}

Ablaß; Nachlaß (Sünden): Indulgenz

ablehnen; verabscheuen: abhorreszieren/abhorrieren {a.; v.; entschieden zurückweisen: perhorreszieren} {völlig a.; rundweg abschlagen: † pernegieren} --> verwünschen

Ablehnung; Verneinung: † Negative w {(Aussage): Negation (negieren)} {A.; Weigerung; abschlägige Antwort: Refüs/Refus m} {A. aller Normen und Werte: Nihilismus} --> Ausschlagung --> Trotzverhalten

Ableitung vom Allgemeinen zum Einzelnen: Deduktion {(in der Philosophie nach Art der Mathematik): more geometrico w}

Ablenkung ◇ Abweichung; Abschweifung: Digression {A. (Lichtstrahlen): † Deflexion}

Ablenkung; Angriff von Seite: † Diversion

ableugnen: skotomisieren

Ablösung --> Abfindungssumme

abmagern ◇ Fett abschöpfen (Soße, Brühe): degraissieren

Abmagerung --> Abzehrung

abmarschieren; aufbrechen: † delogieren

abmessen; genau einteilen: zirkeln

Abnahme: Dekreszenz {abnehmend; in der Tonstärke schwächer werdend (Musik): diminuendo (dim.)} --> leiser und langsamer --> vermindern

Abneigung; Widerwille; Ekel: Degout m / Aversion {(insb. gegen Essen): Fastidium} {A. und Überempfindlichkeit gegen jmdn. oder etwas: Atopie/Idio[syn]krasie}

Abnutzungsschwund (beanspruchte Knochen- und Knorpelstellen): Usur {Abnutzung durch Reibung [bei Münzen]: † Intertritur}

Abordnung zu einer politischen Körperschaft: Deputation

Abort --> Toilette

Abprall der Billardkugel von der Bande: Brikole w

Abreagieren, seelisches; innere Konfliktbefreiung: Katharsis

abreißen; abtrennen: abszindieren

Abriß; kurze Inhaltsangabe eines Artikels oder Buches: Abstract m engl {A.; kurzes Lehrbuch: Kompendium} {geschichtlicher oder wissenschaftlicher Abriß (röm. Antike, Humanismus): Epitome w (Epitomator m)}

abrunden (Grundstücke, Kanten etc.): arrondieren --> Abschleifen

Absatz machen (Text): † alineieren

Absatzforschung: Marketing-Research s

Abschabung --> Abtragung

abschaffen: † abrogieren {a.; aufheben: † abolieren}

abschätzen: evalvieren {a.; veranschlagen: taxieren/taxen} {a.; einstufen (Böden, Waren): bonitieren (Bonitierung/Bonitur)}

abschätzig; abwertend: depretiativ {a.; geringschätzig; abfällig: despektierlich} {verächtlich: abjekt}

abscheulich: † spektakulös {a.; häßlich: † affrös} {a.; scheußlich; widerlich: abominabel} {Abscheulichkeit; Grausamkeit: Atrozität}

Abschiednehmen; Abschiedsrede: † Valediktion (valedizieren) {Abschiedsgedicht (fortgehende Person an zurückbleibende): Apopemptikon} --> lebe wohl!

Abschlagszahlung; Anzahlung: Akontozahlung

Abschleifen, allmähliches (Gesteine durch windbewegten Sand): Korrasion --> abrunden

Abschluß; Gipfel; Schlußstein: † Kolophon m {A.bericht eines Arztes über einen Patienten: Katamnese}

abschneiden: † kupieren

Abschnitt --> Kapitel

abschrägen: dossieren {a.; anlehnen; abdachen: † adossieren}

abschrecken, mit kaltem Wasser (kochende Speise): rafraichieren

Abschreckung; Abhaltung: Dissuasion {abschrecken; angst machen; einschüchtern: † intimidieren (Intimidation)}

Abschreiben: † Kopiatur {unschöpferisches A. (aus mehreren Schriften): Kompilation}

Abschrift; Nachschrift; Kopie: Apograph[on] s --> Zweitschrift

abschwächen; mäßigen: † moderieren {mildern; mäßigen: temperieren} {Abschwächung; Milderung (Med.): Mitigation} --> verringern

abschwächender Ausdruck ◇ Gebrauch eines leichteren oder abschwächenden Ausdrucks (Redekunst): Tapeinosis

Abschweifung; Abweichung: Digression {kurze A. vom Hauptthema (z.B. beim Vortrag): Exkurs m}

Abschwellung (Med.): Detumeszenz

abschwören; unter Eid entsagen: † abjurieren (Abjuration)

abseits (Fußball): offside

absenden; abfertigen; befördern (Personen, Güter): expedieren {Absender (Post): Adressant} --> schicken --> versenden

absetzen; Absatz machen (Text): † alineieren

Absetzung; Amtsenthebung: † Destitution

Absicht; Vorhaben: Intention

absolut; unumschränkt: diktatorial

absolute Wahrheit --> Gotteswort

absonderlich; eigenwillig; von verzerrt-schroffer Form; von fremdartig-phantastischer Gestalt: bizarr (Bizarrerie)

absondern; aufspalten: segregieren
absondernd, nach außen (Drüsen): exokrin/ekkrin
Absonderung; kühle Distanzhaltung: Detachement --> Menschenscheu
abspenstig machen; entfremden: alienieren
Absperrung; Abdämmung: † Barrage
absprechen; aberkennen (gerichtlich): adjudizieren
absprechen, sich (zur Täuschung eines Dritten): kolludieren (Kollusion)
Abstammungslehre des Menschen: Anthropogenese/Anthropogenie --> Evolution
Abstammungsnachweis einer Person von einer anderen: Filiation
Abstand; Entfernung: Distanz {A.; Spielraum; Spanne: Marge w frz} {gleich großer A.: Äquidistanz} {spezifischer Mindestabstand, den Tiere einer Art normalerweise zueinander einhalten: Individualdistanz}
Absteckpfahl; Meßlatte; Fluchtstab: Jalon m
Abstellraum ◇ halbrunde Zeltnische [für Gepäck etc.]: Apsis w
Absterben (Gewerbe,Organe): Mortifikation {allmähliches, natürliches oder krankhaftes A. (Gewebe,Zellen): Nekrobiose} {vorzeitiges A. (Gewebe,Organe; z.B. Kahlheit): Abiotrophie/Abiose/Abiosis} {A.; Verstümmelung (Extremitätenbereich): Mutilation} {verstümmeln: mutilieren} {absterben lassen; eintrocknen lassen (Gewebe): mumifizieren}
abstillen; der Muttermilch entwöhnen: ablaktieren (Ablaktation)
Abstimmung: Suffragium / † Votation {A. durch Handheben (altgriech. Institutionen): Cheirotonie} {A. mit weißen und schwarzen Kugeln: Ballotage}
abstoßend; ekelhaft: degoutant
Abstoßung; Zurückstoßung (Technik): Repulsion (repulsiv)
abstrakt; gegenstandslos (bild. Kunst): nonfigurativ {Nichtdingliches bezeichnendes, abstraktes Hauptwort: Abstraktum}
Abstufung; Feinheit; feiner Übergang: Nuance w (nuancieren)
Abstufung; stufige Steigerung: Gradation
abtasten; tastend untersuchen (Med.): palpieren
Abtauvorrichtung (Kühlschränke): Defroster
Abteil; Zugabteil: † Kompartiment
Abteilungsleiter; Geschäftsführer: † Sekretar
abtötend; wachstumshemmend: antibiotisch
Abtragung, allmähliche: Abschabung (Brandungswirkung an der Küste): Abrasion
Abtreibung ◇ [künstliche] Unterbrechung (Schwangerschaft,Coitus etc.): Interruption
abtretbar; übertragbar (Ansprüche, Forderungen; Jur.): zessibel (Zessibilität) {eine Forderung abtreten; jmdm. etwas übertragen (an einen Dritten): zedieren}
Abtretung; Preisgabe [von Rechten oder Sachen] (Gesellschafts- und Seefrachtsrecht): Abandon m / Abandonnement
Abtrünniger [vom Glauben]: Renegat (Renegation) --> Partei --> Parteiübertritt --> scharfe Opposition
abwandeln: modulieren {Abwandlung; Veränderung; Einschränkung: Modifikation}
abwarten --> die Zukunft wird es zeigen
Abwarten ◇ das Abhängigmachen seiner Entscheidung zugunsten einer Partei vom Erfolg zweier konkurrierender Parteien: Attentismus --> Vorsicht
abwaschbare Tapete, dicke: Linkrusta w
Abwaschen; Spülen (Meßkelch etc.): Ablution
abwechseln; wechseln; einander ablösen: alternieren
Abwechslung; Abänderung; Abwandlung: Variation {A.; Vielfalt; Veränderung: Diversifikation/Diversifizierung} {A. macht Freude: variatio delectat}
Abwehr ausbauen --> befestigen
Abwehr ◇ das Zurseitedrücken der gegnerischen Klinge (Fechten): Ligade
abweichend, vom Üblichen (Verhaltensnorm): deviant --> artfremd
abweichend, voneinander; zwiespältig: diskrepant
abweichender Meinung sein: dissentieren --> Andersdenkender
Abweichler (Parteilinie): Deviationist --> Andersdenkender --> Partei
Abweichung: Deviation {(soziol.): Devianz} {A. (als opt. Abbildungsfehler, Unterschied eines Individuums zur Tier- oder Pflanzenartnorm oder als Lage- oder Entwicklungsanomalie bei Organen o.ä.): Aberration (aberrant)} {A.; Abschweifung: Digression} {A. vom Mittelpunkt: Exzentrizität}
Abweisung; Verwerfung (z.B. Klage): Rejektion {A.; Zurückweisung (Gesuch): † Repuls m}
abwertend (Ausdrücke): pejorativ
Abwertung (Währung): Devalvation/Devaluation
abwesend: absent {a.; auswärts befindlich: † ekdemisch} {Abwesenheit; Fortbleiben: Absenz} --> Krankfeiern
Abwesender ◇ feierliche Anrede an etwas oder jmdn. außerhalb des Publikums: Apostrophe
Abzehrung ◇ Abmagerung; Entkräftung; Erschöpfung (auszehrende Krankheiten): Inanition --> Auszehrung
abzeichnen; genehmigen; beglaubigen: † vidimieren
abzeichnen; zeichnen (mit Kreide,Stift, Kohlestift): † krayonnieren
Abziehen --> Subtraktion
Abzug; Weggang; Parteiübertritt: Diszession
abzugslos und bar: netto cassa
Abzweigung; Gabelung (Med.,Geogr.): Bifurkation
Achselhöhle ◇ zur A. gehörend: axillar
achsengleich: ko[n]axial
achsrecht --> längsachsig
Achteck: Oktogon/Oktagon s (oktogonal)
ächten; verbannen: proskribieren

Achtflächner, [regelmäßiger]: Oktaeder
achtsam --> auf der Hut sein
Achtung; Beachtung; Anerkennung; Wertschätzung: Ästimation
Achtung er kommt! (Warnung vor einer gerade kommenden, unangenehmen Person): Hannibal ad portas!
Ackerbodenverbesserung: Melioration
Adel; adlige, vornehme Gesellschaft: † Noblesse {Adelsgeschlechter (ehem. ital. Freistaaten): Nobili} {adeln: nobilitieren} {A. verpflichtet: noblesse oblige} --> Amtsadel
Adern betreffend: vasal
Aderpresse zum Abklemmen (Schlauch, Binde): Tourniquet s
Adlernase --> Nase
Admiral ◇ Flottenführer (griech. Antike): Nauarch
Affären ◇ Aufzählung, Aneinanderreihung der Geliebten [eines Mannes]: Leporelloliste
Affe [im Unterschied zum Menschen]; Vierhänder: † Quadrumane
afrikanische Rückbesinnung auf traditionelle [Kultur]werte (insb. frankophone Staaten): Negritude w frz
After: Anus m (anal) {Mastdarm: Rektum} {den A. und Mastdarm betreffend: anorektal} {A. des Mannes (ugs.): Mister Brown} {weiblicher A. (ugs.): Miss Brown}
Aggressionsrechtfertigung --> Gott will es!
Ahnenforschung; Vorfahrenkunde: Genealogie
Ahnenkult; Totenverehrung: Manismus
ähnlich lautendes Wort (z.B. Mus - muß): Homöonym/Homoionym s --> aussprachegleiches Wort
ähnlich werden --> Angleichung
ähnlicher Fall; gleichartiger Fall: Analogon s
ähnliches, oder (ärztl. Rezept): aut simile
Ähnlichkeit: Similarität (similär) {Folgerung von der Ä. zweier Dinge auf die Ä. weiterer Dinge: Analogieschluß/Analogismus}
Ahnung; Vorgefühl: † Pressentiment {A.; durch Tatsachen bestätigte innere Eingebung (scherzh.): Animus m} {A.; Wahrsagekunst: Divination}
Akademiker mit Titel: Graduierte w/m
akademisches Viertel ◇ mit viertelstündigem Verzug: cum tempore (c.t.)
Akte ◇ etwas alle zu einem Vorgang gehörenden Schriftstücke Umfassendes: Dossier s / † Dossier m
Akten; Berichte; Protokolle: Acta Mz
Aktenbündel; Heft: Faszikel m
Aktenschrank; Büchergestell: † Repositorium
Aktentasche, verschließbare: † Missiv s / Missive w {kleine, schmale A. mit Reißverschluß: Collegemappe}
Aktien (am. Bez.): Stocks Mz {erstklassige A.; an der Börse hochnotierte Wertpapiere: Blue chips} --> Börsenfachmann
aktiv; unternehmungslustig: initiativ
Aktivität ◇ die aktive Lebensäußerung betreffend: animal {Aktivierung (Lebensvorgänge): Mobilisierung} {erhöhte Betriebsamkeit; ungewöhnliches Stimmungshoch (Psychol.): Hyperthymie}
aktuell ◇ modern; gerade beliebt: en vogue {aktualisieren; auf dem laufenden halten: ajourieren}
akuter Krankheitsverlauf; akutes Krankheitsbild: Akuität
albern; töricht: † insipid[e] {Albernheit; Dummheit; Einfältigkeit: † Niaiserie} {Albernheit; Geschmacklosigkeit: † Fadaise} {Albernheit und Geschwätzigkeit; Narrheit (leichte Geistesstörung): Moria w}
Albinismus: Leukodermie
Alchimie: † Hermetik
Algen --> pflanzlicher Mikroorganismus
Alkohol; Weingeist: Äthylalkohol {Fête, zu der die geladenen Gäste die alkoholischen Getränke selbst mitbringen: Bottle-Party}
alkoholfreies Getränk: Soft Drink
Alkoholgehalt ◇ Gerät zur Messung des A.es: Vaporimeter s {den A. bestimmen: vaporisieren}
Alkoholgenußmäßigung: Temperenz
alkoholisiert (scherz.): † illuminiert
Alkoholismus (Med.): Potatorium/Potomanie (Potator) {(verhüllend; Medizinerjargon): C_2-Abusus} {jmd., der periodisch der Trunksucht verfällt: Dipsomane} {Säuferwahnsinn; psychotische Entzugserscheinungen: Önomanie/Methomanie w / Delirium tremens s}
All...; Gesamt... (insb. politische Begriffe): Pan...
alle Welt: urbi et orbi {a. W.; jedermann: Krethi und Plethi}
alle zusammen (Musik): tutti {a. z.; ohne Ausnahme: tutti quanti}
allein bestehend; ein Ganzes ausmachend: integral
Alleinherrschaft: Monokratie {diktatorischer Alleinherrscher: Autokrat}
Alleinseinsangst; Angst vor Einsamkeit: Monophobie
allergisch: † allerg {a.e Krankheit: Allergose} {Allergiemittel: Antihistaminikum}
allerhand!; potztausend!; verwünscht!: † morbleu!
Allerheiligstes (griech. oder röm. Tempel): Adyton s {abgeschlossenes A.; Altarraum in den orthodoxen Kirchen: Abaton s}
Allerlei; Durcheinander: † Tuttifrutti s {buntes Gemisch; Durcheinander: Mixtum compositum s} {A.; Vermischtes; Verschiedenes (Bücher): Varia Mz} {Potpourri: Medley s}
alles ändert sich; alles wandelt sich: tempora mutantur
alles auf eine Karte setzen: va banque spielen {Wagnis; hohes Risiko: Vabanquespiel}
alles fließt (frühgriech. Philos.): panta rhei [- rei]
alles in allem; zusammenfassend: summa summarum
alles ist eitel: vanitas vanitatum

Allesfresser (Tiere): Pantophage {sowohl pflanzliche als auch tierische Nahrung fressend: heterophag} {allesfressend; sowohl tierische wie pflanzliche Nahrung zu sich nehmend: omnivor} {allesfressend; nicht auf bestimmte Nahrung angewiesen: euryphag} {Geschmacksempfindungsschwäche (Med.): Hypogeusie}

allesverschlingende Macht (z.B. Verkehr, Geld etc.): Moloch

allgegenwärtig: omnipräsent {Allgegenwart [Gottes oder Christi]: Ubiquität}

allgemein gesehen; im allgemeinen: generaliter

allgemein Gültiges; allgemeine Angelegenheit: Generale s

allgemein ◇ im großen [und] ganzen: grosso modo {(bezüglich Zustimmung oder Ablehnung): in toto} {a.; im allgemeinen: in grosso} {Allgemeinheit: † Generalität} --> gesamt

allgemeine Bedeutung ◇ sprachliche Bedeutungseinheit innerhalb eines Wortfeldes mit dem allgemeinsten Inhalt (z.B. Gewässer gegenüber See): Archilexem s

allgemeine Meinung: Opinio communis w

allgemeine Zustimmung (Ideen etc.) --> Übereinstimmung

allgemeines Gesetz: Lex generalis w

Allgemeines ◇ vom Einzelnen zum Allgemeinen (Denkvorgang): Epagoge w --> Ableitung

allgemeingültige Aussage: Universalie

allgemeinverständliche Redensart --> Gemeinplatz

Allheilmittel; Wundermittel: Panazee w

alljährlich; jährlich: † annuell

allmächtig; einflußreich: omnipotent --> allesverschlingende Macht

allmählich: sukzessiv[e] {a.; nach und nach: peu à peu} {a.; schritt-, stufenweise: graduell / † gradatim}

alltäglich; gewöhnlich: ordinär {gewöhnlich; niedrig; prosaisch: † pedestrisch}

Allwissenheit (Gott): Omniszienz --> Kenntnisreichtum

Almosen; Trinkgeld: Bakschisch s,m {A.-brotstückchen: † Parteke w}

Alpdrücken im Schlaf: Inkubus m {A.; nächtliche Unruhe: Oneirodynia}

als Mittel [oder Werkzeug] dienend: instrumental

als Möglichkeit: virtualiter

also ◇ das ist; das heißt: id est (i.e.)

also; folglich: ergo

also laßt uns trinken!: ergo bibamus!

alt; gebraucht: antiquarisch

alt ◇ uralt: † ogygisch/saturnisch

alt werden ◇ Langlebigkeit (Med.): Longävität

Alte; ehrwürdige Greisin: Matrone

alte Musik: Musica antiqua w

alteingesessen; eingeboren; bodenständig: autochthon (Autochthone w/m)

Altenherrschaft; Herrschaft des Rates der Alten: Gerontokratie

Alter ◇ Greisenalter (Med.): Senium {das A. und die damit verbundenen körperlichen Veränderungen: Seneszenz} {natürlicher Prozeß der A.ns und die damit zusammenhängenden Veränderungen des Organismus: Bio[r]rheuse} {A.sheilkunde: Geriatrie}

alter Mann, sehr: Methusalem

Alter und Sex ◇ sexueller Kontakt, bei dem wegen des starken Verlangens das Alter des Partners unwichtig wird: Brotophilie --> Liebe zu reiferen

Altersgenosse; Zeitgenosse; Schulkamerad: † Koätan

Altersheim; Armenhaus: † Hospital (Hospitalit m)

Altersschwäche: Marasmus senilis {Gebrechlichkeit: Infirmität}

Altersschwachsinn: Dementia senilis

Altersstar (Med.): Phakosklerose

altertümlich: archaisch {a.; stammesgeschichtlich: anzestral}

Altertumskunde: Archäologie

Alterung ◇ Organismusrückbildung als A.svorgang: Involution {vorzeitige Vergreisung: Progerie} --> Alter

Älteste ◇ älteste bedeutende Frau auf einem Gebiet: Grand Old Lady {(Mann): Grand Old Man} {Herausragender seines Faches; Ältester eines Kreises: Nestor} --> Alte

Ältestenrat --> Rat der Alten

Ältestenrecht auf das Erbgut: Majorat

altgedienter Soldat, erfahrener: Troupier

altnordisch: norrön

Altpapier; Papierindustrieabfall: Makulatur

Altruismus: † Tuismus

altsprachlich Gebildeter (Griechisch, Latein): Humanist

am angegebenen Ort (Buch): loco citato (l.c.) / citato loco (c.l.) / loco laudato (l.l.)

am besten; sehr gut; vorzüglich: † optime

am Fundort selbst entstanden (Gesteine): authigen

am ganzen Körper verbreitet (insb. Hautkrankheiten): generalisiert

am lebenden Objekt (wiss. Versuche): in vivo

am Ort befindlich --> örtlich

am Rande; auf der Grenze liegend: marginal

Ameisenkunde: Myrmekologie

Amerikaner der USA (Spitzname): Yankee {Durchschnittsnordamerikaner: Babbitt}

Ammenmärchen: Mythos/Mythus

Amputation: Ablation {vollständige Entfernung eines Organs: Exstirpation/Ektomie}

Amt; Würde; Rang: Charge w

amtlich; von Amts wegen: ex officio {a.e Mitteilung; regierungsamtliche Verlautbarung (Sitzungen, Verträge): Kommuniqué s} --> halbamtlich

amtliche Untersuchung --> Erhebung

Amtsadel (röm. Antike): Nobilität

Amtsanwärter (für den Gerichts- oder Verwaltungsdienst): † Akzessist

Amtsbezeichnung --> Dienstname

Amtsbezirk; Aufsichtsbezirk (kirchl.):

Ephorie {A.; [Ritter]ordensbezirk: Ballei w}

Amtsbruder (kath.): Konfrater

Amtseinführung vornehmen; mit den Zeichen der Amtswürde bekleiden: investieren {[geistliche] A.: † Installation}

Amtseinsetzung einer Person: Immission {feierliche A. (akadem.): Inauguration} {[kirchliche] A.: † Institution}

Amtsenthebung; Absetzung: † Destitution

Amtssessel (höchste altröm. Beamte): kurulischer Stuhl

Amtssprache; schwerfällige, altertümlich-gestelzte Sprache: Kanzleistil / † Kurialstil

Amtstracht, feierliche [kirchliche]: Ornat m,s

Amtsvorgänger: † Prädezessor {Vorgänger; A.: † Antezessor}

Amtswürde ◇ behördliche Würde; obrigkeitliches Amt: † Magistratur {A. (kath.): Dignität}

Amulett ◇ Talisman: Maskotte w

amüsanter Plauderer: Causeur

an das Publikum (Bühnenkunst): ad spectatores

an der angeführten Stelle (Buch): loco citato (l.c.) / citato loco (c.l.) / loco laudato (l.l.)

an der Reihe sein, an einem wiederkehrenden Tag (Dienst): Jour haben

an die Zuschauer; ans Publikum (Bühnenkunst): ad spectatores

an mehreren Stellen auftretend (Med.): multipel

an zwei Stellen gleichzeitig sein ◇ gleichzeitige körperliche Anwesenheit an zwei verschiedenen Orten (Heiligenlegenden): Bilokation

anale Wörter ◇ Neigung zum Aussprechen obszöner Wörter insb. aus dem Analbereich: Koprolalie

analoges Verhältnis von Begriffen (insb. Philos.): Analogat s

Analverkehr: Pedicatio w / Coitus per anum m

anarchistisch; extrem freiheitlich: libertär

anbeten; verehren: adorieren {anbetungswürdig: adorabel} {Anbetung; Verehrung (allein Gott o.ä. zustehend): Latrie} --> beten

anbiedern ◇ sich einschmeicheln: sich insinuieren (Insinuation)

anbieten; darbieten: offerieren {Dinge des Alltagsgebrauchs verkaufen oder a.: † marketendern} --> einschenken

anbraten ◇ kurz in der Pfanne braten: sautieren frz

Anbringung; Zuführung; Anwendung: Applikation

Andacht: Devotion {andächtig-ergeben: devot}

andauernd; fortwährend: † perpetuell/ perpetuierlich {a.; hartnäckig (Med.): persistent}

Andenken; Gedächtnis; Erwähnung: † Kommemoration {seligen A.s: beate memoriae (b.m.)} --> Gedenktag

änderbar; wandelbar; veränderlich: mutabel

ändernd; Gestalt und Zustand wandelnd: metamorph[isch]

anders ausgedrückt --> Umschreibung

Andersdenkender; Abweichler: Dissident {anders denken: dissidieren} --> Abtrünniger

andersgeschlechtlich orientiert: hetero[sexuell]

andersgestaltet; verschieden gebildet (Chemie,Physik): heteromorph

andersgläubig; von der herrschenden [Kirchen]lehre abweichend: heterodox

Änderung; Wandlung: † Mutation {Umwandlung; Verwandlung: Metamorphose/ Metamorphismus (metamorphosieren)} {Veränderung; Abwandlung; Einschränkung: Modifikation} {Ä.; Wechsel; Vertauschung: † Changement frz} {Wandlung der Weltanschauung (Philos.): Metanoia w} --> mit den nötigen Abänderungen

Änderungsgesetz; Ergänzungsgesetz: Amend[e]ment

Andeutung; versteckte Anspielung: Innuendo s

Andeutungen machen, dunkle: orakeln

andeutungsweise erwähnt; kurz; knapp: aphoristisch --> anklingend

andressieren ◇ bestimmte Reaktionen auf Reize anlernen: konditionieren

Aneignung, allmähliche ◇ Eigentumserwerb durch langen Besitz; Ersitzung (röm. Recht): Usukaption {A.; Zueignung; Besitzergreifung: Appropriation (appropriieren)} {A. herrenlosen Gutes (Jur.): Okkupation} --> widerrechtliche Inbesitznahme

aneinanderreihen: † enfilieren

Anekdotensammlung; Weisheitssprüchesammlung: Gnomologie

anekeln; anwidern: degoutieren

Anerkennung: † Agnition {anerkennen: agnoszieren}

Anerkennung; Bestätigung: Sanktion

Anerkennung; Wertschätzung; [Be]achtung: Ästimation {löblich; lobenswert: laudabel} --> Lob

Anerzogenes --> Gewohnheit

Anfahrt; Zugang: † Avenue w

Anfall (Med.): Insult m lat / Insultation {anfallartiges Auftreten einer Krankheitserscheinung: Paroxysmus (paroxysmal)}

anfällig, nicht --> unbeeinflußbar

Anfälligkeit für Krankheiten: Disposition

Anfänge; Anfangsgründe: Initien --> von Anfang an

anfangen ◇ einleiten; beginnen: † entrieren

Anfänger: † Tiro {Laie; Ungelehrter: † Idiot} {A. in der praktischen Ausbildungszeit (z.B. Theater,Forstwirtschaft etc.): Eleve m} {kleines A.-lehrbuch: † Tirocinium} --> Sportler, junger --> Ungebildeter

anfänglich; beginnend; Anfangs...: initial {im Zustand des Entstehens: in statu nascendi}

Anfangsbuchstabe, großer [farbig-verzierter] (alte Bücher): Initial s / Initiale w {hintereinander zu lesende A.n

oder Anfangssilben oder Anfangswörter von Verszeilen, Strophen oder Kapiteln, die ein Wort oder einen Satz ergeben: Akrostichon s} {hintereinander zu lesende A.n, die zusammen mit den Endbuchstaben von Verszeilen, Strophen o.ä. ein Wort oder einen Satz ergeben: Akroteleuton s} --> Namensbuchstaben
Anfangsmelodie; Erkennungsmelodie (Sendungsbeginn): Indikativ s
anfassen ◇ betasten; handhaben: † manipulieren --> Berührungstrieb --> betasten
Anfechtung; Streit; Bestreitung (Jur.): Kontestation († kontestabel) {anfechtbar: † reszissibel} {gerichtlich anfechtbar: † appellabel}
Anfeindung ◇ Feindseligkeit: Hostilität
anfertigen; verarbeiten: † manufakturieren
anfeuchten; bewässern: arrosieren
anfeuern; ermutigen: encouragieren --> anstacheln
Anführer; Berühmtheit; Hervorragender: Matador {A. (Tiergruppe): Alphatier} --> Aushängeschild --> Meinungsbeeinflusser
Angeber; Aufschneider; Prahlhans: Miles gloriosus / Renommist / Bramarbas (bramarbasieren) {Prahlhans; Großsprecher: † Fanfaron} {dicker Schlemmer; Prahlhans: Falstaff engl}
Angeberei; Aufschneiderei: † Gaskonade/ Fanfaronade {A.; Prahlerei: Renommage (renommieren) / † Bravade w} {Schaustellung; Prahlerei: † Ostentation} {Selbstvergötterung: Idiolatrie} --> prahlend
angeblich: † soi-disant {vorgeblich; [nur] dem Namen nach: nominell}
angeboren: nativ/konnatal {(Med.): ingeneriert} {a.; erblich: genuin} {a.; ererbt: nativistisch/kongenital} --> anlagebedingt
angeborene Handlung aufgrund von Trieben: Kommenthandlung {allen Menschen zugleich angeborene Vorstellungen und Begriffe (Stoizismus): Notiones communes lat} {Theorie, derzufolge dem Menschen Begriffe, Vorstellungen und Grundeinsichten angeboren sind: Nativismus} --> Verhaltensforschung
Angebot, schriftliches (Waren): Offerte
angebracht; in der gegenwärtigen Lage von Vorteil: opportun (Opportunität)
angefügt; angesetzt: prosthetisch
angehen; betreffen; berühren; beeindrukken: tangieren --> tief berühren
Angeklagter: † Inkulpat/Inquisit {Angeklagtsein; Anklagezustand: † Reat s,m} --> Angezeigter
Angelegenheit; Fall: Passus m
Angelpunkt; Drehpunkt eines Hebels: Hypomochlion
angemessen; gefällig: † konzinn {a.; richtig (Musik): giusto} {einer Sache a.: adäquat} {a.e Menge (Nahrungsmittel etc.): Quantum s} --> ausreichend viel --> Menge
Angenähtes --> Aufnähung
angenehm; bequem: † kommod (Kommodität)
angenommen; gesetzt den Fall: † posito {nur a.; fraglich; zweifelhaft: hypothetisch} --> Vorstellung
angeschlagen, schwer; kampfunfähig: groggy
angesehene Bürger --> Dorfoberschicht
Angestellter; Gehilfe: † Employé {A. auf Zeit; Hilfsarbeiter (insb. Behörden): † Diätar} {Angestelltendienst; Angestelltenstellung: † Kondition} {angestellt sein: † konditionieren}
Angezeigter; Verklagter; Beschuldigter: † Denunziat {A. (vor Gericht): † Nuntiat} --> Angeklagter
Angleichung; Anpassung: Assimilation/ Assimilierung {angleichen; anpassen: akkulturieren}
angreifen; in fremdes Gebiet einfallen: invadieren
angreifen; zerstören (Gesteine,Körpergewebe etc.): korrodieren (Korrosion, korrosiv)
angrenzen: † adjazieren {a.d; nachbarlich (Gemeinden): † vizinal} {eine gekrümmte Fläche oder Linie berührend (Linie): tangential}
Angriff, erfolgreicher --> Handstreich
Angst, krankhafte: Phobie {Beklemmung (Med.): Oppression lat} {angst machen; abschrecken; einschüchtern: † intimidieren (Intimidation)}
Angst vor allem; A. vor allen Vorgängen in der Außenwelt: Panphobie {A. vor A.anfällen: Phobophobie} {A. vorm Gehen; Zwangsvorstellung, nicht gehen zu können: Basophobie} {A. vorm Sprechen (z.B. Stottern): Lalophobie} {verkappte A. vor Unabhängigkeit (Frauen): Cinderellakomplex} {A. vor dem Tod oder vor Toten (krankhaft): Nekrophobie} {Furcht, an Krebs erkrankt zu sein: Kanzerophobie/Karzinophobie} {A. vor Tollwut: Lyssophobie} {A. vor spitzen Gegenständen: Aichmophobie} {A. vor roten Gegenständen: Erythrophobie} {A. vor frischer Luft: Aerophobie [a-ero-/äro-]} {A. vor der Dunkelheit; Nachtangst: Nyktophobie} {A. vor Aufenthalt in geschlossenen Räumen (krankhaft): Klaustrophobie} {A. vorm Bestohlenwerden (krankhaft): Kleptophobie} {A. vor Männern; Männerhaß: Androphobie}
Angst vorm Kranksein ◇ wahnhafte Krankheitseinbildung: Nosomanie {A., krank zu sein oder es zu werden (krankhaft): Nosophobie}
Angstanfall; Schreck (Med.): Pavor m
ängstlich; furchtsam: apprehesiv {ä.; bedenkenvoll: † skrupulös}
anhaftend; anklebend: adhäsiv {a.; innewohnend (Philos.): inhärent}
anhaltend; hartnäckig (Med.): persistent
Anhalter; Tramper (ugs.): Hitchhiker --> Tramper
Anhang: Adnex m {(wiss. Buch): Appendix m} {A.; Ergänzung; Zugabe (Buch): Additament[um]} {A.; Nachtrag; Ergänzung[sband]: Supplement s} {Zusatz; Nachtrag: † Hypomnema s} {A.; Beiwerk: † Parergon s} {A.;

Schluß (musikal. Satz): Koda w} --> Nachtrag
Anhänger an Uhrenkette: Charivari s
Anhänger (insb. Wohnwagen): Trailer
Anhänger oder Schüler einer Lehre: Adept {Verfechter; [kommunistischer] A. (jedoch nicht Parteimitglied): Fellow-traveller} {Getreue eines Papstes nach einer Kirchenspaltung: Obedienz/Obödienz}
Anhänglichkeit; Hingebung: † Adhärenz {A.; Zuneigung: † Attachement}
Anhängsel: Appendix m {A.; Zugabe: † Mantisse} {A.; Zubehör: Annex m} --> Kleidungszubehör
anhäufen; beigesellen: aggregieren {a.; zusammenfassen: † ramassieren}
Anhäufung: Kumulation {A.; Speicherung; Ansammlung: Akkumulation} --> Ballung --> Zusammenballung
Anheben eines Gegenstandes durch ein Medium (Parapsychologie): Elevation
Anhörung durch Ausschüsse o.ä., öffentliche [parlamentarische]: Hearing
Ankerwinde: Gangspill s niederl
Anklage; Anzeige: † Nuntiation {anklagen; [eines Verbrechens] beschuldigen: inkriminieren} {Ankläger; Beschuldiger (Jur.): Prosekutor / † Inkulpant}
Anklang; für jmdn. etwas bedeutende Erinnerung: Reminiszenz --> Anstrich
anklebend; anhaftend: adhäsiv
anklingend; nur andeutungsweise vorhanden; kaum feststellbar: atmosphärisch
Ankreuzverfahren (insb. bei Tests): Multiple-choice-Verfahren
ankündigen: avisieren
Ankündigung --> Heroldstab --> Signal
Ankündigung; Anzeige: Advertising/Denomination
Ankündigung [einer Sendung an den Empfänger]: Avis m,s frz/it
anlagebedingt (Med.): konstitutionell {als Anlage vorhanden (Med.): implizit} {anlagemäßig (Psychol.): virtuell/ † virtual} --> angeboren
Anlaß; Gelegenheit: † Okkasion
Anlautgleichheit; Stabreim: Alliteration
Anlautwegfall --> Verkürzung
Anlegepfahlgruppe [für Schiffe]: Duckdalbe/Dückdalbe w / Duckdalben/Dückdalben m
anlehnen --> abschrägen
Anleuchten --> Rückstrahlvermögen
anlocken; bestechen; hinzuziehen: † attirieren
anmaßend; anspruchsvoll; selbstgefällig: prätentiös {a.; unverschämt: insolent}
anmerkend ◇ dazu wäre zu sagen; zu dem Wort ist zu bemerken: ad vocem
Anmerkung am Rande eines Buches o.ä.: Marginalie w / Marginale s (Marginalien Mz, marginalisieren) {(zur Erläuterung eines erklärungsbedürftigen Ausdrucks): Marginalglosse} {Merkzeichen; Vermerk: Notabene s} --> Bemerkungen --> Randbemerkung
anmutig; lieblich: amön {anmutig; zart: sylphidenhaft} {a. (Musik): grazioso / con grazia} {a.; leicht; spielerisch; ungezwungen; perlend (Musik): leggiadramente/leggiadro/leggiero} {Anmut: Charis w lat} {Göttinnen der Anmut: Chariten (Charis w) / Charitinen (Charitin w)}
Annäherung (zu einem bestimmten Zielpunkt etc.): Approximation {Gerade, an die sich eine Kurve ständig annähert, ohne sie je zu erreichen: Asymptote} {sich nähern: approchieren} --> Herangehensweise
annehmbar; schicklich; passend; bequem: † konvenabel {a. sein; gefallen; zusagen; passen: konvenieren}
annehmen, als gegeben; den Fall setzen: † ponieren {a.; gelten lassen: assumieren} {vorausetzen; unterstellen: supponieren} {annehmen; vermuten; voraussetzen (Philos.): präsumieren (Präsumption)} {Annahme: † Suppositum} {Annahme; Voraussetzung (Logik): Supposition}
annehmen; billigen; empfangen: † akzipieren {Annahme; Übernahme: † Suszeption}
Annehmlichkeit --> Bequemlichkeit
anonym, nicht --> richtiger Name
anordnend; verfügend: dispositiv {anordnen: † instituieren (Instituierung)} {Anordnung; Befehl: Ukas m / † Order/ Ordonnanz} --> verfügend --> Vorschrift
Anordnung; Gliederung; Planung: Disposition {A.; Lage (Gebäude): Situierung}
anorganisch sich ernährend: autotroph
anpassen: adaptieren {(insb. math. Kurve an Meßwerte): fitten} {a.; angleichen: akkulturieren} {a.; herrichten: † aptieren} {a.; einfügen; übereinstimmend machen: † konfirmieren} {der allgemeinen Bemessungsgrundlage a.: dynamisieren}
anpassen; eingewöhnen (andere Verhältnisse): akklimatisieren {sich a.; sich den Zeitumständen fügen: † temporisieren} --> übernehmen, etwas
Anpasser; Prinzipienloser aus Nützlichkeitsgründen: Opportunist {kleine Echse, die ihre Hautfarbe bei Gefahr ändert: Chamäleon}
Anpassung; Angleichung: Assimilation/ Assimilierung {A. an ein fremdes Milieu (z.B. bei Einwanderung): Akkulturation} {Verinnerlichung von Werten; Zueigenmachung von Normen oder Auffassungen: Internalisierung/Internalisation/Inneration} {A. der [kath.] Kirche und ihrer Lehre an die Gegebenheiten des modernen Lebens: Aggiornamento s} --> Nachahmung anderer Tiere
anpassungsfähig: akkommodabel/flexibel {Anpassungsvermögen: Adaptibilität/ Adapt[at]ion} {anpassungsunfähig: inflexibel} {beschränkt anpassungsfähig (Biol.): monotrop}
Anpassungsverzug an die vom technischen Fortschritt gesteuerte Entwicklung (Personengruppen): Cultural lag s
Anrecht; Rechtsanspruch; Patentanspruch: Claim s

anregen (Med.): exzitieren {[mit Reizen] a.: innervieren} {a.; anstacheln: instigieren} {a.; Anstoß geben: initiieren}

anregend; belebend; beseelend: animativ {a.; b.; stärkend (Med.): analeptisch} {Anregungsmittel; belebendes Mittel: Analeptikum/Analeptikon} --> Geschlechtstrieb

Anreger; Initiative Ergreifender: Initiant {A.; erfahrener Helfer; Ratgeber: Mentor} --> treibende Kraft

Anreiz; Ansporn: Incentive engl / Inzentiv s (inzentiv) {A.; Aufforderungscharakter: Appeal/Appel m}

anrempeln; behindern (Eishockey): checken {Behinderung durch Anrempeln (Eishockey): Check m}

Anrichte; Nebentisch: † Servante w {A. oder Speisekammer (Schiffe,Flugzeuge): Pantry w}

anrichten, kunstvoll (insb. Fleischgerichte): dressieren

Anrüchigkeit: Hautgout m {anrüchig; bedenklich; verdächtig: ominös}

Anrufung Gottes [und der Heiligen] (insb. am Anfang alter Urkunden): Invokation

Ansager, witzig-unterhaltender (Kabarett, öffentliche Veranstaltung): Conférencier

Ansammlung; Speicherung; Anhäufung: Akkumulation

ansässig; seßhaft: † sedentär {ansässig sein: domizilieren}

Ansatz[stelle] (Med., Biol.): Insertion

anschaffen; erwerben: akquirieren {in Bibliotheken zur Anschaffung vorgeschlagenes Buch: Desiderium/Desiderat[um]}

Anschauen mit bloßem Auge (Med.): Okularinspektion

anschaulich beweisen; jmdm. etwas beweisen mittels einer von dessen Eigenart und Vorstellung bestimmten Methode: ad hominem demonstrieren {etwas vor Augen führen; durch Anschauungsmaterial etc. beweisen: etwas ad oculos demonstrieren} --> zeigend

anschaulich; bildhaft: eidetisch/ikonisch {anschauungsorientiert (Lehrverfahren): deiktisch [dei-/de-i-]} --> gegenständlich

anschaulich machen; sich vorstellen; ersinnen: imaginieren

Anschaulichkeit; Klarheit: † Konspikuität {derbe A.; Direktheit: Drastik}

Anschauung ◇ Überzeugung: Konviktion --> Verteidiger einer bestimmten

Anschlag; Aushang; Plakat: Affiche w (affichieren/affigieren)

Anschlag, listiger; Kniff: Machination --> Intrige

Anschlagstärke (Schreibmaschinen): Impact m engl / Impakt m,s

Anschluß [eines Staates an einen anderen]: Inkorporation

Anschuldigung; Verdächtigung: † Insimulation --> Unterstellung

anschwellen und abschwellen lassend (Ton bei Streichinstrumenten): ondeggiamento/andeggiando {Anschwellen und Abschwellen des Tons (Musik): Messa [di] voce s}

anschwellend; lauter werdend (Musik): crescendo (cresc., Crescendo s)

Anschwellung: Bulbus m / Intumeszenz / Inturgeszenz {A.; Schwellung: Tumeszenz/Turgeszenz (turgeszieren)} {A.; Knoten; Geschwulst: Glomus s}

Ansehen; Achtbarkeit: † Respektabilität {A.; Beliebtheit: † Vogue w} {A.; Geltung; Ruhmesglanz: Nimbus m} {A.; guter Ruf (Institutionen o.ä.): Goodwill m} {A. habend; sozial aufgestiegen: arriviert}

ansehnlich: speziös {a.; achtbar: † respektierlich} {a.; achtbar; ordentlich: reputierlich/reputabel} {a.; stattlich; vorzüglich: † statiös} {a.; beachtlich: † konsiderabel} {a.; sehenswert: † spektabel}

ansengen --> verbrennen

Ansicht --> Meinungsänderung --> Vertreter einer bestimmten

Ansichtskartenreihe, harmonikaartige; Bilderbuchreihe: Leporello[album]

Anspannung; Kraft; Eifer: Intension

Anspannung ◇ Zusammenziehung (Muskel): Konstriktion (konstringieren)

Anspielung; versteckte Andeutung: Innuendo s {A. auf Vergangenes: Allusion}

Ansporn; Anreiz: Incentive engl / Inzentiv s (inzentiv) --> anstacheln

ansprechen; anreden: † harangieren

anspruchslos --> leicht verdaulich

anspruchslos; hart; genügsam; streng: spartanisch

anspruchslos; ursprünglich: innocente it

anspruchsvoll; wählerisch: delikat {auf opimalen Nährboden angewiesen: auxotroph} {Anspruchsvolle befriedigend; perfekt (z.B. Salat,Wein): elegant}

anstacheln; anregen: instigieren --> Ansporn

Anstand; Höflichkeit: Zivilität {A.; Sitte: Mores Mz} {A.; äußerer Schein: Dehors Mz} --> schicklich

anständig; ehrenhaft; rechtschaffen: honett {a.; ehrlich; redlich: reell (Reellität)} {a.; redlich; vertragstreu: loyal} {unbestechlich; unbescholten; makellos: integer (Integrität)} {höchst a.; vornehm: gentlemanlike} {Anständigkeit; Rechtschaffenheit: † Probität} --> ehrbar

Anstandsdame; Erzieherin: † Duenja --> geleiten

ansteckend: infektiös (Infektiosität) / morbiphor {a.; giftig: miasmatisch/virulent} {Ansteckung: Kontagion w (kontagiös)} {Ansteckung[sstoff]: † Kontagium} {unbeabsichtigte Ansteckung durch Injektion oder Blutentnahme o.ä.: Inokulation}

Anstifter; [übles] Unternehmen Durchführender: Faiseur {anstiftend: initiatorisch} --> Lockspitzel

anstimmen; etwas zu singen oder spielen beginnen: intonieren

Anstoß; Ärgernis: † Skandalon

Anstoß geben; anregen: initiieren {A.; innerer Antrieb; Impuls: Impetus m}

anstößig: schockant {a.; durch seinen

geistigen Gehalt Entsetzen erregend: † horrend} --> erotisch

anstreben; planen; beabsichtigen: intendieren (Intention)

anstreichen ◇ [mit dem Spachtel] Farbe dick auftragen (Malerei): impastieren {dicker [mit dem Spachtel aufgetragener] Anstrich (Malerei): Impasto s}

anstrengend ◇ unbequem: † inkonvenient {belästigen; Unbequemlichkeiten bereiten: † inkommodieren} {Lehre vom Arbeits- und Energieaufwand bei bestimmten körperlichen Tätigkeiten (Psychol.): Phoronomie} --> Gewaltaktion

Anstrich; Hauch; Anflug: Touch m engl --> Atmosphäre

Anteil am Goldgräberunternehmen: Claim s

Anteil; [Pflicht]beitrag: Kontingent s

Anteil von Personen oder Sachen (Statistik): Quote w

anteilig: partiell/partial

anteilnahmslos; sachlich-kühl: detachiert

Antialkoholiker --> Enthaltsamkeit

antibakteriell ◇ Bakterien zerstörend: bakteriolytisch {keimtötend: bakterizid (Bakterizid s)}

antike Gegenstände, kleine: Antikaglien

Antikommunismus --> Angst vor --> Rotsichtigkeit

Antrag; Gesuch: Petitum {A. stattgeben: † deferieren} {A.steller: Proponent}

antreibend; anreizend; anspornend: inzentiv {a.e Kraft: Motor} {Faktor mit beweglichmachender Wirkung auf jmdn. oder etwas: Mobilisator} --> anstacheln

Antrieb; Streben; zielgerichtete Aktivität: Konation (konativ) {A.skraft; Beweggrund: Movens s lat} --> innerer Antrieb

Antriebslosigkeit; Schwermut: Athymie

Antriebsmangel; Verlangsamung der psychomotorischen Aktivität: Bradyphrenie {A.; Willensschwäche (krankhaft): Hypobulie} {fehlendes Verlangen (Med.): Inappetenz} --> Bewegungsunfähigkeit

Antriebsstärke ◇ krankhafter Betätigungsdrang: Hyperbulie

antworten: † respondieren {Entgegnung; Erwiderung: Replik w}

anwachsen; zuwachsen (insb. Erbteilszuwachsen): † akkreszieren

Anwalt --> Bürgeranwalt

Anwärter; Bewerber: † Applikant {(Beamten): Aspirant} {A. auf noch besetzte Stelle in Staat oder Kirche (histor.): Exspektant} --> Amtsanwärter

Anweisung --> Vorschrift

anwendbar: applikabel {a.; einrichtbar: akkommodabel}

anwenden; gebrauchen: † adhibieren {Anwendung; Anbringung; Zuführung: Applikation}

anwidern; anekeln: degoûtieren

Anwohner; Anrainer; Grenznachbar: † Adjazent

Anzahl; Menge: Quantität

Anzahlung; Abschlagszahlung: Akontozahlung --> Voranzahlung

Anzeichen --> Anzeiger

Anzeige; Anklage: † Nuntiation {(verleumderische): † Delation} {A. Erstattender: † Nuntiant}

Anzeige; Ankündigung: Denomination {A.; Benachrichtigung: † Notifikation} {anzeigen; auf etwas hinweisen: indizieren}

Anzeige; Inserat: Advertisement {A. mit beigehefteter Karte zur Anforderung weiterer Information (Zeitschriften): Insert s engl} {A.naufgabe; Inserierung: Insertion} {A.nvermittlung: Annoncenexpedition}

Anzeige, optische (Flüssigkristall, Bildschirm etc.): Display s

Anzeiger; [beweiskräftiges] Anzeichen: Indikator

Anzeiger (Name franz. Zeitungen): Moniteur

Anziehung; Anziehungskraft: Attraktion {A.skraft; Aussehen; Ausstrahlung: Appeal/Appell m} {A.skraft von Menschen aufeinander: Affinität}

Anzug mit verschiedenen Stoffen [und Farben] für Sakko und Hose (Herren): Kombination

anzüglich --> erotisch

Apartheitsgegner ◇ Anhänger der Aufhebung der Rassentrennung (USA): Integrationist

apflig (Parfüm): *hesperid*

Apotheke: Offizin w

appetitanregendes Mittel: Appetizer engl / Aperitivum

Appetithäppchen (gefülltes, warmes Pastetchen): Bouchée w

Appetitlosigkeit; Verlust des Nahrungsaufnahmetriebes: Anorexie {fehlendes Verlangen (z.B. nach Nahrung): Inappetenz}

Appetitverirrung ◇ Heißhunger nach ungewöhnlichen Speisen (z.B. Schwangerschaft): Parorexie --> Gefräßigkeit

Applaus; Beifall: Akklamation

aquarellieren --> verlaufende Farben

arabische Schreibschrift: Neschi s,w [neski]

Arbeit, sinnlose, qualvolle, vergebliche: Danaidenarbeit --> anstrengend

arbeiten, aufs härteste; ausdauernd werktätigen; Arbeitsnormen übererfüllen: *stachanowieren* {Wissenschaft von der besten Anpassung von Arbeitsbedingungen und Mensch sowie von den Leistungsmöglichkeiten und -grenzen des arbeitenden Menschen: Ergonomie/Ergonomik} --> bete und arbeite!

arbeiten; unternehmen; versuchen; betreiben: † tentieren

Arbeitsgebiet; Wissensgebiet, auf dem sich jmd. heimisch fühlt: Domäne w

Arbeitskunde; Gerätekunde: Ergologie

Arbeitsnische für wissenschaftliche Arbeiten, kleine (Bibliotheken): Carrel s

Arbeitsplatzgestaltung ◇ Anpassung der Erfordernisse des Berufslebens an den Berufsmenschen (Arbeitsplatzdesign, Belüftung etc.): Objektpsychotechnik {Berücksichtigung psychologischer und sozialer Voraussetzungen des Menschen bei der A.: Human engineering} --> arbeiten

Arbeitsplatzwechsel, häufiger -->Karriere
Arbeitsteiligkeit --> Verschiedenheit
Arbeitswütiger; jmd., der zwanghaft ununterbrochen arbeiten will: Workaholic {Betätigungsdrang (krankhaft): Hyperbulie}
Ärger ◇ Kummer; Verdruß: Chagrin m
ärgern: † irritieren {ä.; aufregen; erregen: alterieren} {ä.; lästig werden: ennuyieren} {täuschen; foppen: düpieren} --> Gallensekret
Ärgernis; Anstoß: † Skandalon s
arglistig; mit bösem Vorsatz (Jur.): dolos
Arie; einstimmiger Gesang: Monodie
arithmetisches Mittel --> Mittelwert
Armband: Brasselett s / † Manille w span
Armenhaus; Altersheim: † Hospital (Hospitalit m)
Armer; Bettler (Neapel): Lazzarone --> Leidender
Armleuchter: Girandola/Girandole {(mit hohem Fuß): Flambeau m} {mehrarmiger Leuchter für Lampen oder Kerzen: Kandelaber m}
armselig; karg; knauserig: mesquin (Mesquinerie)
Armstuhl; Lehnsessel: Fauteuil m
Armut; Dürftigkeit: † Pauperität {all meinen Besitz trage ich bei mir (Bias): omnia mea mecum porto}
Armutszeugnis: Testimonium
Aroma (dichter.): Arom s
Arrest (Schulen,Universitäten): Karzer {strenger A.: † Cachot/Kaschott s}
arrogante Haltung ◇ auf Absonderung bedachte, kühle Distanzhaltung: Detachement {geistiger Standort, an dem jmd. weit über anderen zu befinden sich glaubt: Olymp m} {Selbstvergötterung: Idiolatrie}
Art; Gattung (allgemein): Genus s {A.; G.; Wesen: Genre s}
Art und Weise [von etwas], bestimmte: Fasson/Façon w {A. u. W. [des Geschehens oder Seins]: Modus (Modi Mz)} {A. u. W. [des Seins oder Denkens]: Modalität} {A. u. W. des Handelns oder Tätigwerdens: Modus operandi} {A. u. W. (Beschluß,Vertragsabschluß): Modalitäten} {nach A. u. W.: ad modum} --> Verfahrensweise
artfremd; abweichend; nicht übereinstimmend (Med.): heterolog
Artikel ◇ grammatisches Geschlecht: Genus s
Artist der Luftsprünge: † Ikarier
Arzneibuch: Dispensa[to]rium
Arzneiflasche: Vitrium (Vitr.)
Arzneimittel, flüssiges: Liquor m (Liq.) --> Medikament
Arzneimittelabgabe und -bereitung: Dispensierung/Dispensation
Arzneimittellösung: Solutio[n] w
Arzneiverordnung: Medikation
Arzt (scherzh.): Medikus (Medizi Mz){A.; Philosoph (Orient): Hakim} --> Quacksalber
ärztliche Beratung oder Untersuchung: Konsultation --> Krankenbericht
ärztliche Kunst; Heilkunst: Iatrik {durch Arzteinwirkung entstanden: iatrogen} --> Vorschrift
ärztliche Verordnung: Ordination
ärztliche Vorschrift ◇ nach ä.r V. bereitet (Arznei): magistral
Arztrechnung --> Rechnung ausstellen
Askese ◇ Abtötung der Begierde in der A.: Mortifikation {Asket; Wandermönch (Hinduismus): Sadhu}
asphaltieren; betonieren (Fahrbahndecke): † chaussieren --> Straßenbelag
Asseln (systemat. Bez.): Isopoden
Assistent ◇ einem Hochschullehrer assistierender Student: † Famulus {Gehilfe; Schreiber; Sekretär [eines Gelehrten]: † Amanuensis} {Assistenzarzt: Sekundararzt} --> Hilfslehrer
Assoziationen ◇ Vorstellung, die die Grundbedeutung eines Wortes begleitet und in ihm mitschwingt: Konnotation (konnotiert) {A. erwecken (Kunstwerkbetrachtung): evozieren (Evokation)}
Astronaut (Mondflug): Lunonaut {sowjetischer A.: Kosmonaut}
Astronomie ◇ Himmelskunde: † Uranologie {Himmelsbeobachtung: † Uranoskopie} {A. und Geographie; Raum- und Ortskunde: Chorologie/Chorographie} {Gerät zur modellhaften Darstellung der Bewegung von Erde und Mond um die Sonne: Tellurium} --> Sternenhimmel
Atem --> Geruch
Atemholen; Einatmung: Inspiration --> Luftholen
Atemlähmung; Atemstillstand: Apnoe
Atemnot; Kurzatmigkeit: Dyspnoe {Luftverknappung oder -leere in den Lungen: Atelektase} {höchster A.zustand (für den ein aufgerichteter Oberkörper notwendig ist): Orthopnoe}
Atempfeifen ◇ pfeifender Atem (Med.): Stridor
Atemstillstand; Erstickung durch Blutsauerstoffarmut: Asphyxie
atemverschlagend ◇ nicht atembar; zum Einatmen ungeeignet (Med.): irrespirabel
Atheismus --> Gottlosigkeit
Atmosphäre; [angenehme] Note: Flair s {besondere A. (Stadt,Landschaft): Lokalkolorit s} {besondere prägende A.; spezifische Umwelt; besonderes Milieu, in dem jmd. lebt: Ambiente s} {bestimmte [geistige] A.: Fluidum} --> Anstrich
Atmung (Med.): Respiration (respirieren) {ruhiges, regelmäßiges Atmen: Eupnoe}
Atmungsverlangsamung: Bradypnoe --> Kurzatmigkeit
Atomkern betreffend: nuklear
Atomkrieg ◇ Weltbrand; die Auflösung der Welt in ihr ursprüngliches Element,dem Feuer (Heraklit,Stoiker): Ekpyrosis
Atomreaktorunfall ◇ Durchbrennen von Brennelementen eines Reaktors bei Überhitzung: Burnout s
Atomwaffenwahn ◇ Situation einer Nuklearbewaffnung, die größer ist als zur Vernichtung des gegnerischen Volkes nötig: Overkill s,m {das Sich-selbst-Töten der Menschheit durch Nuklearwaf-

fen: Omnizid m,s} {Atomwaffennichtweitergabe: Nonproliferation}
Attrappe; Schaupackung (Werbung): Dummy m --> Puppe
ätzend; scharf (Chemie): kaustisch {Ätzkraft (Chemie): Mordazität} {Ätzmittel (Chemie): Kauterium} {Ätzmittel (Grafik): Mordants Mz}
auch --> oder
auch ... genannt: alias ...
Audienz --> Empfang
auf Befehl: par ordre {auf Anordnung: auf Erlaß [von fremder Stelle]: par ordre du mufti}
auf dem laufenden: au courant {a. d. l. sein: à jour sein} {zeitgemäß; auf dem neuesten Stand: up to date} {a. d. l. halten; aktualisieren: ajourieren} {sich a. d. l. Befindlicher; Kenner alles Modernen (Jargon): Hipster}
auf den Menschen abgestimmt (Bedürfnisse, Möglichkeiten): ad hominem
auf der Hut sein: auf dem Quivive sein
auf des Meisters Worte schwören (Horaz): jurare in verba magistri
auf die Dauer: à la longue
auf ewig: in aeternum / in perpetuum
auf frischer Tat: in flagranti [crimine]
auf geht's! --> vorwärts!
auf jede Weise --> irgendwie
auf Rechnung von: a conto
auf Treu und Glauben; guten Glaubens: bona fide
auf und ab --> anschwellen und abschwellen
auf viele Jahre (Glückwunsch): ad multos annos
auf Wiedersehen!: bye-bye!/cheerio! {(ital. Bez.): arrivederci!}
Aufbau; äußere Gestalt; Form (Organe, Körperteile): Konfiguration
Aufbaukunst ◇ [Lehre von der] Zusammenfügung von Bauteilen zu einem Gefüge: Tektonik
Aufbäumen ◇ das Sichaufrichten des Pferdes auf der Hinterhand (Hohe Schule): Levade w
aufbewahren: asservieren {horten (Geld, Edelmetalle): thesaurieren}
Aufbewahrtes; Verwahrtes; Hinterlegtes: Depositum {Aufbewahrungsort; Hinterlegungsstelle: Depositorium}
aufbrausen; aufwallen (Physik): efferveszieren
aufbrechen; abmarschieren: † delogieren
aufbürden; belasten: † onerieren --> aufdrängen
aufdecken; Spielkarten wenden: tournieren
aufdrängen; aufzwingen: oktroyieren --> aufbürden
aufdringlich ◇ frech; unverschämt herausfordernd: impertinent {Unwillkommener; Unliebsamer: † Urian} --> langweilen --> Missionierung
Aufeinanderbezogensein (Begriffe) --> Wechselbeziehung
Aufeinandereingehen ◇ Wechselbeziehung zwischen Handlungspartnern: Interaktion (interagieren) --> kümmern
aufeinanderfolgend: konsekutiv
Auferstehung: Resurrektion --> willenloser
auffallend ◇ in außergewöhnlicher Wirkung oder Qualität: fulminant {auffällig; zur Schau gestellt; zum Vorzeigen berechnet: ostensibel}
auffälliges Wort oder Redewendung (statt einer bekannten Wendung): Aprosdoketon {die Verwendung eines auffälligen Wortes oder Redewendung: Aprosdokese}
auffordern; förmlich bitten: † invitieren
Aufforderung zu gemeinsamer Tat (z.B. Gehen wir!): Hortativ/Adhortativ s --> Pflichtgebot
Aufforderungscharakter; Anreiz: Appeal/Appel m {A. von Objekten der Wahrnehmung: Valenz}
auffrischend --> wiederauffrischend
Aufführen ◇ Betragen; Führung: † Konduite w
Aufgabe --> Abtretung --> Opferung
Aufgabe --> schwieriges Problem
Aufgabe, berufliche; vertrautes Tätigkeitsfeld: Metier s
aufgedunsen; aufgeschwemmt (Med.): pastös
aufgehen (Gestirne): aszendieren
aufgehendes Gestirn: Aszendent m
aufgelegt; gestimmt (zu etwas): disponiert
aufgelöst --> feinzerteilt
aufgenommene Nahrung: Ingesta Mz
aufgeregt: exaltiert {a.; gereizt; aufgebracht; erbittert: † animos (Animosität)} {a.; heftig (Musik): agitato} {leidenschaftlich a.: enragiert} --> stürmisch
Aufgeschlossener --> Toleranter
aufgeschwemmt; gedunsen (Med.): pastös
aufgeweckt; klug; schlau; gewandt: vigilant {a.; munter; frisch: alert}
Aufguß; wäßriger Pflanzenauszug: Infus[um] {Drogenextraktgewinnung durch Ziehenlassen in Flüssigkeit: Mazeration}
aufhäufen: † amassieren
aufheben; abschaffen: † abolieren {a.; entkräften; unwirksam machen: paralysieren} {a.; für ungültig erklären: nullifizieren} {sich a.; sich ausgleichen: bilanzieren}
aufhebend; beschränkend: derogativ/derogatorisch {Aufhebung eines Gesetzes durch ein neues: Abrogation}
aufhören; wegfallen: † zessieren
aufhörend; ausgehend; ersterbend (Musik): estinguendo --> ersterbend
aufklären; jmdn. belehren: jmdn. au fait setzen
Aufklärer --> Kundschafter
Auflage --> Last; Verbindlichkeit
Auflauf (Gastron.): Soufflé s
auflehnen --> widersetzen
auflockern --> verdünnen
auflösbar --> löslich
auflösen; trennen: dissoziieren {a.; zerlegen (in Bestandteile): dekomponieren} {in kleinste Teile a.: atomisieren} {a. (Chemie): solvieren} {verdampfen: vaporisieren} --> aufspalten
auflösend; zerstörend: dialytisch {zerteilendes, a.es Mittel (insb. Arznei): Dis-

solvens s (Dissolventia/Dissolvenzien Mz)} --> auseinanderziehend
Auflösung in Teile; Spaltung: Desintegration {A.; Zersplitterung; Verteilung; Zerstreuung: Dekonzentration} {A.; Trennung (Med.): Dissolution} {A. (Bakterien, Blutkörperchen): Lyse/Lysis} {durch A. entstanden (Gewebslücken etc.): lysigen}
Aufmöbeln ◇ Gewebe Glanz und Festigkeit verleihen: appretieren {[Kunst]-seide glänzender machen: chevillieren}
aufmüpfig ◇ widerspenstig; aufsässig: renitent (Renitenz) {widerspenstig; unbelehrbar; starrsinnig: obstinat} --> widersetzen
Aufnahme in eine Gemeinschaft: † Rezeption {(geistliche Körperschaft): † Ingremination} --> aufnehmen
Aufnahmefähigkeit: Perzeptivität
Aufnähung; Aufgenähtes (Verzierung auf Gewebe): Applikation
aufnehmen, als Hörer oder Leser o.ä. ein Kunstwerk oder einen Text: rezipieren (Rezeption, Rezipient)
aufnehmen (in Freimaurerloge): affiliieren {jmdn. durch Nachwahl in eine Körperschaft durch deren Mitglieder aufnehmen: kooptieren (Kooptation/Kooption)} --> Aufnahme
aufnehmen, in sich; aufsaugen: absorbieren (Absorption) {a.; bestimmte Stoffe aufsaugen: resorbieren}
aufnehmend, nur; empfangend: rezeptiv
aufopfernd; selbstlos; uneigennützig: altruistisch (Altruist) / † tuistisch
aufpolieren --> Aufmöbeln
Aufputschtablette; Amphetamin- oder Weckamintablette (Jargon): Bambino m --> Muntermacher
aufquellen (Pflanzenteile): imbibieren
aufrauhen; körnen (Papier): granieren {einseitig a.; narben (Papier, Pappe): grainieren} {a.; kämmen (Wolle): kard[ier]en}
Aufrechnung (Jur.): Kompensation
aufrechte Körperhaltung: Orthostase
aufregen; ärgern; erregen: alterieren {a.; erregen; [auf]reizen: irritieren} {sich a.; sich erhitzen: sich echauffieren (echauffiert)} {aufbrausen; aufwallen (Physik): efferveszieren} --> Luftholen
Aufregung; Gemütsbewegung: Alteration
aufreizen; reizen; erregen: irritieren {a.; sexuelle Wünsche erregen: libidinisieren} --> aufregen
aufrichtig; wahrhaft; echt: † veritabel --> Ehrenhaftigkeit
Aufrolltrommel für Papier: Tambour m (Tamboure Mz)
Aufrücken; Beförderung: Avancement
Aufruhr --> Aufstand --> Gärung
Aufrührer; Unruhestifter; Ruhestörer: Tumultuant / † Turbator {aufrührerisch; aufwiegelnd: faktiös} --> Aufständischer
aufsässig; widerspenstig: renitent (Renitenz) {widerspenstig; unbelehrbar; starrsinnig: obstinat} --> widersetzen
Aufsatz; knappe Abhandlung in ansprechender und anspruchsvoller Form (Literatur, Wissenschaftsthemen): Essay m,s (Essayist) --> Vermischtes
aufsaugen; in sich aufnehmen: absorbieren (Absorption) {(bestimmte Stoffe): resorbieren} {wasseranziehend und -aufnehmend (Chemie): hydrophil}
Aufschiebbares; Angelegenheit o.ä., mit der man sich auch später beschäftigen kann: Cura posterior w
Aufschneider --> Angeber
Aufschub; Aufschubfrist (Jur.): Dilation {A.gewährung (Schulden): Indult m,s lat} {A.; Vertagung: Prorogation} {gesetzlich angeordneter oder [vertraglich] vereinbarter A. (z.B. Zahlungen): Moratorium}
Aufschwung, allgemeiner (Wirtschaft): Hausse w frz
Aufsehen erregender Vorfall; Skandal: Eklat m frz (eklatant)
Aufsicht, [strenge]; Kontrolle: Kuratel w {Aufseher: † Monitor} {Aufsichtführender: Inspizient} {histor. Aufsichtsbeamter (Schlösser, öffentliche Gebäude): Kastellan} {Aufsichtsbehörde (von Körperschaften, Institutionen): Kuratorium}
aufspalten; absondern: segregieren --> auflösen
Aufspürung; Untersuchung: † Indagation {Untersuchung; Nachforschung: † Investigation}
Aufstand; Aufruhr: † Sedition {A.; A.; Meuterei: † Emeute} {A.; Volkserhebung: Insurrektion} {Randale (Häftlinge): Bambule w} {einen [Volks]aufstand machen: insurgieren} {Aufständischer: Insurgent} --> Aufrührer --> Gärung
Aufstehen --> Morgenempfang
aufsteigen; befördert werden (Dienstrang): aszendieren --> auftauchen
aufsteigend (Dämpfe etc.): aszendent {(Wind): anabatisch} {aus der Tiefe a. (Geol.): anogen}
Aufsteiger ◇ jmd. mit vermutlich großer Karriere vor sich: Coming man --> Karriere
aufstellen; festsetzen: statuieren
aufstellen, sich; Stellung einnehmen: † Posto fassen {Aufstellung; Geschützstand: Emplacement}
Aufstoßen; Rülpsen: Efflation {(nervös): Eruktation}
Auftakt --> Einleitung
auftauchen; emporkommen; sich hervortun: † emergieren --> aufsteigen
Auftauvorrichtung (Kühlschrank): Defroster
auftischen; darreichen; einschenken; feierlich anbieten (insb. Getränke): kredenzen
Auftrag: † Kommission {(Geschäft): † Kommissorium} {A. ausführen; Zahlungen leisten: effektuieren}
Auftraggeber; Kunde (freie Berufe): Klient {Gesamt der Auftraggeber (z.B. eines Rechtsanwalts): Klientel w}
auftreten als; sich benehmen als: sich gerieren

Auftritt einer Band oder eines Musikers im Studio oder im Lokal, bezahlter: Gig m

Aufwachen --> Wiedererwachen

Aufwärtsentwicklung (Evolution): Anagenese --> Evolution

Aufwertung einer Währung durch Wechselkurskorrektur: Revalvation

aufwiegelnd; aufrührerisch: faktiös --> Aufrührer

Aufwind ◇ aufwärtsgerichtete Warmluftbewegung (Meteor.): Thermik {Hangaufwind: anabatischer Wind}

aufwinden (Seemannsspr.): taljen

Aufzählung: Enumeration (enumerativ)

Aufzeichnung; Niederschrift: † Konsignation {A.; Einzeichnung; Vermerk: † Annotation} {A.; Notiz; schriftliche Bemerkung: Notat s} {unverarbeitete A.en; Kladde: Adversaria/Adversarien}

aufzwingen: [auf]oktroyieren --> aufbürden

Auge ◇ das A. betreffend; mit dem A.; dem A. zugewandt: okular {einfaches Lichtsinnesorgan niederer Tiere: Ozelle} {im Augeninneren [gelegen]: entoptisch}

Auge zudrücken --> laxe Moral --> nachsichtig

Auge zuhalten mit beiden Handflächen (Med.): palmieren

Augenarzt: Ophthalmologe / † Okulist {A.-helfer, der einfache Diagnosen und Übungen selbst vornimmt: Orthoptist}

augenblicklich entstanden: ad hoc

augenblicklicher Zustand (Krankheit): Status praesens

Augendiagnose; [ungesichertes] Verfahren der Krankheitserkennung durch Beobachtung der Regenbogenhautfärbung: Iridologie/Irisdiagnose

Augenentzündung, eitrige: Pan[t]ophthalmie

Augenermüdung [beim Nahsehen]: Asthenopie

Augenglas für nur ein Auge: Monokel s --> Brille

Augengröße, abnorme: Makropsie/Megalopsie

Augenheilkunde: Ophthalmiatrie/-trik {zum Auge gehörend: ophthalmisch}

Augenheilmittel: Ophthalmikum

Augenhornhaut: Cornea w

Augeninnendrucksmessung: Tonographie

Augenliderschlaffung; Augenlidherabhängen: Blepharochalasis

Augenschein ◇ Diagnose mit bloßem Auge (Med.): Ektoskopie

augenscheinlich; offenbar; sichtbar: † visibel --> offenkundig

Augenzwinkern, unentwegtes --> Blinzeln

aus dem Augenblick heraus [entstanden]: ad hoc

aus dem Stegreif: ex tempore

aus dem Umlauf ziehen --> einziehen

aus der Ferne; von weitem: par distance

aus der Mode; nicht aktuell: démodé

aus der Rolle Fallender --> unmöglich sich Benehmender

Aus der Tiefe (Psalmbeginn): De profundis s

aus sich herauskommend; nach außen gerichtet; für äußere Einflüsse leicht empfänglich (Psychol.): extravertiert/extrovertiert

aus sich selbst entstehend: autogen

ausatmen: exspirieren {a.; ausdünsten: exhalieren}

Ausbaggerung --> Ausschachtung

Ausbeutung (Menschen, Bodenschätze): † Exploitation (Exploiteure) {blutsaugende Parasiten: Hämatophagen}

ausbrechen; hervorbrechen (Lava, Dampf etc.): eruptieren (Eruption)

Ausbreitungsverhinderung ◇ Beschränkung eines Krankheitsherdes auf ein bestimmtes Körpergebiet: Lokalisation

ausbürgern (Staatsangehörigkeit): denaturalisieren {Ausbürgerung; Verbannung: Expatriation/Expatriierung}

Ausdauer; Beharrlichkeit: Assiduität/Perseveranz / † Persistenz {A.; B.; Zähigkeit; Hartnäckigkeit (Psychol.): Tenazität}

ausdehnbar --> dehnbar

ausdehnen: expandieren {a.; ausweiten: † extendieren}

Ausdehnung; Streckung: Extension {A.; Dehnung; Erweiterung (Physik): Dilatation}

Ausdehnung; Umfang: Extensi[vi]tät --> Ausmaß

ausdenken ◇ erdichten: fingieren --> Vorstellung

Ausdruck: Expression {A.; geistiges Gebaren: Gestus m}

Ausdruck ◇ Redensart; Redewendung: Lokution --> Spracheigenheit

ausdrücken ◇ seine Gefühle aussprechen: expektorieren {Gedanken, Gefühle oder Vorstellungen in Worten a. (zwecks Bewußtmachung): verbalisieren}

ausdrücklich; mit ausdrücklichen Worten: expressis verbis {a.; deutlich: explizit} {in aller Deutlichkeit: explizite}

Ausdrucksfehler, grober: Barbarismus --> Versprecher

ausdrucksgewandt: versatil {redegewandt; beredsam: eloquent (Eloquenz)}

Ausdruckspsychologie; Zustandsdeutung der Seele aus Gesichts- und Körperbewegungen: Pathognomik

ausdrucksvoll (Musik): espressivo / con espressione {a.; gesangartig (Musik): cantabile} {ausdrucksstark; ausdrucksbetont; mit Ausdruck: expressiv}

Ausdrucksweise; Stil (mündlich, schriftlich): Diktion {A.; Redestil: Lokution} {A., Sprachverhalten und Wortschatz einer einzelnen Person: Idiolekt m} --> Sprache als Ausdrucksweise

ausdünnen (Haarschneiden): effilieren

Ausdünstung; Erguß; Ausfluß: Effluvium --> Geruch

auseinander! ◇ geht auseinander! (Boxkommando): break!

Auseinandersetzung, spitzfindige --> Streit um Worte

auseinanderziehen; trennen: distrahieren {durch Fliehkraft beim Drehen nach außen ziehend: zentrifugal}

ausfallend --> aussetzend

ausfließen (Med.): effluieren

Ausflockung; Ausfällungsprodukt (Med., Chemie): Präzipitat {ausflocken [lassen]; gerinnen [lassen] (Chemie): koagulieren}

Ausflucht: Evasion {A.; Lüge; Vorwand: Finte w} {spitzfindige A.: † Quibble s} {Ausflüchte enthaltend: evasiv} {Ausflüchte suchend; ausweichend: evasorisch}

Ausflug ◇ Sommerfrische; Landaufenthalt: † Villeggiatur it

Ausfluß; Erguß; Ausdünstung: Effluvium {A. (Scheide,Gebärmutter): Fluor m}

ausfragend, peinlich: inquisitorisch

ausführen: amplifizieren

ausführlich berichtend; keine Einzelheit auslassend: episch

ausführlich; vollständig: in extenso {a. [differenziert] dargestellt: explizit} {a.; weitschweifig: † prolix} {a.; umständlich: † peristatisch}

Ausführungen --> Erzählung

Ausfuhrwaren: Exporten

Ausgang (anatom.): Exitus

Ausgang einer Sache --> Erfolg

Ausgebeuteter; ausgenutzter Arbeiter: Kuli --> Unterdrückter

Ausgedachtes --> Vorstellung

ausgedehnt; umfassend; in die Breite gehend: extensiv

ausgedehnt; weit; unermeßlich; öde: † vast

ausgeglichen; von a.er [Körper]konstitution (Psychol.): metromorph

ausgelassen tobend; wild begeistert: korybantisch {a.; trunken; überschäumend: bacchantisch} {Ausgelassenheit: † Petulanz} {Ausgelassenheit; Hochstimmung: Highlife s} --> Heiterkeit

Ausgelassenes; Fehlendes; Lücken: † Omissa Mz

Ausgenutzter; ausgebeuteter Arbeiter: Kuli --> Unterdrückter

ausgeprägt: prononciert

Ausgeschiedenes; Abgetrenntes: † Segregat --> Ausscheidungen

ausgeschlossenen Dritten, Grundsatz vom (Logik) ◇ ein Drittes gibt es nicht: tertium non datur

ausgesprochen; offenkundig: deklariert --> erklärtermaßen

Ausgestoßener: Paria/Outcast --> Unterdrückter

ausgetrocknet; trocken (Med.): xerotisch

ausgewählt: anthologisch

ausgezeichnet; glänzend; großartig: fulminant --> bravo!

ausgleichen: applanieren/kompensieren {ins Gleichgewicht bringen: äquilibrieren} {sich a.; sich aufheben: bilanzieren} --> einebnen

Ausgleichung; Gleichstellung: † Parifikation

Aushang; Anschlag; Plakat: Affiche (affichieren/affigieren)

Aushängeschild ◇ große Holzfigur am Schiffsbug als Blickfang: Galionsfigur

ausheben --> Rekruten

aushelfen; jmds. Stelle vertreten: † vikariieren

ausladen; Fracht löschen (insb. Holz): debardieren (Debardage) --> ausschiffen

Ausländer ◇ ortsansässiger Fremder ohne politische Rechte (griech. Antike): Metöke

ausländisch; fremd: † extran

ausländische Währung: Valuta w (Valuten Mz)

Auslandsreise; Wanderung im Ausland: † Peregrination

auslassen; übergehen: präterieren {a.; unterlassen: † omittieren}

Auslassung; Einsparung von entbehrlichen Redeteilen; ein Satz mit solchen Einsparungen: Ellipse

Auslassungszeichen --> Wiederholungszeichen

auslaugen; ausziehen (lösliche Drogenanteile): digerieren {Drogenextraktgewinnung durch Ziehenlassen: Mazeration} {auslaugend; ausziehend: extraktiv}

ausleeren; entleeren: † evakuieren

auslegen; erläutern; Literaturtexte erklären: explanieren {Auslegung von [Bibel]texten: Exegese} --> Textauslegung

Auslöschung; Tilgung: † Extinktion

Ausmalen ◇ das kunstvolle Ausweiten einer Aussage über das zum Verständnis Nötige hinaus: Amplifikation

Ausmaß; Ausdehnung: Dimension {A.; Umkreis; Umfang; Ausdehnung: Zirkumferenz} --> Ausdehnung

ausmaßgleich (Flächen,Körper): isoperimetrisch --> Volumen

Ausmerzung ◇ völlige Entfernung eines erkrankten Organs: Exstirpation

ausmessen; eichen: visieren

Ausnahme: † Exzeption --> Lastenbefreiung

ausnahmslos; alle zusammen: tutti quanti

ausnahmsweise eintretend --> außergewöhnlich

Ausnähung; Einfassung: † Broderie (brodieren)

ausnehmen; als Ausnahme hinstellen: † exzipieren {a.d; ausschließend: † exzeptiv}

ausrauben; plündern: † exspoliieren --> plündern

Ausrede; Rechtfertigung; Entschuldigung: Alibi s {spitzfindige Ausflucht: † Quibble s}

ausreichend viel (Med.): quantum satis (q.s.)

Ausrenkung --> Verrenkung

Ausrichter --> Organisator --> Veranstalter

ausrotten; vertreiben: † exterminieren

Ausruf: Exklamation (exklamieren) {A.ewort; Empfindungswort (z.B. oje!, igitt!, ola!): Interjektion}

ausruhen, sich; sich entspannen: relaxen (Relaxing) --> erholen

ausrüsten; ausstatten: equipieren {Ausrüstung; Ausstattung: Outfit s} {Ausrüstung; Zubehör: Paraphernalien}

Aussage; Erklärung; Satz: Enunziation

{A.; Gehalt; Botschaft: Message w engl} {jmdm. eine A. entlocken; jmdn. zu einer Äußerung bewegen: elizitieren} {aussagend; behauptend; nachdrücklich: apophantisch}
aussägen; ausschneiden (z.B. Laubsägen): dekupieren
Aussagengegensatz --> Widerspruch
Ausschachtung; Ausbaggerung; Auswaschung: Exkavation
Ausschaltung; Beseitigung; Entfernung: Elimination
Ausschank; Warenverkauf: † Debit m frz
Ausscheidungen (Erbrochenes,Kot etc.): Egesta Mz {A.; Kot und Harn: Fäkalien} {Auswurf; Kot: Dejekt s (Dejektion)} {Ausscheidung nicht weiter verwertbarer Stoffwechselprodukte: Exkretion (Exkret s)} --> Auswurf
ausschiffen: † debarkieren
Ausschlagung; Verschmähung (z.B. ein Erbe; Jur.): † Repudiation
ausschließen: exkludieren (Exklusion) {ausschließend; ausnehmend: † exzeptiv} {ausschließlich; ohne: exklusive}
Ausschluß der Öffentlichkeit ◇ Tagung unter A. d. Ö.: Klausurtagung
Ausschluß (Kirche) --> Bann
Ausschmücken (Aussagen) --> Ausmalen --> Verzierung
Ausschnitt (Damenkleidung): Dekolleté s
Ausschußware: Bafel/Bofel/Pafel m {Ausschuß (Kaffeebohnen): Triage w}
ausschweifen; übertreiben: † exzedieren {Ausschweifung: Debauche w} {Ausschweifender; Wüstling: Libertin[er]} --> Müßiggängertum --> rauschend --> zügellos
Aussehen; Form; Gestalt: Eidos s / Morphe w {A.; Erscheinung (Mineralien, Lebewesen etc.): Habitus m}
Aussehen; Haltung: Air s {A.; Anziehungskraft; Ausstrahlung: Appeal/Appell m}
außen berührend --> angrenzen
Außeneinflüsse, auf ein Lebewesen einwirkende (z.B. Sonnenschein,Luftfeuchtigkeit): biotrope Faktoren {Wissenschaft von den A.n auf Organismen: Biodynamik}
Außenseite ◇ noch unbekanntes Rennpferd: Dark horse s --> Sportler, junger
Außenstehender; Nichteingeweihter: Exoteriker
außer Konkurrenz; außer Wettbewerb: hors concours
außer Verkehr; nicht im Umlauf: inkurant
äußere Einflüsse, leicht empfänglich für; nach außen gerichtet (Psychol.): extravertiert/extrovertiert
äußerer Anlaß ◇ von außen angeregt; nicht aufgrund innerer Antriebe: extrinsisch
äußerer Anstand; Schicklichkeit: Dekorum
äußerer Schein; Anstand: Dehors Mz
Äußeres; Außenseite; Erscheinung: Exterieur († Exteriorität)
außergewöhnlich: säkular {a.; außerordentlich: extraordinär} {a.; erstaunlich; großartig: formidabel} {a.; gewaltig; übertrieben: exorbitant} {a.; ausnahmsweise eintretend: exzeptionell} --> auffallend
außerhalb der Erde gelegen: extraterrestrisch
außerhalb der Kirche ist kein Heil: extra ecclesiam nulla salus
außerhalb der Landeshoheit: extraterritorial
außerhalb der Mauern: extra muros
außerhalb der Reihe: extra ordinem
außerhalb des Körpers verlaufend oder erfolgend (Med.): extrakorporal
außerhalb entstehend; von außen kommend (Stoffe,Krankheitserreger): exogen
außerirdisches Leben ◇ Wissenschaft vom außerirdischen Leben: Exobiologie
Außerkraftsetzung; Teilaufhebung (insb. Gesetze): Derogation
äußerlich; der Gestalt und Form nach: morphologisch
äußerlich oder örtlich (Anwendung oder Wirkung von Arzneien): topisch {ä. anzuwendendes Arzneimittel: Externum}
außerordentlich; außergewöhnlich: extraordinär {a.; äußerst groß (positive Qualitäten): eminent} {alles übertreffend: kapital} --> maßlos
außersinnliche Wahrnehmung --> Wahrnehmung
äußerster Termin --> Termin
äußerstes Mittel --> letztes Mittel
Äußerung entlocken --> entlocken
außerweltlich; übersinnlich: extramundan
außerwirtschaftlich: metaökonomisch
aussetzend, zeitweilig; wechselnd: intermittierend --> unterbrochen
Aussicht ◇ Rundblick; Rundschau: Tour d'horizon w,m {A.spunkt: † Bellevue w / Belvedere s}
Aussichten (Vorhaben): Auspizien {aussichtsloses Unternehmen (von vorn herein): Donquichotterie}
Aussperrung (Gegenmaßnahme zum Streik): Lockout s,m,w
Aussprache; öffentliche Diskussion: Forum
Aussprachefehler ◇ Unvermögen, Wörter oder Laute richtig zu bilden (trotz Funktionstüchtigkeit des Sprechapparates): Anarthrie
aussprachegleich (Wörter,Silben): homophon {verschieden geschrieben, aber a. (z.B. Mist - mißt): heterograph}
aussprachegleiches Wort ◇ Wort, welches gleich wie ein anderes lautet, jedoch anders geschrieben wird (z.B. Last - laßt): Homophon s {Wort, welches sich bei gleicher Schreibung durch unterschiedliche Aussprache von einem anderem Wort unterscheidet (z.B. Beinhaltung = Haltung der Beine, Beinhaltung = Im-Inhalt-einbegriffen-Sein): Homogramm/Homograph s} --> ähnlich lautendes Wort --> gleiches Wort
Aussprachelehre ◇ Lehre von der richtigen Aussprache der Wörter: Orthoepie/ Orthoepik {nach bestimmten Regeln festgelegte Aussprache der Wörter: Orthophonie}
Ausspracheschwierigkeit bei bestimmten

Lauten: Mogilalie --> G als J --> R als L
aussprechen, sich; sich erklären (Gefühle): expektorieren
Ausspruch: Diktum s {A.; Sinnspruch; Zitat; Sentenz: Apophthegma s}
Ausstattung; Ausrüstung: Outfit s
Aussteiger; jmd., der aus einer sozialen Gruppe ausbricht: Drop-out {glückliche Minderheit: Happy-few Mz}
ausstellen: † etalieren {a.; vorzeigend darbieten: exhibieren} {werbewirksames Warenausstellen: Display s} {Warenausstellen (Schaufenster): † Etalage}
Ausstellung; Schau: Exposition {Werke für eine A. oder ein Filmfestival o.ä. zusammenstellen: jurieren} {A.sstück; Museumsstück: Exponat s}
Ausstellungsdatum --> vom Tage der
Aussteuer; Brautausstattung: † Trousseau m {in die Ehe eingebrachtes Vermögen der Frau: † Illatum (Illaten/ Illata Mz)}
ausstopfen (Tierhaut): naturalisieren {Haltbarmachen toter Tierkörper für Demonstrationszwecke: Taxidermie}
ausstrahlen von einem Zentrum aus (Schmerzen): irradiieren
Ausstrahlung --> Anziehungskraft --> Atmosphäre
Ausstrahlung [psychischer Energie]: Emanation
aussuchen ◇ gedrängt zusammenstellen: magazinieren
austauschbar; ersetzbar (Jur.): fungibel
austauschbar, frei (insb. Währungen): konvertibel (Konvertibilität/Konvertierbarkeit)
austeilen --> verteilen
australische Tierwelt: Notogäa/Notogäis w
austreten (insb. Kirche): dissidieren --> Weggang
Austrocknen; Austrocknung (Chemie): Exsikkation {Trocknung; Wasserentzug: Dehydratation} {vertrocknet; trocken (Med.): xerotisch}
ausüben: † perpetrieren --> Vollziehender
ausufernd --> maßlos
Auswahl; Wahl: Elektion {auswählend: analektisch/elektiv} {Auswählender; Wählender: Elektor}
Auswahl; Warenlager; Sortiment: Assortiment
auswärts befindlich; abwesend: † ekdemisch
Auswaschung --> Ausschachtung
Ausweg --> letztes Mittel
Ausweglosigkeit; Sackgasse: Impasse w {A.; Unmöglichkeit der richtigen Entscheidungs- oder Lösungsfindung: Aporie} {von zwei Übeln unentrinnbar bedrängt: zwischen Szylla und Charybdis / - Scylla - -}
Ausweichen ◇ Rückwärtssprung im Boxen: Backspring m
ausweichend --> Ausflucht
Ausweis; Rechtsausweis; Beglaubigung: Legitimation {Schriftstücke, die jmdn. als bestimmte Person oder Berechtigten ausweisen: Identitätspapiere} {sich ausweisen: sich legitimieren}
Ausweisung aus Wohnung oder Grundstück (gerichtl.): Exmission (exmittieren) {Geheimbefehle der französischen Könige bis 1789 zur Verbannung oder Verfolgung: Lettres de cachet Mz}
ausweiten; ausdehnen: † extendieren
auswendig lernen: memorieren
Auswertung: Evaluierung/Evaluation
auswiegen ◇ durch Gegengewichte das Reingewicht einer Ware auf der Waage ausgleichen: tarieren
Auswuchs; Höcker (Med.): Ekphym s {A.; Gewebewucherung (krankhaft): Exkreszenz} --> Höcker
Auswurf (Med.): Expektoration --> Ausscheidungen
Auszehrung; Abzehrung: Tabeszenz {(infolge langen Appetitmangels): Konsum[p]tion} {A.; Schwindsucht: † Tabes w} {A.; Schwund von Organen, Zellen etc. durch Ernährungsstörungen: Atropie} {Abbau und Verbrauch von Körpersubstanz unter Energiegewinnung: Dissimilation}
Auszeichnung; [hoher] Rang: Distinktion
Auszeit; Spielunterbrechung, die einer Mannschaft zusteht: Time out s
Auszubildender --> Schüler
Auszug --> auslaugen --> Kräuterauszug --> Ziehenlassen
Auszug, kurzer; Zusammenfassung: † Abrégé s {Auszug (Buch, Bericht): Digest m,s engl} {A. aus einem Schriftwerk: Epitone w} {A. aus einer Schrift; kurze Übersicht: † Breviar[ium]} {A. aus einem Werk, der mit dem Text der Vorlage übereinstimmt: Exzerpt s} {A.stext, der der Vorlage entnommen wurde: Exzerption} {Sammlung von Auszügen aus wissenschaftlichen oder literarischen Werken: Kollektaneen/Collectanea/ Analekten Mz}
Auszug; Weggang (Menschenmassen): Exodus m
Auto fahren: † auteln {Autofahrer: † Autler} {Autofahrer (scherzh.): Mobilist}
Auto; Fahrzeug: Mobil s {A. mit rückklappbarem Stoffverdeck: Kabriolett/ Cabriolet/Kabrio s} {fahrbare Kraft- oder Dampfmaschine: Lokomobil s / Lokomobile w} {A. betreffend: automobil} {A.werkstatt: Garage} {aus A.s bestehender Demonstrationszug: Autokorso m}
Autobahn, [amerikanische]: Highway m {A.; Schnellstraße (ital.): Autostrada w}
Autor ◇ Schreibender; Schreiberling: Skribent / † Skribler {(scherzh.): Skribifax} {Verfasser (Schriftstücke): † Konzipient} {unter dem richtigen Verfassernamen herausgebracht: autonym} --> Scheinautor --> Schriftsteller
Autor (Widmung) --> Schenkung
Autorenkatalog; Namenkatalog (Bibliotheken): Nominalkatalog
Autorensicht ◇ aus der Sicht des Autors dargestellt: auktorial
autoritär; gebieterisch: diktatorial --> anordnend
Autostopper; Anhalter: Tramper/Hitchhiker

B

Backe ◇ zur Wange gehörend: bukkal

Backenbart: Fraise w

Backenknochen; Jochbein: Zygoma s

Backenzahn; Mahlzahn: Molar m

Backform; Hohlform: Model/-dul m lat [-o-]

Bad --> Färbeflüssigkeit

Bad ◇ Dauerbad als Hautkrankheitstherapie: Immersion --> Heilbäderbehandlung

Badehaus (Naher Osten): Hamman m

Bahnsteig: † Perron m frz

Bakterie: † Bakterium

baldig; zukünftig: in spe

Baldrian: Valeriana w

Ball, besonders festlicher: Bal paré m

Ballettgruppe: Corps de ballet m {weiblicher Ballettspitzenstar: Assoluta}

Ballon --> Luftballon

Ballung --> Gemisch

Ballung; Anhäufung (z.B. Betriebe in einem Ort): Agglomeration

Ballungszentrum ◇ aus mehreren Städten gebildete Riesenstadt: Megalopole/Megalopolis w

Balsamine; Springkraut: Impatiens w

Banane: Musa w / Pisang m

Band; Abschnitt (Schriftwerk): † Tomus m (Tom.)

Band am Buchblockrücken, [buntes]: Kap[i]tal[band]

Bande (Billardtisch): Mantinell s {bandennah (Billardkugel): collé} {durch Rückprall des Balles von den Bande treffen (Billard): brikolieren}

Bandit; Gangster: Mobster

Bandscheibenleiden (durch Gewebeverfall): Diskopathie --> Wirbelzwischenraum

Bandwürmer: Zestoden --> Wurmmittel

Bankrott; Zahlungseinstellung: † Falli[sse]ment --> pleite machen

Bann; Verfluchung (Kirche): Anathem[a] s (anathematisieren) {Kirchenbann; Ausschluß aus der kath. Kirche: Exkommunikation}

Banner; Fahne: † Panier s

bar: kontant/comptant {b. und ohne jeden Abzug: netto cassa} {b. zahlen und mitnehmen (Verzicht auf besondere Warenpräsentation zwecks Kostenerparnis): cash and carry}

barbusig; oben ohne: topless

Bargeld: Kontanten Mz {Barzahlung: Kassazahlung} {Barzahlung; Bargeld: Cash s} {Überweisung im bargeldlosen Zahlungsverkehr: Giro s (Giralgeld)} --> flüssig machen

Barmherzigkeit ◇ vollkommene Menschlichkeit: Humanitas w

Barometer: Aneroid s

Barren (Edelmetalle): Ingot m engl

Bartwuchs ◇ abnorm starker Haarwuchs und B.: Hirsutismus

basisch; laugenhaft: alkalisch

Baß: Basso m (Bassi Mz)

Bastard: Hybride w/m

Bastler; Heimwerker: Handyman

Bauch; Unterleib: Abdomen s {bauchwärts gelegen: ventral}

Bauchbruch: Laporozele w

Bauchfellentzündung: Peritonitis

Bauchgeräusche ◇ Darmkollern: Bombus m

Bauchreden: Ventriloquismus (Ventriloquist m) {sich des Bauchredens bedienender Wahrsager: Engastrimant/Gastromant}

Bauchschmerz; Darmschmerz: Enterodynie/Enteralgie

Bauchspeicheldrüse: Pankreas s {Entzündung der B.: Pankreatitis}

Bauer; Großbauer ◇ Landgut- und Farmbesitzer (Lateinamerika): Haziendero

Bauer (zarist. Rußland): Muschik {(Polen, Rußland): † Panje}

bäuerlich; ländlich: † rural

Bauernhof; Pachtgut (Frankreich): Ferme w

Baukunst: Architektur --> Aufbaukunst

Baum, einzeln stehender: Solitär m

Baumkunde; Gehölzkunde: Dendrologie {Baumwachstumsrichtung durch Anbinden bestimmen: palisieren}

Baumschule: † Pepiniere

Baumwolle: Koton m frz {B.; Baumwollgewebe (engl. Bez.): Cotton m,s}

Baurecht: † Superfizies w (superfiziarisch)

Bayern (sinnbildliche Frauengestalt): Bavaria

beabsichtigen; planen; anstreben: intendieren (Intention)

beabsichtigt; geplant: in petto

beabsichtigt ◇ gewollt; willentlich (Psychol.): volitiv

beachtlich; ansehnlich: † konsiderabel {bemerkenswert: † observabel}

Beamtensold --> Lebensunterhalt

Beamter; „Bannerträger der Gerechtigkeit" (ital. Mittelalter): Gonfaloniere della giustizia

Beamter, niederer; Bediensteter: † Offiziant {Beamtengehilfe: † Adjoint frz / Adjunkt}

beanspruchen; fordern: prätendieren {gänzlich b.: absorbieren}

beanstanden; rügen; tadeln; bemängeln: monieren {Mahnung; Rüge; Beanstandung: Monitum s}

bearbeitbar; so beschaffen, daß man damit arbeiten kann: operabel

bearbeiten ◇ gestalten; in eine Form bringen: modeln {einen Gegenstand mit gewisser Zuwendung b. oder verbessern: bosseln}

beauftragen; bevollmächtigen: † mandatieren --> Bevollmächtigter

Becken (Schlaginstrumente aus Messing): Tschinellen/Cinelli/Zinellen

Bedarf; Erfordernis: † Exigenz

bedauerlicherweise ◇ es furchtbar, dies sagen zu müssen; Gott sei's geklagt: horribile dictu

bedauernswert; beklagenswert: deplorabel

bedecken; verbergen: † kuvrieren

bedenkenlos; leichtfertig: frivol

bedenklich; verdächtig; anrüchig: ominös

bedeutend; wichtig: † important lat (Importanz)

Bedeutender --> Hervorragender

bedeutet ◇ das ist: † hoc est (h.e.)

Bedeutung; Inhalt (Wort, Satz, Text): Semantik {Sinn oder Inhalt einer Aussage (Logik): Intension} --> nur eine Bedeutung habend

bedeutungsähnliches Wort ◇ Wort, welches mit einem anderen fast bedeutungsgleich ist und sich von diesem nur durch verschiedenen Gefühlswert unterscheidet (z.B. Gesicht-Antlitz): Homöonym/Homoionym s {nicht volle Entsprechung zweier Wörter in zwei verschiedenen Sprachen: Anisomorphismus}

bedeutungslos ◇ unwirksam; sich als Kraft nicht auswirkend: ineffizient {Bedeutungslosigkeiten; Belanglosigkeiten: Quisquilien} --> flüchtig

Bedienen (Maschinen,Computer): Operating

Bediensteter; Unterbeamter: † Offiziant

bedingend; eine Bedingung angebend (Satz): konditional

bedingend, sich gegenseitig: korrelat[iv]

bedingt; nicht fest; unter Vorbehalt (Rückgaberecht bei Nichtabsetzen von Waren): à condition (a.c.)

Bedingtsein aller seelischen Erscheinungen: Determination

Bedingung (Geschäft,Gesamtverfassung): Kondition --> Beschlußausführungseinzelheiten

Bedrängen ◇ Quälerei; Drangsal: † Tribulation --> schikanieren

bedrohlich; auf rätselhafte Weise unheimlich (insb. Literatur): kafkaesk

Bedrückung; Unterdrückung: Oppression lat (oppressiv) {bedrücken; überwältigen: opprimieren}

Bedürfnisbefriedigung durch Güternutzung: Ophelimität {auf die Bedürfnisse und Möglichkeiten des Menschen abgestimmt: ad hominem}

beeindrucken; angehen; betreffen; berühren: tangieren {(Steigerung): *sekantieren*}

beeindruckend, durch Machtfülle oder Leistungen: titanisch

Beeinflußbarkeit (Menschen): Suggestivität {Beeinflussung von Personen [mittels Hypnose]: Hypnotismus} --> schwankend --> unbeeinflußbar

beeinflussen ◇ manipulieren; dem Glück nachhelfen: corriger la fortune

Beeinflussung ◇ die B. eines elektrisch ungeladenen Körpers durch einen geladenen: Influenz --> färbbar

Beeinflussung, gegenseitige ◇ Überschneidungserscheinung; Überlagerung: Interferenz (interferieren)

Beeinflussung, massive psychologische (Meinungen): Indoktrination

beeinträchtigen; schmälern: derogieren

Beendigung; Begrenzung: Termination

Beerdigungsfeierlichkeiten: Funaralien

Beet, schmales (an Wegen, um Rasenflächen): Rabatte w

befallen (Krankheit): affiziert

befangen machen: präokkupieren

Befehl; Anordnung: Ukas m / † Ordonnanz / Order w {Vorschrift; B.; Einschärfung: † Injunktion (injungieren)}

befehlend; zwingend; bindend: imperativ

Befehlsform, sprachliche (z.B. verschwinde!): Imperativ m

Befehlshaber, oberster: Generalissimus

befestigen: † fortifizieren {sichern; b.: † solidieren}

Befestigungskunst: Fortifikation {Grabenböschung steil machen (Befestigungen): eskarpieren}

befördert werden; im Dienstrang aufsteigen: aszendieren

Beförderung; Aufrücken: Avancement

Beförderung ◇ B.sgebühr: Faktage {B.sweg bestimmen (Brief,Güter): instradieren} --> absenden

Befragung; Untersuchung; Nachforschung (Personen,Gelände): Exploration {Befragter; Untersuchter: Explorand} {Befragender; Untersucher: Explorateur} --> repräsentative

Befreiung; Aufhebung (Verpflichtung): Dispens m / Degagement {befreit von bestimmten Lasten oder gesetzlichen Pflichten: exemt (Exemption, eximieren)}

Befreiung; Entlastung: † Liberation

Befreiungsschlag; unerlaubter Weitschuß (Eishockey): Icing s

Befriedung; Beruhigung: Pazifikation

Befruchtung: Fekundation/Konzeption {das Eindringen der Samenfäden in die reife Eizelle: Insemination} {B.; Vereinigung zweier verschiedengeschlechtlicher Zellen: Gametogamie} {durch Verschmelzung zweier Zellen gezeugt: digen}

befugt; zuständig; maßgebend: kompetent --> Zuständigkeit

befürworten --> gutheißen

Begabung, angeborene (als Voraussetzung für eine bestimmte Höhe der Leistungsfähigkeit): Aptitude w {Genie; B.; Schöpfungskraft; Erfindungsgabe: Ingenium} --> geistreich

Begebenheit; Ereignis: Evenement s frz {kleine, unbedeutende B. am Rande eines Geschehens; lustiger Zwischenfall: Intermezzo s}

Begegnung; Zusammenstoß: Encounter m,s

begehen; verüben: † perpetrieren

Begehren --> Begierde

begeistern; entzücken: enthusiasmieren {entflammen; b.: † inflammieren} {sich b.; sich leidenschaftlich für etwas einsetzen: † passionieren}

begeistert: dithyrambisch {rauschhaft; b.; lebenszugewandt (Nietzsche): dionysisch} {wild b.; ausgelassen tobend: korybantisch} {Begeisterung; Schwung (bei einer Tätigkeit): Verve w} --> Bewunderungsausruf --> entzückt

Begierde; Lüsternheit: Kupidität {sinnliche B.; Begehrlichkeit (Erbsündenfolge): Konkupiszenz} {Trieb; B. (insbesondere sex.): Libido w} {Begehren; Sexualverlangen (Verhaltensforschung): Appetenz}

Beginn ausdrückend (bei Verben, z.B. losgehen): inchoativ/inkohativ/ingressiv

beginnend; anfänglich; Anfangs...: initial {beginnend (Med.): inzipient} --> Termin
Beglaubigung: Vidimation w / † Vidimatum s {Bescheinigung; B.: Testat s} {[amtl.] Bescheinigung; B.; Zeugnis: Zertifikat s (zertifizieren)} { Beglaubigung; [Rechts]ausweis: Legitimation} {B.sschreiben; Vollmacht: Kreditiv s} {beglaubigen: verifizieren / † vidieren / visieren} {die Echtheit bezeugen; beglaubigen: authentifizieren}
begleiten --> zugleich tun
begleiten (junge Dame) --> geleiten
begleitend, nur; unwichtig; nicht unterscheidend: konkomitant
Begleitung (Musik): Akkompagnement (Akkompagnist)
begnadigen: † abolieren/pardonieren
Begräbnisfeierlichkeiten: Funeralien {Begräbnisfeier; kath. Totenmesse: Exequien/Obsequien Mz} {feierliches Begräbnisgeleit; Gefolge: Kondukt m} {Begräbnis betreffend: † sepulkral}
Begrabungsangst ◇ Angst, lebendig begraben zu werden (krankhaft): Taphophobie
begreifbar: † komprehensibel /konzeptibel
begrenzend; bestimmend; festlegend: determinativ
begrenzend; einschränkend: limitativ
Begrenzung; Beendigung: Termination
Begriff (Philos.): Term (Terme Mz) / Terminus (Termini Mz) {Gedanke; Begriff (Philos.): Notio[n]} --> Geistiges
Begriffe standardisieren bzw. sie für die Wissenschaft handhabbar definieren: operationalisieren
Begriffsbestimmung: Diorismus
begriffsstutzig: mente captus
Begriffswort; Hauptwort, das Nichtdingliches bezeichnet: Abstraktum
Begriffszerlegung; Begriffsuntergliederung: Diärese/-sis
begründen: motivieren
begründend; ursächlich: ätiologisch
Begründer --> Fachgründer
begründet --> berechtigt
Begrüßung ◇ [bei Empfängen] die Gäste willkommen heißen: die Honneurs machen {begrüßen; jmdn. willkommen heißen: † komplimentieren}
Begrüßungsformel --> nichtssagende
begünstigen; beschützen: † patronisieren
Begünstigung; Wohltat: † Benefizium
Behaarungsmangel (Körper): Hypotrichose/Hypotrichosis
Behaarungsstärke, abnorme: Hirsutismus --> Haarwuchsübermaß
behaglich; gemächlich; ruhig (Musik): comodo
behandeln: trätieren / † traktieren {Gebrauch; Handhabung: Handling}
beharrlich; zäh; schwerfällig (Temperament): ixothym {ständig wiederholt; beharrlich (Baßthema in der Musik): ostinat[o]}
Beharrlichkeit; Ausdauer: Assiduität/ Persevanz / † Persistenz {Hartnäckigkeit; B.: Insistenz (insistent, insistieren)} {Hartnäckigkeit; B.; Zähigkeit; Ausdauer (Psychol.): Tenazität} --> Abtragung --> Stetigkeit
Beharrungsvermögen (Philos.): Vis inertiae w
behaupten; unterstützen: † soutenieren {versichern; b. (Philos.): asserieren (Assertion)}
behaupten; vorgeben: prätendieren
behauptend; setzend: thetisch {aussagend; b.; nachdrücklich: apophantisch}
Behauptung der Werbung: Claim s
behelfsmäßig; als Behelf dienend: subsidiär/subsidiarisch
behende --> gewandt
beherbergen; unterbringen: † logieren
beherrschen --> knechten
Beherrschung --> Enttäuschungsumwandlung
behilflich sein; beitragen: † kontribuieren
behindern; anrempeln (Eishockey): checken {Behinderung (Eishockey): Check m}
Behinderung; Nachteil: Handicap/-kap s {behindert; benachteiligt: gehandikapt}
behördliche Anordnung; richterliche Verfügung: Dekret s
behördliche Würde; obrigkeitliches Amt: † Magistratur {jmd., der vor einer Behörde oder vor Gericht erscheint: † Komparent}
behutsam; zurückhaltend; zart[fühlend] : delikat
bei sonst gleichen Bedingungen (Wirtschaftswiss.): ceteris paribus
Beiboot: Flieboot {B. einer Jacht: Moses m (Moses Mz)} {B.; Sportruderboot: Gig w,s (Gigs Mz)}
beibringen ◇ [etwas] vermitteln: † interponieren --> lehren
Beichtender; Büßender (kath.): Pönitent/ † Konfitent
beidäugig: binokular
beide Ohren, für (z.B. Kopfhörer etc.): bi[n]aural
beiderseitig: bilateral {beidseitig tragbares Kleidungsstück: Reversible s engl}
Beidhändigkeit ◇ Geschicklichkeit mit beiden Händen gleichermaßen: Ambidextrie (ambidexter)
Beifahrer (Motorrad): Sozius m (Sozia w)
Beifall; Applaus: Akklamation {Huldidigung; B.: Ovation} {laut-öffentlicher B.: Hos[i]annaruf} {rasender B.; Leidenschaftlichkeit: Furore w,s} {bestellter Beifallsklatscher: Claqueur} --> rasend
beifügen: apponieren {zum Beifügen geeignet; beigefügt: adjektiv}
Beigeschmack, übler ◇ Anrüchigkeit: Hautgout m --> übler Beigeschmack
Beihilfe; Zuschuß: † Adjutum
Beiklang ◇ die Grundbedeutung eines Wortes begleitende zusätzliche [gefühls-, ausdrucks- oder stilmäßige] Vorstellung: Konnotation
Beilage --> Gemüsebeilage --> Vorspeise
beiläufig; am Rande; nebenbei: inzidenter {b. auffallend; zufällig: † inzident}

beilegbar, gütlich (Konflikte): akkommodabel

Beileid; Beileidsbezeugung: Kondolenz w (kondolieren)

Beinhaltung ◇ das Enthaltensein in etwas (Philos.): Inexistenz {einschließen: + inkludieren}

Beiordnung --> Hinzufügung

beipflichten --> zustimmen

Beisitzer ohne Stimmrecht: + Auskultant

Beispiel; Muster: Paradigma s

beispielshalber: exempli causa (e.c.)

beißend; spöttisch; satirisch: juvenalisch --> Satire --> spöttisch

Beistand; Rückhalt; Unterstützung: + Subsidium

Beistelltisch ◇ Nebentisch; Anrichte: + Servante w

Beitrag; Pflichtbeitrag; Anteil: Kontingent s {kleine Geldspende: Obolus m}

Beitrag, zu aktuellem Anlaß herausgegebener, besonders aufgemachter (Text oder Bild): Feature s,m

Beitrag (zu gemeinsamer Sache): + Kontribution {beitragen; behilflich sein: + kontribuieren}

beitreten; zustimmen: akzedieren

Beiwerk; Nebensache: + Akzessorium

bejahender Satz, der Form nach (doch dem Inhalt nach verneinend): limitatives Urteil

Bejahung; Zustimmung; Bekräftigung: Affirmation

bekannt, weithin; offenkundig: notorisch (+ Notorietät)

bekannt werden lassen ◇ auf geschickte Weise etwas in die Öffentlichkeit gelangen lassen: lancieren {b. machen; unter das Volk bringen: + vulgarisieren} {b. geben; offen erklären: + prononcieren}

bekannte Tatsache; Gemeinplatz; allgemeinverständliche Redensart: Locus communis m

Bekehrung; Sinneswandel: + Resipiszenz

Bekenntnis; Geständnis: + Fassion (fatieren)

beklagenswert; bedauernswert: deplorabel

Bekleidungsindustrie: Konfektion

Beklemmung (Med.): Oppression lat {mit Angst verbundenes B.sgefühl in der Herzgegend: Präkordialangst}

Bekräftigung --> Bejahung

bekunden; kundgeben; offenbaren: manifestieren

Belagerungsgeschütz (neuzeitliche Steinschleuder): Bombarde w

Belanglosigkeiten; Bedeutungslosigkeiten: Quisquilien {B.; Nichtigkeiten; Kleinigkeiten: + Minuzien} {Belanglosigkeit; wegen Kleinheit zu vernachlässigende Größe: Quantité négligeable}

belasten; aufbürden: + onerieren {b.; überladen; überhäufen: + obruieren}

belästigen; bemühen; Unbequemlichkeit bereiten: + inkommodieren {Belästigungen; Beschwerden: + Molesten (molestieren)} {Belästigung; Quälerei: + Sekkatur} {Nachstellungen: + Insidien}

Belastung; Beschwerung: + Gravation (gravieren) {mit Unvereinbarkeiten verbundene B.: Crux w}

beleben: vitalisieren

belebend; anregend; beseelend: animativ {anregend; b.; stärkend (Med.): analeptisch} {Belebungsmittel; anregendes Mittel: Analeptikon/Analeptikum}

belebt; lebhaft; beseelt (Musik): animato

belegen; durch Tatsachen begründen (Philos.): sustantiieren

belehren; jmdn. aufklären: jmdn. au fait setzen --> bessernd --> lehren

beleidigen: + tuschieren {b.; jmdn. durch Kränkung herausfordern oder angreifen: + affrontieren} {kränken; verletzen: + froissieren} {lästern; schmähen: + medisieren} --> herausfordern

beleidigend; ehrenrührig: + injuriös {Beleidiger; Verleumder: + Injuriant} {Beleidigter: + Injuriat m}

Beleidigung durch Worte: Verbalinjurie --> Beschimpfung

Beleidigung, herausfordernde: Affront m {Kränkung: + Mortifikation}

Beleidigung; Schmährede oder -schrift: Invektive w

Beleidigung; Unrecht (Worte,Taten): Injurie (+ injurieren) {tätliche B. (Jur.): Realinjurie} --> tiefe Erniedrigung

beleuchten ◇ erhellen: illuminieren {farbige Festbeleuchtung: Illumination}

belichten (Foto): + exponieren (Exposition)

beliebig --> nach Belieben --> unendlich lange

beliebig verwendbar; verschieden einsetzbar: fungibel

beliebig viel (Med.): quantum vis (q.v.) {nach Belieben (Verzehrmenge nach pauschal bezahlter Summe): à discrétion}

Beliebtheit; Ansehen: + Vogue w

bemängeln; tadeln; rügen; beanstanden: monieren

bemerken; feststellen: konstatieren

bemerkenswert: remarkabel / + observabel {merkwürdig; b.: + notabel}

Bemerkung, schriftliche; Notiz; Aufzeichnung: Notat s {geistreiche B.: Aperçu s} {Sammlung von B.en; B.en: Konjektaneen}

bemühen; belästigen; Unbequemlichkeit bereiten: + inkommodieren --> Mühe machen, sich

benachrichtigen: + avertieren (Avertissement) / avisieren {Benachrichtigung; Anzeige: + Notifikation}

benachteiligt; behindert: gehandikapt

Benachteiligter; Verfolgter (zu Unrecht): Underdog m

benehmen als, sich; auftreten als: sich gerieren

Benennung ◇ Eigennamenersetzung durch B. nach typischen Eigenschaften oder Kennzeichen (z.B. Clemenceau = der Tiger): Antonomasie

Benennung; Ernennung: Denomination

Bengel --> Straßenjunge

Benimm; Sitten; Anstand: Mores Mz {gewandtes Benehmen: + Turnüre/Tournüre} --> Ritterlichkeit

Benommenheit; Schläfrigkeit (krankhaft):

Somnolenz {starke B. (Med.): Sopor m (soporös)} {B.; vorübergehende geistige Verwirrung: Amenz/Amentia} {benommen; stumpfsinnig (Med.): torpid (Torpidität w / Torpor m)}
Benzin --> Brennstoffe --> Erdöl
beobachten (wissenschaftlich): observieren --> überwachen
Beobachtungsangst ◇ krankhafte Angst, beobachtet zu werden: Skotophobie
Bequemlichkeit: Konvenienz {bequem; angenehm: † kommod (Kommodität)} {bequem; passend; annehmbar; schicklich: † konvenabel}
beratend: konsultativ
Berater, fachmännischer; Gutachter: Konsultant {zur Beratung hinzugezogener Arzt: Konsiliarius/Konsiliararzt}
Beratschlagung; Überlegung: Deliberation {gemeinsame Beratung (Wirtschaftspartner,Regierungen): Konsultation} {Beratung; Zusammenkunft (Politiker,Wissenschaftler): Kolloquium} {Beratung mehrerer Ärzte über einen Krankheitsfall: † Konsilium} --> Expertengruppe --> Ratsversammlung
berauben --> ausrauben
berauschend; betäubend: narkotisch
berechnen --> Rechnung ausstellen
berechnende Frau --> kühle Frau
Berechnung; Überschlag: † Komputation
berechtigt; begründet; vertretbar; allgemein anerkannt: legitim
Beredsamkeit; Redefluß: Suada/Suade w {beredsam; redegewandt: eloquent (Eloquenz)} --> wortgewandt
Bereitschaft zum Handeln --> Tatkraft
Bereitwilligkeit; Eifer; Diensteifer: Empressement
Berg (engl. Bez.): Mount {B.; Gebirge (arab. Bez.): Dschebel}
Bergbau und Hüttenwesen betreffend: montan[istisch]
bergfeindlich; Gebirge meidend: *orophob*
Berggipfel: Pik/Piz m {Bergkuppe; abgerundete Kuppe: Kulm m,s}
Berghütte; Landhaus in den Bergen: Chalet s
Bergsteigen und Wandern: † Touristik (Tourist m)
Bericht; Darlegung; Denkschrift; zusammenfassende Übersicht: Exposé s
Bericht ◇ [Dokumentar]bericht mit Reportagen, Kommentaren und Dialogen (Sendung): Feature s,w
Bericht; Erzählung: † Navration {B.; Kommentar: † Hypomnema s} {B.; Mitteilung: † Relation}
Bericht, literarisch minderwertiger (auf billige Wirkung abzielend): Kolportage
Berichte; Protokolle; Akten: Acta Mz
berichtend, ausführlich --> ausführlich berichtend
Berichterstattung, zur; zum Berichten: ad referendum {Berichterstatter: † Respizient}
Berichtigung; Verbesserung (insb. Texte): Emendation {B.; Zurechtweisung: † Rektifikation}
Berlin (sinnbildl. Frauengestalt): Berolina {dem Berlinerischen eigentümlicher Ausdruck: Berolinismus}
berüchtigt; gewohnheitsmäßig: notorisch {b.; verrufen: † famos}
berücksichtigen: † respizieren
berücksichtigendes Denken --> effektives Denken
Beruf; Gewerbe: Profession --> Arbeitsplatzgestaltung --> vertrautes Aufgabenfeld --> vorwärtskommen
Berufserfahrung; Kenntnisse: Background
berufsmäßig; von Amts wegen; absichtlich: ex professo
Berufung in ein Amt: Vokation (vozieren) --> Ernennung
Berufungskläger: † Appellant (Appellation) {Beklagter (Berufung): † Appellat}
beruhigen; erleichtern; unterstützen: † soulagieren {beruhigen; besänftigen: † kalmieren} {Beruhigung; Trost: † Konsolation}
beruhigt (Musik): calmato
Beruhigung; Befriedung: Pazifikation --> Fuge
Beruhigungsmittel: Quietiv[um] / Temperantium {B.; [Schmerz]linderungsmittel : Mitigans/Sedativ[um] (sedieren)}
Beruhigungsmittel gegen Psychosen oder Depressionen oder Angstzustände: Tranquilizer engl {Nervenmittel, welches die motorische Aktivität hemmt und Aggressivität dämpft (gegen Psychosen): Neuroleptikum / † Neuroplegikum} {mildes Psychosedativum; B.: Ataraktikum/Ataraxikum}
berühmt ◇ vornehm; glanzvoll; erlaucht: illuster {berühmte Person: Zelebrität} {vornehme, berühmte Persönlichkeit: † Notabilität} {Berühmtheit; Hervorragender; Anführer: Matador}
berühren: touchieren {betreffen; b.; angehen; beeindrucken: tangieren} --> tief berühren
Berührung zweier Kurven (Math.): Oskulation
Berührungstrieb ◇ sexueller Triebanteil, der nach körperlicher Berührung strebt: Kontrektationstrieb
Berührungsunempfindlichkeit; Unempfindkeit (Med.): Hypästhesie
besänftigen: † adoucieren {beruhigen; b.: † kalmieren}
Besatz; Einfassung (Gewebe): Bordüre --> Borte
beschaffbar; organisierbar; verwirklichbar: organisabel
Beschaffenheit; Umstand: † Zirkumstanz
beschäftigen, sich mit etwas; mit jmdm. verkehren: † versieren
Beschattung; Verfolgung: *Kalzetererie*
Beschaulichkeit; Nachdenken; Sichversenken: Kontemplation {Muße; B.: † Otium s}
Bescheid, amtlicher; Erlaß; Verfügung: † Reskript s
bescheiden; sittsam: † modest
bescheinigen; schriftlich bezeugen: attestieren
Bescheinigung --> Beglaubigung
Beschenkter: Donatar

Bescherung --> da haben wir
Beschimpfung; Tadel: Opprobration {B.; [schwere] Beleidigung: Insult m / Insultation w}
beschlagen sein; sicher sein: firm sein
Beschlagnahme; Aneignung (fremdes Schiff): † Kaptur
Beschlagnahme von Sachen zur Sicherung von Forderungen: Arrest m
beschlagnahmen; einziehen: konfiszieren
beschleunigen; fördern; vorantreiben: akzelerieren/forcieren
beschleunigend; allmählich schneller werdend (Musik): accelerando (accel.)
Beschleuniger (chem. Reaktion): Katalysator
beschleunigt --> bewegt
beschleunigt (Puls): frequent
Beschleunigung (Umlaufgeschwindigkeit, Jugendentwicklung, Individualentwicklungsvorgänge): Akzeleration/Akzelerierung {B.svorgang: Akzelerationsprozeß}
beschließen: † resolvieren
Beschluß: † Konsult s {B.fähigkeit durch Anwesenheit der vorgeschriebenen Mitglieder (Parlamente,Gremien): Quorum s} --> Willenserklärung
Beschlußausführungseinzelheiten ◇ Art und Weise der B.: Modalitäten
Beschmutzungsangst; Angst vor [vermeintlich] beschmutzenden Gegenständen (krankhaft): Mysophobie
Beschneidung; Entfernung der Eichelvorhaut (Penis): Zirkumzision {Beschneidungsausführender (Juden): Mohel}
beschönigende Umschreibung; mildernder Ausdruck für ein unangenehmes Wort: Euphemismus
beschränkend; aufhebend: derogativ/derogatorisch
beschränkt, geistig; eingebildet-dumm: borniert
Beschränkung; Einschränkung: Restriktion
Beschreibung: Deskription
beschuldigen; [wegen eines Verbrechens] anklagen: inkriminieren --> Angezeigter
Beschuldigung, [ungerechtfertigte]: † Imputation
beschützen (junge Dame) --> geleiten
Beschwerde; Klage: † Querulation {Klageschrift verfassen und bei Behörden einreichen: † libellieren}
Beschwerdebrief; Wunschbrief (von den Ständevertretern an den König): Cahier s
Beschwerden; Belästigungen: † Molesten (molestieren)
beschwerlich; mühevoll: † oneros/onerös
Beschwichtigung; Nachgiebigkeit (Politik): Appeasement
beseelend; belebend; anregend: animativ
Beseitigung; Ausschaltung; Entfernung: Elimination
Besessenheit; Sucht; krankhafte Leidenschaft: Manie {von einer einzigen Idee oder Zwangsneigung besessen: monoman[isch]}
Besessenheitswahn: Dämonopathie/Dämonomanie
Besetzung, militärische (abw.): Okkupation {in fremdes Gebiet einfallen: invadieren} --> Gebietsaneignung
Besiegte ◇ vom besiegten Land gefordertes Geld: Kontribution
Besitz (Jur.): Possession {B. betreffend (Jur.): possessorisch} {persönlicher B.: Paraphernalien} {B.aufgabe: Dereliktion} --> Armut --> Eigentumsanspruch
Besitzer; Herr; Chef (ital. Bez.): Padrone
Besitzergreifung; Zueignung; Aneignung: Appropriation (appropriieren) {besitzergreifend; jmdn. ganz für sich beanspruchen wollend: possessiv}
besondere Ausstrahlung; Atmosphäre (Stadt,Landschaft): Lokalkolorit s
Besonderes herausheben; das Einzelne oder Eigentümliche betonen: individualisieren
Besonderheit ◇ Einzelheiten; B.en: † Spezialien {Feinheit; B. (insb. auf dem letzten Stand der Technik): Finesse}
besprengen (Weihwasser): † aspergieren
besser bekannt als ◇ gemeinhin; gewöhnlich: vulgo
bessernd; zurechtweisend: † korrektiv
Besserung ◇ Rückgang von Krankheitserscheinungen: Resolution {[zeitweiliges] Zurücktreten von Krankheitserscheinungen: Intermission w / Intervall m / Remission w}
Besserung; Verbesserung; Regelung: † Korrektion
Bestand --> Unterbau
beständig --> unbeeinflußbar
Bestandsaufnahme: Inventarisation (inventieren)
Bestandteil; Posten; Element; Einheit: Item m,s engl
Bestandteil; Zutat (Arznei): Ingrediens s (Ingredienzien Mz) / Ingredienz w (Ingredienzen Mz)
bestätigen; genehmigen: approbieren {die Richtigkeit durch Nachprüfen b.: verifizieren} {beglaubigen; b.: † vidieren}
Bestätigung; Anerkennung: Sanktion
Bestätigung; Genehmigung (gerichtl.): † Obsignation
Bestattungsort: Mortuarium
bestechen; anlocken; hinzuziehen: † attirieren
bestechlich; käuflich; feil: † venal
Bestechungsgeld: Bakschisch s,m --> Steuerhinterziehung
bestehen, auf etwas --> Beharrlichkeit
bestellen (Waren): ordern {Warenbestellung: Order w}
bestens ◇ einwandfrei; in bester Form; wie sich's gehört: in optima forma
Bestes ◇ Unvergleichliches; Unübertreffliches: Nonplusultra s {das Beste; Zierde; Glanz: Fleur w}
Bestform, in: optima forma
bestimmen, für ein Amt: designieren
bestimmen; herrschen; vorherrschen: dominieren
bestimmend --> grundlegend

bestimmt: definit {entschieden; b.; energisch: dezidiert}
Bestimmung; Bezeichnung: Designation
Bestimmung; Endzweck: Destination
Bestimmung; Zuordnung: Determination
Bestrebungen; Hoffnungen; ehrgeizige Pläne: Aspirationen
bestreiten: negieren {ableugnen: skotomisieren} {Bestreitung; Streit; Anfechtung (Jur.): Kontestation († kontestabel)} {Bestreiten der Klagebehauptung: † Exzeption} --> Einwand
Bestseller über längere Zeit: Longseller/ Steadyseller
bestürzt; betroffen; fassungslos: konsterniert († Konsternation)
Besucher, ständiger; Stammgast: Habitué/ † Frequentant
Besucherzahlhöhe; Zustrom; Verkehrsdichte: Frequenz
Besuchstag; Empfangstag: At-home s
betasten; handhaben: † manipulieren
betasten; mit dem Finger untersuchen (Med.): touchieren
Betätigungsdrang (krankhaft): Hyperbulie
Betäubungsmittel; Rauschmittel: Narkotikum
bete und arbeite!: ora et labora!
Beteiligtenbericht aus interner Sicht: Inside-Story
beten <> Gebete sprechen; Messe lesen: † persolvieren {Gestalt, die mit erhobenen Händen Gott oder die Heiligen anbetet (christl. Kunst): Adorant}
betonen; hervorheben; unterstreichen: pointieren {mit Nachdruck belegen; b.: akzentuieren}
betont; scharf hervorgehoben; markiert (Musik): marcando/marcato {(Steigerung): marcatissimo}
Betonung: Akzentuation/Akzentuierung {B.zeichen für Silben (´): Apex m} {Tongebung; Veränderung der Tonhöhe und -stärke beim Sprechen von Wörtern oder Sätzen: Intonation}
betrachten --> überlegen
Betrachtung mit bloßem Auge (Med.): Okularinspektion
Betragen; Führung: † Konduite w
betreffen <> berühren; angehen; beeindrucken: tangieren --> tief berühren
betreiben; arbeiten; unternehmen; versuchen: † tentieren
Betreuer (Sport) --> Trainer
Betriebszusammenfassung zur Produktionssteigerung und Vertriebsrationalisierung: Assembling --> Rationalisierung
betroffen; erregt: affiziert {fassungslos; b.; bestürzt: konsterniert († Konsternation)} --> Ergriffenheit
betroffenenes Gebiet, zentrales (Erdbeben): Epizentrum
betrübt; traurig (Musik): mesto --> trauervoll
Betrug, leichter: Alfanzerei {Kniff; Schwindel (insb. Geld,Börse): † Tripotage} {Fälschung; B.: † Falsum} --> Kartentrick
Betrug; Unterschlagung; Hinterziehung (insb. Zoll): Defraudation lat

Betrüger, harmloser <> jmd., der mit Raffinesse andere [harmlos] zu übervorteilen versteht: Filou m,s {listiger B.: † Partitenmacher}
betrunken <> alkoholisiert (scherzhaft): † illuminiert --> Redseligkeit --> Stehunfähigkeit
Bett <> breites Bett: Grand lit s
Bettbezug: Couvert s
Bettelmönch: Mendikant/Terminant/ † Gyrovage lat {buddhistischer B.: Bhikku} {innerhalb eines zugewiesenen Gebiets Almosen sammeln (Bettelmönche): terminieren}
Bettler; Armer (Neapel): Lazzarone
Bettnässen; unwillkürliches Harnlassen: Enurese
Bettnische; Nebenraum: Alkoven m
Beugung (Verb): Konjugation {(Hauptwort,Umstandswort,Fürwort und Zahlwort): Deklination}
Beugung (Wellen): Diffraktion
Beunruhigung; Störung; Verwirrung: † Turbation (turbieren)
beurteilen, jmdn. --> einschätzen
Beutel --> Täschchen
Beuteltiere: Marsupialier
Beutestück, [Waffe als] (röm. Antike): Spolium
Bevölkerungswissenschaft: Demographie --> Erhebung
Bevollmächtigter: Delegat {im Auftrag Handelnder; B. (z.B. Rechtsanwalt): Mandatar m} {bevollmächtigen; beauftragen: † mandatieren} --> Vollmacht
bevormunden; [geistig] zum Kind machen: infantilisieren
bevorstehend, nahe; drohend (Med.): imminent
Bewacher; scharfer Wächter: Argus
Bewaffnung; Bestückung militärischer Anlagen oder von Schiffen: Armierung {bewaffnen: † armieren}
bewahrend (Med.) --> schonend
Bewährungsprobe, ritterliche (mittelalterliche Dichtung): Aventiure frz
bewandert; erfahren; gewitzt: versiert
Bewässerung: Irrigation {bewässern; anfeuchten: arrosieren}
bewegen --> in Marsch setzen
bewegend; auf die Bewegung bezogen: kinetisch {b.; der Bewegung dienend: motorisch}
bewegend; rührend; ergreifend: touchant --> berühren --> tief berühren
Beweggrund; Antriebskraft: Movens s lat
beweglich; flink (Musik): agile it {beweglich; nicht steif (Musik): mobile}
beweglich; gewandt (z.B. im Ausdruck): versatil
beweglich; schnell: † volubel
bewegliche Güter: Mobilien
bewegliches Aufhängsel aus [Metall]plättchen und Stäben und Drähten, durch Luftzug o.ä. in Bewegung geratendes: Mobile s
Beweglichkeit; Lebendigkeit (temperaturabhängig): Agilität {[geistige] Beweglichkeit: Mobilität}
bewegt; etwas beschleunigt (Musik): con moto {b.; lebhaft (Musik): mosso} {b.;

leidenschaftlich (Musik): affettuoso / con affetto}

Bewegung (Gemüt) --> Aufregung

Bewegung; Leibesbewegung: † Motion lat {Gleichmaß der B.: Eurhythmik/-mie}

Bewegungsgestaltung; Schrittfestlegung (Ballett): Choreographie/Orchesographie {Bewegungslehre; beim Tanz die Lehre von der schönen und harmonischen Bewegung: Eukinetik}

Bewegungslehre (Physik): Kinematik/Phoronomie

Bewegungstherapie; Heilgymnastik: Kinesiotherapie

Bewegungsunfähigkeit ◇ verminderte Bewegungsfähigkeit (bei Krankheiten): Hypokinese / Hypomobilität / Hypomotilität {Bewegungshemmung; Bewegungsarmut von Gliedmaßen (Med.,Psychol.): Akinese/ Akinesie} {allgemeine Bewegungsverlangsamung (Med.): Bradykinesie} {Unvermögen, sinnvolle Bewegungen auszuführen (Gehirnstörung): Apraxie} --> Haltungsfehler --> Lahmheit --> Regungslosigkeit --> unregelmäßig

Beweihräucherung (kath.): Inzens m / Inzensation w

Beweis; Bezeugung; Bekräftigung durch Zeugen: † Testifikation

Beweis eines Satzes dadurch daß seine Folgen als wahr bewiesen werden: epagogischer Beweis

Beweisen ◇ Kunst des B.s, der Widerlegung, des Überführens (Philos.): Elenktik --> anschaulich --> was zu beweisen

Beweisführer; Vorführer: Demonstrator

beweiskräftig; unumstößlich; unwiderleglich: apodiktisch {Beweiskraft; Hauptbeweisgrund (Jur.): † Nervus probandi m }

Beweislehre (Philos.): Apodiktik/Apodeiktik [-ei-]

Beweismangel ◇ im Zweifelsfall für den Angeklagten: in dubio pro reo

Beweismittel, amtlich für Gerichtsverhandlungen aufbewahrtes: Asservat s

Beweisschwäche ◇ Scheinbeweis aus einem selbst erst zu beweisenden Satz: Hysteron-Proteron s --> falsche

Beweisstück; Belastungsstück: Corpus delicti s

Beweisvorführer: Demonstrator

bewerben, sich; nach etwas streben: † aspirieren/ambieren

Bewerber: Postulanten Mz {Bewerber; Anwärter: † Applikant} {Bewerber; [Beamten]anwärter: Aspirant}

Bewerbung; Fleiß; Hinwendung: † Applikation

bewertend; nicht wertfrei (Wörter etc.): appraisiv

Bewertung; Bestimmung des Werts: Evaluation {bewerten: valutieren / † valvieren} --> Schätzung

bewiesen ◇ es ist klar oder erwiesen: liquet

bewirken; hervorrufen: effizieren {b. (Chemie,Psychiatrie): induzieren} {bewirkend: faktitiv}

bewirten: † traktieren {spendieren; b.; zahlen: † ponieren}

bewundernswert: † admirabel (admirieren) {Bewunderung: † Admiration}

Bewunderungsausruf oder Zustimmungsausruf ◇ „Wunder Gottes!" (islam.): maschallah!

Bewußtsein (Med.): Sensorium {bewußtes Erfassen der Wahrnehmung und der Denkinhalte: Apperzeption} {tiefste Bewußtlosigkeit: Koma s (komatös)} --> Verstand

bezahlen ◇ vergüten: † gratifizieren {vergüten; entschädigen: † indemnisieren} --> zahlen --> zuzahlen

bezaubernd, äußerlich; blendend schön: glamourös

bezaubert; entzückt: † enchantiert

bezeichnen; anzeigen: signifizieren

bezeichnen, etwas oder jmdn.; in einer bestimmten Eigenschaft herausstellen: apostrophieren --> einstufen

Bezeichnung; Bestimmung: Designation --> Sachbezeichnungsverzeichnis

Bezeichnungslehre (Sprachwiss.): Onomasiologie

Bezeugung: Kontestation {Bezeugung; Beweis; Bekräftigung durch Zeugen: † Testifikation}

Beziehung ◇ Paarverhältnis (Soziol.): Dyade {sexueller Verkehr nur mit einem Partner: Monogamie} {jmdn. mit seiner Liebe erdrückend aus Angst, verlassen zu werden: oknophil} --> Einseitigkeit des Vorteils --> unglückliche Freundschaft --> Zusammenleben

Beziehungen; einfußreiche, fördernde Bekanntschaft: Konnexionen

beziehungsweise; oder: respektive (resp.)

Bezirkseinteilung: † Konfination --> Amtsbezirk

Bezug nehmen; auf etwas zurückgreifen: rekurrieren (Rekurs)

Bibelauslegung; Texterklärung: Exegese {Bibelzitat; Zitat: Allegat s} {Bibelwörtlichnahme: Biblizismus} {bibelfest: kapitelfest} --> Predigt --> religiöse Hochschule

Bibliotheksmitarbeiter --> wissenschaftlicher

Bibliothekswissenschaft: Bibliothekonomie {Liste der ausleihbaren Bücher einer Bibliothek: † Indikator}

Biederkeit --> Einfalt

biegen; falten: † pliieren {Biegen (Glas im Ofen, Blech): Bombage (bombieren)} {drehen; krümmen (Technik): torquieren} --> Verdrehung; Verdrillung

biegsam; elastisch: flexibel

Bienenhaus; Bienenstand: Apiarium

Bienenwachs; Wachs: Cera w

Bier (studentisch): † Zerevis s --> harntreibendes

Bierlokal: Brasserie {Bierzapfer am Schanktisch: Büfettier}

Bild und Ton, Information durch: Audiovision

Bild von jmdm. --> falsches Bild

Bilderrätsel: Rebus m,s

Bilderreihe, zieharmonikaartige: Leporello[album]

Bildersturm (Mittelalter): Ikonoklasmus (Ikonoklast m)

Bilderverehrung: Ikonodulie/Ikonolatrie (Ikonodule m) {B.; Götzendienst: Ido[lo]latrie}
Bildgestaltung; Textgestaltung (Seite, Buch): Layout s
bildhaft; anschaulich: eidetisch/ikonisch
bildlich: in effigie lat {ersinnen; b. vorstellen; anschaulich machen: imaginieren}
bildlicher Ausdruck; Ausdruck im übertragenen Sinne: Tropus m (tropisch) / Metapher (metaphorisch) / Translation / Trope w {fehlerhafte bildhafte Sprache (z.B. das schlägt dem Faß die Krone ins Gesicht): Katachrese/-sis}
Bildnis; Bild; Abbild; Porträt: † Konterfei s {stilisiertes B. [vom Gegenstand]: Ikon s}
Bildungsbürgertum --> Bürgertum
Bildungsinhalte, Theorie der: Didaktik {Gleichgewichtskonzept bezüglich der geisteswissenschaftlichen und naturwissenschaftlichen Bildungsinhalte: Ultraquismus}
Bildunterschrift ◇ hat es gezeichnet (insb. Kupferstiche): delineavit (del./delin.)
Bildverzerrung (Optik): Distorsion
Bildwerke ◇ Sinngehaltslehre alter B.: Ikonologie/Ikonographie
Billardstock: Queue s {Billardtischbande: Mantinell}
billigen; annehmen; empfangen: † akzipieren
billiger Scherz; abgeschmacktes Getue: Farce w
Billigwaren ◇ Produkte ohne Markennamen; Weißwaren: No-name-Produkte/Offbrands
Billionen... (Einheiten): Tera... (T)
Bindegewebe; Gewebe (Med.): Tela w {gutartige Bindegewebsgeschwulst: Fibrom}
Bindemittel (Farben,Backwaren,Arzneien etc.): Tragant m --> eindicken
bindend; verpflichtend; verbindlich: obligatorisch {zwingend; b.; befehlend: imperativ}
Bindenverband; Binde: Faszie
Bindestrich: † Tiret m,s frz {B. (Druckwesen): Divis s} {B. im zusammengesetzten Wort: Hyphen s}
Bindewort, neben- oder unterordnendes (z.B. und): Konjunktion
Bindungsangst ◇ gestörtes männliches Sexualverhalten, das aufgrund neurotischer Bindungsangst nach häufigem Partnerwechsel strebt: Donjuanismus {ehescheu: gamophob}
Binsenwahrheit; Gemeinplatz: Truismus --> allgemeingültige Aussage
Biographie; Lebenslauf (Personen des Mittelalters und der Antike): Vita w
Biologie ◇ Lebewesenwissenschaft: † Biontologie {biologische Systematikeinheit (z.B. Familie,Gattung): Taxon (Taxa Mz)} --> Außeneinflüsse
bis heute; bis zum [heutigen] Tag: à jour
bis zum Schluß (Musik): al fine
Bischof: Episkopus {Bischofsmütze: Mitra}

Bisexualität: psychische Ambisexualität w/psychischer Hermaphrod[it]ismus m
Bissen; Klumpen (Med.): Bol[us] m {Ersticken am Bissen (Med.): Bolustod}
Bissigkeit ◇ Ätzkraft (Chem.): Mordazität
bitte wenden! (Notenblatt): verte, si placet (v.s.pl.) {wenden! (Notenblatt): verte (v.)} {rasch wenden! (Notenblatt): volti subito / verte subito}
bitten ◇ bitte für uns! (kath. Heiligenanflehung): ora pro nobis!
bitten; ersuchen; förmlich auffordern: † invitieren
bitten, flehentlich: † supplizieren {beschwören; dringend b.: † obsekrieren}
Bittgesuch: † Supplik[ation]
Bittsteller: Petent / † Applikant {B.; [Rechts]gesuch Stellender: † Sollizitant}
bizarr --> eigenartig
Blähsucht; Furz: Vapeurs Mz / Meteorismus / Flatus m / Flatulenz w {(insb. Tiere): Tympanie/Tympanitis} {Blähungsmittel: Karminativum} {blähungstreibend: karminativ}
bläschenreich (Med.): vesikulös {bläschenartig (Med.): vesikulär}
Blase ◇ Harnblase: Zystis/Vesica w
Blase (Med.): Bulla {blasig (Med.): bullos/bullosus}
Blasen; Reizung des Penis mit den Mundwerkzeugen: Fellatio / Penilinctio w (fellationieren/fellieren) {(theol. Bez.): Irrumatio w} {das Blasen ausübende Frau: Fellatrix} {Erguß in den Mund des Partners: Coitus in os / Coitus oralis} --> Lecken
Blasenentzündung; Blasenkatarrh: Zystitis {Harnblasenschmerz: Zystalgie}
Blasinstrument, altrömisches (Metallhorn, Tierhorn): Buc[c]ina
Blasmusik: Harmoniemusik (Harmonieorchester)
Blasorchester: Banda {(engl. Bez.): Wind-band w} {Orchesterblasinstrumente (engl. Bez.): Winds}
blaßblau: jeans --> fahl
Blässe ◇ örtliche Blutleere: Ischämie
blaßgelb: vanille
blaßgrün: jade
Blättchen, dünnes; Scheibe (Technik): Lamelle {Blättchen; Häutchen: Membran[e] w}
Blattfläche; Blattspitze (Botanik): Lamina
Blattlosigkeit: Aphyllie (Aphylle w)
blau --> blaßblau --> dunkelblau --> fahl --> grünblau --> hellblau --> Himmelsblau --> kornblumenblau
Blaublindheit: Azynanopsie
blauer Himmel: Azur m
blaues Auge --> umrändert
Blausichtigkeit: Zyanopsie
blauviolett: heliotrop
Blei: † Saturn s {bleihaltig: saturnin} {Bleivergiftung: Saturnismus}
bleibend ◇ unveränderlich: anallaktisch
bleichen; entfärben: dekolorieren {Bleichmittel: Eau de Labarraque s,w}
Bleichsucht (Med.): Oligochromämie
Bleistift; Drehbleistift: † Krayon m
Blende (Optik): † Diaphragma s

blendend bezaubernd; [äußerlich] schön: glamourös
Blendwerk ◇ die Realität als vom Wahren ablenkendes Trugbild (Hinduismus): Maya/Maja w
Blickfang (z.B. Werbung): Eyecatcher
Blinddarm: Typhlon/Zäkum/Zökum s {B.-entzündung: Appendizitis/Typhlitis} {B.-schnitt: Typhlotomie} {B.operation; Wurmfortsatzentfernung: Appendektomie}
Blindenschrift: Brailleschrift
Blindheit ◇ völlige Erblindung: Amaurose / † Ablepsie {Augapfellosigkeit (angeboren oder durch Operation): Anophthalmie} --> einseitig (Med.)
Blinzeln ◇ Blinzelkrampf; schnelle Folge von Augenlidzuckungen: Niktation/ Niktitation
Blockhütte; [bäuerliches] Holzhaus (russ. Bez.): Isba w
Blödsinn; Kram; Krempel (ugs.): Zinnober m
blond --> rotblond
bloßes Auge --> Betrachtung
bloßstellen: kompromittieren {im Stich lassen; b.: desavouieren} {jmdn. b.; jmdn. herabwürdigen oder öffentlich preisgeben: prostituieren} --> herausfordern
bloßstellen, sich (ugs.): sich dekolletieren
blühend; im Wohlstand: in floribus
Blume ◇ Blütenpflanze: Phanerogame w
Blumenfülle; Blütenpracht: Flor m {Blumenfreund; Blumenkenner: † Fleurist}
Blumenlese; ausgewählte Textstücke: Anthologie w / Florileg[ium] s
Blumenmuster ◇ Streublumenmuster: Millefleurs s {Blumenmusterspitze auf zartem Netzgrund: Alençonspitze}
Blumenpflanzenschale: Jardiniere {Blumentopfpapierkrause: Manschette}
Blumenstecken; Kunst des symbolischen Blumenarrangements (Japan): Ikebana s
Blumenstrauß: Bukett/Bouquet s
Blumenverzierung (Baukunst, Buchdruck): Fleuron m {mit Blumen; geblümt: floral} --> Verzierung
Blut ◇ Körperflüssigkeit (Med.): Humor m [humor]
Blut und Wasser schwitzen ◇ Blutschwitzen: Häm[h]idrose/-sis/Hämat[h]idrose
Blut ◇ Untersuchung auf Blut in Stuhl, Harn oder Magensaft: Guajakprobe
Blutalkohol, Meßgerät für den: Ethanograph
Blutandrang: Fluxion
Blutangst (krankhaft): Hämatophobie
Blutarmut (geringe Gesamtblutmenge): Oligämie {(nach pötzlichem schwerem Blutverlust): Anämie}
Blutbild: Hämatogramm --> Blutuntersuchung
Blutbildung (insb. Bildung roter Blutzellen): Hämatopoese/Hämatose {blutbildend: hämatogen} {insb. rote Blutzellen bildend: hämatopoetisch}
Blutdruckerhöhung: Hypertonie/Hypertension (Hypertoniker)
Blutdruckmesser: Tonometer/Hämodynamometer s {erster [höherer] Blutdruckwert: systolischer Wert} {zweiter [niedrigerer] Blutdruckwert: diastolischer Wert}
Blutdruckniedrigkeit, zu starke: Hypotonie/Hypertension (Hypotoniker)
Blutdruckschwanken zwischen normalen und erhöhten Werten: Heterotonie
Blüten darstellend oder betreffend: floral
Blütenblätter, alle; Blumenkrone: Korolla/Korolle w {Blütenkelch: Calyx m}
Blütenpracht; Blumenfülle: Flor m {Blütenstand (Bot.): Infloreszenz} {Blütezeit: Floreszenz} --> in voller Blüte
Bluterbrechen: Hämatemesis
Bluterguß; Blutbeule: Hämatom s {flächenhafter B.; blutunterlaufene Stelle in der Haut: Ekchymose}
Bluterkrankheit: Hämophilie
Blutfettgehalt, erhöhter: Lipämie
Blutgefäß ◇ die B.e betreffend: vasal {B.verstopfung: Embolie} {mechanisches Abdrücken eines B.es: Kompression}
Blutgerinnsel: Koagulum/Coagulum
blutig; blutvermischt: sanguinolent
Blutkörperchen: Häm[at]ozyt m
Blutkrankheit: Hämopathie
Blutkrebs: Leukämie
Blutleere, örtliche: Ischämie
Blutrache; Rache: Vendetta w
Blutrot ◇ der Farbstoffanteil des Hämoglobins in den roten Blutkörperchen: Häm s
blutsaugende Parasiten: Hämatophagen --> Parasit
Blutspucken; Bluthusten (wegen Lungenschaden): Hämoptoe/-tyse/Hämoptysis
Blutstau, lokaler (z.B. bei Entzündungen): Kongestion
Blutstillung: Hämostase/Stypsis {blutstillend: hämostyptisch /hämostatisch (Hämostyptikum/Styptikum/Hämostatikum s}
Blutsturz: Hämatorrhö[e]
Blutsverwandtschaft: Kognation / † Konsanguinität {(väterlicherseits, hist.): Agnation} --> männlicher
Blutübertragung: Transfusion
Blutung: Hämorrhagie {blutungsförderndes Mittel: Hämagogum}
Blutunterlaufung: Sugillation {B. höheren Grades: Suffusion}
Blutuntersuchung: Hämatoskopie --> Blutbild
Blutvergiftung, allgemeine, schwere: Saprämie {B.; Blutzersetzung durch Gift: Tox[h]ämie/Toxikämie}
Blutwallung; vermehrte Blutfülle in einem Körperbezirk: Hyperämie
Blutwissenschaft: Hämatologie
Blutwurz: Tormentill m
Blutzuckergehalt, normaler: Glykämie {Blutzuckermangel (abnorm): Hypoglykämie} {Blutzuckerüberschuß: Hyperglykämie}
bodenbedingt oder auf den Erdboden bezüglich: edaphisch
Bodenfläche: Areal s
Bodenfrost --> Dauerfrostboden
bodengeheizt: hypokaustisch {Bodenheizanlage (Antike): Hypokaustum}
Bodengüte; Bodenwert (Land- und Forst-

wirtschaft): Bonität {Bodenverbesserung: Melioration}
Bodenkunde: Pedologie
Bodenloser: Abyssus
Bodensatz von Getränken (insb. Rotwein): Depot s
bodenständig; alteingesessen; eingeboren: autochthon (Autochthone w/m)
Bodenturnen, artistisches: Parterreakrobatik
Bogen auf Säulen etc.: Arkade w
bogenförmig ◇ spitzbogig: ogival frz
Bogenhalle; seitwärts offener Bogengang: Loggia w
Bogenmaß (Winkel): Arkus m (arc)
Bohne ◇ Hülsenfrucht: Legumen s (Legumen Mz)
bohnern: † frottieren
Bohrstelle (Erdöl): Lokation
Bollwerk: Bastion/Bastei
bombensicherer Gang (Festung): † Kaponniere m {beschußsicherer Raum (Festungen): Kasematte w}
Boot --> Fischerboot
Bordeauxwein, roter (engl. Bez.): Claret
Bordell (altröm.): Lupanar s
borkig; grindig (Med.): impetiginös
Börsenfachmann: Analyst engl
Börsenkurssteigen: Hausse w frz {starkes Fallen der Börsenkurse: Baisse w frz}
Börsenspekulationsgeschäft: Agiotage (Agioteur)
Borte; Litze; Tresse: Galon m / Galone w --> Besatz
bösartig: vitiös --> arglistig --> gehässig
bösartig (Med.): maligne {bösartige Geschwulst: Malignom s}
Böschung, flache: Dossierung {Abschrägung; B.: † Adossement}
böse Frau; Wütende: Furie/Megäre/Mänade/Bacchantin --> Streitsüchtige
böser Absicht, in; trotz besseren Wissens: mala fide {böser Vorsatz (Jur.): Dolus m} --> Vorsatz
böser Blick: Malocchio m {stechender b. B.: Basiliskenblick} {schrecklicher Blick: Medusenblick (medusisch)} {Person mit dem bösen Blick (ital. Bez.): Jettatore}
böser Geist; Teufel (vorislam. Volksglauben): Dschinn m {Gespenst; b. G. Verstorbener: † Larve w} --> Geist
boshaft ◇ hämisch; arglistig (Äußerung): maliziös {fratzenhaft verzerrt; b.; hämisch (Grinsen,Lachen): sardonisch}
Bosheit; boshafte Äußerung: † Malice
Bosheit, teuflische: Diabolie
Botanik: Phytologie
Bote ◇ reitender Eilbote --> Wächter
Botschaft; Gehalt; Aussage: Message engl
Botschaft; Sendschreiben: † Missiv s / Missive w
Botschafter; Chef einer diplomatischen Mission oder dessen Stellvertreter: Chargé d'affaires {Botschaft; Gesandtschaft: Ambassade w (Ambassadeur)} --> ständiger Vertreter
Boxen; Faustkampfsport: † Pugilismus {Boxkampfschiedsrichter: Umpire engl}
Brand, [feuchter]; Gewebeabsterben: Gangrän w,s / Gangräne w (gangränös)
Brand; Feuer: † Inflammation {B.; Feuersbrunst: Konflagration}
Brandstifter --> Ruhmsuchtverbrecher
Branntwein; Weinbrand: Eau de vie s,w
Bratensaft; beim Dünsten oder Braten zurückgebliebener Fleischsaft: Fond m
Brauch; Sitte; Gebrauch; Gewohnheit; Herkommen: Usus m (usuell) {Brauch; Gepflogenheit (Geschäftsverkehr): Uso m / Usance w frz}
braun --> gelbbraun --> goldbraun --> kastanienbraun --> rotbraun --> sandfarben
brauner Zucker, feuchter: Farin m
braungrau; maulwurfsgrau: taupe frz
Braunkohle --> Torf
bräunlich: mode engl
bräunlichgelb: karamel
braunrot ◇ ein goldenes bis braunes Rot aufweisend (insb. Haare): tizianrot
Brautleute: † Nupturienten --> hochzeitlich
Brautpreis (Kirgisen): Kalym m
brav --> nett
bravo!; ausgezeichnet!; das trifft sich gut!; recht so!: à la bonne heure
Brechmittel: Emetikum/Vomitorium/Vomitivum {Mittel gegen Erbrechen: Antemetikum} {Brechreiz erregend: emetisch} --> Schüttelkrampf
Brei; knetbare Masse (Med.): Magma s {breiartig (Med.): atheromatös}
Breitgesichtigkeit: Euryprosopie
breitwüchsig: eurysom
brennbar; entzündbar: inflammabel {leicht verbrennbar: † kombustibel}
brennend; vordringlich; dringlich; unmittelbar berührend: akut
Brennpunkt: Fokus {brennpunktgleich: konfokal}
brennpunktlos: afokal
Brennstoffe: Kombustibilien
Brennweite: Fokaldistanz
Brief, langer, kunstvoller: Epistel w {B.schreibekunst: Epistolographie}
Briefchen; Zettel: † Billett
Briefmarkenkunde; Briefmarkensammeln: Philatelie {vom Händler angebotene Briefmarkensatzzusammenstellung: Lot s} {Hilfsmittel zur Ausmessung der Zähnung von Briefmarken: Odontometer s}
Briefsammlung bekannter Leute: Epistolar[ium]
Briefumschlag: † Enveloppe w
Briefwechsel; Briefverkehr: Korrespondenz
Brille: † Binokel s {mit Stiel vor die Augen zu haltende B.: Lorgnette w / Lorgnon s} {Zweistärkenglas mit oberem Abschnitt zum Weitsehen und unterem zum Nahsehen: Bifokalglas} {für UV-Licht und infrarote Strahlung undurchlässige B.: Crookesglas}
Bronchie: Bronche w {(Fachspr.): Bronchus m (Bronchi Mz)}
Broschüre; Werbebroschüre [ohne Umschlag und Einband]: Booklet s
Brot und Spiele (altröm. Volksbefriedungsmotto): panem et circenses
Brot und Wein --> Verwandlung

Brotstückchen (Almosen): † Parteke w
Bruch ◇ Eingeweidebruch: Hernie {Wiedereinrichten eines Eingeweidebruchs: Taxis w}
Bruchstück; Überrest: Fragment
Bruchstück; unvollendetes Werk: Torso m
Bruchzahl: Quotient m / Partitivzahl
Brücke, mehrbogige: Viadukt s {Stahlbrücke, als Straßenüberführung dienend: Fly-over m} {B.nangst; Angst vor dem Betreten von B.n: Gephyrophobie}
Bruder Lustig (franz. Bez.): Gaillard
Brühe ◇ kräftige Rindfleischbrühe: Beeftea m --> Kraftbrühe
Brunnen mit unterirdischem Wasserauffangbehälter: Zisterne w
Brunst; gesteigerter Paarungsbereitschaftszustand bei Tieren: Östrus m
Brüskierung; Bloßstellung: Desavouierung
Brust betreffend (Med.): pektoral {B.-korb: Thorax m (thorakal)}
Brust, weibliche: Mamma (Mammae Mz){B.-überentwicklung der Frau (abnorm): Hypermastie} {weibliche B.bildung bei Männern: Gynäkomastie} {B.schmerz; B.schwellung (vor der Regel): Mastodynie/Mastalgie}
Brustatmung; Atmung mit Heben und Senken des Brustkorbs: Kostalatmung
Brustbein: Sternum
Brustfell; Rippenfell: Pleura w {Rippenfellentzündung: Pleuritis} {Rippenfellschmerzen: Pleuralgie}
Brüstung; Geländer mit kleinen Säulen: Balustrade {kleine Brüstungssäule: Baluster m}
Brustwarze: Mamilla (Mamillae Mz) / Mamille / Papilla (Papillae Mz) / Papille {Brustwarzenschmerz: Thelalgie} {B.n-überzähligkeit (Frauen,Männer): Hyperthelie}
Brüten; Bebrütung von Vogeleiern: Inkubation
Brutkasten für Frühgeburten: Inkubator (Inkubation) {Wärmebett für Frühgeburten: Couveuse}
brutto; mit Verpackung: sporco {Bruttogewicht: Sporko s}
Buch --> Werk
Buch (lat. Bez.): Liber m (Libri Mz){unhandliches, großes [altes] B. (ugs.): Foliant m} {Bücher haben [auch] ihre Schicksale : habent sua fata libelli}
Buchauszug; Berichtsauszug: Digest m,s
Buchdeckelinnenseite, verzierte: Dublüre/ Doublure
Buchdruckerkunst: Typographie {größere Buchdruckerei: Offizin w}
Bücher herausgeben: edieren --> noch nicht herausgegebene
Bücherfeindlichkeit: Bibliophobie (Bibliophobe w/m)
Bücherliebhaberei: Bibliophilie (Bibliophile w/m) {Bücherkenntnis; Bücherkunde: † Bibliognosie} {Büchernarr; leidenschaftlicher Buchsammler (krankhaft): Bibliomane} {jmd., der seine Bücher versteckt und nicht verleiht: Biliotaph}
Bücherregal ◇ Büchergestell; Aktenschrank: † Repositorium {Bücherschrank (Spätantike,Mittelalter): Armarium}
Bücherrestauration (alte oder beschädigte Bücher): Bibliotherapie
Bücherverbrennung: Autodafé s
Bücherverehrung (insb. Bibel): Bibliolatrie
Bücherverzeichnis; Schriftenzusammenstellung (Fachgebiet,Thema): Bibliographie {Schriften über eine Person: Biobibliographie} --> Neuerwerbungenliste
Bücherwissenschaft: Bibliographie
Bücherwurm; leidenschaftlicher Leser: Bibliophage
Bücherzerstörer; Seitenherausreißer (wegen Sammelleidenschaft): Biblioklast
Buchgeld: Giralgeld
Buchhändler (röm. Antike, Mittelalter): Librarius {Buchzwischenhandel: Barsortiment}
Buchseitenüberschrift: Kolumnentitel
Buchstabe: Litera w (Lit./lit., Literä Mz) {B.n; Schriftzeichen: Charaktere Mz}
Buchstaben und Ziffern enthaltend (EDV-Zeichenvorrat): alphanumerisch
Buchstabeneinschub --> Zusatzlaut
Buchstabengläubigkeit: Bibliolatrie {am Buchstaben klebend; buchstabengläubig (abw.): talmudistisch}
Buchstabenmagie; Zahlenmagie: Kabbalistik
Buchstabenrätsel (Ändern, Hinzufügen, Wegnehmen von Buchstaben): Logogriph m {Buchstabenversetzrätsel: Anagramm}
Buchstabenumstellung mit neuem Sinn (z.B. Regen-Neger): Anagramm --> vorwärts und rückwärts
Buchstabenzeichen --> Häkchen
Buchstabieren ◇ Benennung der Buchstaben nach etwas, dessen Bezeichnung mit dem entsprechenden Laut beginnt (z.B. Anton,Berta,Christoph,...): Akrophonie w / akrophonisches Prinzip
buchstäblicher Sinn (Textstelle, insb. Bibel): Literalsinn
buchtig (Biol.) --> schwammig
Buchverkaufspreis, vom Verleger festgesetzter: Ordinärpreis
Buchweizengrütze: Kasch m / Kascha w
Buckel: Gibbus m / Kyphose w
bügelfrei: no iron / non-iron {formbeständig; b.: permanent press}
bummeln --> schlendern
Bummelstreik; Dienst nach Vorschrift (Flugwesen): Go-slow m,s
Bündel; Aktenbündel; Heft: Faszikel m {B. (Schriftstücke,Drucksachen): Konvolut s} {aktenmäßig bündeln; heften: † faszikulieren}
bündelweise: faszial
Bundesstaaten ◇ das Streben nach Errichtung und Erhaltung weitgehend autonomer Bundesstaaten: Föderalismus
Bündnis; Einverständnis: Entente frz
Bündnispartner: Föderat
bunt; vielfarbig: polychrom {grellbunt; farbenprächtig: flamboyant}
bunt wechselnd (Bilder,Eindrücke): kaleidoskopisch
bunte Mischung; Durcheinander: Mixtum compositum

buntes Programm ◇ Potpourri: Medley s
Burg; Schloß: Castle s {B.; S.; Palast (Spanien).: Alkazar/Alcázar m}
Bürge; Gewährsmann: † Kavent --> verbürgen
Bürger (franz. Bez.): Citoyen {Vollbürger (röm. Antike): Quirite}
Bürgeranwalt; jmd., der die Rechte des Bürgers gegenüber Behörden wahrnimmt: Ombudsmann
Bürgermeister (USA,England): Mayor {(Frankreich): Maire} {bis ins vorige Jahrhundert gebräuchliche Bez. für das Stadtoberhaupt (Italien): Gonfaloniere} {Dorfchef; Ortsvorsteher (Türkei): Muchtar}
Bürgerrecht; Heimatrecht: † Indigenat/ Inkolat s
Bürgersinn; Gemeinsinn: † Zivismus
Bürgertum ◇ durch Bildung, Vermögen etc. gekennzeichnete Oberschicht (früheres Frankreich): Notabeln Mz
Bürgertum, wohlhabendes; Kapitalistenklasse: Bourgeoisie (Bourgeois m) {bürgerlich: bourgeois} --> Oberschicht
Bürgerversammlung (antikes Rom): Komitien Mz
Bürgschaft leisten: † kavieren {B. (insb. für einen Wechsel): Aval m,s}
Büro (engl. Bez.): Office s {(franz. Bez.): Bureau}
Bursche; Kerl: Kadett {B.; Gassen-, Sraßenjunge: Gamin frz}
Büschelförmiges --> Strahlenbündel
Buschmesser: Machete w,m
Buschwald (Mittelmeerraum): Maquis m / Macchia / Macchie w
Buße; innere Umkehr: Metanoia {B.; Bußübung (kirchl.): Pönitenz}
büßen lassen ◇ der Wunsch, andere für eigene Schuld b. zu lassen: Extrapunitivität
Büstenhalterkörbchen: Cup m
Büstensäule ◇ Säule oder Pfeiler mit Büste obenauf: Herme w

C

Casanova ◇ Frauenliebling: Belami
charakterlich; verhaltenseigen; gewohnheitsmäßig: habituell
charakterliche Abnormität, erworbene: Charakteropathie
charmanter Mann --> Ehrenmann
Charme ◇ gewandtes Benehmen: † Turnüre/Tournüre
Chefarzt; Oberarzt: Primararzt/Primarius
Chemie --> Veredelungsversuch
Chinesisch ◇ Wissenschaft der chinesischen Sprache und Literatur: Sinologie
Chor, kleiner: Madrigalchor
Chor ◇ [kleiner] Schulchor: Kantorei {historischer Schülerchor, der bei verschiedenen Gelegenheiten gegen Entlohnung sang: Kurrende w}
Chorsänger: Choreut [-eu-]
Christenheit, die gesamte: Ökumene w
Christentum --> Vollkommenheit
christliches Hotel; Gasthaus mit christlicher Hausordnung: Hospiz s
Christusverehrung als Gott: Christolatrie
Clique --> Eigengruppe --> Herrscher
Cliquengeist: Kameraderie/Kamaraderie
Clown --> Possenreißer
Comicbildchen, einzelnes: Panel s engl
Couch (nur mit Kopflehne) --> Liege
Coup ◇ raffiniert ausgeklügeltes, heimlichst vollführtes [Raub]verbrechen: Rififi s
Cowboy; Rinderhirt (Mexiko, Südwest-USA): Vaquero

D

da haben wir die Bescherung!: † Tableau!
da haben wir es!; sieh da!: voilà!
da kann man nichts machen --> so ist es
Dachgeschoßwohnung: Mansarde w
dachlos; unter freiem Himmel: hypäthral
dadurch, eben: eo ipso
dahintersetzen; nachstellen: † postponieren
damals war's --> vergangene Zeiten!
damenhaft; vornehm: ladylike
Damenschuh, hochhackiger, hinten offener: Sabot s frz --> Spazierhut
Damenzimmer, privates, elegantes: Boudoir s --> Frauengemach
Damm ◇ Abdämmung; Sperrung: † Barrage w
Damm; Weichteilbrücke zwischen After und äußeren Geschlechtsteilen: Perineum
Dämonen, Tod und Verderben bringende : Keren
dämpfen; dünsten: † daubieren frz
Dampfkochtopf: † Digestor
Dandy --> Homosexueller
daneben sich Benehmender --> unmöglich
Danebengreifen ◇ Bewegungsübermaß; das Hinausschießen der Bewegung über das angestrebte Ziel (Med.): Hypermetrie
Danebentritt; Taktlosigkeit: Fauxpas m
dänische Flagge: Danebrog m
Dankesbrief (Werbung) --> Empfehlung
Dankgebet: † Gratial[e] s
Danklied, feierliches altgriechisches: Päan m
darbieten, vorzeigend; ausstellen: exhibieren
darlegen; erläutern; erklären: explizieren
Darlegung; Erörterung: Exposition --> Bericht
Darm ◇ auf den D. oder die Eingeweide bezüglich: enteral --> Magen und Darm
Darmflorastörung: Dysbakterie
Darmkanal; Eingeweide: Intestinum (intestinal)
Darmkatarrh; Entzündung des Dünndarms: Enteritis
Darmkollern: Bombus m
Darmschmerz; Leibschmerz: Enterodynie/ Enteralgie

Darmspülung; Einlauf: Klistier/Irrigation
Darmstörung, nervöse: Enteroneurose
Darmverschlingung: Volvulus --> Knäuel
Darmverschluß: Ileus s [-e-u-]
darreichen --> einschenken
darstellen; zur Schau stellen: exponieren
das heißt; das ist: id est (i.e.)
das ist: † hoc est (h.e.)
das trifft sich gut --> bravo!
Dasein eines Dinges [im Unterschied zu seinem Wesen]: Entität/Existentia w
dasselbe: idem (id.)
dasselbe; ebenso (bezüglich gerade Genanntem): dito
Dauerfrostboden in extremen Kälteregionen: Tjäle w
Dauergast ◇ regelmäßiger Besucher: † Frequentant
Dauerkarte; Freipaß: † Passepartout m
dauernd ◇ unveränderlich: anallaktisch
dauernd; verlaufend: durativ
Dauerschaden ◇ als D. infolge Krankheit zurückbleibend: residual
Daumenballen; Muskelwulst an der Daumenwurzel: Thenar s (Thenare Mz)
Davidsstern, sechsstrahliger: Hexagramm
dazu --> anmerkend
dazugehörend, regelmäßig; unvermeidlich; üblich (spöttisch): obligat
Dazugehörendes ◇ Ergänzung: Komplement
dazukommend --> nebensächlich
dazwischenbefindlich; in der Mitte liegend; ein Zwischenglied bildend: intermediär
dazwischenreden; ins Wort fallen: † interpellieren
Decke; Gewölbe: Voute w
Decke zum Zudecken: † Enveloppe w
Deckel --> Abdeckung
Deckname: Pseudonym s {auch unter dem Decknamen ...: alias ...} --> Künstlername
Deckung --> Körperdeckung
deckungsgleich; übereinstimmend (z.B. Ansichten): kongruent
deckungsgleich; zusammenfallend (z.B. Ereignisse): koinzident (Koinzidenz)
definieren --> Begriffe standardisieren
Definition ◇ allein der D. nach: ex definitione
deftig; derb; lebensvoll: pantagruelisch
dehnbar: dilatabel
dehnbar ◇ ausdehnbar: expansibel/ † extensibel
dehnbar; streckbar; verformbar (Techn.): duktil
Dehnung; Erweiterung; Ausdehnung (Physik): Dilatation
dekadent ◇ [sittlich] verfallend: morbid
Dekadenz ◇ Verfall eines gesellschaft-Organismus: Involution
Dekan (engl. Bez.): Dean
Delirium tremens: Önomanie
Delle; Eindellung durch Druck oder Stoß (Med.): Impression lat
dem Mutigen --> den Mutigen
Demokratie mit diktatorischem Einschlag: *Demokratur*
Demokratie --> Pöbelherrschaft
Demonstration ◇ Kundgebung; öffentliche Erklärung: Manifestation {Teilnehmer: † Manifestant}

demütig; niedrig: † humil (Humilität)
demütige Ehrerweisung; Verbeugung: Kotau m
demütigend: † humiliant (Humiliation)
Demütigung, tiefe: Kanossa s/ kaudinisches Joch {Selbsterniedrigung; Selbstdemütigung [vor jemand anderem]: Kanossagang}
den Mutigen hilft das Glück: fortes fortuna adjuvat
den Ton angeben: intonieren
den Umständen entsprechend: † zirkumstanziell
denkbar; vorstellbar (Philos.): imaginabel
Denken, effektives --> effektives Denken
denkfaul; unkultiviert: † böotisch (Böotier)
Denkfehler ◇ Fehlschluß aufgrund von D.n: Paralogismus {unzulässiger Gedankensprung (Beweisführung): Metabasis} --> falsche --> Fehlschluß
Denkgesetzelehre (Philos.): Nomologie
Denklehre; das Denken betreffende Grundsätze: Noetik {Denkkunst; D.: Dianoetik} {Gedankeninhaltslehre: Noematik}
Denkmal: Memorial s engl {Säule mit Büste obenauf: Herme w}
Denkschrift: Kommuniqué/ † Promemoria s
Denkschrift; Bericht; Darlegung; zusammenfassende Übersicht: Exposé s {ausführliche diplomatische D.; [politische] Stellungnahme: Memo[randum] s}
Denkspruch; Sprichwort (griech. Antike): Parömie --> Sinnspruch
Denkwürdigkeiten; Erinnerungen: Memorabilien {denkwürdig: memorabel}
Denunziant; gewerbsmäßiger Verleumder: † Sykophant
Depression ◇ Schwermut; Trübsinn; Traurigkeit: Blues m [oh. Mz]/ Elegie/ Melancholie/Tristesse {Gemütskrankheit: Thymopathie} --> Antriebslosigkeit --> Traurigkeit --> Verdrießlichkeit
depressiv ◇ schwermütig; trübsinnig; eingebildet krank: hypochondrisch --> pessimistisch --> Trübsinn
der Form nach: formaliter
der Herr sei mit euch!: Dominus vobiscum!
der Mensch ist dem Menschen ein Wolf: homo homini lupus
der Würfel ist gefallen --> die Würfel
derb; deftig; lebensvoll: pantagruelisch
derber Mensch --> plumper
Derbheit --> Grobheit
derselbe (Hinweise in wiss. Werken): idem (id.)
desgleichen; ebenso; ferner: † item (it.)
Design (Produkt) --> verkaufsfördernde
Desinfektionsmittel; Reinigungsmittel: Detergens s
desinfizierend ◇ Mikroben tötend: mikrobizid --> antibakteriell
Desinteresse: Desinteressement
desselben Monats: † ejusdem mensis (e.m.) --> dieses Monats
destilliertes Wasser: Aqua destillata (aq. dest.)
desto besser: † tant mieux

Deutelei ◇ Textauslegung, die nach einem verborgenem Sinn sucht: Allegorese --> Buchstabenmagie
deutlich; ausdrücklich: explizit --> in aller Deutlichkeit
deutlich erkennbar; offenkundig; handgreiflich: manifest/ † palpabel
deutlich; offenkundig; ins Auge springend (einen Gegensatz betreffend): flagrant
deutlich; verstehbar; erkennbar: transparent
deutlich --> klar --> offenbar
deutliche Aussprache ◇ volle Form beim langsamen Sprechen (z.B. erst einmal statt ersma): Lentoform w
Deutlichkeit; Gewißheit; einleuchtende Erkenntnis: Evidenz
Deutlichkeit; Klarheit: † Perspikuität
Deutlichkeit ◇ Klarheit; Anschaulichkeit: † Konspikuität
deutsche Aggressivität: Furor teutonicus m --> Schlachtgeschrei
Deutscher (abw. frz. Bez.): Boche
deutschfeindlich: germanophob
deutschfreundlich: germanophil {extrem Deutschfreundlicher: *Germanomane* m}
deutschsprachig: *teutophon*
Dialekt ◇ Spracheigentümlichkeit oder Sprechweise einer Gruppe oder sozialen Schicht: Idiom s {Dialekt in rein geographischer und nicht soziologischer Hinsicht: Regiolekt m} {die landschaftlichen Sprachformenunterschiede betreffend: diatopisch} --> Spracheigenheit
Diamant: † Adamas m (Adamanten Mz)
Diamant (dichter.): Demant m [demant] dt
Diaprojektor ◇ einfachster Projektionsapparat (17. Jahrh.): Laterna magica w
dich geht es an --> tu etwas!
dicht; eng; zusammengedrängt: † kompreß
dicht; fest; zäh zusammenhängend: konsistent
dicht; nahe (Ball an der Bande): collé
dicht ◇ undurchdringlich: † impenetrabel
dicht verschlossen: hermetisch verschlossen
Dichte; Dichtigkeit (Physik): Densität
Dichter ◇ Verseschmied; sich im Dichten Versuchender (scherzh.): † Versifex
dichterische Begeisterung: Furor poeticus m {Sinnbild der d.n B.: Kastalische Quelle} {Dichtungstrieb (krankhaft): Metromanie --> Nymphomanie}
Dichtkunstreich; Musenberg: Parnaß m (parnassisch)
Dichtung --> Lyrik
Dichtungsaufbau, [strenger, kunstvoller]: Tektonik
Dichtungsring mit eingestülptem Rand (Technik): Manschette
dick aufgetragen (Ölfarben): pastos
dick; stark (Med.): crassus
Dickenmesser (Technik): Pachymeter s
dickflüssig; teigig (Gastron.): pastos
Dickhäuter (Elefanten, Tapire, Schweine, Nashörner, Flußpferde): † Pachydermen
Dickheit; Körperfülle; Wohlbeleibtheit: Embonpoint m,s frz / Korpulenz (korpulent) --> Fettleibigkeit
dickköpfig ◇ beharrlich; zäh; schwerfällig (Temperament): ixothym
die Welt will betrogen sein (Sebastian Brant): mundus vult decipi
die Würfel sind gefallen: alea iacta est
die Zukunft wird es zeigen: qui vivra, verra
Diebesgut: Sore/Schore w
Diebstahl, schleichender --> Aneignung, allmähliche
Diebstahlsangst (krankhaft): Kleptophobie
Diebstahlssucht (krankhaft): Kleptomanie
Diener [in Livree], fürstlicher: Lakai
Diener; junger Kellner: Ganymed
Diener; junger Page (engl. Bez.): Groom
Diener ◇ Lastenträger (Orient): Hammal {Leibwächter [ehemaliger Fürsten]: Trabant} {Sklave, der seinem Herrn nachts die Fackel vorantrug: Lampadarius}
Dienst; Stellung (Angestellte): † Kondition {angestellt sein: † konditionieren}
Dienstalter: Anciennität {Beförderung nicht nach Leistung, sondern nach D.: Anciennitätsprinzip}
Dienstbote: † Domestik[e] m
Diensteifer --> Eifer
Dienstfertigkeit: † Offiziosität
dienstfrei sein: † vazieren
Dienstgrad (Militär): Charge w
Dienstkleidung; Uniform: † Montur --> Uniform
Dienstmädchen (scherzhaft-familiär): Donja {(abwertend): Donna}
Dienstname; Ehrenname; Amtsbezeichnung: Titulus m
Dienstpflicht; Obliegenheit: † Offiz[ium] s
Diensttag; Amtstag; Empfangstag: † Jour
Dienstunfähiger: † Defizient [nicht!: defizient]
dieses Jahres: huius anni (h.a.)/ † anni currentis (a.c.) --> diesjährig
dieses Monats: huius mensis (h.m.) / † mensis currentis (m.c.) --> gleichen Monats
diesjährig ◇ in diesem Jahre: hoc anno (h.a.) --> dieses Jahres
diesseitig ◇ innerhalb dieser Welt; innerweltlich (Philos.): intramundan
diesseitig orientiert --> genießerisch
Differentialrechnung: † Derivationsrechnung/Fluxionsrechnung/Fluxionenrechnung
differenziert ausgebildet: elaboriert
Diktator; Alleinherrscher: Autokrat
Diktatur ◇ Alleinherrschaft: Monokratie
Diktatur, [despotische]: Cäsarismus
Diktatur mit demokratischem Aushängeschild: *Diktatie*
Diktaturentstehung ◇ Rückentwicklung demokratischer Systeme in vor- oder antidemokratische: Involution
diktierend; beim Diktieren: diktando
Diktierender: Diktant
Diplomatenchef; Leiter und Sprecher des diplomatischen Korps: Doyen --> Botschafter
Diplomatenstatus ◇ Unantastbarkeit des D. im Gastland: Exterritorialität

diplomatischer Schritt oder Einspruch: Demarche w
diplomatischer Vertrag --> Übereinkommen
diplomatisches Korps: Corps diplomatique (CD)
direkt ◇ ohne Umschweife: † sans phrase
direkte Rede: Oratio recta w
direkter Weg zum Berggipfel: Direttissima w {solchen Weg nehmend: direttissimo}
Direktheit; derbe Anschaulichkeit: Drastik
Diskont: Eskompte m
diskret --> taktvoll
Diskussion; Aussprache (öffentlich) : Forum s
Diskussion über einen Lehrsatz (pro und contra): Antilogie --> Streitgespräch
Diskussionskunst; Technik der [wissenschaftlichen] Auseinandersetzung: Eristik
Diskutierender ◇ Debattierer: Debatter engl
distanziert; enge Bindung meidend (Psychol.): philobat
Disziplin --> Regeltreue --> Selbstdisziplin
Disziplinlosigkeit ◇ freies Gewährenlassen der Untergebenen: abdikativer Führungsstil --> Duldung
Dogmatiker ◇ starr an Prinzipien festhaltender Parteimann: Intransigent
dogmatisch: thetisch --> intolerant
Dogmatismus ◇ Unbeweglichkeit als Geisteshaltung: Immobilismus
Doktorarbeit: [Inaugural]dissertation
Dokumentarfilm: Kulturfilm --> Bericht
Dollarnote (ugs. in den USA): Greenback m
Dolmetscher; Übersetzer: † Translateur --> Übersetzer --> Übersetzung
Donnerkeil; Teufelsfinger: Belemnit m
Doppelehe: Bigamie (Bigamist)
Doppelgänger: Double s
Doppelgängerwahn: Heautoskopie [he-au-]
doppelgestaltig: biform
Doppelherrschaft: Biarchie {Staatsform mit zwei Gewalten: Dyarchie}
Doppellaut (z.B. eu): Diphthong m
Doppelpunkt: † Kolon s
doppelreihig; zweizeilig: † biserial
Doppelsinn; Zweideutigkeit; Mehrsinn: Ambiguität/Amphibolie/Äquivokation (ambig/ambigu[e] frz/ äquivok/amphibol[isch]) {doppelsinnig; rätselhaft [dunkel]: delphisch}
Doppelstück: Dublette
doppelt gemoppelt (z.B. alter Greis): tautologisch (Tautologie)
doppelt so schnell wie bisher (Musik): doppio movimento
doppelt ◇ zweigestaltig: dimorph {in zweifacher Ausführung: † in duplo} --> zweigestaltig
doppelte Buchführung: Doppik
doppelte Verneinung; Verneinung des Gegenteils (Redefigur): Litotes/Meiosis w
doppelter Punkt auf Vokalen --> I-Punkt
Doppeltheit: Duplizität
Doppeltreffer: Dublette {D. im Lotto: Ambe w}
Doppeltsehen ◇ Sehstörung, bei der ein Gegenstand mehrfach gesehen wird: Polyopie
Doppelvokal in der Fuge zweier aufeinanderfolgender Silben (z.B. in Genugtuung): Hiat[us] m
Doppelwertigkeit, Zwiespältigkeit zur Folge habende (z.B. Zuneigung und Abneigung): Ambivalenz (ambivalent)
Doppelzentner; 100 kg: Meterzentner
Dorf (malaiisch): Kampong m,s
Dorfchef; Ortsvorsteher (Türkei): Muchtar {indianischer D.: Kazike}
Dorfoberschicht; angesehene Bürger eines kleinen Ortes: Honoratioren
Dosenfutter ◇ nährwertarme, kalorienreiche Nahrung --> Fertiggerichte
Drache --> Ungeheuer
Drachenviereck: Deltoid s
Drahtseil; starkes Tau: Trosse w
Drahtseilbahn: † Funikularbahn
Drall (Ball,Kugel): Effet m,s {(Tennis): Twist m}
drängend; heftig: virulent --> Dringlichkeit
Draufgeld --> Handgeld
draußen ◇ unter freiem Himmel; unüberdacht: hypäthral
Draußenausrüstung (Schlafsack, Anorak etc.): Outdoor-Outfit s
Drehbuch: Skript[um] s {(franz. Bez.) : Découpage w}
drehen; krümmen (Technik): torquieren --> Verdrehung; Verdrillung
Drehkreuz zum Durchlassen nur jeweils einer Person (Wege, Eingänge etc.): Tourniquet s
Drehleier: Organistrum/Viella/-le
Drehorgel: Orchestrion
Drehpunkt; Angelpunkt eines Hebels: Hypomochlion s
Drehzahlmesser; Gerät zur Messung der augenblicklichen Drehzahl einer Maschine: Tachometer m,s {D.; Tourenschreiber: Gyrometer s}
drei Dinge (Zusammenfassung): Triset s engl/ Tripel s
drei Jahre (Zeitraum): Triennium
drei Monate (Zeitraum): Trimester
drei Personen, häufig gemeinsam in Erscheinung tretende: Terzett s {drei Personen, die sich als zusammengehörig fühlen und auch so gelten; Kleeblatt: Trifolium}
drei Tage (Zeitraum; kath.): Triduum {dreitägig oder alle drei Tage (z.B. Fieberanfälle): tertian}
Dreieck: † Trigon s
dreieckig: triangulär/trigonal
dreieckiges Schultertuch, großes: Fichu s/ Mantille w frz
Dreiecksschenkel ◇ die Schenkel des rechten Winkels im Dreieck: Ankathete und Gegenkathete
Dreieckstuch; Tragetuch für den Arm: Mitella
Dreieinigkeit (Gott Vater, Sohn, Heiliger Geist): Trinität --> Gottesverherrlichung
Dreier ◇ Geschlechtsverkehr zwischen drei Personen: Triolismus m/Triole w
Dreierherrschaft (röm. Antike): Triumvirat s/ Triarchie w {Mitglied: Triumvir m}
dreifach: trinär {in dreifacher Ausfertigung: in triplo}

Dreifaches: Triplum s
dreifaches Vorkommen; Dreifachheit: Triplizität
dreifarbig: trikolor
Dreigespann: Triga w {(russ. Bez.): Troika w} --> drei Personen
Dreiheit; Dreizahl: Trias w
dreijährig; alle drei Jahre [stattfindend] oder drei Jahre dauernd: triennal
dreimalige Wiederholung von Wörtern oder Wortgruppen (Redekunst): Triplikation
dreimaliger Erfolg in Serie (Sport): Hat-Trick/Hattrick m
dreisilbiges Wort: Trisyllabum s
dreisprachig: trilinguisch {d.es Werk oder Wörterbuch: Triglotte w}
Dreistaatenbund: Tripelentente lat,frz/Tripelallianz
Dreistigkeit: Aplomb m frz
dreistimmiger musikalischer Vortrag: Terzett
Dreiteiliges ◇ Verbindung von drei Dingen: † Ternion w
dreiteiliges Werk (Dramen,Kompositionen etc.): Trilogie
Dreiteilung (insb. Winkel): Trisektion/ † Tripartition
Dreiteilungsprinzip, Lehre des Vorherrschens vom (z.B. Leib-Seele-Geist oder These-Antithese-Synthese): Trialismus/ Trichotomie {Dreiteiligkeitslehre des Menschen (Leib,Seele,Geist; Relig.): Trichotomie --> Dreieinigkeit}
dreiwertig (Chemie): trivalent
Dreizack (Meergott): Trident m lat
Dreizehnangst; Angst vor der Zahl 13 : Triskaidekaphobie
dressieren --> andressieren
Dressurergebnis: Dressat s
dringend nötig; Lücke füllend; Mangel abhelfend: desiderat
Dringlichkeit: Urgenz {dringend; unaufschiebbar; eilig: urgent lat} --> brennend --> drängend
Drittausfertigung [eines Schreibens]: Triplikat s
dritte Potenz: Kubus m {Erhebung zur d.n P.: Kubatur (kubieren)}
dritter Fall; Wemfall: Dativ m
drittrangig (abw.): tertiär
Droge ◇ Betäubungsmittel; Rauschmittel: Narkotikum
Droge, Halluzinationen hervorrufende: Halluzinogen s
Droge ◇ Hochstimmung erzeugendes Rauschmittel: Euphorikum
Drogenanfänger, nur kleine Rauschdosen zu sich nehmender: Chippy
Drogendosis, für einen Rausch nötige (Jargon): Load w --> Heroindosis
Drogensucht ◇ Verlangen nach Schlaf- oder Betäubungsmitteln (krankhaft): Narkomanie --> Mißbrauch
Drogensüchtiger (Rauschdrogen): User/ Main-liner {(insb. Opiate): Junkie} {drogensüchtig (Jargon): hooked} {nicht mehr süchtig (Jargon): clean } --> Entziehungskuranstalt
Drogenverkaufsstelle (Jargon): Beatpad m
drohend; nahe bevorstehend (Med.): imminent
Drohendes --> Gewitterwolke
Drohung ◇ euch will ich helfen!; euch will ich's zeigen!: quos ego!
drollige Einfälle; Spottreden: Fazetien Mz
Druck ◇ durch D. umgeformt (Mineralien,Gesteine): dynamometamorph
Druck; Gas- und Dampfspannung: Tension
Druckabfall (Technik): Dekompression
Druckbuchstabe: Letter w
drückend; unterdrückend: oppressiv
Druckerlaubnis (allgemein): Imprimatur s --> Zensuraufhebung
Druckfehler: Erratum (Errata Mz)
Druckfehler[verzeichnis]: Korrigenda Mz
druckgleich (Physik): isobar
Druckkessel (Feuerspritzen,Wasserversorgungsanlagen): Hydrophor m
Druckmesser: Manometer s
Druckregler: Manostat m
Drucksache (Post): Imprimé m
Druckverband --> Aderpresse
Drüse: Glandula/Glandel w
Drüsen betreffend: adenös {drüsenähnlich: adenoid}
Drüsen ◇ Lehre von den D. mit innerer Sekretion: Endokrinologie
Drüsensekretüberproduktion: Hypersekretion/Hyperkrinie
Drüsentätigkeit --> absondernd
du bist dran --> tu etwas!
Dudelsack; Sackpfeife: Cornemuse/Cornamusa {(franz. Bez.): Musette w}
Duell ◇ studentischer Zweikampf: Mensur {stud. Verabredung zum D.: Kontrahage}
Duell ◇ Zweikampf mit scharfen Waffen (Ritter): Tjost w,m (tjostieren)
Duft; wohlriechender Stoff: Odeur s
duftend, herrlich; köstlich: ambrosisch
Duftstoff zur Beeinflussung von Individuen der gleichen Art, vom Körper ausgeschiedener: Pheromon/Ektohormon s
Duldsamer --> Toleranter
Duldung; Treibenlassen; Gewährung: Laisser-faire / Laisser-aller / Laisser-passer s --> Disziplinlosigkeit
dumm ◇ albern; töricht: † insipid[e]
dumm ◇ gleichgültig; geistig träge: indolent --> beschränkt
dummes Zeug reden --> Koterbrechen
Dummheit: Betise w
Dummheit; Albernheit; Einfältigkeit: † Niaiserie
Dummheit ◇ Torheit; Narrheit; Tollheit : † Folie [foli̲e̲]
Dummheit; Unsinnigkeit: Sottise w
Dummheit ◇ Unverstand; Stumpfheit: Anoia {Intelligenztiefstand; Schwachsinn: † Fatuität} --> Schwachsinn
Dummheit; Unwissenheit (abw.): Ignoranz (Ignorant m) --> Gehirnkleinheit --> Gehirnstruktur --> Hirnlosigkeit
Dummkopf --> Armleuchter --> Hohlraum --> Hohltier --> Schildbürger
düngen --> Verbesserung
dunkel (Farbe): † foncé --> grau
dunkel; geheimnisvoll: mystisch/mysteriös {vieldeutig; d.; geheimnisvoll im Ausdruck: hermetisch} --> düster

dunkel ◇ lichtlos (z.B. die Tiefsee): aphotisch {lichtarm: dysphotisch}
dunkel; verdächtig; von zweifelhafter Herkunft: obskur (Obskurität)
Dünkel --> Standesbewußtsein
dunkelblau: marineblau
Dunkelheit, sehr große: ägyptische Finsternis
Dunkelheitsangst; Nachtangst: Nyktophobie --> Nachtangst
Dunkelmann: † Obskurant
dunkelrot: amarent[en]
dunkle Andeutungen machen: orakeln
dunkle Flecken aufweisend (Haut): melanoderm (Melasma s)
dünn; etwas fein oder zart: hypoleptisch
dünn; zart (Med.): tenuis lat/ tenue [-u-e]
dünne Stimme ◇ mit schwacher, dünner Stimme (Musik): fil di voce
dünsten; dämpfen: † daubieren frz
durch ...; hindurch: dia...
durch; mittels; auf dem Wege über: qua
durch Mühe zum Erfolg; „auf rauhen Wegen zu den Sternen": per aspera ad astra
durch; über [eine bestimmte Instanz erfolgend]: via
Durchblutung förderndes Mittel: Derivans s (Derivantia/-anzien Mz) {vermehrt durchblutet: hyperämisch}
Durchblutungsstörung; anfallartige Schmerzen in den Gliedmaßen mit Kältegefühl und Blässe: Leukomelalgie
Durchbruch aus der Verteidigung heraus, plötzlicher; Konterschlag (Sport): Break m,s
durchdenken --> überlegen
durchdringend: † penetrabel
Durcheinander: † Charivari s
durcheinander: pêlê-mêle frz {vermischt; d.: promiscue lat}
Durcheinander; Allerlei: † Tuttifrutti s
Durcheinander; buntes Gemisch: Mixtum compositum s
Durcheinander; Mischmasch: Pelemele s frz / † Quodlibet s
Durchfall: Diarrhö[e] {Ruhr; D.: Dysenterie}
Durchfallmittel: Antidiarrhoikum
durchflechten, mit Band: lacieren
Durchführender; Ausübender; Vollziehender: Exekutant
durchgehen; hindurchführen: transitieren --> durchqueren
Durchgreifen --> Ordnung
Durchhalten ◇ bis zum Sieg (I.Weltkrieg Frankreich): jusqu'au bout
Durchhaltevermögen --> Überdauerungsvermögen
durchkreuzen, Geschriebenes ungültig machen mittels: † kanzellieren
Durchlaß, enger --> verengte Stelle
durchlässig; durchdringbar: permeabel
durchlöchert: perforat (perforieren)
durchqueren: traversieren -->durchgehen
Durchreibung (Papier auf prägendem Untergrund): Frottage
Durchreise durch ein Land: Transit m
durchscheinend; glasig (Med.): hyalin --> durchsichtig
Durchschnitt; Mittelwert; arithm. Mittel : Average m
durchschnittlich; mittelmäßig (Warenqualität): average engl
Durchschnittsmenge zweier Mengen mit Elementen beider Mengen (zum Beispiel die Menge der Richterinnen zu den Mengen der Frauen und Richtern): Intersektion
Durchsicht; Musterung; Prüfung: † Lustration
durchsichtig; durchschimmernd: diaphan/transluzent/transluzid
durchsichtig; hell; klar: limpid/luzid --> durchscheinend --> klar
Durchsichtigkeit: † Perspikuität
durchstreichen --> durchkreuzen
Durchsuchung: † Pervestigation
Durchsuchung (Gepäck,Kleidung): Visitation
Durchtriebenheit; Schlauheit: Finesse
durchziehen, etwas trotzdem --> treideln
dürr; trocken; wüstenhaft (Boden,Klima): arid
dürr --> hager
Durst, niedriger --> Trinkunlust
Durst, gesteigerter (krankhaft): Hydromanie/Polydipsie --> Mundtrockenheit
Düsenverkehrsflugzeug: Jetliner
düster; traurig: lugubre (Lugubrität) --> dunkel
düstere Schilderung --> grau in grau
Dutt ◇ Haarknoten im Nacken: Chignon m

E

Ebenbild Gottes ◇ die Gottebenbildlichkeit des Menschen (christl.): Imago Dei w [- de-i]
ebenbürtig, geistig; geistesverwandt: kongenial
ebenda; ebendort: ibidem (ib./ibd./ibid.)
ebenengleich (z.B. Vektoren): komplanar
Ebenholz: Marblewood s
ebenso; dasselbe (gerade Genanntes): dito {e.; desgleichen; ferner: † item (it.)}
ebnen; einebnen: applanieren
echoen ◇ Wiederholen von Wortenden oder Satzenden (krankhaft): Logoklonie
Echolehre: Katakustik
echt; naturgemäß; rein: genuin
echt; wahrhaft; aufrichtig: † veritabel
Echtheit; Zuverlässigkeit; Glaubwürdigkeit: Authentizität/Authentie
Eckball; Ecke (Fußball): † Corner m
eckige Fläche, kleine (durch Schleifen an hartem Körper entstanden): Facette
Eckzahn: Caninus (Canini Mz)
edel; großmütig; großherzig: generös (Generosität)
edel; vornehm: aristokratisch {edle Gesinnung; Vornehmheit: Noblesse}
Edelsteinfassung: Montur (montieren) {Edelsteinhandel; Schmuckhandel: Bijouterie} {Edelsteinkunde: Gemmologie}
Edelweiß: Leontopodium
effektives Denken ◇ Denkweise, die alle Seiten eines Problems beleuchtet, ohne

sich in Details zu verlieren: laterales Denken

effektvoll; mit Wirkung (Musik): effettuoso / con effetto

Egoismus ◇ Ichbezogenheit; Teilnahmslosigkeit; Flucht in eine Phantasiewelt (Schizoide,Schizophrene): Autismus {Selbstvergötterung: Idiolatrie} {selbstbezogen: zentrovertiert} {der Mensch ist dem Menschen ein Wolf: homo homini lupus}

Ehe; Heirat: † Mariage frz {Ehe; Ehegemeinschaft (Jur.): † Konnubium (konnubial)} {Zusammenleben ohne förmliche Eheschließung: Konkubinat} {ungültige Ehe (kirchl.): kladestine Ehe} {Herstellung der noch nicht vorhandenen Ehegültigkeit (kath.): Konvalidation} --> unstandesgemäße

Ehebett ◇ breites Bett: Grand lit s

Ehebrecher: Adulter (Adultera w)

Ehefrauvermögen, in die Ehe eingebrachtes: † Illatum (Illaten/Illata Mz)

Ehehindernis ◇ rechtliches Hindernis: † Impediment

Eheleute --> Brautleute

ehelich: † konjugal

ehelich; hochzeitlich: † nuptial {e.; zur Ehe gehörend (Jur.): † matrimonial/matrimoniell}

Ehelichkeitserklärung für ein bisher uneheliches Kind: Legitimation

Ehelosigkeit: Agamie {religiös pflichtmäßige E.: Zölibat s (Zölibatär m)}

Ehescheu: Misogamie (Misogam m) {ehescheu: gamophob}

ehrbar; ehrenhaft; ehrenvoll: † honorabel {ehrbare Person: Honorität} --> anständig

Ehre sei dem Vater und Sohn und Heiligen Geist (kl. Gloria): Gloria Patri et Filio et Spiritu Sancto {Ehre sei Gott in der Höhe (großes Gloria): Gloria in excelsis Deo}

ehren, jmdn. durch ein Fest: † fetieren

Ehrenamtsinhaber; Person, die unentgeltlich Verwaltungsaufgaben übernimmt und aufgrund ihres Ranges Einfluß ausübt: Honoratior

Ehrengeleit; Gefolge: † Kortege

Ehrenhaftigkeit: Honorität {ehrenhaft; rechtschaffen; anständig: honett} {ehrenhaft; freigebig: honorig} {ehrenhaft; ehrbar; ehrenvoll: † honorabel}

ehrenhalber: honoris causa (h.c.) {e.; zu Ehren: ad honorem}

Ehrenmann; [insb. Frauen gegenüber] Mann von feiner Lebensart: Galanthomme/Gentilhomme {(ital. Bez.): Galantuomo} --> Kavalier

Ehrenname; Amts-, Dienstbezeichnung: Titulus

Ehrenperson: Honorität

Ehrenschulden ◇ nicht [mehr] einklagbarer Rechtsanspruch (Wettschulden o. ä., verjährte Forderungen): Naturalobligation

Ehrenwort: Parole d'honneur s

Ehrfurchtslosigkeit; Achtungslosigkeit: † Impietät

ehrgeizig: ambitiös {e.; strebsam: ambitioniert} {e.e Pläne; Hoffnungen; Bestrebungen: Aspirationen}

ehrlich; redlich; anständig: reel (Reellität) {unbestechlich; unbescholten; makellos: integer (Integrität)}

Ehrung ◇ Ehrenbezeigung; Ehre: Honneur m {Ehrerweisung; demütige Verbeugung: Kotau m} --> Huldigung

ehrwürdig --> hochwürdig --> uralt --> verehrungswürdig

Ei; Eizelle: Ovum (Ova Mz) / Ovulum (Ovula Mz) {Fortpflanzungszelle: Gamet m}

Eibe: Taxus m

Eichel (Penis,Klitoris): Glans w {E.-entzündung; E.tripper (Penis): Balanitis/Balanoposthitis}

Eichmaß; Normalmaß: Etalon m {eichen; ausmessen: visieren} {Eichen (Meßinstrumente): Kalibration/Kalibrierung}

Eidechse: Lazerte

eidesstattliche Versicherung (z.B. für Wertpapiere): Affidavit s

Eidverpflichteter: † Delat

Eierkunde (Vogelkundezweig): Oologie

eierlegend: ovipar

Eierstock: Oophoron/Ovarium {E.entzündung: Oophoritis} {E.entzündung; Eileiterentzündung: Adnexitis/Annexitis} {E.entfernung: Kastration/Ovariektomie/Ovariotomie/Oophorektomie}

Eifer; Bereitwilligkeit; Diensteifer: Empressement

Eifer; Kraft; Anspannung: Intension

Eifer --> Glaubensfanatismus

Eifersucht; Neid: Emulation

eifrig; glühend; hitzig: † fervent {e.; hastig; feurig (Musik): zelosamente/zeloso}

Eigenart; Gepräge; Eigentümlichkeit: † Cachet s {Eigenartwiedergewinnung (Gruppen,Völker etc.): Dissimilation}

eigenartig; seltsam-grotesk: barock

Eigenbewegung, scheinbare: Autokinese

Eigenbild -->Selbstbild

eigene Worte ◇ völlig die eigenen Worte (einer Person, die sie gesprochen hat): ipsissima verba

eigener Antrieb ◇ durch eigenen Antrieb und von innen heraus aus Interesse an der Sache erfolgend (Psychol.): intrinsisch

eigenes Ermessen ◇ nach eigenem [Lebens]maß: idiorrhythmisch

Eigengruppe; [soziale] Gruppe, zu der man sich zugehörig fühlt: Ingroup w

eigenhändig: manu propria (m.p.) {e. schreiben: † autographieren} {völlig e. schreiben: † holographieren}

Eigenliebe; Selbstliebe: Autophilie {Beweihräucherung (kath.): Inzens m / Inzensation} {Selbstvergötterung: Idiolatrie} --> Selbstliebe

Eigenname: Nomen proprium s {E. als Gattungsbezeichnung (z.B. Zeppelin für Luftschiff): Appellativname}

eigens zu diesem Zweck gemacht: ad hoc

Eigenschaft herausstellen; jmdn. oder etwas als etwas bezeichnen: apostrophieren --> gleich

Eigenschaftswort; Artwort; Beiwort: Adjektiv[um]

eigensinnig; starrköpfig: entetiert {Eigensinn: † Persistenz} {Eigensinn; Halsstarrigkeit: † Obstination}

eigentlich: † proprie

Eigentümer: Proprietär

Eigentümlichkeit, atmosphärische; Stil: Kolorit s {E. hervorheben; auf das Besondere abheben: individualisieren} --> Eigenart

Eigentumsanspruch; Nutzungsanspruch; Recht auf die Sache: Jus ad rem s {Herausgabeanspruch des Eigentümers einer Sache gegen deren augenblicklichen Besitzer: Vindikation/Vindizierung}

eigenwillig; launenhaft: kapriziös --> absonderlich

Eilbote: † Messenger boy {reitender E.: † Estafette w}

eile mit Weile!: festina lente!

Eileiter: Ovidukt m / Tuba w (Tuben Mz) / Salpinx w (Salpingen Mz) {E.entzündung: Salpingitis}

eilig: cito {sehr eilig: citissime} {e.; unaufschiebbar; dringend: urgent lat } {eilig; hurtig; sofort (Musik): tosto}

ein gewisser Jemand: Quidam

ein Schelm der Böses dabei denkt ◇ verachtet sei, wer Arges dabei denkt (Hosenbandordenswahlspruch): honi soit qui mal y pense / honni - - - - - / honny - - - - -

ein wenig --> etwas

einander ablösen --> abwechseln

einander zugeordnet (Math.) --> zusammengehörend

Einäscherung; Verbrennung (Leichen): Kremation

Einatmung: Inspiration [keine Mz] --> Luftholen

Einäugigkeit: Monophthalmie {das Nichtsehen des einen Auges: Anop[s]ie } {mit nur einem Auge; für nur ein Auge: monokular} {einäugiges Augenglas: Monokel s} --> einseitig

einbalsamieren: mumifizieren

Einbanddeckel, Buch mit festem: Hard cover s

einbegreifen; enthalten; einschließen: involvieren

Einberufung; Zusammenrufung der Mitglieder (Körperschaften): Konvokation

Einbeziehung; Eingliederung: Integration {Einbezogenes; etwas, was in etwas anderes einbezogen ist: Implikat s} --> Verflechtung

Einbildungskraft; Phantasie: Imagination

Einblendung, kurze (Film): Flash m

Einbuchtung; Einschnitt; Einsenkung (Knochen,Organe): Inzisur

einbürgern; Staatsangehörigkeit verleihen: nationalisieren/naturalisieren {Einbürgerung; Erteilung der Bürgerrechte: Nostrifikation}

Eindecker (Flugzeug): † Monoplan m

eindeutig; einnamig (Philos.): univok

eindeutschen: germanisieren

eindicken (Flüssigkeiten durch Verdampfen des Wassers): evaporisieren {mittels Ei oder Mehl e. (Soßen,Suppen): legieren}

eindringen: intromittieren (Intromission) {eindringen; verschmelzen (Chemie): diffundieren} --> Einführen des Penis --> Unterwanderung

Eindringlichkeit; Nachdruck (Rede): Emphase (emphatisch)

Eindruck entstehen lassen, einen bestimmten [falschen]: suggerieren

eine Hand wäscht die andere: manus manum lavat

einebnen; gleichmachen: nivellieren (Nivellement)

Einehe: Monogamie

eineiig (Mehrlinge): monozygot {e.e Zwillinge: identische Zwillinge}

einen Grund, nur --> Grund

einer für viele: unus pro multis

einer nach dem anderen ◇ einzeln; Mann für Mann: † viritim

Einerlei: Dito s

einfach; mäßig (Speisen): frugal

einfach ◇ ursprünglich; anspruchslos (Musik): innocente it

Einfaches; das Unteilbare; Nichtzusammengesetztes (Philos.): Monade w

einfädeln; aneinanderreihen: † enfilieren

einfädig; aus einer einzigen [langen] Faser bestehend: monofil

Einfall; Entwurf: Konzeption

Einfallsreichtum; feine, witzig-geistreiche Art: Esprit m

Einfalt; Gutmütigkeit; Biederkeit: Bonhomie {Einfältiger; Schildbürger: Abderit} {Einfältigkeit; Albernheit; Dummheit: † Niaiserie}

einfarbig: uni frz {(Kunstwiss.): monochrom} {einheitliche Farbe: Uni s frz}

Einfassung; Besatz (Gewebe): Bordüre {E.; Ausnähung: † Broderie (brodieren)}

Einfließen; Einsickern; Eindringen (Flüssigkeiten): Infiltration

einflößen: infiltrieren

Einflußbereich; Wirkungskreis: † Ingerenz {einflußreich; allmächtig: omnipotent} --> Abhängigmachung --> Ehrenamtsinhaber --> Politikerfrau

einflüstern; zutragen: insinuieren (Insinuant)

Einfriedung; Zaun: Fenz w

einfrieren: † glacieren

einfügen; anpassen; übereinstimmend machen: † konformieren

Einfühlungsvermögen; Bereitschaft sich in die Einstellung anderer Leute einzufühlen: Empathie {Fähigkeit, Gefühle anderer Menschen mitzuempfinden: Echothymie}

einführen; einleiten: introduzieren (†Introduktion) {e.; e.; schaffen; ins Leben rufen: inaugurieren} {jmdn. in ein Amt einführen: initiieren} {Einführung in Vorkenntnisse (wissenschaftliches Studium): Propädeutik}

Einführung --> Neuerung

Einführung des Penis in die Scheide: Introduktion --> eindringen

Einfuhrware: Importe w {Einfuhrstopp und Ausfuhrverbot für bestimmte Waren: † Prohibition}

Eingabe (Computer): Input m,s

Eingang; Eintritt; Zugang: Entree s / Propyläen Mz / † Ingreß

Eingang (Med.) --> Öffnung
eingebildet; geziert; gekünstelt: affektiert {e.-dumm; geistig beschränkt: borniert} --> hochnäsig
eingebildeter Kranker; jmd., der schon geringste Beschwerden als Krankheitssymptom deutet: Hypochonder {eingebildete Schwangerschaft: Grossesse nerveuse w}
eingeboren; alteingesessen; bodenständig: autochthon (Autochthone w/m)
Eingebung Gottes: Theopneustie {inneres Hören von Worten, Botschaften etc. (z.B. bei Propheten): Audition}
eingeklemmt; eingekeilt (Med.): impaktiert
eingelegt (Glasteil,Stein): musivisch/musiert
Eingemeindung [eines Staates in einen anderen]: Inkorporation
eingeschlechtlich: unisexuell
eingeschlossenes Staatsgebiet (von fremdem Hoheitsgebiet): Enklave
eingeschobener Laut --> Zusatzlaut
eingeschränkt gültig --> nicht ganz wörtlich
eingesetztes Stoffstück (Keil im Kleidungsstück): Godet s frz
Eingeweide: Viszera Mz {E.; Darmkanal: Intestinum (intestinal)} {auf die E. oder den Darmkanal bezüglich: enteral} {E.bruch: Hernie}
Eingeweihter, Urteile und Interpretationen zu kommenden [politischen] Ereignissen abgebender: Augur {E. (in Geheimkünste oder -lehren): Adept}
eingewöhnen; anpassen (andere Verhältnisse): akklimatisieren {allmähliche Anpassung von Lebewesen an ihnen fremde Lebensräume: Naturalisation/Naturalisierung}
Eingliederung; Einbeziehung: Integration {E. [eines Staates in einen anderen]: Inkorporation}
Eingottglaube mit Leugnung anderer Götter: Monotheismus --> Gottesverehrung
Eingrenzung ◇ Begrenzung; Beendigung: Termination --> Ausbreitungsverhinderung
Eingriff; Übergriff: Inkursion --> Einmischung
Einhalt --> einstweilige Verfügung
einhäusig (Botanik): monözisch
einheimisch; heimisch: endemisch {(Sprache): nativ} {e.; örtlich; am Ort befindlich: entopisch} {e.; eingeboren (Jur.): † indigen}
Einheit; keine Vielheit (Philos.): Henade {Lehre, die die Einheit der Welt fordert bzw. alles aus einem Prinzip heraus erklärt und das Vorhandensein prinzipieller Gegensätze, z.B. Leib-Seele, leugnet (Philos.): Monismus}
Einheit; Posten; Element; Bestandteil: Item m,s engl
Einheit; Übereinstimmung: Unität {feste [und starke] E. bildend: monolith[isch]} {einheitlich; gleichförmig; gleichmäßig: uniform} {einheitlich zusammengesetzt; gleichmäßig aufgebaut: homogen} {E.sherstellung oder -wiederherstellung von Unterschiedlichem: Integration} --> übereinstimmend
einhellig: unanim {einstimmig; übereinstimmend: † konsonant} --> Einklang
einige; mehrere verschiedene: diverse
einigeln, sich: *sich verpalisadieren*
Einigkeit; Eintracht: Konkordia {Einigkeit erstrebend oder bezweckend: unitarisch} {einig sein; übereinstimmen: † konsentieren} --> unbestreitbar --> Uneinheitlichkeit
einjährig (Pflanzen): annuell {e.e Pflanze: Annuelle w / Therophyt m}
Einkaufspassage; glasgedeckte Passage mit Läden: Galerie
Einkaufswagen (Supermarkt): Caddie
Einklang (Stimmen; mus.): Unisono s (unisono) --> einhellig --> einstimmig
Einkommen; Einkünfte: Revenuen Mz
Einladung: Invitation lat {einladen; zu Gast bitten: † invitieren}
Einlegearbeit: Marketerie {(mit verschiedenfarbigen Materialien): Intarsia/Intarsie/Intarsiatur (Intarsiator/Intarseur)} {Edelmetalle in unedle Metalle einlegen: tauschieren} --> Mosaik
einleiten; einführen; schaffen; ins Leben rufen: inaugurieren {e.; e.;: introduzieren († Introduktion)} {e.; beginnen: † entrieren}
Einleitung; Eröffnung; Auftakt: Ouvertüre {kunstgerechte Einleitung (z.B. Rede): Exordium} {E.; [kurz zusammenfassender] Anfang (Veröffentlichung, Rede): Lead s} {E.; vorbemerkender [Zeitschriften]artikel: Intro s} {E.sformel oder -worte bei Handschriften od. Frühdrucken (Mittelalter): Incipit s} {einleitungslos und ohne Umschweife zur Sache: in medias res}
einleuchtende --> Gewißheit
einmalig ◇ nur einmal vorhanden: unikal {etwas Einmaliges (in seiner Art): Kabinettstück} {Einmaliges beschreibend; das Eigentümliche und Einzelne beschreibend (Geschichtswiss.): idiographisch}
Einmannshow ◇ Drama, in dem nur eine Person auftritt: Monodrama
Einmischung: † Ingerenz {Übergriff; Eingriff: Inkursion} {E. eines Staates in die Verhältnisse eines anderen (als Vermittlung): Intervention / † Interzession} {in fremde Rechte eingreifen: † attentieren} {vermittelnd; dazwischentretend: † interventiv}
einmütig --> einhellig
Einnistung des Eies in die Gebärmutter: Nidation
Einöde ◇ vegetationsarme und durchfurchte Landschaft: Badlands Mz
einordnen; hinstellen (an einen Ort): † lozieren
einordnen; unterordnen: subsumieren
einpacken; verpacken; packen: emballieren
einpassen --> einfügen
einräumen; erlauben; zugestehen: konzedieren {einräumend (Sprache): konzessiv} --> Zugestehen
Einreibung (Arzneien): Inunktion/Unk-

tion/Friktion {[dick]flüssiges Einreibemittel: Liniment}
einreißen (Körpergewebe): lazerieren (Lazeration)
Einrenkung von Verrenkungen: Redressement {Verrenkungen einrenken: reponieren}
einrichtbar; anwendbar: akkommodabel
einrichten; errichten: instituieren (Instituieren)
Einrichten (Maschinen): Adjustage
einrichten; sparen; schonen; sich selbst versorgen: † menagieren
Einrichtung, gesellschaftliche; durch gesetzlich verankertes Recht geschaffenes Rechtsgebilde (z.B. Ehe): Institut
Einrichtung (Wohnung, Zimmer): Meublement / † Ameublement
einsam; vereinsamt: desolat {Einsamkeitsliebe; Drang, sich einzuschließen oder abzusondern (krankhaft): Klaustrophilie} {Einsamkeitsangst; Angst vorm Alleinsein: Monophobie} --> höhlenbewohnend --> Menschenfeind --> Menschenscheu --> Schneckengehäuse --> soziale Einordnung
Einsatz (Glücksspiel): Mise w
Einsatzstück (Kleidung) --> eingesetztes
Einsatzverfügung; Verwendungsverfügung: Disposition
Einschachtelung (Math.) --> schrittweise
Einschaltquoten, Verfahren zur Ermittlung der (Fernsehsendungen): Teleskopie {Zusatzgerät am Fernseher zur Ermittlung der E.: Teleskomat m}
Einschärfung --> Vorschrift
einschätzen, jmdn.; jmdn. prüfend betrachten und beurteilen: taxieren/taxen
einschenken; darreichen; auftischen; feierlich anbieten (insb. Getränke): kredenzen
Einschlafen (Glieder) --> Kribbeln
einschläfernd; zum Schlaf führend: hypnagog[isch]
Einschlag (Meteoriten): Impakt m
Einschleifen --> Abschleifen
einschließen: † inkludieren {Einschließung; Einschluß: Inklusion}
einschließen; einbegreifen; enthalten: involvieren {einschließlich; inbegriffen: implizite}
einschließen; [eine Festung] umzingeln: zernieren
einschmeicheln, sich: sich insinuieren (Insinuation)
Einschnitt, [gedanklicher]: Zäsur
Einschnitt (Med.): Inzision (inzidieren) --> Einbuchtung
einschnüren; schnüren: lacieren
einschränkend; begrenzend: limitativ {wirtschaftliche Einschränkung; rigorose Sparpolitik: Austerity}
Einschränkung; Abwandlung; Veränderung: Modifikation
Einschreiben (Post): † Rekommandation
Einschreibung (Hochschule): Immatrikulation
einschüchtern; abschrecken; Furcht einjagen: † intimidieren (Intimidation)
einseitig: partiell/partial {e.; nur auf einer Seite: unilateral}
einseitig beschrieben (Papyrushandschriften): anopisthographisch
einseitig ernährend, sich; entweder nur Tiere oder nur Pflanzen zu sich nehmend (Tiere): homophag
einseitig (Med.): monolateral {einseitige Blindheit: Hemi[an]op[s]ie}
einseitiger Vertrag (zugunsten nur einer Partei): leoninischer Vertrag
Einseitigkeit ◇ Beherrschtsein von einem einzigen Gedankenkomplex (Psychol.): Monoideismus
Einseitigkeit des Vorteils ◇ Zusammenleben zweier Organismen, bei dem nur einer Vorteile [der andere aber keinen Nachteil] hat: Metabiose
einsetzbar, beliebig; verschieden verwendbar: fungibel
einsetzen --> gründen
einsetzen, sich --> leidenschaftlich
Einsicht; Vernunft: Eubulie
Einsickern; Einströmen; Eindringen (Flüssigkeiten): Infiltration
Einsiedelei: Eremitage/Eremitei {E.; Klosterzelle: Klause} {Einsiedler; Heiliger (Islam): Marabut} {Einsiedler; Klausner: Eremit/Anachoret}
einsilbig (Wörter): monosyllabisch {einsilbiges Wort: Monosyllabum s}
Einsparung (Redeteile) --> Auslassung
einsprachig; nur eine Sprache sprechend: monoglott/monolingual
Einspruch; Einwand; Gegenvorstellung: Remonstration {E.; Einrede (Zivilprozeßrecht in der röm. Antike): Exceptio w}
einstampfen (Papier): makulieren
einstellen, sich --> kümmern
Einstellen (Werkzeug): Adjustage {vor Gebrauch genau einstellen (Geräte): justieren}
Einstellung; [innere] Haltung; Pose: Attitüde {Überzeugung: Konviktion} {E.swandel; grundlegende Meinungsänderung: Konversion}
einstimmig; übereinstimmend: † konsonant {einhellig: unanim} --> Einklang
einstufen; kennzeichnen; bezeichnen; als etwas beurteilen: qualifizieren (Qualifizierung/Qualifikation) {e.; abschätzen (Böden, Waren): bonitieren (Bonitierung/Bonitur)}
Einstülpung (Med.): Invagination
einstweilen; unterdessen; vorläufig: ad interim (a.i.) {vorläufig; einstweilig: interimistisch}
einstweilige Verfügung; gerichtliches Verbot; Einhalt: † Inhibition
Eintagsfliege: Ephemeride
eintauchen (Chemie): tingieren
einteilen, genau; abmessen: zirkeln
Einteilung in Bezirke: † Konfination
eintönig ◇ grau in grau: *camajoresk* --> einheitlich --> langweiliges Leben
eintöniges Gerede; endlose Aufzählung (abw.): Litanei
Eintopf ◇ Ochsenschwanzsuppe mit Madeira und Paprika: Hochepot s frz / Hotchpotch s --> Durcheinander
Eintracht; Einheit: Konkordia

einträglich: rentierlich {e.; gewinnbringend: lukrativ}
einträufeln, [Arznei] unter die Haut oder ins Blut: instillieren
Eintreibung; Abkassierung: Inkasso s {eintreiben; fordern (z.B. Schulden): † exigieren}
Eintritt verboten!: off limits!
Eintrittsgeld: Entree s
eintrocknen lassen; absterben lassen (Gewebe): mumifizieren
Einverleibung: Inkorporation
einverstanden: d'accord
Einwand; Einspruch; Gegenvorstellung: Remonstration --> bestreiten
Einwanderer: Immigrant
einwandfrei; in bester Form; wie sich's gehört: in optima forma
einwechselbar (Geld) --> austauschbar
einweihen; jmdn. [in ein Amt] einführen: initiieren
Einweisung; kurze Lagebesprechung (Militär): Briefing
einwenden; entgegnen: † objizieren [nicht: Objektion]
einwertig (Chemie): monovalent/univalent
Einwilligung; Zustimmung: Konsens[us] m
Einwortsatz (z.B. Hinweg!): holophrastische Rede
Einzeichnung --> Aufzeichnung
Einzelangabe; einzeln Aufgeführtes: Item m,s engl
Einzeldarstellung; [Buch oder sonstige] wissenschaftliche Arbeit über einen einzelnen Gegenstand: Monographie
einzelfallbezogen: in concreto
Einzelhandel; Kleinhandel: † Detailhandel
Einzelheiten; Besonderheiten: † Spezialien --> ausführlich --> Beschlußausführungseinzelheiten
einzelheiteninteressiert ◇ überwiegend an den Details einer Sache interessiert: inzidentell
Einzeller: Protist m {(speziell Tiere): Protozoon s} {(speziell Pflanzen): Protophyte w / Protophyton s}
einzeln: partikular/-lär --> einmalig
einzeln; im kleinen; im Einzelverkauf: en détail
einzeln lebend; nicht staatenbildend (Tiere): solitär
einzeln; Mann für Mann: † viritim
Einzelverkauf, im; im kleinen; einzeln: en détail
einziehen; beschlagnahmen: konfiszieren
einzigartig: singulär {e.; nur einmal vorhanden: unikal} {einzig; besonders; allein eine Klasse bildend: sui generis}
einziger Gedanke --> fixe Idee
einziges Exemplar (Schriftstück): Unikat {(graphische Künste): Unikum/Unikat}
Einzuweihender: Initiand
Eis betreffend; Gletscher betreffend: glazial {Packeis: Toroß m}
Eischnee-Zucker-Gebäck: Meringe/Meringue w / Meringel s
Eisen...: Ferro...
Eisenbahnabteil: † Coupé/Kupee s
Eisenbahnliebhaber, fanatischer: *Ferrovipath*
Eisenmangel (Med.): Asiderose {eisenarm (rote Blutkörperchen): sideropriv}
Eisprung: Ovulation/Follikelsprung
Eiswürfel, mit: on the rocks
Eiszeit: Glazial s / Glazialzeit
eitel --> alles ist eitel
Eiterung: Suppuration (suppurativ) {E.; Geschwür: Helkoma s / Furunkel m,s} {Eiterfluß: Pyorrö[e]} {eitern: abszedieren} {eitern; Geschwür bilden; schwären: exulzerieren} {Sekret absondern (Drüsen, Wunden): sezernieren} {eitrig: purulent} {eitrig-schleimig: mukopurulent} --> Vereiterung
Eitler --> Stutzer
Eiweiß (Biol.): Albumen s {eiweißhaltig: albuminös}
Eizelle: Gynogamet m {E.neinnistung in die Gebärmutterschleimhaut: Implantation} --> Fortpflanzungszelle
Ekel; Widerwille; Abneigung: Degout m --> Überempfindlichkeit --> Widerwille
ekelhaft; abstoßend: degoutant --> Schüttelkrampf --> widerlich --> zuwider
Elan ◇ Schwung[kraft]; Ungestüm: Impetus m
Elefanten --> Dickhäuter
Elefantenführer (Indien): Kornak
elegant, auffällig; betont modern; nach Art der großen Welt: mondän {e.; modisch; vornehm: fashionabel/-ble}
elegant; fein; witzig: attisch {unauffällige Eleganz: Dezenz}
elektrisch gegensätzlich geladen: heteropolar {e. gleichartig geladen: homöopolar}
elektrisch leitende Lösung: Elektrolyt m
Elektrizität ◇ allgemeinste Theorie der E. und sämtlicher elektromagnetischer Erscheinungen; Wissenschaft der strömenden E. und ihrer Wirkungen: Elektrodynamik
elektronische Klangerzeugung ◇ Instrument mit e.r K.: Elektronium
Element; Einheit; Posten; Bestandteil: Item m,s engl
Elementarteilchen --> Unteilbares
elend; lustlos; kränkelnd: malad[e]
Elendsviertel: Bidonville s {(Südamerika): Favela w}
Elfeck: Hendekagon s
Ellbogen: Cubitus m {E.; E.höcker: Olecranon s} {zum E. gehörend: kubital}
Elle; Ellbogenknochen: Ulna w
Elterngeneration (Biol.): Parentalgeneration (P)
Email: Amause w
Emmentalerkäse --> hohlraumreich
Empfang, feierlicher (bei hochgestellten Persönlichkeiten): Audienz {(insb. bei Hofe): Cercle m} {(bei indischen Fürsten): Durbar m,s}
empfangen --> annehmen
empfangend; nur aufnehmend: rezeptiv
Empfänger: Perzipient {(Post): Adressat}
empfänglich (Psychol.) --> nach außen
Empfänglichkeit: † Rezeptibilität (rezeptibel) {empfänglich für Krankheiten: disponiert}

Empfängnis; Befruchtung: Konzeption {E.-verhütung: Antikonzeption/Kontrazeption} {E.verhütungsmittel: Antikonzeptivum/Kontrazeptivum}

Empfangsschein: † Akzepisse s {Empfangsbescheinigung (Post): Rezepisse s}

Empfangstag; Besuchstag: At-home s

Empfangszimmer; Gesellschaftszimmer (England): Drawing-room

Empfehlung: Rekommandation {zu Werbezwecken verwendetes Empfehlungsschreiben eines zufriedenen Kunden oder eines Prominenten (Anzeige,Prospekt): Testimonial s engl}

empfindlich; reizbar: † suszeptibel {(Gewebe,Nerven): irritabel} {Nervenschwäche: Aneurie} --> Wahrnehmung

empfindlich, sehr; verschüchtert; verletzlich: mimosenhaft (Mimose w)

empfindsam; mit Seele (Musik): con anima

Empfindung, körperliche; Gefühlsempfindung (Med.): Sensation {E.; Sinneseindruck; Wahrnehmung; Gefühlseindruck: Impression lat} {E.svermögen: Ästhesie} {sexuelle E.slosigkeit: Anaphrodisie/Anerosie} {Ausfall der Tastsinnempfindung: Parapsis} --> reizbar

Emporkömmling: Arrivist {E.; Neuling: Homo novus} {E.; Neureicher: Parvenü}

Empörung; Unwille; Entrüstung: Indignation {empörend maßlos: horrend/ † horribel} --> schockierend --> vermessen

Endbuchstabensatz ◇ Wort oder Satz, der aus den Endbuchstaben, -silben oder -wörtern der Verszeilen oder Strophen eines Gedichts gebildet ist: Telestichon s

Ende --> Körperende --> Monatsende

Ende ausdrückend (Vorgang,Zustand, z.B. verblühen): egressiv

Ende bildend: final --> Musikstückende

Endergebnis; Hauptgedanke; Hauptinhalt; Wesen einer Sache: Quintessenz

endgültig (Festlegung): definitiv {e.er Zustand: Definitivum} {e. kaputt; sich nicht behebend lassend: irreparabel} --> intolerant --> unumkehrbar

Endlichkeitslehre (Welt,Menschen): Finitismus

endlose Aufzählung; eintöniges Gerede (abw.): Litanei

endlose Schleife --> Wiederankommen

Endspurt; Endkampf: Finish s {Endspurtspezialist (Rennsport): Finisseur}

Endzweck; Ziel (Philos.): Telos s

Energie abgebend (chem. Reaktion): exergon[isch]

energielos (Med.,Psychol.): an[en]ergisch

Energietransport --> Wärmetransport

energisch; bestimmt; entschieden: dezidiert {e.; heftig: flamboyant} {e.; entschlossen (Musik): energico} {e.; kräftig; stark (Musik): vigoroso}

eng; dicht; zusammengedrängt: † kompreß --> verengte Stelle

Engel; himmlischer [Paradies]wächter: Kerub/Cherub {engelgleich: seraphisch} {E.verehrung: Angelolatrie} {E.lehre (Theol.): Angelologie}

enger Freund; Vertrauter: Alter ego s

enger Raum; kleines [Studier]zimmer: Klause

England ◇ alter dichter. Name für E.: Albion {der Engländer; englisches Volk (scherzh.): John Bull} {übertriebenes Nachahmen des englischen Wesens: Anglomanie} {englandfeindlich: anglophob} {englisch-britische Entlehnung ins Deutsche: Britizismus/Anglizismus} {englisch-amerikanische Entlehnung ins Deutsche: Amerikanismus}

Engpaß; Enge: † Defilee s {E.; Schlucht (insb. Alpen): Klause}

engstirnig: borniert

Enkel: † Nepote

Entartung: Depravation {E.; Verfall; sittlich-kultureller Niedergang: Dekadenz}

Entäußerung; Veräußerung: Abalienation

entbinden; Geburtshilfe leisten: † akkouchieren

entbinden; lossprechen; entlasten: † dechargieren --> Befreiung

Enteignung (Marxismus): Expropriation (expropriieren) {gerichtliche E. (weil ein anderer ein größeres Recht auf den Besitz hat): Eviktion} {enteignen; entrechten; entthronen: † depossedieren}

Enterbung: † Exheredation

entfallen; wegfallen; aufhören: † zessieren

entfaltend darstellen; entwickeln: evolvieren

entfärben; ausbleichen: dekolorieren

entfernen, scheinbares --> heranholen

entfernen, sich: sich absentieren {Sichentfernen; Absetzung: † Remotion (removieren)}

entfernter liegend als andere Teile, von der Körpermitte: distal

Entfernung --> Ausschaltung --> streichen!

Entfernung; Abstand: Distanz {E.smesser: Telemeter s}

entfesselt --> stürmisch

entfremden; sich lösen; trennen: dirimieren {Entfremdung: A[ba]lienation}

Entführer; Raub (Jur.): † Raptus m

entgegenarbeiten; hindern; Widerstand leisten: obstruieren

entgegengesetzt; unterschiedlich: divergent {e.; gegensätzlich; einen Gegensatz bildend: adversativ} {völlig e.: diametral}

Entgegengesetztes mit Entgegengesetztem bekämpfen: contraria contrariis

Entgegenkommen; Zugeständnisse: Konzessionen {E.; Großzügigkeit (Geschäftsverkehr): Kulanz} {leutselig; wohlwollend: jovial}

Entgegnung; Erwiderung: Replik w {entgegnen; einwenden: † objizieren}

Entgelt; Gehalt (gehobene Angestellte): Dotierung

Entgiftung; Entseuchung (Kampfstoffe): Dekontamination

Enthaarung: Depilation {E.smittel: Depilatorium}

enthalten; einschließen; einbegreifen: involvieren {enthalten sein; innewohnen: immanieren (immanent)} {anhaftend; innewohnend (Philos.): inhärent} {Enhaltensein in etwas (Philos.): Inexistenz} --> Einbeziehung

Restriktive Enkulturation, affektlabil, latent ixo-Zyklothym, temporäre Vaginaphobie, permanent kommunikative Insuffizienz!
Ich kann dich sehr gut verstehen!
P. GAY

Enthaltsamkeit: Kontinenz {E.; Verzicht (Med.): Karenz} {alkoholische Enthaltsamkeit Gelobender im A.T.: Nasiräer} --> Ehelosigkeit
Enthüllung; Offenbarung: Revelation
Entjungfernung: Defloration {gewaltsame Trennung (Med.): Dissolution} --> einreißen
entkräften; aufheben; unwirksam machen: paralysieren --> Kraft berauben
Entkräftung ◇ leichter Kräfteverfall: Hyposthenie --> Abzehrung
entlassen; verabschieden: † dimittieren {Entlassener; Verabschiedeter (Beamte): † Demissionär/Di-} {bedingungslose Entlassung (Militärdienst,Beamtenverhältnis): † Kassation}
entlasten: † exonerieren {e.; lossprechen; entbinden: † dechargieren} {Entlastung; Befreiung: † Liberation}
entleeren; ausleeren: † evakuieren
entlocken jmdm. etwas; jmdn. zu einer Äußerung bewegen: elizitieren
Entmannung; Entfernung von Hoden und/oder Penis: Emaskulation/Emaskulierung {Entmannter; Mann dem die Keimdrüsen entfernt wurden: Kastrat m}
Entmenschlichung; Herabwürdigung: Dehumanisation
Entmündigung: † Interdiktion (interdizieren)
entmutigt --> verzagt
entrechten; enteignen; entthronen: † depossedieren
entrückt; vergeistigt; überaus zart: ätherisch
Entrüstung; Unwille: Indignation
entschädigen; vergüten: † indemnisieren {e. (Wirtsch.): rekompensieren (Rekompens w)} {Entschädigung; Vergütung: † Remuneration} --> Vergütung
entscheiden: dezidieren {e.; entschließen: determinieren} {e.; urteilen: dijudizieren}
entscheidend: kritisch {entscheidend; bestimmt: dezisiv}
entscheidender Augenblick --> günstiger
Entscheidendes; Besonderes: Spezifikum
entscheidendes Experiment: Experimentum crucis
Entscheidendes; Kernpunkt: Punctum saliens s
Entscheidung, gefallene ◇ die Würfel sind gefallen: alea iacta est
Entscheidung ◇ schneller Entschluß: Gambade w
Entscheidungskampf: Showdow m
Entscheidungszeitpunkt (relig. Glauben oder Unglauben): Kairo m
entschieden; bestimmt; energisch: dezidiert {entschlossen; energisch (Musik): energico} {entschlossen; entschieden (Musik): deciso}
Entschluß, schneller: Gambade w {E.-unfähigkeit; Willensschwäche; Willenlosigkeit: Abulie/An[en]ergie}
entschlüsseln: dekodieren {ohne Kenntnis des Schlüssels einen Geheimtext e. versuchen: dekryptieren} {Entschlüsselung: Decoding}
entschuldbar; verzeihlich: † dispensabel
entschuldigen; rechtfertigen: † diskulpieren {verzeihen: † ignoszieren (Ignoszenz }
Entschuldigung: † Exkusation {E.; Abbitte: † Deprakation} {E.; Ausrede; Rechtfertigung: Alibi s} --> Rechtfertigung
entsetzlich ◇ furchtbar: † formidabel {schrecklich; unerträglich: infernal[isch]} {Entsetzen erregend (durch seinen geistigen Gehalt): † horrend} --> bestürzt --> schrecklich
Entseuchung --> Entgiftung
entspannen, sich; sich ausruhen: relaxen engl (Relaxing) {entspannt; zwanglos gelöst: relaxed engl}
Entspannung (Staaten): Détente
entsprechen: † respondieren
entsprechend; gemäß: qua
entsprechend; gleichliegend; gleichlautend; übereinstimmend: homolog --> einheitlich
entstehend; werdend (insb. chem. Stoffe): naszierend {im Zustand des Entstehens: in statu nascendi}
Entstehung; Entwicklung: Genese w {E. aus Andersartigem (Philos.): Heterogonie} --> Werden
Entstehungsgeschichte --> Überlieferung
entstellt; verunstaltet: deform {Entstellung; Verunstaltung: † Defiguration}
Enttäuschung; Ernüchterung: Desillusion {enttäuschend; zur Frustration führend: frustran}
Enttäuschungsumwandlung in Wunschvorstellungen, erlernbare (ohne Aggression oder Depression): Frustrationstoleranz
entthronen --> entrechten
Entvölkerung: † Depopulation
entwaffnen: † desarmieren
entwässerndes Mittel ◇ Arznei, die dem Körper mittels erhöhter Ausscheidung Wasser entzieht: Hydragogum (hydragogisch)
Entwässerung des Bodens durch Röhren- oder Grabensysteme: Dränung/Dränage/Dränierung {Entwässerungsgraben oder -röhre: Drän m}
Entweihung: Exsekration {entweihen; entwürdigen: profanieren}
Entwertung: † Depretiation (depretiieren) --> Kraft berauben
entwickelnd darstellen; entfalten: evolvieren
Entwicklerflüssigkeit: Developer
Entwicklung --> Entstehung --> Organisationsstand
Entwicklungsende einer Organismengruppe (Evolution): Parakme w
entwicklungsfähig --> nicht festgelegt
entwicklungsmäßig oder geschichtlich betrachtet: diachron
Entwicklungsrückstand --> Kind
Entwicklungsverzögerung; Ablaufverlangsamung: Retardation {Entwicklungsunvollkommenheit (Organe): Neotonie}
Entwöhnung --> abstillen
entwürdigend ◇ demütigend: † humiliant (Humiliation) {Herabsetzung: † Depretiation}
Entwurf; Einfall: Konzeption {E.; er-

ste schriftliche Skizze: Brouillon s} {E.; Skizze; Modell: Maquette w} {erster E.; Drehbuchvorstufe (Film,Fernsehen): Treatment s} {E.; Plan; Handlungsskizze (Film): Exposé s} {E. zu einem Kunstwerk (Mittelalter,Renaissance): Visierung}
Entziehung; Beraubung: † Privation {E.; Wegnahme: † Ademption}
Entziehungsanstalt; Drogenheilzentrum: Release s / Release-Center s
entzückt; bezaubert: † enchantiert {entzücken; begeistern: enthusiasmieren}
Entzug; Mangel; Verlust (von Erwünschtem): Deprivation
Entzugserscheinung ◇ Depression durch Drogenmangel: Manque w --> Säuferwahnsinn --> Zerstreuungssucht
entzündbar; brennbar: inflammabel
Entzündung (Med.): Inflammation/Phlegmasie/Phlogose/Phlogosis {(Mandeln, Rachenraum): Angina (anginös)} {entzündungshemmendes Mittel: Antiphlogistikum } --> Wärme
entzweien; Unfrieden stiften: brouillieren {Mißhelligkeit: † Brouillerie}
Enzian: Gentiana w
Epidemie: Epizootie {ganze Länder erfassende E.: Pandemie}
Epilepsie: Morbus sacer m
er lebe hoch!: eljen! {e.l.h.!; zehntausend Jahre lebe er! (jap. Bez.): banzai!/bansai!}
erbärmlich; kläglich: † pitoyabel
Erbe; Vermächtnisnehmer: Legatar {gesetzlicher E. (oh. Testament): Intestaterbe} {Hinterlassenschaft: † Relikten} {erben: heredieren} {Erbfolge (Jur.): † Hereditát} {Erbschaft: † Hereditát} {Erbschaftsverzicht; Verzicht: † Abstention} {Erbschaftsübertragung; -anfall: † Delation} {Erbunwürdigkeit (Jur.): Indignität} {Erbschleicherei; Erschleichung: † Kaptation} {Erbrecht zugunsten des Jüngsten: Minorat/Juniorat} {Erbteilsanwachsen: Akkreszenz}
Erbgesundheitsforschung; -pflege; -lehre (mit dem Ziel, erbschädigende Einflüsse und die Verbreitung von Erbkrankheiten zu verhindern): Eugenik/Eugenetik {Erbkrankheit: Hederopathie}
Erbgut, gesamtes (Zelle): Idiotypus m {Erbgutänderung: Mutation} {Erbgutänderung durch Umwelteinflüsse: Idiokinese} {erblich; Vererbung betreffend (Biol.,Med.): hereditär} {erblich; angeboren: genuin} {E.vermischung bei der Befruchtung: Amphimixis} {E.mischung von guten und schlechten Genen: Panmixie} {Verborgenbleiben einer Erbanlage: Kryptomerie}
erbittern: † ägrieren --> gereizt
Erblindung, völlige: Amaurose / † Ablepsie --> einseitig
Erbrechen: Vomitus m / Vomitio / Emesis w {Rückfluß (z.B. E.): Reflux m} {Mittel gegen E.: Antemetikum} {Brechreiz erregend: emetisch} {Brechmittel: Emetikum/Vomitorium/Vomitivum} --> Ausscheidungen
Erbse ◇ Hülsenfrucht: Legumen s (Legumen Mz)
Erbzinsgut: Kolonat s,m {Erbzinsbauer: Kolone m}
Erdbebenherd: Hypozentrum {senkrecht über einem E. liegendes Gebiet: Epizentrum} {Erdbebenlehre: Seismik/Seismologie}
erdbeerfarben: frais[e]
Erdbodenlebewesen (im Erdboden): Geobiont
erdbraun: umbra
Erde ◇ Erdkreis: Orbis terrarum m {die E. als menschlicher Lebensraum: Ökumene w} {E.; bewohnte Welt (nord. Mythol.): Midgard m} {Erdhalbkugel: Hemisphäre} {E. betreffend; Erd...: terrestrisch} {die E. betreffend: tellurisch} {Erdentstehungswissenschaft: Geogenese/Geogenie/Geogonie} {Auffassung der E. als Mittelpunkt des Weltsystems: Geozentrik}
Erde essen ◇ Trieb zum Verzehr von Erde (krankhaft): Geophagie
Erdgeschoß: † Rez-de-chaussée s
erdichtete Erzählung; Abenteuerbericht: † Historie {erdichten: fingieren} --> Vorstellung
Erdnuß ◇ Hülsenfrucht: Legumen s (Legumen Mz)
Erdoberflächenkunde und -beschreibung: Morphometrie / † Morphographie --> Formlehre
Erdöl: Petroleum {rohes E.: † Naphtha s,w}
Erdrutsch (insb. im Apennin): Frana w
Erdulden; Erleiden (Philos.): Passio w
Erdwärme betreffend: geothermisch/-mal
Ereignis; Begebenheit: Evenement frz {E.-eintritt; Vorfall: † Inzidenz}
Ereignis herbeiführen --> Beschleuniger
Erektion ◇ Anschwellung; Schwellung (Med.): Tumeszenz/Turgeszenz {Blutwallung; vermehrte Blutfülle in einem Körperbezirk: Hyperämie} {mit erigiertem Penis (Fruchtbarkeitssymbol,antike Götterbilder): ithyphallisch} --> Anschwellung
Eremit; Einsiedler; Klausner: Anachoret
ererbt; angeboren: nativistisch {(insb. Erbkrankheiten): kongenital} --> angeboren --> anlagebedingt
erfahren; bewandert; gewitzt: versiert {e.; sachverständig: † expert} --> Ratgeber
Erfahrung --> Gedanke
erfahrungsmäßig; durch Übung; nach dem Brauch: ex usu
Erfahrungstatsache: Empirem s {Erfahrungswissen; wissenschaftliche Erfahrung: Empirie (empirisch)} {erfahrungsgemäß: aposteriorisch} {Erfahrungssatz: Aposteriori s} {Erfahrungswelt; sinnlich wahrnehmbare Welt: Mundus sensibilis m} {erfahrungsunabhängig; wahrnehmungsunabhängig; mittels logischem Schließen gewonnen: a priori}
Erfinder; Urheber: Inventor {Erfindung: † Invention lat (inventieren)} {[Er]-neuerung; Einführung von Neuem: Inno-

Mein Name ist Meyer – ich buchstabiere: M wie Moria, E wie Epanalepsis, Y wie Yoghurt, E wie Echophrasie, R wie Radotage –
P. GAY

vation} {erfinderisch: + dädalisch} {erfinderisch oder kunstvoll erdacht: Ingenium} {Erfindungsgabe; Schöpfungskraft; Genie; Begabung: Ingenium} --> geistreich
Erfolg: + Sukzeß m
Erfolg bzw. Ausgang einer Sache: Evenement frz {E.; Glück: Fortune frz/Fortuna} {E. haben; Ziel erreichen: reüssieren} {erfolgreich; siegreich: triumphant} --> Handstreich --> Überraschungsschlag --> vorwärtskommen
erforderlich; unerläßlich; unentbehrlich: obligat {Erfordernis; Bedarf: + Exigenz}
erforschen; feststellen durch Überlegung: eruieren
Erforschung --> Erkundung
Erfrischung: Rekreation (rekreieren [-e-i-]) {sich erfrischen; sich erholen: sich restaurieren} {Erfrischungsmittel; Kühlmittel (Med.): Refrigerantia/Refrigeranzien Mz}
Erfüllung [eines Vertrages]: + Implement s
Erfundenes (das man als wahr gelten läßt): Fable convenue w
ergänzend: supplementär {Ergänzung: Komplement} {passendes Gegenstück: Counterpart m} {Begriff, der mit einem anderen in [ergänzender] Wechselbeziehung steht: Korrelat s}
Ergänzung (Buch) --> Nachtrag
Ergänzungsgesetz --> Änderungsgesetz
Ergänzungsstoffe --> Nebennährstoffe
Ergänzungsvorschrift (Gesetz): + Kompetorium
ergeben sich zeigend, übertrieben: devot
Ergebnis; Schlußfolgerung: Fazit s --> Endergebnis
ergötzen: + divertieren {e.; gütlich tun: delektieren (delektabel)}
ergraut, leicht (Haare): meliert
Ergriffenheit zeigend (mit Wärme und Gefühl): affektuos/affektuös {ergreifend; rührend; bewegend: touchant}
Erguß; Ausfluß; Ausdünstung: Effluvium
erhaben; göttergleich; hoheitsvoll: olympisch} {Erhabenheit: Sublimität}
erhaben; nach außen gewölbt; am Rand dünner als in der Mitte (Linsen,Spiegel): konvex
erhabener Stil; pathetischer Stil: Kothurn m {erhaben; großartig (Musik): grandioso}
Erhaltung; Instandhaltung: + Konservation --> schonend
Erhebung; amtliche Untersuchung (Meinungsforschung, Wirtschaftsforschung): Enquete w --> repräsentative
Erhebung; Erhöhung: Elevation
erhellen: illuminieren
erholen, sich; sich erfrischen: + sich restaurieren {Erholung: Rekreation (rekreieren [-e-i-])} {neubildend; wiederauffrischend: anastatisch}
Erinnern ◇ das Sicherinnern; durch Reizung des zentralen Nervensystems erzeugte Reproduktion von Dingen und Vorgängen: Ekphorie {Wiedererinnerung an etwas dem Gedächtnis bereits Entfallenes: Palimnese} {Erinnerungsbild; später reproduzierbare Spur eines Erlebnis- oder Reizeindrucks im Gehirn: Engramm} {enorme Erinnerungsstärke (z.B. in Hypnose): Hypermnesie} {krankhafter Zwang zur Erinnerung an bestimmte Begriffe oder Wörter: Onomatomanie} {Gedächtnisfehler: Lapsus memoriae} {Erinnerungsschwäche; Gedächtnisschwäche: Hypomnesie} {Erinnerungslosigkeit; Gedächtnisschwund: Amnesie} {Erinnerungstäuschung, bei der der Patient sich an Ereignisse zu erinnern glaubt, die nie stattgefunden haben: Paramnesie} {auf einer Erinnerungstäuschung basierender Bericht: Konfabulation} --> Gedächtnis --> schon einmal gesehen --> Tagebuch
erinnern; ermahnen: + admonieren (Admonition) {e.; zu bedenken geben: *souvenieren*} {Erinnerung; Mahnung; Rüge: Memento s}
Erinnerungen; Denkwürdigkeiten: Memorabilien {erinnerungswürdig; denkwürdig: + memorabel}
Erkältung (Med.): Refrigeration {erkältet; verschnupft: + enrhümiert} --> Schnupfen
erkennbar; verstehbar; deutlich: transparent {wie klar vor Augen liegt; wie man an diesem Beispiel klar erkennen kann: wie Figura zeigt}
Erkenntnis durch Glauben ◇ ich glaube, damit ich erkenne (wahre Erkenntnis nur im christlichen Glauben): credo, ut intelligam --> Gewißheit
Erkenntnistheorie; Wissenschaftslehre: Epistemologie {[metaphysischer Teil der] E.: Gnoseologie} {logische Schrift zur Grundlegung der E.: Organon s} {erkenntnismäßig; die Erkenntnis betreffend: kognitiv [nicht: Kognition]}
Erkenntnisunmöglichkeit des Göttlichen oder des Übersinnlichen, rationale (philosophische Lehren): Agnostizismus
Erkennungsmelodie (Sendungseinleitung): Indikativ s
Erkennungsmerkmal --> Kennzeichen
erklären; erläutern; darlegen: explizieren {erläutern; entwickeln: enukleieren [-e-i-]} --> erläutern
erklärend; deutend; erhellend: interpretativ
erklärtermaßen; wie es das Wort ausdrückt; wie in der Aussage enthalten: per definitionem
Erklärung; Aussage; Satz: Enunziation {grundlegende E.: Deklaration}
Erklärungsanhang --> Wortverzeichnis
Erkrankungsziffer; Krankheitszahl; Verhältnis Kranke-Gesunde: Morbidität
Erkundung; Untersuchung; Nachforschung; Befragung (Personen,Gelände): Exploration --> Erhebung --> repräsentative
Erlaß; Verfügung; amtlicher Bescheid: Reskript s {amtlicher E. (von Kaisern und Königen): Edikt s} {E. des Sultans; Kabinettsorder (hist.): Irade m,s} {E. (ehem. islam. Herrscher): Ferman m}
Erlassung; Nachsicht: + Remission
Erlauben; Anheimgeben: Epitrope {er-

lauben; einräumen; zugestehen: konzedieren} {erlauben; zulassen: † permittieren}

Erlaubnis: † Permiß m / Permission {das in der Gesellschaft Erlaubte: Konvenienz} {das von den röm. Göttern Erlaubte: Fas s} {es ist erlaubt: licet}

erläutern; auslegen; Literaturtexte erklären: explanieren {e.; erklären; darlegen: explizieren} {e.; entwickeln: enukleiern [-e-i-]}

Erläuterung durch Beispiele: Exemplifikation {E. eines erklärungsbedürftigen Ausdrucks: Glosse w / † Glossem s} {E. am Rand eines Textes: Marginalglosse} {E. zwischen den Zeilen: Interlinearglosse} {wissenschaftlich erläuternd: kritisch} {erläuternd; veranschaulichend: illustrativ} --> Anmerkung --> Wortverzeichnis

Erlebnis ◇ einschneidendes E., welches das Leben eines Menschen völlig verändert: Damaskuserlebnis

Erleichterung; Unterstützung: † Soulagement

erlernen ◇ auswendig lernen: memorieren

Erlerntes --> Gewohnheit

Erlesenstes; Feinstes: Creme

Erleuchtung des menschlichen Geistes, göttliche (Augustinus): Illumination

erlöschend; hinsterbend; verhauchend (Musik): morendo --> aufhörend --> ersterbend

Ermächtigung; Vollmacht: Autorisation/ Autorisierung

ermahnen; erinnern: † admonieren

ermahnend ◇ zurechtweisend; bessernd: † korrektiv

Ermahnung: Privatissimum / † Adhortation {E.; Ermunterung: † Kohortation} {Einschärfung; Vorschrift; Befehl: † Injunktion (injungieren)} --> Mahnung --> Rüge

Ermahnungsrede: † Exhorte {E. oder Ermahnungsschrift; Mahnpredigt: Paränese} {Ermahnung; Strafpredigt: Epistel w}

ermessen ◇ abschätzen: evalvieren {dem Ermessen des Partners anheimstellen: diskretionär}

ermitteln --> herausfinden

Ermordung; Beseitigung; Hinrichtung: Liquidierung/Liquidation

ermüdend; langweilig; lästig: † fatigant (fatigieren) --> einschläfernd

Ermüdung: † Fatig[u]e w {E.; Überanstrengung: Defatigation} {krankhafte Ermüdbarkeit: Apokamnose} {Ermüdung der Augen (Nahsehen): Asthenopie}

Ermunterung; Ermahnung: † Kohortation

ermutigen; anfeuern: encouragieren {Ermunterung (zu Übermütigem etc.): Animierung}

Ernährung (Med.): Nutrition († nutrieren)

ernährungsbedingt; mit der Ernährung zusammenhängend: alimentär

Ernährungsstörung: Dystropie --> Auszehrung

Ernährungswissenschaft: Trophologie {Ernährungslehre; Diätlehre: Diätetik} {Ernährungslehre; Hauswirtschaftswissenschaft: Ökotrophologie}

Ernennung; Benennung: Denomination {E.; Wahl: † Kreation} {E.; Vorschlagen (Kandidaten): Nominierung / † Nomination } {vorläufige E.: Designation} {Einsetzung in eine Position (Amt,Besitzstand): Immission} {nichtöffentliche Kardinalsversammlung zur Papstwahl: Konklave s} {Ernennungsurkunde; Schutz- oder Verleihungsurkunde (insb. Frankreich): Brevet s} {im voraus ernannt; vorgesehen: designatus (des.)}

erneuern ◇ Gewebe Glanz und Festigkeit verleihen: appretieren

erneuernd ◇ neubildend; wiederauffrischend: anastatisch

Erneuerung; Wiedereröffnung: † Instauration

Erniedrigung; tiefe Demütigung: Kanossa s / kaudinisches Joch {Selbsterniedrigung; Selbstdemütigung (vor jemand anderem): Kanossagang} {demütigend: † humiliant (Humiliation)}

ernst; schwer; feierlich (Musik): grave {e.; s.; ruhig; nachdenklich (Musik): serio} {e.; traurig (Musik): funebre frz / funerale}

ernst; würdevoll; gemessen: gravitätisch

Erntekrätze; Heukrätze: Trombidiose/Trombikulose

Eroberungen ◇ aufzählendes Verzeichnis der Geliebten eines Mannes: Leporelloliste

Eröffnung; Einleitung; Auftakt: Ouvertüre

erörtern, heftig; verhandeln: diskurrieren

erörtern ◇ sorgfältig erwägen; prüfen; überlegen; von allen Seiten betrachten und untersuchen: ventilieren

Erörterung; Darlegung: Exposition {E.; weitläufige Erzählung; Ausführung: † Digese}

Erotiküberbetonung: Eroti[zi]smus --> Liebeswahn --> Sexbesessenheit

erotisch; amourös; Liebeserlebnis betreffend: galant {e. anzüglich; sinnlich (insb. weibliche Person): lasziv}

erotischer Film; Pornofilm: Blue Movie m,s {erotisieren; sexuelle Wünsche erregen: libidinisieren}

erpressen --> einseitiger Vertrag --> erzwingen

Erpresser; Gangster: Racketeer

Erpressung [durch Androhung der Bloßstellung]: Blackmail s {Enthüllungsandrohung zum Zwecke der Erpressung: Chantage}

erregbar; leicht reizbar: erethisch {e.; reizbar; nervös: exzitabel}

erregbar; reizbar; empfindlich (Gewebe, Nerven): irritabel

Erregbarkeit, sexuelle (krankhaft starke): Aphrodisie

erregen; aufregen; ärgern: alterieren

erregen; [auf]reizen: irritieren

erregen ◇ sexuelle Wünsche erregen: libidinisieren

erregend (Med.): exzitabel

erregt ◇ aufgeregt: exaltiert {e.; betroffen: affiniert} {unruhig; e.: agitiert} {leidenschaftlich e.: enragiert} --> tobsüchtig

Erregung, heftige; seelische Angespanntheit: Affekt m {Erregtsein: Irritation} {E.; Hochstimmung; Rausch: Kick m} --> Aufregung --> Unruhe

errichten; einrichten: instituieren (Instituierung)

Erröten ◇ krankhafte Errötungsneigung (Med.,Psychol.): Rutilismus {krankhafte Errötungsangst: Erythrophobie} {Blutwallung; vermehrte Blutfülle in einem Körperbezirk: Hyperämie} --> Hautrötung

Ersatz, gleichwertiger; Gegenwert: Äquivalent s {Leistung, die fälschlich anstelle der geschuldeten erbracht wird: Aliud s (Alia Mz)} {Verwechslung einer Sache mit einer anderen: Quidproquo s}

Ersatzbefriedigungsneigung durch Phantasieren oder Schreiben ([männliche] Sexualität): Pseudolismus

Ersatzmittel; Behelf: Substitut/Surrogat --> notfalls

Ersatzorgan; Organprothese: Endoprothese --> Kunstorgane

Erschaffung; Schöpfung: † Kreation

Erscheinung; Außenseite; Äußeres: Exterieur s († Exteriorität) {E.; Haltung; Gehaben: Habitus m}

Erscheinungsbild in der Öffentlichkeit (Firma,Warenzeichen,Verpackung etc.): Corporate identity w

Erschlaffung; Schlaffheit (Muskeln): Atonie

Erschleichung; Erbschleicherei: † Kaptation

erschöpft; ermattet; müde: † marode --> schlaff

Erschöpfung: Exhaustion {hochgradige E. (Med.): Prostration} --> Ermüdung --> Nervenschwäche

Erschütterungsgebiet --> Erdbebenherd

Erschwerung; Verschlimmerung: Aggravation {Belastung; Beschwerung: † Gravation (gravieren)}

ersetzbar; austauschbar (Jur.): fungibel

ersetzen: restituieren

ersetzen ◇ vergüten: † gratifizieren {zurückzahlen; e.: † refundieren (Refusion)}

ersichtlich --> offenkundig

ersinnen; sich vorstellen; anschaulich machen: imaginieren

erst handelnd (dann denkend) --> unbedacht

erst recht; nun gerade: † justament {e. r.; um so mehr; nach dem stärker überzeugenden Grunde (Philos.): a fortiori}

erstatten --> ersetzen

erstaunlich; großartig; außergewöhnlich: formidabel {kaum zu glauben: mirabile dictu} {e.; verbüffend: stupend} {Wunderdinge: † Mirabilien} --> fassungslos

erste Menschen ◇ Adam und Eva als erstgeschaffene Menschen (Theol.): Protoplasten

erster Auftritt, [öffentlicher]: Debüt s (Debütant m)

erster Fall; Werfall: Nominativ m (Nom.)

erster Stock (erste Etage): † Beletage

ersterbend; verlöschend; verhauchend (Musik): espirando --> erlöschend

Erstickung (Med.): Suffokation {E. durch Atemstillstand oder Blutsauerstoffarmut: Asphyxie} --> Bissen

Erstreckung; Ausdehnung: Extension

Erstürmung einer Festung mittels Leitern: Eskalade

ersuchen; förmlich auffordern: † invitieren

ertappen; erwischen: † attrappieren

Ertrag: † Kreszenz {ertragreich: rentierlich}

erträglich; leidlich: tolerabel

Ertränken ◇ Trieb, sich zu ertränken (krankhaft): Hydromanie

erwachsen; geschlechtsreif: adult

Erwachsenenbildung, Wissenschaft der: Andragogik {Einrichtung zur E. (Umschulung, Fortbildung etc.): Adult school w}

erwägen; nachdenken: reflektieren (Reflexion) {sorgfältig e.; prüfen; überlegen; von allen Seiten betrachten und untersuchen: ventilieren} {erwägenswert: diskutabel}

Erwähnung; Gedächtnis; Andenken: † Kommendation --> Abwesender

Erweichung; Strukturauflösung (z.B. Knochen,Organe): Malazie/Malakie --> Weichwerden

erweitern: amplifizieren

Erwerb; Zugang: Akzession

Erwerbung: Akquisition {erwerben; anschaffen: akquirieren}

erwiesen ◇ es ist klar oder erwiesen: liquet

erwischen; ertappen: † attrappieren

Erwünschtes; Fehlendes; nötig Gebrauchtes: Desiderat[um] s

erwürgen --> Halsband

erzählend: narrativ/episch {e.; Erzähler oder Erzählung betreffend: narratorisch} {Erzähler (Literatur): Narrator} {erzählende Dichtung: Epik}

Erzählung; Bericht: † Narration {E.; erdichteter Abenteuerbericht: † Historie} {E.; weitläufige Ausführung; Erörterung: † Diegese}

erzeugen; produzieren: generieren {verursachen: † kausieren} {bewirken (Chemie,Psychiatrie): induzieren}{erzeugend; erregend: ...gen}

Erzieher; Lehrer [von Einzelpersonen]: † Instruktor {E.; [Prinzen]hauslehrer : † Mentor} {E.; Vormund (röm. Recht): Tutor}

Erzieherin, altjüngferliche; bevormundende Hauslehrerin: Gouvernante {E.; Anstandsdame: † Duenja} {E.; Kindermädchen: Bonne} {E.; Kindergärtnerin (im Kibbuz): Metapelet w} {Hofmeisterin; E. fürstlicher Kinder: † Aja}

Erziehung: Edukation {E.sanstalt: † Pädagogium} {Baumwachstumsrichtung durch Anbinden bestimmen: palisieren}

erzürnen; erbittern: † ägrieren

erzwingen; abpressen: † extorquieren (Extorsion)

erzwungen; unnatürlich; gewaltsam; gezwungen: forciert
Es; das Triebhafte (Psychoanalyse): Alter ego s
es geschehe!: fiat!
es ist aus: ex est
es werde Licht!: fiat lux!
Eselsbrücken --> Lernkunst --> Verse
Eselsohren; umgeknickte Buchseiten: Midasohren
Eskimos (Selbstbezeichnung): Inuit Mz
Essen ◇ Nahrungsaufnahme: Ingestion {Einverleibung: Inkorporation} {Zwischenimbiß einnehmen: † kollationieren (Kollation)} {[festlich] speisen: dinieren} {eßbar; genießbar: † komestibel} --> Allesfresser --> Ernährungswissenschaft --> Lebensmittel --> pflanzliche --> Vielfraß --> wählerisch
Essig: Acetum {in Essig eingelegte verschiedene Gemüsesorten, insb. Gurken: Mixed Pickles / Mixpickles} --> Gewürzessiggurken
Eßkunst; Kunst des [weisen] Tafelgenusses: Gastrosophie
Eßsucht --> Gefräßigkeit
Eßtisch, von drei Seiten mit Liegepolstern umgebender (röm. Antike): Triklinium
Eßwaren --> Lebensmittel
Estragon: Dragon/Dragun m,s
Etage --> Erdgeschoß --> Zwischengeschoß
Etat ◇ der Anteil des E.s mit den regelmäßigen Einnahmen und Ausgaben (Staat,Gemeinden): Ordinarium --> Staatswirtschaftlehre
Etikett ◇ Klebeetikett oder -marke: Label s engl
etwa; ungefähr: zirka (ca.)
etwas; ein wenig (Musik): un poco {ein klein wenig (Musik): un pochettino}
euch will ich's zeigen!; euch will ich helfen!: quos ego!
Europa; Abendland: Okzident m
Eventualität --> Möglichkeitsform
eventuell: eventualiter {als Möglichkeit: virtualiter}
Evolution ◇ Entwicklungs[geschichte] der Lebewesen: Biogenese/Biogenie {Abstammungslehre, nach der aus den niederen Lebewesen die höheren hervorgegangen sind (z.B. Darwinismus): Deszendenztheorie/Transformismus} {evolutionäre Höherentwicklung: Anagenese}
ewig ◇ für immer; auf ewig: in aeternum / in perpetuum
Ewige Stadt; Rom: Urbs aeterna w
Ewiges Licht (in jeder Synagoge): Ner tamid s
Ewigkeit; langer Zeitraum; Weltalter: Äon m (Äonen Mz)
Exekutionskommando: Peloton s
existenzielle Krise --> geistiges Problem --> Männerkrise
Existenzminimum; für den Lebensunterhalt notwendiger Lohn: Living-wage s
Experimentausgang --> Ungewißheit
experimentell gewonnen; erfahrungsgemäß: empirisch
Expertengruppe; [wirtschaftlicher] Beratungsausschuß: Brain-Trust m {E.nmitglied: Braintruster}
explodieren; knallen: detonieren
explosiv, sehr; sprengend; zermalmend: brisant {spontan mit Flammenbildung miteinander reagierend (Chemie): hypergol[isch]}
Extravaganter --> Homosexueller
extrem ◇ überspannt; überzogen: hypertroph[iert]/hypertrophisch
extremistische Parteien: Intransigenten
Extremitäten ◇ [Körper]glied; Extremität: Membrum s {hervorstehende Körperteile (z.B. Nase, Beine): Akren Mz} {Empfindungslosigkeit in den hervorstehenden Körperteilen: Akroanästhesie} {Schmerz in den hervorstehenden Körperteilen: Akrodynie} --> Gliedmaßenmißbildung

F

Fabel --> humorvolle
Fachausdruck oder -wort: Term m (Terme Mz) / Terminus [technicus] (Termini [technici] Mz) --> Fachwortschatz --> --> Sachbezeichnungsv. --> technischer
Fachbereich (engl. und amerik. Universitäten): Department s
Fachbuch; Sachbuch: Non-fiction s --> wissenschaftliche Darstellung
Fachgründer ◇ ältester Herausragender seines Faches: Nestor
Fachmann, hervorragender: Kapazität { Gutachter; fachmännischer Berater: Konsultant }
Fachsprache: Technolekt m
Fachwortschatz: Terminologie { alphabetisch-systematische Fachwortsammlung: Thesaurus m } --> Wortschatz
Fackel: Flambeau m (Flambeaus Mz)
Fackelträger --> Diener
fade; schal: † insipid[e]
fadenförmig (Med.): filiform
Fadennudeln: Vermicelli
Fadheit; Plattheit: Banalität [keine Mz]
fähig; befähigt: † kapabel
fähig; gewandt: habil
fähig; sachverständig: kompetent
Fähigkeit --> Kraft
fahl; blaßblau angelaufen (Lippen etc., insb. bei Sauerstoffmangel): livid[e]
Fahne; Banner: † Panier dt / Drapeau s
Fahnenflucht: Desertion
Fahnenkunde --> Flaggenkunde
Fähnrich (Reiterei): † Kornett
Fähre: † Traille w
fahren; ein Kraftfahrzeug lenken: † chauffieren
fahrender Sänger; Spielmann (18./19. Jh. USA): Minstrel
Fahrgestell (Kfz.): Chassis w
Fahrlässigkeit; Schuld; Verschulden: Culpa w {grobe F.: Culpa lata}{leichte F.: Culpa levis}
Fahrrad: † Veloziped (Velozipedist)
Fahrrad ◇ Laufrad (Fahrradvorläufer) : Draisine dt
Fährschiff [für Eisenbahnen]: Trajekt m,s
Fährte; Spur (Tiere): Allüre

Fahrtschreiber; Geschwindigkeitsaufzeichner: Tachograph/Tachygraph m
Fahrzeug; Auto: Mobil s
Fahrzeug [als Unterschied zur Ladung]: Kasko m
Fahrzeug ◇ fahrbare Kraft- oder Dampfmaschine: Lokomobil s / Lokomobile w
Fäkalsprache ◇ Vorliebe für Ausdrücke aus dem Analbereich: Skatologie --> obszöne[n]
Fall; Angelegenheit: Passus m
Fall; Vorkommnis: Kasus m (kasuell)
fallend --> abfallend
falsche Angaben zur Vorteilserschleichung (Jur.): † Obreption
falsche Antwort, zur Wahl stehende (z.B. im Ankreuztest): Distraktor
falsche Beweisführung mit beweisfremden Argumenten: Heterozetesis --> Denkfehler --> Fehlschluß --> Scheinbeweis
falsche Voraussetzung, andere Irrtümer zur Folge habende: Proton pseudos s
falsche zeitliche Einordnung von Sachen oder Personen etc.: Anachronismus
falscher Name --> Deckname
falsches Bild von jmdm. ◇ Handlungen und Lebenseinstellung prägendes [veraltetes] Bild von einer anderen Person im Unterbewußtsein: Imago w
falsches Sprechen ◇ Fehlsprechen (Geisteskranke): Allolalie
falschspielen ◇ Karten beim Kartenspiel unterschlagen: filieren { ertastbares Kenntlichmachen von Spielkarten: Maquillage }
Fälschung: † Falsifikation
Fälschung; Betrug: † Falsum
Fälschung ◇ etwas Unechtes: Talmi s (talmin)
Fälschung; Gefälschtes: Falsifikat
Fälschung ◇ Nachahmung [von Edelsteinen]: Simili s,m
Fälschung ◇ Werk antiker Schriftsteller von zweifelhafter Echtheit: Antilegomenon
falten; biegen: † pliieren
faltige Haut, schlaffe, runzlig-welke: Geroderma s
Faltprospekt; Faltbroschüre: Folder m
Faltseite --> Klappseite
Familie; Verwandtschaft (abschätzige jidd. Bez.): Mischpoke/Mischpoche w
Familiengeschichte, literarisch gestaltete: Saga w
Familienname --> Name
Familienvater und -oberhaupt (scherzh.): Paterfamilias
Familienvermögen, unteilbares und unveräußerliches (hist.): Fideikommiß s [-e-i-]
Fan (ital. Bez.): Tifoso (Tifosi Mz)
Fan, weiblicher ◇ Frau, die versucht, mit der von ihr verehrten Person in möglichst engen Kontakt zu kommen: Groupie s
Fanatiker --> Parteimann
Fanatismus ◇ Beherrschtsein von einem einzigen Gedankenkomplex (Psychol.): Monoideismus --> Glaubensfanatismus
Fangfrage; Frage mit verschiedenen Antwortmöglichkeiten: Heterozetesis
Fanggehege --> Pferch
färbbar, leicht (insb. Fasern): chromatophil
Farbdruck: Chromotypie
Farbe dick auftragen, [mit dem Spachtel] (Malerei): impastieren {der Anstrich: Impasto s}
Farbe ◇ einseitige Betonung der Farbe in der Malerei: Kolorismus
farbecht; lichtecht (Textil): indanthren
Färbeflüssigkeit; Bleich- oder Imprägnierbad: Flotte w
färben ◇ mit Farbe ausmalen (z.B. Holzschnitte): kolorieren
Farbenblindheit: Chromatodysopsie {völlige F.: Achromatopsie/Monochromasie (Monochromat m)}
Farbenlehre (Physik): Chromatik
Farbfilm (z.B.Spielfilm): Colorfilm
Farbfilter ◇ Gerät zur Herstellung einfarbigen Lichts: Monochromator/Illuminator
Farbgebung; Farbwirkung: Kolorit s
farbig leuchtend, ruhig-gedämpft: bengalisch {grellbunt-farbenprächtig: flamboyant}
farbige Gestaltung oder Wirkung (Gemälde): Kolorit s
Farbschicht; Lackschicht (den Untergrund durchscheinen lassend): Lasur
Färbung: † Tinktur
Färbung (Chemie): Tinktion (tingieren)
Farbzerlegung von weißem Licht: Dispersion
Farm --> Landgut
Faschisierung ◇ Rückentwicklung demokratischer Systeme in vor- oder antidemokratische: Involution
Faser --> einfädig --> Zwirn
faserig (Med.): fibrillär {faserreich; derb bindegewebig (Med.): fibrös}
Faserstoff, künstlicher: Fiber w
Faserung; Gewebe: Textur
Fassung; Haltung; Gelassenheit [in schwieriger Lage]: Contenance frz
fassungslos; bestürzt; betroffen: konsterniert († Konsternation)
Fassungsvermögen; Speicherungsvermögen: Kapazität
fasziniert sein ◇ sich zu etwas hingezogen fühlen: gravitieren
Fata Morgana ◇ Luftspiegelung: Mirage w
faul ◇ unbeteiligt; träge; untätig: † inert --> Fäulnis
faule Haut --> Wundliegen
fauler Witz: Kalauer
Faulheit ◇ Beschaulichkeit; Muße: † Otium s --> Antriebsmangel --> Träumen, tatenloses
Fäulnis; Verwesung (Biol.,Med.): Putrefaktion/Putreszenz {faulig; übelriechend: putrid}
Faulpelz ◇ Müßiggänger: Flaneur
Federbusch; Helmbusch: Panasch m
Fehlbarkeit: † Fallibilität
Fehlbetrag: Manko s
Fehldruck; schadhafter Bogen: Makulatur
Fehlen --> Krankfeiern
fehlen; mangeln; verfehlen: † mankieren
fehlende Übergangsform (Evolution): Missing link s

Fehlendes ◇ aus etwas Fehlendem [etwas schließen]: ex tacendo/ex silentio
Fehlendes; Lücken; Ausgelassenes: + Omissa Mz
Fehlendes; nötig Gebrauchtes; Erwünschtes: Desiderat[um]
Fehlentwicklung; Unterentwicklung (Med.): Dysplasie
Fehler; Defekt (organisch): Vitium
Fehler ◇ Schnitzer; Versehen: Lapsus
fehlerhaft; lasterhaft: vitiös --> mangelhaft
Fehlfarbe (Karten): Foße/Fausse/Renonce w
Fehlgeburt: Abort[us] m
Fehlinvestition; Investition ohne Renditenabwurf: Nonvaleur m
Fehllage; Organvorkommen an ungewöhnlichen Stellen: Dystopie
Fehlschluß aufgrund von Denkfehlern: Paralogismus
Fehlschluß; Denken im Kreis: Diallele w
Fehlschluß; verfänglicher Trugschluß; verfängliche Art zu fragen: + Kaption
Fehlschluß --> falsche --> Trugschlüsse
feierlich ◇ erhaben; großartig (Musik): grandioso { f.; ernst; schwer: grave } {f.; festlich: festivo/festoso} { f.; gemessen; würdevoll: maestoso} {f.; prächtig: pomposo}
feierlich; festlich: solenn (Solennität) { feierlich bestätigen oder begehen: + solennisieren }
feierlich gekleidet, zu sehr; allzu vornehm angezogen: overdressed {[höchst] f.; im Festgewand (scherzh.): in pontificalibus }
feierlich gestalten; genußvoll und betont langsam ausführen; Fest feierlich begehen: zelebrieren
feierlich; würdevoll: pastoral -->würdevoll[e]
feierliche Musik --> festliche Musik
Feierlichkeit; Festlichkeit: Zelebrität
Feigenbaum: Ficus
Feigheit --> Sicherheitsdenken
Feigling; Maulheld: + Poltron frz
fein; elegant; witzig: attisch
fein; [etwas zu] dünn oder zart: hypoleptisch --> zartgliedrig
fein gekleidet, unpassend --> feierlich
fein ◇ nur mit großer Feinsinnigkeit verständlich: sublim
fein, sehr; feingliedrig: filigran {haarfein (z.B. Blutgefäße): kapillar}
fein verteilt; zerstreut: dispers --> --> feinzerteilt --> zerstreuen
Feindesliebe; Nächstenliebe: Agape w
Feindschaft ◇ der Mensch ist des Menschen Wolf: homo homini lupus
Feindseligkeit: Animosität (animos) / Hostilität (hostil)
feine Gesellschaft; Oberschicht (iron.): Hautevolee w --> vornehmer
feine Nase ◇ Geruchssinnüberempfindlichkeit: Hyperosmie
feiner Mann; Geck (iron.): Gent engl
feines Gehör --> Gehörüberempfindlichkeit
feinfühlig --> taktvoll
Feingebäck; Feinbackwaren: Konditorei
Feinheit; Maschenzahl ([Strumpf]gewebe) : Gauge s engl (gg)
Feinheit --> Abstufung --> Besonderheit
Feinschmecker: Gourmet frz --> Schlemmer { krankhaft übersteigerte Feinheit des Geschmackssinnes: Hypergeusie }
Feinschmecker; Kenner; Sachverständiger: Connaisseur
Feinstes; Erlesenstes: Creme
feinzerteilt (chem. Stoffe): kolloid[al]
Feldforschung durch Fragebogen oder persönliche Befragung: Field-Research s
Feldjäger, hoher ◇ [über Leben und Tod befindender] Offizier mit Polizeibefugnis (mittelalterl. Söldnerheere): Generalprofos
Feldrand; Waldrand: + Lisiere w
Feldstecher: + Krimstecher
Feldzug, militärischer: + Kampagne
Fenstersonnenschutz (außen): Brisesoleil m
Fensterverschluß ◇ oben seitlich und unten schließender Treibriegelverschluß für Fenster und Türen: Basküle/Basküleverschluß
Ferien; Urlaub: Holidays Mz
Ferienlager; Lager: Kolonie
Feriensitz; kleines Landhaus: + Vigne w
Ferienwohnanlage; Ferienhotel: Lodge w
Fernbleiben vom Arbeitsplatz, gewohnheitsmäßiges: Absentismus
Fernbleiben (vor Gericht): + Kontumanz
ferner; ebenso; desgleichen: + item (it.)
Fernrohr: + Tubus m {F. zur Himmelsbeobachtung: + Uranoskop}
Fernsehbildstörung ◇ bei Überlagerung von Streifen gittern auftretende [unruhige]Bildmusterung: Moiré s
Ferse: Calx w (Calces Mz)
Fersenschmerz: Talalgie
Fertiggerichte: Convenience-goods
Fesseln, das (Masochismus): Bondage s engl
Fest ◇ ausschweifendes Trinkgelage: Bacchanal {Festgelage: + Konvivium} {besonders festlicher Ball: Bal paré m } {Gesellschaftsball: + Reunion frz}
fest; feststehend: fix
fest, flüssig, gasförmig --> Stoffzustand
fest zusammenhängend; zäh; dicht: konsistent --> sicher
fester Tag --> regelmäßiger Termin
festes Einkommen oder Gehalt: Fixum
festgelegt; nicht verfügbar: indisponibel
Festgenommener: + Arrestat m (Arrestation)
Festigung: + Fixation
Festigung; Sicherung: Konsolidation / Konsolidierung
festlegend; bestimmend; begrenzend: determinativ
festlich tafeln: + bankettieren
festlich --> feierlich
festliche Musik, feierliche (als Eröffnung oder Einleitung [einer Suite]): Intrade/-da/Entrada
Festlichkeit; Feierlichkeit: Zelebrität
Festmahl: Dinner s
Festnahme; Inhaftierung: Arretierung
Festrede; Prunkrede[nstil]: Epideiktik [-ei-] --> Lobrede
Festsaal: + Redoute w
festsetzen --> gründen

festsetzend; behauptend: thetisch
Festsetzung, grundlegende; Grundbestimmung: Normative w
Festspiel; öffentliches Schauspiel (röm. Antike): Ludus m
feststellen; bemerken: konstatieren
feststellen; bewegliche Teile sperren (Geräte): arretieren
feststellen; erforschen durch Überlegung: eruieren --> behaupten
Feststellung ◇ zur F. dienend; bestimmend; grundlegend: konstitutiv
Fete ◇ kleiner [Haus]ball: † Thé dansant m --> Fest
Fett abschöpfen (Soße,Brühe): degraissieren
fett; fettreich; verfettet: adipös
Fettbruch (Med.): Steatozele
Fette; fettähnliche Substanzen: Lipide
Fettgewebezellen: Lipoplasten
Fettglasur --> Überzug
fettige Haut ◇ übermäßige Talgdrüsenausscheidung: Hypersteatosis
Fettleibigkeit: Pimelose {F. infolge Überernährung: Obesitas/-tät} {F.; Fettsucht: Adipositas/Polypionie} {abnorme Fettsucht: Hypersteatosis} {Neigung zu übermäßigem Fettansatz: Lipophilie} --> Dickheit
fettlöslich: lipophil {fettunlöslich: lipophob}
feucht; naß (insb. Gebiete): humid[e]
Feuchtigkeit: Humidität
Feuchtigkeitscreme: Moisturizer m/ Moisturizing Cream w
feuchtigkeitsliebend; regenliebend (Biologie): ombrophil {speziell bei Pflanzen: hygrophil}
Feuer ◇ Feuersbrunst; Brand: Konflagration {F.; Brand: † Inflammation}
Feuer; Lebhaftigkeit; Schwung; Ekstatik; Leidenschaft (Musik): Brio s (brioso/con brio) —> feurig
feuergefährlich ◇ brennbar; entzündbar: inflammabel
Feuergeschwindigkeit; Schußzahl pro Minute: Kadenz
Feuerlöscher: † Extinkteur
feuerrot; hochrot: vermeil
Feuerscheu; Angst vor dem Umgang mit Feuer (krankhaft): Pyrophobie
Feuerwerksgarbe: Girandola/-le
Feuerzeichen (hist.): Fanal s
feurig; hastig; eifrig (Musik): zelosamente/zeloso --> Feuer; Lebhaftigkeit
Fieber: Pyrexie/Febris w (febril)
Fieberabfall, allmählicher: Lyse/Lysis
Fieberbläschen; Frieselausschlag: Miliaria Mz
fieberfrei: afebril {f.e Zeit; fieberloser Zustand: Apyrexie}
Fieberhöhepunkt; Krankheitshöhepunkt: Akme w {sehr hohes Fieber: Hyperpyrexie/Hyperthermie (hyperpyretisch)}
Fieberlosigkeit ◇ Erhaltung der normalen Körpertemperatur: Isothermie
Fiebernachlassen: Deferveszenz --> Fieabfall
fiebersenkendes Mittel: Antifebrile/Antipyretikum
Fieberwahn: Paraphrosyne

Filet --> Fleischscheibe
Filiale ◇ Niederlassung; Zweigstelle: Dependence frz/Kommandite/† Sukkursale
Film; Spielfilm: Motion-Picture s --> Hauptfilm
Filmkenner; häufiger Kinobesucher: Cineast {Filmfanatiker: Cinephile m/w}
Filmkunst: Cineastik {F.; Filmindustrie: Kinematographie} {Filmschaffender: Cineast}
Filmmitwirkendengesamtheit (insb. Amerika): Cast s
Filmprojektor ◇ erster Apparat, der Bild und Ton gleichzeitig wiedergab: Kinetophon s
Filmstar, berühmter: Vedette w {Film- oder Reklameschönheit: Glamourgirl} --> kühle Frau
Filmszene, in einem Stück gedrehte: Take m,s
Filmvorführer: Operateur
Filmvorschau; Vorspann [mit aus einigen Szenen eines Films zusammengeschnittenen Streifen als Werbung für diesen Film]: Trailer
Filtertuchbefestigungsrahmen: † Tenakel s
Finanzamt ◇ Steuereinnehmerei (hist.): Rezeptur
finanziell; das Geld betreffend: monetär/pekuniär
Finanzminister ◇ Vertreter der Staatskasse: † Fiskal m
Finanzwissenschaft: † Kameralistik
Finger: Digitus m (Digiti Mz) {mit dem F.: digital}
Finger ◇ abnorme Größe der F.: Makrodaktylie {abnorme Verdickung der F.: Pachyakrie/Pachydaktylie}
Fingerabdruck: Daktylogramm
Fingerglied; Zehenglied: Phalanx w (Phalangen Mz)
Fingerhut (Bot.): Digitalis w
Fingernagelbett --> Nagelbett
Fingernagelgröße --> Nagelbildung
Fingernagelschmutz --> unter dem Nagel befindlich
firm; sachverständig: † expert
Firmenimage --> Erscheinungsbild
Firmenzeichen; Markensiegel: Logotype w lat / Logo m,s / Signet s
Fische ◇ die Gesamtheit der aktiv durch das Wasser sich bewegenden Lebewesen (z.B. Fische): Nekton s
Fischer ◇ Angehöriger eines Küstenvolkes, welches sich überwiegend von Fischen ernährt: Ichthyophage
Fischerboot; mastloser Nachen: Barke w
fischgrätgemustertes Wollgewebe: Chevron m
Fischkunde: Ichthyologie
Fistelstimme --> Meckerstimme
fixe Idee ◇ Beherrschtsein von einem einzigen Gedankenkomplex (Psychol.): Monoideismus [-e-i-] (monoman[isch])
fixe Idee; Zwangsvorstellung: Idée fixe w
Fixpunkt: Fundamentalpunkt
FKK-Strand (scherzh.): Abessinien
flach ◇ scheibenförmig: diskoidal
Fläche; Bodenfläche: Areal
Fläche; Kampfplatz: † Area w lat
Flachrelief, flacherhabenes: Basrelief frz
Flagge; Fahne; Banner: † Drapeau s

Flaggenkunde; Bedeutungslehre der Fahnen: Vexillogie --> Wappenkunde

Flair ◇ Hauch; Fluidum: Air s

flammend; geflammt: flamboyant

Fläschchen [für Parfüm]: Flakon s,m

Flasche: † Bouteille --> Proviantflasche

Flasche ◇ in einer F. abzugeben (ärztliches Rezept): ad vitrum (ad vitr.)

Flaschengeist (Arabien): Dschinn m

Flaschenzug (Seemannsspr.): Talje w

flatterhafter Mensch: † Papillon m

Flaute ◇ Jahresabschnitt mit schwachem Wirtschaftsbetrieb: Saison morte w

Flaute; Stockung im Wirtschaftsleben: Engorgement frz

flechten ◇ mit Band durchflechten: lacieren

flechtenartig; flechtenähnlich (Med., Biol.): lichenoid

Flecken reinigen, von: detachieren

Fledermäuse (systemat. Bez.): Chiroptera

Fleischbrühe mit Gemüsestückchen: Suppe à la jardinière

fleischfarben; fleischrot: inkarnat {Fleischton (Gemälde): [In]karnat s/Karnation w}

fleischfressend: karnivor (Karnivore m/w/ Kreophage m/w){f.e Pflanze: Zoophage m} --> einseitig ernährend

fleischig; saftig (Gewebe, z.b. bei Kakteen): sukkulent

Fleischkäse; Fleischkuchen: Pain m,s frz

Fleischklopfen ◇ Massage in Form von Klopfen und Klatschen mit den Händen: Tapotement

Fleischsaft --> Bratensaft

Fleischscheibchen; Fisch-, Geflügelscheibchen: Escalopes Mz

Fleischscheibe, runde oder ovale (insb. vom Filet): Medaillon s

Fleischschnitte, kleine, gebratene oder geschmorte, gewürzte [glacierte]: Grenadin s,m

Fleischschnitte oder Fischschnitte, fingerdicke: Tranche w

Fleischstreifen, gebratener (Fisch, Wild, Geflügel etc.): Aiguillette

Fleischwerdung; Menschwerdung (Götter): Inkarnation

Fleiß; Hinwendung; Bewerbung: † Applikation

Fleiß; Sorgfalt: † Diligenz

fleißig; arbeitsam: † laboriös

Flieder: Syringe w

Fliegen und Mücken; „Zweiflügler": (systemat. Bez.): Dipteren

Fliehkraft: Zentrifugalkraft (zentrifugal, zentrifugieren)

Fließbandproduktion; Massenproduktion: Fordismus

Fließheck (Auto): Fastback s

flimmern; funkeln; leuchten (Physik, Astron.): szintillieren

flink; behend; gewandt; regsam; geschäftig: agil

flink; behend (Musik): lesto/agile it

flink; gewandt: † adrett

Flitterwochen: Honeymoon m

flitzen; rasch in provokatorischer Absicht nackt durch die Öffentlichkeit laufen: streaken (Streaker)

Flöhe: Suktorien

florierend ◇ in Blüte; in Wohlstand: in floribus

Fluch; feierliche Verwünschung (kath.): Exsekration

Flucht; Entweichen, -wischen: Evasion/ † Echappement (echappieren)

Flucht, wilde (Truppe): Deroute w

flüchten ◇ sich [fluchtartig] zurückziehen: retirieren

flüchtig ◇ fortlaufend; rasch; ununterbrochen (z.B. Lektüre): kursorisch

flüchtig; rasch vorübergehend; ohne bleibende Bedeutung: ephemer

flüchtig; verdunstend (Chemie): volatil

Fluchtlinie (Straßenbau etc.): Alignement

Fluchzwang ◇ krankhafter Zwang zum Aussprechen meist obszöner Worte: Onomatomanie

Flugbahnlehre von [geworfenen] Körpern: Ballistik

Flugball, aus der Luft direkt weitergeschlagener oder -getretener (Ballsportarten): Volleyball {derartig geschlagen: volley}

flügellos (Insekten): apterygot (Apterie)

Flughafen: Airterminal m,s / Airport m

Flugkörpergeschoß, geflügeltes: Missile s

Flugplatz: † Aerodrom s[a-ero -/ äro -]

Flugtechnik; Flugwesen: † Aviatik

Flugzeug: † Aeroplan m [a-ero -/ äro -]

Flugzeugentführer: Hijacker/High-jacker

Flurbereinigung; Grundstückszusammenlegung: Kommassation

Flurname: Mikrotoponym s

flüssig (Chemie, Wirtschaft): liquid[e]

flüssig; fließend (Chemie): fluid

flüssig machen; gebundenes Kapital in Geld verwandeln: mobilisieren/monetisieren/realisieren/*pekunieren*

Flüssigkeit; flüssiges Mittel (Chemie): Fluid s {flüssiges Arzneimittel: Liquor m (Liq.)}

Flußlauf, im Sommer kein oder kaum Wasser führender: Fiumara/-re w

Flußnamenbestand; Gewässernamenbestand: Hydronymie

Flußpferd; großes Nilpferd: Hippopotamus m

Flutmesser; selbsttätiger Schreibpegel: Mareograph

Folge ◇ logische Wenn-dann-Beziehung (Philos., Sprachw.): Implikation

Folge; Reihe; Aufeinanderfolge: Sequenz

folgend: † sequens (seq./sq.)

folgend ◇ aufeinanderfolgend: konsekutiv

folgende ([Buch]seiten): † sequentes (seqq./sqq./ss.)

folgenschwer --> verhängnisvoll

Folgerung ◇ Satz, der selbstverständlich aus einem bewiesenen Satz folgt: Korollar[ium] --> Beweis --> Schlußfolgerung

Folgerung von der Ähnlichkeit zweier Dinge auf die Ähnlichkeit weiterer Dinge: Analogieschluß/Analogismus

Folgerung zulassend; schlüssig: konkludent {folgernd: konklusiv}

folglich; also: ergo

Folter --> seelische Folter

Folterandrohung zur Geständniserzwingung mittels Vorzeigen der Folterwerkzeuge (Mittelalter): Territion
foltern; quälen; peinigen: torquieren
foppen; täuschen: düpieren
Förderband; Becherwerk: Conveyer m engl
Förderer von Vorgängen --> Beschleuniger
fordern; Anspruch erheben: prätendieren
fordern; eine Schuld eintreiben: † exigieren
fördern; vorantreiben; beschleunigen: akzelerieren
fordern; zur Bedingung machen (insb. eine wiss. [Grund]aussage): postulieren
Forderung abtreten, an einen Dritten eine (Jur.): zedieren
Forderung; Wunsch; Verlangen: Desiderium
Forderung --> wiederholte Forderung
Form ◇ der F. nach: formaliter
Form; figürliche Beschaffenheit (Kunst) : Figuralität
Form; Gestalt; Aussehen: Eidos s / Morphe w --> Gestalt
formelhafte Wendung --> Klischee --> nichtssagende
formen; in Form bringen: fassonieren
formgearbeitet; formgestrickt: fully fashioned
Formlehre; Wissenschaft von den Gestalten (z.B. in der Biologie): Morphologie
formlos; gestaltlos: amorph (Amorphismus)
formlos ungezwungen; lässig; nachlässig: nonchalant (Nonchalance)
Formulierung ◇ gleichbedeutend, doch unterschiedlich in der F. (Urteile oder Begriffe): äquipollent
forschend; nachforschend; neugierig; wißbegierig: inquisitiv
Forschung ◇ Aufspürung; Untersuchung : † Indagation
Forstbesitz --> Liegenschaften
Fortbewegung, [menschliche]; Gang: Lokomotion
Fortbleiben; Abwesenheit: Absenz --> Krankfeiern
Fortdauer --> lückenloser --> Stetigkeit
fortfahren; ständig in gleicher Weise weitermachen: perpetuieren
fortlaufend; rasch; ununterbrochen (z.B. Lektüre): kursorisch
Fortpflanzung: Reproduktion (sich reproduzieren) {F.; Vermehrung: Propagation}
Fortpflanzungszelle (z.B. Samenzelle, Eizelle): Gamet m
fortschrittlich: progressiv/progredient
fortsetzen: † kontinuieren
fortsetzen lassend, sich --> unendlich lange
fortwährend; ständig: † perpetuell/perpetuierlich
Fossilienkunde; Wissenschaft von den Lebensumständen ausgestorbener Formen: Paläobiologie {speziell Tiere: Paläozoologie} {speziell Pflanzen: Paläobotanik/Paläophytologie} --> Gesteinssammlung
Fotoapparat ◇ Urform des F.s als innen schwarzer Kasten mit einer kleinen Sammellinse: Camera obscura
Fotografie auf Metallplatte (ältestes fotogr. Verfahren): Daguerreotyp s
Fotomodell; Mannequin: Model s engl {männliches F.: Dressman/Coverboy}
Frachtstück; Warenballen: Kollo s
Frage; Fragesatz: Erotema s {Kunst der richtigen Fragestellung: Erotematik}
Frage und Antwort (Unterrichtsmethode) : Erotematik
Fragepunkt, weiterer; das Fernere: Item s lat
Fragewort des Umstands (z.B. wohin?, warum?): Interrogativadverb s {Fragefürwort (z.B. wer?): Interrogativ[pronomen] / Interrogativum s }
fraglich; in Rede stehend (Jurisprudenz): † quästioniert (qu.)
fraglich; nur angenommen; zweifelhaft: hypothetisch
Fragmente alter Werke: † Katalekten
fragwürdig; unsolide; zweifelhaft: dubios/dubiös
Frankreich und seine Kultur, Vorliebe für: Frankophilie/Gallophilie {besessener F.bewunderer oder Französisches Nachahmender: Frankomane/Gallomane} {Abneigung gegen Französisches: Frankophobie/Gallophobie}
französischer Bauer (Spitzname): Jacques Bonhomme
französisches Sprachelement in einer anderen Sprache: Gallizismus
französischsprachig: frankophon
Frau (scherzhaft-familiär): Donja
Frau, verheiratete (engl. Anrede) : Mistress (Mrs.)
Frau --> verführerische
Frauenabenteuer ◇ Aufreihung, Aufzählung der Geliebten [eines Mannes]: Leporelloliste
Frauenangst und Männerangst; Angst vor dem anderen Geschlecht: Heterophobie
Frauenfeindlichkeit; Geringschätzung gegenüber Frauen: Misogynie (Misogyn m) {Abneigung gegen alles Weibliche: Gynäkophobie}
Frauenfreund: † Philogyn m
Frauengemach (altgriech.): Gynäkeion s/ Gynäzeum
Frauengemach ◇ elegantes, privates Damenzimmer: Boudoir s
Frauengemächer ◇ für Fremde unbetretbarer Frauenwohnbereich (Indien): Zenana/Senana w
Frauenheilkunde: Gynäkologie
Frauenheld; Verführer: Don Juan/Ladykiller --> Liebhaber, feuriger
Frauenherrschaft; Mutterherrschaft: Matriarchat/Gynäkokratie
Frauenmörder, grausamer: Ripper
Frauentyp; Mann, der bei Frauen gut ankommt: Homme à femmes/ Belami m
Frauenunterdrückung durch den Mann, gesellschaftliche; „Penisherrschaft" (abwertend): Phallokratie
Fräulein (Anrede): Mademoiselle (Mlle; Medemoiselles, Mlles Mz)
Fräulein; junges Mädchen: † Demoiselle
frech; anmaßend; unverschämt: insolent
frech; schamlos; unsittlich: frivol

frech; unverschämt; herausfordernd: impertinent
Frechheit; unbekümmert-dreiste Unverschämtheit (abw.): Chuzpe w
frei ◇ nach eigenem [Lebens]maß: idiorrhythmisch
frei; nicht festgelegt; unbestimmt (Philos.): indeterminiert
frei sein; dienstfrei sein: † vazieren
frei ◇ unbegrenzt; unbeschränkt: illimitiert
frei; unbesetzt; offen: vakant {Stelle: Vakanz}
frei; ungebunden; zügellos: lizenziös
frei; zwanglos: degagiert
frei --> zügellos
Freibeuter; Seeräuber: Kaper m
Freibrief; Urkunde: Charter w,m
freie Entscheidung (z.B. bezüglich Staatsangehörigkeit): Option
freier Mitarbeiter: Freelance
freier Musiker, ensembleloser: Freelance
freier Schriftsteller; freier Journalist: Freelance
freies Gewährenlassen der Untergebenen : abdikativer Führungsstil --> locker
freigebig: splendid lat († Splendidität)
freigebig; ehrenhaft: honorig
freigebig; großzügig; nicht kleinlich: generös (Generosität)
Freigebigkeit: † Munifizenz
Freigebigkeit; Weitherzigkeit: Largesse fr
Freigebigkeit --> Schenksucht
Freigeborenenstand; Freiheit (hist.): Ingenuität
Freigeist: † Libertin m frz / Libertiner m
freigestellt; wahlfrei: fakultativ
Freiheit; Freimütigkeit: † Franchise w frz
Freiheit; Unabhängigkeit: Libertät/ † Independenz --> Herrschaftslosigkeit
freiheitlich, extrem; anarchistisch: libertär
freiheitsliebend ◇ distanziert; enge Bindung meidend (Psychol.): philobal
freikaufen; loskaufen (Kriegsgefangene) : † redimieren
Freikörperkultur: Nudismus/Naturismus --> FKK-Strand
freilebend; umherziehend; biotopungebunden (Zool.): vagil
Freilichttheater ◇ Gartentheater oder Vergnügungsstätte: Tivoli s
Freimachen einer Postsendung: Frankatur
Freimütigkeit; Offenheit; Natürlichkeit: † Ingenuität
Freischärler: † Franktireur
Freisprechung --> Sündenvergebung
Freispruch ◇ im Zweifelsfall für den Angeklagten: in dubio pro reo
Freistilringen, fast alle Griffe erlaubendes: Catch-as-catch-can s
freiwillig: sua sponte
Freizügiger --> Toleranter
Freizügigkeit, mangelnde --> Hausarrest
fremd; an anderer Stelle als dem Fundplatz entstanden (Geol.,Biol.): allochthon
fremd; ausländisch: † extran
fremdartig --> absonderlich
Fremdbestäubung: Chasmogamie {sich durch F. fortpflanzend: heteroklin}
Fremdbestimmung, unbewußte --> übernehmen, etwas
fremde Rechte ◇ in f. R. eingreifen: † attentieren
Fremde ◇ unbekanntes Land: Terra incognita w --> Minderheit
fremdenfeindlich: xenophob
fremdenfreundlich: xenophil
Fremdenführer, vielredender: Cicerone
Fremder, rechtloser --> Ausländer
Fremdgruppe --> Gruppe
Fremdherrschaft; Regierung durch ein fremdes Herrscherhaus: Xenokratie
Fremdlinge ◇ Tiere, die zufällig fremdes Gebiet durchqueren: Alieni Mz
Fremdsprache sprechen ◇ sich in einer F. unterhalten: parlieren {unbewußtes Reden in einer unbekannten F.: Xenoglossie --> Zungenreden}
Fremdsprachenkenntnis ◇ beim Erlernen einer Fremdsprache erreichter Entwicklungsstand zwischen Unkenntnis und Beherrschung der zu erlernenden Sprache : Interimsprache
Fremdsprachenlernerleichterung durch hilfreichen Einfluß der Muttersprache: Transfer m
fremdsprachlicher Sprachbestandteil, auf den Einfluß eines Nachbarlandes zurückzuführender: Adstrat s
Fremdwort, falsches ◇ gebräuchliches F., welches jedoch wegen äußerer Übereinstimmung mit einem fremdsprachigen Wort leicht falsch gebraucht werden kann (z.B. wird „Administration", was Verwaltung bedeutet, häufig in Anlehnung an engl. „administration" im Sinne von Regierung mißbraucht): Faux ami m
Fremdwort mit schwieriger Aussprache und Schreibung (insb. in d. Schriftsprache): Eye-word s
Fremdwort ◇ nicht aus dem vertrauten Wortschatz ableitbares und deshalb schwer zu merkendes Wort: Hard word s
Fremdwort ◇ unerwartetes, auffälliges Wort oder Redewendung, statt einer bekannten Wendung eingeflochten (z.B. ein F.): Aprosdoketon s {solchartige Anwendung: Aprosdokese}
Fremdwortaufnahme ◇ Übernahme fremdsprachiger Wörter, Fügungen oder Bedeutungen in die Muttersprache : Transferenz w/ Transfer m
Fremdworterklärung --> Wortwiederholung
Fremdwortfreund, übertriebener: *Xenologophile* m/w
Fressen ◇ hastiges Essen (Med.): Tachyphagie
freudig; herrlich (ugs.): in dulci jubilo
freuen, sich: † gaudieren
freuen wir uns denn! (student. Trinkspr.): gaudeamus igitur!
Freund, enger, vertrauter: Alter ego s / Intimus m / † Konfident m
Freund; Liebhaber (iron.): Galan
Freund --> Geliebter
Freunde, unzertrennliche, [jüngere]: Kastor und Pollux
Freundin; Geliebte (scherzh.): Dulzinea
Freundin (scherzhaft-familiär): Donja

Freundin; Vertaute; Busenfreundin [eines Mädchens]: Intima --> Geliebte
freundlich; umgänglich; verbindlich; versöhnlich: konziliant
freundliche Gesinnung; Wohlwollen : Goodwill m
freundliches Entgegenkommen; höfliche Geste: Beau geste w
Freundlichkeit; Herzlichkeit; Vertraulichkeit: Kordialität (+ kordial)
Frevel ◇ Übermut; Selbstüberheblichkeit [gegenüber der Gottheit] (Antike) : Hybris w
Friede sei mit euch! (kath.): Pax vobiscum
Friedhof ◇ großes Gräberfeld (Vorgeschichte; Antike): Nekropole/Nekropolis w
friedlich; friedliebend und -fertig: irenisch
friedlich; heiter (dichter.): [h]alkyonisch
frieren --> Kälteempfindlichkeit
Frigidität ◇ sexuelle Empfindungslosigkeit: Anaphrodisie/Anerosie
Frigidität; Verlust weiblicher Geschlechtsempfindung: Defemination --> Orgasmusausbleiben
frisch; aufgeweckt; munter: alert
frisch bereitet (ärztl. Rezeptvorschrift) : recenter paratum
frisch; frei; kühn (Musik): svegliato
Frischluftangst, krankhafte: Aerophobie
Frischluftfeind --> sauerstofflos lebend
Friseur: + Barbier (barbieren/balbieren)
Friseur: Coiffeur {(scherz): Figaro}
Frisierkunst, gehobene: Coiffure w {tonangebende F. (Rom,Paris): Haute Coiffure w}
Frisiermantel: + Peignoir m
Fristablauf; Frist; äußerster Termin: Deadline w
Frisur, kunstvolle: + Coiffure w
fröhlich --> gesellig --> lustig
fröhliche Runde; Kreis; Zuhörerkreis: Korona
Fröhlicher; Bruder Lustig (franz. Bez.): Gaillard --> heiterer Mensch
fröhliches Lied --> heiteres Lied
Fröhlichkeit; Geselligkeit: + Konvivialität {Festgelage: + Konvivium}
Fröhlichkeit; Heiterkeit: + Hilarität --> Hochstimmung
Frohsinn; Heiterkeit: Euthymie {krankhafter F.: Amönomanie}
fromm, äußerlich; scheinheilig: bigott (Bigotterie)
Frömmigkeit; Gottesfurcht: Eusebie --> passive Frömmigkeit
Frontalunterricht --> Unterricht
Frostbeule: Pernio m (Perniones/-ionen Mz)
fruchtbar ◇ nährstoffreich (Seen,Äcker): eutroph
Fruchtbarkeit: Fekundität (fekund)
Fruchtbarkeit; Fähigkeit, Nachkommen zu zeugen: Generativität/ Fertilität (fertil)
Fruchtbarkeitskult ◇ kultische Feiern im engen Kreis zu Ehren der Fruchtbarkeitsgöttin Demeter: Eleusinische Mysterien
Früchtefresser (Zool.): Frugivore/Fruktivore m
Fruchtfleisch; fleischiges Gewebe der Steinfrüchte: Mesokarp[ium] s
Fruchthaut; äußerste Fruchtwandschicht (z.B. Haarüberzug bei Pfirsichen): Exokarp s
Fruchtkern; innerste Schicht der Fruchtwand (z.B. bei Pfirsichen der Stein): Endokarp s
Fruchtkunde: Karpologie
Fruchtzucker: Fructose/+ Lävulose w
früh; morgendlich: + matutinal
früher ◇ vor undenklichen Zeiten (scherzh.): zu Olims Zeiten {seit sehr langer Zeit: seit Olims Zeiten} --> vergangene Zeiten!
frühere Lebensumstände; Vorleben: + Antezedenzien
früherer Zustand ◇ im vorherigen Zustand: in statu quo ante
Frühreife; vorzeitige Geschlechtsentwicklung: Maturitas praecox/Progenese/Prämaturität w (prämatur) {frühzeitige und übermäßige Entwicklung der Geschlechtsorgane: Hypergenitalismus}
Frühstück: + Dejeuner s (dejeunieren)
Frühstück ◇ Kaffee mit Milch, Brötchen, Butter und Marmelade: Café complet m
Frühstück, reichhaltiges, das Mittagessen ersetzendes: Brunch m
Frühstücksgedeck für zwei Personen (aus Holz oder Keramik): Dejeuner s
frühzeitlich: archaisch
Fuchsbau ◇ Wohnung des Fuchses in der Fabel: Malepartus m
Fuge ◇ Dehnungsfuge zur Verhinderung von Spannungen bei Temperaturanstieg (Brücken etc.): Dilatationsfuge
füge hinzu! (ärztl. Rezepte): adde!
Fuge; Verbindung: + Junktur
fügen, sich den Zeitumständen: + temporisieren
fügsam; umgänglich; nachgebend; leicht zu behandeln: trätabel
Fügung --> Redewendung
fühlbar; tastbar (z.B. Puls): palpabel {tasten: palpieren}
führen; an der Spitze oder an der Macht sein (ugs.): an der Tete sein
Führer; Gruppenführer (Zool.): Alphatier
Führer; mächtiger Partei- oder Wirtschaftsführer: Tycoon m
Führung; Betragen: + Konduite w
Führung; Verwaltung: Gestion lat
Führungsschichtverzeichnis der Sowjetunion: Nomenklatura w
Füllung für Fleisch oder Fisch [aus Hackfleisch]: Farce w
Füllwort; für den Satzsinn entbehrliches Wort oder Gesprächspartikel: Expletiv s
Fund, [glücklicher]: Trouvaille w
Fund; Glücksfall: + Hermäon s
Fundament, unterster Teil vom (Gebäude): Bankett s/ Bankette w
fünf Jahre (Zeitraum): Lustrum s/Quinquennium s {griech. Antike: Pentaeteris w}
Fünfeck: Pentagon s
fünffach: + quintupel
Fünfteiliges; aus fünf Stücken zusammengesetztes Ganzes: + Quinternio m
funkeln; leuchten; flimmern (Physik,

Astronomie): szintillieren {Sternfunkeln: Szintillation}
Funken --> Hobbyfunk
Funksprechgerät, tragbares: Walkie-talkie s
Funktionärsherrschaft (abw.): Bonzokratie
Funktionsausfall --> Versagen
Funktionsstörung (Organe): Dysfunktion --> Verletzung
für gut befinden; genehmigen: agreieren
für immer ◇ auf ewig: in aeternum/ in perpetuum
für; je; zu [je]: à
für sich bestehend; ein Ganzes ausmachend: integral
Fürbitte; Bitte: † Rogation
Fürbitte ◇ ein Bittgebet für Lebende und Tote (kath.): Memento --> bitten --> Gedächtnis
Furche; Riß; Spalt (Haut, Knochen): Fissur
furchtbar: † formidabel
furchtbar ◇ entsetzlich; erschröcklich: medusisch {versteinernder Blick: Medusenblick}
furchtbar; grauenvoll; entsetzlich (Erlebnis, Mitteilung): † horribel (Horribilität)
Furie; böse Frau; Wütende: Megäre/Mänade/Bacchantin --> Streitsüchtige
Fürsprecher: Dolmetscher
Fürsprecher vor Gott (insb. der Heilige Geist): Paraklet m
Fürst, kleiner; Herrscher: Dynast --> Großfürst
Fürstentum, sehr kleines, unwichtiges (ironisch): Duodezfürstentum
fürstlich; königlich: regal
Furz --> Blähsucht
Fußbad (Med.): Lavipedium
Fußballelf: *Hendemanus*
Fußbodenmosaik, farbiges: Opus tesselatum s
Fußgängerbrücke, kleine: Passerelle
fußlos (Zool.): apod
Fußmarsch; Wanderung: Tramp m engl/dt
Fußpflege: Pediküre
Fußpunkt; dem Zenit genau gegenüberliegender Punkt: Nadir m
Fußschmerz: Podalgie
Fußsohle betreffend (Med.): plantar
Fußspur; Fußabdruck: Ichnogramm
Fußwurzel: Tarsus m (tarsal)

G

G als J aussprechen ◇ das Aussprechen von G und K als J, D oder T (Kinder, Dialekt, Krankheit): Gammazismus
Gabelung (Med., Geogr.): Bifurkation
Gähnkrampf: Chasma s / Chasmus m / Oszedo w
Galeere, größere: Galeasse/Galjaß w
Galle betreffend; durch G. bedingt: biliär
Gallensekret: Bilis w (biliös) {grüner Gallenfarbstoff: Biliverdin s} {krankhafte G.überproduktion: Hypercholie}
Gallenstein: Cholerith m {Leberstein bzw. G. in den Lebergallengängen: Hepatolith m}
Gang; Kanal (insb. Drüsen): Ductus m
Gang; [menschliche] Fortbewegung: Lokomotion
Gang umschalten (Maschinen): reversieren
gängig; gangbar; umlaufend: † kurant/ courant (crt.)
Gangster; Bandit: Mobster {G.; Erpresser: Racketeer} {G.; Killer: Gunman}
Gangungenauigkeit ◇ Gangtempoänderung (Uhren): Akzeleration
ganz ◇ für sich bestehend; ein Ganzes ausmachend: integral
ganz; völlig; vollständig: holotisch
Ganze; Gesamtbestand: Totum
ganze Zahl; Grundzahl: Kardinalzahl
ganzheitlich; Gesamtheit umfassend: totalitär
gänzlich; ganz und gar: totaliter
Ganzton (mus.): Tonus m (Toni Mz)
garen --> schmoren
Garn ◇ Zwirn aus verschiedenfarbigen G.en: Mouliné m --> knotiges Garn
Gartenbau: Hortikultur
Gartenbüsche --> Wäldchen
Gartenfest --> Spießbraten
Gartenspazierweg, überdachter: Hypodrom s
Gärung bewirkend: zymotisch {durch G. entstanden; gärungsbedingt : zymisch} {G. verzögerndes Mittel: Antizymotikum}
Gassenjunge --> Straßenjunge
Gast; Tischgenosse: † Konvive
Gastarbeiter ◇ ortsansässiger Fremder ohne politische Rechte (griech. Antike): Metöke
Gästeempfang --> Begrüßung
Gastfreundschaft: † Hospitalität/Philoxenie
Gasthaus; Pension (engl. Bez.): Boardinghouse
Gasthörer (Hochschulen): Hospitant
Gaststättengewerbe; Hotelgewerbe: Hotellerie
Gastwirt: † Restaurateur {Speisewirt: † Träteur}
Gastwirtschaft: † Restauration {Gasthaus; Schenke; Herberge: † Locanda}
Gattung; Art (allgemein): Genus s {Wesen; G.; Art: Genre s}
Gaukler; Zauberkünstler (Indien): Fakir
Gaumen; obere Mundhöhlenwölbung: Palatum
Gaumenlaut: Palatal[laut] m / † Palatalis w (Palatales Mz)
Gaumenzäpfchen: Staphyle/Uvula w
Gaunersprache; Bettlersprache; Rotwelsch: Argot m,s frz / Cant m engl / jenische Sprache
geächtet; vogelfrei; rechtlos; gesetzlos: exlex {Geächteter; Verfemter: Outlaw}
Gebäck, feines; Feinbackwaren: Konditorei
Gebälkträger --> Trägergestalt
Gebärden ◇ Lehre von der nichtverbalen Kommunikation (Gestik, Mimik): Kinesik
Gebärdenausdruck der Hände (Tanz): Ch[e]ironomie

Gebärmutter: Uterus m
Gebärmutterausschabung: Kürettage/Curettage
gebärmutterkrank: † hysterisch
Gebärmutterschmerz: Hysteralgie
Gebärmutterschnitt: Hysterotomie
Gebärmuttervorfall: Hysteroptose
Gebäudekern; Tempelkern: Megaron s
Geber; Stifter [insb. eines Buches]: † Donator
Gebet --> Anrufung Gottes --> Wechselgesang
Gebetsrufer (Islam): Muezzin
Gebiet --> Bodenfläche --> örtlich
Gebieter; Herr: Dominus
gebieterisch; autoritär: diktatorial
Gebietsaneignung, widerrechtliche, gewaltsame: Annexion
gebildet; weltmännisch; weltgewandt: urban
Gebildetenschicht (russ. Bez.): † Intelligenzija
Gebirge; Berg (arab. Bez.): Dschebel m
gebirgefeindlich oder -meidend: *orophob*
Gebirgsformlehre: Oroplastik w
Gebirgsforschung oder -beschreibung: † Orognosie
Gebirgspaß: Paso m
Gebot --> Pflichtgebot
Gebrauch; Handhabung: Handling
Gebrauch, zweckmäßiger: † Applikatur
gebrauchen; anwenden: † adhibieren
gebräuchlich; üblich; landläufig: usuell
Gebrauchsgegenstände; Hilfsmittel; Zubehör: Utensilien
gebraucht; alt: antiquarisch
Gebrechlichkeit: Infirmität {gebrechlich; hinfällig; verfallen: † kaduk}
Gebühr; Gebührenordnung: Taxe w
gebühren; zugestehen: † kompetieren
gebührend ◇ angemessen; gefällig: † konzinn
gebunden: latent
Geburt; Entbindung: Partus m {während der G.: intra partum}
Geburt; Geburtsstunde: † Nativität
Geburtenhäufigkeit (Lebendgeborene auf tausend Einwohner pro Jahr): Natalität
Geburtshilfelehre: Tokologie/Obstetrik {entbinden; Geburtshilfe leisten: † akkouchieren} {Geburtshilfezange: Forzeps m,w}
Geburtstagsgedicht, antikes: Genethliakon
Geck; feiner Mann (iron.): Gent engl
Gedächtnis; Erinnerung; Informationsspeicherungsfähigkeit: Mneme w (mnestisch) --> Lernkunst
Gedächtnis; Fürbitte (Messe); kath. Gedächnisfeier: Kommemoration --> Andenken
Gedächtnisfeierkalender für verstorbene Mitglieder oder Wohltäter oder Stifter (mittelalterl. kirchl. Gemeinschaft): Obituarium/Nekrologium
Gedächtnisleistung bezüglich Lernen oder Reproduzieren oder Wiedererkennnen: Retention {G.ssteigerung (z.B. in Hypnose): Hypermnesie}
Gedächtnisschwäche: Hypomnesie {Erinnerungslosigkeit: Amnesie} {Sprachstörungen erzeugende G. (insb. Vergessen von Wörtern): Logasthenie} {Gedächtnisfehler (einzelne Fehlleistung): Lapsus memoriae}
Gedächtnisstörung ◇ Zeitgitterstörung (Alkoholmißbrauch): Korsakow-Syndrom {Halluzinationen und G.; unkontrollierter Zerfall zusammengehörender Denk- und Verhaltensabläufe (krankhaft): Dissoziation}
gedämpft (Musik): sordo {halblaut; g. (Musik): sotto voce} {mit dem Dämpfer (Musik): con sordino}
Gedanke; Begriff (Philos.): Notio[n]
Gedanke, prägnant formulierter, Lebensweisheiten ö.ä. enthaltender (Prosa): Aphorismus
Gedankenaustausch; Unterhaltung: Diskurs
Gedankeneinschnitt: Zäsur
Gedankengebilde; Vorstellungswert: Ideologem s
Gedankenlehre --> Denklehre
Gedankenlesekunst; außersinnliche Wahrnehmungsfähigkeit: Metagnomie {Gedankenübertragung; Suggerierung auf außersinnlichem Weg: Mentalsuggestion}
Gedankensprung, unzulässiger (Beweisführung): Metabasis
Gedankensprünge ◇ Beschleunigung und Zusammenhangslosigkeit des Gedankenablaufs (krankhaft): Ideenflucht
Gedankenstriche oder Klammmern, in den Satz eine Zwischenrede einfügende: Parenthese w
Gedankenverbindung; unwillkürlich sich einstellende Vorstellungsverbindung: Ideenassoziation --> Assoziation
Gedankenvielfalt; Ideenfülle; Bewußtseinshorizontbreite (Psychol.): Polyideismus
gedanklich; aus Gedanken hervorgegangen (Philos.): mental
gedanklich erkennbar, nur; nur durch den Intellekt lösbar (Philos.): intelligibel
gedanklich; geistig: ideel / † moralisch
gedanklich verknüpfend oder verbindend: kombinativ
gedeihen; gutgehen; vorankommen: prosperieren
Gedeihen; Wohlstand: Flor m
Gedenken ◇ seligen Andenkens: beatae memoriae
Gedenkstein; Grenzstein (antik): Zippus
Gedenktag ◇ Todestag eines Märtyrers: Natalicium --> Gedächtnisfeierkalender
Gedenkveranstaltung, [sportliche]: Memorial engl
Gedicht ◇ Fest- oder Gelegenheitsgedicht: Carmen s
Gedicht, kleineres ausgewähltes: Ekloge w
gedrängt darstellen ◇ verdichten: komprimieren
gedrängt; kurz (Stil): konzis
Geehrter ◇ Preisträger; Auszeichnungsempfänger: Laureat m lat
geeignet, wie; wie geschaffen: prädestiniert
Geeignetheit; Tauglichkeit: † Idoneität [- e-i -]
Gefahr, stets drohende: Damoklesschwert
Gefahrenherbeiführung und anschließen-

de Unterlassung der Schädigungsabwendung (Strafrecht): Ingerenz
gefährlich: † perikulös
gefährliche Frau --> verführerische
Gefallen [finden] --> Geschmack
gefallen; zusagen; passen; annehmbar sein: konvenieren
gefallener Kämpfer (nord. Myth.): Einherier
gefällig; angemessen: † konzinn
gefällig; leicht (Musik): agevole it
gefällig; schmeichelnd; zart; spielerisch; gleitend (Musik): lusingando
gefällig; verbindlich: † obligeant
Gefälschtes; Fälschung: Falsifikat
Gefangener, Hilfsdienste für den Wärter verrichtender: Kalfaktor/Kalfakter
Gefangennahme: † Kaptivation
Gefangenschaft: † Kaptivität
Gefängnis: † Prison w,s frz
Gefängnis, finsteres [unterirdisches]: † Cachot/Kaschott s
Gefängnis ◇ histor. Burgverliese für Lebenslängliche: Oubliette
Gefängnis; Strafanstalt [für Schwerverbrecher] (histor., Italien u. Frankreich): Bagno s
Geflügelklein (Truthahn,Gans): † Abatis m,s frz
Geflügelrumpf (Gastr.): Karkasse w
geflügelt (Insekten): pterygot
Gefolge; Ehrengeleit: † Kortege
Gefolge; Umgebung: Entourage w
Gefolgschaft --> Getreue
Gefolgsmann, treuer, hochrangiger: Paladin {Lehnsmann des Königs (Mittelalter): Vasall}
Gefräßigkeit; gesteigerter Appetit: Polyphagie
Gefräßigkeit; Heißhunger: Bulimie/Hyperorexie/Kynorexia/Vorazität/Lykorexia
Gefräßigkeit; krankhafte Eßsucht: Sit[i]omanie
Gefräßigkeit; Unersättlichkeit: Akorie
Gefrieranlage: Refrigerator
Gefriertrocknung im Vakuum (Haltbarmachung): Lyophilisation
Gefügelehre --> Baukunst
Gefühl; Empfindung: Sentiment frz { die Schicht der G.e, des Unbewußten betreffend: endothym}
Gefühle äußern; sich aussprechen: expektorieren
Gefühlsansprechbarkeit eines Menschen: Affektivität
gefühlsbedingt; affektbedingt; wunschbedingt; wahnvorstellungsbedingt: katathym
gefühlsbetont; durch heftige Gefühlsäußerung gekennzeichnet: affektiv --> rührselig
Gefühlskälte, sexuelle: Anaphrodisie/Anerosie --> geschlechtskalt
Gefühlsleben; Gemütsleben: Affektivität
gefühlsmäßig: emotional/emotionell/emotiv
gefühlsmäßige Angespanntheit; heftige Erregung: Affekt m
gefühlsmäßige Bindung an jmdn.: Fixation
Gefühlsvorrang; Vorrang des Gefühlsmäßigen vor der Verstandeserkenntnis: Irrationalismus
Gefühlswerte; Stimmungswerte; Unwägbarkeiten: Imponderabilien († imponderabel)
gefühlvoll ◇ mit Gefühl (Musik): con sentimento
gefühlvoll; stimmungsvoll: lyrisch {zu arg g.e Darbietung (Dichtung,Musik): Lyrismus}
gegeben; geschrieben: datum (dat.)
gegebene Größe: Entität
Gegebenheit; Tatsächlichkeit; feststellbare Wirklichkeit: Faktizität
gegen Barzahlung: per cassa
gegen den Strom ziehen, Lastkähne: bomätschen
gegen den Wind segeln, im Zickzack: † lavieren
gegen; im Gegensatz zu: versus
Gegenangriff: Konter m {sehr schneller G. aus der Verteidigung (Basketball): Fast Break m} {gegnerischen Stoß abwehren und seinerseits angreifen (Fechten): kontrahieren } {Gegengegenstoß (Fechten): Kontroriposte/Kontrariposte w}
Gegenargument ◇ Einspruch; Einwand; Gegenvorstellung: Remonstration {Entkräftung einer gegnerischen Behauptung (Antike): Anäresis}
Gegenbeweis; Gegenschluß; Widerlegung: Katasyllogismus/Elenchus
Gegend ◇ Landstrich: Trakt m
Gegengift: Antidot[on] s
Gegenklage; Gegenanschuldigung: † Rekrimination
Gegenleistung ◇ Leistung gegen Leistung [und nicht Bezahlung]: au pair
Gegenleistung ◇ man gibt etwas, damit man mit einer Gegengabe oder einem Dienst rechnen kann: do ut des lat
Gegenleistungsfehlen --> Verlust
Gegensatz; Gegnerschaft; Widerstreit; Widerstand: Antagonismus {Widerspruch (Philos.): Repugnanz} --> Entgegengesetztes --> Widerspruch
gegensätzlich: antithetisch
gegensätzlich; eine Opposition ausdrückend: oppositär
gegensätzlich; einen Gegensatz bildend; entgegensetzend: oppositiv/adversativ
gegensätzlich; gegnerisch: oppositionell
gegensätzlich; getrennt (Begriffe eines Gattungsbegriffs): disjunkt
gegensätzlich; widrig: konträr
Gegensätzlichkeit ◇ gegensätzliches Wort: Antonym/Antisem s {Gegensatzwort, welches durch seine Verneinung mit dem entgegengesetzten Wort bedeutungsgleich werden würde (z.B. sauber zu schmutzig): Komplenym s} {mit diesem unter einem gemeinsamen Oberbegriff stehendes Gegensatzwort zu einem anderen Wort (z.B. Eber zu Sau unter Schwein): Inkonym s} {bedeutungsmäßiges Gegensatzverhältnis (z.B. kalt und warm): Komplementarität} --> gegenteilig --> Widersprüchlichkeit
Gegensätzlichkeit, innere: Dialektik
Gegensätzlichkeit; Zweipoligkeit: Dualismus/Bipolarität
Gegensätzlichkeiten ◇ Gemisch entgegengesetzter Dinge: Ambigue s frz

Gegenschlag --> Durchbruch
Gegenseite ◇ man muß aber auch die G. hören: audiatur et altera pars
gegenseitig bedingend: korrelat[iv]
gegenseitig; wechselseitig: mutual/mutuell/reziprok (Mutualität)
gegenseitige Abhängigkeit, Maß für die (Statistik, zwei Größen betreffend): Kovarianz
gegenseitige Nutzengemeinschaft (Biol.): Mutualismus
Gegenseitigkeit --> Gegenleistung
Gegenstand; Sache; Ding (Philos.): Res w
Gegenstand; Stoff (Dichtung): Sujet s frz
gegenständlich; vergegenständlichend: hypostatisch
gegenständliches Hauptwort (z.B. Stuhl): Konkretum
Gegenstandpunkt Vertretender: Antipode
gegenstandsbezogen; themenbezogen oder -spezifisch: topikal
Gegenstoß nach pariertem Angriff (Fechten): Riposte {Gegengegenstoß (Fechten): Kontroriposte/Kontrariposte w}
Gegenstück, passendes: Counterpart m
Gegenteil ◇ Schlußfolgerung aus dem G.: Argumentum e contrario
gegenteilig; umgekehrt (Begriffe, Sätze): konvers {gegenteiliger Satz: Konverse w} {Verhältnis gegenteiliger Sätze zueinander: Konversion} --> Gegensätzlichkeit
gegenüber: vis-à-vis {Gegenüber: Visavis s}
gegenüberstellend; vergleichend: kontrastiv
gegenwärtiger Zustand: Status quo m
Gegenwert; Wert: Valuta w {gleichwertiger Ersatz; G.: Äquivalent s}
Gegenzeichnung; Mitunterschrift: Kontrasignatur --> abzeichnen
Gegessenes ◇ aufgenommene Nahrung: Ingesta Mz
Gegner: Kontrahent { G. (Anschauung): Opponent} {Widersacher; Gegner: Antagonist} {Gegenstandpunkt Vertretender: Antipode m}
Gegnerschaft; Widerstreit; Widerstand; Gegensatz: Antagonismus
gegrilltes Fleischstück: Grillade w
Gehabe; Getue: Chichi s frz
Gehalt; Aussage; Botschaft: Message
Gehalt; Entgelt (gehobene Angestellte): Dotierung --> Lebensunterhalt
Gehalt, festes; festes Einkommen: Fixum
Gehalt; Wert (Wirtsch.): + Valor m
gehaltlos; nichtig: + frivol
gehässig; unausstehlich: odios/odiös (Odiosität)
geheftet (nicht gebunden): broschiert
Gehege; umzäunter Laufgang (Pferde): Paddock m --> Pferch
geheim: esoterisch
geheim; gesondert: + sekret lat
geheim; nicht öffentlich: intra muros {unter dem Siegel der Verschwiegenheit: sub rosa / sub sigillo [confessionis]} {[vorläufig] unter Geheimhaltung (z.B. Kardinalsernennung betreffend): in pectore}
geheim; verborgen (Parapsychol.): okkult
geheime Abstimmung (anglo-amerik. Bez.): Ballot s
geheime Mitteilung: Sekret s lat
geheime Verabredung, betrügerische; sittenwidrige Absprache: Kollusion (kolludieren)
Geheimhaltung von Lehre und Brauch einer Religionsgemeinschaft (z.B. Frühchristentum): Arkandisziplin
Geheimlehren und Praktiken der Telepathie oder des Hellsehens oder der Materialisation: Okkultismus/Xenologie (okkultistisch) {Wissenschaftler auf dem Gebiet der Geheimlehren: Okkultologe} {Geheimlehrenwesen: Esoterik}
Geheimmittel; Wundermittel: Arkanum s
Geheimnis: Arkanum s
Geheimnis; [religiöse] Geheimlehre (z. B. Sakrament): Mysterium {antike Geheimkulte: Mysterien}
geheimnisvoll; dunkel: apokalyptisch/mystisch/mysteriös {vieldeutig im Ausdruck; g.; d.: hermetisch}
geheimnisvoll; geheimlehrenartig: orphisch {dunkel; orakelhaft: pythisch}
geheimnisvoll; hintergründig: kabbalistisch
geheimnisvoll (Musik): misteriosamente/misterioso
geheimnisvoll; rätselhaft: sibyllinisch {unklar; schwer deutbar; unverständlich: kryptisch}
geheimnisvoller Inhalt --> unbekannter Inhalt
Geheimschrift: + Krytographie {Geheimschreibkunst; G.: + Steganographie}
Geheimschriftzeichen: Chiffre w
Geheimtext: + Kryptogramm
Geheimtinte, unsichtbare: sympathetische Tinte
Gehen --> Angst vor --> Gehunfähigkeit
Gehilfe; Angestellter: + Employé
Gehilfe eines Beamten: + Adjoint frz / Adjunkt
Gehilfe; Helfer: Adjutor / + Aide
Gehilfe; Hilfsdienst oder verschiedenste Arbeiten Verrichtender: Kalfaktor/-ter
Gehilfe (insb. Hilfslehrer): + Adjuvant
Gehilfe; junger, untergeordneter Helfer: Adlatus
Gehilfe; Mädchen für alles: Faktotum
Gehilfe --> Assistent
Gehirn --> Großhirn --> Hirnströme
Gehirnerschütterung: Kommotio[n]
Gehirnerweichung: Enzephalomalazie
Gehirnkleinheit ◇ abnorm geringe Größe des Gehirns: Mikroenzephalie { abnorme Größe des Gehirns: Megalenzephalie/Makroenzephalie }
Gehirnschlag; Schlaganfall: Apoplexie
Gehirnstruktur ◇ Aufbau und Anordnung der Nervenzellen im Bereich der Großhirnrinde: Zytoarchitektonik
Gehirnwäsche: Mentizid s
Gehirnwindung: Gyros m (Gyri Mz)
Gehörkrankheiten ◇ Wissenschaft der G.: Audiologie
gehörmäßig begabt, vorwiegend: auditiv
Gehorsam; Unterordnung: + Subordination
Gehorsamspflicht [der Kleriker gegenüber

den geistl. Oberen]: Obedienz/Obödienz {geistiger Gehorsam; verlangter Verzicht auf eigene Meinung (kath. Kirche): Sacrificium intellectus}

Gehörüberempfindlichkeit infolge Hörnervüberregbarkeit (krankhaft): Hyperakusie { G. gegen bestimmte Töne: Dysakusis}

Gehunfähigkeit: Abasie

geil ◇ wollüstig: orgastisch {Begierde erweckend; wollüstig: voluptuös}

Geiler; Lüsterner: Faun (faunisch)

Geilheit ◇ übersteigertes Wollustgefühl (Psychol.): Hyperhedonie --> Geschlechtstrieb

Geist, böser; sündige Seele eines Toten, der von einem Mensch Besitz ergreift (Kabbalistik): Dibbuk --> Flaschengeist --> Gespenst

Geist; das denkende Wesen: Res cogitans w

Geisterbeschwörer --> Totenbeschwörer

Geisterglaube --> Volksverdummung

Geisterstimme --> Unsichtbarbleiben

Geistesabwesenheit, kurze (insb. kleiner epileptischer Anfall): Absence/Absenz

Geisteskranke ◇ Kunst von Geisteskranken: Art brut w

Geisteskrankheit; Wahnsinn: Insania (insan)

Geistesstörung --> Albernheit

geistesverwandt; geistig ebenbürtig: kongenial

geistig; [nur] gedanklich: ideel/ † moralisch {intellektuell; g.: zerebral}

geistig (Philos.): mental

geistig träge; gleichgültig: indolent

geistig zersetzend oder zerstörend: dekompositorisch

geistige Beweglichkeit: Mobilität

geistige Gesundheit; Zurechnungsfähigkeit: Imputabilität

geistige oder intellektuelle Seite des Seelenlebens: Noopsyche

geistige Unfreiheit --> Körper als

geistige Unselbständigkeit --> Gehorsamspflicht --> nachbeten

geistige Welt; nur vernunftfaßliche Ideenwelt: Mundus intelligibilis m

geistiges Fassungsvermögen; Gesichtskreis: Horizont

geistiges Problem oder existenzielle Krise als Ursache habend (Neurose): noogen

Geistiges, rein; Begriff ohne Gegenstand (Kant): Noumenon s --> Verstand

Geistlichkeit; Priesterschaft (kath.): Klerus m (klerikal) / † Klerisei w

geistreich; fein; elegant; witzig: attisch {geistreicher Witz: attisches Salz} {geistvoll; witzig; beißend spöttisch: aristophanisch}

geistreich; intellektuell: sophisticated

geistreich; scharfsinnig: ingeniös (Ingeniosität) --> Begabung

geistreich; witzig; pointiert; kurz; treffend: epigrammatisch

geistreiche Bemerkung: Aperçu s (Aperçus Mz) --> treffender

Geistreichtum; feine, witzig-einfallsreiche Art: Esprit m

Geiz --> Raubgier

Geizhals: Harpagon m

geizig ◇ knauserig; armselig; karg: † mesquin frz (Mesquinerie)

gekreuzt; durch Mischung entstanden (Vererbung): hybrid

Gekritzel von Erwachsenen, absichtslos entstandenes: Kryptographie

gekrümmt --> verkrümmt

gekünstelt; geschraubt; geziert: preziös {geziert; g.; eingebildet: affektiert} --> vornehm

gekünstelt; unnatürlich: manieriert (Manierismus)

gekünsteltes Benehmen, geziertes: † Minaudrie {sich gekünstelt oder geziert benehmen: † affektieren}

Gelächter, schallendes: homerisches Gelächter

Gelage; Festgelage: † Konvivium

gelähmt; verkrümmt; zusammengezogen: † kontrakt

Geländer --> Brüstung --> Treppengeländer

Geländezeichnung; einfacher Plan: Kroki s (krokieren)

gelassen; gleichmütig; unerschütterlich ruhig: stoisch

gelassen; ruhig (Musik): quieto

Gelassenheit; Fassung; Haltung [in schwieriger Lage]: Contenance

Gelassenheit ◇ Mäßigung; Gleichmut: † Moderation --> Mäßigung

Gelassenheit; Ruhe: Tranquillität

gelaunt --> gestimmt

gelb; hellfarbig: xanthochrom --> blaßgelb --> bräunlich --> graugelb --> mattgelb --> strohgelb

gelbbraun: ocker {gelbbräunlich; gemsfarben: chamois}

gelbhäutig: xanthoderm

gelblich, zart: champagner

gelblichrot: zinnober --> rotgelb

gelblichweiß: offwhite

Gelbsucht: Ikterus m

Geld als Zielpunkt und wichtige Grundlage (scherzhaft): Nervus rerum m {Hauptpunkt (insb. auf das Geld bezogen): Punctum puncti s}

Geld betreffend ◇ Zahlungen betreffend; Verrechnungsbuchungen betreffend: pagatorisch --> bar

Geld einnehmen: † perzipieren

Geld flüssig machen --> flüssig machen

Geld ◇ gesetzliches Zahlungsmittel (engl. Bez.): Legal tender s

Geld unklarer Herkunft --> schmutzige

Geldanweisung; Zahlungsanweisung: Assignation {Geldanweisender: Assignant} {Geldanweisungsempfänger: Assignat} --> Materialzuweisung

Geldbuße zu Lasten des Schuldners bei Nichterfüllung eines Vertrags: Konventionalstrafe

Geldgeber; Gönner (für Künstler): Mäzen

Geldgier; Geldherrschaft: Mammonismus --> Materialist

Geldheirat ◇ Heirat einer Frau niederer Klasse mit einem höherklassigen Mann (Soziol.): Hypergamie

Geldherrschaft ◇ die Rechte der Bürger

nach ihrem Vermögen bemessende Staatsform: Timokratie/Plutokratie --> Herrschaft im Staat
geldlich; die Finanzen betreffend: monetär/pekuniär
Geldsendung ◇ Geldrollen beinhaltendes, zur Versendung bestimmtes Paket: Grupp m (Grupps Mz)
Geldwertsteigerung; Verminderung des Geldumlaufs: Deflation
Gelee aus Fleischsaft: Glace w
Gelee --> Kompott
Gelegenheit; Anlaß: + Okkasion
Gelegenheitsarbeiter, umherziehender; Landstreicher (engl. Bez.): Tramp m (+ trampen)
Gelegenheitskauf: Okkasion
gelegentlich: okkasionell
Gelehrsamkeit; Kenntnisreichtum: + Erudition
Gelehrter; Schriftsteller: Literator
Geleit, feierliches; Gefolge (Begräbnis): Kondukt m
Geleit; Schutzwache; Gefolge (milit.): Eskorte w {Geleitzug: Konvoi m} --> Ehrengeleit
geleiten, eine junge Dame zu ihrem Schutze nach Hause: + chaperonieren
Gelenkentzündung: Arthritis/Synovitis
Gelenkkopf; Gelenkfortsatz: Condylus m {Gelenkdrehpunkt: Hypomochlion s}
Gelenkschmerz: Arthralgie
Gelenkveränderung, krankhafte: Dysarthrosis {Gelenkflüssigkeitserguß: Hyd[r]arthrose} {Gelenkversteifung (nach Gelenkkrankheit): Ankylose}
Gelenkverrenkung; Ausrenkung: Luxation
Geliebte (abw.): Konkubine / + Poussage/ Poussade
Geliebte ◇ Auflistung, Aufzählung der G.n [eines Mannes]: Leporelloliste
Geliebte; Freundin (scherzh.): Dulzinea
Geliebte; Halbweltdame (hist.): Kurtisane
Geliebte; Liebchen: + Mignonne
Geliebter; Liebhaber: Amant {Liebhaber; Höfling: + Kurtisan} {Günstling; G.: + Favorit}
gelobt sei --> Ehre sei
Gelobter --> Preisträger
gelöst; zwanglos: relaxed
gelten lassen; annehmen: assumieren
gelten; wert sein: + valieren
geltendes Recht ◇ vom Standpunkt des geltenden Rechts aus: de lege lata
Geltung; Ruhmesglanz; Ansehen: Nimbus
Geltung verschaffen ◇ sich geltend machen: + imponieren
Geltungssüchtiger ◇ Ruhmsuchtverbrecher: Herostrat {Verbrechen aus Ruhmsucht: Herostratentum}
Gelübde, [feierliches]: Votum s
Gemälde: + Tableau s
Gemäldesammlung; Bildersammlung: Pinakothek
gemalt von --> gezeichnet von
gemäß; entsprechend: qua
gemäßigt; mäßig schnell (Musik): moderato (mod.)
gemäßigt; maßvoll: moderat
gemein ◇ unfein; unredlich: + malhonett
Gemeindeleitung --> Kirchenleitung
Gemeingut (Anschauungen) --> Übereinstimmung
Gemeingut; Gemeinschaft: Kommunität
Gemeinheit; Plattheit; Niedrigkeit; Roheit: Vulgarität --> teuflisches Wesen
gemeinhin; gewöhnlich: vulgo
Gemeinplatz; bekannte Tatsache; allgemeinverständliche Redensart: Locus communis m {Binsenwahrheit; G.: Truismus} --> Plattheit
gemeinsam ◇ mit vereinten Kräften: viribus unitis
gemeinsame Herrschaft über ein Gebiet [oder auch ein solches Gebiet]: Kondominat s,m / Kondominium
gemeinsamer Mittelpunkt --> Kreise
Gemeinsamkeit; Vergleichspunkt verschiedener verglichener Gegenstände (Philos.): Tertium comparationis s
gemeinschaftlich: kollektiv/korrespektiv (+ Korrespektivität) {gemein[schaftlich]: kommun}
Gemeinschaftserziehung --> Geschlechter
Gemeinsinn; Bürgersinn: + Zivismus
gemeinverständlich; für die Öffentlichkeit oder Außenstehende bestimmt: exoterisch
gemeinverständliche Redensart --> Gemeinplatz
gemessen; ernst; würdevoll: gravitätisch {steif; g.: zeremoniös} --> umständlich
gemessen; feierlich; würdevoll (Musik): maestoso
gemessen; ruhig; mäßig langsam (Musik): andante
gemessen; wieder streng im Text (Musik): misurato
Gemisch, buntes; Durcheinander: Mixtum compositum
Gemisch entgegengesetzter Dinge: Ambigu s frz
Gemisch; Mischung: Melange w
Gemisch; Zusammenballung: Konglomerat/ Konglutinat
gemischt; durcheinander: promiscue lat
Gemischtes ◇ Potpourri: Medley s
Gemüse ausstechen (insb. Möhren): tournieren
Gemüsebeilage, mit (verschiedene Gemüsesorten zu Fleisch): à la jardinière {Gemüsefleischbrühe: Suppe à la jardinière}
Gemüt ◇ die gemüthafte Seite des Seelenlebens: Thymopsyche
Gemütsbewegung; Aufregung: Alteration
Gemütskrankheit: Thymopathie
genau --> gründlich
genau besehen; mustern; scharf betrachten: + lorgnettieren --> überlegen
genau, ganz; wortwörtlich: + verbotenus {peinlich genau: + skrupulös} --> wortwörtlich
genau; gerade: + justament
genauestens: + strictissime
Genauigkeit ◇ Haarspalterei: + Trichotomie
Genauigkeit; höchste Sorgfalt: Akribie --> Sorgfalt
Genauigkeit (statist. Demoskopie, EDV): Accuracy w
Genauigkeit; Strenge: Punktualität

genehmigen: autorisieren
genehmigen; bestätigen: approbieren {es wird gebilligt (kirchl. Druckerlaubnis): approbatur}
genehmigen; für gut befinden: agreieren
genehmigen (Jur.): † konsentieren
genehmigt ◇ es ist erlaubt: licet --> Zensuraufhebung
genehmigt, wird; es gefällt: † placet
Genehmigung; Bescheinigung der Einsichtnahme in eine Schrift: † Vidi s (vidimieren)
Genehmigung; Bestätigung (gerichtl.): † Obsignation
Genehmigung ◇ Zustimmung; Einwilligung [durch mitentscheidende Instanzen]: Plazet/ † Fiat s
geneigt; wohlwollend; zugetan (herzlich): affektioniert
Generalswürde: Generalat
Generationswechsel (Tiere,Pflanzen): Metagenese w
Genesung: Konvaleszenz/Rekonvaleszenz (Rekonvaleszent m, rekonvaleszieren) {völlige Wiederherstellung der normalen Körperfunktion nach überstandener Krankheit: Restitutio in integrum w / - ad - --> Besserung --> gesundend
genetisch gleich: isogen
Genie; Schöpfungskraft; Begabung; Erfindung: Ingenium --> geistreich
genießbar; eßbar: † komestibel
genieße das Leben ◇ pflücke den Tag! (Horaz): carpe diem!
genießen ◇ ergötzen: † divertieren --> ergötzen --> Eßkunst
Genießer; Feinschmecker: Gourmet --> Schlemmer
Genießer ◇ Lebemann: Bonvivant
Genießer, sorgloser: Phäake
genießerisch; die materiellen Freuden unbedenklich genießend: epikureisch/ epikurisch (Epikureer m)
Genosse (russ. Bez.): Towarischtsch
Gentleman --> Ehrenmann
genug ◇ es ist genug: † sufficit
genügend ◇ ausreichend viel (Med.): quantum satis (q.s.)
genügsam (Speisen) --> mäßig
Genußmittel --> tägliche Bedarfsgüter
genußorientiert --> leicht verdaulich
Genußsucht; Schwelgerei; Schlemmerei: Sybaritismus --> Lustprinzip
Genußsüchtige; zügellose Frau: Messalina
genußvoll --> feierlich
Geographie (mittelalterliche Bez.): Kosmographie
Geographie und Astronomie; Orts- und Raumkunde: Chorologie/Chorographie
geographische Beschreibung --> Lagebeschreibung
geographische Breite: Latitüde
geographischer Name --> Ortsname
Geologie: † Geognosie
Gepäck; Troß: † Bagage w
gepflegt; gediegen; seriös (äußere Erscheinung): soigniert { g.; vornehm auftretend; sich abhebend: distinguiert}
gepflegter Lebensstil; Vornehmheit: Fashion w (fashionabel/-ble)
Gepflogenheit --> Brauch
Geplagter --> Leidender
geplant; beabsichtigt: in petto
Gepräge --> Eigenart
Gerade, eine Figur schneidende (Math.): Transversale w
gerade; genau: † justament
gerade (Roulettzahl): pair
geradlinig; linienförmig: linear / liniar { g.e Bewegung ohne Beschleunigung (Physik): Translation }
Gerätekunde; Arbeitskunde: Ergologie
Geräuschhalluzinationen (Dröhnen,Rauschen etc.): Akoasma s
Geräuschmusik ◇ Musikrichtung, die auch außermusikalische Geräusche verwendet: Bruitismus
gerecht ◇ zu gleichen Teilen: halbpart
Gerechtigkeit, ausgleichende, strafende, vergeltende: Nemesis
Gerechtigkeit; Recht für jedermann: † Äquität
Gerechtigkeit --> Göttin des Rechts
Gerede, sinnloses, verworrenes: Galimathias m,s
gereinigt (Technik): raffiniert
gereizt; aufgeregt; erbittert; aufgebracht: † animos (Animosität)
Gereiztheit; hohe Erregbarkeit (krankhaft): Erethismus
Gereiztheit; Übellaunigkeit; Verstimmung (krankhaft): Dysphorie
Gericht ◇ Erscheinen vor Gericht: † Komparenz/Komparition (komparent)
gerichtlich abzuurteilen; richterlicher Entscheidung zu unterwerfen: justitiabel
gerichtlich anfechtbar: † appellabel
gerichtlich; die Gerichtsverhandlung betreffend: forensisch
gerichtlich untersuchen; verhören: inquirieren { g.e Untersuchung: † Kognition }
gerichtliche Aufforderung; Vorladung: † Intimation
gerichtliches Verbot; einstweilige Verfügung; Einhalt: † Inhibition
Gerichtsangestellter: † Aktuar[ius] {Gerichtsreferendar: † Auskultator} {ungarischer Gerichtsdiener: Heiduck/Hai-}
Gerichtsbarkeit --> Rechtsprechung
Gerichtshof, altgriechischer: Dikasterium
Gerichtskosten: Expensen
Gerichtsurteilsaufhebung durch höhere Instanzen: Kassation
gering; minderwertig: inferior lat
geringfügig; minimal: † minim
Geringfügigkeit: † Exiguität
Geringfügigkeit; Kleinigkeit: Petitesse
geringschätzen; jmdn. verachten: despektieren
gerinnen [lassen]; ausflocken (Chemie): koagulieren
Gerissener --> Schlauberger
Geruch habend ◇ Geruchsempfindungen hervorrufend: osmophor
Geruch (Med.): Odor m (Odores Mz) {Atem; Hauch; G.; Ausdünstung (Med.): Halitus m}
Geruch, seltsamer: Odeur s
Geruchssinn ◇ Riechnerv: Olfaktorius m
Geruchssinn ◇ Säugetier mit guter Wit-

terung: Makrosmat m {schlecht witterndes Säugetier: Mikrosmat m}
Geruchssinn ◇ Verlust des G.es: Anosmie {Geruchssinnschwäche: Hyposmie}
Geruchssinn ◇ Wissenschaft vom G.: Osmologie/Osphresiologie
Geruchssinnstörung: Dysosmie/Dysosphresie
Geruchssinnüberempfindlichkeit: Hyperosmie
Geruchsüberdeckung; Geruchsmilderung; Geruchsbeseitigung: Desodori[si]erung
Gerücht: Fama w / Ondit s frz {Gerüchteverbreitung: Kolportage}
Gesamt...; All... (insb. polit. Begriffe): Pan...
gesamt; allgemein: universal --> in Gesamtheit --> umfassend
Gesamtbestand; das Ganze: Totum s
Gesamt[heit]; Summe: Total s
Gesamtheit umfassend; ganzheitlich: totalitär
Gesandter: Envoyé {[päpstlicher] G.: Ablegat} --> Abgesandter
Gesang: Canto m {gesanglich; singbar: kantabel} --> melodische Schönheit
Gesang; Lied; Melodie: Melos s {tragende Oberstimme; G.; Melodie: Cantus}
Gesang (student.): Kantus m
Gesangsgemeinschaft, kleine: Kantorei
Gesangsstimme ◇ die melodischen Eigenschaften der menschlichen Stimme: Melos s
Gesangsstück, kleines; kleines Instrumentalstück: Kanzonette/Kanzonetta
Gesäß: Nates Mz { G. (scherzhaft): Posteriora w } {G.backe: Natis w}
Gesäß; Hüfte: Ischium [iß-chium]
Geschäft; Handel: Deal m,s
Geschäft mit hohen Preisen; teurer Laden: Apotheke
Geschäftsauflösung ◇ Abwicklung der Rechtsgeschäfte einer aufgelösten Handelsgesellschaft: Liquidation
Geschäftsauftrag: † Kommissorium
geschäftsfähig: dispositionsfähig
Geschäftsführer; Abteilungsleiter: † Sekretar
Geschäftsmann, ganz besonders auf Profit bedachter: Businessman {gerissener G.; cleverer Großverdiener (ugs., abw.): Moneymaker}
Geschäftsmann; Kaufmann: Negoziant
Geschäftsraum eines Kaufmanns: † Kontor s
geschäftstüchtig; kaufmännisch: merkurial/merkurisch --> regsam
Geschäftswelt der Großunternehmer: Big Business s
Geschäftswert; ideeller Firmenwert: Goodwill m
Geschehenes --> Sachverhaltsuntersuchung
Geschenk; Trinkgeld: † Douceur/Gratial[e] s
Geschenk, unheilbringendes: Danaergeschenk
Geschenke auf Kosten anderer: Crispinaden
geschenkt ◇ ohne Aussicht auf Rückerstattung oder Gegenleistung (Zahlungen): à fonds perdu
Geschichte der Wörter --> Herkunftslehre
Geschichte; Weltgeschichte: Historie
geschichtlich bzw. entwicklungsmäßig betrachtet: diachron
geschichtlicher Abriß --> Abriß
Geschichtsbewußtsein; Geschichtlichkeit: Historizität
Geschichtsschreibung: Historiographie {Geschichtsschreiber: Actuary m}
Geschichtswissenschaft: Historik/† Historie
Geschick; Schicksal; Verhängnis: Fatum
geschickt sich hindurchwinden; Schwierigkeiten überwinden; vorsichtig zu Werke gehen: lavieren
Geschlechter ◇ Gemeinschaftserziehung von Jungen und Mädchen (Schulen etc.): Koedukation
Geschlechtermischung, körperlich-seelische (bei allen Menschen vorhanden): Androgynie
geschlechtliche Fortpflanzung (Ei und Samenzelle): Amphigonie/Tokogonie {g. F. betreffend: generativ}
Geschlechtsdrüsen; Keimdrüsen: Germinaldrüsen/Germinalien/Gonaden
Geschlechtsdrüsenunterfunktion und -unterentwicklung beim Mann: Hypogonadismus --> Geschlechtsorgan
geschlechtskalt; sexuell unerregbar (Frauen): frigid[e]
Geschlechtskrankheiten ◇ Lehre von den G.: Venerologie {Angst vor G. (krankhaft): Venerophobie} {unabhängig von den Geschlechtsteilen bei der Übertragung von G.: extragenital}
Geschlechtsorgan: Genitale s (Genitalien Mz) {G.unterentwicklung und Geschlechtsdrüsenunterfunktion: Hypogenitalismus} --> Geschlechtsdrüsenunterfunktion
Geschlechtsreifung (Med.): Pubeszenz
Geschlechtstrieb: Nisus sexualis m --> Begierde --> Sexualität --> Sexualtrieb --> Triebschwäche
Geschlechtstrieb anregendes Mittel: Aphrodisiakum {Mittel zur Herabsetzung des G.es: Anaphrodisiakum/Antaphrodisiakum}
Geschlechtstrieb, gesteigerter (krankhaft): Aidoiomanie/Salazität { (speziell bei Frauen): Andromanie (Andromanin w) /Nymphomanie/Hysteromanie/Kyteromanie / Metromanie/Östromanie/Ovariomanie w / Furor uterinus m } {(speziell bei Männern): Satyriasis/Satyriomanie/Satyrismus/Gynäkomanie}
Geschlechtsumwandlung wünschende Person, sich mit dem anderen Geschlecht identifizierende und: Transsexuelle w/m
Geschlechtsverkehr: Kohabitation/Kopulation w/ Koitus/Coitus m {G. von hinten (Tierstellung): Coitus a tergo} {vor dem Erguß unterbrochener G.: Coitus interruptus} {Analverkehr: Coitus per anum} {Penislecken im Mund: Fellatio w/ Coitus per os} {G. mit lange unterdrücktem Erguß: Karezza w / Coitus reservatus}

Geschlechtsverkehrsbeginn ◇ Einführung des Penis in die Vagina: Introduktion

geschlossene Räume --> Angst vor

Geschlossenheit; Einheitlichkeit; Gleichartigkeit: Homogenität (homogen)

Geschmack prüfen --> Lebensmittelprüfung

Geschmack ◇ Sachverständiger in Fragen des guten G.s: Arbiter elegantiarum / Arbiter elegantiae

Geschmack; Wohlgefallen: Gout m {Neigung; G.: Gusto m} {G. an etwas finden: goutieren}

Geschmacklosigkeit; Albernheit: † Fadaise w

Geschmacklosigkeit; Takt- und Rücksichtslosigkeit: † Impietät

Geschmacksempfindungsschwäche: Hypogeusie {Verlust der Geschmacksempfindung: Ageusie}

Geschmackssinnesprüfung: Gustometrie

Geschmackssinnfeinheit (krankhaft ausgeprägt): Hypergeusie

Geschmacksstörung; schlechter Geschmack im Mund: Parageusie

geschmacksverbessernder Zusatz (Arzneien): Korrigens s (Korrigentia/-zien Mz)

geschraubter Stil: Kanzleistil/ † Kurialstil

geschrieben; gegeben: datum (dat.)

geschwächt; teilweise gelähmt: paretisch

Geschwader; Verband (insb. Schiffe): † Eskader w

Geschwätz, leeres: Radotage (radotieren) {sinnlos-verworrenes Gerede: Galimathias m,s}

Geschwätzigkeit ◇ Beweglichkeit; Schnelligkeit [der Zunge]: † Volubilität

Geschwätzigkeit (Med.): Loquazität {krankhaft starke G. (Med.): Logorrhö[e]/Polyphrasie}

Geschwätzigkeit und Albernheit; Narrheit (leichte Geistesstörung): Moria w

Geschwindigkeit; Schnelligkeit: † Zelerität --> Tempoangaben

Geschwindigkeitsmesser von Schiffen: Log s / Logge w

Geschwindigkeitswissenschaft: *Dromologie*

Geschwulst; Knoten; Anschwellung: Glomus s {Wucherung (Med.): Vegetation}

Geschwulstkunde: Onkologie

Geschwür: Ulkus/Ulcus s (Ulzera Mz, ulzerös) {Eiterung; G.: Helkoma s}

Geschwüre ◇ Zerstörung von Gewebe durch G. (Gefäßwände etc.): Arrosion

gesellen ◇ beigesellen; anhäufen: aggregieren

gesellig; heiter: † konvivial

gesellig; umgänglich; menschenfreundlich (Soziol.): soziabel --> stimmungsschwankend

Geselliger ◇ der Mensch als in der Gemeinschaft sich entfaltendes Wesen (Aristoteles): Zoon politikon s

Geselligkeit; Fröhlichkeit: † Konvivialität {Festgelage: † Konvivium}

gesellschaftliche Normen --> moralische

gesellschaftlicher Umbau: *Perestroika* w

Gesellschaftsanzug, großer: Full dress m

Gesellschaftskritik ◇ Infragestellen der Gesellschaftsstrukturen: Kontestation

Gesellschaftslehre --> Sozialstrukturlehre

Gesellschaftsraum; Hotelhalle: Lounge w

Gesellschaftsschicht mit übertrieben gepflegtem Standesbewußtsein: Kaste w

Gesellschaftszimmer --> Empfangszimmer

Gesetz ◇ Änderungsgesetz; Ergänzungsgesetz: Amend[e]ment

Gesetz; Gesetzentwurf (engl. Bez.): Bill w {vom Parlament verabschiedetes Gesetz: Act m engl}

Gesetz; Gesetzesantrag (oft benannt nach Anlaß od. Antragsteller): Lex w (Leges Mz)

Gesetz; Sitte; Ordnung; Herkommen; Rechtsvorschrift (Philos.): Nomos m --> Wissenschaftsgesetze

Gesetz; Statut; Reglement: † Ustaw m

Gesetz und Ordnung --> Recht und Ordnung

Gesetzesabweichung, erlaubte ◇ das Prinzip, daß menschliche oder kirchliche Gesetze nicht in jedem Fall bindend sein müssen (kath. Moraltheologie): Epikie

Gesetzesinhalt; Gesetzeshaltung: Tenor [tenor]

Gesetzeslehre; Gesetzgebungslehre: † Nomologie

gesetzesmäßige Herrschaft ◇ Herrschaftsausübung nach [geschriebenen] Gesetzen: Nomokratie

Gesetzesnachtrag, ändernder oder ergänzender: Novelle

Gesetzessammlung; Grundgesetz (Spanien): Fuero m --> Gesetzsammlung

Gesetzessammlung; Handschriftensammlung: Kodex m

gesetzestreu; regierungstreu: loyal {starre Gesetzestreue: † Legismus} --> Paragraphenreiterei

Gesetzgebung: Legislatur/Legislation {gesetzgebend: legislativ} {gesetzgebende Gewalt (Staatslehre): Legislative w} {Gesetzgeber: † Nomothet (Nomothesie)}

gesetzlich ◇ innerhalb oder im Rahmen des Gesetzes: intra legem

gesetzliches Zahlungsmittel (engl. Bez.): Legal tender s

Gesetzlosigkeit; Gesetzwidrigkeit: Anomie/ † Paranomie {dem [reinen] Wortlaut des Gesetzes zuwider: contra legem} {gesetzwidrig handeln; vertrags- oder ordnungswidrig handeln: † kontravenieren (Kontravenient m, Kontravention)} --> geächtet

Gesetzlosigkeit; Zügellosigkeit: Athesmie

Gesetzsammlung; Gesetzbuch: Corpus juris s --> Gesetzessammlung

Gesicht (Med.): Facies w (fazial) {Jochbein: Zygoma s}

Gesichtsausdruck Sterbender, ängstlich und verfallener: Facies hippocratica / Facies abdominalis w

Gesichtskosmetiker: Visagist

Gesichtskreis; geistiges Fassungsvermögen: Horizont

Gesichtsmaske: Larve

Gesichtsoperation, faltenbeseitigende: Facelifting

Gesichtspunkt; Merkmal; ausschlaggebender Umstand: Moment s {etwas unter verschiedenen G.en betrachten: amplifizieren}

Gesichtswasser; Haarwasser: Tonic

[water] s {Poren zusammenziehendes G.: Adstringent s}

Gesichtszug; Linie im Gesicht: Lineament s lat {Charakterdeutung aus den Gesichtszügen: Prosopolepsie}

Gesiebtes ◇ durch ein Sieb geseihte Flüssigkeit: † Kolatur (kolieren)

Gesindel; Pack: Bagage w / † Krapüle w

gespaltene Haare; krankhafte Brüchigkeit der Haare mit Aufspaltung in Längsrichtung: Trichoptilose

Gespenst; aus einer anderen Welt wiederkehrender Geist: Revenant m {böser Geist Verstorbener; G.: † Larve} {altröm. Verstorbenengeist: Lemur[e] m} {gute Geister (altröm.): Manen} --> Schreckgestalt

gespenstisch: lemurenhaft/lemurisch

gesperrt; weiträumig (Druck): spatiös

gespickte Fleischschnitte, kleine: † Griblette

Gespinst; Gewebe: † Filüre

Gespräch, gesellig-leichtes; Plauderei: Konversation

Gespräch, [öffentlich]; Unterhaltung; Plauderei: Talk m engl (talken)

Gespräch; Rede; Predigt: † Sermon m

Gespräch ◇ wie im G. üblich; für die Redeweise im G. üblich: kolloquial

Gespräch --> Gedankenaustausch --> Unterredung

gesprächig; leutselig: † affabel

Gespür: Sensorium {feiner Instinkt; G.: Flair s}

Gestalt, äußere; Form; Aufbau (Organ, Körperteil): Konfiguration

Gestalt; Form; Aussehen: Eidos s / Morphe w

gestalten ◇ einer Sache eine bestimmte Note geben: timbrieren

gestalten; in eine Form bringen: modeln --> herausarbeiten

Gestaltkunde; Formenlehre (z.B. in der Biol.): Morphologie

gestaltlos; formlos: amorph (Amorphismus)

Gestaltung (Bild,Text,Seite): Layout s --> Bewegungsgestaltung --> Mißgestaltung

Gestaltung; Gestalt: † Konfiguration (konfigurieren)

gestaltwandelnd; zustandswandelnd: metamorph[isch]

Geständnis, reuiges: Paterpeccavi s {Bekenntnis; G.: † Fassion (fazieren)}

Gestank (Med.): Fötor m --> Ausdünstung --> Schweißabsonderung

Gestehender ◇ Beichtender; Beichtkind: † Konfitent m

Gestein ◇ auf G. lebend (Zool.): lithophil

Gesteinssammlung; Versteinerungssammlung; Sammlung von Tierpräparaten: † Naturalienkabinett

Gesteinsverarbeitung; Mineralienverarbeitung und -verwendung: Lithurgik

Gesteinswissenschaft; Mineralienwissenschaft: Mineralogie {Gesteinkunde (insb. Ablagerung): Lithologie / † Petrognosie}

gestelztes Benehmen, geziertes: † Minaudrie --> Amtssprache

Gesten; Mimik; über die Sprache hinausgehende Verständigung: Metakommunikation {in der Finger- und Gebärdensprache reden: daktylieren} --> Gebärden

gestimmt; aufgelegt [zu etwas]: disponiert

Gestirn --> aufgehendes

Gestohlenes --> Rückgabeklage

gestorben ◇ ist gestorben (Inschrift auf alten Grabmälern): obiit (ob.)

Gestörtfühlen ◇ das Erleben aller äußeren Eindrücke als unangenehm: Dysästhesie

gestreift, tigerähnlich (Zool.): tigroid

gestreifte Gewebe (Sammelbez.): Rayé m

gesunder Körper - gesunder Geist --> in einem gesunden Körper

gesunder Menschenverstand: Common sense engl / Sensus communis m

Gesundheit ◇ gesund; kräftig: valid {gesunde Beschaffenheit [des Körpers]: Salubrität} --> Körperfunktionengleichgewicht --> Normalzustand --> Wohlbefinden

Gesundung ◇ gesundend; sich zurückbildend: regressiv --> Genesung

getragen; ausgehalten (Musik): tenuto

Getränk, bitteres ◇ flüssiges Arzneimittel: Liquor m (Liq.) --> Brechmittel --> Getrunkenes

Getränke mitbringen (Fest) --> Alkohol

Getreide; Feldfrüchte: Zerealien

getrennt; gegensätzlich (Begriffe eines Gattungsbegriffs): disjunkt

getrennt; gesondert: † apart

getrennt ◇ unzusammenhängend: inkohärent

getrennte Aussprache zweier eigentlich einen Doppellaut bildenden Vokale (z.B. bei Atheismus): Diärese/Diäresis

Getrenntgeschlechtlichkeit: Gonochorismus

Getreue ◇ Gefolgschaft eines Papstes nach einer Kirchenspaltung: Obedienz/Obödienz

Getrunkenes ◇ aufgenommene Nahrung: Ingesta Mz

Getue; Gehabe: Chichi s frz

Gewächshaus: † Tepidarium

gewagt; vom Zufall abhängig: aleatorisch

Gewährsmann; Bürge: † Kavent

Gewährung --> Duldung

Gewalt, höchste; Macht; Herrschaft: Zepter s

Gewalt; Stärke; Zwang: † Force w frz

Gewalt ◇ zu plötzlichen G.handlungen oder Kurzschlußreaktionen neigend (krankhaft): explosibel

Gewaltaktion; mit Mühe und Anstrengung verbundenes Handeln: Tour de force w (Tours de force Mz)

Gewalteinwirkung ◇ Organerschütterung durch rohe G.: Kommotio[n]

Gewaltherrschaft: Despotie

gewaltig groß; riesenhaft: zyklopisch

gewaltig; übertrieben; außergewöhnlich : exorbitant

gewaltig ◇ wuchtig; kraftvoll: lapidar

gewaltsam; heftig: † violent / par force --> erzwungen
gewandt; beweglich (z.B. im Ausdruck) : versatil --> aufgeweckt --> fähig --> sicher sein
gewandt; flink: † adrett
gewandt; flink; behende; regsam; geschäftstüchtig: agil
Gewandtheit: † Savoir-faire s {gewandtes Benehmen: † Turnüre/Tournüre}
Gewandtheit; Leichtigkeit; Umgänglichlichkeit: † Fazilität
Gewässer --> Weltgewässer
Gewässernamenbestand (insb. Flußnamen): Hydronymie
Gewebe; Bindegewebe (Med.): Tela w {gewebeartig oder -ähnlich (Med.): hist[i]oid}
Gewebe; Faserung: Textur
Gewebe; Gespinst: † Filüre
Gewebeabstoßung (verpflanzte Organe): Rejektion
Gewebereste; Zellenreste (Med.): Detritus m
Gewebeuntersuchung [zur Krebsfrüherkennung]: Zystodiagnostik/Zytoskopie
Gewebstod; Organtod: Mortifikation {G. bei eitrigen Prozessen: Histolyse} --> Brand --> Geschwüre
Gewerkschaft (engl. Bez.): Trade-Union {erster Gewerkschaftsgeheimbund in Nordamerika: Knights of Labour Mz}
Gewichtskunde; Maßkunde: Metrologie {Errechnung von Viehgewichten aus dem Rumpfvolumen: Barymetrik}
Gewichtsverlust; Maßverlust (Waren): † Dekalo m,s . --> Schwund
Gewinn ◇ Beteiligung am G. von Firmen: Tantieme w {gewinnbeteiligend (Wirtschaft,Jur.): partiarisch}
Gewinn ◇ Betrag, um den eine Größe zunimmt (Math.): Inkrement s
Gewinn ◇ Ertrag: † Kreszenz
Gewinn; Unterschied zwischen An- und Verkauf im Preis: Avance w
Gewinn; Vorsprung: Avance w {Vorteil; G.: Avantage}
gewinnbringend; einträglich: lukrativ {gewinnen; einen Gewinn bei etwas machen: † lukrieren}
gewinnend; liebenswürdig: charming
Gewissenloser; Durchtriebener: Roué
gewissermaßen; gleichsam; sozusagen: quasi
Gewißheit; einleuchtende Erkenntnis; Deutlichkeit: Evidenz {gewiß; unanzweifelbar: axiomatisch}
Gewitterwolke, blumenkohlförmige: Kumulonimbus m (Cb) --> Haufenwolke
Gewitzter; Redegewandter: Figaro --> erfahren --> redegewandt
gewöhnen --> einführen
Gewohnheit; Erlerntes; Anerzogenes; Erworbenes: Habit s,m engl {zur G. gewordene, anerzogene Verhaltensweisen: Dressat s} --> Brauch
gewohnheitsmäßig; ständig: habituell {berüchtigt; g.: notorisch}
Gewohnheitsrecht --> Aneignung
gewöhnlich; alltäglich: ordinär
gewöhnlich ◇ aus der Erfahrung; nach dem Brauch: ex usu
gewöhnlich; gemeinhin: vulgo
gewöhnlich; niedrig; prosaisch: † pedestrisch
Gewöhnung an Drogen: Habituation
gewollt; willentlich (Psychol.): volitiv
Gewonnenes; aus Rohstoffen abgeschiedener Stoff (z.B. Eisen aus Erz): Edukt s
gewunden (Technik): turbinal
Gewünschtes --> Erwünschtes
gewürfelt (Kunst): tessellarisch
Gewürzauszug; Kräuterauszug: Mazerat
Gewürze ◇ Speisezutat (insb. Kräuter und G.): Fourniture frz
Gewürzessiggurken; Pfeffergürkchen: Cornichon s
Gewürzständer ◇ Tischgestell [für Gewürze etc.]: Menage
gezeichnet von ◇ hat es erfunden (vor der Signatur des Künstlers auf der Originalzeichnung): invenit (inv.) --> von ... gemacht
geziert; gekünstelt; eingebildet: affektiert {geziertes Benehmen: † Minaudrie}
gezinkte Karten ◇ ertastbares Kenntlichmachen von Spielkarten: Maquillage
gezwungenermaßen; notgedrungen: par ordre du mufti
gezwungenes Benehmen, geziertes: † Minaudrie --> unnatürlich
Ghostwriterauftraggeber: Mummy
Gicht ◇ Gelenkentzündung: Arthritis
Giebeldreieck [über Gebäudevorsprung]: Frontispiz/Fronton s
gierig ◇ unersättlich: † insatiabel
Gift: Venerum (venerös) / Toxikum (Toxika Mz) {G.hauch; schädlicher Einfluß oder Stoff (in Luft oder Erde): Miasma
giftig; ansteckend: miasmatisch / virulent
Giftigkeit: Toxizität (toxisch) --> wirksam, in kleinsten Mengen
Giftlehre und Lehre von den Vergiftungen: Toxikologie
Giftmord: Veneficium
Giftunempfindlichkeit, erworbene (Gewöhnung): Mithridatismus
Gipfel; Abschluß; Schlußstein: † Kolophon m
Gipfel --> Höhepunkt
Gitarre, viersaitige, kleine (Hawaii): Ukulele w,s
Gitterwerk; [Treppen]geländer: Treille w
Glanz, blendender; betörende Aufmachung: Glamour m,s --> Großartigkeit
Glanz; Zierde; das Beste: Fleur w
glänzen; hervorragen: exzellieren
glänzen ◇ in Regenbogenfarben schillern: irisieren
glänzend; großartig; ausgezeichnet: fulminant
glänzend; mitreißend: furios
glänzender machen ([Kunst]seide): chevillieren
Glanzpunkt; Höhepunkt eines [kulturellen] Ereignisses: Highlight s
Glanzüberzug (Glas,Ton,Porzellan): Lüster m
glanzvoll; vornehm; erlaucht: illuster
glasartig: hyaloid {glasig; durch-

scheinend (Med.): hyalin} { Glasradierung: Hyalographie }
Glasschmuckstein: Amause w dt
Glastransportkiste ◇ Lattenkiste oder Korb zum Verpacken zerbrechlicher Waren: Haraß m
Glaswaren, kleine (Perlen etc.): Verroterien
Glatze ◇ Kahlheit: Alopezie {mangelnder Haarwuchs: Oligotrichie} {Kahlköpfigkeit: Calvitis}
Glaube als einzige Erkenntnisgrundlage vor der Vornunft (erkenntnistheoret. Einstellung): Fideismus {ich gebrauche den Verstand, um zum Glauben zu kommen (Abälard): intelligo, ut credam}
Glaube als Voraussetzung der Zugehörigkeit zur islamischen Gemeinde: Iman s
Glauben --> Erkenntnis --> Schwärmerei --> Volksverdummung --> widersinnig
Glaubensabfall (christl.): Apostasie (Apostat m)
Glaubensbekenntnis; Leitsatz: Kredo s {Sündenbekenntnis; G.: Confessio w}
Glaubensfanatismus: Zelotismus (Zelot m) {übertrieben glaubenseifrig: bigott (Bigotterie)}
Glaubenssatz; Lehrsatz (als feste Richtschnur): Dogma s
gläubig, kirchlich: fideistisch {verlangter Verzicht auf eigene Meinung (kath.): Sacrificium intellectus s}
Gläubiger: Kreditor {G. zufriedenstellen: † kontentieren}
Glaubwürdigkeit; Echtheit; Zuverlässigkeit: Authentizität/Authentie
Glaubwürdigkeit; Wahrscheinlichkeit: Probabilität
gleich geschrieben und verschieden ausgesprochen: heterophon
gleich geteilt: halbpart
gleich; gleich groß; unverschieden: äqual
gleich; gleichartig: homogen {gleichartig; gleichgestaltig (Blüten,Pflanzengewebe): monomorph} {gleichartiger Fall; ähnlicher Fall: Analogon s}
gleich... (im Vergleich): iso... {gleich lang dauernd (Physik): isochron} { g. groß; ausmaßgleich (Flächen,Körper): isoperimetrisch} {g.e Eigenschaften nach allen Richtungen hin aufweisend (Physik): isotrop} {g.gestaltig (Physik,Chemie): isomorph (Isomorphie)} --> volumengleich
gleichaltrig; gleichzeitig: † koätan/coetan {Altersgenosse: † Koätan m}
gleichbedeutend (unterschiedlich formulierte Begriffe oder Urteile): äquipollant
Gleichberechtigung, [politische]: † Isonomie
gleichbleibend schnell ◇ im selben Tempo wie zuvor (Musik): l'istesso tempo / lo stesso tempo
gleiche Nahrung ◇ von der gleichen Nahrung lebend (Biol.): kommensal
gleichen Monats: † ejusdem mensis (e.m.) --> dieses Monats
gleicher Abstand: Äquidistanz
gleichermaßen, für alle (Wirtschaft): linear/liniar
gleichermaßen; in derselben Weise: ex aequo
gleiches Maß --> vergleichbar
gleiches Wort ◇ Wort, das ebenso wie ein anderes geschrieben und gesprochen wird, sich jedoch der Bedeutung und Grammatik nach von jenem unterscheidet (z.B. Aufbau - Aufmarsch und Aufbau - Zusatzbauwerk): Homonym s --> aussprachegleiches Wort --> bedeutungsähnliches Wort
Gleichgewicht: Äquilibrium/Equilibrium {G.skünstler (Seiltänzer etc.): Äquilibrist/Equilibrist}
Gleichgewicht der Kräfte (Politikgrundsatz): Balance of Power
Gleichgewicht ◇ ins G. bringen: austarieren
gleichgültig sein, jmdm.: jmds. Hekuba sein
gleichgültig; unbestimmt; teilnahmslos; unentschieden: indifferent {geistig träge; g.: indolent}
Gleichgültiges: Adiaphora Mz
Gleichgültigkeit; Verzicht auf eigene Meinung: Indifferentismus m / Indifferenz w
Gleichheit: Egalität {G. anstrebend (polit.,bürgerl.,sozial): egalitär}
Gleichheit vor dem Gesetz: † Isonomie
Gleichheit (Vorder- u. Rückseite) --> Vorderseite
gleichlautend --> aussprachegleich
gleichliegend; gleichlautend; übereinstimmend; entsprechend: homolog --> Einheit
gleichmachen; einebnen: nivellieren (Nivellement)
gleichmäßig; gleichförmig; einheitlich; einförmig: uniform {g. aufgebaut; einheitlich zusammengesetzt: homogen}
Gleichmäßigkeit der Bewegungen --> Bewegung
Gleichmut; Mäßigung: † Moderation --> Mäßigung
Gleichmut; Unerschütterlichkeit; Seelenruhe (griech. Philos.): Ataraxie
Gleichnis; Lehrerzählung: Parabel (parabolisch) {gleichnishaft; sinnbildlich: allegorisch}
gleichpolig; gleichartig elektrisch geladen: homöopolar
gleichsam; gewissermaßen; sozusagen: quasi
gleichsichtig (auf beiden Augen): isometrop
Gleichstellung; Ausgleichung: † Parifikation
gleichwertig: äquivalent {Gleichwertiges; Ersatz; Gegenwert: Äquivalent s}
gleichwinklig: isogonal
gleichzeitig an zwei Stellen sein --> an zwei Stellen
gleichzeitig tun --> zugleich tun
gleichzeitig; zeitgenössisch: kontemporär {gleichaltrig; g.: † koötan/coetan}
gleichzeitiges Zielerreichen; totes Rennen: Dead heat s
Gleitboot: Hydroplan m
gleitend --> gefällig
Gleitschutzreifen: Antiderapant m lat

Glied; Körperglied: Membrum --> Extremität --> Penis
Gliederpuppe: † Mannequin s,m
Gliederung; Anordnung; Planung: Disposition
Gliederung; Zweiteilung (z.B. Gattungsbegriff in Arten): Dichotomie
Gliedmaßenmißbildung: Dysmelie {abnorme Gliedmaßenkleinheit: Mikromelie}
Glimmer: Lepidolith m / Mika w,s
Glotzaugen --> Ochsenauge
Glück; Erfolg: Fortuna/Fortune w frz
Glück; Schicksal; Zufall: Tyche
Glückseligkeit; seelisches Wohlbefinden (Philos.): Eudämonie --> Lebenssinn
Glücksfund: Trouvaille w / † Hermäon s
Glücksritter; Abenteurer: Aventurier
Glückwunsch --> er lebe hoch!
Glückwunschzeremonie zu Ehren einer bedeutenden [politischen] Persönlichkeit: Gratulationscour w
glühend; hitzig; eifrig: † fervent
Gnade erbitten --> bitten
Gold...: Chrys... {Goldland (Altes Testament): Ophir s}
goldbraun: cognac
goldene Zwanziger: Golden Twenties
goldener Mittelweg (Horaz): Aurea mediocritas --> Mittelweg
Goldener Schnitt (Math.): Sectio aurea w
Golfloch: Hole s engl {Golfplatz: Course m engl} {Golfschlägerträger: Caddie}
Gong, asiatischer: Tamtam s
Gönner; Geldgeber (für Künstler): Mäzen {Musenfreund; G: (Kunst,Wissenschaften): † Musaget m lat}
Go-Spiel: Igo s
Gott <> göttliche Wirklichkeit; überweltliche Majestät Gottes: Doxa w {der letztlich unerkennbare G.: Deus absconditus m [de-us -]} {Gottheit als wirkende unpersönliche Macht: Numen s}
Gott (neutestl. Gebetsanrede): Abba
Gott; Schöpfer; Weltordner: Nus/Nous m {die schaffende Natur; G.: Natura naturans w}
Gott sei Dank!: Deo gratias!
Gott will es! (Kreuzfahrerkampfruf): Dieu le veut!
göttergleich; erhaben; hoheitsvoll: olympisch
Götterspeise <> Speise der griechischen Götter: Ambrosia w
Götterwelt eines Volkes: Pantheon s
Gottes Gesetz <> unter G. G. stehend: theonom
Gottes Liebe zu Armen und Schwachen sowie Sündern (durch Christus): Agape
Gottesdienstform, amtliche oder gewohnheitsrechtliche: Liturgie {Gottesdienstordnung: Agende w}
Gotteserkenntnis (Philos.): Theognosie/Theognosis --> Erkenntnisunmöglichkeit
Gotteserscheinung: Theophanie {G. unter den Menschen (z.B. Christi): Epiphanie/Epiphania}
Gottesfurcht; Frömmigkeit: Eusebie
Gotteslästerung; Heiligtumsbeschimpfung : Blasphemie (Blasphemist, blasphemisch / -mistisch, blasphemieren)
Gottesrechtfertigung hinsichtlich des von Gott in der Welt zugelassenen Übels (Philos.): Theodizee w
Gottesstaat (Augustinus): Civitas Dei w [- de-i]
Gottesurteil (mittelalterliches Recht): Ordal s
Gottesverehrung; Gottesdienst: † Theolatrie --> Verehrung
Gottesverehrung <> Verehrung nur eines Gottes, ohne die anderen zu leugnen: Monolatrie/Henotheismus --> Eingottglaube
Gottesverherrlichung oder Dreifaltigkeitslobpreisung: Doxologie
Gotteswort <> überlieferter Ausspruch Jesu (Theol.): Logion s
gottgefällige Tat; gute Tat: Mitzwa w (Mitzwoth Mz)
Gottglaube <> Glaube an einen persönlichen von außen einwirkenden Schöpfergott: Theismus
göttlich; himmlisch: ambrosisch {süß wie Nektar: nektarisch/nektarn}
göttlich <> in göttlicher Gestalt auftretend oder erscheinend: theomorph
göttliche Allmacht: Omnipotenz
Göttliches [als Vertrauen und Schauer erweckende und unbegreifliche Macht]: Numinose s
göttliches Recht: Jus divinum s
Göttlichkeit; göttliches Wesen: Divinität {die Gottebenbildlichkeit des Menschen: Imago Dei w [- de-i]}
Gottlosigkeit; Frevel gegen die Götter: Asebie --> Ehrfurchtslosigkeit
Götzendienst: Baalsdienst {Bilderverehrung; G.: Ido[lo]latrie --> Heidengötter
Grab <> Bestattungsort: Mortuarium
Grabenböschung, äußere (histor. Befestigung): Kontereskarpe w
Grabinschrift: Epitaph[ium]
Grabmal, prächtiges: Mausoleum {vorgeschichtlicher, riesiger Grabsteinblock: Megalith m}
Grabrede; Leichenrede, die den Ruhm des Verstorbenen verkündet (röm. Antike): Laudatio funebris
Gradkreis; Teilkreis (Winkelmeßgeräte): Limbus m
Graf (Frankreich): Comte
Gräfin (engl. Bez.): Countess {(Italien): Contessa} {ledige Grafentochter: Komteß/Komtesse/Comtesse}
Gralshüter (mittelalterl. Parzivalsage): Templeise
Grammatik <> Unfähigkeit, die grammatischen Gesetze richtig anzuwenden: Dysgrammatismus/Agrammatismus/Akataphasie
grammatische Richtigkeit eines Satzes: Grammatikalität
Gräser (systemat. Bez.): Gramineen {Gräserkunde: Agrostologie}
Gratulantenliste (in Festschriften): Tabula gratulatoria w
grau --> braungrau --> graugelb --> grauschwarz --> grauweiß
grau in grau abgetöntes Gemälde auf Holz oder Leinwand o.ä.: Camaieu w

grau, leicht (Haare): meliert --> Haarergrauen --> weiße Haare
Grauen --> grausig --> Unheil
graugelb: isabellfarben/-farbig
graumeliert (Stoff): marengo
grausam; roh; ungesittet: krud/kannibalisch
Grausame ◇ zügellos-genußsüchtige Frau: Messalina
Grausamkeit: Krudelität {Abscheulichkeit; G.: Atrozität}
grauschwarz: anthrazit
grausig; entsetzlich; furchtbar (Erlebnis, Mitteilung): † horribel (Horribilität)
grauweiß: offwhite
greifbar --> vorrätig
Grenadier --> Infanterist
Grenze ◇ Abgrenzung: Demarkation {römischer Grenzwall (Rhein-Donau): Limes m} { G. (Viehweiden): Oxer m}
Grenze; Grenzland: † Konfinium {Grenznachbarschaft: † Konfinität}
Grenze, nicht zu über- oder unterschreitende (Mengen, Geschwindigkeit, Preis, etc.): Limit s
grenzend ◇ am Rande liegend; auf den Grenzen liegend: marginal
Grenzkorrektur: † Delimitation
Grenznachbar; Anwohner; Anrainer: † Adjazent
Grenzposten (Militärgrenze): Cordon sanitaire s {ungarischer Grenzsoldat: Heiduck/Haiduck}
Grenzstein; Grenzsäule: † Terme m {Gedenkstein; G. (Antike): Zippus}
Grenzwert (Math.): Limes m (lim)
Griechenliebe ◇ Vorliebe für die antike griech. Kultur: Hellenophilie (Hellenophile w/m) {alles Griechische besessen Verehrende[r]: Gräkomane w/m} {die alten Griechen nachahmen: gräzisieren/hellenisieren}
griechisch: hellenisch
Griechisch ◇ durch Prüfung nachgewiesene erforderliche Kenntnisse der griechischen Sprache: Graecum/Gräkum {Kenner der alten Sprachen: Humanist}
griechische Antike ◇ Wesen der altgriechischen Sitte und Sprache: Gräzität {Wissenschaft des Altgriechischen (Sprache und Kultur): Gräzistik}
griechisches Sprachelement in einer anderen Sprache: Gräzismus
Griffbrett der Streichinstrumente: Tastiera
Grill; Bratrost: Barbecue s engl {Grillfleisch: Barbecue s engl} --> Spießbraten
grimmig; wild; verwegen; kriegerisch: martialisch
grindig; borkig (Med.): impetiginös
Grinsen --> vielsagendes Lächeln
Grippe: † Influenza {grippeartig: grippös/grippoid}
grob; nicht feinfühlig; unschicklich: indezent
Grobheit: Sottise {Derbsein; G.; Roheit; Plumpsein (auch in bezug auf Ausdrücke): Krudität} {rüdes Betragen; Roheit; G.: † Rudität}
Grobschlächtiger; Roher; Primitiver: Kaliban
Groll, [heimlicher]; Rachsucht: Ranküne
Groschenromane --> Schundliteratur
groß; alles übertreffend: kapital {riesenhaft; gewaltig g.: zyklopisch} --> außerordentlich
groß (Kleidergröße): large engl (L)
großartig; erhaben (Musik): grandioso
großartig; erstaunlich; außergewöhnlich: formidabel {glänzend; g.; ausgezeichnet: fulminant}
großartig; herrlich; prächtig: † magnifik frz
Großartigkeit; strahlende Größe: Grandeur w --> Glanz
Großbauer (zarist. Rußland): Kulak {seine witschaftspolitischen Interessen vertretender Großgrun besitzer: Agrarier}
Großbuchstabe: Majuskel w / Versal m {Großbuchstabenschrift: Kapitale w}
Größe, abnorme --> Riesenwuchs
große Augen --> Ochsenauge
große Flasche ◇ Wein- oder Sektflasche mit 1,5 l Inhalt: Magnum w
große Frau --> stattliche Dame
Größe, gegebene: Entität
große Pille (Tiermedizin): Bol[us] m
Größe ◇ Unermeßlichkeit: † Immensität
große Welt --> elegant
Größenwahn: Megalomanie (megaloman[isch]) --> Übersteigerungssucht --> vermessen
Großformat; Überlänge (Zigaretten): King-size w,s
Großfürst; über andere Fürsten herrschender Fürst: Hegemon m
Großhandel: Engroshandel / † Grossohandel {Großhändler: Grossist}
Großhirn; Gehirn: Cerebrum/Encephalon s {beide Großhirnhälften: Telenzephalon/ Akrenzephalon s}
Großkaufmann; Industrieller: † Kommerzienrat
großmütig; edel; großherzig: generös (Generosität)
Großsprecher --> Prahlhans
Großverkauf, im; im großen: en gros/ in grosso
großzügig; nicht kleinlich: generös (Generosität) {Freigebigkeit: † Munifizenz}
Großzügigkeit; Entgegenkommen (Geschäftsverkehr): Kulanz
Grotte --> unterirdisches Gewölbe
Grube; Vertiefung (Med.): Fossa/Fovea w {(klein): Fossula/Foveola w}
Grübler; Träumer: Aerobat [a-ero-/äro-]
grün --> blaßgrün
grünblau ◇ blaßblau; bläulich (mit leichtem Grünstich): bleu
Grund und Boden; Grundstück: Fundus m
Grund; Ursache (Jur.): Causa w
Grund; Ursache; Vorausgegangenes: Antezedens s / Antezedenz w {nur einen G. habend; auf eine Ursache zurückgehend: monokausal}
Grundbesitz, großer; Forstbesitz; Liegenschaften: Latifundien {Grundeigentum; Grundstücke (Wirtsch.): Realitäten}

Grundbestimmung; grundlegende Festsetzung: Normative w

gründen ◇ einleiten; schaffen; ins Leben rufen; einführen: inaugurieren

gründen; einsetzen; festsetzen (polit. oder soziale Einrichtungen): konstituieren

Gründer --> Älteste --> Fachgründer

Gründerversammlung --> verfassungsgebende

Grundformen; Regeln; Vorschriften: Normalien

Grundgesetz; Verfassung; Satzung: Magna Charta {Verfassungsurkunde; G.: Charta} --> Gesetzessammlung

Grundlage: Basis (basal/basilar)

Grundlage; Hauptsache: Fond m frz

Grundlage; Unterbau; Bestand; Mittel: Fundus m

Grundlage; Unterlage: Substrat --> Unterlage

grundlegend; bestimmend; zur Feststellung dienend: konstitutiv

grundlegend; wichtig; Haupt...: kardinal

gründlich, äußerst; peinlich genau: minuziös/minutiös

gründlich; nachdrücklich: à fonds

Gründlichkeit und nicht Oberflächlichkeit: multum, non multa / non multa, sed multum

Grundsatz; programmatische Festlegung: Doktrin

Grundsatz --> Leitsatz -- unbeweisbarer

grundsätzlich; von vornherein: a priori

Grundschule; Volksschule (lat. Bez.): Ludus m

Grundstücksverzeichnis (für die Grundsteuer): Kataster m,s

Grundstückszusammlegung; Flurbereinigung: Kommassation

Gründungssitzung ◇ die verfassungsgebende [National]versammlung der Französischen Revolution 1789: Constituante/Konstituante w

Grundwasser ◇ sich mit dem Bodenwasserhaushalt und der Wasserversorgung befassendes Geologiegebiet: Hydrologie

Grundwissen in Antike und Mittelalter ◇ die Sieben Freien Künste (Grammatik, Rhetorik,Dialektik,Arithmetik,Geometrie , Astronomie,Musik): Artes liberales Mz

grüner Star (Augenkrankheit): Glaukom s

Grünschnabel; Neuling: Greenhorn

Gruppe ◇ eine G., von der man sich distanziert; Fremdgruppe: Outgroup w --> Eigengruppe

Gruppe ◇ Personengruppe, deren Entwicklung etc. in einem Zeitablauf untersucht wird (z.B. eine Generation): Kohorte

Gruppenführer (Tiere): Alphatier s

Gruppenname; Völkername: Ethnikon s

Gruppensex --> Dreier

Gruppentänzer (Ballett): † Figurant

Gruselstory (Erzählung oder Theaterstück): Chiller

Gruß: † Kompliment

Guerillero ◇ Freiheitskämpfer (hist.): Brigant

Guillotine (frühe Bez.): Louisette

Gulasch: Gulyás s,m [gujasch]

gültig, unbedingt; nicht hypothetisch: kategorisch

Gültigkeitserklärung: Validation

Gummiüberschuh: Galosche w

günstig; geneigt; vorteilhaft: † favorabel

günstiger Zeitpunkt; entscheidender Augenblick (Philos.): Kairos m

Günstling; Liebling: Mignon / † Favorit

Günstling; Schützling: Protegé {G.swirtschaft: Patronage / † Patronanz}

gurgeln: gargarisieren {Gurgelmittel: Gargarisma}

Gürtelrose: Herpes zoster / Zoster m

gut!: bene! {recht so!; bravo; ausgezeichnet!; das trifft sich gut!: à la bonne heure!} --> bestens

gut besuchen; zahlreich oder häufig aufsuchen: frequentieren

gut; o.k.: bien

Gut und Böse --> jenseits von

gut unterrichtet; im Bilde: au fait

Gutachten: Votum

Gutachten; Untersuchung durch Sachverständige: Expertise (expertisieren)

Gutachten; Zeugnis: † Attest

Gutachter; fachmännischer Berater: Konsultant

Gutachter; Rechtsgelehrter (Islam): Mufti

gutartig (Tumore): benigne

Gutaussehender --> Schönling

Güte --> Weitherzigkeit

gute Laune --> Heiterkeit --> Hochstimmung --> Stimmungshoch

Güte; Milde; Gutherzigkeit: † Benignität

gute Tat; gottgefällige Tat: Mitzwa w (Mitzwoth Mz)

guten Glaubens; auf Treu und Glauben: bona fide {im besten Glauben: optima fide}

guter Einfall --> vortrefflich

guter Freund; Vertrauter: Alter ego s

guter Geschmack ◇ Sachverständiger in Fragen des guten Geschmacks: Arbiter elegantiarum/- -tiae

guter Ruf: Eudoxie {(bezüglich Zahlungsfähigkeit und -willigkeit): Bonität}

Güter ◇ überall in jeder Menge vorhandenes Gut (Wirtsch.): Ubiquität --> tägliche Bedarfsgüter

Güternutzung zur Befriedigung von Bedürfnissen: Ophelimität

Güterproduktion eines Unternehmens: Output m,s

Güterverzeichnis (Schiffe): Manifest s

gutes Benehmen; Lebensart: † Politur

gutgehen; gedeihen; vorankommen: prosperieren

Guthaben ◇ Habenseite (Konto): Kredit s

gutheißen; Geschmack an etwas finden: goutieren

gütlich einigen, sich; sich vergleichen: akkomodieren --> beilegbar

gütliche Beilegung eines Rechtsstreits; Lösegeld; Sühnegeld: † Komposition

Gutmütigkeit; Einfalt; Biederkeit: Bonhomie (Bonhomme m)

gutriechend; köstlich: ambrosisch

gutschmeckend, sehr: deliziös

Gymnastik --> Bewegungstherapie

H

Haar: Crinis m (Crines Mz) {Behaarungsanomalie; Haaranomalie: Trichose}
Haararmut; mangelnder Haarwuchs: Oligotrichie/Hypotrichose/-sis {Körperhaarfehlen: Atrichie}
Haarausfall, krankhafter: Alopezie/Pelade/Psilose/-sis
Haare schneiden: † barbieren/balbieren
Haare wellen [mittels einer Brennschere]: ondulieren
Haarentfernung aus der Haut: Epilation {Sucht, sich Kopf- und Barthaare auszureißen (krankhaft): Trichotillomanie}
Haarergrauen: Canities/Poliosis
haarfein (z.B. Blutgefäße): kapillar
Haarspalter; Wortverdreher: Kasuist
Haarspalterei: † Trichotomie --> gespaltene Haare
Haarspalterei; Wortstreit (Philos.): Logomachie {haarspalterisch; übertrieben logisch: logizistisch (Logizismus/Logizistik)}
Haarverfilzung durch Verlausung, starke: Trichom s
Haarwasser; Gesichtswasser: Tonic [water] s
Haarwuchsübermaß: Hypertrichose/-sis/Pilose/-sis/Polytrichie/Hirsutismus --> Behaarungsstärke
Habenseite (Konto): Kredit s
Habsucht; Unersättlichkeit: Pleonexie
Hackfleischgericht: Haschee s
Hafen ◇ historischer Schiffslandeplatz zur Warenladung: Lastadie
Hafen ◇ Motorboothafen; Jachthafen: Marina w
Hafenbildnis;, Küstenbildnis; Seestück: Marine w
Haferflocken ◇ [Gerichte aus] Getreideflocken: Zerealien
Haft; Gewahrsam: † Detention
Haftbefehl ◇ Du habest den Körper (Anfangsworte des mittelalterlichen H.s): Habeas corpus
haften, für etwas: † prästieren
Häftling: Arrestant {Sträfling: † Korrigend}
hager ◇ schmalwüchsig; schlankwüchsig: leptosom/leptomorph (Leptosome m/w) {extrem h.: asthenisch}
Hähnchen, zum Grillen gemästetes: Broiler m
Häkchen auf Buchstaben, Zisch- oder Reibelaut angebendes (ˇ): Háček s
Haken (Boxen): Hook m
Haken (Prothesenarmende): Hook m
Hakenkreuz (altindisches Sonnen- und Fruchtbarkeitszeichen): Swastika w
halbamtlich; nicht verbürgt: offiziös
halbe-halbe (Gewinn- oder Verlustteilung): a metà
halbernstes Wollen --> Wunsch, nicht
Halbgeschoß; Zwischengeschoß: Entresol s
Halbherzigkeit ◇ laue Gesinnung: Justemilieu s
halbjährlich: † semestral
Halbkugel --> Kuppel
halblaut; mittelstark (Musik): mezzoforte
halbleise (Musik): mezzopiano (mp)
halbmondförmig: lunular
halbseitige Lähmung: Hemiplegie {minder schwerer Fall: Hemiparese}
Halbstarker (Amerika, England, UdSSR, Polen): Hooligan {H. in schwarzer Lederkluft (frz. Bez.): Blouson noir m}
Halbton (mus.): Semitonium (Semitonia/-nien Mz)
halbtot --> sterbend
halbtrocken (frz. Schaumwein): demi-sec
Halbwelt: Demimonde w
Halbzeit: Half-Time w
hälfteln --> zur Hälfte
Halluzination (Geräusche, Dröhnen, Rauschen etc.): Akoasma s --> Eingebung --> Gedächtnisstörung --> Sinnestäuschung
Hals: Collum s
Hals; Nacken: Cervix w (zervikal)
Halsband ◇ Halseisen oder Würgeschraube zur Todesstrafenvollstreckung durch Erwürgen (Spanien): Gar[r]otte (garrottieren)
Halsbrecherisches --> Wagnis
Halskette (aus Perlen etc.): Kollier s
Halspelz, schmaler: Kollier s
Halsschlagader; Kopfschlagader: Karotis
Halsstarrigkeit; Eigensinn: † Obstination
Halszäpfchen; Gaumenzäpfen: Uvula w
haltbar machen --> schützen
haltlos; zügellos: dissolut (Dissolution)
Haltung; Aussehen: Air s
Haltung; Gehaben; Erscheinung: Habitus m
Haltung, [innere]; Pose; Einstellung: Attitüde
Haltung; Sinn; Inhalt; Wortlaut: Tenor [tenor]
Haltung --> Gelassenheit
Haltungsfehler ◇ Wissenschaft von den H.n und Fehlern der Bewegungsorgane: Orthopädie (Orthopäde m) {Hersteller orthop. Geräte: Orthopädist}
hämisch; arglistig (Äußerungen): maliziös --> verachtet sei wer Böses dabei denkt
Hand...: manuell
Handarbeit: † Manufaktur {Handarbeitserzeugnis: † Manufakt s} --> handwerkliche Arbeit
Handarbeitsgeschäft; Geschäft, in dem Handarbeiten und Handarbeitsmaterial verkauft werden: Tapisserie
Handauflegen --> Salbung
Handbewegung; Hantierung: † Manipulation
Handbuch, kurzgefaßtes: † Enchiridon --> Leitfaden
Handbuch; Tagebuch: † Manual[e] s
Hände ◇ abnorme Vergrößerung der H.: Makrocheirie
Hände --> Gebärdenausdruck
Handel; Geschäft: Deal m,s
Handel (Sinnbild): Merkurstab/Caduceus
handele! --> tu etwas!
handeln; tun; wirken; tätig sein: agieren --> Tatkraft --> treibende Kraft
handeln ◇ Waren austauschen: trokieren {Handel treiben; Wechsel begeben: negoziieren}
handelnd, erst (später denkend): epimetheisch

handelsfähig (Waren, Wertpapiere): negoziabel
Handelsgesellschaft: + Kompanie (Co./Cie.)
Handelsmarke; Warenzeichen (engl. Bez.): Trademark w
handelsmäßig; kaufmännisch: merkantil[isch]
Handelsniederlassung im Ausland: Kontor s
Handelsspanne: Marge w frz
Handelssprache; Verkehrsprache (mehrere Länder umfassend): Lingua franca w
Händeschütteln; Händedruck: Shakehands s
Handgeld ◇ Geld, welches von Käufern bei Vertragsabschluß zur Bestätigung desselben gezahlt wird: Arrha w
Handgriff; Operation (Med.): Encheirese
handhabbar --> handlich
Handhabung; Gebrauch: Handling
Handhabung; Verfahren (Technik): Manipulation
Händigkeit ◇ das Vorherrschen einer Körperseite: Lateralität
Handinnenseite ◇ zur H. gehörend, dort liegend: volar
Händler: *Dealer*
handlich; leicht handhabbar: maniabel
handlich ◇ so beschaffen, daß man damit arbeiten kann: operabel
Handlinie: Lineament lat {Handlinienlehre (Charakterdeutung): Chirologie/Cheirologie/Chirognomie} {Handlesekunst: Chiromantie}
Handlung begleiten --> zugleich tun
Handlungen; Taten: Acta Mz
Handlungsanweisung --> Pflichtgebot
Handlungsaufbau und -ablauf (Dichtung, Film): Plot m,s
Handlungsreisender: + Commis voyageur
Handlungsweise; Art des Tätigwerdens: Modus operandi m --> Verfahrensweise
Handpflege; Nagelpflege: Maniküre
Handschelle (Gaunerspr.): Brasselett
Handschrift; Setzervorlage des Autors: Manuskript (Ms./Mskr., Mss. Mz)
Handschriftendeutung (z.B. zur Charakterdeutung): Chirogrammatomantie/Graphologie
Handschriftenkunde; Lehre der Formen und Mittel der Schrift in Altertum und Neuzeit: Paläographie
Handschriftensammlung; Gesetzessammlung: Kodex m
Handstreich; rascher erfolgreicher Angriff: Coup de main m --> Überraschungsangriff
Handwerker: + Artisan frz
handwerkliche Arbeit: Faktur/+ Faktura w
Handwurzel: Carpus m
Hanf: Cannabis m
Hang; Neigung; Vorliebe: + Penchant m --> Neigung
Hängebrust: Mastoptose
hängendes und bewegliches Kunstwerk --> bewegliches Aufhängsel
Hanswurst (türk.-arab. Schattenspiel): Karagös m { H. (frz. Bez.): Jean Potage }
Hantierung; Handbewegung: + Manipulation
Happen ◇ Bissen; Klumpen (Med.): Bol[us] m
Happen ◇ garniert-belegtes [getoastetes] Weißbrothäppchen: Kanapee s --> Appetithäppchen
Harakiri: Seppuku s
harmonisch zusammenklingend: konsonant --> übereinstimmen
Harnblase: Zystis/Vesica w {H.nschmerzen: Zystalgie} --> Blasenentzündung
Harndrang, häufiger: Pollakisurie/Pollak[i]urie {Unvermögen, Harn oder Stuhl willkürlich zurückzuhalten: Inkontinenz}
Harnlassen: Emission/Miktion/Urese w {Harnausscheidung: Diurese} {schmerzhafte Störung des H.s: Dysurie/Urethralgie/Urodynie} {Unfähigkeit, Harn zu entleeren: Ischurie [iß-churie]}
Harnorgankrankheiten ◇ Wissenschaft der H.: Urologie
Harnsexualität ◇ Urinieren mit Lust: Urethralerotik {häufige Verwendung unflätiger Ausdrücke aus dem Harnbereich: Urolalie}
harntreibendes Mittel: Diuretikum (uretisch)
hart; streng; genügsam; anspruchslos: spartanisch
hart; streng (Maßnahmen): drakonisch
hart ◇ unbiegsam; unelastisch: inflexibel {nicht zusammenpreßbar (Physik): inkompressibel}
hart ◇ undurchbohrbar: imperforabel
hart [wie Granit]: graniten
harte Droge: Hard stuff m
Härte; strafende Unnachgiebigkeit: katonische Strenge
Härte; Strenge: + Severität
Härte; Ungerechtigkeit: + Iniquität
harte Unterlage liebend ◇ auf Gestein lebend (Zool.): lithophil
harter Kern [von Elementarteilchen]: Hardcore m
hartnäckig; widerstehend: resistiv
hartnäckige Forderung --> wiederholte
Hartnäckigkeit; Beharrlichkeit: Insistenz (insistent, insistieren) { H.; B.; Zähigkeit; Ausdauer (Psych.): Tenazität }
Haschisch (Jargon): Dope s / Tea m,s
Haschisch; Marihuana (verhüllend): [Lady] Mary Jane w / Lady w
Haschischzigarettenzug oder Marihuanazigarettenzug (Jargon): Take m,s
Hasenscharte: Labium fissum s
Haß --> Abneigung
häßlich; abscheulich: + affrös
häßliche Kunst ◇ Kunstrichtung, die Erde, Asche, Abfälle etc. unästhetisch verarbeitet darbietet: Ars povera w
hastig; feurig; eifrig (Musik): zeloso/zelosamente
hastiges Essen (Med.): Tachyphagie
Haube ◇ haubenförmige Binde (Med.); Bischofsmütze: Mitra w {haubenförmig: mitral}
Hauch; Anflug; Anstrich: Touch m engl
Hauch; Fluidum: Air s
Hauch; Wirkungskraft: Aura w
häufen ◇ aufhäufen: + amassieren
Haufenwolke: Kumulus m (Kumuli Mz) --> Gewitterwolke
häufig aufsuchen; zahlreich besuchen: frequentieren

häufig [vorkommend]; reichlich; dicht: abundant
häufig; zahlreich: + frequent
Häufung ◇ Anhäufung: Kumulation --> Anhäufung --> Ballung
Haupt..; grundlegend; wichtig: kardinal
Hauptdarsteller; wichtigste Person: Protagonist
Hauptfilm einer Filmvorstellung: Feature s,w
Hauptgedanke --> Endergebnis
Hauptgericht; großes Fleischstück: + Pièce de résistance w
Hauptgeschäftsstelle: Generalagentur
Hauptsache; Grundlage: Fond m frz
Hauptsache; Triebfeder: Nervus rerum m
Hauptsache ◇ von der H. her; nach der Mehrzahl: a potiori
Hauptsache --> Kernstück
hauptsächlich; sehr wichtig; entscheidend: zentral
hauptsächlich; wesentlich: essentiell
Hauptschlüssel: Passepartout m
Hauptstadt: + Kapitale w
Hauptstraße; Landstraße: Highway m {Hauptverkehrslinie; H. [einer Großstadt]: Magistrale w}
Hauptstück; Kapitel (Buch): Caput s (Capita Mz)
Hauptteil (Organ, Körperorgan): Corpus s
Hauptwerk; Meisterwerk: Chef d'œuvre s
Hauptwort --> Begriffswort --> gegenständliches
Hausarbeit; Übung[sstück]: Exerzitium
Hausarrest; gerichtliche Aufenthalts- oder Wohnbeschränkung auf einen Bezirk: + Konfination
Häuschen; Landhaus: Cottage s engl
Hausfrau; Wirtin; Herrin (ital. Bez.): Padrona
Haushalt; [sparsame] Wirtschaft: + Menage
Haushaltsplan; Ausgabenvoranschlag: Budget s frz/engl { Verwendungszweck einer bestimmten Gruppe von Ausgaben : Titel } { Gliederung des Staatshaushaltsplanes: Filiation --> Etat }
Haushaltsware: + Materialware
hausieren gehen (Warenverkauf): + kolportieren (Kolportage) --> Kundenwerbung
Hauskleidung oder -anzug: Homedreß/ Homewear m
Hauslehrer; [Prinzen]erzieher: + Mentor --> Erzieherin
Hausmantel, zart-durchsichtiger (passend zum Damennachthemd): Négligé s
Hausmeister einer [Hoch]schule: Pedell
Hausmeister; Portier (franz. Bez.): Concierge m/w
Hausrat; Möbel: + Mobilien
Haustiere ◇ durch den Menschen verbreitete Lebewesen (z.B. Ungeziefer, Kulturpflanzen oder H.): Anthropochoren
Hauswirtschaftslehre; Ernährungswissenschaft: Ökotrophologie
Haut: Derma s {die H. betreffend; zur H. gehörend: kutan}
Haut ◇ Gesamtheit der Hautschichten einschließlich Haare, Federn etc. (Menschen, Tiere): Integument[um] { äußere Schicht der H.: Epidermis w }
Haut ◇ in der H. befindlich; in die H. eingeführt: endermal {durch die Haut hindurch: transkutan}
Hautabschürfung: Exkoriation
Hautarzt: Dermatologe
Hautatmung (Med.): Perspiration
Hautausschlag: Eruption
Häutchen; Blättchen: Membran[e] w
Hautentzündung: Dermatitis {juckende, nicht ansteckende H.: Ekzem s}
hautfarben --> fleischfarben
Hautfärbung ◇ vermehrte Pigmentation der Haut: Hyperchromatose
Hautgeschwulst: Dermatom s {gutartige H.: Dermatomyom s}
Hautgrieß: Milien Mz
Hautkrankheit: Dermatose
Hautmittel: Dermatikum
Hautreizmittel: Derivans (Derivantia/ Derivanzien Mz)
Hautreizung --> Wundsein
Hautriß; Schrunde: Rhagade w
Hautrötung, anfallweise auftretende Hitzewallung mit (z.B. beim Orgasmus): Flush m,s
Hautstraffung, operative --> verjüngen
Hauttrockenheit (Pergamenthaut): Xerodermie
Hautvergiftung; durch Gifteinwirkung entstandene Hautkrankheit: Toxidermie
Hebamme: + Sage-femme
Hebeldrehpunkt: Hypomochlion
Hebräisch ◇ Neuhebräisch: Iwrit[h] s {für das Theologiestudium erforderliche H.kenntnisse: Hebraicum s}
Hecheln ◇ Kurzatmigkeit; beschleunigte Atmung: Tachypnoe w {übermäßige Steigerung der Lungenatmung: Hyperventilation} --> Luftholen
Heeresangelegenheiten: + Militaria Mz
Heeresverwaltungsbehörde: + Intendantur
Hefepilz; Sproßpilz: Blastomyzet m
Heft; [Akten]bündel: Faszikel m
heften; aktenmäßig bündeln: + faszikulieren
heftig; aufgeregt (Musik): agitato
heftig; energisch: flamboyant
heftig; gewaltsam: + par force / violent --> gewaltsam
heftig; schnell (Musik): con fuoco
heftig; ungestüm; stürmisch; jäh: vehement { h.u.s. (Musik): impetuoso / con impeto / tempestoso } --> drängend
heftig verlaufend; unvermittelt auftretend (Krankheiten): akut --> schnell entstehend
heftig; wild; stolz (Musik): fiero
heftig --> stürmisch
Heftigkeit: + Petulanz
Heide; Ungläubiger (islam. Bez.): Giaur
Heidengötter (alttest.): Elohim Mz
Heidentum oder auch heidnisches Element im Christentum und seinen Bräuchen: Paganismus (pagan)
heikel; schlüpfrig: + skabrös
heikel; verfänglich; verwickelt; verworren: + intrikat
heil; sauber; neu: + integer lat

Heilbäderbehandlung: Balneotherapie/ Krenotherapie --> Wasserheilkunde
heilbar (Med.): kurabel/reversibel/sanabel
heilen (Med.): remedieren
heilend: kurativ
Heilgymnastik; Bewegungstherapie: Kinesiotherapie
heilig; den Gottesdienst betreffend: sakral
heilig ◇ hochheilig; unverletzlich: sakrosankt
heilige Schriften ◇ feste Liste religiöser Texte einer Religionsgemeinschaft: Kanon m --> religiöse Texte
heilige Zone ◇ abgegrenzter heiliger Tempelbezirk (altgriech. Kult): Temenos s {h.Z.; verbotener Bezirk (islamischer Orient): Haram m}
Heiligenschein: Glorie/Gloriole w / Nimbus m {H. (Kunst): Korona w} {die ganze Gestalt umgebender H. (insb. bei Christus): Aureole w}
Heiligenverehrung: Hagiolatrie/ † Veneration (venerieren)
Heiliger; Einsiedler (islam.): Marabut
Heiliger Geist (Theol.): Pneuma s
Heiliger Krieg (islam.): Dschihad m
heiliger Satz --> Gotteswort
Heiliges beschimpfen --> Gotteslästerung
Heiligkeit (Papsttitel): Sanctitas w
Heiligsprechung: Kanonisation
Heiligtümer betreffend; priesterlich: hieratisch
Heilkunst; ärztliche Kunst: Iatrik {Heilkunstlehre: Iatrologie}
Heilmittel (Med.): Remedium
Heilsarmeeanhänger: Salutist
Heiltrank; Zaubertrank: Elixier {Verjüngungsmittel: Lebenselixier}
Heilung --> Abheilung
heimatliche Berühmtheit --> örtlicher
heimisch; einheimisch: endemisch
heimlich: † klandestin
heimlich entstehend ◇ unter der Erde reifend (Früchte): geokarp
heimlich erzählen; einflüstern: insinuieren (Insinuant)
heimlich; in Gedanken: † mental
heimliche Versammlung: Konventikel s
Heimspielspezialist ◇ vor heimischem Publikum besonders erfolgreicher Boxer: Homefighter
heimtückisch; schleichend (Krankheiten): insidiös
heimtückischer Anschlag --> Anschlag
Heimweh, [krankmachendes] (Med.): † Nostalgie
Heimwerker; Bastler: Handyman
Heirat; Ehe: † Mariage w frz
Heirat, nur innerhalb eines sozialen Verbandes erlaubte (z.B. nur innerhalb einer Kaste, eines Stammes): Endogamie
Heiraten außerhalb der eigenen sozialen Gruppe, vorgeschriebenes: Exogamie
heiratsunwillig ◇ distanziert; enge Bindungen meidend (Psychol.): philobal
Heiserkeit ◇ Stimmstörung: Dysphonie
Heiserkeit ◇ Stimmversagen oder Stimmschwäche (gewohnheitsmäßige Überanstrengung): Mogiphonie
Heißhunger: Hyperorexie/Kynorexia
Heißhunger; Gefräßigkeit (Med.): Bulimie/Lykorexie/Vorazität {Unersättlichkeit; Gefräßigkeit: Akorie}
Heißhunger nach ungewöhnlichen oder unverdaulichen Speisen (z.B. bei Schwangerschaft): Parorexie
Heißluftballon: Montgolfiere w --> Luftballon
heiter: † seren (Serenität)
heiter; friedlich (dichterisch): [h]alkyonisch
heiter; gesellig: † konvivial
heiter, krankhaft; erregt; tobsüchtig: manisch/ † maniakalisch
heiter; lustig; humorvoll (Musik): umoristico --> lustig
heiterer Mensch, unbeschwerter, junger: † Galopin m frz
heiteres Lied, leichtes, empfindungsvolles: Kanzone w
Heiterkeit; Fröhlichkeit: † Hilarität --> Hochstimmung
Heiterkeit; Frohsinn: Euthymie
Heiterkeit, krankhafte: Amönomanie/Chäromanie
Heiterkeit; zufriedene Gemütsverfassung: Eukolie
Held --> tragische Rolle Spielender
Heldendenkmal; Heldentempel: Heroon s
Heldendichtung (Stoff aus Sage oder Geschichte): Epos s / † Epopöe w
Heldenhaftigkeit: Heroik
heldenmäßig; heldisch (Musik): eroico
Heldentat, große; Heldentatenverehrung (z.B. Troja): Aristie
helfen; unterstützen: † subvenieren {beitragen; behilflich sein; Vorschub leisten: † kontribuieren/subministrieren}
Helfer; Gehilfe: Adjutor/ † Aide m --> Gehilfe
Helfer in der Not, unerwarteter; überraschende Lösung einer Schwierigkeit: Deus ex machina m [de-us - -] --> Hilfe
hell; durchsichtig: luzid {durchscheinend; klar; h.; d.: limpid}
hell ◇ leuchtend; lichtvoll; vortrefflich: luminös
hell ◇ lichtvoll; klar: † lukulent --> verständlich
hell...; weiß...: leuko...
hellblau mit leichtem Rotstrich: mazarinblau
hellblau-violett; hellviolett: lavendel
hellhäutig; pigmentarm: leukoderm --> Pigmentfehlen
helligkeitsliebend; sonnenliebend (Pflanzen, Tiere): heliophil/photophil
Hellsehen (Psychol.): Luzidität
Hellsehen; Wahrsagen (z.B. in Trance): Clairvoyance
Helmbusch; Federbusch: Panasch m
Hemd; Überwurf: † Chemise w
Hemdbrust, gestärkte (Frack- und Smokinghemden): Chemisett s / Chemisette w
hemmen; als hemmender Faktor in Erscheinung treten: intervenieren
hemmen ◇ verhindern; Einhalt gebieten: † inhibieren
hemmen; verzögern: retardieren
hemmend: obstruktiv
hemmend; unterdrückend: suppressiv

Hemmstoff (Chemie): Inhibitor
herablassen <> sich mit Menschen unterer Schichten abgeben, sich zu ihnen h.: encanaillieren
Herablassung; Nachgiebigkeit: Kondeszendenz
Herabsetzung: † Depretiation --> Zurückversetzung
Herabwürdigung; Entmenschlichung: Dehumanisation
Herangehensweise; Sehweise (wissenschaftliche Probleme): Approach m
heranholen, scheinbar <> optisches Herbeiholen oder Wegrücken mittels einer Gummilinse: Zoomen
heranwachsend (17.-20.Lebensjahr): adoleszent
heraufkommend, aus der Tiefe (Geologie): anogen
herausarbeiten, eine Form (aus einem Steinrohling): bossieren/bosselieren/bosseln
herausfinden <> feststellen; ermitteln; durch Überlegung erforschen; [jmdn. oder etwas h.]: eruieren
herausfordern durch unhöflich-schroffes und bloßstellendes Verhalten jmdm. gegenüber: brüskieren
herausfordern, zum Duell (student.): kontrahieren
herausfordernd prahlend; zur Schau gestellt: ostentativ/ostensiv
herausfordernd, unverschämt; frech: impertinent
Herausgabe von Büchern (insb. Neuherausgabe von älteren klass. Werken oder Musikalien [in laufenden Sammlungen]): Edition
Herausgeber eines Buches: Editor --> Zeitungsherausgeber
Heraushelfer <> etwas, das aus verworrener Lage heraushilft: Ariadnefaden --> Helfer --> Hilfe --> Lösungshilfe
herauslösen aus einem Komplex (um es isoliert zu behandeln oder unwirksam werden zu lassen: eliminieren
Herausragender (Parteivertreter etc.): Exponent
herb; trocken: dry {extrem trocken (Champagner): brut frz}
Herberge; Gasthaus; Schenke: † Locanda
Herberge (Naher Osten): Chan/Han m
herbstlich: autumnal
Herkunft; Ursprung: Provenienz
Herkunft; Wachstum (insb. edle Weine): Kreszenz
Heroin (Jargon): Horse s engl
Heroindosis; Morphiumdosis: Hop s
Heroldsstab: Kerykeion s
Herr; Chef; Besitzer (ital. Bez.): Padrone {Herrin; Wirtin; Hausfrau (it. Bez.): Padrona}
Herr erbarme dich!: Kyrie eleison!/Kyrieleis!
Herr (franz. Anrede): Monsieur (M., Messieurs (MM.) Mz)
Herr; Gebieter: Dominus
Herr (russ. Anrede): Gospodin
Herrenhaus --> Schloß
herrichten; anpassen: † aptieren
herrisch; autoritär; gebieterisch: diktatorial --> anordnend
herrlich; prächtig; großartig: † magnifik frz
herrlich und in Freuden (ugs.): in dulci jubilo
Herrschaft einer kleinen Gruppe: Oligarchie
Herrschaft; Herrschaftsgebiet: † Dominium
Herrschaft im Staat, auf Ehrsucht, Ruhm und Reichtum beruhende (Plato): Timarchie --> Geldherrschaft
Herrschaft; Macht; höchste Gewalt: Zepter s,m
Herrschaft über ein Gebiet mit mehreren Herrschern: Kondominat s,m/ Kondominium s
Herrschaftsgebiet mit mehreren Herrschern: Kondominat s,m/ Kondominium s
Herrschaftslosigkeit (Politik): Anarchie
Herrschaftsverhältnisse, verfilzt-verflochtene; Begünstigungsherrschaft: Filzokratie
herrschen; bestimmen; vorherrschen: dominieren
Herrscher; Gewaltiger; erhabene Persönlichkeit: Olympier
Herrscher; Gouverneur; Richter: Hakim
Herrscher --> Großfürst
Herrscherhaus; Herrschergeschlecht: Dynastie {Hofpartei; Clique (Herrscherumgebung): Kamarilla w}
herstellen; erzeugen; produzieren: generieren --> hervorrufen
Herumleitung --> Umleitung
herumtreibend; umherschweifend; in Gassen umherstreichend: † vulgivag
Herumtreiber; Landstreicher: Lumpazivagabundus {übler Bursche; Taugenichts: Mauvais sujet s}
Herumtreiberei; Landstreicherei: Vagabondage
herumtummeln (Pferde): † karakolieren
heruntergekommen <> im Schlamm lebend (Biol.): limikol
heruntergekommen; verlebt: † dekrepit
Heruntergekommener; Verzweifelter, der nichts mehr zu verlieren hat [und zu allem bereit ist]: katilinarische Existenz
herunterlassen; senken: abaissieren
herunterspielen; verniedlichen: bagatellisieren --> Untertreiben
Herunterzählen bis zum Startzeitpunkt: Countdown m,s
hervorbrechen --> ausbrechen
hervorgehoben --> betont
Hervorhebung eines Satzteils oder Wortes durch die Anordnung um Satz, inhaltliche: Topikalisierung
hervorragen; glänzen: exzellieren
hervorragend --> sehr gut
Hervorragender; Berühmter; Anführer: Matador {hervorragender [Partei]vertreter: Exponent}
hervorragender Fachmann: Kapazität {durch besondere Leistung auf seinem Gebiet Hervortretender: Koryphäe}
hervorrufen; bewirken: effizieren --> herstellen
hervorstehende Körperteile (z.B. Nase, Beine etc.): Akren Mz {dortige Empfin-

dungslosigkeit: Akroanästhesie} {dortiger Schmerz: Akrodynie} {abnorme Größe der Teile: Akromegalie} {abnorme Kleinheit der Teile: Akromikrie}
hervortun, sich; emporkommen; auftauchen: † emergieren
Herz: Cor s / Kardia w
Herz am rechten Fleck: Dextrokardie
Herz ◇ Aufzeichnung der Aktionsströme der H.ens: Elektrokardiogramm (EKG/Ekg)
Herzbeklemmung; Herzangst: Stenokardie / Angina pectoris
Herzklopfen; Herzjagen: Tachykardie {beschleunigter Puls; H. : Palpitation}
Herzkranzgefäß: Koronargefäß
Herzleiden; Herzerkrankung: Kardiopathie
Herzlichkeit; Vertraulichkeit; Freundlichkeit: Kordialität († kordial)
Herzmedizin: Kardiologie
Herzschlag; plötzliche Herzlähmung: Kardioplegie
Herzschmerzen: Kardialgie
Herzschrittmacher: Pacemaker
Herzschwäche; Herzmuskelschwäche: Herzinsuffizienz {langsame Herztätigkeit: Bradykardie}
heterosexuell (Jargon): straight
Heuchelei; Verstellung: Hypokrisie (hypokritisch, Hypokrit m) {heuchlerische Sprache; Scheinheiligkeit: Cant m engl }
Heuchler: Tartüff {Selbstgerechter; H. : Pharisäer}
heuchlerische moralische Entrüstung; spießbürgerliche Sittlichkeit: Moralin s (moralin[sauer])
Heukrätze; Erntekrätze: Trombidiose/Trombikulose
Heuschnupfen: Rhinallergose
heute: dato
heute lebend (Tier- und Pflanzenarten) : rezent
Hexenschuß: Lumbago w
Hieb ◇ Aufwärtshaken (Boxen): Uppercut
hier; an diesem Ort: † hoc loco (h.l.) --> vorrätig
hier und jetzt --> sofort
hier zeige was Du kannst; jetzt gilt es!: hic Rhodus, hic salta!
Hilfe; Unterstützung; Beistand: † Sukkurs m {Rückhalt; Beistand; Unterstützung: † Subsidium} --> Helfer --> Heraushelfer --> Lösungshilfe
hilfeleistend; unterstützend: subsidiär/subsidiarisch
Hilflosigkeit --> soziale Einordnung
Hilfsarbeiter; die verschiedensten anfallenden Arbeiten Verrichtender: Kalfaktor/-ter
Hilfsarbeiter; Zeitangestellter (insb. Behörden): † Diätar
Hilfslehrer: † Adjuvant {Hilfsgeistlicher; H. : † Kollaborator}
Hilfsmittel; als Mittel Dienendes (z.B. Ausdruck,Begründung): Vehikel s
Hilfsmittel --> Lösungshilfe
Hilfspfarrer: † Diakonus
Himmel ◇ das Land der Seligen in der Unterwelt (griech. Sage): Elysium
Himmel; prunkvolles Dach aus Stoff (über Thron,Altar,Bett): Baldachin m
Himmelfahrt [Christi]: Aszension {H. einer Seele (z.B. die Marias): Assumption}
Himmelsbeobachtung --> Astronomie --> Sternenhimmel
Himmelsblau (dichter.): Azur m {himmelblau: azurn}
Himmelsgewölbe: Firmament {wolkenlose Himmelsweite; Himmelsluft: Äther m}
Himmelshalbkugel: Hemisphäre
Himmelsmusik --> Sphärenmusik
himmlisch: † zölestisch --> paradiesisch
himmlisch; göttlich: ambrosisch
himmlisch; lichtstrahlend: empyreisch
hin und her wogen; wellenartig verlaufen (Med.,Biol.): undulieren
hinausgehend, über etwas; in einen anderen Bereich gehend (Philos.): transeunt [-e-unt] / transgredient
Hinauswerfen; Vertreiben (aus dem Besitz): † Ejektion (ejizieren)
hindern: † embarrassieren
hindern; durchkreuzen: traversieren
hindern; entgegenarbeiten; Widerstand leisten: obstruieren (obstruktiv)
hindern --> beeinträchtigen
Hindernis: † Obstakel
Hindernis; Unannehmlichkeit: † Kontrarietät
Hindernis; Verwirrung; Verlegenheit: † Embarras m,s frz (embarrassieren)
Hindernisrennen; Jagdrennen (Pferdesport): Steeplechase w
hindurch...; durch...: dia...
hindurchführen; durchgehen: transitieren
hineinschieben; hineinstecken: intromittieren (Intromission) --> Einführung des Penis
hinfällig; gebrechlich; verfallen: † kaduk
hinfällig; schwach: kachektisch
Hinfälligkeit; Schwäche; Blutarmut (wegen schwerer Krankheit): Kachexie
Hingabe --> Fleiß
Hingebung; Anhänglichkeit: † Adhärenz
hingezogen fühlen, sich (zu etwas): gravitieren
hinhalten, jmdn.: † temporisieren
hinlegen, sich (ins Bett o.ä.): *in die Horizontale gehen*
hinreichend ◇ ausreichend viel (Med.) : quantum satis (q.s.)
Hinrichtung --> Ermordung
hinstellen; an einen Ort setzen; einordnen: † lozieren
hinsterbend; erlöschend; verhauchend (Musik): morendo
hinter dem Mond ◇ jenseits des Mondes befindlich: translunar[isch]
Hinterbliebenen: † Relikten
hintergehen; umgehen; überlisten: † zirkumvenieren (Zirkumvention)
Hintergehung; Täuschung: Delusion
Hintergrund: Kulisse { H. (Gemälde , Bühne): Fond m } { H., von dem sich etwas abhebt: Folie }
hintergründig; geheimnisvoll: kabbalistisch
hinterhältig; listig; teuflisch: mephistophelisch
hinterher; nach geschehener Tat: ex post [facto] {im nachhinein (Wirtsch.): ex post}

Hinterkopf <> das Hinterhaupt betreffend, zu ihm gehörend: okzipital
Hinterlegtes; Verwahrtes: Depositum
Hinterlegung: Deposition
Hinterlegungsstelle; Aufbewahrungsort: Depositorium
hinterlistiger Anschlag --> Anschlag --> Intrige
hinterlistiges Wesen <> teuflisches Wesen; höllische Verruchtheit: † Infernalität
hintertreiben; jmdn. in die Quere kommen: konterkarieren
Hinterwäldler (US-Südstaaten): Hillbilly (Hillbillies Mz)
Hinterziehung; Unterschlagung; Betrug (insb. Zoll): Defraudation lat
hinüberreichend --> hinausgehend
Hinweis <> Merkzeichen; Vermerk: Notabene s
hinweisen, auf etwas; anzeigen: indizieren
hinweisend (Wörter etc.): deiktisch [dei-]
Hinzufügung; Beiordnung; Vereinigung: Adjunktion
hinzukommend (z.B. bezüglich einer Krankheit, die zu einer anderen hinzukommt): interkurrent/interkurrierend
hinzuzahlen: arrosieren
hinzuziehen; bestechen; anlocken: † attirieren
Hirnerweichung: Enzephalomalazie
Hirnhaut; Rückenmarkshaut: Meninx w { H.entzündung: Meningitis }
Hirnlosigkeit <> angeborenes Fehlen des Gehirns: Anenzephalie
Hirnrinde: Kortex m
Hirnströme <> Aufzeichnung der Hirnaktionsströme: Elektroenzephalogramm (EEG)
Hirntumor <> Geschwulst in Hirn, Auge oder Mark: Gliom s
Hirnwindung: Gyrus m (Gyri Mz)
Hirtendichtung; Schäferdichtung (friedlich-idyllisch): Bukolik
Hirtenflöte; Panflöte: Fistula
Hirtenstück; Schäferlied: Bergerette w {(histor.): Madrigal s}
Hitlisten: Charts
Hitze --> tropisch
Hitze (Entzündung) --> Wärme
Hitzebläschen --> Fieberbläschen
hitzig; glühend; eifrig: † fervent
hitzig; wütend: furios
Hitzschlag; Wärmestau: Heliosis
Hitzschlaggefahr <> Wärmestau im Körper bei hohen Außentemperaturen: Hyperthermie
Hobby <> Neigung; Hang; Vorliebe: † Penchant m / Tendre s --> Neigung
Hobbyfunk: Break s (breaken) {Funkgerät: Breake w}
hoch soll er leben!; Hunderttausend Jahre lebe er! (jap. Bez.): banzai/bansai! {h.s.e.l.(lat. Bez.): vivat (Vivat s) } {er/sie/es lebe, blühe und gedeihe! (Studentenspr.): vivat, crescat, floreat!}
Hochebene (span Bez.): Meseta w
Hochform <> in Bestform: optima forma
Hochheben (Psi) --> Anheben
hochkommen --> auftauchen
Hochkopf --> Spitzkopf
hochmütig; vermessen; überheblich; übersteigert: hybrid (Hybris w) --> Frevel --> maßlos
hochnäsig; eingebildet; überheblich; hochmütig: blasiert
hochprozentiges Getränk, alkoholisches: Hard Drink m
Hochrangiger <> hochstehende Person: † Sommität --> Persönlichkeit
hochrot: ponceau
Hochruf: Vivat s
Hochschule --> Universität
Hochschulviertel (Paris): Quartier latin s
höchstes Gut (christl. Philos. u. Theologie): Summum bonum s
Höchstgeschwindigkeit, Entfaltung der (Autos): Full speed w
Hochstimmung; Ausgelassenheit: Highlife s --> Heiterkeit
Hochstimmung; Erregung; Rausch: Kick m
Hochstimmung; heiter-zuversichtliches, augenblickliches Hochgefühl: Euphorie {H. erzeugendes Rauschmittel: Euphorikum}
hochwürdig; ehrwürdig (kath. Geistlichentitelzusatz): venerabilis (ven.)
Hochzahl (Math.): Logarithmus (log) / Exponent
hochzeitlich; ehelich: † nuptial --> Brautleute
Hochzeitsgedicht oder -lied (Antike): Epithalamion/-mium
Hocker: † Taburett
Höcker; Vorsprung (insb. an Knochen): Tuberkel m --> Auswuchs
Hoden: Orchis m (Orches Mz) / Testikel m (Testikel Mz) --> Keimdrüsen
Hodenbruch (Leistenbruch): Skrotalhernie
Hodensack: Skrotum s
Hof; Hofhaltung (franz. Bez.): Cour w {jmdm. den Hof machen: jmdm. die Cour machen}
Hof um etwas (z.B. um eine Lichtquelle oder einer Warze herum): Halo m (haloniert)
Hoffnung --> durch Mühe --> Zuversichtlichkeit
Hoffnungen; Bestrebungen; ehrgeizige Pläne: Aspirationen
hoffnungslos; verzweifelt: desperat
Hoffnungslosigkeit <> Sackgasse; Ausweglosigkeit: Impasse w --> Resignation
höflich <> sittsam; bescheiden: † modest
höflich <> wohlerzogen; nett; fein: † gentil frz
höfliche Geste; freundliches Entgegenkommen: Beau geste w
Höflicher --> Ehrenmann --> Kavalier
Höflichkeit; Anstand: Politesse/Zivilität
Höflichkeit; feines ritterliches Benehmen: Courtoisie
Höflichkeit --> Umgangsform
Hoftracht (histor.): Gala w
hohe Ansprüche befriedigend; perfekt (z.B. Salat, Wein): elegant
hohe Kopfform, abnorm; Turmschädel: Hypsizephalie/Turrizephalie
Höhe messen <> die Höhe eines Geländepunktes messen: † kotieren

hohe Persönlichkeit --> Hochrangiger

hohe Stimme; Sopran (auch schrille Sprechstimmlage): Diskant/Discantus m {laute, hohe Stimme (Gesang): Voce alte}

Hoheit (Kardinäle): Eminenz

Hoheitsgebiet eines Staates: Territorium

Höhenangst; Höhenschwindel: Hypsiphobie --> Schwindelgefühl

Höhenmesser (Luftdruck): Hypsometer s { H. (Wetterkunde): Altimeter s }

Hohepriester ◇ oberster Priester (griech. Antike): Hierarch

Höhepunkt: Klimax w (Klimaxe Mz)

Höhepunkt ◇ Durchlauf des H.es oder Gipfelpunktes: Kulmination

Höhepunkt; Gipfelpunkt (Erfolg,Entfaltung o.ä.): Zenit m

Höhepunkt; Glanzpunkt eines [kulturellen] Ereignisses: Highlight s

hoher Beamter --> Befehlshaber

hoher Lenker ◇ Zweiradfahrzeug mit hohem Gabellenker und Rücklehnsattel: Easy-rider/High-riser

hoher Rang; Auszeichnung: Distinktion

höhere Gewalt (Jur.): Vis major w / † Force majeur w

Höherentwicklung (Evolution): Anagenese

hohes Alter ◇ Langlebigkeit (Med.): Longävität

hohes Roß --> arrogante Haltung

hohl; vertieft; nach innen gewölbt; am Rand dicker als in der Mitte (Linsen, Spiegel etc.): konkav

Höhle --> unterirdisches Gewölbe

höhlenartig; buchtig --> schwammig

höhlenbewohnend (Tiere): kavernikol

Höhlenerforschung; Wissenschaft der Höhlen: Speläologie

Höhlenmalerei ◇ vorgeschichtliche Felszeichnung: Petroglyphe w

Höhlenmensch (Urgeschichte): † Troglodyt

Hohlform; Backform: Model m lat / Modul m lat [modul]

Hohlheit --> Nichtigkeit

Hohlkreuz ◇ Wirbelsäulenkrümmung nach vorn: Lordose

Hohlraum: † Kavität

Hohlraum (Med.): Cavum s (Cava Mz)

hohlraumreich (Gesteine): kavernös

Hohltier (Qualle,Polyp): Zölenterat m {systemat. Bez. der H.e: Hydrozoen Mz}

Holländer (scherzhaft): Mijnheer / † Mynheer

Hölle ◇ fürchterlicher Ort: *Locus horridus* m

Hölle (spätjüd.-neutestamentl. Bez.): Gehenna w

Hölle; Unterwelt: Inferno s

Hölle --> Totenreich

höllisch; qualvoll: avernalisch/avernisch

höllisch; teuflisch: infernal[isch]

Holz, sehr hartes ◇ extrem festes Preßvollholz: Lignostone s

Holzschneider: Xylograph {Holzschnitt und Holzschneiderei: Xylographie}

Holztäfelung: Paneel s (paneelieren)

Holzverkleidung täfeln, mit: † boisieren --> Wandverkleidung

Homosexualität ◇ das Bekennen zur H.: Coming-out s

Homosexualität ◇ extrem passive Sexualhaltung bei Männern: Effemination

Homosexualität; Geschlechtstriebumkehrung: Inversion (invertiert)

Homosexualität (Männer): Uranismus (Uranist/Urning m)

Homosexualität ◇ Neigung zu jungen Männern: Ephebophilie

Homosexualität ◇ verkappte, unbewußte und sublimierte H.: Homoerotismus {offene H.: Homoerotik}

Homosexualität zwischen Mann und Kind oder Jugendlichem: Päderastie (Päderast/Kinäde m)

Homosexualität --> Liebe unter Männern

Homosexualitätsangst; Abneigung gegen Homosexualität (krankhaft): Homophobie

homosexuell: homophil/unisexuell { h. veranlagt: urnisch}

homosexuell (männlich): gay (Gay m)

homosexuelle Neigung (Fachspr.): Homotropie

Homosexueller: Homorerot[iker]

Homosexueller mit extravaganten Verhaltensweisen, dandyhafter: Camp m (campy)

Honoratioren ◇ Stadtobrigkeit: † Munizipalität

Hopfen: Humulus m

hörbar und sichtbar, zugleich: audiovisuell

Horde (abw.): Korona {zügellose H.: eine Rotte Korah}

hörend --> gehörmäßig

Hörgerät für Schwerhörige: Audiphon

Hörkraft --> Gehörüberempfindlichkeit

Hormonkunde --> Drüsen

Horn : Corno s (Corni Mz)

Hornhaut ◇ Verhornung: Keratose {anomale H.bildung: Dyskeratose} {übermäßig starke Hautverhornung}

Horoskop: Kosmogramm

Hörrohr für Schwerhörige: Otophon s --> Hörgerät

Hörsaal: Auditorium {größter H. einer Hochschule: Auditorium maximum (Audimax)}

Hörstörung; falsches Hören: Parakusis/Parakusie

horten (Geld,Edelmetalle): thesaurieren {sinnlos gehortetes Geld: Juliusturm}

Hörvermögen des menschlichen Ohrs (Frequenzgang): Auditus m

Hospitalismus, extremer (Kleinkinder): anaklitische Depression

Hotel --> christliches Hotel --> Herberge

Hotelgewerbe; Gastgewerbe: Hotellerie

Hotelhalle: Lobby/Lounge w

hübsch ◇ lieblich: doux

Hubschrauber: Helikopter { H.landeplatz: Heliport m }

Hubschrauber ◇ Drehflügler; Tragschrauber: Autogiro s

Hüfte: Coxa w {Hüftgelenkschmerz: Koxalgie}

Hüfte; Gesäß: Ischium [iß-chium]

Huftiere: Ungulaten

Hügelgrab: Tumulus (Tumuli Mz)

Hühnerauge: Clavus m

Huldigung; Ehrerbietung: Hommage { H. für ... : Hommage à ... }

Hülle: † Enveloppe w
Hülsenfrüchtler (Erbse,Bohne,Erdnuß,Mimose etc.): Leguminose w {Frucht der H.: Legumen s (Legumen Mz)}
humorvoll ◇ possenhaft: burlesk
humorvoll --> heiter
humorvolle Erzählung; [Lehr]fabel: Apolog m
Humorvolles: Humoristikum
Hunde ◇ Lehre von Zucht, Dressur und den Krankheiten der H.: Kynologie
Hundeabrichtekunst (Jagd): Zynegetik
Hundeartige (systemat. Bez.): Kaniden
hundert... (Maßeinheiten): hekto...
Hundertjahrfeier: Säkularfeier/Zentenarium
Hundertjähriger: Zentenar
hundertstel... (Maßeinheiten): zenti...
hundertteilig: zentesimal
Hungern ◇ Selbstmord durch H.: Apokarterese
Hupe ◇ reichverziertes Signalhorn (Mittelalter): Olifant m
Hürde ◇ hohe Hecke als Hindernis (Pferderennen): Bullfinch m
Husten: Tussis w
Hustenmittel: Antitussivum {H.(insb. Salmiakpastillen): Cachou s} {H.; schleimlösendes Mittel: Expektorans (Expektoranzien/-rantia Mz) / Expektorantium (Expektorantia Mz)}
Hut: † Chapeau m
Hutgeschäftsinhaberin; Hutmacherin: Modistin
Hutschmuck ◇ [Ritter]helmschmuck: Zimier s
Hütte, primitive: Kabache/Kabacke
Hüttenkunde; Lehre von der Metallgewinnung und -verarbeitung: Metallurgie
Hydrokultur: Hydroponik
hypnoseähnlich; schlafähnlich (Bewußtseinszustände): hypnoid
Hysterie --> Zugroßwahrnehmen
hysterisch ◇ überspannt: exaltiert
Hysterische --> Wütende

I

Ich: Ego s
ich denke also bin ich (Descartes): cogito ergo sum
ich habe gesehen: † vidi (v.)
ich hab's!; ich habe es gefunden! (Erfinder- und Entdeckerausruf): heureka!
ich kam und sah und siegte (Cäsar): veni, vidi, vici
ichbezogen (nicht wie beim Egoismus vorrangig auf das Handeln bezogen, sondern bezüglich der Bewertung von allem auf die eigene Person): egozentrisch (Egozentrizität)
Ichform --> Autorensicht
ideales Betätigungsfeld; Traumland; Paradies; Wunschland: Eldorado/Dorado s
idealisieren, ein Denksystem (durch heimliches Verschwindenlassen unerwünschter Elemente): eskamotieren
Idee ◇ Gedankengebilde; Vorstellungswert: Ideologem s
Ideenloser ◇ jmd., der in seiner Theorie fremdes Gedankengut ohne eigene Ideen zusammenstellt: Eklektiker (Eklektizismus, eklek[tizis]tisch)
Ideenquelle; sagenhafte Quelle der Inspiration für den Dichter (griech. Antike): Hippokrene w
Ideensammeln --> spontanes Gedankensammeln
Ideenwelt; nur vernunftfaßliche Geisteswelt: Mundus intelligibilis m
Ideologe --> Vertreter
Ideologie --> Vollkommenheit
Ideologiehörigkeit --> Verzicht auf
Ideologiekritik ◇ rottet den niederträchtigen Aberglauben aus! (Voltaire gegen die kath. Kirche): écrasez l'infâme!
Idylle: Idyll s
Idylle ◇ Schauplatz idyllischen, glückseligen Landlebens: Arkadien
idyllisch; ländlich: pastoral
Ignorieren --> Sehstörung
Illustration ◇ Zierbildchen; Titelbildchen; Randverzierung (Druckschriften): Vignette
Illustrierte ◇ Regenbogenpresse; Klatschblätter: Yellow Press w
im allgemeinen: in abstracto
im allgemeinen; allgemein: in genere
im allgemeinen; allgemein gesehen: generaliter
im Ansatz ersticken -->Störung im Ansatz
im Augeninneren [gelegen]: entoptisch
im besten Glauben: optima fide
im eigentlichen Sinne ; schlechthin: katexochen
im folgenden; demzufolge: en suite
im Freien übernachten: biwakieren
im ganzen; in Bausch u. Bogen: en bloc
im Gegenteil: au contraire
im großen; im Großverkauf: en gros/ in grosso
im großen [und] ganzen: grosso modo {bezüglich Ablehnung oder Zustimmung: in toto}
im Kern; kurz und bündig; in Kürze: in nuce lat
im kleinen Maßstab: en miniature
im Körper [befindlich]: inkorporal
im Kreise herumfahren -->endlose Schleife
im nachhinein (Wirtsch.): ex post
im Namen des Herrn: in nomine Domini (I.N.D.)
im Namen Gottes: in nomine Dei [-- de-i] (I.N.D.) {islam. Ausdruck: bismillah}
im Notfall --> notfalls
im Ofen [gebacken]: au four
im Profil; von der Seite: en profil
im Rückstand; im Rest: † in saldo
im Stich lassen; bloßstellen: desavouieren
im voraus; im vorhinein (Wirtsch.): ex ante
im voraus; vorwegnehmend: † antizipando
im Weltraum --> außerhalb der Erde
im wesentlichen --> im Kern
im Zweifelsfall: in dubio { i.Z. für den Angeklagten:in dubio pro reo}
Image --> falsches Bild

Imbiß; Zwischenmahlzeit: † Kollation (kollationieren)
Imitationsprodukt; minderwertige Nachbildung: Imitat s
Immunität --> Giftunempfindlichkeit
Imperialist --> Großfürst
Impftherapie ◇ Behandlung einer Krankheit mit Stoffen, die durch die Krankheit im Organismus gebildet werden (z.B. mit Impfstoffen oder Antikörpern): Isopathie
Impfung: Inokulation
Impressum (Redaktion, Verlag): Editorial s
Impressum ◇ Verfasser-, Druckort- und Druckjahrangabe (mittelalterliche Handschriften oder Frühdrucke): Kolophon m
Improvisation ◇ improvisiertes zwei- oder dreiteiliges Klavierstück (Romantik): Impromptu s frz
Impuls; Anstoß; innerer Antrieb: Impetus m
in Abrede stellen --> verleugnen
in Abwesenheit [des Angeklagten]: in absentia {i.A.d.A. ein Urteil fällen: in contumaciam urteilen}
in aller Deutlichkeit: explizite
in Bausch und Bogen; im ganzen: en bloc
in bester Absicht ◇ im besten Glauben: optima fide
in böser Absicht; trotz besseren Wissens: mala fide
in der Eigenschaft als: qua
in der selben Weise --> gleichermaßen
in die Hose machen ◇ Angst vor Harndrang zur Unzeit: Urophobie
in die Länge ziehen; verewigen: eternisieren
in einem Akt; ohne Unterbrechung: uno actu
in einem gesunden Körper möge auch ein gesunder Geist wohnen (Juvenal): mens sana in corpore sano
in engem Kreis; in vertrauter Runde: en famille
in Erscheinung treten; eine Rolle spielen: figurieren
in erster Linie; vor allem: prinzipaliter
in Form --> optimal
in Gedanken; heimlich: † mental
in Gesamtheit; alle gemeinsam (Jur.): in corpore
in gewissem Sinne -->nicht ganz wörtlich
in kleinem Maßstab: en miniature
in Konflikt geraten: † konfligieren
in Marsch setzen, Soldaten: † instradieren
in Sicherheit: † in salvo
in übertragenem Sinne gebraucht: † figürlich
in vollem Laufe: en carrière
in voller Blüte ◇ mit gefüllter Blüte; mit üppigem Blütenstand (Gartenbau): flore pleno (fl. pl.)
in Wirklichkeit: realiter
Inbegriff: † Summarium
inbegriffen; einschließlich: implizite
Inbesitznahme; Aneignung; Besitzergreifung: Appropriation (appropriieren) --> Aneignung
Index der nach päpstlichem Entscheid für die Gläubigen verbotenen Bücher: Index librorum prohibitorum
Indianerzelt ◇ mit Leder oder Leinwand überspanntes kegelförmiges Zelt (Prärieindianer): Tipi s
Indigo: Indigotin s
indirekt ◇ mittelbar: † mediat
indirekter Beweis durch Zeigen der Unrichtigkeit des Gegenteils: apagogischer Beweis
indische Amtssprache: Hindi s
Indischer Ozean: Indik m
Indiz: † Indizium
Industriemagnat; Großkapitalist: Tycoon/ † Kommerzienrat
Infanterist: † Füsilier
Infanterist ◇ schwerbewaffneter Fußsoldat (griech. Antike): Hoplit
Infektion: Infekt m --> Wundinfektion
Infektionskrankheit, vom Tier auf den Menschen übertragbare: Zoonose
Information durch Bild und Ton: Audiovision
Informationsunterlage [für Tagungen oder Sitzungen]: Handout s
informierend: informell
informiert; gut unterrichtet; im Bilde: au fait
Informierung ◇ Benachrichtigung; Anzeige: † Notifikation
Infrarotfotographie ◇ bei der I. von Wärmestrahlen erzeugtes Bild: Thermogramm
Ingwer: Ginger m engl
Inhaftierung; Festnahme: Arretierung
Inhalt ◇ Gehalt; Aussage; Botschaft: Message w engl
Inhalt; Haltung; Sinn; Wortlaut: Tenor [tenor]
Inhalt oder Sinn einer Aussage (Logik): Intension
inhaltlich; sich auf den Inhalt beziehend: material
Inhaltsangabe, kurze: † Summarium --> Abriß
Inhaltsangabe, kurze und genaue (Aufsatz): Précis m
Inhaltsangabe, schriftliche: Konspekt m
Inhaltsangabe; Wertangabe (z.B. für den Zoll): Deklaration
Initiale, große, verzierte (alte Bücher o.ä.): Unziale w
Inkaufnahme, vorsätzliche --> Vorsatz
innen; inwendig: intus
Innenausstattung ◇ das Innere [eines Raumes]: Interieur s
Innenohrentzündung: Labyrinthitis
innere Angelegenheit: Internum (Interna Mz)
innere Haltung; Pose; Einstellung: Attitüde
innere Organe betreffend: intern
Innereien ◇ Geflügelklein (Gans, Truthahn): † Abatis m,s frz
innerer Antrieb; Anstoß; Impuls: Impetus m
innerlich; innerhalb des Körpers: endosomatisch
innerlich; verinnerlicht: internal
innewohnen; enthalten sein: immanieren (immanent)

innewohnend; an etwas haftend (Philos.): inhärent
Innung --> Körperschaft
ins Gleichgewicht bringen: äquilibrieren/ equi- --> Gleichgewicht
ins reine schreiben: † mundieren
Inschriftenkunde (altertumskundlich): Epigraphik
Insekt nach dem Larven- und Puppenstadium; Vollinsekt: Imago w (Imagines Mz)
insektenfressend (Tiere, Pflanzen): insektivor
Insektenkunde: Entomologie/Insektologie
Inselgruppe: Archipel m
Insellage: Insularität
Inserat; Anzeige: Advertisement engl
insgesamt ◇ Gesamtheit umfassend; ganzheitlich: totalitär
insgesamt; im ganzen: in globo/in summa --> allgemein
insgesamt ◇ im großen [und] ganzen: grosso modo {(bezüglich Zustimmung oder Ablehnung): in toto}
Insichgekehrtsein ◇ Konzentration des Interesses von der Außenwelt weg auf innerseelische Vorgänge [in Verbindung mit Kontaktscheu]: Introversion (introvertiert)
Inspirationsqelle ◇ sagenhafte Quelle der Eingebung für den Dichter (griech. Antike): Hippokrene w
Instandhaltung; Erhaltung: † Konservation
instinktbedingt (Biol.): instinktiv/instinktuell
instinktiv ◇ ohne Willensmitwirkung nur durch Vorstellungen ausgelöst (Bewegungen, Handlungen): ideomotorisch
Instrument, elektronisch klangerzeugendes: Elektronium
Instrumentalstück, kleines; kleines Gesangsstück: Kanzonetta/-tte
Inszenierung (Theater): Mise en scène w --> Bewegungsgestaltung
Intarsia: Intarsiatur
Intellekt; Verstand; Geistiges; Bewußtes: Nus/Nous m
intellektuell; geistig: zerebral
intellektuell; geistreich: sophisticated
intellektuelle Seite des Seelenlebens: Noopsyche
Intellektueller (iron.): Egghead/ High-brow m
Intelligenz --> Gehirnstruktur
Interesse --> Neigung
Interesselosigkeit ◇ fehlendes Verlangen (Med.): Inappetenz
Interessengegensätze --> Streiterei
Interessent ◇ Bieter; Bewerber; Kauflustiger: Reflektant
Internatsschüler: Interne/†Internist
Interview, Markt- und Meinungsforschung an Testpersonen durch: Field-work s
Interview --> Bericht
intolerant im Urteil; streng; keinen Widerspruch duldend; endgültig: apodiktisch
Intrigant; heimtückischer Gegner: † Kabalist {verschmitzter I. als Bedienste-

ter in der ital. Stegreifkomödie 16.-17. Jahrh.: Brighella m}
Intrige; hinterhältiger Anschlag; Rank: Kabale w († kabalieren/-lisieren) {I. schmieden --> Kniffe oder Tricks}
Inzuchtkreuzung [zur Leistungssteigerung]: Hybridisierung/Bastardisierung
I-Punkt, doppelter ◇ Zeichen in Form zweier Punkte über einem von zwei getrennt auszusprechenden Vokalen (z.B. naïf, Aleuten): Trema s
irdisch; weltlich; vergänglich; zeitlich: † temporell
Ire (scherzh. Bez.): Paddy m
irgendwie ◇ auf jede [erlaubte oder unerlaubte] Weise: † per fas et nefas lat
Ironie ◇ Wortfigur, die das Gegenteil des Gesagten meint: Antiphrase
ironisch ◇ spöttisch: mokant
irreal --> nicht wirklich
Irreführung ◇ Rätsel, das durch Fragen in die Irre führt: Vexierrätsel --> necken
irren ist menschlich: errare humanum est
Irresein --> Schwachsinn
Irrfahrt; lange Reise mit Schwierigkeiten: Odyssee w
Irrlehre ◇ Lehre, die von der offiziellen kirchlichen abweicht: Heterodoxie {Ketzerei: Häresie (Häretiker m)}
Irrtum --> Verwicklungsursache
irrtümlich gezahlt --> Zahlungsirrtum
irrtümlich; vergeblich: frustran
irrtumsunterworfen; dem Irrtum unterworfen: † fallibel
Islam: Islamismus (islamitisch)
isolieren, Flüssigkeiten voneinander (durch Verdampfen): fraktionieren
Isolierung Ansteckungsverdächtiger: Quarantäne
italienisches Sprachelement in einer anderen Sprache: Italianismus

J

J aussprechen, bestimmte Konsonanten als (z.B. bei Taille): mouillieren
Jacke mit Reißverschluß und engem Taillenschluß sowie Bündchenärmeln (Leder, Kord): Lumber[jack] m
Jagdfalke, abgerichteter, [männlicher] (Jägersprache): Terzel
Jagdhund: Hunter
Jäger, [leidenschaftlicher]: Nimrod
jäh --> heftig
Jahrbuch; Kalender: Annuarium {bebildertes J.: Almanach m }
Jahrbücher: Annalen
Jahresdrittel: † Tertial
Jahreseinkommen, das: Annuitäten Mz
Jahresringe ◇ Altersbestimmung durch J.: Dendrochronologie
Jahrestag; Gedächtnistag (kath.): Anniversar[ium]
Jahrestagkalender --> Gedächtnisfeierkalender
Jahrestrieb (mehrjährige Pflanzen): Innovationssproß
jahreszeitlicher Wechsel im Aussehen der Tiere: Temporalvariation
Jahrgang; Schulklasse: † Zötus m
Jahrhundert: Säkulum s
jährlich; alljährlich: † annuell
jährlich; aufs Jahr: pro anno (p.a.)
jährlich; für das Jahr: per annum (p.a.)
Jahrtausend: Millennium
Jähzorn ◇ plötzlicher Wutanfall (Med.): Raptus m (Raptus Mz) --> Raserei
jähzornig; aufbrausend: cholerisch {allgemein impulsiv: *affektlabil* }
jähzornig; zu plötzlichen Gewalthandlungen oder Kurzschlußreaktionen neigend (krankhaft): explosibel
Jähzorniger --> Kampfwütiger
jämmerlich; beweinenswert: lamentabel --> beklagenswert
Jammerrede; Klagelied: Jereminade
japanischer Kampfsport --> Kampfsport
Jargon; Slang; Gruppensprache: Argot m,s frz {Spracheigentümlichkeit oder Sprechweise einer Gruppe oder sozialen Schicht: Idiom s} --> Spracheigenheit
Jazz: Syncopated music
jazzähnlich: jazzoid
Jazzfan; Jazzmusiker (Jargon): Hipster
je zur Hälfte --> halbe-halbe
jedem das Seine: suum cuique lat
jeder nach seinem Geschmack; wie es jedem gefällt: chacun à son goût
jedermann; alle Welt: Krethi und Plethi
jemand --> ein gewisser Jemand
jenseitig; über die Welt hinausgehend: ultramundan --> außerweltlich
Jenseits; das jenseits der Erfahrung und des Gegenständlichen Liegende: Transzendenz
jenseits der Berge gelegen (Geogr.): transmontan
jenseits von Gut und Böse liegende Dinge; Wertneutrales: Adiaphora Mz
Jesu Wiederkunft z. Endgericht: Parusie
jetzig ◇ unverändert; im gegenwärtigen Zustand: in statu quo
jetzt erst recht --> erst recht
jeweils; jedesmalig: † respektiv
jiddisch reden: mauscheln
Jongleur; Taschenspieler; Zauberkünstler: Manipulator
Journalismus, skrupelloser („WILD-Journalismus"): Journaille w
jubelnd ◇ herrlich und in Freuden (ugs.): in dulci jubilo
Jucken ◇ Hautjucken, -kribbeln: Pruritus m / Formikatio w
Jude, armer: Mauschel
Judenstern; sechsstrahliger Davidsstern: Hexagramm
Judentum (Glaube): † Mosaismus
Jugend, elegante, leichtlebige, reiche: Jeunesse dorée w
Jugendgeschmack ◇ Orientierung an Geschmack und Stil der Jugend: Juvenalisierung
Jugendirresein: Dementia praecox w --> Pubertätskrise
Jugendkamerad ◇ Jugendgenosse: † Synephebe

jugendlich; für junge Menschen charakteristisch: juvenil (Juvenilität)
jugendlich (17.-20. Lebensjahr): adoleszent
jung ◇ unreif; unentwickelt (Med.): immatur
Junge --> Kleiner --> Prostituierter
junger Herr (engl. Anrede): Master
junges Mädchen; Fräulein: † Demoiselle
junges Mädchen,selbstbewußtes (England,Nordamerika): Flapper m
Jungfernhäutchen: Hymen s,m
Jungfrau ◇ Mädchen, welches sexuelle Kontakte ohne Koitus hat: Demi-vierge
Jungfrau Maria (frz. Bez.): Notre-Dame
Jungfrauengeburt (Rel.): Parthenogenese
Jungfräulichkeit: Virginität
Junggeselle; junger Mann: † Garçon {Junggesellin: † Garçonne}
Junggeselle; Unverheirateter: † Agamist
Jungsteinzeit: Neolithikum
Jüngstenrecht (Erbrecht): Minorat/Juniorat
Jüngster einer Gruppe (scherzh.): Benjamin
Jura; Rechtswiss.: Jurisprudenz
Jurist; Gutachter (Islam): Mufti
Jurymitglied: Juror
Justiz, gesteuerte -->Regierungseinwirkung
Jutegewebe in Leinenbindung, grobes (für Säcke etc.): Hessian s engl

K

Käfer: Koleopteren {K.kundler: Koleopterologe}
Kaffee ◇ Aufguß; wäßriger Pflanzenauszug: Infus[um] s
Kaffeekanne: † Cafetiere
Kahlheit (Haare): Alopezie {Kahlköpfigkeit: Calvities/Psilose/Psilosis}
Kaiser (Titel): Imperator {(Japan): Mikado/Tenno} {(Äthiopien): Negus} {Kaiserin: Imperatrix w} {kaiserlich: cäsarisch/imperial}
Kaiserschnitt: Sectio caesarea w
Kakaobaum: Theobroma s
Kaktus ◇ blattlose Pflanze: Aphylle w
Kalbleder: Boxcalf engl / Boxkalf s
Kalbsschnitzel, mit Käse und Schinken gefülltes: Cordon bleu s
Kalender; Jahrbuch: Annuarium {Wissenschaft von der Kalenderberechnung: Komputistik lat / Computistik}
Kalkulierbares; wägbare Dinge: Ponderabilien --> planen
Kaltblütigkeit: † Sangfroid s frz
kalte Speisen, Spezialkoch für: Gardemanger --> kühlen
Kälteempfindlichkeit, zu schwache: Kryästhesie
kälteliebend (Bakterien): psychrophil
kalter Wind aus dem Norden (dichter.): † Boreas m --> Küstenklima
Kameramann bei Filmaufnahmen: Operateur {Kamerawagen; fahrbares Filmkamerastativ: Dolly s}
Kamille: Matricaria w
kämmen ◇ striegeln (Pferde): kardätschen
Kampf; Schlacht: † Bataille {kämpferisch: kombattant} {K.lehre; Gefechtslehre: † Machetik} {Schlachtenlärm, K.lärm oder Siegesmusik darstellende Komposition: Battaglia}
Kampfplatz; Fläche: † Area w
Kampfrede; Strafrede: Philippika
Kampfsport, japanischer (Sammelbez. für Judo, Karate etc.): Budo s {Kampf; Wettkampf (insb. Boxen): Fight m} {Fechterabstand: Mensur}
Kampfteilnehmer; [Mit]kämpfer: Kombattant
kampfunfähig; schwer angeschlagen: groggy
Kampfwütiger; wild sich Gebärdender: Berserker
Kanal; Gang (insb. Drüsen): Ductus m
Kanal (ital. Bez.): Canale m
Känguruhs: Macropodiden {Beuteltiere: Marsupialier}
Kannibalismus: Anthropophagie
Kante; Saum (Kleider etc.): † Lisiere w
Kantinenverwalter auf Kriegsschiffen (Seemannsspr.): Bottelier/Bottler
Kanu: Canoe [kanu]
Kanzleistil: † Kurialstil
Kanzleistube: † Kanzellariat
Kanzler (engl. Bez.): Chancellor {K.-würde: † Kanzellariat}
Kapellmeister (insb. Jazz): Bandleader
Kapital ◇ Stammkapital (A.G.,GmbH): Nominalkapital {K.rückgewinnung nach Investierung: Pay-out/Pay-back s}
Kapitalist --> Bürgertum --> Industriemagnat --> Oberschicht
Kapitän, erfahrener, alter (große Schifffahrtslinien): Kommodore
Kapitel ◇ Abschnitt; Band (Schriftwerke): † Tomus m (Tom.) {K.; Hauptstück (Buch): Caput s (Capita Mz)}
kapitulieren; sich ergeben: Schamade schlagen / Chamade schlagen
Kapriole; närrischer Einfall: Gambade
kaputt --> endgültig --> heruntergekommen
Karatekämpfer: Karateka m
karg; knauserig; armselig: † mesquin (Mesquinerie)
Karriere ◇ häufig und in kürzeren Abständen vorgenommener Stellungs- und Firmenwechsel zwecks Aufstieg: Job-hopping --> Aufrücken --> Aufsteiger
Kartei; Zettelkasten: Kartothek {vorspringender Teil zur K.kartenkennzeichnung: Tab m engl/dt (Tabs Mz engl/dt)}
Kartenlegen (Wahrsagen): Kartomantie
Kartenspiel; Spiel: Jeu s {Karten aufdecken: taillieren} {Kartenhaufen; Kartenrest beim Geben: Talon m}
Kartentrick zur Beeinflussung des Mischens: Volte w --> Mogeln
Kartograph; Landkartenzeichner: † Mappeur
Käse (franz. Bez.): Fromage m {(ital. Bez.): Formaggio m}
Kasernieren: † Kasernement
Kasperle (franz. Puppentheater): Guignol m

Kasse (ital. Bez.): Cassa
Kassenzufluß; Überschuß eines Unternehmens (nach Abzug aller Kosten): Cash-flow m
kastanienbraun: maron
Kaste; Klüngel; Sippschaft: Koterie
Kasteiung; Abtötung der Begierden (Askese): Mortifikation
Kastration ◇ operative Hodenentfernung: Orchitomie --> Entmannung
Katakombe: Zömeterium/Coemeterium/Koemeterium
Katastrophe; schreckliches Geschehen für viele: Inferno s {[politische] K.: Armageddon s} {erdgeschichtliche K.; plötzliche Venichtung (Geol.): Kataklysmus} --> Untergang
Kater nach Alkohol- oder Drogengenuß: Hang-over m
katholische Kirche ◇ die eine k. und apostolische Kirche (Selbstbezeichnung der röm.-kath. Kirche): Una sancta w {streng päpstlich gesinnt: ultramontan (Ultramontane m)} {rottet den niederträchtigen Aberglauben aus! (Voltaire gegen die k. K.): écrasez l'infâme!} --> Kirche
Katzen und Katzenartige (systemat.Bez.): Feliden
Katzenmusik: † Charivari
kauen, Speisen langsam und gründlich: fletschern {auf den Kauakt bezüglich: mastikatorisch} --> Kaumuskel
Kaufbereitschaft --> positive Einstellung
kaufen ◇ anschaffen; erwerben: akquirieren
Kaufhaus (Orient,Mittelmeergebiet): Fondaco m
käuflich; feil; bestechlich: † venal
Kaufmann; Geschäftsmann: Negoziant {kaufmännisch; den Handel betreffend: merkantil[isch]} {kaufmännisch; geschäftstüchtig: merkurial/merkurisch}
Kaufzwang (krankhaft): Oniomanie
Kaugummi: Bubble-gum m,s/ Chewing-gum m
kaum feststellbar; nur andeutungsweise vorhanden; anklingend: atmosphärisch
kaum zu glauben: mirabile dictu
Kaumuskel: Masseter
Kautschuk: Gummielastikum
Kavalier; sich mit besonderer Höflichkeit um seine Dame kümmernder Mann: Galan (Galanterie) --> Ehrenmann
Kavalleriebefehlshaber (griech. Antike): Hipparch
Kegelförmigkeit: Konizität
kehl...: guttural... {Kehlkopf: Larynx m} {Kehlkopflaut: Glottal m} {Kehllaut; Kehlkopflaut: Laryngal m / † Laryngalis w}
Kehrseite: † Envers m {Blattrückseite (Handschrift,Buch): Verso s}
kehrt um!; tut Buße!: metanoeite!
Kehrwert (Bruch): reziproker Wert
keilförmig; zugespitzt (Med.): kuneiform
Keim betreffend: germinal {Keimung betreffend: germinativ} {Keimungsperiode der Pflanzen: Germination}
Keimdrüsen; Geschlechtsdrüsen: Germinaldrüsen/Germinalien/Gonaden
Keimesentwicklung von der Befruchtung bis zur Geschlechtsreife: Ontogenese/Ontogenie (ontogen[et]isch)
keimfrei: aseptisch (Asepsis) --> steriles Gehäuse
Keimschädigung: Blastophthorie
keimtötend; Mikroben tötend: mikrobizid {Wundinfektion verhindernd: antiseptisch} {k.es Mittel: Desinfiziens (Desinfizienzien/Desinfizientia Mz)} --> antibakteriell
kein bißchen; nicht das geringste: kein Jota / - Iota
kein Hunger ◇ Verlust des Nahrungsaufnahmetriebes: Anorexie
keine Krankheit hervorrufend --> ungefährlich
kelchartig (Blüten): calycinisch
Kellner; junger Diener: Ganymed {K. (franz. Bez.): Garçon} {K.in (span. Bez.): Camarera} {K. (span. Bez.): Camarero}
Kenner ◇ hervorragender Fachmann: Kapazität {jmd., der mit bestimmten Gegebenheiten vertraut ist: Konfident} {K.; Sachverständiger; Feinschmecker: Connaisseur} --> Hervorragender --> Wissensgebiet
Kenntnisreichtum; Gelehrsamkeit: † Erudition {Kenntnisse; Berufserfahrung: Background m} --> unbeirrbar
Kennzeichen; charakteristisches Merkmal oder Beigabe: Attribut s
kennzeichnen --> einstufen --> treffend schildern
kennzeichnende Größe (Physik,Technik): Koeffizient
keramische Erzeugnisse (jap. Bez.): Yaki s
Kerbe --> Einbuchtung
Kerl; Bursche: Kadett
Kern, harter (von Elementarteilchen): Hardcore m {Zellkern: Nukleus m} {kernlos (Zellen): akaryot} {unedler K. einer mit Edelmetall überzogenen Münze: Anima w} {K.punkt; Entscheidendes: Punctum saliens s} --> Fruchtkern --> Kernstück
Kernreaktor: Atombatterie w / Atommeiler m {Kernreaktionsteil (Reaktor): Core s} {Brennelementdurchbrennen bei Überhitzung (Kerntechnik): Burnout s} --> Atomreaktorunfall
Kernspaltung: Fission w engl
Kernstück; wesentlichster Teil: Essenz
Ketchup: Catchup/Catsup m,s engl
Kette ◇ Zugelemente wie K. oder Seil (Sammelbez.): Track m engl {Kettfaden: Chaine w}
Ketzerei; Irrlehre: Häresie (Häretiker) {Ketzerverbrennung; Ketzergericht: Autodafé s} --> andersgläubig
Keuchen ◇ übermäßig starke Lungenbeatmung: Hyperventilation
Keuchhusten: Pertussis
Keuschheit betreffend; das sechste Gebot betreffend (scherzh.): † in puncto puncti [sexti]
Kiefersperre; Kaumuskelkrampf: Trismus
Kiemen: Branchien
Kieselalge: Diatomee
Killer; Gangster: Gunman

Kimonogürtel, breiter, steifer (aus Seide): Obi m,s
Kind ◇ Abkömmling; Nachkomme: Deszendent {direkte Nachkommen eines Elternpaares: Filialgeneration} {lebhafte K.er; Rangen (ugs.,scherzh.): Trabanten} {K. zwischen Kleinkind- und Teenageralter: Greenager} {das Weiterbestehen kindlicher Merkmale beim erwachsenen Menschen (Med.): Atelie}
Kindbettfieber: Puerperalfieber
Kinderarzt: Pädiater {Neugeborenenspezialist (Arzt): Neonatologe}
Kinderfixierung, sexuelle (Erwachsene): Pädophilie (Pädophile/Pädosexuelle m)
Kinderhaß; Haß gegen [die eigenen] Kinder (krankhaft): Misopädie
Kinderlose ◇ Frau, die noch kein Kind geboren hat: Nullipara w
Kindermädchen; Erzieherin: Bonne {(im Kibbuz): Metapelet w} {Kinderpflegerin (engl. Bez.): Nurse} --> Erzieherin
Kindersprachwissenschaft: Pädolinguistik
Kindesmord: Infantizid m
Kindfrau, unschuldig-raffinierte und naiv-verführerische: Lolita w / Nymphchen
kindgerecht ◇ die Wissenschaft von Wachstum und Entwicklung des gesunden Kindes betreffend: pädologisch
Kindheit --> Keimesentwicklung
kindlich; dem Kind angemessen: infantil {kindisch; auf kindlicher Entwicklungsstufe stehengeblieben (abw.): infantil (Infantilist)} {Kindischsein bei geistigen Störungen: Puerilismus}
Kindmann, unbeholfen-charmanter: *Lolitus*
Kinn: Mentum (mental) {K.vorspringen: Progenie} {Haken (Boxen): Hook m}
Kino; Unterhaltungsfilm: Movie s
Kippwagen; Kippkarren (Erdtransporte): Dumper
Kirche: Ekklesia/Ecclesia {K. als Leib Christi: Corpus Christi mysticum s} {die kämpfende K. in der Welt: Ecclesia militans w} {theologische Lehre von der christlichen K.: Ekklesiologie/Ekklesiastik} {Priesterherrschaft; Regierung durch Geistliche: Hierokratie} {kirchlich gläubig: fideistisch}--> katholische
Kirche und Staat --> Trennung
Kirchendiener; Meßdiener: Mesner {Kirchendiener; Küster: † Kustos}
kirchenfeindlich: antiklerikal
Kirchenfestkalender: Heortologium
Kirchenjahr: liturgisches Jahr
Kirchenleitung ◇ Lehre von der K. und Gemeindeleitung (evang.): Kybernetik
Kirchenmusik: Musica sacra w
Kirchenoberer ◇ Priester (griech. Antike): Hierarch
Kirchenschatz ◇ Wertgegenstand in kirchlichen Schatzkammern: Zimelie/Keimelie w / Zimelium
Kirchenton (Tonart): Tropus m
Kirchenwandel --> Anpassung
Kirchenwechsel (insb. zur kath. Kirche): Konversion (Konvertit m)
kirschrot: cerise
Kittelkleid: Chemisierkleid
Kladde; unverarbeitete Aufzeichnungen: Adversaria/-rien {(Kaufmannsspr.): Strazze w}
Klage; Beschwerde: † Querulation
Klagelied; Jammerrede: Jereminade {K.; Trauergesang: Threnos m (Threnoi Mz)/ Threnodie} {K.er Jeremias: Threni} {K.; wehmütiges Gedicht: Elegie} {K.; Trauergedicht (engl. Bez.): Dirge s} {K. im Wechselgesang (griech. Tragödie): Kommos m}
klagend; traurig (Musik): lagrimando/ lagrimoso/lacrimoso --> schmerzlich
Klageschrift verfassen und bei Behörden einreichen: † libellieren
kläglich; bejammernswert: lamentabel {k.; erbärmlich: † pitoyabel} {beklagenswert; bedauernswert: deplorabel}
Klammer, geschweifte: Akkolade --> Gedankenstriche
klangähnliches Wort --> ähnlich lautendes Wort
Klangfarbe der [Gesangs]stimme: Timbre s frz / Timber m
Klangfülle, starke; große Lautstärke: Forte s {(Steigerung): Fortissimo s}
Klanginstrument ◇ selbstklingendes Musikinstrument (Glocke,Triangel,Gong etc.): Idiophon s
Klangkörper (insb. Saiteninstrument): Korpus s
klangnachahmendes Wort; lautmalender Ausdruck: Onomatopoetikon/Onomatopoetikum {Vorgang der Lautmalerei: Onomatopöie/Onomatopoesie}
Klappseite; formatgerecht gefaltete, sonst zu große Seite: Gatefold s
klar ◇ durchsichtig; durchscheinend: diaphan {k.; hell; durchsichtig; durchscheinend: limpid} {k.; lichtvoll: † lukulent} {k.; verständlich: luzid} {deutlich; offenbar: † palpabel} {k. erkennbar; offenkundig; handgreiflich: manifest} {es ist k. oder erwiesen: liquet} {k. und deutlich [abgegrenzt]: distinkt} {durch diese Ausführung ist das k. und deutlich; was zu beweisen war: quod erat demonstrandum (q.e.d.)} {k. und deutlich seine Meinung sagen: Fraktur reden} --> deutlich --> durchscheinend
Klarheit; Anschaulichkeit: † Konspikuität {K.; Deutlichkeit: † Perspikuität} {Entnebelungsanlage auf Flugplätzen: Fido w}
klarmachen; einsatzbereit machen (seemänn.): klarieren
Klarsichtfolie --> Kunststoffolie
Klartext reden ◇ deutlich und klar seine Meinung sagen: Fraktur reden {den Dämpfer abnehmen (Musik): via il sordino}
Klärung --> Reinigung
Klassenarbeit, unvorbereitet anzufertigende (insb. alte Sprachen): Extemporale s
Klassenjustiz --> soziale Ungleichbehandlung
Klassik ◇ alte Musik: Musica antiqua w
Klatschbase ◇ unbekümmert-munter Plaudernde: † Causeuse --> Skandalsammlung

Klavier: † Pianoforte s {elektrisches K.: Elektrochord s} {K.spieltechnik des schnellen Gleitens der Fingernägel über die Tasten: Glissando s}
Klebearbeit, zusammengesetzte (Kunst): Collage
klebebinden, Papierblock: lumbecken
Klebeetikett; Klebemarke (auf Produkten oder Verpackungen): Label s
klebend --> anklebend
Klebstoff: Adhärens s
Klee: Trifolium
Kleiderschrank; Speiseschrank o.ä. (Antike): Armarium
Kleidung --> Ausstattung
Kleidung, der beruflichen Stellung, einer bestimmten Gelegenheit oder Umgebung entsprechende: Habit s,m lat
Kleidung ◇ Mantel [oder Jacke] und Kleid aus gleichem Stoff: Komplet s frz
Kleidungszubehör, modisches (z.B. Gürtel,Schmuck): Accessoire {verspieltes modisches Kleidungszubehör: Chichi s frz}
klein ◇ ohne Vergrößerung nicht erkennbar (Gesteinsbestandteile): kryptomer --> unendlich klein werdend --> winzig
Kleinbahn: † Vizinalbahn
Kleinbuchstabe: Minuskel w
kleine Schamlippe: Nympha w (Nyphen Mz)
kleiner Junge (span. Bez.): Chico
kleines Gefäß: † Küvette
Kleinhirn: Cerebellum
Kleinigkeit; Belanglosigkeit; wegen Geringheit zu vernachlässigende Größe: Quantité négligeable w {Geringfügigkeit: † Exiguität} {K.en; Nichtigkeiten: † Minuzien}
Kleinigkeitskrämer: † Mikrologe
Kleinköpfigkeit: Mikrozephalie/Mikrokephalie (Mikrozephale/-kephale w/m)
Kleinkunstwerk; Nippes: Bibelot m {Kleinkunstgegenständesammlung: Bric-à-brac s} --> Ziergegenstände
Kleinlebewesenwelt: Mikrokosmus/Mikrokosmos {Kleinstlebewesen: Mikrobe w / Mikrobion s} --> pflanzlicher Mikroorganismus
kleinlich: † minuziös/minutiös {Kleinlicher; Einzelheitskrämer: † Mikrologe} {k.er Kritiker; Nörgler: Kritikaster}
Kleinod; Schmuckstück: Bijou m,s
Kleinwohnung: Flat s engl
Kleinwüchsigkeit, abnorme: Hyposomie (hyposom) --> Zwergwuchs
Klimaanlage: Airconditioner m / Airconditioning
klimabedingt; wetterbedingt: meteorotrop --> ungesundes Klima aufweisend
Klimakunde; Wetterkunde: Meteorologie
klimatische Heilbehandlung: Geotherapie
Klinkenputzen für Wahlpropaganda: Canvassing
Klischee, festes; traditionelles Denk- und Ausdruckschema in Form von Wendungen und Metaphern: Topos m (Topoi Mz)
Klistier: Klysma s / Irrigation
Klöppelspitze mit Blütenmuster: Chantillyspitze
Klößchen; Nockerln: Gnocchi Mz --> Knödel
Kloster: Konvent m / Zönobium {K.; Münster (lat. Bez.): Monasterium} {klösterlich; mönchisch: monastisch} {orthodoxer K.vorsteher: Hegumenos/Igumen m} {K.mönch: Zönobit}
Klubaufnahme ◇ Aufnahme in eine geistliche Körperschaft: † Ingremiation
Klubsessel; bequemer Sessel: Lounge-chair
Kluger; Könner; hervorragender Kopf (scherzh.): † Lumen s (Lumina Mz) {Scharfsinn: † Sagazität}
Klumpfuß: Talipes m
Klumphand: Talipomanus w
Klüngel; Kaste; Sippschaft: Koterie
Knappheit; Kürze: Brevität --> andeutungsweise --> kurz und bündig --> kurze und treffende
Knarren --> Knirschen
Knäuel (z.B. Darmschlingen): Konvolut s
knauserig --> karg
knechten; unterdrücken; tyrannisieren: knuten
Kneipe, kleine: Butike/Budike {anrüchige K.: Kabache/Kabacke} {Bierlokal: Brasserie} {Gasthaus; Herberge; Schenke: † Locanda} --> Weinstube
Knetmaschine: Mastikator {knetbare Masse; Brei (Med.): Magma s}
Knickerbocker --> Reithose
Kniefall; Verneigung bis zum Boden (orthodoxe Kirche): Metanoia w}
Kniescheibe: Patella w {Kniegelenkentzündung: Gonarthritis/Gonitis} {Kniegelenkszwischenknorpel: Menikus} --> Gelenkschmerz
Kniffe oder Tricks anwenden; Ränke schmieden: finassieren --> Anschlag, listiger --> Trick
knipsen; lochen: † kupieren
Knirschen (Knochenbruchenden,Sehnenscheiden etc.): Krepitation
Knöchel (Fuß): Malleolus m (malleolar)
Knochen (Med.): Os s (Ossa Mz) {K. betreffend: ossal/ossär} {K.wissenschaft: Osteologie}
Knochenbruch: Fraktur {K. ohne vollständige Durchbrechung des Knochens: Infraktion} {Wiedereinrichten eines Knochenbruchs: Taxis w} {angeborene Knochenbrüchigkeit: Osteopsathyrose}
knochenerweichend: osteomalazisch/osteomalakisch (Osteomalazie) {Knochenerweichung [durch Abnahme der Kalksalze]: Halisterese}
Knochenmark; Mark: Medulla (medullär) {K.serkrankung: Myelopathie}
Knochenwachstumsstörung; mangelnde Verknöcherung: Dysostose {Gewebsschwund; Knochenschwund: Rarefikation}
Knödel; Kloß: Dumpling m --> Klößchen
Knolle; Zwiebel (Pflanzen): Bulbus m
knollig; zwiebelförmig (Med.): bulboid/bulbös {Knollennase: Rhinophym s}
Knorpel: Cartilago w {knorpelig: kartilaginär}
Knospenschuppe (Pflanzenblüte): Tegment
Knötchenflechte: Lichen m
Knoten (Med.): Tophus m (Tophi Mz) {K.; Geschwulst; Anschwellung: Glomus s} {knotig (Med.): nodös}

Knoten ◇ [nicht beabsichtigte] Schlinge in einer Leine (Seemannsspr.): Törn m
Knotenpunkt --> Drehkreuz
knotiges Garn mit Schlingen: Bouclé s
Knüller; Exklusivmeldung: Scoop m
knusperig gebraten: rissolé
Koch einer Großküche; Speisewirt: Traiteur --> Küchenangestellte
kochen --> anrichten
kochen ◇ etwas langsam in einer Flüssigkeit kochen lassen: mitonnieren
Kochkunst, feine: Gastronomie
Kochnische; sehr kleine Küche: Kitchenette
Kochvorbereitung ◇ das Zurechtschneiden von Zutaten oder das Zurechtlegen von Küchengerät für einen akkuraten Kochvorgang (Gastronomie): Mise en place w
Kohlenstoff: † Carboneum
Kokain (Jargon): Charly m
Kollaborateur: Quisling
Kollaps; Schwächeanfall: † Kollapsus
Kollege; Mitarbeiter: Kollega m {Mitarbeiter: † Kooperator}
Kolonnenende: † Queue w
Kolumne; Druckspalte: Kolonne
Komiker ◇ Possenreißer: † Farceur
Kommandounternehmen ◇ militärischer Streifzug; begrenzte militärische Operation: Raid m engl
kommend; im Anmarsch (warnend): ante portas
kommenden Jahres: † anni futuri (a.f.)
Kommentar; Bericht: † Hypomnema s {[polemischer] Kommentar (Tageszeitungen): Glosse} {Eingeweihter, der Interpretationen und Urteile zu kommenden [politischen] Ereignissen abgibt: Augur}
Kommissar ◇ Untersuchungsbeamter für plötzliche und verdächtige Todesfälle: Coroner
Kommode --> Schränkchen
kommunal ◇ Gemeinde betreffend; nachbarlich; angrenzend: † vizinal
Kommunismus ◇ Angst vor roten Gegenständen (Med.): Erythrophobie --> Anhänger --> Rotblindheit --> Rotsichtigkeit
Komödie, derbe; Possenspiel: Harlekinade {kleine Komödie: Burletta} {Film mit völlig sinnloser Situationskomik: Groteskfilm} --> witziges Bühnenstück
Kompliment, galantes: Galanterie
kompliziert ◇ verwickelt; verdreht: † kontert --> schwierig
Komponist: † Kompositeur {K.; Musiker (bedeutend): Maestro} {kunstgerechter Kompositionsaufbau: Faktur / † Faktura}
Kompott aus verschiedenen Obstsorten, Gelee oder: † Panaschee/Panaché s
kompromißbereite Politik, auf Ausgleich bedachte (Louis Philippe ab den dreißiger Jahren des letzten Jahrhunderts): Justemilieu {Nachgiebigkeitshaltung; Beschwichtigung[spolitik]: Appeasement}
kompromißlos; unverbindlich; nicht umgänglich; unversöhnlich: inkonziliant {(insb. Politik): intransigent (Intransigent m)}
Konfessionswechsel --> Kirchenwechsel
Konfessionszwang ◇ wessen das Land, dessen ist die Religion: cuius regio, eius religio
Konflikt ◇ voller K.e; einen K. enthaltend: konfliktär {K.e erzeugend: konfliktiv} {in Konflikt geraten: † konfligieren} {innere K.auslebung; seelisches Abreagieren: Katharsis} {K.beilegung: Liquidierung/Liquidation}
konfus ◇ in der Gedankenführung unzusammenhängend; widersprüchlich: inkonsistent
königlich; fürstlich: regal
Konkretisierung; Vergegenständlichung: Reifikation [re-i -]
Konkurrenten --> Nachfolger
Konkurs ◇ in K. gehen: fallieren --> Geschäftsauflösung
Können; Zulänglichkeit: Suffizienz
Könner ◇ hervorragender Fachmann: Kapazität {Könner; Kluger; hervorragender Kopf (scherzh.): † Lumen s (Lumina Mz)}
Konservative ◇ äußerst rechter Flügel der K.n (England): Diehard m
konservative Einstellung ◇ Unbeweglichkeit als Geisteshaltung: Immobilismus --> Anpassungsverzug --> Klischee --> Tradition
konservieren ◇ erhalten; haltbar machen: präservieren
konstant; unveränderlich: anallaktisch/invariabel {(math. Größen): invariant}
Konsum ◇ das Nutzen der Güter, die der Befriedigung von Bedürfnissen dienen: Ophelimität {krankhafter Kaufzwang: Oniomanie} {Zins als Gegenwert für K.verzicht (Zinstheorie im vorigen Jahrhundert): Abstinenztheorie} --> genießerisch
Kontakt; persönlicher Umgang: Konnex m {Berührung zweier Kurven (Math.): Oskulation} {chemische Wertigkeit: Valenz} {einwertig (Chemie): univalent/monovalent} --> Insichgekehrtsein
Kontor: † Comptoir s
Kontrabaß: Violone m
Kontroll...: Check... {Kontrolleur (Technik): Checker m}
Kontrolle; [strenge] Aufsicht: Kuratel w
Konzentration ◇ Anspannung geistiger Kräfte auf ein bestimmtes Ziel: Intention {geistige Gesundheit; Zurechnungsfähigkeit: Imputabilität}
Konzentrationsschwäche; Unaufmerksamkeit; Unvermögen, sich geistig zu sammeln: Aprosexie --> Körper als Gefängnis --> Sprachfehler
konzentrieren, allmählich höher (insb. Salzsolen): gradieren
Konzept statt Fertiges (Kunstrichtung): Concept[ual]-art w
Konzernchef --> Wirtschaftsboß
Konzert, kleines: Concertino s
Konzertagent --> Theateragent
Konzertsaal; Tonhalle: Orpheum
Kopf (Med.): Caput s {K.losigkeit (Mißgeburt): Azephalie [nicht: azephal/akephal]} {abnorme Größe des Kopfes: Makrozephalie/-kephalie/Megalozephalie/Kephalonie w / † Kephalon s} {auffällige

WAS ESSEN DIE STUDENTEN ?
ECHO

KOMESTIBILIEN
ECHO
T. GAY

K.kleinheit: Mikrozephalie/-kephalie (Mikrokephale/-zephale w/m)} {kopfwärts gelegen: kranial} {zum K. gehörend: kranial}

Kopf-an-Kopf-Rennen ◇ Zieleinlauf, bei dem nur durch eine Fotografie der Sieger ermittelt werden kann: Fotofinish s --> totes Rennen

Kopfhautflechte: Mikrosporie

Kopfrechenschwäche ◇ Rechenschwäche (z.B. wegen Hirnkrankheit): Akalkulie

Kopfschmerz: Kephalgie {K. in beiden Kopfhälften: Amphikranie} {meist einseitiger, anfallartiger, heftiger K. [mit Sehstörungen und Erbrechen]: Migräne}

Kopie; Abschrift oder Nachschrift: Apograph[on] s {K.; Nachbildung; Abbild: Ektypus m}

Koralle ◇ Einzelpolyp der Korallen: Hydranth m

Koranauslegung; wissenschaftliche Erklärung und Auslegung des Korans: Tefsir/Tafsir m

Korbflasche: Demijohn m engl

Kornblume: Zyane

kornblumenblau: ultramarin

körnig; gekörnt: granulös/granulär {an der Oberfläche k. machen: gran[ul]ieren}

Körper als Gefängnis der Seele: *Soma sema* s

Körper (scherzh.): Korpus m {K. als Gegensatz zum Geist (Med.): Soma s} --> im Körper --> in einem gesunden --> Seele und Leib --> von innen

Körperbau (Med.): Konstitution {Körperaufbau[lehre]: Anatomie} {Körperaufbau[lehre] (Mensch): Anatomie/Anthropotomie} {K.lehre; Gestaltkunde (Tiere, Pflanzen, Menschen): Morphologie}

Körperbewegung: † Motion lat

Körperdeckung, volle (Boxen): Cover-up s

Körperende ◇ nach dem K. oder Organende hin gelegen: kaudal

Körperflüssigkeit (Med.): Humor [hu̲mor] --> Körpersaftlehre

Körperfülle --> Dickheit

Körperfunktionengleichgewicht (Temperatur, Blutdruck etc.): Homöostase/Homöostasie/-sis

Körpergeruch --> Geruch

Körperglied; Extremität: Membrum s

Körperinnere ◇ innerhalb des K.n: endosomatisch

Körperkälte; niedrige Körpertemperatur (abnorm): Hypothermie --> Winterschlaf

körperlich; materiell; stofflich (Philos.): hylisch

körperlich (Med., Psychol.): somatisch {k. bedingt oder verursacht: somatogen}

körperlos; unkörperlich (Philos.): asomatisch

Körpermessung; Gestaltmessung (Körper, Organe): Morphometrie {Wissenschaft von der K. und Lebewesenzählung: Biometrie/Biometrik}

Körpermitte ◇ zur K. hin gelegen: medial {in der K. gelegen: median}

Körperöffnung (Med., Biol.): Porus m (Pori Mz)

Körpersaftlehre; Lehre, nach der alle Krankheiten auf die fehlerhafte Zusammensetzung der Körpersäfte zurückzuführen ist: Humoralpathologie

Körperschaft; Innung; juristische Person: Korporation

Körpertemperaturerhaltung, normale: Isothermie {morgendliche Körpertemperatur (Frauen): Basaltemperatur} --> Körperkälte

Korpsgeist --> Standesbewußtsein

korrekt ◇ angemessen; richtig (Musik): giusto

Korrektor (Buchdruckfrühzeit): Kastigator

Kosename; Namenskurzform (z.B. Fina statt Josefina): Hypokoristikum

Kosmetiktasche --> Schminkkoffer

kostbar; glanzvoll: splendid lat

Kostenplanungsfachmann; Kostenrechnungsfachmann (Betrieb): Control[l]er

köstlich; sehr wohlschmeckend: deliziös {k.; herrlich duftend: ambrosisch}

kostspielig; teuer: expensiv

Kot ◇ Angst vor Berührung mit Fäkalien (krankhaft ausgeprägt): Koprophobie

Kot essen ◇ Neigung zum Essen von Kot (krankhaft): Koprophagie

Kot ◇ starkes Interesse an [eigenem] Kot (krankhaft): Koprophilie --> anale Wörter

Kot; Stuhl: Fäzes/Faeces Mz {K.; Auswurf: Dejekt s (Dejektion)} {K.ausscheidung: Defäkation (defäkieren/defäzieren)} {Kot und Harn: Fäkalien} --> Ausscheidungen --> Stuhlgang

Kot ◇ wissenschaftliche Untersuchung von K.: Skatologie

Koterbrechen (Darmverschlußfolge): Kopremesis w / Miserere s

kotig; kotartig: fäkal/fäkulent {k.; kothaltig: sterkoral}

Krabben; Krabbenfleisch (engl. Bez.): Crabmeat s

Krach; Lärm; Getöse: † Fracas m frz

Kraft berauben, der eigenen; des eigenen Wertes berauben: depotenzieren

Kraft; Eifer; Anspannung: Intension

Kraft; Vermögen; Möglichkeit; Fähigkeit (Philos.): Dynamis w

Kraftbrühe (Rindfleisch, Suppengemüse): Consommé / † Konsommee w,s

Kräfteverfall, leichter: Hyposthenie {geistig-körperlicher K.: Marasmus (marantisch/marastisch)} {körperlich-geistiger Kräfteverfall im Alter: Marasmus senilis} {K.; Schwäche; Blutarmut (infolge schwerer Krankheit): Kachexie}

Kraftfahrwesen: Automobilismus

kräftig; gesund: valid {Kraftfülle; Vollkraft (Med.): Sthenie} {sehr kräftiger Mann: Berserker} --> kraftvoll

kräftig; laut; stark (Musik): forte {(Steigerung): fortissimo} {k.; sicher; fest (Musik): fermamente} {k.; stark; energisch (Musik): vigoroso} {k.; wuchtig; mächtig (Musik): con forza}--> kraftvoll

Kräftigungsmittel (Med.): Roborans s (Roboranzien/Roborantia Mz) {kräftigend; stärkend (Med.): tonisch (tonisieren)}

Kraftlosigkeit; Schwächlichkeit: Asthenie {energielos: an[en]ergisch}
Kraftübertragung mittels Treibriemen o. ä.: Transmission
kraftvoll --> kräftig
kraftvoll; sehnig: nervig
kraftvoll; wuchtig: lapidar {k.; bewegt; schwungvoll: dynamisch}
Krallen ◇ abnorm starke Nagelbildung an Händen und Füßen: Hyperonychie
Kram --> Krempel
Krampf (Muskel): Krampus m {K.; Verkrampfung: Spasmus} --> Muskelkrampf
Krampfader; Venenknoten: Varix/Varize w (varikös) {K.leiden: Varikose}
krampfartig [zuckend]: konvulsiv[isch] {krampfartige Zuckungen; Schüttelkrampf: Klonus m}
krampflösendes Mittel: Antispasmodikum/ Antispastikum
kränkelnd; lustlos; elend fühlend: malad[e]
kränken; verletzten: † froissieren --> beleidigen --> Kränkung
Krankenbericht: Bulletin s {abschließender K. eines Arztes über einen Patienten: Katamnese/Epikrise} {Beratung mehrerer Ärzte über einen Krankheitsfall: † Konsilium} --> Krankheitsbeschreibung
Krankenhaus; Pflegeanstalt: † Charité w {K.insasse: Hospitalit}
Krankenhauspraktikum für Medizinstudenten: Famulatur {K. leistender Student: † Famulus/Famulant}
Krankenschwester und Sozialarbeiterin in einem: Hospitesse
Krankenseelsorge: Pastoralmedizin
Krankfeiern ◇ gewohnheitsmäßiges Fernbleiben vom Arbeitsplatz: Absentismus --> Krankmeldung
Krankheit: Morbus m {K.; Übel (Med.): Malum s} {organischer Fehler oder Defekt: Vitium} {Veränderung; Verschlimmerung (krankhaft): Alteration} {abgekürzt verlaufend (Med.): abortiv} {Abklingen der K.serscheinungen: Dekrement} {voll entwickelt; stark ausgeprägt; (von K.en): florid} --> Besserung --> Störung
Krankheit übertrieben darstellen: exaggerieren
Krankheiten verbergen oder verheimlichen: dissimulieren
Krankheitsanfälligkeit: Disposition
Krankheitsausbruchzeit ◇ Zeitraum zwischen Ansteckung und Ausbruch einer Krankheit: Inkubation[szeit] / Latenzzeit
Krankheitsbeschreibung: Nosographie --> Krankenbericht
Krankheitsbild, nicht voll ausgeprägtes; milder Krankheitsverlauf: Forme fruste w
Krankheitscharakter: Genius morbi m
Krankheitseinbildung --> Angst vorm Kranksein
Krankheitserkennung aus charakteristischen Symptomen: Pathognostik/Pathognomik {K.smerkmal: Diagnostikon/ Diagnostikum} {Unfähigkeit der K. an sich selbst: Anosognosie}
krankheitserregend: pathogen {medizinisch wirksamer Stoff; krankmachender Faktor: Agens s} --> ansteckend
Krankheitserregerausbreitung im Körper: Dissemination {Krankheitserregereindringen in die Blutbahn: Invasion}
Krankheitserregergefährlichkeit ◇ Widerstandsfähigkeit eines Mikroorganismus gegenüber äußeren Einflüssen (Med.): Tenazität
Krankheitsgefühl, grundloses: Hypochondrie (Hypochonder m)
Krankheitsherd; Infektionsstreuherd: Fokus m
Krankheitshöhepunkt; Fieberhöhepunkt: Akme w
Krankheitssymptome ◇ unvollkommen; unausgeprägt (bei K.n): fruste frz {unerwartet auftretendes Krankheitszeichen: Iktus m}
Krankheitsursache; schädigender Stoff oder Umstand: Noxe w {auf die K.n einwirkend: ätiotrop} {von unbekannter Entstehung (Krankheiten): kryptogen[etisch]} {Lehre von den K.n: Ätiologie} {die Gesamtheit der eine Krankheit verursachenden Faktoren: Ätiologie/ Pathogenese}
Krankheitsveranlagung; Neigung zu bestimmten krankhaften Reaktionen: Diathese {anlagemäßig bedingte Krankheitsneigung: Status}
Krankheitsverlauf ◇ Krankheitsprozeß aufhalten oder unterdrücken: kupieren --> zögernd sich entwickelnd
Krankheitsvorgeschichte: Anamnese
Krankheitswissenschaft; Lehre von der Krankheitsentstehung und der durch sie bewirkten Veränderung im Körper: Pathologie {systematische und beschreibende Krankheitslehre: Nosologie}
Krankheitszahl; Verhältnis Kranke-Gesunde: Morbidität
Krankheitszustandsverschlechterung: Depravation --> Verschlimmerung
Kränklichkeit ◇ Unwohlsein; Übelkeit: Malaise w {K.; Siechtum: Morbosität} {kränklich; krankhaft; angekränkelt: morbid} --> Schwächlichkeit
Krankmeldung: Sick-out s --> Krankfeiern
Kränkung: † Mortifikation --> kränken
Krapfen; Schmalzgebackenes mit Füllung: Beignet m
Krätze: Skabies w
Kräuter, fein gehackte (insb. mit Champignons oder Trüffeln): Fines herbes {mit frisch gehackten K.n: aux fines herbes} --> Gewürze
Kräuterauszug; Gewürzauszug: Mazerat s
Kräuterheilkundiger: Herbalist --> Naturheilmittel
Krebs; bösartige Geschwulst: Karzinom s/ Cancer m lat (Ca.) {Gewebe- und Organvergrößerung durch abnorme Zellenvermehrung: Hyperplasie} {Neubildung andersartigen Gewebes (insb. bei K.): Heteroplasie} {Tochtergeschwulst: Metastase}
Krebsangst ◇ Angst an Krebs erkrankt zu sein: Kanzerophobie/Karzinophobie
krebsartig: kanzerös/kankrös

krebserzeugend: kanzerogen/karzinogen {eine bösartige Geschwulst erzeugend: onkogen} {Krebserzeugendes (Strahlung, Substanz): Karzinogen s} {Krebsverstärker; krebsauslösende Stoffe: Cocarcinogene}
Krebsfrüherkennung --> Gewebeuntersuchung
Krebslehre (Erkennung, Behandlung): Kanzerologie
Krebstiere: Krustazeen
Kredit einräumen oder verschaffen: akkreditieren {K. gegen Verpfändung beweglicher Sachen: Lombard m,s} {bei Bedarf in Anspruch genommen werden könnende K.möglichkeit: Fazilität} {K.-hai; mitleidloser Gläubiger: Shylock} {ohne Aussicht auf Rückerstattung oder Gegenleistung (Zahlungen): à fonds perdu}
Kreide: † Krayon m
Kreis durchlaufend: enzyklisch
Kreis, kleiner; Ring (Med.): Circulus
Kreis; Zuhörerkreis; fröhliche Runde: Korona w
kreisähnlich (Med.): zykloid
Kreisdenken; Fehlschluß: Diallele w
Kreise ◇ einen gemeinsamen Mittelpunkt habend (K.): konzentrisch (Konzentrizität)
kreisförmig: zirkular/zirkulär {k.; kreisläufig; ringförmig: zyklisch}
kreisförmiges Bild (Format der Florentiner Kunst im fünfzehnten und sechzehnten Jahrhundert): Tondo s
Kreislauf (Blut, Luft etc.): Zirkulation {Regulationsstörung, z.B. K.störung: Dysregulation}
Kreisverkehr --> im Kreise herumführen
Krempel; Kram; Blödsinn (ugs.): Zinnober m
kreuzen (Rassen, Arten): bastardieren --> Inzuchtkreuzung
Kribbeln ◇ anormale Körperempfindung (z.B. Gliedereinschlafen, Kribbeln): Parästhesie} {K.; Hautjucken: Formikatio w}
Kriecher; Schmeichler: † Byzantiner (Byzantinismus) {demütig; niedrig: † humil (Humilität)} --> Anpasser
Kriechtierkunde (Reptilien, Amphibien): Herpetologie
Krieg: † Orlog m {Feindseligkeit: Hostilität} {Kampf; Schlacht: † Bataille} --> Kommandounternehmen
Kriegerdenkmal --> Heldendenkmal
kriegerisch; grimmig; wild; verwegen: martialisch
kriegsauslösendes Ereignis; Kriegsfall: Casus belli m
Kriegsdienst ◇ Militär[dienst] (Soldatenspr.): Barras m
Kriegsforschung; Konfliktforschung: Polemologie
Kriegsschiff: † Orlogschiff
Kriegstreiber; Kriegsanhänger und -befürworter: Bellizist
Kriegsverlierer ◇ vom besiegten Land gefordertes Geld: Kontribution
Kriminalpsychologie: forensische Psychologie
Krimskrams --> Krempel --> Trödel
Krise: Krisis {Stockung im Wirtschaftsleben: Engorgement} --> Männerkrise
Kritik der Kritik (Philos.): Metakritik
Kritik ◇ Rüge; Beanstandung; Mahnung: Monitum
Kritiker (abw.): Kritikus {Nörgler; kleinlicher K. (abw.): Kritikaster}
Kritiker um der Sache willen (ohne selbst der Gegenseite eigentlich zuzugehören): Advocatus Diaboli
kritisch; sehr problematisch: neuralgisch
kritische Schriften (Sammlung): † Kommentation
kritisieren ◇ tadeln; bemängeln; rügen; beanstanden: monieren {überstreng; tadelsüchtig: hyperkritisch}
kritzeln oder malen, nebenbei (z.B. beim Reden etc.): doodeln {absichtslos entstandene Kritzelzeichnung von Erwachsenen: Kryptographie}
Kronleuchter: Lüster
Kropf: Struma w
krümmen; drehen (Technik): torquieren {Krümmung: † Inkurvation} {Krümmung; gekrümmter Teil (Med.): Kurvator} --> Verdrehung; Verdrillung
Kruste ◇ mit einer K. überbacken: au gratin --> knusperig
Kruste; Schorf (Med.): Crusta
Küche, sehr kleine; Kochnische: Kitchenette
Küchenabfälle --> Unverwertbares
Küchenangestellte; Köche (Gesamtheit in einem Restaurant): Brigade --> Kantinenverwalter
Kugelarmbrust: Balester m
Kugelgelenk: Diarthrose
Kugelschreiber ◇ antikes Schreibgerät aus Schilfrohr: Calamus m
Kuhauge --> Ochsenauge
kühl; sachlich; nüchtern; anteilnahmslos: detachiert {k.; nüchtern (gehobene Sprache): † frigid[e]}
kühle Frau, berechnende, erotisch attraktive (Film): Vamp m
kühlen ◇ [in Eis] kalt stellen (Wein, Sekt): frappieren
Kühlschrank: Absorber engl {Gefrieranlage: Refrigerator lat}
kultiviert; weltgewandt: sophisticated
Kulturanpassung des einzelnen; das Hineinwachsen von jmdm. in die Kultur seiner Gesellschaft: Enkulturation --> Kulturgutübernahme
Kulturarroganz --> Nationalismus
Kulturblüte ◇ Epoche, in der Kunst und Literatur besonders gefördert werden: augusteisches Zeitalter
kultureller Zusammenbruch (Soziologie): Anomie
Kulturereignis --> Glanzpunkt
Kulturgutübernahme (durch Personen oder Gruppen): Akkulturation --> Kulturanpassung
kulturimmun ◇ von menschlichen Kultureinflüssen unbeeinflußbar (Lebewesen): hemeradiaphor
kulturliebend (Tiere, Pflanzen): hemerophil {durch den Menschen verbreitete Lebewesen (z.B. Kulturpflanzen, Ungeziefer): Anthropochoren}

kulturmeidend (Tiere, Pflanzen): hemerophob
Kulturteil einer Zeitung: Feuilleton s
Kummer; Verdruß: Chagrin m
kümmern ◇ sich genau auf etwas oder jmdn. als Mittelpunkt einstellen: zentrieren
Kunde --> Auftraggeber
Kundendienst --> verkaufsförderndes
Kundenwerbung durch Vertreter (z.B. Abonnementwerbung): Akquisition
Kundgebung; öffentliche Erklärung: Manifestation {Teilnehmer an einer K. oder öffentlichen Erklärung: † Manifestant}
Kundschafter; Aufklärer (Krieg): † Eklaireur
künftigen Jahres: † anni futuri (a.f.)
Kunst als Selbstzweck: L'art pour l'art s --> Geisteskranke --> häßliche
Kunstausstellung ◇ internes Fest zur Eröffnung einer K. mit geladenen Gästen: Vernissage
Kunstbegeisterung ◇ Bilderverehrung: Ikonolatrie/Ikonodulie (Ikonodule m)
kunstgerechter Kompositionsaufbau: Faktur / † Faktura
Kunstgönner; Gönner der Wissenschaften; Musenfreund: † Musaget
Kunstgöttinnen (griech. Antike): Musen
Kunstgriff --> Kniffe oder Tricks --> Trick
Kunsthandwerksprodukt --> Massenproduktion
Kunstkopfstereophonie: Dummy-head-Stereophonie
Künstlergesamtwerk: Œuvre s
künstlerisch [begabt]; kunstempfänglich: musisch
künstlerische Formgebung (charakteristische Art): Duktus m
Künstlerkreise außerhalb der bürgerlichen Gesellschaft; ungebundenes Künstlertum; unkonventionelles Künstlermilieu: Boheme w (Bohemien m)
Künstlername; Deckname (franz. Bez.): Nom de guerre m {Schriftstellerdeckname: Nom de plume m}
Künstlerunterschriftzusatz ◇ hat es gemacht: fecit (f./fec.) {hat es gegossen (auf Glocken oder gegossenen Kunstwerken): fudit (fud.)}
künstlich: artefiziell/artifiziell {Kunsterzeugnis; das durch menschliches Können Geschaffene: Artefakt s}
künstliche Befruchtung: Insemination {k. B. mit Ehemannsamen: homologe Insemination} {k. B. nicht mit Ehemannsamen: heterologe Insemination}
künstliche Verletzung oder Körperveränderung (Täuschungsabsicht): Artefakt s (artefakt)
künstlicher Mensch ◇ künstlich erzeugter Mensch: Homunkulus m {aus Lebendzellen künstlich entwickelter Mensch: Clonus m (Clonusse Mz)}
künstlicher Penis: Mandingo/Godemiché m {(aus Latex): Dildo m}
Kunstliebhaber: † Dilettant --> Kunstgönner
Kunstorgane ◇ Integrierung technischer Geräte in den menschlichen Körper als Ersatz oder Unterstützung: Cyborg m engl
Kunstsprachenlehre --> Welthilfssprachenlehre
Kunststoffolie zum Verpackungseinschweißen, durchsichtige: Blister m
Kunstunverständnis; Unfähigkeit, Musisches zu verstehen: Amusie {Kunstunverständiger; keinen Lebensstil Habender: Banause}
kunstvoll oder erfinderisch erdacht: ingeniös {langer, kunstvoller Brief: Epistel w}
Kunstwerk ◇ künstlerisches Erzeugnis: Realisat s {Kunstobjekt für alle Sinnesorgane (Sehen, Hören, Tasten, Schmekken etc.): Feelie s engl} --> Bildwerke --> Küstenbildnis --> Werk
Kupferstich: Chalkographie
Kuppe; abgerundete [Berg]kuppe: Kulm m,s
Kuppel: Kubba w {flache K. in der Architektur; Kugelabschnittfläche: Kalotte}
Kuriositätenkabinett oder Wachsfigurenkabinett: Panoptikum
Kurpfuscher; Quacksalber: Medikaster/ † Amethodist
Kurs oder Seminar mit freier Diskussion und Erfahrungsaustausch: Workshop m
Kursbestimmung und Standortbestimmung (See- und Luftfahrt): Navigation
Kursivschrift (franz. Bez.): Italique w
Kursnotierung (Börse): Quotation
Kurssturz; Preissturz: Deroute w
Kursusteilnehmer: † Kursist
kurz und bündig; in Kürze; im Kern: in nuce lat {k. u. b.; knapp [formuliert]: lapidar} {k.; gedrängt (Stil): konzis} {k.; knapp; nur andeutungsweise erwähnt: aphoristisch} {prägnante, kurze Ausdrucksweise: Brachylogie/Breviloquenz} --> Knappheit --> kurze und treffende --> Kurzfassungssucht --> kurzgefaßt
Kurzatmigkeit; beschleunigte Atmung: Tachypnoe w {K.; Atemnot: Dyspnoe} {K.; Engbrüstigkeit: † Brachypnoe} --> Atmungsverlangsamung
kurze und treffende Art des Ausdrucks: Lakonik --> kurz und bündig --> mit dürren Worten
kurze Verwirrung --> Benommenheit
kürzen! --> streichen!
kurzerhand: brevi manu (b.m./br.m.) {k.; von vornherein; ohne Prüfung in der Sache: a limine}
kürzester Weg entlang der Erdoberfläche zwischen zwei Punkten (Nautik): Orthodrome w
Kurzfassungssucht ◇ Sprechstörung mit Satzbauzerfall (z.B. Telegrammstil; Med., Psychol.): Paragrammatismus
kurzfingerig (Med.): brachydaktyl
Kurzform; durch schnelles Sprechen entstandene Verkürzung (z.B. ich geh' ersma weg): Allegroform --> Verkürzung
kurzgefaßt ◇ in kurzem: † in brevi {k.es Lehrbuch; Abriß: Kompendium}
Kurzinformation ◇ kurze Einweisung oder Lagesprechung (Militär): Briefing
kurzköpfig; rundschädelig: brachyzephal/brachykephal

Kurzschlußreaktion --> jähzornig
kurzsichtig (Med.): myop[isch] (Myopie, Myope w/m)
kurzzeitig bestehend; flüchtig; ohne bleibende Bedeutung: ephemer {vorübergehend; zeitweilig [auftretend]: temporär}
Küssen --> Lecken
küssen; umarmen: † embrassieren frz
Küstenbildnis; Hafenbildnis; Seestück (Kunst): Marine w
Küstenklima nahe kalter Meere [mit dichtem Küstennebel]: Garúaklima
Küstenland: Litorale s --> Uferzone
küstennah ◇ in einiger Küstenentfernung wasserseits: off shore
Küster; Kirchendiener: † Kustos
Kutsche, elegante: Equipage w {Kutschpferd: † Karossier m}

L

lachender Dritter: Tertius gaudens m
lächerlich: ridikül
lächerlich; absurd: grotesk
lächerlich machen; ins Lächerliche ziehen: travestieren
Lachgas: Stickoxydul s
Lachkrampf: Gelasma s
Lachmuskel: Musculus risorius m
Lachsalve; schallendes Gelächter: homerisches Gelächter
lackieren, farblos (Holz): lasieren
Lackschicht --> Farbschicht
Laden, kleiner: Butike/Budike
Ladenhüter: Restant m {nicht gängig; schwer verkäuflich: inkurrant}
Ladung ◇ Ladeverzeichnisse (Schiffe): Kontenten
Lage eines Organs in Beziehung zum Gesamtkörper: Holotopie
Lage, resultierende; Gruppierung (Zusammentreffen von Umständen): Konstellation
Lagebeschreibung; Beschreibung und Darstellung geographischer Orte: Topographie
Lagebesprechung kurze Einweisung (Militär): Briefing
Lager; Ferienlager: Kolonie
Lagerschein; Lagerpfandschein: Warrent m
lahm --> langsam
lahme Sprache, schleppend-buchstabierende: Bradyarthrie/Bradylalie --> langsames Sprechen
lähmen; schwächen (Med.): paralysieren
Lahmheit --> Antriebsmangel
Lähmung, doppelseitige: Diplegie
Lähmung eines einzelnen Gliedes o.ä.: Monoplegie
Lähmung, leichte: Parese
Lähmung ◇ Muskellähmung: Myoparalyse
Lähmung ◇ vollständige Bewegungslähmung: Paralyse/Paralysis
Laie; Ungelehrter: † Idiot --> Ungebildeter
Laienbruder (Mönchsorden): Frater

Lampe ◇ Kronleuchter: Lüster m
Lampenschirm: † Abatjour m
Land; Erde (Geogr.): Terra w
Land und Wasser --> Wasser und Land
Landaufenthalt; Sommerfrische: Villeggiatur it
Landbesitz --> Grundbesitz
Landeanflug: Approach m
Landenge [in der griech. Antike]: Isthmus
Landgut; Farm (Lateinamerika): Hazienda {L.besitzer: Hanziendero} --> Weingut
Landhaus; Häuschen: Cottage s engl {Feriensitz; kleines L.: † Vigne w} {L. mit Garten (Südamerika): Finca w}
Landkarte: † Mappa w {Landkartenzeichner: † Mappeur}
Landleben ◇ Schauplatz idyllischen, glücklichen L.s: Arkadien
landlebend; auf dem Erdboden lebend (Biol.): terrestrisch
ländlich; bäuerlich: † rural
ländlich; idyllisch: pastoral
Landsenke (unter dem Meeresspiegel): Depression
Landsmann: † Kompatriot
Landstraße; Hauptstraße: Highway m {Ortsverbindungsweg; Nebenweg: Vizinalweg}
Landstreicher: † Gyrovage lat
Landstreicher; Herumtreiber: Lumpazivagabundus
Landstreicher; umherziehender Gelegenheitsarbeiter (engl.Bez.): Tramp m († trampen)
Landstrich: Trakt m
Landvermesser: Geodät/Geometer (Geodäsie)
Landwirtschaft; Ackerbau: Agrikultur {Wissenschaft von L. und A.: Agronomie/Agrarwissenschaft}
Landzunge ins Meer (Seemannsspr.): Huk w (Huken Mz)
lange Reihe; Schlange: Queue w
lange Zeit --> auf viele --> Weltalter
Längenkreis (von Pol zu Pol): Meridian m
Längenmessung: Longimetrie
Längentreue; Längengleichheit (insb. bei Landkarten): Isometrie
langer Brief, kunstvoller: Epistel w
Langköpfigkeit: Dolichozephalie
Langlebigkeit (Med.): Makrobiose/Longävität {Lebensverlängerungskunst: Makrobiotik}
länglich; rechteckig: † oblong
längs...; längsgerichtet; in Längsrichtung verlaufend: longitudinal
längsachsig; achsrecht; in Achsenrichtung: axial
langsam entwickelnd, sich; langsam verlaufend (Krankheiten): chronisch
langsam fortschreitend; verweilend: statarisch
langsam (Musik): lentement frz/lentamente/lento/adagio/tardo {langsamst; breit; gedehnt: largo} {äußerst langsam: adagissimo/largo assai/largo di molto} {gemäßigt; mäßig schnell: moderato} {lahm; schleppend: zoppo} --> ruhig --> sehr langsam
langsamer werdend (Musik): rallentando

(rall.) / abbandono {nachlassend; l.w.; zögernd: [s]lentando/tardando} {breiter werdend; l.w.: [al]largando} {nur etwas breiter und l. werdend: larghetto} {leiser und l. werdend: calando/deficiendo}

langsames Sprechen: Bradyphrasie --> lahme Sprache --> Sprachstörung

Langsamkeit; Trägheit (z.B. Körperorganleistung): Inertie

Langweile: Ennui m,s frz (ennuyant, ennuyieren)

langweilen; dumm machen: † embetieren frz

langweilen, jmdn. mit einer Unterhaltung; eine langweilige, überflüssige Rede halten: † harangieren (*Harangeur*, *Harangeuse*)

langweilig ◇ einschläfernd; zum Schlaf führend: hypnagog[isch]

langweilig; ermüdend; lästig: † fatigant lat (fatigieren)

langweilig; widerwärtig: † fastidiös

langweilig --> Gähnkrampf

langweiliges Leben ◇ nur einmal im Leben blühend (Pflanzen): hapaxanth[isch]

läppisch; nichtig; unbedeutend: † futil

Lärm: Skandal († skandalieren)

Lärm; Getöse: † Fracas m frz

Lärm; Unruhe: † Rumor

Lärmempfindlichkeit ◇ Gehörverfeinerung infolge gesteigerter Hörnerverregbarkeit (krankhaft): Hyperakusie

lärmen: tumultieren / † spektakeln

lärmen; rumoren: ramentern

lärmen; toben: haselieren

lässig; nachlässig; formlos ungezwungen: nonchalant (Nonchalance w) --> locker

laßt uns beten! (kath.): oremus!

laßt uns trinken, also: ergo bibamus!

Last; Verbindlichkeit; Auflage; Bürde (Jur.): † Onus s (Onera Mz)

Lastenbefreiung; Befreiung oder Ausnahme von bestimmten gesetzlichen Pflichten: Exemtion (exemt, eximieren)

Lastensegler: Glider engl

Lastenträger (Naher Osten): Hammal

lasterhaft; fehlerhaft: vitiös

lasterhafte Haltung (kath.): böser Habitus

lästern; schmähen: † medisieren --> verachtet sei wer Böses dabei denkt

lästig; langweilig; ermüdend: † fatigant (fatigieren)

lästig; unangenehm; peinlich: genant

lästig; verdrießlich: ennuyant {unbequem: † inkonvenient}

lästig werden; ärgern: ennuyieren

lästig; zudringlich: † sekkant

Lästigkeit; Unbequemlichkeit: † Inkommodität

Lastkraftwagen (amerik. Bez.): Truck m {LKW-Fahrer (engl. Bez.): Teamster} --> Kippwagen

Lateinamerika: Iberoamerika

lateinische Sprachelemente oder Beugungen einbauende scherzhafte Dichtung: makkaronische Dichtung (makkaronisieren)

lateinisches Schrifttum, klassisches: Latinität

lateinisches Sprachelement in einer nichtlateinischen Sprache (Entlehnung): Latinismus

Lateinkönner ◇ Kenner der alten Sprachen: Humanist

Latzhose ◇ einteiliger Hosenanzug: Jumpsuit m

laue Gesinnung: Justemilieu s

Lauf --> in vollem Laufe

Laufbahn; Lebenslauf: † Kurriculum s

laufenden Jahres: † anni currentis (a.c.) { im laufenden Jahr: anno currente (a.c.) }

laufenden Monats: † mensis currentis (m.c.)

laugenhaft; basisch: alkalisch

Laune: Kaprice

Launen, [schlechte]: Vapeurs --> stimmungsschwankend

launenhaft; eigenwillig: kapriziös { l.; eigenwillig; scherzhaft (Musik): capriccioso }

Launenhaftigkeit ◇ Gemütskrankheit mit extremem Wechseln zwischen depressiven und [triebenthemmten] Hochstimmungsphasen: Manie {leichte Form: Hypomanie (Hypomaniker)}

Läusebefall (insb. Filzläuse): Phthiriase/-sis

laut; kräftig; stark (Musik): forte {(Steigerung): fortissimo} {mit voller Kraft (Musik): tutta la forza}

laut und leise, rasch nacheinander (Musik): fortepiano

Lauteinschub --> Zusatzlaut

läutern; reinigen: purgieren/purifizieren

Lauterwerden und Leiserwerden des Tons in der Musik, allmähliches: Messa-[di]voce s --> anschwellend

lautmalendes Wort --> klangnachahmendes

Lautstärke, große; starke Klangfülle (mus.): Forte s {(Steigerung): Fortissimo s}

laxe Führung --> freies Gewährenlassen

laxe Moral ◇ moraltheologische Richtung, die bei nur geringer Wahrscheinlichkeit des Erlaubtseins einer Handlung diese Handlung für erlaubt hält (von der kath. Kirche verurteilt): Laxismus

lebe wohl!: vale! († Valet s) {lebt wohl!: valete!} {lebe wohl!; lebt wohl!: farewell!}

Lebedame; leichtfertiges Mädchen (Paris 19.Jahrhundert): † Lorette --> leichtfertiges Mädchen

Lebemann: Bonvivant {vornehmer L.: Roué} --> Bruder Lustig

Leben ◇ auf L. oder Lebewesen bezüglich: biotisch

Leben; die belebte Welt als Kosmosteil: Bios m

Leben nach dem Tod (Philos.): Postexistenz

lebendgebärend: vivipar

lebendig ◇ deftig; derb; lebensvoll: pantagruelisch

Lebendigkeit; Beweglichkeit (temperamentabhängig): Agilität

Lebendigkeit; Schwung; Dynamik: Drive m

Lebensäußerung betreffend, die aktive: animal

Lebensbaum (Zypressengewächs): Thuja w
lebensbejahend --> lebenszugewandt
Lebensdauer ◇ Lebensverlängerungskunst (Med.): Makrobiotik
Lebenseinstellungswandel; Änderung der eigenen Weltanschauung (Philos.): Metanoia w
Lebensentscheidung --> Erlebnis
Lebensentstehung --> Urzeugung
Lebenserzeugung, künstliche (durch Genmanipulation): Cloning
lebensfeindlich; lebensschädlich: bionegativ
Lebensfeindlichkeit --> Weltfeindlichkeit
lebensfroh --> genießerisch
Lebensgemeinschaft von Tieren und Pflanzen in einem großen geographischen Raum (z.B. Regenwald): Biom s {L.; Gesellschaft von Pflanzen und Tieren in einem Lebensraum: Biozönose}
Lebensgesetze, Wissenschaft der: Bionomie
Lebenskraft; Lebensfunktion (Med.): Vita w --> Rüstigkeit
Lebenskraft ◇ Lebensspannkraft (Psychol.): Biotonus m
Lebenskraft; Rüstigkeit; Stärke: † Vigor m (vigorös)
Lebenskunst; feine Lebensart: Savoir-vivre s
Lebenslauf: Curriculum vitae s {Laufbahn; L.: † Kurriculum} {L. von Personen der Antike und des Mittelalters: Vita w}
Lebensmittel: Komestibilien / † Spezereiwaren / † Viktualien {Nahrungsmittel (Med.): Nutriment s} {pflanzliche L.: Vegetabilien} {nährwertarme, kalorienreiche L.: Junk-food m} {Verbrauchsgüter: † Konsumtibilien} { Mundvorrat (Truppe): Furage} {Brechmittel: Vomitorium/Vomitivum} --> tägliche Bedarfsgüter
Lebensmittelbeschaffung; Verpflegungswesen: Catering
Lebensmittelprüfung ◇ Lebensmittel nur mit den Sinnen prüfend (Geschmack, Aussehen, Geruch): organoleptisch
Lebensmittelvergiftung, bakterielle: Botulismus
Lebensraum einer Art: Biotop m,s
Lebensraum Erde: Ökumene w
Lebensregel; sittlicher Leitsatz; subjektiver Vorsatz: Maxime w
Lebenssinn als Glück des einzelnen oder der Gemeinschaft (philos. Lehre): Eudämonismus
Lebensstil, gepflegter; Vornehmheit: Fashion w (fashionabel/-ble)
Lebensunfähigkeit: Abiose/Abiosis
lebensunnotwendige Güter: Non-Essentials
Lebensunterhalt; finanzielle Leistung, Unterhaltsgewährung in Besoldungshöhe (Berufsbeamten): Alimentation
Lebensunterhalt; materielle Lebensgrundlage: † Subsistenz
Lebensverlängerungskunst (Med.): Makrobiotik {Verjüngungsmittel: Lebenselixier}
Lebensweisheit ◇ prägnant in Prosa formulierter Gedanke, der Erfahrungen, L.en oder ähnliches enthält: Aphorismus
Lebensweisheit, praktische; moralisches Exempel: Chrie w [chri-e]
lebenswichtig: vital {lebensnotwendig (Chemie,Biologie): essentiell}
lebenszugewandt ◇ nicht den Geist, sondern das Leben, seine Erhaltung und Steigerung in den Mittelpunkt stellend: biozentrisch --> begeistert
Leber: Hepar s
Leberfleck; brauner Hautfleck: Chloasma s {Schönheitspflästerchen oder -fleck (Wange): Mouche/Musche w}
Leberleiden: Hepatopathie {Leberentzündung: Hepatitis}
Leberschmerz; Leberkolik: Hepatalgie
Lebewesenwissenschaft: † Biontologie
lebhaft (Musik): vivace {etwas lebhaft (Musik): vacetto} {sehr lebhaft (Musik): vivacissimo} {äußerst lebhaft (Musik): [di] molto vivace} {lebhaft; belebt; beseelt (Musik): animato} {lebhaft; bewegt (Musik): mosso} --> schneller werdend --> Tempoangaben
Lebhaftigkeit; Munterkeit: † Vivazität --> Schwung
leblos; ohne Leben: abiotisch
Leck; Gewichtsverlust durch Leck: Leckage w frz {(franz. Bez.): Coulage}
Lecken; gegenseitiges Küssen der Genitalien: Lambitus m {Lecken der weiblichen Geschlechtsorgane: Cunnilingus s} --> Blasen
Leder abschleifen oder abschaben: dol[l]ieren
Leder ◇ feines Kalb-, Ziegen-, Schafleder: Kid s
Lederhaut der Wirbeltiere: Kutis w
Lederjacke --> Jacke
ledige Frau --> Junggeselle
leer; nicht vorhanden: vacat/vakat
leer oder unvollständig ausgefüllt (Urkunden etc.): blanko
leer stehen; unbesetzt sein: † vazieren
Leere; Nichtigkeit; Eitelkeit; Hohlheit (Philos.): Inanität (inan)
leere Worte; bloße Redensart: † Façon de parler
leerer Tank --> Treibstoffmangel
Leergut; Frachtverpackung: Fustage/Fastage
Leerstelle ◇ die Gesamtheit der möglichen Positionseinnehmer im Satz[teil] (z. B. ein Adjektiv in: Die ... Farbe des Autos): Klassem s
Leertaste ◇ Zwischenraum zwischen geschriebenen Wörtern: Blank s engl
Legende ◇ Gerücht: Fama w
Lehen, mittelalterliches: Benefizium/ † Benefiz s
Lehnsessel; Armstuhl: Fauteuil m {bequemer, zum Schlafen geeigneter Lehnstuhl: Dormeuse}
Lehrauftrag, akademischer: Dozentur
Lehrbefähigung: Fakultas/Fakultät/ † Facultas docendi w
Lehrberechtigung erteilen oder erwerben (Hochschule): [sich] habilitieren lat {Lehrerlaubnis (Hochschule): Venia legendi w}

Lehrbuch, kurzes; Abriß: Kompendium {Nachschlagewerk; wissenschaftlicher Abriß: † Promptuarium}
Lehre; Lehrhaftigkeit: Didaxe w
Lehre --> und die Moral von der
Lehren ◇ durch L. lernen wir: docendo discimus
Lehren, Lehre vom; Unterrichtskunde: Didaktik
lehren; unterweisen: † instituieren (Instituierung)
Lehrer: † Magister
Lehrer; Erzieher: † Präzeptor
Lehrer ◇ jmd., der Wissen und Information an Gruppen weitergibt und es dadurch vervielfältigt: Multiplikator
lehrhaft; belehrend: didaktisch
Lehrmeinung, von vielen eine; bloße Theorie (abw.): Ismus
Lehrplan; Lehrprogramm: Curriculum s
lehrreich; aufschlußreich: instruktiv
Lehrsatz; Glaubenssatz (als feste Richtschnur): Dogma
Lehrsatz (Philosophie, Math.): Theorem {Lehrsatzstreit (Rede und Gegenrede): Antilogie}
Lehrstück; Gleichniserzählung: Parabel (parabolisch) {Lehrfabel; humorvolle Erzählung: Apolog m}
Lehrstuhl: Cathedra w / Katheder s,m
Leibchen; knappes, taillenfreies Oberteil: Brassière w
Leibgarde eines Monarchen: Gardedukorps
Leibwächter: Bodyguard / Hartschier {L.; Diener (ehem. Fürsten): Trabant} {L.; Sklave (oriental. Herrscher): Mameluck}
Leiche wieder ausgraben (gerichtl. Untersuchung): exhumieren (Exhumation/ Exhumierung)
Leiche zergliedern: anatomieren / sezieren
Leichenöffnung zur Feststellung der Todesursache: Autopsie { gerichtlich angeordnete L.: Obduktion (obduzieren)} {Leichenöffnung; Totenschau: Nekropsie/Nekropie/Nekroskopie }
Leichenschändungstrieb, sexueller; auf Leichen gerichtetes Triebverlangen: Nekrophilie/Nekromanie
Leichenschauhaus [in Paris]: Morgue w
Leichenverbrennung: Nekrokaustie
Leichenzerfall --> Verwesung
leicht; schwerelos (Musik): con leggierezza {anmutig; l.; spielerisch; ungezwungen; perlend (Musik): leggiadramente/leggiadro/leggiero}
leicht verdaulich; ausschließlich dem Genuß dienend; anspruchslos (geistige Kost): kulinarisch
leichte Geburt: Eutokie
leichtfertig; bedenkenlos: frivol
leichtfertig; zügellos; ausschweifend; locker: libertin (Libertinage)
leichtfertiges Mädchen, junges: Grisette {leichtlebiges Mädchen: Midinette} {junge Frau, die sich nicht an Konventionen gebunden fühlt: Easy-going Girl} --> Lebedame
Leichtgläubigkeit: † Kredulität
Leichtigkeit; Gewandtheit; Umgänglichlichkeit: † Fazilität
Leichtsinniger; alles auf eine Karte Setzender: Hasardeur
Leid; tiefster Schmerz: Golgatha s
Leiden, Lust am --> Sadomasochismus
Leidende ◇ Maria im Schmerz um die Leiden ihres Sohnes: Mater dolorosa/ Dolorosa
Leidender; Geplagter; armer Teufel (ugs.): Lazarus
Leidenschaft; Besessenheit; Sucht (krankhaft): Manie --> Besessenheit --> Feuer
Leidenschaften: Affekte {Leidenschaftlichkeit; rasender Beifall: Furore w,s}
leidenschaftlich; bewegt (Musik): con affetto/affettuoso {erhaben; l.; pathetisch (Musik): patetico / pathétique} {stürmisch; l.; entfesselt; wild (Musik): con passione/appassionato/furioso}
leidenschaftlich einsetzen, sich; sich für etwas begeistern: † passionieren
leidenschaftlich erregt: enragiert { l. für etwas eingenommen: enragiert }
leider ◇ Gott sei's geklagt; es ist furchtbar, dies sagen zu müssen: horribile dictu
Leierkasten: Orchestrion
Leim (Chemie, Medizin): Kolla w
leimartig; zähflüssig: viszid/viskos
Leinwand, ungebleichte: Kreas s
leise ◇ schwachstimmig; feinstimmig: mikrophonisch
leiser und langsamer (Musik): calando/ deficiendo {abnehmend; l. werdend (Musik): mancando/decrescendo}
Leistengegend gehörend, zur: inguinal
Leistungsanreize durch wirtschaftspolitische Maßnahmen (z.B. Steuervorteil): Incentives engl
leistungsbezogen; durch Leistung bedingt: funktionell
Leistungsfähigkeit: Efficiency/Effizienz w /Potential s / † Prästanz w
Leistungsfähigkeit des Menschen, durch Veranlagung oder Schulung hervorgebrachte: Ability
Leistungsfähigkeit ◇ Lebensspannkraft (Psychol.): Biotonus m
Leistungsfähigkeit ◇ Wissenschaft von den Möglichkeiten und Grenzen der L. des arbeitenden Menschen und von der optimalen Anpassung von Arbeitsbedingungen und Mensch aneinander: Ergonomie/Ergonomik
Leistungsnorm, niedrige --> Schonung
Leistungsstand --> Niveau
leistungssteigernd (Med.): ergotrop
Leiter: † Echelle w
Leiter; Vorgesetzter (DDR): Natschalnik
Leitfaden ◇ kleines Anfängerlehrbuch: † Tirocinium
Leitfaden; Ratgeber, den man mit sich tragen kann: Vademekum s
Leitfaden; Richtschnur: Kanon m
Leitfaden --> Handbuch
Leitlinie --> Fluchtlinie
Leitsatz; Glaubensbekenntnis: Kredo s
Leitsatz, sittlicher; subjektiver Vorsatz; Lebensregel: Maxime
Leitton (in der Musik): Note sensible
Leitung ◇ Verwaltung; Führung: Gestion

{unter jmds. Schutz oder L.: unter jmds. Auspizien}
Lendenschmerz: Lumbalgie {Hexenschuß: Lumbago w}
Lendentuch (Indien): Dhoti m
lenken, gezielt etwas; politische oder geistige Strömungen in eine bestimmte Richtung lenken: kanalisieren
Lenkrad: Volant m frz
Leopard: Pard[el] / Parder
lernen ◇ durch Lehren lernen wir: docendo discimus
Lernkunst; die Kunst des Einprägens durch besondere Lernhilfen: Mnemotechnik/Mnemonik (mnemotechnisch/mnemonisch) --> Gedächtnis
Lernstoff: Memorierstoff
lernwillig ◇ in der Absicht, sich zu informieren: informell
lesbische Liebe: Sapphismus/Tribadie/Tribadismus {Lesbe: Tribade/Urninde} {Lesbe in aktiver Rolle: Urlinde}
Lesepult; Vorlesepult (für vorgeschriebenen Bibelabschnitt): Lektionar[ium]
Leseratte; leidenschaftlicher Bücherleser: Bibliophage
Leserbegrüßung ◇ Wohl[ergehen] dem Leser (L.sformel in alten Schriften): lectori salutem (L.S.)
Leseschwäche oder Schreibschwäche: Legasthenie {Lesestörung: Dyslexie} {Lesestörung mit Verwechslung der gelesenen Wörtern: Paralexie}
Lesetherapie; Förderung der [seelischen] Gesundung durch spezielle Lektüre: Bibliotherapie
letzte Kontrollen vorm Raketenstart: Countdown m,s
letzte Möglichkeit --> letztes Mittel
letzten Jahres: † anni praeteriti (a.p.)
letzter Schliff; Vollendung: Finish s
letzter Schrei (insb. Mode): Dernier cri m
letzter Termin --> Termin
Letzter Wille ◇ letzte Verfügung (vor Zeugen abgegebene): † Kodizill s
letztes Mittel, äußerstes; einzig noch erfolgversprechender Weg: Ultima ratio w
--> Lösungshilfe

leuchten ◇ bei Bestrahlung aufleuchten (bestimmte Stoffe): fluoreszieren
Leuchten, kaltes (z.B. Phosphor im Dunkeln): Lumineszenz
Leuchten --> Lichtausstrahlung --> Rückstrahlvermögen
leuchtend; lichtvoll; vortrefflich: luminös
leuchtend, ruhig-gedämpft farbig: bengalisch
Leuchtschrift: Illumination
Leuchtturm: † Pharus/Faro m
leutselig; gesprächig: † affabel
leutselig; wohlwollend: jovial
Lexikon zur Erklärung alter Schriften: † Clavis w
Lexikon --> Wörterbuch
Lexikonschreiber: Lexikograph
liberal, extrem: liberalistisch
liberal, mit straffer Ordnung: ordoliberal
liberal ◇ nach eigenem [Lebens]maß: idiorrhythmisch
Liberaler (Kultur) --> Toleranter
Liberalität --> Gesetzesabweichung --> laxe Moral
licht --> hell
Lichtausstrahlung von Lebewesen, auf biochemischen Vorgängen beruhende: Biolumineszenz
Lichtbrechung: Refraktion {Lichtbrechungslehre: † Dioptrik}
lichtecht; farbecht (Textil): indanthren
Lichteffekt (Bilder,Fotos): Highlight s
Lichtkreis; schimmernder Hof um eine Lichtquelle: Halo m
lichtliebend (Tiere,Pflanzen): photophil
Lichtreflexionslehre: † Katoptrik
lichtreich (Wasserzonen): euphotisch
Lichtreklame ◇ Leuchtschrift: Illumination
lichtscheu: photophob {Sonne meidend (Pflanzen,Tiere): heliophob/photophob}
Lichtschimmer ◇ kleinster noch empfindbarer Sehreiz: Minimum visibile
Lichtsetzmaschine: Monophoto w
Lichtstrahlenablenkung: † Deflexion
lichtstrahlend; himmlisch: empyreisch
Lidschatten (flüssiges Kosmetikum): Eyeliner
Liebchen: † Mignonne
Liebe ◇ jmdn. mit seiner L. erdrückend aus Angst, verlassen zu werden: oknophil
Liebe ◇ Liebschaft betreffend: amourös
Liebe unter Männern: Amour bleu
Liebe, zärtliche; Zärtlichkeit: † Tendresse
Liebe zu Gott: Agape
Liebe zu reiferen Männern: Androphilie
Liebe zu Sündern --> Gottes Liebe
Liebe zum Schicksal --> Unausweichliches
lieben, etwas --> hingezogen fühlen
lieben ◇ [geheime] Liebschaft haben: † karessieren
liebenswürdig; gewinnend: charming
liebenswürdig; zärtlich; lieblich(Musik): amabile
lieber ◇ vorzugsweise: † par préférence
Liebesbrief, kleiner: † Billetdoux s
Liebesenttäuschung (Folge) --> Selbstliebe
Liebesentzug ◇ Mangel; Entzug; Verlust [von Erwünschtem]: Deprivation
Liebeskunst: Ars amandi w
Liebesverhältnis; Liebschaft (nicht standesgemäß): Liaison
Liebeswahn; Steigerung des Geschlechtstriebs (krankhaft): Hypererosie --> Erotiküberbetonung --> Geschlechtstrieb --> Sexbesessenheit
Liebhaber der Ehefrau, [insb. der vom Ehemann anerkannte]: Cicisbeo it --> Günstling
Liebhaber, feuriger südländischer: Latin Lover / Papagallo
Liebhaber; Freund (iron.): Galan
Liebhaber; Geliebter: Amant frz
Liebhaber; Höfling: † Kurtisan
Liebhaber (Theater): † Amoroso
Liebhaberwert: † Affektionswert
liebkosen; schmeicheln: † kajolieren / karessieren --> zärtlich
lieblich: doux
lieblich; anmutig: amön
lieblich; einschmeichelnd; angenehm (Musik): suave
lieblich; sanft; süß; weich (Musik): dolce {(Steigerung): dolcissimo}
lieblich; zärtlich; liebenswürdig (Musik): amabile/vezzoso --> sanft
Liebling; Günstling: Mignon
Liebling; Schätzchen; Süße[r]: Honey m
Lieblingsaufenthalt: Tuskulum --> Ruheort
Lieblosigkeit --> Taktlosigkeit
Liebschaft, [unernste]: † Poussage/Poussade
Lied; Gesang; Melodie: Melos s
Lied, leichtes, heiteres, empfindungsvolles: Kanzone w {komisches oder frivoles Liedchen: Chanson[n]ette} --> Gesangsstück
liedhaft: melisch
Lieferschein; Warenrechnung: Faktur/ † Faktura w
Liege ohne Rückenlehne, niedrige, gepolsterte: Divan/Diwan m {(mit Kopflehne): Chaiselonge / † Chaise w} {niedriges L.sofa: Ottomane w}
liegend: horizontal {liegende Situation (Bett etc.): *Horizontale* w}
liegende Acht (math. Kurve höherer Ordnung): Lemniskate w
Liegenschaft; großer Land- oder Forstbesitz: Latifundien
lila ◇ Dunkellila: aubergine --> blauviolett --> hellblau
lilarot: zyklam
Linden (systemat. Bez.): Tiliazeen
lindernd; mild (z.B. Salben): leniens/lenitiv {schmerzlindernd; l. (nicht heilend): palliativ (Palliativ[um] s)}
lindernde Mittel: Demulzentia/Demulzentien {Linderungsmittel; Beruhigungsmittel: Mitigans s}
Linderung ◇ Abschwächung; Milderung (Med.): Mitigation
Linien ◇ Gesamtheit der L. in ihrer besonderen Anordnung oder eigentümlichen Verlauf (bildende Kunst): Lineament lat --> verschlungene Linienzeichnung

linienförmig; geradlinig: linear/liniar
Linientreue ◇ strenge Regelbefolgung (z.B. Mönchsorden): Observanz (observant)
links; linkerhand (Med.): sinister
linkshändig zu spielen (Musik): mano sinistra (m.s.) / sinistra mano (s.m.) / colla sinistra (c.s.)
Linkshändigkeit --> Händigkeit
linksradikale Ideologie und Bewegung links der Kommunistischen Partei (Frankreich): Gauchismus
linsenförmig (Med.): lentikular/-kulär
Lippe: Labrum (Labren/Labra/Labien Mz, labial) {abnorme Lippenkleinheit: Mikrocheilie} {abnorme Lippenverdickung: Makrocheilie} --> Schamlippen
Lippenstift ◇ gallertartiges Kosmetikum, welches den Lippen Glanz verleiht: Lip gloss s
Lispeln: Sigmatismus
List --> Anschlag, listiger
Liste anlegen --> Register anlegen
listig; hinterhältig; teuflisch: mephistophelisch
listig; verschmitzt: † panurgisch
listiger Betrüger: † Partitenmacher
literarisch gestalten: † traktieren
literarisch; schöngeistig: belletristisch
Literatur, schöngeistige, erzählende; Unterhaltungsliteratur: Belletristik --> Schundliteratur
Literatursachverständiger: Arbiter litterarum
Litze; Borte; Tresse: Galon m / Galone w
Lob ◇ betonte, [überschwengliche] Lobeserhebung und Anerkennung von einer Person zur anderen: Eloge w frz --> Beweihräucherung --> Huldigung --> Verehrung
loben: † laudieren
löblich; lobenswert: laudabel {lobenswert; rühmlich: † prädikabel}
Loblied; begeisternde Würdigung: Dithyrambe w / Dithyrambus m {jüdischer Lobgesang (an hohen Festtagen die Psalmen 113-118): Hallel s}
lobpreisen; segnen: benedeien
Lobrede: Elogium s / Laudation {würdigende L. bei Preisverleihungen o.ä.: Laudatio (Laudator)}
Lobrede; Lobgedicht; Festrede (griech. Antike): Panegyrikos m (-koi Mz) / Panegyrikus m (-egyriken/-egyrizi Mz)
Lobrede; Lobschrift: Enkomion/Enkomium {Kunst der Lobpreisung in Rede oder Gedicht: Enkomiastik}
Lobredner: Enkomiast (panegyrisch)
Loch; Lücke; Öffnung (Med.): Foramen s
lochen; knipsen: † kupieren
Lochkarte (EDV): Hollerithkarte {Lochstreifen; Magnetband: Tape s,m}
lockendes Reiseziel --> Pilgerstätte
locker kontrollierend, nur (Führungsstil etc.): permissiv --> freies Gewährenlassen
locker; leichtfertig zügellos; ausschweifend: libertin (Libertinage) --> lässig
Lockspitzel: Agent provocateur {Polizeispitzel: † Vigilant}
Lockstoffe zur Insektenvertilgung: Attractants
Lockung; Reiz: Attrait m
Lockvogel, künstlicher (Jagd): † Balban
Logik ◇ das Logische an einer Sache; der logische Charakter eines Sachverhalts: Logizität
Logik, formale; mathematische Logik: Logistik
Logikfeindlichkeit; Abneigung gegen vernünftige sachliche Auseinandersetzung: Misologie
Logikliebe ◇ Überbewertung der Logik: Logizistik/Logizismus --> Haarspalterei
logisch fortschreitend; nicht intuitiv (Philos.): diskursiv
logische Unlösbarkeit oder Schwierigkeit eines Problems: Aporem/Aporisma
Lohn; Gehalt: Salär s {für den Lebensunterhalt nötiger minimaler L.: Living-wage s} --> Lebensunterhalt

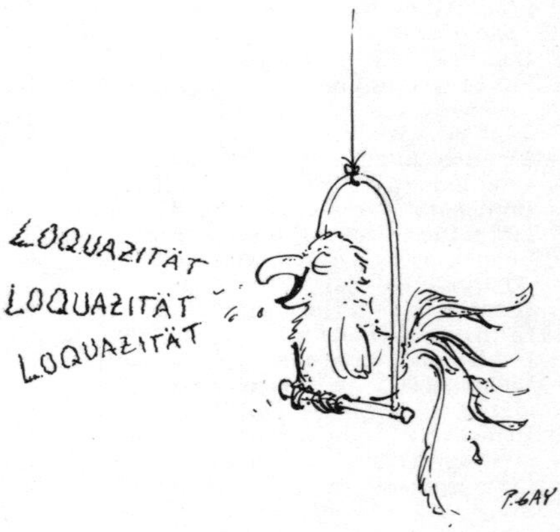

Lorbeerbaum: Laurus (Laurus[sse] Mz)
los! (russ. Bez.): dawai!
los!; vorwärts!; laßt uns gehen!: allons!
Löschung ◇ Ungültigmachung: † Invalidation (invalidieren)
Loseblattsammlung: mobiles Buch
Lösegeld; Sühnegeld; gütliche Beilegung eines Rechtsstreits: † Komposition
losgehen ◇ abmarschieren; aufbrechen: † delogieren
löslich; auflösbar; zerlegbar: dissolubel
löslich (Chemie): solubel/solubile/solvabel {leicht l.: lyophil} {schwer l.: lyophob}
loslösen, sich; trennen; entfremden: dirimieren
Lösung (Problem) --> Ausweglosigkeit
Lösungshilfe in schwieriger Lage ◇ gewichtiger Golfschläger für Schläge des Balles aus sandigem Untergrund: Niblick m --> letztes Mittel
Lösungsmittel; Extraktionsmittel (pharmazeut.): Menstruum
Losungswort; Erkennungszeichen: Schibboleth s

Lottogewinn mit fünf Richtigen: Quinterne w {L. mit vier Richtigen: Quaterne w}
Lücke füllend; Mangel abhelfend; dringend nötig: desiderat
Lücke (Muskeln,Gefäße): Lakune {Öffnung; Spalt (Muskeln,Knochen): Hiat[us]}
Lücken; Fehlendes; Ausgelassenes: † Omissa Mz
Lückenbüßer; Nebenperson: Figurant
lückenloser Zusammenhang (politische oder soziale Entwicklungen): Kontinuum
Lückenlosigkeit; Stetigkeit; Fortdauer: Kontinuität
Luft...: aero.. [a-ero.../äro...]
Luft anhalten --> Atemlähmung
Luftball --> Flugball
Luftballon: Charlière w / † Aerostat m [a-ero/äro] --> Heißluftballon
Luftbefeuchter ◇ Gerät zur Aufrechterhaltung einer bestimmten Luftfeuchtigkeit: Hygrostat m
Luftbestandteile, chemisch oder physikalisch wirksame (z.B. Sauerstoff,Stickstoff): Atmosphärilien
Luftbewegung ◇ Lehre von der Bewegung gasförmiger Stoffe: Aerodynamik [a-ero-/äro-]
luftdichte Apparatur: Hermetik
Luftdruck betreffend: barisch
Luftfahrtkunde: Aeronautik [a-ero-/äro-]
Luftfeuchtigkeitsmesser: Aspirometer/Psychrometer/Hygrometer s / Hygrograph m
Luftholen ◇ das Ansaugen von Luft beim Einatmen: Aspiration {Aufblähung der Lungen oder anderer Körperteile durch vermehrten Luftgehalt: Emphysem (emphysematisch)} --> Hecheln
Luftkissenfahrzeug: Hovercraft s
Luftkur ◇ klimatische Heilbehandlung: Geotherapie
Luftmangel; Luftverknappung in den Lungen: Atelektase
Luftpirat: Hijacker/High-jacker
Luftpost: Airmail w {Luftpostleichtbrief: Aerogramm [a-ero-/äro-]}
Luftröhre: Trachea
Luftspiegelung: Mirage / Fata Morgana w
Luftsprung: Gambade/Kapriole
Luftverhältnisse und Lufterscheinungen betreffend: meteorisch
Luftverschmutzung; Ausströmen verunreinigender Stoffe in die Außenluft: Emission (emittieren) {kranheitsverursachender Stoff in Luft oder Erde; schädlicher Hauch: Miasma s} {Einwirkung von Schadstoffen, Lärm oder Strahlen auf Lebewesen: Immission}
Lüge ◇ Ammenmärchen: Mythos/Mythus m
Lüge ◇ Erfundenes, das man als wahr gelten läßt: Fable convenue w --> Ausrede
Lüge ◇ Verstellung; Heuchelei; Scheinheiligkeit: Hypokrisie (hypokritisch, Hypokrit m)
Lüge ◇ Vorteilserschleichung durch unzutreffende Angaben (Jur.): † Obreption
Lüge; Vorwand; Ausflucht: Finte w
Lüge --> erdichtete Erzählung --> falsche Angaben
lügen; schwindeln: fabulieren
Lügensucht (krankhaft): Mythomanie/ Pseudologie
Lügner ◇ Verleumder: † Kalumniant
Lügner --> Spaltzunge --> spitzfindig Argumentierender
Lumpensammler: Chiffonnier
Lunge: Pulmo m
Lungenentzündung: Pneumonie
Lungentuberkulosekranker: † Hektiker
Lupe, zweilinsige: Duplet[t] s
Lust [zu etwas]: Fiduz s {auf Lustgewinn gerichtete seelische Energie: nutritive Energie}
Lüsterner; Geiler: Faun (faunisch) {lüsterner Mensch: Satyr}
Lüsternheit; Begierde: Kupidität --> Sadomasochismus --> Verlangen --> Wollust
lustig; fröhlich; heiter: gaîment/gaiement/gaio {lustig; scherzend; fröhlich; sproßhaft (Musik): giocoso} --> heiter
lustig ◇ heiter: † seren (Serenität) {heiter; l.; gesellig: † konviviale}
lustig machen, sich: sich mokieren/ † blagieren {spöttisch; sich lustig machend: mokant} {Spottlust: † Mokerie}
lustig ◇ possenhaft: burlesk
lustige Einfälle --> drollige
Lustiger; Possenreißer: † Suitier {Bruder Lustig (franz. Bez.): Gaillard} {Hanswurst (franz. Bez.): Jean Potage} --> Hanswurst
Lustiges; etwas Humorvolles: Humoristikum
lustlos; kränkelnd; elend fühlend: malad[e]
lustlos ◇ unpäßlich; nicht aufgelegt; in schlechter Verfassung: indisponiert (Indisposition)
Lustprinzip und Genußsucht als höchstes Prinzip (griech. Philos.): Hedonismus/ Hedonik (Hedonist/Hedoniker)
Lustspiel, derb-komisches: Farce w
Lustspiel, kleines: Burletta
lustwandeln; spazierengehen: † ambulieren
Luxus ◇ lebensunnotwendige Güter: Non-Essentials
Lymphknotenschwellung, entzündliche (insb. Leistenbeuge): Bubo m (Bubonen Mz)
Lyrik ◇ Dichtung der L. in erhabenem, reimlosen Stil: Ode w
lyrisch (Musik): lirico

M

Machenschaften; Winkelzüge; Ränke: Machinationen († machinieren)
Macht haben; führen; an der Spitze sein (ugs.): an der Tete sein
Macht; höchste Gewalt; Herrschaft: Zepter s,m {absolute Machtstellung: Omnipotenz} {Machtsymbol; Würdezeichen (z.B. Krone): Insigne s lat (Insignien Mz)}
macht nichts!; nichts! (scherzh.): nitschewo

Machtblock; Staatenblock: Monolith m
Machtergreifung, gesetzwidrige --> widerrechtliche
Machthaber, seine Macht zu seinem Vorteil ausübender: Potentat m --> Oberschicht
mächtig; durch große Machtfülle beeindruckend: titanisch {allmächtig; einflußreich: omnipotent}
mächtig ◇ wuchtig; kraftvoll: lapidar {kräftig; wuchtig; m. (Musik): con forza}
Machtpolitik ohne Bedenken; Politik ohne Moral: Machiavellismus (machiavellistisch)
Machtverhältnisse, verfilzt-verflochtene ; Begünstigungsherrschaft: Filzokratie
Machwerk; nicht beachtenswerte, flüchtig zusammengeschriebene Arbeit: Elaborat
Mädchen (aus der Sicht eines [jungen] Mannes, jidd. Bez.): Ische w
Mädchen für alles: Faktotum s
Mädchen (holländ. Bez.): Meisje s
Mädchen ◇ junges, zartes weibliches Wesen: Sylphe {anmutiges M.: Sylphide}
Mädchen, sich nicht an Konventionen gebunden fühlendes: Easy-going Girl {junges, leichtfertiges Mädchen: Grisette/Midinette} {Lebedame; leichtfertiges M. (Paris 19. Jh.): † Lorette} --> selbstbewußtes
Mädchenschule, höhere: † Lyzeum
Magen: Ventriculus m
Magen betreffend: gastral {M. b.; durch den M. gehend: stomachal}
Magen und Darm betreffend: gastroenterisch/gastrointestinal {Magen-Darm-Entzündung: Gastroenteritis}
Magengegend; Mittelbauchgegend: Mesogastrium {Magengrube; Oberbauchgegend: Epigastrium}
Magengröße, abnorme: Gastromegalie
Mageninhalt ◇ aufgenommene Nahrung: Ingesta Mz
Magenkrampf: Gastralgie {M.; Magenschmerz: Gastrodynie} {M.; Magensteifung: Gastrospasmus}
Magenleiden: Gastropathie {nichtentzündliche funktionelle oder organische Veränderung des Magens: † Gastrose}
Magensaftmangel: Hypochylie
Magensäureüberschuß: Superacidität/Hyperacidität/-azi- / Hyperchlorhydrie {unternormale Säuregehalt (z.B. im Magen): Subacidität/Hyp[o]acidität/-azi- } {unternormaler Säuregehalt (speziell im Magen): Hypochlorhydrie} {Magensäurewertnormalität: Normacidität} {Magensäurebindendes Mittel: Antacidum}
Magenverstimmung: Gastrizismus {Magenkatarrh; Magenschleimhautentzündung: Gastritis}
magere Aussage --> mit dürren Worten
Magerkeit ◇ Unternährung: Hypotrophie
Magersucht: Anorexia nervosa {Nahrungsverweigerung [bei Zwangsneurosen]: Sitophobie}
Magie --> Wahrsagen --> Weissagung --> Zahlenmystik --> Zungenreden
Magier; [berufsmäßiger] Zauberkünstler: Magus/Magiker
Magier; Zauberer; Wahrsager: Nigromant {geheimnisvoller ägyptischer Magier: Kophta m}
Magnesia: Talkerde
Mähdrescher ◇ landwirtschaftliche Maschine, die verschiedene Arbeitsgänge auszuführen instande ist: Kombine/Combine w engl
mahnen ◇ tadeln: † jmdn. koram nehmen
Mahnschreiben (Jur.): † Monitorium
Mahnung des Gläubigers an den Schuldner: † Interpellation
Mahnung; Erinnerung; Denkz ttel; Rüge: Memento s {M.; Rüge; Beanstandung: Monitorium} --> Ermahnungsrede
Majoran: Meiran m
Makel --> übler Beigeschmack
Make-up (franz. Bez.): Maquillage
Makkaroni, dünne: Bassotti
Makler (engl. Bez.): Broker { M.gebühr (bei Börsengeschäften): Courtage/Kurtage}
Mal; Muttermal: Naevus/Nävus m
Mal; Zeichen der Schuld: Kainsmal/Kainszeichen {altchines. Halsbrett zur Kennzeichnung und Bestrafung eines Verbrechers: Kang m,s}
Malaria; Sumpffieber: Helodes w
malerisch: pittoresk
Malnehmen --> Multiplikation
man nehme ◇ nimm! (ärztl. Rezepte): recipe! (Rec./Rp.)
man wird sehen ◇ die Zukunft wird es zeigen: qui vivra, verra
Manager eines Künstlers --> Theateragent
Mandelgelee: Blancmanger s
Mandeln ◇ Gaumen- und Rachenmandeln: Tonsillen {Mandelentzündung: Tonsillitis} {Rachenraumentzündung: Angina w (anginös)} {vollständiges Herausschälen der Mandeln: Tonsillektomie}
Mangel: Defizit {drückender Mangel: † Penuria w}
Mangel; Entzug; Verlust (von Erwünschtem): Deprivation
Mangel; Unzulänglichkeit; Fehler: Manko s
mangelhaft; unvollständig; fehlerhaft: defektiv
Mangelkrankheit: Aporinosis
mangeln; fehlen; verfehlen: † mankieren
manipulieren; dem Glück nachhelfen: corriger la fortune
Mann ◇ den M. betreffend; das männliche Geschlecht betreffend: viril
Mann von Welt, vornehmer: Grandseigneur
Mannbarkeit; männliche Zeugungskraft: Virilität
Mannequin ◇ auf Modeschauen Herrenkleidung vorführender Mann: Dressman/Coverboy
Männerangst und Frauenangst; Angst vorm anderen Geschlecht: Heterophobie
Männerhaß bei Frauen (krankhaft): Misandrie
Männerhaß; Männerfurcht: Androphobie
Männerheilkunde: Andrologie
Männerkrise, zweifelerfüllte (Lebensmitte): Midlife-crisis --> Wechseljahre

Männerliebe: Amour bleu
Mannfrau ◇ Frau mit männlichem Sexualempfinden: Virago w (Viraginität) --> vermännlicht
Mannfrau ◇ Vermännlichung der Frau im äußeren Erscheinungsbild: Maskulinisierung
männlich ◇ den Mann oder das männliche Geschlecht betreffend: viril
männlich; für den Mann charakteristisch: maskulin
männlich, sehr (Aussehen etc.): butch
männlich, übertrieben: macho
männliche Nachkommen ◇ nur m. N. habend (Med.): arrhenotokisch
männliche Tüchtigkeit; Tapferkeit; Tugend: Virtus w
männliche Urkraft, lichte; schöpferisches Prinzip (chin. Tao-Philosophie): Yang s
männlicher Blutsverwandter der männlichen Linie (histor.): Agnat --> Blutsverwandtschaft
männlicher Mann, sehr (mit Sex-Appeal): He-man
männliches Hauptwort: Maskulinum (M., Mask.)
männliches Sexualempfinden bei Frauen: Viraginität {sexuell männlich empfindende Frau: Virago w}
männliches Sexualverhalten --> Bindungsangst
Männlichkeitsverlust; Verweiblichung (Gefühle,Charakter): Eviration
Mannstollheit --> Nymphomanie
Mantel (franz. Bez.): Manteau m
Mantel ◇ mantelartiger Überwurf aus rechteckigem Wollstoffstück (griech. Antike): Himation s
Manuskriptprüfbüro (Verlag): Lektorat
Märchen ◇ Ammenmärchen: Mythos/Mythus --> Überlieferung
Maria, Selige Jungfrau: Beata Maria Virgo (B.M.V.) {Marienbild (kath., orthodox): Pan[h]agia} {Marienverehrung: Mariolatrie}
Marihuana (Jargon): Ganja/Weed s
Marionette; Gliederpuppe (ital. Bez.): Burattino m
Mark (z.B. Knochenmark): Medulla w (medullär)
Markenzeichen; Firmensiegel: Logotype w lat / Logo m,s / Signet s
markieren --> Krankheit übertrieben
markiert; scharf hervorgehoben; betont (Musik): marcato/marcando {(verstärkt): marcatissimo}
Markt ◇ antiker M. und zentraler Handelsplatz: Emporium
Marktforschung; Meinungsforschung: Research s
Marktpreis im Warenhandel: Ordinärpreis
marktschreierisch; ausrufend: exklamatorisch {m.e Propaganda: Ballyhoo s}
Marmelade (engl. Bez.): Jam s,w
Marsch (mus.): Marcia w {marschmäßig; nach Art eines M.es (Musik): alla marcia} {im M.tempo: tempo di marcia}
Marschkapelle: Marching Band
Marschlieder (spartan. Soldaten): Embaterien
Maschenzahl; Feinheit ([Strumpf]gewebe): Gauge s engl (gg)
Maschineneinrichten: Adjustage
Maschinengewehrvorläufer ◇ franz. Salvengeschütz 1870/71 (M.): Mitrailleuse
Maschinensatz aus zusammenarbeitenden Einzelmaschinen (insb. Elektrotechnik): Aggregat s
Maschinenstürmer; aufrührerische Arbeiter (England Anfang vorigen Jahrhunderts): Ludditen
Masern: Morbilli Mz
Maskenball: † Redoute w
Maskenkostüm: Fancy-dress m
Maskottchen: Maskotte w
Masochismus ◇ in Geißelung und Züchtigung sexuelle Befriedigung Findender (aktiv oder passiv): Flagellant (Flagellantismus, Flagellomanie) {Masochistin (ugs.): Domestikin} --> Sadomasochismus --> Schmerzempfindungsstörung
Massage, punktförmige (gegen Muskelhärten): Gelotripsie {M. in Form von Klopfen und Klatschen mit den Händen: Tapotement}
Maße festlegen: dimensionieren
Masse; knetbarer Brei (Med.): Magma s
Massenarmut; Verarmung; Verelendung: Pauperismus
Massenherrschaft --> Pöbelherrschaft
Massenmord, an rassischen, nationalen, sozialen oder religiösen Gruppen verübter: Genozid m,s
Massenproduktion; Fließbandherstellung: Fordismus {moderne Plastiken oder Graphiken, die industriell serienmäßig verfertigt werden: Multiples}
maßgebend; als Richtschnur dienend: normativ/normig
maßgebend; befugt; zuständig: kompetent/kompetitiv
mäßig; einfach (Speisen): frugal
mäßig schnell; gemäßigt (Musik): moderato (mod.) --> aber nicht so sehr --> Tempoangaben
massig; umfangreich; stark: voluminös
mäßigen: † moderieren {sich mäßigen: † sich menagieren}
mäßigen; mildern: temperieren
Mäßigkeit: † Sobrietät
Mäßigung: † Moderamen s {Gleichmut; M.: † Moderation} {Zurückhaltung; M.: † Kohibition}
Mäßigung (insb. Alkoholgenuß): Temperenz
Maßkunde; Gewichtskunde: Metrologie
maßlos; außerordentlich; ausschreitend: exzessiv (Exzeß m) {[empörend] maßlos: horrend / † horribel} --> schokkierend --> vermessen
Maßregel, gewaltsame: Dragonade
Maßstab: † Echelle w
maßstabgetreu übertragen --> verkleinern
maßvoll; gemäßigt: moderat
Mastdarm: Rektum {M.entzündung: Proktitis}
Materialist ◇ Angehöriger der niedersten, stoffgebundenen und unerlösbaren Menschenklasse (Gnosis): Hyliker
Materialzuweisung; Geld- und Produktivkraftzuweisung: Allokation
materiell; stofflich; körperlich (Philos.): hylisch

Mathematiker (Versicherungen, Wirtsch.): Aktuar
Matriarchat: Gynäkokratie
Matrose (scherzh.): Jan Maat / Janmaat
matt glänzend; metallisch schimmernd: metallic/métallisé
mattgelb: creme
Maulesel: Mulus m
Mäzen ◇ Musenfreund; Kunst- oder Wissenschaftsgönner: † Musaget
mechanische Sinne (Med.): Mechanorezeptoren
Meckerstimme (krankhaft): Ägonie
Medienverbund; Verwendung von verschiedenen Medien zwecks Unterricht, Unterhaltung oder künstlerischen Ausdrucks: Multimedia Mz {Kombination verschiedener Medien in künstlerischer Absicht: Mixed media Mz}
Medikament: Pharmakon s {Heilmittel: Therapeutikum/Remedium} {krankheitsverkürzendes oder Krankheitsausbruch verhinderndes Mittel: Abortivum} {M. mit nur einem Wirkstoff: Monopharmakon s} --> Arzneimittel --> Naturheilmittel
Medikamentenmißbrauch ◇ Mißbrauch (z.B. M.): Abusus (abusiv)
Medikamentensucht; gesteigertes Verlangen nach bestimmten Medikamenten, insb. Betäubungsmitteln (krankhaft): Toxikomanie --> Drogensucht --> Wirkungslosigkeit von Medikamenten
Medizin ◇ ärztliche Heilkunst: Iatrik {Heilkunstlehre: Iatrologie} {Medizin (Sinnbild): Äskulapstab} {medizinischer Versuch: Tentamen s (Tentamina Mz)} --> gesundes Leben --> Krankenhauspraktikum --> Krankheitswissenschaft --> Naturheilmittel --> Schulmedizin
Meer ◇ zum M. gehörend; im M. lebend: marin {Meer...; See...: maritim} --> Weltmeer
Meerangst; Angst vor größeren Wasserflächen (krankhaft): Thalassophobie
meeresbewohnend ◇ im freien Meer oder in großen Binnenseen lebend: pelagisch/pelagial
Meeresbodentiere und -pflanzen: Benthos s {Region der Meeresbodenlebewesen: Benthal s}
Meeresbucht: Bai w
Meeresfrüchte: Frutti di mare Mz
Meereskunde: Ozeanographie/Ozeanologie / Thalassographie {M.; Meeresforschung: Inner-space-Forschung}
Meeresverschmutzung: Ocean-dumping
Meerwasserbadkunde; Seeluftkurkunde: Thalassotherapie
Mehlschwitze: Roux m
Mehrdeutigkeit --> Doppelsinn
mehrere Bedeutungen habend (Wörter): polysem --> verschiedene Bedeutung
mehrere Lösungen zulassend (Tests): multivalent
mehrere verschiedene; einige: diverse
Mehrfaches; Vielfaches: † Multiplum s {vielfältig: multipel / † multiplex}
mehrfaches Vorhandensein: Multiplizität
Mehrgebot (Versteigerungen): Adjektion
Mehrheit; Stimmenmehrheit: Majorität {überstimmen: majorisieren} {überwiegender Teil; M.: Gros s}
mehrheitlich ◇ nach der Mehrzahl; von der Hauptsache her: a potiori
Mehrleistung; Überleistung: † Supererogation
mehrseitig; mehrere Seiten betreffend: multilateral
mehrsprachig abgefaßt: polyglott
Mehrsprachigkeit --> Vielsprachigkeit
Mehrzeller, echte (Tiere): Metazoen
mein Gott! : mon dieu!
meine Schuld!; durch meine Schuld!: mea culpa!
Meineid: † Perjuration (Pejurant m)
Meinung --> abweichender
Meinung sagen, jmdm. die: Tacheles reden --> unmißverständlich
Meinungsänderung; grundlegender Einstellungswandel: Konversion {[erzwungener] Meinungswandel; Aufgabe der eigenen Überzeugung: Sacrificium intellectus}
Meinungsbeeinflusser; Meinungsanführer : Opinion-leader
Meinungserkundung --> Testnachricht
Meinungsforschung: Demoskopie {Marktforschung; M.: Research s} {Meinungsumfrage: Poll m} {Befragung; Erhebung (M. und Marktforschung): Surrey m} --> Erhebung --> Feldforschung --> Interview --> verfälschte
Meinungsgegner ◇ gegenteilige Meinung Vertretender: Opponent
Meinungsverschiedenheit (Vertragsabschlußparteien): Dissens m --> Streiterei
Meistbietender (Versteigerung): Lizitant
Meister, großer (Musiker, Komponist): Maestro
meisterhaft; technisch vollendet (insb. in der Musik): virtuos (Virtuose m)
Meisters Worten folgend (Horaz): in verba magistri
Meisterwerk; Hauptwerk: Chef d'oeuvre s
Melancholie: Barythymie {Traurigkeit; M. (neurot. Störung): Lypemanie}
Melodie, einprägsam-kurze (Werbespot): Jingle m
Melodie; Gesang; Lied: Melos s --> Gesang
Melodie, gesangartige (meist getragene): Kantilene w
melodisch: melismisch {melodiös; gesanglich (Musik): arios}
melodische Schönheit; gesanglicher Ausdruck; Singbarkeit: Kantabilität
melodische Verzierung; Koloratur: Melisma
Menge; Anzahl: Quantität {nach Belieben (Med.): quantum vis (q.v.)} --> Ausmaß --> ausreichend viel
mengenmäßig: quantitativ {m. ausdrükken; zahlenmäßig darstellen: quantifizieren}
Mennige: Minium
Mensa (Hochschule): † Mensa academica {Ort, an dem sich insbesondere Studenten zum Essen versammeln: † Kommunität}
Mensch (systemat. Bez. der heute lebenden Menschenart): Homo sapiens --> Ab-

stammungslehre --> Geselliger --> Spielender --> Techniker --> Wirtschaftender
Mensch ◇ Wissenschaft vom Menschen (Geisteswiss.,Naturwiss.): Anthropologie {den Menschen in den Mittelpunkt stellend: anthropozentrisch}
Menschen...: Human...
menschenähnlich: anthropoid/anthropomorph
Menschenfeind; Menschenhasser oder -scheuer: Misanthrop m {Angst beim Umgang mit Menschen [als Folge von Isolierung] (krankhaft): Homilopathie/Homilophobie} {menschenfeindlich: † timonisch}
Menschenfreund: Philanthrop m
menschengerecht --> auf den Menschen abgestimmt
Menschenscheu: Exanthropie {menschenscheu: anthropophob} {einwertig (Chemie): univalent} --> einsam
Menschentstehung (Evolution): Hominisation {auf Fossilfunde sich gründende Wissenschaft der Entwicklungsgeschichte des Menschen: Palä[o]anthropologie}
menschenverursacht: anthropogen
menschlicher Gang: Lokomotion
menschlicher Zug an nichtmenschlichen Wesen: Anthropomorphismus
Menschlichkeit, [vollkommene]: Humanitas w
Menschwerdung; Fleischwerdung (Götter): Inkarnation
Menstruation --> Regelblutung
Merkmal; charakteristisches Kennzeichen oder Beigabe: Attribut s
Merkmal; Gesichtspunkt; ausschlaggebender Umstand: Moment s
Merkmal, vorherrschendes: Dominante w
Merkmalsübereinstimmung (in bezug auf ein Merkmal, z.B. bei Zwillingen): Konkordanz
merkwürdig; bemerkenswert: † notabel --> seltsam
Merkzettel: † Promemoria s {Vermerk; Merkzeichen: Notabene s} --> Notizbuch
Meßdiener; Kirchendiener: Mesner/Ministrant
Messe; feierliches Hochamt (kath.): Missa solemnis w {stille M.; Lesemesse (kath.): Missa lecta w} {Meßbuch: Missa[l] s}
Messen ◇ Maß- und Gewichtskunde: Metrologie {zum M. dienend: mensural} {meßbar: mensurabel}
Messer ◇ Buschmesser: Machete w --> Operationsmesser
Meßlatte; Absteckpfahl; Fluchtstab: Jalon m
Meßtisch (Geogr.): Mensel/Mensul w
Metall mit Edelmetallüberzug: Dublee/Doublé s
Metallbearbeitungskunst, feine: Toreutik {mit Stichel, Feile und Meißel Metall bearbeiten (Gold,Silber): ziselieren} --> Steinschneidekunst
Metallfadengewebe, mit [Kunst]seide übersponnenes: Lamé m {mit Metallfäden umwickelt oder durchsponnen: leonisch}
Metallgewinnungskunde --> Hüttenkunde
metallisch schimmernd; stumpfen Glanz aufweisend: metallic/métallisé
Metallstück ◇ [Stahl]block: Ingot m engl
Meteor, sehr heller; Feuerball: Bolid[e] m {Meteorit: † Aerolith m [a-ero-/äro-]} {Meteoriteneinschlag: Impakt m}
Meterwaren; nach Maßgabe geschnittene Textilwaren: Manufakturwaren
Methode; Weg (Philos.): Via w
Meuchelmörder: † Assassine
Meuchelmörder; Räuber (ital. Bez.): Bravo m
Meuterei; Aufstand; Aufruhr: † Emeute w
Miederhöschen: Panty w
Miesmuschel: Mytilus w
Mieter; Pächter: † Lokatar
Migräne; einseitiger Kopfschmerz: Hemialgie/Hemikranie
Mikrobe: Mikrobion s
Mikrowellenerzeuger oder -verstärker: Maser m engl
Milbe: Akarine
Milch ◇ Wissenschaft von der Zusammensetzung und Verbesserung der M.: Galaktologie
milchig getrübt (Med.): chylös
Milchprodukte (deren Verzehr früher an kath. Festtagen verboten war): Laktizinien
Milchsäure: Oxypropionsäure
Milchstraße, unsere: Galaxis/ † Galaxias
Milchunterproduktion oder frühes Aufhören der Milchproduktion (Frauen): Hypogalaktie {Milchmangel; Stillunfähigkeit: Agalaktie} {milchtreibendes Mittel für Wöchnerinnen: Galaktagogum}
mild; lindernd (z.B. Salben): leniens/lenitiv
mild; reizlos (insb. Diät): bland lat --> sanft
milde ◇ nachsichtig: indulgent {Milde; Güte; Gutherzigkeit: † Benignität} {Strafminderung: † Mitigation}
mildern: † adoucieren [-ß-]
mildern; mäßigen: temperieren
mildernde Umstände: † Mitiganzien/Mitigantia
Milderung; Abschwächung (Med.): Mitigation
Mildtätigkeit; Nächstenliebe; Wohltätigkeit: Karitas w
Militär[dienst] (Soldatenspr.): Barras m
militärische Anlagen (Häfen,Kasernen etc.): Infrastruktur
militärische Ausrüstung: † Armatur
Militärpolizist, hoher --> Feldjäger
Milliarde... (Maßeinheiten): Giga... (G)
Milliardstel... (Maßein.): Nano... (n)
Million... (Maßeinh.): Mega... (M)
Millionstel... (Maßeinh.): Mikro... (μ)
Milz: Lien m {M.entzündung: Splenitis}
Mimik: Mimus m [ohne Mz] {starrer Gesichtsausdruck; Unfähigkeit zur M.: Amimie} {Lehre von der nichtverbalen Kommunikation (Gestik,Mimik): Kinesik} --> Gesten
Minderheit, glückliche: Happy-few Mz

Minderheit; Minderzahl: Minorität {konfessionelle oder nationale M.: Diaspora}
minderjährig; unmündig: † minorenn
minderwertig; gering: inferior lat
minderwertig ◇ zweiter Güte (Waren): † sekunda
Minderwertigkeitsgefühl, übertriebenes: Mikromanie
Mineralienverarbeitung; Gesteinsverarbeitung und -verwendung: Lithurgik
Mineralogie: † Oryktognosie
Miniküche; Kochnische: Kitchenette
minimal; geringfügig: † minim
Minimallohn, für den Lebensunterhalt nötiger: Living-wage s
Minirock ◇ kurzes Tanzröckchen; Ballettröckchen: Tutu s frz
Minister in islam. Staaten (früher): Wesir {Ministerpräsident (Türkei, früher): Großwesir}
Ministerrat --> Staatsrat
Mischbildung ◇ zusammengesetztes oder abgeleitetes Wort, dessen Teile aus verschiedenen Sprachen kommen (z.B. das griech.-lat. Wort Homo-sexualität) : hybride Bildung
Mischehe --> unstandesgemäße Ehe
mischen ◇ nicht durchmischt: amiktisch
mischen; sprenkeln: melieren
mischen von nichtmischbaren Flüssigkeiten durch Zerkleinerung der Bestandteile (z.B. Fett in Wasser): homogenisieren
mischerbig: heterozygot
Mischgetränk --> Mixgetränk
Mischung: † Mixtion lat
Mischung; Gemisch: Melange w
Mischung; Zusammensetzung (Philos.): Synkrise/Synkrisis
Mischung; Zusatz (z.B. Metalle): Alligation
Misere; Ungünstigkeit; Widrigkeit; Unglück: Malaise w
Mißachtung --> Zukleinwahrnehmung
Mißbildung (Med.): Paraplasie {Mißgeburt; M.: Difformität/Monstrosität (monströs)} {unter Mißbildung oder -geburt leidende Person: Monstrum} {Fehlbildung; fehlerhafte Entwicklung: Dysontogenie} {M.en bewirkend (z.B. Medikamente): teratogen} --> Mißgestaltung
Mißbilligung; Zurückweisung (Jur.): † Reprobation
Mißbrauch (insb. Drogen): Abusus (abusiv) {durch Mißbrauch: † per abusum}
Mißerfolg; Reinfall: Fiasko (Fiaskos Mz) {Sache o.ä., die mangels Anklang nicht den erwarteten [finanziellen] Erfolg bringt: Flop m}
Missetat; Verbrechen: † Malefiz s {Missetäter; Übeltäter: † Malefikant/Malefikus}
Mißgeburt --> Mißbildung
Mißgeschick; Unheil: Desaster --> Verhängnis
Mißgestaltung: Amorphie/Amorphismus --> Mißbildung
mißgünstig ◇ hämisch; arglistig (Äußerung): maliziös
mißhandeln; quälen: malträtieren
Missionierung; Vermittlung der christlichen Botschaft an Ungetaufte: Katechese/Katechisation {Glaubensfanatismus: Zelotismus (Zelot m)}
Mißklang (Musik, Sprache): Kakophonie/Dissonanz (dissonant) {Nebenklang; M.: Paraphonie} {M. in der altgriech. Musik: Diaphonie}
Mißklang; Uneinigkeit: Disharmonie/Diskordanz
mißliche Lage; [schlimme] Vergangenheit: Kalamität {mißlich; gefährlich: † perikulös} --> unangenehm
Mißstände Aufdeckender --> sozial engagierter
Mißtrauen; Argwohn; Verdacht: † Ombrage w
Mißtrauischer ◇ Skeptiker: Zetetiker
Mißverhältnis: Disproportion {Ungleichmäßigkeit; M.: Ametrie} {Widersprüchlichkeit; M.: Diskrepanz}
Mißverständnis ◇ Irrtum oder Sünde als Verwicklungsursache in der altgriech. Tragödie: Harmartie [ohne Mz]
Mist ◇ Fäkaldünger: Poudrette w
mit anderem Namen auch ...: alias ...
mit bloßem Auge erkennbar: makroskopisch
mit den nötigen Abänderungen: mutatis mutandis (m.m.)
mit dürren Worten: nudis verbis --> kurze und treffende
mit Einschränkungen --> nicht ganz wörtlich
mit Gefühl (Musik): con sentimento {mit Seele; empfindsam (Musik): con anima}
mit Schimpf und Schande: cum infamia
mit Schwung: mit Avec / mit einem Avec {mit Schwung; mit einem besonderen Dreh oder Kniff (ugs.): mit [einem] Zislaweng}
mit sich bringen; zur Folge haben: implizieren
mit vereinten Kräften: viribus unitis
Mitarbeiter: Kollega m / Kooperator m
Mitbewegung (Med.): Synkinese
Mitbewerber: † Kompetent
miteinander reden; sich verständigen: kommunizieren
miteinander vereinbar; zusammenpassend: kompatibel
Miteinander ◇ Wechselbeziehung zwischen Handlungspartnern: Interaktion (interagieren)
Mitesser: Komedon m (Komedonen Mz)
Mitgefühl ◇ Fähigkeit, Gefühle anderer Menschen mitzuempfinden: Echothymie
mitgemeint; undeutlich; nicht ausdrücklich: implizit
Mitgift: Dotation/Dos w --> Ehefrauvermögen
Mitkämpfer; Kampfteilnehmer: Kombattant
mitklingen; zusammenklingen: konsonieren {m.d; mitschwingend: konsonant }
Mitläufer, politischer: Fellow-traveller
mitreißend; glänzend: furios {mitreißend; schwungvoll rednerisch: oratisch}
Mitschrift --> Aufzeichnung
mitschuldig: † korreal
mitschwingend; mitklingend: konsonant

Mitstudent: Kommilitone m / Kommilitonin w / Konsemester s
Mittagessen, kleines: Dejeuner s {kleines Mittagessen (insb. angelsächsische Länder): Lunch m}
Mitte <> etwas auf die M. einstellen: zentrieren --> dazwischen befindlich
Mitte <> in der M. liegend (Med.): intermedius {zur Körpermitte hin gelegen: medial}
Mitte ... (Monat): medio ...
Mitteilung; Nachricht, die durch Zeichen vom Sender zum Empfänger übertragen wird: Message engl
Mittel --> Grundlage
Mittelalterkunde: Mediävistik (mediäval)
mittelbar: † mediat
mittelgroß (Kleider): medium engl (M.)
Mittelhand <> die M. betreffend: metakarpal
Mittellosigkeitsbescheinigung: Testimonium
mittelmäßig: medioker (Mediokrität) {durchschnittlich; m. (Warenqualität): average} --> nicht besonders
Mittelmeerraum <> zum M. gehörend: mediterran
Mittelohrentzündung: Otitis media w
Mittelpunkt, Abweichung vom: Exzentrizität
Mittelpunkt, gemeinsamer --> Kreise
Mittelpunkt <> zum M. [eines Drehkörpers] hinstrebend: zentripetal
mittelpunktorientiert --> strahlenförmig
Mittelpunktslage von Orten: Zentralität
mittels; durch; auf dem Wege über: qua
Mittelweg, richtiger; sittlicher Wert als Mitte zwischen Extremen (Aristoteles): Mesotes w {goldener M. (Horaz): Aurea mediocritas w}
Mittelwert; Durchschnitt; arithmetisches Mittel: Average m
mitten im Leben sind wir vom Tod umfangen: media vita in morte sumus
Mittler; Mittelglied; Mittel; vermittelndes Element: Medium
Mitunterschrift; Gegenzeichnung: Kontrasignatur
mitwirkend; zusammenwirkend: synergetisch
Mixgetränk mit Ei (alkohol.): Flip m {M. mit Früchten oder Fruchtsäften (alkohol.): Fizz m}
Möbel; Hausrat: † Mobilien
Möbelplüsch aus [Baum]wolle: Mokett/Moquette m
mobilisieren <> Soldaten in Marsch setzen: † instradieren
möbliertes Zimmer zum Vermieten: † Chambre garni s
Möblierung --> Zimmereinrichtung
Mode: Fashion w {neuer Stil; neue Linie: New Look m,s} {nicht mehr aktuell; aus der Mode: démodé} --> Eintagsfliege --> kurzzeitig bestehend
Modekenner <> jmd., der alles Moderne kennt (Jargon): Hipster
Modell; Skizze; Entwurf: Maquette w
modellieren --> herausarbeiten
Modeneuheit; letzer Schrei: Dernier cri m
modern, betont; von auffälliger Eleganz; nach Art der großen Welt: mondän
modern; gerade beliebt: en vogue
moderne Musik: Musica viva w
moderner Mensch <> jmd., der über alles Moderne Bescheid weiß (Jargon): Hipster
Modernisierung (Kirche) --> Anpassung
Modeschickse <> allzu modisch gekleidete Dame des Directoire-Stils (scherzhaft-spöttisch): Merveilleuse
Modeschöpfer: [Haute] Couturier --> Schneiderkunst
Modewaren; Schmuckwaren; modisches Zubehör (Tücher,Fächer): † Galanteriewaren/Galanterien {M.händler: † Modist}
modisch; elegant; vornehm: fashionabel/fashionable
modisch Gekleideter, auffällig (abwertend): Elegant frz {übertrieben modisch Gekleideter: Dandy}
Mofa: Bike s frz
Mogeln <> ertastbares Kenntlichmachen von Spielkarten: Maquillage
möglich <> der Kraft oder Möglichkeit nach vorhanden: virtuell / † virtual {vorstellbar; erdenkbar (Philos.): imaginabel} --> verborgen --> zufällig
Möglichkeit: † Possibilität (possibel)
Möglichkeit, innewohnende; innere Kraft: Virtualität {als Möglichkeit: virtualiter}
Möglichkeit; Kraft; Vermögen; Fähigkeit (Philos.): Dynamis w
Möglichkeitsform; Vorstellungsform der Aussage (z.B. wäre, sei etc.): Konjunktiv m
Mohngewächse (systemat. Bez.): Papaverazeen
Mokka, extrem starker: Mocca double
Molekül: Molekel w
Moll, musikalisches (ital. Bez.): minore {(franz. Bez.): mineur}
Monarchismus <> Lehre von der Unabsetzbarkeit des angestammten Herrscherhauses: Legitimismus
Monat --> desselben Monats
monatlich: † mensual
Monatsblutung --> Regelblutung
Monatsende <> Letzter (Monat): Ultimo m {am Monatsletzten: ultimo (ult.)}
Monatserster (altröm.): Kalenden/Calendae Mz
Monatsmitte <> der Fünfzehnte des Monats oder der erste auf den Fünfzehnten folgende Werktag: Medio m {Mitte ... (Monat): medio ...} {der dreizehnte oder fünfzehnte Monatstag des altröm. Kalenders: Iden/Idus Mz}
Mönch <> in religiöser Meditation lebender Mensch (Indien): Gosain
Mönch, in ständiger Klostergemeinschaft lebender: Zönobit {Mönchsordenlaienbruder: Frater} {mönchisch; klösterlich: monastisch}
Mönchskutte; Derwischkutte: Dalk m
Mond: Luna { (dichterisch): Luna w}
Mondfahrer: Lunonaut
Mondfinsternis; Sonnenfinsternis: Eklipse

Mondkunde; Mondgeologie: Selenologie
Mondsichelsichtbarwerden nach Neumond; Neulicht: Novilunium
Mondsüchtigkeit: Lunatismus (Lunatiker) --> Schlafwandler
Mongolismus: Down-Syndrom s
mono; einkanalig (Tontechnik): monaural/monophon
Monopol ◇ die Marktbeherrschung einiger weniger Großunternehmen: Oligopol s {unvollständiges M.: Monopoloid s}
Moose: Bryophyten
Moral --> laxe Moral --> spießbürgerliche Sittlichkeit --> und die Moral von der Geschichte
moralische Grundeinstellung; sittliche Gesamthaltung von Mensch u. Gesellschaft oder Gesamtheit sittlich-moralischer Normen oder Ideale als Motivgrundlage: Ethos s {m. Unzulänglichkeit; Störung der moralischen Begriffe und Gefühle [bei normaler Intelligenz]: Moral insanity w}
moralisches Exempel; praktische Lebensweisheit: Chrie w [chri-e]
Moralpredigt ◇ Ermahnungsschrift oder -rede; Mahnpredigt: Paränese
Mord ◇ besonders schwere Straftat: Kapitalverbrechen
Mord ◇ Giftmord: Veneficium
Mörder ◇ Meuchelmörder: † Assassine
Mörder; Meuchler; Räuber (it. Bez.): Bravo m
Mordsucht (Med.): Phonomanie
morgendlich; früh: † matutinal
Morgenempfang; Morgenaudienz (hist. Fürsten): Lever s
Morgenländer; Nachkomme einer Orientalin und eines Europäers: Levantiner
Morgenrock: Dressing-gown m,s / Matinee s {eleganter, dekolletierter M.: Déshabillé s} --> Hausmantel
Morgenröte: Eos w {(dichter.): Aurora}
Morgenunterhaltung, künstlerische; Vormittagsveranstaltung: Matinee w
Morphiumdosis; Heroindosis: Hop s
Mosaik: Musivarbeit {M.arbeit anfertigen: tesselieren}
Moslem: Islamit/Muslim/Muselman
Motiv --> moralische Grundeinstellung --> wem nützt es?
Motor frisieren: tunen engl (Tuning)
Motorrennstrecke; Rundkurs: Motodrom/Autodrom s
Motorstehenbleiben --> Treibstoffmangel
Motto --> Überschrift
müde; wegmüde; marschunfähigkeit (Soldatenspr.): † marode
Müdigkeit ◇ krankhafte Ermüdbarkeit: Apokamnose {leichter Kräfteverfall: Hyposthenie} --> Schlafdrang
Mühe ◇ Anspannung; Kraft; Eifer: Intension
Mühe machen, sich; sich Umstände machen: † sich inkommodieren --> Gewaltaktion
mühevoll; beschwerlich: † oneros/onerös
Multiplikation ◇ Zahl, die malgenommen werden soll (erste Zahl): Multiplikand m {Zahl, mit der eine gegebene Zahl multipliziert werden soll (zweite Zahl): Multiplikator}
Mumps; Ziegenpeter: Parotitis
Mund: Os s (Ora Mz, oral) {um den M. herum; mundwärts gelegen: adoral}
Mundart --> Dialekt
Mundgeruch: Kakostomie {Hauch; Atem; Geruch; Ausdünstung (Med.): Halitus m}
mündig; volljährig: † majorenn (Majorennität)
Mundkleinheit, abnorme: Mikrostomie
mündlich; mit Worten: verbal {m.[überliefert]: oral} {m.er Vertrag: Verbalkontrakt}
mundnah --> um den Mund herum
Mundschenk (oriental. Dichtung): Saki
Mundstück (Blasinstrumente): Embouchure w
Mundtrockenheit, abnorme: Xerostomie
Mundwasser ◇ Gurgelmittel (Med.): Gargarisma s
Munitionstasche --> Patronengurt
Münster; Kloster (lat. Bez.): Monasterium
munter; aufgeweckt; frisch: alert
Munterkeit; Lebhaftigkeit: † Vivazität
Muntermacher ◇ Faktor mit beweglichmachender Wirkung auf jmdn. oder etwas: Mobilisator
Münzenrückseite: Revers m
Münzkunde: Numismatik
Münzprüfer: Wardein m {Münzwert prüfen: wardieren}
mürrisch; verdrießlich: † maussade/moros
muschelförmig (Kunst): konchiform
Muscheln: Bivalven/Bivalvia/Lamellibranchiata {Muschelschale: Coquille w} --> Weichtiere
Museumsmitarbeiter --> wissenschaftlicher
Musik, langweilige ◇ Musikrichtung mit ständigen Wiederholungen und einfachsten Klangvariationen: Minimal music
Musik; Tonkunst: Musica {Lied; Gesang; Melodie: Melos s}
Musik, unerträgliche --> Geräuschmusik
musikalische Verzierung; Koloratur: Melisma
Musikant ◇ Musiker, der das Privileg zum Spielen bei festlichen Anlässen hatte (histor.): Zinkenist {fahrender Spielmann; M. (altfranz.): Menestrel}
Musikautomat mit Münzeinwurf: Jukebox
Musikbesessenheit; Musikbegeisterung: Melomanie {Musikbesessener: Musikomane m/w}
Musiker: † Musikus (Musizi Mz)
Musiker; Komponist (bedeutender): Maestro {Musiktheoretiker (griech. Antike): Harmoniker}
Musiklehrer: Maestro
Musikschule; Musikhochschule: Konservatorium
Musikstückende: Fine s
Musikwerke (gedruckt): Musikalien
Musikwissenschaft: Musikologie
Muskelbewegungen ◇ Gesamtheit der willkürlichen M.: Motorik {Gesamtheit der unwillkürlichen M.: Motilität}
Muskelerkrankung: Myopathie
Muskelkontraktion: Konstriktion {zusammenziehbare Muskelfaser : Myofibrille}

Muskelkrampf: Krampus/Myospasmus {lange dauernder M.: Myotonie} {schmerzhafter M.; Starrkrampf: Tetanie}
Muskellähmung: Myoparalyse
Muskelschmerz: Myalgie/Myodynie
Muskelschwäche (krankhaft): Myasthenie
Muskelspannungsstörung: Dystonie {gesteigerte Muskelspannung: Hypertonie/Hypertension} {herabgesetzte Muskelspannung: Hypotonie/Hypotension}
Muskelwissenschaft: Myologie
Muskelzucken, nervöses: Tic m
Müsli ◇ [Gerichte aus] Getreideflocken : Zerealien
Muße; Beschaulichkeit: † Otium s
müßig; überflüssig: akademisch
Müßiggängertum, ausschweifendes, übersättigtes: Dolce vita s,w {Müßiggänger: Flaneur} --> Nichtstun
Muster; Beispiel: Paradigma s
Muster einweben: brochieren
Muster; Musterung: Dessinierung {Narbung; M.ung (Papier,Gewebe): Gaufrage w}
mustergültig; stilistisch vollkommen (insb. Redekunst): ciceronianisch --> vorbildlich
Mustergültigkeit: † Klassizität
Musterung; Durchsicht; Prüfung: † Lustration {mustern; scharf betrachten: † lorgnettieren}
Mut [zu etwas]: Fiduz s
Mutation; Genmutation: Transmutation {Erbgutänderung durch Umwelteinflüsse: Idiokinese}
mutig; kühn; verwegen: phaethon[t]isch
mutlos; verzagt: decouragiert --> Schwarzseherei
Mutmaßung ◇ Vermutung: † Konjektur (konjizieren)
Mutter ◇ Maria im Schmerz um die Leiden ihres Sohnes: Mater dolorosa / Dolorosa
Mutterherrschaft; Frauenherrschaft: Matriarchat/Gynäkokratie {mutterrechtlich; in der Erbfolge der mütterlichen Linie folgend: matrilineal/matriliniar}
Mutterkuchen: Plazenta w
Muttermal; Mal: Naevus/Nävus m {kleines, rundliches, braun-schwarzes, etwas herausstehendes M.: Lentigo w}
Muttername ◇ nach der Mutter benannt: metronymisch
Mutterschaft (Med.): Maternität {mütterlich; zur Mutter gehörend (Med.): matern}
Muttersprache Sprechender: Native speaker
Mütze --> Pelzmütze
Mythendeutung --> Religionsdeutung

N

Nabelangst ◇ Entsetzen vor dem eigenen Nabel (krankhaft): Omphalophobie
nach Art und Weise: ad modum
nach außen gerichtet; für äußere Einflüsse leicht empfänglich (Psychol.): extravertiert/extrovertiert
nach außen gewölbt --> erhaben
nach Belieben: ad libitum {med. Menge: quantum vis (q.v.)} {Musik: a piacere} --> beliebig viel
nach Christi Geburt: anno Domini (a.D./A.D.) / post Christum [natum] (p.Chr.[n.])
nach dem Tode: post mortem (p.m.)
nach Ermessen; willkürlich: arbiträr
nach etwas trachten; sich bewerben (z.B. eine Stelle): † ambieren
nach innen gewölbt (Linsen etc.) --> hohl
nach innen wachsend (Med.): endophytisch
Nachäffung, spottende (antike Redekunst): Mimese/Mimesis
Nachahmer ohne eigene Ideen; unbedeutender Nachfolger eines bedeutenden Vorbilds (insb. Lit., Kunst): Epigone
Nachahmung anderer Tiere zum Selbstschutz (Gestalt,Färbung,Verhalten): Mimikry w / Mimese w
Nachahmung (Gebärdenspiel): Echomimie
Nachahmung von Stil und Ideen eines Autors: † Pastiche w
Nachahmungsverb (z.B. ochsen,tigern): Imitativ s
Nachbar --> Grenznachbar
nachbarlich; angrenzend (Gemeinden): † vizinal
Nachbarschaft ◇ Grenznachbarschaft: † Konfinität
Nachbehandlung, vorbeugende (gegen Rückfall): Metaphylaxe --> Nachsorge
nachbeten, Meinungen ◇ auf des Meisters Worte schwören (Horaz): jurare in verba magistri
nachbilden, eine Vorlage getreu: faksimilieren
Nachbildung; Kopie; Abbild: Ektypus m
Nachbildung, originalgetreue (Kunstwerk): Replikat (replizieren)
Nachdenken; Beschaulichkeit; Sichversenken: Kontemplation
nachdenken; erwägen: reflektieren (Reflexion)
nachdenkend; nachsinnend: meditativ
Nachdruck; Eindringlichkeit [im Reden]: Emphase (emphatisch)
Nachdruck; Sicherheit im Auftreten: Aplomb m frz
nachdrücklich; behauptend; aussagend: apophantisch
nachdrücklich; gründlich: à fonds
Nachfolge Christi (Lebensideal im 14.u.15. Jahrh.): Imitatio Christi w
nachfolgend: † subsekutiv
nachfolgend ◇ aufeinanderfolgend: konsekutiv
Nachfolger einer bedeutender Persönlichkeit, mit Konkurrenten um Vorrang streitende: Diadochen Mz
Nachfolger eines bedeutenden Vorgängers, unbedeutender, unschöpferischer; Nachahmer (Literatur,Kunst): Epigone
nachforschen: inquirieren
nachforschend --> neugierig
Nachforschung; Untersuchung: Investiga-

tion {N.;U.;Aufspürung: † Indagation} --> Befragung
Nachforschungen anstellen; untersuchen: requirieren († Requirent)
Nachfragemonopol: Monopson s
nachgehen (Uhren): † retardieren
nachgemacht: epigonal
nachgiebig; umgänglich; fügsam; leicht zu behandeln: trätabel
Nachgiebigkeit; Beschwichtigung (Politik): Appeasement s
Nachgiebigkeit; Herablassung: Kondeszendenz
nachher --> hinterher
Nachhilfelehrer ◇ Lehrer, Erzieher [von Einzelpersonen]: † Instruktor
Nachhut: † Arrieregarde w
Nachkomme; Abkömmling: Deszendent
Nachkommenschaft: Progenitur/ † Posterität
nachlassend --> langsamer werdend
nachlässig; sorglos; unachtsam: negligeant (Negligenz frz)
nachlässig --> formlos
nachmachen; eine Vorlage getreu nachbilden: faksimilieren
Nachname --> Name
Nachplappern --> Nachsprechen
nachprüfbar, [auf seine Richtigkeit hin] (insb. Wissenschaft): verifizierbar
nachprüfen --> bestätigen
Nachricht; Benachrichtigung: † Avertissement --> Mitteilung
Nachruf mit kurzem Lebensabriß des Verstorbenen: Nekrolog m --> von den Toten
Nachsatz; nachgestellter Text: Postskript[um] (PS.)
Nachschlagewerk; wissenschaftlicher Abriß: † Promptuarium
Nachschubtruppe; Troß: Train m frz
Nachschubwesen; Truppenversorgung: Logistik
Nachsicht üben: † konnivieren
nachsichtig: indulgent
Nachsichtigkeit --> laxe Moral
nachsinnen; wieder erwägen: † ruminieren
Nachsitzen (Schule): † Arrest m
Nachsorge (Patientenbetreuung): Postvention --> Nachbehandlung
Nachsprechen, sinnlos - mechanisches (vorgesprochene Wörter oder Sätze): Echolalie/Echophrasie
nachstellen; dahintersetzen: † postponieren
Nachstellungen: † Insidien
Nächstenliebe; Feindesliebe: Agape w
Nächstenliebe; Mildtätigkeit; Wohltätigkeit: Karitas w
nachsuchen, betreiben: † sollizitieren
Nachtangst; Dunkelheitsangst: Nyktophobie {nächtliches Aufschrecken (Kinder): Pavor nocturnus m} --> Dunkelheitsangst
Nachtarbeit; [wissenschaftliches] Arbeiten bei Nacht: † Lukubration {durch N. geschaffene [gelehrte] Arbeit bei Lampenlicht: † Elukubration}
Nachtblindheit: Hemeralopie
Nachteil; Behinderung: Handicap s engl / -kap s dt
Nachteil; Schaden: † Detriment lat
nachteilig ◇ wichtig; schwerwiegend [nachteilig]: gravierend
Nachthemd (Damen) --> Hausmantel
Nachtigall: † Philomela/-le w
Nachtleben --> Tagblindheit
Nachtrag; Ergänzung; Randbemerkung (lit. Werk): Paralipomenon (-mena Mz)
Nachtrag; Zusatz: † Hypomnema s
nachträglich aufnehmen --> aufnehmen
nachträglich; später: a posteriori
nachträglich; zusätzlich: additional lat
Nachwelt: † Posterität
Nachwirkung, seelische ◇ Zeitspanne, in der eine vorige noch abklingende seelische Erregung die nachfolgende Erregung hemmt: Akoluthie
Nachwort; Schlußrede: Epilog m
Nachzählen [der Bögen in der Buchbinderei zwecks Vollständigkeitsprüfung]: Kollation
Nachzahlung: Postnumeration
Nacken; Hals: Cervix w (zervikal)
nackt: adamitisch
Nacktbadestrand (scherzh.): Abessinien
nackter Jüngling ◇ Statue eines nackten Jünglings (griech. Antike): Koros/ Kuros
Nacktheit: Nudität
Nacktkultur: Nudismus/Naturismus
Nadel --> Spange
Nadelhölzer (systemat. Bez.): Koniferen
Nagelbett; Krallenbett (Wirbeltiere): Matrix w (Matrizes/-zen Mz)
Nagelbildung ◇ abnorm starke N. an Händen und Füßen: Hyperonychie
Nägelkauen: Onychophagie
Nagelpflege; Handpflege: Maniküre
näherholen, scheinbar --> heranholen
Näherin; Modistin (Paris): Midinette
nähern, sich: † approchieren
Näherung; Sehweise (wissenschaftliche Probleme): Approach m
Näherungswert; Näherung (Math.): Approximation
Nahkampf mit kurzen Hakenschlägen (Boxen): Infight m/ Infighting s
Nährboden (Biol.): Substrat s
nahrhaft; kräftig; gehaltvoll: † substantiell
nahrhaft; nährend: nutritiv
nährstoffarm (Seen,Äcker): oligotroph
Nährstoffe --> Nebennährstoffe
nährstoffreich (Seen,Äcker): eutroph
Nahrungsaufnahme: Ingestion {Einverleibung: Inkorporation}
Nahrungsauswahl --> wählerisch
nahrungsbedingt --> ernährungsbedingt
Nahrungsmittel --> Lebensmittel --> Schüttelkrampf
nahrungsspezialisiert auf wenige Futterobjekte (Zool.): oligophag
nährwertarme Nahrung, kalorienreiche: Junk-food m
Nähtisch; hohe Schubladenkommode: Chiffonniere
Naivität ◇ Leichtgläubigkeit: † Kredulität
Name ◇ im N.n liegt eine Vorbedeutung: nomen est omen

Name (Vorname,Familienname): Anthroponym s
Namenkatalog (Bibliotheken): Nominalkatalog
Namenkunde; Wissenschaft von den Eigennamen: Onomastik/Onomatologie {Personennamenkunde: Anthroponymik/-mie} --> Bezeichnungslehre
Namenloser ◇ jmd., der unter unbekanntem oder nicht genanntem Namen etwas geschrieben o.ä. hat: Anonymus
Namensbuchstaben ◇ meist künstlerisch gestaltete Namenszeichen aus den Anfangsbuchstaben von Vor- und Nachnamen: Monogramm
Namensdeutung, wahrsagerische: Onomantie
Namenszug oder -zeichen oder -stempel: Paraphe w/ Paraph m
Namensübersetzung in eine andere Sprache (z.B. Zahneissen in Dentfer): Metonomasie
Namensverkürzung ◇ Veränderung des Namens in eine Kurz- oder Koseform (z.B. Josefina in Fina): Hypokorismus {solcher Kosename: Hypokoristikum}
Namenswechsel beim Eintritt in eine Kultgemeinde: Hieronymie {neuer Name: Hieronym s}
namentlich: † nominatim
nämlich: scilicet (sc./scil.)
nanu!; Donnerwetter!: † parbleu!
Narbenbildung: Ulose
Narkose ◇ Ausschaltung der Schmerzempfindungen: Anästhesie
Narkosegerät: Hypalgator
Narr; Spaßmacher --> Hanswurst --> Possenreißer
närrisch sein; Possen reißen: alfanzen (Alfanzerei)
Nase, zu große ◇ abnormes Wachstum der hervorstehenden Körperteile (Nase, Ohren,Kinn,Gliedmaßen) aufgrund von Hormonstörungen: Akromegalie/Pachyakrie {alles zu klein: Akromikrie}
Näseln; Nasalaussprechen: Rhinolalie/ Rhinophonie
näselnd; [unbeabsichtigt] genäselt (Aussprache): nasal
Nasenbluten: Epistaxis w {heftiges N.: Rhinorrhagie}
Nasenheilkunde: Rhinologie
Nasenloch: Naris w (Nares Mz)
Nasenschmerz: Rhinalgie
Nasentropfen; Schnupfenmittel: Errhinum
Nashörner --> Dickhäuter
naß; feucht (insb. Gebiete): humid[e]
nässend (Geschwüre): madeszent/madidant
Nationalismus, extremer, militaristischer: Chauvinismus/Jingoismus
Nationalismus mit der Anschauung daß nur das eigene Volk oder die eigene Nation anderen Völkern überlegen sei: Ethnozentrismus
Nationalist, extremer (engl. Bez.): Jingo
Nationalmannschaftsmitglied bei internationalen Wettkämpfen: Internationale m/w
naturbelassen --> natürlich --> unbearbeitet
Naturbeschreibung; Landschaftskunde : † Physiographie
naturgemäß; rein; echt: genuin
Naturgesetzelehre: † Physionomie
naturgetreue Darstellung (Landschaftsmalerei): Vedute w it --> Naturnachah.
Naturheilmittel; apothekisch hergestelltes [pflanzliches] Medikament (kein chem. Fabrikerzeugnis): Galenikum s {Lehre der N.: Galenik w}
Naturheilkunde: Physiatrie
natürlich gewachsen ◇ von den Kräften des natürl. Lebens geprägt: biomorph
natürlich ◇ naturhaft: elementarisch
natürlich; ohne künstlichen Zusatz (Speisen etc.): au naturel
natürlich; unverändert (z.B. biolog. oder chem. Stoffe): nativ
Natürlichkeit; Freimut; Offenheit: † Ingenuität
Naturnachahmung (Kunst): Mimese/-sis
Naturrecht: Jus naturale s lat
Nebel, dichter: Fog m {leichter N. (Seewesen): Mist m engl (mistig)}
Nebelsehen --> Trübung
nebenbei; beiläufig; am Rande: inzidenter {n. auffallend; zufällig: † inzident}
nebenbei [gesagt]; eingeschaltet: parenthetisch
nebenbei; so nebenher: en passant
nebeneinanderher bestehen: koexistieren
Nebeneinnahme: † Emolument lat
nebenher --> nebenbei
Nebenklang; Mißklang: Paraphonie
Nebennährstoffe (Wasser,Vitamine,Spurenelemente,Salze): akzessorische Nährstoffe
Nebenperson; Lückenbüßer: Figurant
Nebenpunkte (Rechtsgeschäft): Akzidentalien
Nebenraum; Bettnische: Alkoven m
Nebenrolle Spielender (in Massenszenen): Komparse --> Nebenperson
Nebensache; Beiwerk: † Akzessorium
nebensächlich; hinzutretend; weniger wichtig: akzessorisch
Nebenweg; Ortsverbindungsweg: † Vizinalweg
necken; irreführen; quälen: vexieren († Vexation)
necken; plagen; quälen: trakassieren (Trakasserie)
Neckerei: † Sekkatur
Neffe: † Nepote
Neffe (scherzh.): Neveu frz
nehmen ◇ ergreifen; in Beschlag nehmen: † säsieren
Neid; Eifersucht: Emulation
neidisch: † livid[e]
Neigung gegeneinander (Ebenen,Linien): Inklination {Neigungsmesser (Schiffe, Flugzeug): Klinometer s}
Neigung, Geschmack: Gusto m
Neigung; Hang; Vorliebe: Faible s engl / Inklination († inklinieren) / † Tendre s / † Tendresse / † **Penchant** m
Neigung; Wohlwollen: † Affektion
Nennwert (Geld,Wertpapiere): Nominalwert {zum N.: nominal} {N. , insb. bei Münzen: Nominale w}
Nerv: Nervus m
nerven; jmds. Nerven überbeanspruchen; auf seelische Kräfte zerstörend wirken: enervieren (Enervierung/-vation)

Nervenarzt: Neurologe/Neuropathologe
Nervenentzündung: Neuritis
Nervengift: Neurotoxin s
Nervenkunde: Neurologie
Nervenquetschung; Druckschädigung eines Nervs: Neurotripsie
Nervenrauben ◇ operatives Entfernen von Organteilen, insb. Nerven: Exhärese/Ex[h]airese
Nervenschwäche: Aneurie
Nervenschwäche; nervöse Erschöpfung: Neurasthenie/† Nervosität
Nervenversorgung [eines Körperteils]: Innervation
nervenwirksam ◇ auf Nerven gerichtet; das Nervensystem beeinflussend: neurotrop {Arzneimittel: Nervinum}
nervlich: nerval/nervös
nervös; erregbar; reizbar: exzitabel
Nesselfieber; Nesselausschlag: Urtikaria w
nett; fein, wohlerzogen: † gentil frz
netzartig gewirkter Stoff: Filet s
Netzhaut im Auge: Retina w
neu anfangen --> reinen Tisch machen
neu; sauber; unversehrt. † integer
neuartig: † neoterisch
neue Musik: Musica nova
neuer Gesichtspunkt, [einiges ändernder] : Novum s
Neuerscheinungen des Buchhandels: Nova
Neuerung; Erneuerung; Einführung von Neuem: Innovation
Neuerung (Religion,Sprache): Neologie {Neuerungssucht: Neologismus (neologistisch/† neoterisch)} --> Neuheit
Neuerwerbungenliste in Bibliotheken: Akzessionsliste
Neufassung; Zweitfassung (künstlerische Produktion): Remake s
Neugier; Schausucht (krankhaft): Skopophilie
Neugier ◇ Wissensdrang: † Philomathie
Neugiererreger, Werbeelement als: Teaser
neugierig ◇ in der Absicht, sich zu informieren: informell
neugierig; wißbegierig; [nach]forschend: inquisitiv
Neuheit (insb. als Gesichtspunkt): Novum s
Neuheit; Neuerscheinung (Mode,Bücher, Theater etc.): Novität {insb. Mode: Nouveauté w} --> Neuerung
Neuigkeit: † Novität
Neuland ◇ unerforschtes, fremdes Wissensgebiet: Terra incognita w
Neuling; Emporkömmling: Homo novus m
Neuling; Grünschnabel: Greenhorn s
Neuling [mit schon gewissem Erfolg]: Newcomer
Neuling; Neuaufgenommener (Geheimbünde): Neophyt m
Neumondzeit: Interlunium
Neuneck: Nonagon s
Neureicher; Emporkömmling: Parvenü m --> Neuling
Neurose, durch aktuelle Erlebnisse ausgelöste (z.B. Schreck): Aktualneurose
Neurose ◇ seelische Störung: Dysphrenie
Neusilber: Alpaka/Alpacca s
Neutralität (chem. Stoffe [in Arzneimitteln]): Indifferenz

nicht aktuell; aus der Mode: démodé
nicht anerkennen; verleugnen; in Abrede stellen: desavouieren
nicht angezeigt; nicht anwendbar (Med.): kontraindiziert
nicht ansteckend (Mikroorganismen): avirulent
nicht ausdrücklich; mitgemeint; undeutlich: implizit
nicht bei Verstand; unzurechnungsfähig: mente captus
nicht besonders [gut]: comme ci, comme ça
nicht das geringste: kein Jota
nicht denkbar; das Denken übersteigend (Philos.): metanoetisch [-oe-]
nicht einatembar: irrespirabel
nicht Eßbares (Schlachttierteile): Konfiskat s
nicht festgelegt; noch zu verschiedenen Entwicklungen fähig (erste Zellen nach der Befruchtung): totipotent
nicht für die Schule sondern für das Leben lernen wir: non scholae, sed vitae discimus / vitae, non scholae discimus {wir lernen [leider] nicht für das Leben, sondern für die Schule (Senecas Originalspruch): non vitae, sed scholae discimus}
nicht gängig; schwer verkäuflich: inkurrant
nicht ganz wörtlich zu nehmen; mit entsprechender Einschränkung: cum grano salis
nicht leitend (Elektr.): dielektrisch
nicht ratsam --> unzweckmäßig
nicht so Dringendes --> Verschiebbares
nicht so sehr --> aber nicht so sehr
nicht zu sehr --> aber nicht zu sehr
nicht übereinstimmend: disgruent {unpassend; nicht deckungsgleich: inkongruent} --> unstimmig
nicht übertragbar; unveräußerlich: inalienabel --> unveräußerlich
nicht umgänglich; kompromißlos; unversöhnlich; unverbindlich: inkonziliant
nicht verfügbar; festgelegt: indisponibel
nicht vorhanden; leer: vacat/vakat --> nicht wirklich
nicht wahrnehmbar (Philos.): inperzeptibel
nicht wiederherstellbar oder zurückführbar: irreduktibel
nicht wirklich gegeben; der Realität nicht entsprechend: kontrafaktisch
nicht zuletzt ◇ zuletzt der Stelle, aber nicht dem Werte nach; nicht zu vergessen: last, [but] not least
nicht zuständig; unbefugt: inkompetent
Nichtableitbarkeit (Philos.,Math.): Irreduzibilität
nichtansteckend ◇ nicht auf Ansteckung beruhend (Krankheiten): bland lat
Nichteingeweihter; Außenstehender: Exoteriker
Nichteinmischung ◇ Grundsatz der gegenseitigen N. (Staaten): Monroedoktrin
nichterblich (Med.): paratypisch
nichterbliche Veränderung, im Verlaufe des Lebens auftretende (Körper,Verhalten von Lebewesen): Modifikation

Nichterscheinen vor Gericht: † Kontumanz
nichtig; gehaltlos: † frivol
nichtig; unbedeutend; läppisch: † futil
Nichtigkeit; Leere; Eitelkeit; Hohlheit (Philos.): Inanität (inan)
Nichtigkeit; Ungültigkeit: Nullität
Nichtigkeiten; Kleinigkeiten: † Minuzien
Nichtjude (jüd. Bez.): Goi (Gojim Mz)
nichtlöslich in Wasser: hydrophob
nichtöffentlich; geheim: intra muros
nichtperspektivische Wiedergabe (Bilder): Parataxe/ † -xis
nichts; macht nichts! (scherzh.): nitschewo
Nichts; Null: Zero w,s
nichtsprachlich; durch Gestik oder Mimik: nonverbal {n.e Verständigung: nonverbale Kommunikation / Metakommunikation}
nichtsprachliches Denken (Kleinkinder, Affen): hypologisches Denken
nichtssagende Redensart; formelhafte Redewendung: Floskel w
Nichtstun, süßes: Dolcefarniente s {süß ist's, nichts zu tun: dolce far niente}
--> Müßiggängertum
Nichtzusammenpassen von Sexualpartnern (körperlich, seelisch): Dyspareunie
nie --> niemals
nieder mit ihnen! (Studentensprache): pereant! lat (Pereat s)
nieder!; weg [damit]!: à bas!
Niedergang, kultureller --> Entartung
niedergeschlagen ◇ mißvergnügt; unzufrieden: † malkontent
Niedergeschlagenheit, tiefe; Apathie: † Cafard s frz --> Trübsinn
Niederlage: Echec m {vernichtende N.; Untergang: Waterloo s / Kannä s / Cannae s / kannensische Niederlage}
--> zusammenbrechend
Niederländer: Dutchman engl
niederlassen; senken: abaissieren
Niederlassung; Zweigstelle: Dependence frz
Niederschlag; aus Dampf niedergeschlagene Flüssigkeit: Kondensat s
--> Verdichtung
Niederschläge aus Dampfkondensation (Regen, Schnee, Tau etc.): Hydrometeore Mz
Niederschlagsmessung (Menge, Verteilung): Hyetographie --> **Regenmesser**
Niederschrift; Aufzeichnung: † Konsignation
niedrig; demütig: † humil (Humilität)
niedrig; gewöhnlich; prosaisch: † pedestrisch
niedrige Körpertemperatur -->Körperkälte
niemals; am St.-Nimmerleins-Tag (Bezahlung o.ä.): ad calendas graecas
Niere: Ren [ren] m (Renes Mz , renal)
Nierenarzt: Nephrologe
Nierenbeckenentzündung: Pyelitis {N. mit Blasenentzündung: Pyelozystitis} {N.mit Nierenentzündung: Nephropyelitis/Pyelonephritis}
Nierenentzündung: Nephritis
Nierenleiden: Nephropathie
Nierenschmerz: Nephralgie
Nierenstein: Nephrolith m {N.entfernung: Nephrolithotomie}
Nierensteinzertrümmerung durch Schockwellen: Stoßwellenlithotripsie
Niesen ◇ krampfartiger Niesanfall: Ptarmus m
Niespulver; Niesmittel: Ptarmikum
Nilpferd; großes Flußpferd: Hippopotamus m { Bez. im A.T.: Behemoth m }
--> Dickhäuter
Niveau, erreichtes; Leistungsstand; Leistungsstand; Rang; Stufe: Level m engl
noch einmal!; wiederholen! (Zuruf bei musikal. Darbietungen): bis! lat
--> wiederholen!
noch nicht herausgegebene Schrift oder Veröffentlichung: Ineditum s
Nordamerikaner, durchschnittlicher: Babbitt {Nordstaatler: Yankee}
Nordamerikaner ◇ nichtiberische Sprache sprechender Weißer (abw. Bez. in Südamerika): Gringo
nordisch ◇ altnordisch: norrön
nördlich ◇ im hohen Norden gelegen oder wohnend: † hyperboreisch [-e-i-]
nördlich (Klimazugehörigkeit): boreal
Nordwind, kalter (dichterisch): † Boreas m
Nordwind, kalter, heftiger (Amerika): Norther m
nörgeln; ohne Grund klagen: querulieren
Nörgler: Räsoneur {kleinlicher Kritiker: Kritikaster}
normale Lage (Organe): Eutopie
normaler Körperwuchs ◇ normal gewachsen (Körper): normosom
Normalmaß; Eichmaß: Etalon m frz
Normalsichtigkeit: Emmetropie
Normalzustand ◇ Wissenschaft vom N. und den normalen Funktionen des Organismus und seiner Teile: Orthologie
Normen --> moralische Grundeinstellung
Note; Atmosphäre (angenehm): Flair s
Note ◇ Notenhilfszeichen vor Erfindung der Notenschrift (Mittelalter): Neume w (neumieren)
Note verleihen, einer Sache eine bestimmte: timbrieren
Notenschlüssel: Clavis w lat
notfalls; in Ermangelung eines Besseren: faute de mieux
notgedrungen: par ordre du mufti
nötig --> dringend nötig
Nötiges --> Erwünschtes
Nötigung ◇ Quälerei; Drangsal: † Tribulation
Nötigung; Zwang: † Kompuls[at]ion (kompulsiv)
Notiz; Aufzeichnung; schriftliche Bemerkung: Notat s
Notizbuch; Merkbuch; Schreibtafel: Agenda w
Notizbuch ◇ Tagebuch; Erinnerungs-, Vormerkbuch: † Memorial s lat
Notizbüchlein: Codicillus m
Notizensammlung: Adversaria/-rien
notwendig dazugehörend, [als Teil]; wesentlich; unerläßlich: integrierend
notwendig ◇ ratsam; angezeigt: indiziert
notwendig ◇ unerläßlich; erforderlich; unentbehrlich: obligat/ † indispensabel
notwendige Bedingung; unerläßliche Voraussetzung: Conditio sine qua non w
Notwendiges ◇ Liebe zum Notwendigen und Unausweichlichen: Amor fati m
Notwendigkeit: † Nezessität --> Zwang

nüchtern; kühl: (in der gehobenen Sprache): † frigid[e]
Nudeln, speziell geformte (Sternchen etc.): Fassonnudeln
Null; Nichts: Zero w,s
Nullstellung (Meßgeräte): Nullage dt
nun gerade; erst recht: † justament
nun!; wir wollen sehen!; laß einmal sehen: voyons!
nur eine Bedeutung habend (Wörter): monosem[antisch]
nur einmal vorhanden: unikal
nur mit Stimmen (ohne Instrumente): a cappella
Nußschokolade ◇ mit feingehackten Haselnüssen durchsetzte Milchschokolade: Noisette
Nutte --> Prostituierte
Nutzbarmachung; Verwertung: † Fruktifikation/-fizierung
Nutzen; Vorteil: † Emolument lat
Nutzen ziehen, aus etwas: † utilisieren --> Verwertung
Nutzengemeinschaft ◇ Lebensgemeinschaft mit gegenseitigem Nutzen (Biol.): Mutualismus
Nützlichkeit: † Utilität
nützlichkeitsorientiert, ausschließlich: utilitär
Nutzungsrecht ohne Substanzverbrauch; Nießbrauch (Jur.): Usus fructus m --> Eigentumsanspruch
Nymphomanie: Andromanie (Andromanin w) / Furor uterinus m / Hysteromanie / Kyteromanie/Metromanie/Östromanie/**Ova**riomanie

O

oben ohne; barbusig: topless
Oberarmknochen: Humerus m
Oberarmschmerzen; Armschmerzen: Brachialgie
Oberbegriff --> allgemeine Bedeutung
obere Ränge (Theater): † Galerie
Oberhauptwahl von kleinem Gremium, geheime --> Papstwahlversammlung
Oberkiefer[knochen]: Maxilla w
Oberlippenbart, schmaler, gestutzter (knapp über der Oberlippe): Menjoubart/-bärtchen
Oberschenkel[knochen]: Femur (Femora Mz, femoral)
Oberschicht, die Angehörigen der altgriechischen: Kaloikagathoi Mz
Oberschicht, obere Zehntausend:Creme w/ Upper ten Mz {höchste Vertreter: Crème de la crème}
Oberschicht; reiche Hochfinanz: Hautefinance w/Jetset m
Oberschicht --> Bürgertum --> feine Gesellschaft --> Führungsschichtverzeichnis
Obhut --> Schutz
objektiv u. sachlich: sine ira et studio
Oboe: † Hoboe
obrigkeitliches Amt; behördliche Würde: † Magistratur
Obstbaukunde: Pomologie
Obstsaft; Gemüsesaft: Juice m,s
obszöne Harnausdrücke ◇ Verwendung unflätiger Ausdrücke aus dem Urinbereich: Urolalie
obszönen Reden, Neigung zum (insb. Fäkalbereich): Koprolalie
Ochsenauge;Augapfelvergrößerung: Buphthalmie {infolge übermäßiger Kammerflüssigkeitsansammlung: Hydrophthalmus/Buphthalmus}
Ochsenschwanzsuppe: Oxtailsuppe
öde; weit; ausgedehnt; unermeßlich: † vast
Ödem; Wassersucht: Hydrops m/Hydropsie (hydropisch)
oder ähnliches; oder dergleichen (ärztl. Rezepte): aut simile
oder; auch (abweichende Lesart o.ä. in der Musik): ossia

Oder-Verknüpfung (Logik): Adjunktion/ Disjunktion
offen reden, miteinander: Tacheles reden
offen; unbesetzt; frei: vakant (Vakanz)
offenbar; augenscheinlich; sichtbar: † visibel
offenbar; deutlich: † palpabel
offenbar; offenkundig; handgreiflich: manifest
offenbar werden: sich manifestieren
offenbar --> offenkundig
offenbaren; kundgeben; bekunden: manifestieren
Offenbarungseid Leistender: Manifestant († manifestieren) {Eid: † Manifestationseid}
offener Brief ◇ Sendschreiben; Botschaft: † Missiv s/Missive w
Offenheit; Freimut; Natürlichkeit: † Ingenuität
offenkundig: eklatant
offenkundig; allbekannt: notorisch († Notorietät)
offenkundig; ausgesprochen: deklariert
offenkundig; handgreiflich; augenscheinlich: ostensiv
offenkundig; klar ersichtlich; offen zutageliegend; überzeugend; offenbar: evident
offenkundig --> deutlich --> offenbar
offenliegend --> von überall einsehbar
offensiver Kämpfer (insb.Boxer): Fighter
öffentlich: koram / publice lat
öffentlich; vor aller Welt: corem publico
öffentliche Bekanntgabe (z.B. Gesetz): Promulgation
öffentliche Diskussion oder Aussprache: Forum
öffentliche Meinung ◇ allgemeine Meinung: Opinio communis w --> Volkes Stimme
öffentliche Vorlesung (Universität): Collegium publicum
Öffentlichkeit informieren --> bekannt werden lassen
Öffnung; Eingang; Mündung an einem Körperhohlraum oder Hohlorgan: Ostium s
Öffnung; Loch; Lücke (Med.): Foramen s
Öffnung; Spalt (Muskeln,Knochen): Hiat[us] m
ohne Anfang (verstümmeltes literarisches Werk): akephal
ohne Ausdauer --> unbeständig
ohne; ausschließlich: exklusive
ohne Erklärung --> kurz und bündig
ohne Gewähr: ohne Obligo (o.O.)
ohne Instrumente; nur mit Stimmen: a capella
ohne Jahr (Hinweis bei Buchtitelangaben): † sine anno (s.a.)
ohne Mittelpunkt --> brennpunktlos
ohne Umstände: † sans cérémonie/ sans façon

ohne ursächlichen Zusammenhang: akausal
Ohnmachtsanfall; Schwindelanfall: Skotodinie
Ohr ◇ im O. gelegen oder entstehend: entotisch {zu den O.en gehörend: aurikular/-lär/aural}
Ohrengröße, abnorme: Makrotie
Ohrenheilkunde: Otiatrie/Otologie (Otiater/Otologe)
Ohrenkleinheit, abnorme: Mikrotie
Ohrensausen: Bombus m
Ohrenschmalz: Zerumen/Cerumen s
Ohrenschmerz: Otagra/Otalgie/Otodynie
Ohrmuschelrand (Mensch): Helix w
Ohrring ◇ mit Edelsteinen besetztes Ohrgehänge: Girandola/-le w
Ohrring ◇ Ohrgehänge: † Pendant s
Ohrring ◇ Schmuckknopf für das Ohr: Bouton m
Ökologie ◇ Wechselbeziehungssystem zwischen Pflanzen und Tieren einerseits und der unbelebten Umwelt andererseits: Biogeozönose
Ökumene ◇ das Bemühen um eine friedliche Auseinandersetzung der Konfessionen mit dem Ziel der Aussöhnung: Irenik
Öl: Oleum
ölige Arzneien: Oleosa Mz
Omen ◇ Vorbedeutung: Auspizium
Onanie: Autobie/Ipsation/Ipsismus/Masturbation --> Rückenmarkserweichung
Oper; musikalisches Drama (ital. Bez.): Dramma per musica s
Operation ◇ Bauchhöhlenöffnung: Laparotomie
Operation; Handgriff (Med.): Encheirese
Operationsmesser, zweischneidiges, kleines: Lanzette
Operationssucht ◇ Sucht zu operieren oder operiert zu werden (krankhaft): Tomomanie
operativ entfernen (Med.): resezieren (Resektion)
Opernspitzenstar, weiblicher: Assoluta
Opferanzahl, erschütternd große (Katastrophen): Hekatombe w
Opfergabe; Weihgeschenk (an Götter, Heilige): Votiv s/Votivgabe
Opferlamm ◇ Christus als „Lamm Gottes": Agnus Dei s [- de-i]
Opfertod; Blutzeugenschaft: Martyrium
Opferung mit Hintergedanken ◇ [Bauern]opfer zwecks Erlangung eines Stellungsvorteils (Schacheröffn.): Gambit s
Opium: † Mekonium
Opium, zum Rauchen zubereitetes: Tschandu s
Opposition in einer Partei --> scharfe Opposition
optimal ◇ einwandfrei; in bester Form; wie sich's gehört: in optima forma
Optimismus auch unter widrigen Umständen: Keep-smiling s --> Heiterkeit
Orden (auch O.sverleihung): Dekoration/Dekorierung
ordentlich; achtbar; ansehnlich: reputierlich/reputabel --> ordnungsgemäß
Ordnermappe: † Registrator
Ordnung nach Reihenfolge: Kollakation
Ordnung (Philos.) --> Gesetz
Ordnung ◇ Recht und Ordnung (Schlagwort als Ruf nach dem Staat): Law and order
Ordnung schaffen, energisch; reinen Tisch machen: tabula rasa machen {O. mittels aktivem Durchgreifen wiederherstellen (insb.Korruption): den Augiasstall ausmisten}
ordnungsgemäß: rite
Ordnungsliebe; Sorgfalt; Genauigkeit: Akkuratesse
Ordnungslosigkeit ◇ Zustand mangelnder sozialer Ordnung: Anomie
ordnungswidrig handeln; gesetz- oder vertragswidrig handeln: † kontravenieren (Kontravenient m, Kontravention)
Ordnungszahl (z.B. dritte, zehnte): Ordinale s/ Ordinalzahl
Ordonnanzoffizier: † Galopin frz
Organeinpflanzung; Gewebeeinpflanzung: Implantation {Eingepflanztes: Implantat s} --> Organverpflanzung
Organfehlen, angeborenes: Aplasie
Organfunktionsnachlassen: Dekomposition --> Organschwäche
Organisationsstammbaumschema (insb. Wirtsch.): Organigramm/Organogramm
Organisationsstand ◇ wirtschaftlich-organisatorischer Unterbau einer hochentwickelten Wirtschaft: Infrastruktur
Organisator ◇ altröm. hoher Beamter, der mit der Aufsicht, Versorgung und Ausrichtung der öffentlichen Spiele verantwortlich war: Ädil
organische Nahrung benötigend (Tiere, Pilze etc.): heterotroph
organischen Ursprungs (Biol.): organogen
Organlappen: Lobus m (Lobi Mz)
Organmodell --> Abdruck
Organnormallage: Eutopie
Organrückbildung, starke: Hyperinvolution
Organschwäche; ungenügende Organleistung: Insuffizienz --> Organfunktionsnachlassen
Organtod; Gewebstod: Mortifikation
Organverpflanzung (arteigenes Gewebe): Hom[ö]oplastik w / Homotransplantation {artfremdes, [tierisches] Gewebe: Heteroplastik w / Heterotransplantation} --> Organeinpflanzung
Orgasmusausbleiben (Dauerstörung): Anorgasmie --> Höhepunkt
Orgasmusausbleiben ◇ Störung des sexuellen Verhaltens der Frau, insbesondere O.: Dyspareunie
Orgien ◇ Genußsucht; Schlemmerei; Schwelgerei: Sybaritismus
Originaltext --> Urschrift
origineller Mensch: Unikum s
Ornament, rankenförmiges: Arabeske w
ornamentieren ◇ Stahl oder Eisen mit feinen Mustern versehen: damaszieren
Ort; Stelle; Platz: † Lokus m (Lozi Mz)
örtlich; am Ort befindlich; einheimisch: entopisch
örtlich [begrenzt]: lokal {ö.e Beschränkung: Lokalisation}
örtlich begrenzt auftretend (Infektionskrankheiten in einem begrenzten geographischen Gebiet): endemisch

örtlich oder äußerlich (Anwendung oder Wirkung von Arzneien): topisch
örtliche Betäubung: Lokalanästhesie {durch Injektion:Infiltrationsanästhesie}
örtlicher Held; Berühmtheit in seinem Ort (insb. Sport): Lokalmatador
Ortsbestimmung: Lokalisation
Ortsname, nur im Ausland gebräuchlicher: Exonym[on] s
Ortsnamenkunde: Toponymik/Toponomastik/Toponymie
Ortswechsel; Versetzung: † Translokation (translozieren)
österreichischer Ausdruck in der deutschen Sprache, rein: Austriazismus
Ozeane --> Weltmeer

P

Paarverhältnis (Soziol.): Dyade w
Pächter; Mieter: † Lokatar
Pächter oder Gutsbesitzer: Yeoman
Pachtgut; [Bauern]hof (Frankreich): Ferme w
Pachtzins; Abgabe: Zensus m
Pack ◇ Gesindel: † Krapüle w
Packeis: Toroß m
packen; ein- oder verpacken: emballieren
Packwagen; Vorratswagen: † Fourgon m
Page; junger Diener (engl. Bez.): Groom
Pakt: † Paktum
Palast --> Schloß
Palmwein: Toddy m
Pamphlet ◇ Schmähschrift oder -rede; Beleidigung: Invektive --> Streitschrift
Panflöte; Hirtenflöte: Fistula w
Paniermasse aus Eigelb und Semmelbröseln: Panade w
Panorama ◇ plastisch wirkende Aufstellung von Gegenständen vor gemaltem oder fotografiertem Rundhorizont: Diorama s
Pantoffeltierchen: Param[a]ecium
pantomimische Tanzlehre: Orchestik
Papagallo: Latin Lover
Papageien (systemat. Bez.): Psittaci
Paper ◇ Informationsunterlage [für Tagungen oder Sitzungen o.ä.]: Handout s
Papier anfeuchten (Buchw.): matrisieren
Papierabfall, Altpapier (Papierindustrie): Makulatur
Papierblatt, einzelnes: † Scheda w {kleines P.: Schedula w}
Papierfaltkunst, japanische: Origami s
Papieroberfläche --> Musterung
Papst ◇ oberster Priester (griech. Antike): Hierarch
Papstamt, Papstwürde: Papat m,s
Papstkandidaten (ital. Bez.): Papabili
päpstlich: papal
päpstlich gesinnt, streng: ultramontan (Ultramontane m)
päpstliche Ansprache, offizielle: Allokution
päpstlicher Erlaß, feierlicher: Bulle w
päpstlicher Hof; [Sitz der] päpstliche[n] Zentralbehörden: Kurie
Päpstlicher Stuhl: Cathedra Petri w
Papsttum (abw.): Papismus
Papstwahlversammlung der Kardinäle, nichtöffentliche: Konklave s {wir haben einen Papst!(nach P.): habemus Papam!}
paradenmäßiger Vorbeizug: Defilee s
Paradies; Traumland; Wunschland; Gebiet mit idealen Voraussetzungen für eine bestimmte Betätigung: Eldorado / Dorado s
paradiesisch; himmlisch: elys[ä]isch
Paragraphenreiterei; strikte Gesetzesbefolgung und Vorschrifteneinhaltung: Legalismus
Parapsychologie: Metapsychik/-psychologie
Parapsychologie ◇ Erklärung von Naturerscheinungen vom Übersinnlichen her: Hyperphysik
Parapsychologie --> Anheben --> geheim; verborgen --> Geheimlehren
Parapsychologiepropagierung --> Volksverdummung
Parasit, auf der Körperoberfläche lebender: Ekto[para]sit m --> blutsaugende
Parasit, dem Wirt nicht schadender: Kommensale m
Parasit mit Entwicklung in verschiedenen Wirten: heterözischer Parasit m
Parfümfläschchen: Flakon s,m
Parkett --> Fußbodenmosaik
Parkuhr: Parkometer s
Parlament ◇ englisches Unterhaus : House of Commons
parlamentarische Anfrage an die Regierung: Interpellation
Parodie ◇ komisch-satirische Umbildung ernster Dichtung: Travestie (travestieren)
Parodontose: † Paradentose
Partei ◇ parteiähnliche [kämpferische] Gruppierung; abtrünnige, abweichlerische Gruppe in einer Partei: Faktion
Parteichef, mächtiger: Tycoon
Parteimann, starr an Prinzipien festhaltender: Intransigent
Parteiübertritt; Abzug; Weggang: Dissession
Partisan ◇ Freiheitskämpfer (histor.): Brigant
Partisan ◇ Freischärler: † Franktireur
Partnergleichheit bei den Gatten (Alter, Klasse etc.): Homogamie
Partnerprobleme --> Nichtzusammenpassen
Partnerschaft; partnerschaftliches Verhalten: Pairing s
Partnersuche --> Sexualpartnersuchen
Partnertausch Praktizierender (Jargon): Swapper
Passagier; Fluggast (Jargon): Pax m dt (Paxe Mz)
passen; annehmbar sein; gefallen; zusagen: konvenieren
passend; bequem; annehmbar; schicklich: † konvenabel
passend ◇ ratsam; angezeigt: indiziert
passender Zeitpunkt: † Idoneität [-e-i-]
passendes Gegenstück: Counterpart m
Passierschein: † Laisser-passer m
Passionsblume: Passiflora w
passive Frömmigkeit: Quietismus
Patent --> Rechtsanspruch

pathetischer Stil, erhabener: Kothurn m
pathetisches Stück --> rührseliges Stück
Patient [eines Arztes]; Pflegling: † Kurand
Patient (Psychoanalyse): Analysand
Patronengurt der berittenen Truppe: Bandelier s frz {Patronentasche: Kartusche w}
Patsche --> schwierige Lage
Pauke; Kesselpauke: Timpano m (Timpani Mz) {Handpauke: Tympanum}
Pauschale: Pauschquantum s
Pause; Frist; Zeitabstand; Zeitspanne: Intervall
Pausenunterhaltung --> Zwischenspiel
pausieren ◇ es schweigt (Anweisung, daß ein Instrument oder eine Stimme längere Zeit zu p. hat): tacet
Pechtag ◇ Unglückstag: Dies ater m
Pedant ◇ Kleinigkeitskrämer: † Mikrologe
pedantisch; kleinlich: † minuziös/-tiös
Pegelmesser --> Flutmesser
peinlich; unangenehm; lästig: genant --> unangenehm
peinliche Lage --> Verhängnis
Peitsche ◇ Riemenpeitsche: Kantschu m / Karbatsche
Peitsche zum Abrichten (Pferdezuritt): Chambriere w
Pelle --> Fruchthaut
Pelzkleidungsstück, kostspieliges (meist aus Imitat): Fun-fur m engl
Pelzmütze mit Ohrenklappen: Uschanka w
Pelzumhang, schlangenförmiger (Frauenmode): Boa w
Pelzwerk; Pelzbesatz oder -verzierung: † Fourrure w frz
pendeln; schwanken: oszillieren
Pendeln (zum Wahrsagen): Daktyliomantie
Penis: Iste m / Membrum virile s /† Priapus m { P. [als Sinnbild Shivas] (Indien): Linga[m] s }
Penner; Herumtreiber; Landstreicher; Lumpazivagabundus --> Herumtreiber --> Stadtstreicher
Pension; Gasthaus (engl. Bezeichnung): Boardinghouse
perfekt --> hohe Ansprüche --> meisterhaft
Pergamentpapier: Papyrin s
Periode ◇ Zeitraum zwischen zwei Menstruationen: Intermenstruum s
periodisch wiederkehrend (Med.): zirkular/-lär
perlen; schäumen (Sekt,Wein): moussieren
Personenverzeichnis (z.B. Studentenverzeichnis): Matrikel w
personifizieren [einer göttlichen Eigenschaft o.ä. zu einem göttlichen Wesen]: hypostasieren (Hypostase/-sie)
persönlich; selbst; in Person: in persona/ personaliter
persönlich; wirklich; leibhaftig: in natura
persönlicher Umgang; Kontakt: Konnex m (Konnexe Mz)
Persönlichkeit: Individualität
Persönlichkeit, bedeutende --> Älteste
Persönlichkeit, erhabene; Gewaltiger; Herrscher: Olympier
Persönlichkeitszerfall: Lysis/Lyse w
Perversion ◇ von der Gesellschaft als abweichend angesehenes Sexualverhalten: Paraphilie
Pessimismus ◇ mitten im Leben sind wir vom Tod umfangen: media vita in morte sumus
Pessimismus verbreiten ◇ unken; düstere Prophezeiungen machen (ugs.): menetekeln --> Resignation
pessimistisch; ständig niedergeschlagen; melancholisch: *marvinös*
pessimistischer Bericht --> grau in grau
Petting betreibende Jungfrau: Demi-vierge
Petting, Vorstufe zum; Liebkosungsaustauschen (Heranwachsende): Necking
Pfadfinder (engl. Bez.): Boy-Scout
Pfalz; Pfalzgrafschaft: Palatinat
Pfand --> Schuldenrückzahlungsversprechen
pfänden; Schulden eintreiben: † exequieren
Pfandnutzung ◇ Überlassung der P. an den Gläubiger: Antichrese
Pfarrer ◇ Hilfspfarrer: † Diakonus
Pfarrkirche: Parochialkirche
pfeifender Atem (Med.): Stridor m
Pferch; [Fang]gehege für wilde Tiere: Korral m
Pferch ◇ Gehege; umzäunter Laufgang (Pferde): Paddock m
Pferd ◇ Huftiere (syst. Bez.): Ungulaten
Pferd, klappriges; Klepper: Rosinante w
Pferdedecke, wollene; Sattelunterlage: Woilach m
Pferdekunde: Hippologie
Pferderennbahn: Turf m dt/engl {P.; Reitbahn: Hippodrom m,s}
Pferderennenreiter: Jockei [dschoke] engl / Jockey [dschoki] (Jockette w)
Pferdeschau; prachtvoller Reiteraufzug (Sport): Kavalkade
Pferdesport; Pferderennen: Turf m dt/engl
Pferdestärke (PS, engl.Bez.): horsepower (h.p./† HP)
pfiffig --> mit Schwung
Pfingsten (Religion): Pentekoste w
Pflanzen sammeln (zu Studienzwecken): botanisieren
Pflanzenbewegung, durch Berührung ausgelöste: Haptonastie
pflanzenfressend: herbivor / phytophag (Herbivore/Phytophage m) --> einseitig ernährend
Pflanzenkunde: Botanik
Pflanzensamen: Semen s (Semina Mz)
Pflanzensammlung mit getrockneten und gepreßten Pflanzen: Herbar[ium]
pflanzentötend: herbizid (Herbizid s)
Pflanzenverbreitungskunde: Pflanzengeographie/Geobotanik
Pflanzenwelt eines Gebietes: Flora w
pflanzlich: vegetabil[isch]/vegetarisch/ vegetativ
pflanzliche Nahrungsmittel: Vegetabilien
pflanzlicher Mikroorganismus (Algen,Pilze,Bakterien): Mikrophyt m
Pflaster, medizinisches: Emplastrum
Pflegeanstalt; Krankenhaus: † Charité w
Pflegekind ◇ Mündel; Pflegebefohlener: † Pupill m (Pupille w)
pflegen; besorgen: † soignieren

Pflegling: † Kurand
Pflegschaft; Vormundschaft: † Kuratel w {Pfleger: Kurator}
Pflichtbeitrag --> Anteil
Pflichtgebot (Philos.): Imperativ m {nur unter bestimmten Umständen nötiges P.: hypothetischer Imperativ} {immer bindendes P.: kategorischer Imperativ}
Pflichtstunden einer Lehrkraft: Deputat
pflücke den Tag! (Horaz): carpe diem!
Pförtnerwohnung oder -hütte: † Lodge w
pfropfenförmig oder -artig: emboliform
Pfropfung (Botanik): Transplantation
Pfuscher; Quacksalber: Medikaster / † Amethodist
Phantasie; Einbildungskraft: Imagination
Philosoph; Arzt (Orient): Hakim
philosophisches Ergebnis: Philosophem s
Pigmentfehlen bei Lebewesen (ererbt): Albinismus/Leukodermie (Albino m)
Pigmentfehlen in der Haut: Achrom[as]ie/ Achromatismus
Pilgerstätte; anlockendes Reiseziel: Mekka s
Pille ◇ kugelförmiges Arzneimittel: Globulus m (Globuli Mz) --> große Pille
Pilot; Luftfahrer oder -schiffer: † Aeronaut
Pilotenkabine: Cockpit s
Pilz: Fungus/Myzet m --> pflanzlicher Mikroorganismus
Pilzhutblättchen: Lamelle
Pilzkrankheit ◇ durch [niedere] Pilze erzeugte Krankheit: Mykose
Pilzkunde: Mykologie/Myzetologie
pilztötendes Mittel: Fungizid s
Pilzvergiftung: Myzetismus/Myketismus
Pinkelbecken; in Herrentoiletten an der Wand befestigtes Becken: Urinal s
Pinkeln --> Harnlassen
Pistolenhalfter [für eine griffbereit getragene Handfeuerwaffe]: Holster s
Plage ◇ Quälerei; Drangsal: † Tribulation
plagen; schelten; prügeln; quälen: † kuranzen/koranzen
Plagiat ◇ Nachahmung von Stil und Ideen eines Autors: Pastiche w
Plakat --> Aushang
Plakette, runde (zur Meinungskundtung): Button m engl
Plan; einfache Geländezeichnung: Kroki s (krokieren)
Plan; Entwurf; Handlungsskizze (Film): Exposé s
Plan; Zeichnung; [Web]muster: Dessin s
Pläne --> Bestrebungen
planen; anstreben; beabsichtigen: intendieren (Intention)
planen; kalkulieren [aufgrund der Gegebenheiten und bezüglich des weiteren Einsatzes von etwas]: disponieren
plänkeln; ein leichtes Gefecht führen: † volti[gi]eren
Planung; Anordnung; Gliederung: Disposition
Planwirtschaft, nur die wichtigsten Industriezweige betreffende: Etatismus
Plappern ◇ Äußerung zusammenhangsloser Wörter und Sätze (Med.): Schizophasie
Plattfüßigkeit: Platypodie
Plattheit; Fadheit: Banalität [ohne Mz]
Plattheit; Seichtheit; Alltäglichkeit: Trivialität
Plattheit --> Roheit
Platz; Ort; Stelle: † Lokus m (Lozi Mz)
Platzangst; Hemmung, allein über große freie Straßen oder Plätze zu gehen: Agoraphobie --> Situationsangst
Platzanweisung: Kollokation
Platzbestimmung; Rangeinordnung: † Lokation
Platzrangliste --> zweiter Preis
Plauderei, gesellig-leichte: Konversation
Plauderei, unterhaltsame: Causerie frz {[amüsanter]Plauderer: Causeur}
Plauderei; Unterhaltung; [öffentliches] Gespräch: Talk m engl (talken)
Plaudernde, unbekümmert-munter: † Causeuse
pleite machen; in Konkurs gehen: fallieren
pleite ◇ zahlungsunfähig: insolvent
Plombe: † Plombage
plötzlich ◇ unversehens: ex abrupto
plumper Mensch, derber: † Rustikus (Rustizität) --> Grobheit
plündern, [als Nachzügler]: marodieren
Plünderung; Raub (Jur.): † Spoliation ([ex]spoliieren)
Po ◇ After; Mastdarmausgang: Anus m (anal) {Mastdarm und After betreffend: anorektal}
Po; Gesäß: Nates Mz {Pobacke: Natis w}
Pöbel: Mob m
Pöbelherrschaft; zur Massenherrschaft entartete Demokratie der Antike (abw.): Ochlokratie
Pocken; [schwarze] Blattern: Variola/-le
Podest: † Pedest s,m
Podium; Pult: Katheder s,m
Polemik ◇ Streit- oder Schmähschrift: Libell s (Libellist)
Politik --> kompromißbereite --> Machtpolitik --> Risikopolitik
Politikerfrau ◇ [hochgebildete, politisch einflußreiche] Frau oder Freundin oder Geliebte bedeutender Männer (griech. Antike): Hetäre
politisch Ungeduldiger --> Revolutionär
politisch zersplittern; politisch verworren machen (Staatsgebiete): balkanisieren
politische Astrologie [bezüglich Weltpolitik]: Mundanastrologie
politische Blindheit --> Rotgrünblindheit
politische Einseitigkeit -->Rotunempfindlichkeit
politische Faktoren --> Zusammenwirken
politische Gleichberechtigung: † Isonomie
politische Katastrophe: Armageddon s
politische Prägung --> weltanschauliche
politische Stellungnahme; ausführliche diplomatische Denkschrift: Memo[randum]
politischer Abenteurer; zu allem [verzweifelt] Entschlossener: Desperado m
politisches Lied ◇ kleines, satirisch-pikantes [politisches] Lied mit aktuellem Bezug: Couplet s
Polizei (iron.): † heilige Hermandad w
Polizeispitzel: † Vigilant

Polizist (engl. Umgangsbez.): Bobby m (Bobbies Mz) {franz.: Flic m (Flics Mz)}
Polizist --> Verkehrspolizist
Pollenkorn der Blütenpflanzen: Mikrospore w
Polstermöbelgruppe: Klubgarnitur
Polstersessel, bequemer, lederner : † Bergere w frz
Pomade (Haare): Brillantine
Popper --> Jugend, elegante
Pornofilm; erotischer Film: Blue Movie m,s
Portier --> Hausmeister
Porträt; Abbild; Bild[nis]: † Konterfei s
Portugiesisch ◇ portugiesisch[-brasilianisch]e Literatur- und Sprachwissenschaft: † Lusitanistik
portugiesische Schriftsprache: Lingua geral w
portugiesisches Sprachelement in einer anderen Sprache: † Lusitanismus
Porzellan --> keramische
Porzellankleinkunst: Nippes Mz/Nippsachen
Posaune (ital. Bez.): Trombone m (Tromboni Mz)
Pose --> Haltung
positive Einstellung von Käufern gegenüber einem neuen Produkt: Akzeptanz
Posse: Buffa w it
possenhaft: burlesk
Possenreißen --> närrisch sein
Possenreißer: † Farceur
Possenreißer (ital. Theater): Bajazzo
Possenreißer ◇ Narr; Spaßmacher: Haselant/† Suitier { span. Theater: Bobo }
Possenreißerei: Firlefanzerei
Postauto ◇ Briefpostwagen: † Karriole w/ Karriol s {[Eil]postwagen (histor.): Diligence w frz}
Posten; Bestandteil; Element; Einheit: Item m,s engl
Posten --> Amtssessel
Potenz: Lendenkraft: *Lumbalvirtus* w
Potpourri: Medley s
prächtig, herrlich; großartig: † magnifik frz
Prachtstraße, städtische [baumbepflanzte]: Avenue w frz
prägnante Ausdrucksweise, kurze: Brachylogie/Breviloquenz
prahlen: † blagieren (Blagueur [- gör])
--> Prahlerei
prahlend; herausfordernd; zur Schau gestellt: ostentativ/ostensiv
prahlend; prunkend: epideiktisch [- dei -]
--> prahlerisch
Prahlerei; Angeberei; Aufschneiderei : Renommage (renommieren, Renommist) / † Bravade w / † Gaskonade
Prahlerei; Aufschneiderei; Großsprecherei: Rodomontade († rodomontieren)
Prahlerei; Schaustellung: † Ostentation
prahlerisch: ostentiös {angeberisch; großsprecherisch: † glorios} --> prahlend
Prahlhans; Aufschneider: Bramarbas (bramarbasieren) / Miles gloriosus / Renommist (renommieren, Renommage)
Prahlhans; Großsprecher: † Fanfaron (Fanfaronade)
Prahlhans; Schlemmer (dick) : Falstaff m engl
Prahlhans --> Angeber
predigend; verkündigend; zur Verkündigung gehörend: kerygmatisch
Prediger: Homilet
Predigt; Rede; Gespräch: † Sermon m
predigtartig: prädikantisch
Predigtkanzel (Moschee): Mimbar m
Preis, amtlich festgesetzter: Taxe w
Preis herabsetzen, im: † depretiieren
Preisgabe --> Abtretung --> Opferung
Preisnachlaß bei Barzahlung: Eskompte m
Preisnachlaß; Rabatt: † Diffalco m
Preisnachlaß wegen Qualitätsmangel oder Mindergewicht etc. (Waren): Dekort/Decourt m --> Rückvergütung
Preissturz; Kurssturz: Deroute w
Preisträger; Auszeichnungsempfänger : Laureat m lat
Preisunterbietung zur Schädigung der ausländischen Konkurrenz (im Ausland): Dumping
Preisunterschied bei der gleichen Ware an verschiedenen Orten: Marge w frz
Presse, hinterhältig-gemeine, skrupellose („WILD-Journalismus"): Journaille w
Preßholz ◇ sehr festes Preßvollholz: Lignostone s
Preußen (sinnbildl. Frauengestalt) : Borussia w
Priester, altkeltischer: Druide
Priesterherrschaft (Staatsführung): Hierokratie
priesterlich; Heiligtümer betreffend : hieratisch
Priesterschaft (kath.) --> Geistlichkeit
Priestertum; Priesteramt: Sazerdotium
Priesterweihe (kath.): Ordination
Primitiver --> Grobschlächtiger
Prinzipienloser; sich aus Nützlichkeitsgründen bedenkenlos Anpassender: Opportunist
Privatlehrer ◇ Lehrer; Erzieher [von Einzelpersonen]: † Instruktor
Privatmann; Rentner: † Partikülier
Probe; Probearbeit: † Spezimen s
probeweise; versuchshalber: tentativ
Probezeit; Vorbereitungszeit: Stage w frz
Probieren als Methode ◇ Lernverfahren oder Erkenntnisgewinnung durch die Methode der Einbeziehung von Versuch und Irrtum: Trial-and-error-Methode
Problem --> schwieriges Problem --> Unlösbarkeit
problematisch, sehr; kritisch: neuralgisch
Problemlösung, überraschende; unerwarteter Helfer in der Not: Deus ex machina m [de-us - -] --> Lösungshilfe
Produktion ◇ Güterausstoß eines Unternehmens: Output m,s
produzieren; erzeugen: generieren
Professor im Ruhestand --> Ruhestand
Profit; Gewinn; Überschuß (Wirtsch.): Surplus s engl/frz --> Kassenzufluß
Profitgeier --> Geschäftsmann
profitieren ◇ einen Gewinn bei etwas machen: † lukrieren
programmatische Festlegung; Grundsatz: Doktrin w
Programmtafel (Fernsehen) --> Schautafel

prominent ◇ vornehm; glanzvoll; erlaucht: illuster
Prominenter ◇ vornehme, berühmte Persönlichkeit: † Notobilität { hochstehende Person: † Sommität }
Propaganda, marktschreierische: Ballyhoo s
Propagandist; Verbreiter: Divulgator
prophezeien; weissagen; vermuten : augurieren
Prophezeiung ◇ inneres Hören von Worten, Botschaften etc. (z.B. bei Propheten): Audition
Prophezeiung, rätselhafte, mehrdeutige: Orakel s
Prophezeiung ◇ Weissagung: † Vatizinium
Proportionen ◇ Lehre von den [richtigen] P. (bildende Kunst): Kanon m
prost!; zum Wohl!: cheerio!/chin-chin! {finn. Ausdruck: kippis!}
Prostituierte: Erostess/Hetäre {ugs.: Horizontale w}
Prostituierte, hübsche (mit guten Umgangsformen): † Kokotte
Prostituierte ◇ insb. über Zeitungsannoncen ihre Dienste anbietende P. (verhüllend): Hostess
Prostituierte, minderjährige (Jargon): Baby-Pro w
Prostituierte, sadistische Handlungen vornehmende: Domina (dominal)
Prostituierter, homosexueller: Dressman
Prostituierter, junger (Jargon): Chicken s {minderjähriger P.: Baby-Pro m}
Prostitutionsabschaffungsbewegung (England 19.Jahrh.): Abolitionismus
Protestliedsingen, öffentlich veranstaltetes: Sing-out s
Prothesenarmhaken: Hook m
Protokolle; Berichte; Akten: Acta Mz
Proviant ◇ Vorrat; Lebensmittel (Truppe): Furage
Proviantflasche ◇ Pilgerflasche im Mittelalter: Gurde w
Proviantpaket (Ausflug etc.): Lunchpaket
provisorische Regierung; Zwischenregierung: Interregnum
Provokateur (Politik): † Provokant
Provokation ◇ stichelnde Rede: Sottise
prüfend untersuchen: examinieren/ † tentieren --> überlegen
Prüfer: Examinator
Prüfling (insb. Studienabschluß): Examinand
Prüfung; Durchsicht; Musterung: † Lustration
Prüfung ◇ unverhoffte Überprüfung: Audit m,s engl
Prüfungskommission: † Examinatorium
Prüfungsvorbereitung [eines Prüflings]: † Examinatorium
Psychoanalyse ◇ jmd., der sich einer P. unterzieht: Analysand {Behandler: Analytiker/Analysator}
Psychologie: † Pneumatologie
Psychose: Phrenopathie
Pubertät des jungen Mannes: Ephebie
Pubertätskrise ◇ schizophrenes Jugendirresein in der Pubertät: Hebephrenie {leichte Form: Heboidophrenie}
Pubertätsstörung ◇ außergewöhnliche Gereiztheit, Verträumtheit o.ä. während der Pubertät: Thymose {krankhaft gesteigerte Aufregbarkeit in der Pubertät: Eknoia}
Publikum --> an die Zuschauer
Puderzucker: Farin m lat
Puff; Bordell (altröm.): Lupanar s
Pullover: Sweater { ärmelloser P.: Westover }
Pullover; [Damen]strickbluse: Jumper
Pulsjagen; Herzklopfen : Palpitation (frequent)
Pulsregelmäßigkeit: Eurhythmie
Pulsschlaganzahl pro Minute: Frequenz
Pulsschreiber; Pulskurvenzeichner: Sphygmograph m
Pulsschwäche ◇ Pulsunfühlbarkeit: Akrotismus {pulslos; erstickungsnah: asphyktisch}
Pult, erhöhtes (Kirchen): Ambon m lat
Pult; Podium: Katheder s,m
Pulverisierung; Zerreibung eines festen Stoffes zu Pulver (insb. Drogen): Trituration
Puma: Kuguar
Punkt ◇ etwas einzeln Aufgeführtes: Item m,s engl
punktegemusterter Stoff, regelmäßig : Millepoints m,s frz
pünktlich [und nicht mit der akademischen Viertelstundenverspätung]: sine tempore (s.t.)
Pupillenerweiterung: Mydriase {Mittel zur P.: Mydriatikum}
Pupillenverengung: Miosis
Puppe, lebensgroße (insb. für Kfz-Unfalltests): Dummy m
Putsch; Staatsstreich: Coup d'Etat m --> widerrechtliche
Putzmittel --> tägliche Bedarfsgüter
Pygmäe: Negrille m span

Q

Quacksalber; Kurpfuscher: Medikaster/ † Amethodist
Quälen, lustvolles --> Sadomasochismus
quälen; mißhandeln: malträtieren {foltern; peinigen: torquieren}
quälen; plagen; necken: trakassieren (Trakasserie) --> necken
quälen; plagen; prügeln; schelten: † kuranzen/koranzen
Qualen ◇ Zustand entsetzlicher Q. unvorstellbaren Ausmaßes: Inferno s
Quäler; Schuft: † Kujon --> Knetmaschine
Quälerei, Drangsal: † Tribulation
quälerisch, [neckend]: vexatorisch
qualvoll; höllisch: avernisch/-nalisch
Quartalsäufer: Dipsomane
Quatsch machen --> Spaß machen
Quecksilber: Hydrargyrum (Hg) {alchimistische Bez.: Merkur m,s }
Quecksilbervergiftung: Hydrargyrose/ Merkurialismus

quellen (Pflanzenteile): imbibieren
Quellensammlung; Zusammentragung [wissenschaftlicher] Quellen: Kompilation
Querbalken oder -träger: Traverse w
Querflöte: Flauto traverso m /Traversflöte
quergestreift (Mode): travers
querlaufend; schräg: transversal/diagonal
Querstrich; Schrägstrich: Virgel w
Quetschung (Körperstelle, Organe): Kompression {starke Q.: Kontusion (kontundieren)}
Quittung; Empfangsbescheinigung: † Acquit s frz

R

R als L aussprechen ◇ fehlerhafte Aussprache des R als L: Lambdazismus
Rabatt; Preisnachlaß: † Diffalco m { bei Barzahlung: Eskompte m/ Skonto m,s }
Rache ◇ Blutrache: Vendetta w
Rachegöttinnen (griech.): Erinnyen / Eumeniden
Rachen; Schlundteil hinter dem weichen Gaumen: Pharynx m
Rachsucht; [heimlicher] Groll: Rankküne
Radfahrer: † Velozipedist
Radfahrer oder -sportler (scherzhaft): Pedaleur
radikal nur in Worten: *verbalradikal*
radikale Parteien, extremistische: Intransigenten
Radikaler --> Revolutionär
radioaktiv bedingt ◇ durch Strahlung verursacht (z.B. Krankheiten): aktinisch
radioaktive Strahlung ◇ Messung von r.r S.: Radiometrie
radioaktiver Markierungsstoff zur Verfolgung biochemischer Vorgänge im Organismus: Tracer m engl
radioaktiver Niederschlag (nach Kernwaffenexplosionen oder größeren Kernreaktorunfällen): Fallout m
Radrennbahn, [geschlossene]: Velodrom s
raffen; reihen: † bouillonieren
Raffinierter --> Schlauer
Raffsucht ◇ Raubgier: † Rapazität {krallenartige Verbildung der Nägel: Onychogrypose}
Rakete --> Flugkörpergeschoß
Raketen aufstellen (räumliche Verteilung betreffend): dislozieren
Raketenstartplatz (sowjet. Weltraumraketen): Kosmodrom s
Rand; Randgebiet: Peripherie
Randale (Häftlinge): Bambule w
Randalierer ◇ Übeltäter; Unfugstifter: † Exzedent
Randbemerkung: Apostille w {spöttische R.: Glosse} --> Anmerkung
Randbemerkung; Ergänzung; Nachtrag (lit. Werk): Paralipomenon (-mena Mz)
Ränder unter den Augen --> umrändert
Randexistenz ◇ Existenz am Rande einer gesellschaftlichen Gruppe oder Klasse: Marginalität
randmäßig; am Rande befindlich: peripher/† peripherisch --> entfernter
randständig --> am Rande
Rang betreffend; Grad betreffend: gradual
Rang; erreichtes Niveau; Stufe; Leistungsstand: Level m
Rang, [hoher]; Auszeichnung: Distinktion { R.; Würde; Wert: Dignität }
Rang; Würde; Amt: Charge w {R.; Titel: † Charakter}
Rangbestimmung; Platzeinordnung: † Lokation
Rangliste --> zweiter Preis
Ränke --> Anschlag, listiger --> Intrige
rasch; fortlaufend; ununterbrochen (z.B. Lektüre): kursorisch
rasch; schnell (Musik): vite/vitement frz
rasches Handeln ist nötig ◇ Gefahr besteht, wenn man zögert: periculum in mora
rasend; stürmisch; tobend (insb. Beifall): frenetisch
rasend; tobsüchtig (Med.): furibund --> Jähzorn
Rasende --> Furie
Rasensprenger: Sprinkler engl
Raserei; Wut: Furor m --> Jähzorn
Rasselgeräusch (Med.): R[h]onchus m
Rat der Alten (Sparta): Gerusia/Gerusie { Mitglied: Geront }
Rat; Gremium: † Konsilium
Rat; Ratsversammlung (Frankreich): Conseil m
Rat --> Ratsversammlung
ratenweise (Kaufmannsspr.): ratierlich
Ratgeber, erfahrener; Helfer; Anreger: Mentor
Ratgeber; Leitfaden, den man mit sich tragen kann: Vademekum s
Rathaus (England, insb. London): Guildhall w
Rationalisierung von Arbeitsprozessen nach technischen und wirtschaftlichen Grundsätzen (Industrie): Industrial engineering
Rationalismus bei der Deutung von Mythen und Religionen: Euhemerismus
ratsam; angezeigt: indiziert
Rätsel: Änigma/Enigma s (änigmatisch/enigmatisch)
Rätsel, durch Fragen in die Irre führendes: Vexierrätsel
rätselhaft; doppelsinnig; dunkel: delphisch
rätselhaft; geheimnisvoll: sibyllinisch
rätselhaft --> unheimlich
rätselhafte Aussage, mehrdeutige: Orakel s
rätselhafter Inhalt --> unbekannter Inhalt
Rätselunlösbarkeit ◇ wir wissen es nicht und werden es auch nicht wissen (bezüglich Welträtsel): ignoramus et ignorabimus
Ratsversammlung; Beratung; Staats- oder Ministerrat: † Konseil m frz
Ratsversammlung (insb. antikes Athen): Bule w
Ratsversammlung --> Rat
Raub; Entführung (Jur.): † Raptus m

Raub, geschickter --> Coup
Raub, Plünderung (Jur.): † Spoliation ([ex]spoliiieren)
rauben --> ausrauben
Räuber; Meuchelmörder (ital. Bez.): Bravo m
Raubgier: † Rapazität --> Raffsucht
Raubtier ◇ räuberisch lebendes Tier: Episit m
Raucherabteil im Zug; Raucherzimmer (franz. Bez.): Fumoir s
Raucherraum ◇ Gasthaus, in dem geraucht werden durfte (hist.): Tabagie
Raum; Örtlichkeit: Lokalität
Rauminhalt: Volumen/ † Volum s
Räumung (Wohnung) --> Ausweisung
Raupenschlepper (Straßenbau): Caterpillar m engl
Rausch; Hochstimmung; Erregung: Kick m
rauschend; ekstatisch (insb. Feste): dionysisch
Rauschgift --> Droge
Razzia --> Überprüfung
Reaktion auf irgendwelche Reize, unspezifische (Säuglinge,Tiere): Mass-action / Mass-reaction
Reaktionen hervorrufen --> andressieren
reaktionsträge Stoffe (z.B. Edelgase): inerte Stoffe
Realität als nur Vorgaukelndes und vom Wahren Ablenkendes (Hinduismus): Maya/ Maja w
Realitätsflucht ◇ [Hang zur] R. in eine Scheinwirklichkeit: Eskapismus --> Egoismus
Rebell; Aufständischer: Insurgent --> Aufrührer
Reblaus: Phylloxera w
rechenschaftspflichtig; verantwortlich: † komptabel
Rechenschwäche (z.B. wegen Hirnkrankheit): Akalkulie

Rechnung: Nota w --> Lieferschein
Rechnung ausstellen (für Leistungen freier Berufe, z.B. Arzt): liquidieren (Liquidation)
Rechnungsprüfer; Wirtschaftsprüfer: Accountant
Recht abtreten, an einen anderen ein: subrogieren
Recht auf die Sache (Eigentums- und Nutzungsanspruch): Jus ad rem s
Recht für jedermann; Gerechtigkeit: † Äquität
recht geben --> zustimmen
recht; richtig: recte
recht so!; bravo!; ausgezeichnet!; das trifft sich gut!: à la bonne heure!
Recht sprechen: † judizieren
Recht und Ordnung (Schlagwort als Ruf nach dem Staat): Law and order
Recht --> Rechtsvorrang --> strenges Recht
recht --> sehr
Rechte --> Konservative
Rechteck: Orthogon s/ † Rektangel s
rechteckig; länglich: † oblong
rechtens ◇ auf rechtliche Weise: † per fas lat
rechtfertigen; entschuldigen: † diskulpieren
rechtfertigen; verteidigen: apologetisieren/apologisieren
Rechtfertigung: Justifikation
Rechtfertigung; Ausrede; Entschuldigung: Alibi s
Rechtfertigung; Entschuldigung; Schuldbefreiung (Jur.): Exkulpation
Rechtfertigung --> Gott will es!
rechtgläubig; strenggläubig: orthodox
Rechthaben, ständiges ◇ Unfehlbarkeit (Papst): Infallibilität (infallibel)
rechthaberisch, spitzfindig; nörglerisch ; streitsüchtig: querulatorisch
rechthaberisch ◇ starrsinnig; widerspenstig; unbelehrbar: obstinat
rechtlich betrachtet; von Rechts wegen: de jure
rechtliches Hindernis: † Impediment
rechtlos; geächtet; gesetzlos; vogelfrei: † exlex
Rechtmäßigkeit einer Staatsgewalt: Legitimität
Rechtsanspruch; Anrecht; Patentanspruch: Claim s engl
Rechtsanwalt; Rechtsbeistand: Advokat († advozieren)
Rechtsberater ◇ für alle Rechtsangelegenheiten zuständiger Mitarbeiter einer Firma oder Behörde o.ä.: Justitiar[ius] --> Rechtsgelehrter
Rechtsbestimmung; Satzung; Verordnung ; Verfassung: Konstitution
rechtschaffen; anständig; ehrenhaft: honett --> ehrbar
Rechtschaffenheit: † Probität
Rechtschreibfehler ◇ Schreibfehler: Lapsus calami m
Rechtschreibung: Orthographie { Unfähigkeit, Buchstaben oder Wörter richtig zu schreiben (Med.): Agraphie }
Rechtsgebilde --> Einrichtung, gesellschaftliche
Rechtsgelehrter; Gutachter (Islam): Mufti
Rechtsgelehrter; Rechtsberater: † Jurisconsultus --> Rechtsberater
rechtsgültig --> geltendes Recht
rechtshändig zu spielen (Musik): mano destra (m.d.) / destra mano (d.m.) / colla destra (c.d.)
Rechtshändigkeit --> Händigkeit
rechtskräftig: valid (Validität) { r. entschiedene Sache: Res judicato w }
Rechtspflegeunterbrechung (Krieg, höhere Gewalt): Justitium
Rechtsprechung: Judikatur (judizieren) { weltliche und geistliche R. und Gerichtsbarkeit: Jurisdiktion }
Rechtsprechungseinmischung durch die Regierung,[unzulässige]: Kabinettsjustiz
Rechtsspruch ; Richterentscheid: † Judikat s/ Judizium
Rechtsstreit: † Litigation { vor Gericht einen R. Führender: † Litigant }
Rechtsstreit, berühmter; berüchtigte Angelegenheit: Cause célèbre w
Rechtsstreitbeilegung --> gütliche
Rechtsstreitzulässigkeitsentscheidung, gerichtliche: Kompetenzkompetenz
Rechtsverzicht: † Nonusus m
Rechtsvorrang ◇ das Recht muß seinen Gang gehen, und sollte die Welt darüber zugrunde gehen: fiat justitia, et pereat mundus
Rechtswissenschaft: Jura/Jurisprudenz { islam. R.: Fikh s }
Rechtszustand wiederherstellen, den früheren: in integrum restituieren
rechtwinklig: orthogonal/ † rektangulär
Rede; Äußerung: † Propositum
Rede, mit besonderem Nachdruck gehaltene: † Peroration
Redeabbruch --> Abbruch
Redebeginn, kunstgerechter: Exordium
Redefluß; Beredsamkeit: Suada/Suade w
Redefreimütigkeit: † Parrhesie
redegewandt; beredsam: eloquent (Eloquenz)
redegewandt ◇ beweglich; gewandt (z.B. im Ausdruck): versatil
Redegewandter; Gewitzter: Figaro
Redegewandtheit ◇ Fähigkeit, [neue] Redesituationen zu bewältigen: kommunikative Kompetenz
Redekunst; Redebegabung: Rhetorik
Redekunst ◇ Technik des [wissenschaftlichen] Redestreits: Eristik
Redekunstlehre; Wissenschaft von der kunstmäßigen Gestaltung öffentlicher Reden: Rhetorik -->stilistisch vollkommen
redekünstlerisch; zur wortgewandten Rede gehörend: † forensisch
reden ◇ eine bestimmte Art zu reden: † Façon de parler w
reden; plaudern: parlieren --> miteinander reden
Redensart --> Gemeinplatz --> leere Worte --> Redewendung
Redeschluß, zusammenfassender: † Peroration --> Abbruch -->Zusammenfassung
Redeschwulst; Wortschwall (abw.): Bombast m
Redestil; Ausdrucksweise: Lokution
Redetätigkeit --> Sprachfähigkeit

Redeweise, übliche --> Gespräch
Redewendung; Redensart: Lokution { R.; feste Wortverbindung (z.B. die Löffel abgeben): Idiom s [idiom] }
redlich; anständig; vertragstreu: loyal
Redner (Antike): Orator
rednerisch --> mitreißend
Rednertribüne (röm. Antike): Rostra w
Redseligkeit ◇ Geschwätzigkeit (Med.): Loquazität { krankhaft stark: Logorrhö[e] / Polyphrasie }
Redseligkeit in betrunkenem Zustand ◇ im Wein ist Wahrheit: in vino veritas
Reflexausbleiben: Areflexie
Reflexionslehre (Licht): † Katoptrik --> Rückstrahlvermögen
Regelblutung: Menstruation / Menorrhö[e] w / Menses Mz / Katamenien Mz --> Periode
Regelblutung, erste ◇ Zeitpunkt des Eintritts der ersten R.: Menarche w
Regelblutung, gestört-schmerzhafte: Dysmenorrhö[e] w
Regelblutung, schwache (abnorm): Hypomenorrhö[e] w
Regelblutung, verstärkte: Hypermenorrhö[e] w { abnorm starke und lang anhaltende R.: Menorrhagie }
Regelblutungsaufhören (Wechseljahre): Menopause
Regelblutungsausbleiben: Menostase {R. oder gänzliches Fehlen der Blutungen: Amenorrhö[e] w }
regelmäßig (spöttisch) --> unvermeidlich
regelmäßig wiederkehrend: zyklisch
regelmäßiger Beitrag --> Zeitungsbeitrag
regelmäßiger Besucher: † Frequentant
regelmäßiger Termin an einem fest vereinbarten Tag: Jour fixe m
Regeln; Gesamtheit der Vereinbarungen [in Fachgebieten]: Kanon m
Regeln; Grundformen; Vorschriften: Normalien
Regeltreue, strenge (Mönchsorden etc.): Observanz (observant)
Regelung; Besserung; Verbesserung: † Korrektion
Regen ◇ als R. fallend (Niederschläge): pluvial
Regenbogen: Iris w
Regenbogenpresse; Zeitschriften niederen Niveaus: Yellow Press w
regenfeindlich ◇ trockenheitsliebend (Biol.): ombrophob
regenliebend; feuchtigkeitsliebend (Biol.): ombrophil
Regenmesser (Wetterkunde): Ombrometer s / Pluviometer s / Udometer s / † Hyetograph m / † Hyetometer s { Regenschreiber: Ombrograph m } --> Niederschlagsmessung
Regenschirm: † Parapluie m,s
Regenschirm, großer: En-tout-cas m
Regentonne ◇ rechteckiges Sammelbecken für Regenwasser im Hausinnenhoffußboden (röm. Antike): Impluvium
Regenwolke, mächtige, tiefhängende: Nimbostratus m / † Nimbus m
Regie [einer Darbietung] --> Bewegungsgestaltung
Regierung; Verwaltung: Gouvernement / † Gubernium
Regierungseinwirkung auf die Justiz, unzulässige: Kabinettsjustiz
regierungsfreundlich: † gouvernemental
regierungstreu; gesetzestreu: loyal
Register anlegen; Liste anlegen (Gegenstände): indexieren/indizieren
Register ◇ Knöpfe oder Griffe für die Registerzüge (Orgel): Manubrien Mz
Reglement; Statut; Gesetz: † Ustaw m
regsam; geschäftstüchtig; behende; gewandt; flink: agil
Regungslosigkeit [bei erhaltenem Bewußtsein]: Attonität
Reibung: Friktion
Reibung ◇ Erzeugung sexueller Erregung durch Reiben der Genitalien am [bekleideten] Partner: Frottage w
Reibung ◇ Wissenschaft von der R., dem Verschleiß und der Schmierung gegeneinander bewegter Teile: Tribologie
reiche Leute --> Oberschicht
Reicher, sehr: Nabob/Krösus
reichlich; massenhaft (Med.): kopiös
reichlich; üppig: opulent {(insb. Speisen): lukullisch } --> dicht --> sehr --> ziemlich
reichlich vorhanden sein: luxurieren
Reichtumsleiden; das seelische Leiden am Reichtum, insb. an reicher Erbschaft: Affluenza
Reichweite; Wirkungsbereich: Aktionsradius
Reife --> Keimesentwicklung
Reifeprüfung; Reifezeugnis: † Absolutorium { Abitur: † Matur[um] }
Reihe, lange; Schlange: Queue w
reihen; raffen: † bouillonieren
Reihenfolgenordnung: Kollokation
Reim ◇ Redefigur mit aufeinanderfolgenden, gleich klingenden Wörtern oder Wortgruppen (z.B. ach, ein Flachdach!): Homöoteleuton s
Reimsucht (Med.): Metromanie --> Nymphomanie
rein; echt; naturgemäß: genuin
reinen Gewissens ◇ im besten Glauben: optima fide
reinen Tisch machen; energisch Ordnung schaffen: tabula rasa machen
reinerbig: homozygot { r.er Typ oder r.e Linie: Biotyp[us] m }
Reinfall; Mißerfolg: Fiasko s
reinigen; scheiden (Edelmetalle): affinieren
reinigen, von Flecken: detachieren
reinigendes Mittel; Desinfektionsmittel: Detergens s
Reinigung; [gerichtliche] Rechtfertigung: Purgation --> Sühne
Reinigung; Klärung (insb. Flüssigkeit): Defäkation [nicht defäkieren!]
Reinigung; Säuberung: † Mundation (mundieren)
Reinigungsmittel, äußerlich anzuwendende (Med.): Emundantia Mz
Reinrassiger --> reinerbig
Reinschrift: † Mundum s
Reise --> Irrfahrt
Reisebegleiter; Touristenführer: Guide frz/engl
Reisehandbuch; Reiseführer: Guide frz/engl

Reiselust, übertriebene; Wandertrieb (krankhaft): Poriomanie
Reiselustiger; Weltenbummler: Globetrotter
Reisender: † Voyageur
Reisender (engl. Bez.): Traveller
Reiserbsengericht: Risi-Pisi Mz/Risipisi s
Reiseziel, lockendes; Pilgerstätte: Mekka s
Reißfestigkeit; Zähigkeit; Zugfestigkeit: Tenazität
Reiswein: Sake m
Reitbahn: Hippodrom m,s { R.; Reithalle: Tattersall m engl }
Reitereibefehlshaber (griech. Antike): Hipparch
Reithose; kurze Sporthose (an den Knien eng und oben weit): Breeches Mz/ Breecheshose
Reitjacke: † Kollett s
Reitkunst (z.B. Zirkus): Equestik
Reiz, auf jmdn. ausgeübter; Reizung: Irritation
Reiz; Lockung: Attrait m frz --> Aufforderungscharakter
reizbar: apprehesiv { erregbar; nervös: exzitabel }
reizbar; erregbar; empfindlich (Gewebe, Nerven): irritabel
reizbar; für Sinnes- und Gefühlseindrükke besonders empfindlich (Psychol.): impressionabel
reizbar; leicht erregbar: erethisch
Reizbarkeit ◇ Nervenschwäche: Aneurie
Reizblase ◇ häufiger Harndrang: Pollakisurie/Pollak[i]urie
reizen; krankhaft verändern: affizieren
Reklamation ◇ Rückgabe einer gekauften Sache gegen Kaufpreiserstattung wegen verborgener Mängel zum Kaufzeitpunkt: Redhibition lat
Reklame; Werbung: Advertising
Rekrut: † Tiro / Kantonist
Rekruten ausheben (hist.): konskribieren (Konskription/ † Levee w)
Rektor (Hochschule): † Magnifikus
Rektor ◇ Hochschulrektor (Anredetitel): Magnifizenz
Religionsdeutung und Mythendeutung in rationalistischer Art: Euhemerismus
Religionsherrschaft; allein religiös legitimierte Herrschaftsform des Staates: Theokratie
Religionsherrschaft ◇ zeitweilige kath. Bestrebung, alle Lebensbereiche nach kirchlichen Maßstäben zu gestalten: Integralismus
Religionsherrschaft --> weltliche
Religionskrieg --> Heiliger Krieg
Religionslehrer ◇ [geistlicher] Lehrer: Hodscha
Religionslosigkeit: Irreligiosität
Religionsunfreiheit --> Konfessionszwang
Religionsunterricht: Katechese w/ Katechisation
Religionswandel --> Anpassung
religiöse Hochschule ◇ islamische Hochschule; Koranschule in einer Moschee: Medres[s]e w
religiöse Texte ◇ feste Liste r.r T. einer Religionsgemeinschaft: Kanon m
religiöser Name --> Namenswechsel
religiöser Wahnsinn: Theomanie

Rempeln, hartes, meist unerlaubtes (im Sport): Bodycheck m --> anrempeln
Rennboot ◇ Gleitboot: Hydroplan m
Rennen (Sport): Derby s
Rennstrecke; Rundkurs (Motorsport): Motodrom/Autodrom s
Renovierung ◇ Erneuerung; Wiedereröffnung: † Instauration
Rentner: Rentier m frz († Rentiere w)
Rentner; Privatmann: Privatier/ † Partikülier
Reparationszahlungen --> Kriegsverlierer
reparieren ◇ rückgängig machen; wiegutmachen: † redressieren
Reportage --> Bericht
Reporter ◇ Berichterstatter: † Respizient
repräsentative Gruppe (Meinungsforschung): Panel s engl { statistische Repräsentativerhebung [der Bevölkerung]: Mikrozensus m }
Reptilienkunde --> Kriechtierkunde
Reservat ◇ einer Person oder Gruppe vorbehaltenes, abgeschlossenes Gebiet: Internum
Resignation; Hoffnungslosigkeit; Schwarzseherei; Mutlosigkeit (seelisch-geistig) : Defätismus/Defaitismus --> Rätselunlösbarkeit
Rest; Überbleibsel; Bruchstück: Rudiment { Überrest, -bleibsel: Relikt s }
Reste; Trümmer; Strandgut: † Epave w
restweise vorkommend (Tiere,Pflanzen): relikt
Retortenbaby ◇ künstlich erzeugter Mensch: Homunkulus m
retten ◇ rette sich, wer kann!: sauve qui peut!
Retter; Erlöser: Salvator
Rettung ◇ letztmögliches, äußerstes Mittel; einziger noch erfolgversprechender Weg: Ultima ratio w
Rettung; Verteidigung: † Salvation
Reue ◇ [durch] meine Schuld!: mea culpa!
Reue, vollkommene (Voraussetzung der Absolution): Kontrition
Reuegeld; Abstandssumme bei Vertragsrücktritt: Forfeit s [fofit]
Revers: Fasson/Façon s
Revolution --> Aufstand
Revolutionär ◇ die sofortige revolutionäre Machtübernahme fordernder Sozialist: Maximalist
Revolutionär, radikaler; politische Säuberungen nach der Revolution Befürwortender: Jakobiner (jakobinisch)
Richter (engl. Anrede): Mylord [mi-]
Richter; Herrscher; Gouverneur: Hakim
Richter (islam. Länder): Kadi
Richter --> Strafrichter
richterlich; die Rechtsprechung betreffend: judiziell
richtig; angemessen (Musik): giusto
richtig; recht: recte
richtiger Name ◇ unter richtigem Namen veröffentlicht: orthonym
richtiges Handeln, sittlich: Eupraxie
richtiges Urteil: Eudoxie
Richtigkeit bestätigen, durch Überprüfen die: verifizieren
Richtigkeitsüberprüfung --> Vergleich

Richtschnur; Leitfaden: Kanon m
Richtung: † Direktion
riechbar machen, aus Sicherheitsgründen (Stadtgas): odorieren
riechend, Geruchsempfindungen hervorrufend: osmophor
Riechkünstler ◇ Säugetier mit feiner Witterung: Makrosmat m
Riechmittel (Med.): Olfaktorium
Riechnerv: Olfaktorius
Riechunfähiger ◇ schlecht witterndes Säugetier: Mikrosmat m
Riechunfähigkeit ◇ Verlust des Geruchssinnes: Anosmie
Riemenpeitsche: Kantschu m/ Karbatsche w
Riesen; riesenhafte Menschen: Enakiter/ Enakskinder/-söhne
riesenhaft; gewaltig groß: zyklopisch
Riesenmenge; Unzahl: Myriaden Mz
Riesenstadt --> Städtezusammenballung
Riesenwuchs (Med.): Makromelie/Makrosomie/Hypersomie (hypersom) {krankhafter R.: Gigantismus}
riesig; gewaltig (ugs.): pyramidal
riesig; übertrieben groß; übersteigert: gigantesk
rillen; [Säulen] mit Rillen versehen: kannelieren
Rind ◇ zum R. gehörend (Tiermed.): bovin
Rinderkrankheitenlehre: Buiatrik/-trie
Rindfleischbrühe, kräftige: Beeftea m
Ring; Körper mit genau einer Durchbrechung: Torus m
Ringecke (Boxen): Corner m
ringförmig; kreisförmig; kreisläufig: zyklisch
Rippe: Costa w (Costae Mz, kostal) { im R.nzwischenraum liegend: interkostal }
Rippenfell --> Brustfell
Risiko eingehen --> wagen
Risiko; hohes Wagnis: Vabanquespiel
Risikopolitik; Politik des äußersten Risikos: Brinkmanship w
Risikounfreudigkeit ◇ Prinzip des Erstrebens eines zwar geringen, aber trotz ungünstiger Mitspielerreaktion gesicherten Gewinns (Spieltheorie) : Minimax-Prinzip --> Sicherheitsdenken
Riß; Spalt; Furche (Haut, Knochen): Fissur
Riß; Spalte: † Szissur
Risse, feine, austrocknungsbedingte (Gemälde): Krakelüre
Ritter ◇ schwerer Reiter [mit Brustharnisch]: Kürassier
ritterlich: chevalesk (Chevalerie)
Ritterlichkeit; feines höfliches Benehmen: Courtoisie
Rivalität [zwischen zwei Staaten oder Parteien]: Dualismus
Roboter, in der Erscheinung einem Menschen ähnelnder: Android[e] m
Robuster --> Dickhäuter
Röcheln --> Hecheln
röchelnd; schnarchend (Atemgeräusch): stertorös
Rocker ◇ Halbstarker in schwerer Lederkleidung (franz. Bez.): Blouson noir m --> Halbstarker
roh; grausam: krud
roh; grausam; ungesittet: kannibalisch
roh; mit roher Körpergewalt: brachial
roh (Nahrungsmittel): krud
Roheit; Plattheit; Gemeinheit; Niedrigkeit: Vulgarität --> Grobheit
Rohling; Grobschlächtiger; Primitiver: Kaliban
Rohling; rohe Form eines Werksteins (z.B. bei Skulpturen): Bosse w
Röhrchen, medizinisches (für Luft,Flüssigkeiten etc.): Kanüle w { R. zur Einführung in Körperorgane: Katheter m (kathetern/katheterisieren) }
Röhre (z.B. das linsenfassende Rohr bei optischen Geräten): Tubus m
Rolle spielen, eine; in Erscheinung treten: figurieren
rollen; wälzen; wickeln: volvieren
Rollentausch, Gefühlsverschiebung durch sexuellen (insb. Frau aktiver, Mann passiver): Metatropismus
Röntgendurchleuchtung (Med.): Diaskopie/Röntgenoskopie
Rosengewächse (systemat.Bez.): Rosazeen
rot --> braunrot --> dunkelrot --> erdbeerfarben --> feuerrot --> gelblichrot --> hochrot --> kirschrot --> lilarot --> rotbraun --> rotgelb --> weinrot
rotblau --> hellblau
Rotblindheit: Anerythropsie
rotblond: tizian[blond]
rotbraun: siena
Röteln (Med.): Rubeola w
rotes Tuch (Stierkampf): Muleta w
rotgelb: safran
Rotgrünblindheit: Deuter[o]anopie/Achloropsie/Daltonismus
Rothaarigkeit: Erythrismus/Rutilismus
Rotsichtigkeit; krankhaftes Wahrnehmen roter Farberscheinungen: Erythropsie
Rotunempfindlichkeit ◇ Empfindlichkeit einer fotographischen Schicht für alle Farben außer Rot: Orthochromasie { nur schwach rotempfindlich: orthopanchromatisch }
Rotwelsch; Gauner- und Landstreichersprache: jenische Sprache / Argot m,s frz / Cant m engl
Rowdytum: Hooliganismus --> Halbstarker
Rückbildung, starke (Organe): Hyperinvolution
Rückblick; Rückschau: Retrospektive
rückdatieren: † retrodatieren/postdatieren [postdatieren bedeutet auch vordatieren!]
Rücken an Rücken (Ballett): dos à dos
Rücken ◇ zum R. gehörend; rückseitig: dorsal
Rückenmarkserkrankung: Myelopathie
Rückenmarkserweichung: Myelomalazie
Rückenmarksschwindsucht : Tabes w { krankhafte Angst vor R.: Tabophobie}
Rückenschmerz: Notalgie
rückerstatten; ersetzen: † refundieren (Refusion) --> Verlust
Rückfahrkarte: Retourbillett
Rückfall (Krankheit): Rezidiv s (rezidiv) { R. nach vermeintlicher Heilung: Relaps m }
Rückfall; Verschlimmerung; zeitweise Steigerung (Krankheit): Exazerbation

Rückfallfieber: Rekurrensfieber

Rückfallvorbeugung (Nachbehandlung): Metaphylaxe { Nachsorgebetreuung: Postvention }

Rückforderung; Geltendmachung eines Herausgabeanspruchs: † Revindikation --> Rückgabeklage

Rückgabe: † Reddition

Rückgabe oder -erstattung: Retribution

Rückgabeklage [wegen einer ohne Rechtsgrund besessenen Sache]: † Kondiktion (kondizieren)

rückgängig machen; wiedergutmachen: † redressieren

Rückgrat (Med.): Spina w

Rückhandschlag (Ballspiele): Backhand w,m

Rückkehrer aus der Emigration: Remigrant

rückläufig: retrograd

Rückling --> vorwärts und rückwärts gelesen

Rückprall der Billardkugel von der Bande: Brikole w

Rückrufung --> Abberufung

Rückseite eines Blattes (Buch, Handschrift): Verso s

Rücksendung (Wirtsch.): Renvoi m frz

Rücksicht --> Schonung --> Zusammenleben

Rücksichtslosigkeit; Geschmack- und Taktlosigkeit: † Impietät

Rücksitz (Auto): Fond m frz

Rückstand: † Retardat s

Rückständigkeit --> Anpassungsverzug

Rückstrahlvermögen von nicht selbstleuchtenden Oberflächen, diffuses (Schnee, Eis, Planeten etc.): Albedo w

Rücktritt (Minister, Regierung): Demission/ † Dimission

Rückvergütung; Preisnachlaß (fehlerhafte Ware): Refaktie

Rückversicherung: Reassekuranz

rückwärts laufende Filmprojektion: Fastback s

Rückwärtslesen ◇ Buchstabenumstellung mit neuem Sinn (z.B. Regen - Neger): Anagramm --> vorwärts und rückwärts

rückwirkend: retroaktiv

Rückwirkung ◇ Zeitpunkt für den Eintritt der R. einer Bestimmung oder Vereinbarung betreffend: ex tunc

Rückzahlung; Rückgabe (Wirtsch.): Renumeration (renumerieren)

Rückzug: † Retraite w

Rückzug, [militärischer]: Retirade

Ruderboot; Beiboot: Gig w,s

Ruderboot, kleines: Barkette

rudern (Sport): skullen engl

Ruf, guter: Eudoxie { gutes Ansehen (Institutionen etc.): Goodwill m }

Ruf schädigen; dem Ansehen abträglich sein: diskreditieren

Rüge ◇ Beanstandung; Mahnung: Monitum

Rüge; Erinnerung; Denkzettel; Mahnung: Memento s --> Maßregel

rügen --> tadeln

Ruhe: † Quieszenz {ruhen: † quieszieren} --> schweige!

Ruhe; Gelassenheit: Tranquillität

ruhe in Frieden!, sie oder er (Grabinschrift): requiescat in pace! (R.I.P.)

Ruhe ◇ Mäßigung; Gleichmut: † Moderation

Ruhe; Sanftheit: † Plazidität

Ruhe --> Gleichmut --> Mäßigung

Ruhebedürfnis --> Gestörtfühlen

ruhelos umherirrend: ahasverisch

ruhelos; wankelmütig: versatil

Ruhelosigkeit (z.B. bei Bettlägerigen): Jaktation

Ruheort; Zufluchtsort: Buen Retiro s

Ruhestand: † Quieszenz { jmdn. in den R. versetzen: † jmdn. quieszieren }

Ruhestand, wohlverdienter: Otium cum dignitate s { im R. befindlicher Hochschullehrer: Emeritus (em.) }

Ruhestörer; Unruhestifter; Aufrührer: Tumultuant/ † Turbator

ruhig; bescheiden; sittsam: † sedat

ruhig (Musik): tranquillo/tranquillamente {gelassen: quieto} {gemächlich; behaglich: comodo} {mäßig langsam; gemessen: andante} {ziemlich ruhig oder langsam: adagietto} --> langsam

ruhig verlaufend (Krankheiten): bland lat

ruhiges Musikstück: Tranquillo s

Ruhigstellung (Glieder, Gelenke): Immobilisation {R.sgerät: Immobilisator}

Ruhmesglanz; Ansehen; Geltung: Nimbus m

Ruhmsuchtverbrecher: Herostrat {Verbrechen: Herostratentum}

rührend; bewegend; ergreifend: touchant

rührselig; weinerlich; mit zuviel Gefühl oder Selbstmitleid: larmoyant (Larmoyanz)

rührseliges Stück (Film, Theater, Literatur): Melodram[a] s --> Schmalzstück

Rülpsen; Aufstoßen: Efflation {nervöses R.: Eruktation}

rund --> kreisähnlich --> kreisförmig

Rundbau; runder Saal: Rotunde w

Rundblick; Rundschau: Tour d'horizon w,m

runder Kopf --> Schädelrundform

rundes Bild (Format) --> kreisförmiges Bild

rundes Gesicht --> Breitgesichtigkeit

Rundfunk (England, Amerika): Broadcasting

rundköpfig; kurzschädelig: brachyzephal/-kephal --> Schädelrundform

Rundschau: † Zyklorama s

Rundschreiben: † Zirkular s

runzlige Haut, schlaffe, welke: Géroderma s

Rüstigkeit; Lebenskraft; Stärke: † Vigor m (vigorös) --> Lebenskraft

S

Sabotage --> Sand im Getriebe

Sachbearbeiter, entscheidungsbefugter: Dezernent --> wissenschaftlicher Sachbearbeiter

Sachbezeichnungsverzeichnis ◇ Zusammenstellung aller S.se und Fachbezeichnungen eines Wissensgebietes: Nomen-

klatur --> Fachwortschatz --> Sachverzeichnis
Sachbuch; Fachbuch: Non-fiction s
Sache; Ding; Gegenstand (Philos.): Res w
Sachkatalogbearbeiter (Bibliothek): Klassifikator --> wissenschaftlicher
sachlich; kühl; anteilnahmslos: detachiert {s. und objektiv: sine ira et studio}
Sachregister --> Verzeichnis, alphabetisches
Sachverhalt, außersprachlicher; vom Sprecher bezeichneter Gegenstand: Denotat s
Sachverhaltsuntersuchung; Untersuchung der tatsächlichen Geschehensabfolge einer Straftat: Quaestio facti w --> strafrechtliche Untersuchung
sachverständig; erfahren: † expert {s.; fähig: kompetent} {Sachverständigengutachten; Untersuchung durch Experten: Expertise (expertisieren)} --> Kenner
Sachverzeichnis: † Realindex --> Sachbezeichnungsverzeichnis
Sackgasse; Ausweglosigkeit: Impasse w --> Unlösbarkeit
Sackpfeife --> Dudelsack
Sadist ◇ in Geißelung und Züchtigung sexuelle Befriedigung Findender (aktiv oder passiv): Flagellant (Flagellantismus/Flagellomanie) {sadistische Handlungen an Masochisten vornehmend: dominierend/dominant} {sadistische Handlungen vornehmende Prostituierte: Domina (dominal)}
Sadomasochismus; sexuelle Lustempfindung beim Zufügen oder Erleiden von Schmerzen: Algolagnie
Saft (Obst, Gemüse): Juice m,s
Säftelehre --> Körpersaftlehre
Sage --> Überlieferung
Salatsoße: Dressing
Salbe: Unguentum (Ungt.) {[dick]flüssiges Einreibemittel: Liniment} --> äußerlich
Salböl (orthodoxe, kath. Kirche): Chrisam s,m / Chrisma s
Salbung; Handauflegen (zur Kräftigung des kath. Glaubens): Firmung/Firmelung
Salmiakpastillen (als Hustenmittel): Cachou s
Salmonellenvergiftung ◇ bakterielle Lebensmittelvergiftung: Botulismus
Salpeter: † Nitrum
Salto mortale ◇ wagemutiger Sprung (Artistik): Kaskade
Salz auf Wunde --> Blutung
salzhaltig ◇ kochsalzhaltig (Quellen): muriatisch {salzige Tunke: † Salse w} {salzliebendes Lebewesen: Halobiont (halophil/halobiont)}
Samenerguß, zu früher: Ejaculatio praecox w
Samenergußvermeidung beim Geschlechtsverkehr, absichtliche: Karezza w
Samenflüssigkeit, abgespritzte: Ejakulat {Abspritzen der S.: Ejakulation} {Samenzellen; männliche Keimzellen: Androgameten} {Fortpflanzungszelle (z.B. Samenzelle): Gamet m} {samentötendes Mittel (Empfängnisverhütung): Spermizid s}
Sammelband; Sammelmappe: Konvolut s {selbständiger Text, der mit anderen zusammengebunden ist: Adligat s}
Sammelbezeichnung (z.B. Meute): Kollektivum {Wortendung, die typisch für eine S. ist (z.B. ...tum): Kollektivsuffix s}
Sammlung --> Wohltätigkeit
Sammlung, ausgewählte (insb. Textstükke): Anthologie w / Florileg[ium] {S. von Auszügen [aus literarischen oder wissenschaftlichen Werken]: Kollektaneen/Collectanea/Analekten} {S. kritischer Schriften: † Kommentation}
Sammlung (Drucksachen etc.) --> Bündel
Sammlung verstreuter Truppen: † Ralliement
Samstag; jüdischer Ruhetag: Sabbat m
samtartiges Gewebe, aufgerauht-weiches: Velours m {Samtimitation: Duvetine m}
Sand im Getriebe ◇ Fremdkörper im Gelenk: Arthrolith m / Enarthron s
sandfarben: beige {(Stoffe): drappfarbig}
sandliebend (Lebewesen): psammophil
sanft; lieblich; süß; weich (Musik): soave/dolce {(Steigerung): dolcissimo} {s.; l.; säuselnd (insb. Luft; dichter.): † zephirisch/zephyrisch} {Sanftheit; Ruhe: † Plazidität}
Sänfte; Tragsessel (hist.): Portechaise w {S.; Tragsessel (Indien): Palankin m}
Sängerin: Chanteuse {Chansonsängerin: Chanson[n]ette} {gefeierte, erfolggekrönte S.: Diva} {Sänger; Dichter (keltisches Mittelalter): Barde}

... leide Tantalusqualen, liebste Marie, verzehre mich in unreflektierter Tendresse und frage Dich deshalb sans phrase: Willst Du nicht am Samstag als Sosia auf meinem 1200-ccm-Feuerstuhl zum CRÄSH driven.

Sardine: Pilchard m engl
Sarg ◇ kleinerer Prunksarg; Urne (Archäol.): Larnax w
sarkastisch; spöttisch: kaustisch
Satire ◇ Spott; Schmähschrift: Pasquinade w / Pasquill s (Pasquillant) {S.; „Ätzmittel": *Kauterium*} {satirisch; beißend; spöttisch: juvenalisch} {satirisches, literarisches Spottgedicht: Dunciade} --> politisches Lied --> Spottlieder
Sättigung: Saturation
Satzbau, [korrekter]: Syntax w {formal [aber nicht unbedingt inhaltlich] richtiger Bau eines Satzes: Morphosyntax w} {den Inhalt eines Satzes betreffende Lehre des richtigen S.s: Nomosyntax w} {Satzstellungslehre; Wortstellungslehre: † Topik} {S.unebenmäßigkeit (Stil): Inkonzinnität} {Satzbruch; das Fortfahren mit einer anderen als der begonnenen Satzkonstruktion: Anakolutie w / Anakoluth m,s (anakoluth[isch])} {Setzung eines Wortes oder Satz[teils] an den Anfang des Satzes zur Erzielung eines Überraschungseffekts (antike Redekunst): Hysteron proteron s} {Unvermögen der korrekten Satzbildung: Aphrasie} --> Wortstellungslehre
Satzmelodie --> Betonung
Satzspalte (Druckw.): Kolumne w
Satzung; Verfassung; Grundgesetz: Magna Charta w {S.; V.; Verordnung; Rechtsbestimmung: Konstitution}
Satzzeichensetzung: Interpunktion (interpunktieren/interpungieren)
Sau; Unanständiger: Cochon m
sauber (z.B. Gewässer): katharob {hygienisch einwandfrei; desinfiziert: sanitized engl} {s.; neu; unversehrt: † integer} {Säuberung; Reinigung: † Mundation (mundieren)} {Angst vor [vermeintlich] beschmutzenden Gegenständen (krankhaft): Mysophobie}
Sauerkirsche: Amarelle
Sauerstoff: Oxygen[ium] (O)
sauerstofflos lebend (Mikroorganismen): anaerob (Anaerobier/Anaerobiont/ *Anoxybiont*)
Sauerstoffmangel im Blut: Anoxämie/Anoxyhämie/Hypoxämie {S. in den Geweben: Hypoxie}
saufen ◇ zechen; viel trinken: † pokulieren --> trinkend
Säuferwahnsinn; psychotische Entzugserscheinung (Alkoholismus): Delirium tremens s / Önomanie / Methomanie
Säugetiere (systemat. Bez.): Mammalia {Säugetier (Linné): † Quadrupede m}
Säuglingssterblichkeit (die ersten zehn Lebenstage betreffend): Neomortalität
Saugwürmer (systemat. Bez.): Trematoda
Säuisches --> Schweinerei
Säule mit Büste obenauf: Herme w {S.nzwischenraum; Säulenabstand (antike Tempel): Interkolumnie w / Interkolumnium s} {kleine Brüstungssäule: Baluster m}
Säulenbogen; Bogen auf zwei Pfeilern: Arkade w
Säulengang; Säulenhalle: Kolonnade {Säulenhalle; gedeckter S.: Hypostylon s / Hypostylos m}
Saum; Kante (Kleider etc.): † Lisiere w --> Besatz --> Borte
säumiger Schuldner: Restant m
Säure: Acidum {S.gehalt einer Flüssigkeit: Acidität} {sauren Boden liebend: acidophil}
saure Gurken (essigeingelegt): Mixed Pickles / Mixpickles
säuselnd --> sanft
Saustall: Augiasstall
Schachtgrabung --> Ausschachtung
Schädel: Cranium {das Gehirn umfassender Teil des S.s: Neurokranium}
Schädelbasisbruch: Basisfraktur
Schädelmißbildung: Dyskranie/Dyszephalie
Schädelöffnung, operative: Kraniotomie {Schädeldeckenöffnung mit einem Bohrgerät: Trepanation}
Schädelrundform, abnorme: Trochozephalie
Schaden; Nachteil: † Detriment lat
schadenfroh; hämisch; arglistig (Äußerungen): maliziös
Schadensersatz --> Wiedergutmachung
schädlich, höchst ◇ tödlich; verderblich (Med.): deletär {s.er Einfluß; Gifthauch; krankheitserregender Stoff [in Luft oder Erde]: Miasma s}
Schädlinge --> kulturliebend
Schädlingsbekämpfungsmittel (pflanzliche und tierische Schädlinge): Pestizid/Biozid s {Insektenbekämpfungsmittel: Insektizid s} {Unkrautvertilgungsmittel: Herbizid s}
Schadstoff --> Krankheitsursache
Schäferstück; Hirtenlied: Bergerette --> Hirtendichtung
schaffen, etwas [Bedeutsames]: kreieren [kre-ieren] {bildend; Schaffen betreffend: poietisch [peu-e-]} --> einführen
Schaffner (Eisenbahn, Straßenbahn): † Kondukteur
Schafwolle; weiche Lammwolle: Lambswool w
Schal: Shawl m {Hals- und Brusttuch: † Palatine w}
schal; abgeschmackt: † maussade {s.; fade: † insipid[e]}
Schale --> Fruchthaut
Schalk --> Possenreißer
Schallehre; Tonlehre: † Phonik
Schallplattenaufnahme; Tonbandaufnahme: Konserve
Schallplattenetikett: Label s {Schallplattenfirma: Label s}
Schallstärkemesser: Sonometer s
Schaltjahr ◇ im S. eingeschaltet: interkalar
Scham --> Erröten
Schamgefühl verletzend; unanständig; schlüpfrig: obszön (Obszönität)
Schamhaare: Pubes w
Schamlippen: Labien --> kleine Schamlippe
schamlos; unsittlich; frech: frivol
Schandmal ◇ altchines. Halsbrett zur Kennzeichnung und Bestrafung eines Verbrechers: Kang m,s

Schändung; Verletzung: † Violation --> Vergewaltigung
scharf; ätzend (Chemie): kaustisch
scharf betrachten; mustern: † lorgnettieren
scharf markiert --> betont
scharf umgrenzt (Hautkrankheiten): zirkumskript
scharfe Opposition innerhalb einer Partei oder Regierung: Fronde w
Scharfsinn: † Sagazität {scharfsinnig; geistreich: ingeniös (Ingeniosität)} --> Begabung
Schatten: † Ombrage w {S.grenze zwischen Tag und Nacht auf Planeten oder Monden: Terminator lat}
Schattenspieltheater (Java): Wajang s
schattiert (verschwommene Farben auf Textilien etc.): ombriert
Schätzchen; Liebling; Süße[r]: Honey m
schätzen: † arbitrieren {abschätzen: evalvieren} --> einstufen
Schatzmeister; Kämmerer (beim Kardinalskollegium): Camerlengo
Schätzung; Wertbestimmung: Evalvation {(insb. Münzen): Valvation (valutieren/ † valvieren)} {Geldwertbestimmung: Taxation (Taxator/Taxierer)} {Wertsachverständiger; vereidigter Schätzer: † Jurator} --> Wertbestimmung
Schau; Ausstellung: Exposition
schauerlich; kalt: stygisch
Schaufenster ◇ das Aufbauen von Waren im Schaufenster: † Etalage {werbewirksames Auf- und Ausstellen von Waren: Display s} {lebensechte Schaufensterpuppe: Mannequin s,m}
Schaukelstuhl: † Berceuse w
schäumen; perlen (Sekt,Wein): moussieren
Schaumspeise, [süße]: Mousse w
Schauspiel, öffentliches; Festspiel (röm. Antike): Ludus m
Schauspieler: Mime {(röm. Antike): Histrione} {Schauspielerin: Actrice frz } {gefeierte, erfolggekrönte Schauspielerin: Diva}
schauspielern ◇ auftreten als; sich benehmen als: sich gerieren
Schautafel ◇ als Einschub [zwischen zwei Progammteile] eingeblendete S. oder graphische Darstellung: Insert s engl
Scheibe; dünnes Blättchen: Lamelle
scheibenförmig: diskoidal
Scheibengardine: † Vitrage
Scheide, weibliche: Vagina {Eingang in ein Körperhohlorgan: Introitus} {S.neingangsentzündung: Introitis} {S.nkrampf: Vaginismus} {längliches S.nspülungsbecken: Bidet s}
Schein; Vortäuschung: Kulisse {etwas Unechtes: Talmi s (talmin)} --> Anstand
Scheinautor; Auftraggeber eines Ghostwriters: Mummy
scheinbar: speziös
Scheinbeweis; **Trugschluß** mit Täuschungsabsicht: Sophisma s / Sophismus {S. aus einem selbst erst zu beweisenden Satz: Hysteron-Proteron s} --> Denkfehler --> falsche --> Fehlschluß --> Trugschlüsse --> Zirkelschluß
scheinheilig; äußerlich fromm: bigott (Bigotterie)
Scheinheiligkeit; heuchlerische Sprache: Cant m engl {Heuchelei; Verstellung: Hypokrisie (hypokritisch, Hypokrit m)}
Scheinhieb (Boxen,Fechten): Finte
Scheinschwangerschaft --> eingebildeter Kranker
Scheinwelt --> Realitätsflucht
Scheiße!: merde!
scheißen --> Kot
Scheitel; höchster Punkt des Schädelgewölbes: Vertex m
Scheiternder --> Schwärmer
Schelmerei; Spaßhaftigkeit: Bouffonnerie {Possenreißerei: Firlefanzerei}
schelten; abkanzeln; jmdm. einen öffentlichen Verweis erteilen: † abkapiteln {scharf tadeln: † jmdn. koram nehmen} --> plagen
Schenke; Gasthaus; Herberge: † Locanda --> Gasthaus
Schenkel...; zum [Unter]schenkel gehörend oder ihn betreffend: krural {S.-bruch: Merozele w} --> Unterschenkel
Schenksucht (krankhaft): Doromanie
Schenkung: Donation {(eines Buches): Donum s} {S.; [Widmungs]gabe (insb. vom Autor): Dedikation (dedizieren)} --> Besitz
Scherbengericht (altathen. Verbannungsgericht): Ostrazismus/Ostrakismos m
Scherenschnittkunst: Psaligraphie
Scherz; Belustigung: † Pläsanterie {S.; Spöttelei: † Raillerie (raillieren)} {etwas Humorvolles: Humoristikum}
scherzhaft; spaßig: † jokos --> launenhaft
scheu --> fremdenfeindlich --> Schüchternheit
scheußlich --> widerlich
schicken ◇ übersenden; übertragen: transmittieren --> absenden --> versenden
schicklich; passend; bequem; annehmbar: † konvenabel {Schicklichkeit; äußerer Anstand: Dekorum}
Schicksal; Zufall; Glück: Tyche {S.; Geschick; Verhängnis: Fatum} {S.; Zwang; Verhängnis: Ananke w} {S.; unausweichliches Verhängnis (griech. Philos.): Heimarmene w} {das dem Menschen von Allah zugeteilte Los: Kismet s} --> Vorbestimmungslehre --> Vorsehung
Schicksalsgläubigkeit; Schicksalsergebenheit: Fatalismus
Schicksalsgöttinnen (griechische): Moiren/ Fata Mz {(nordische): Nornen}
Schicksalslehre des Menschen oder der Welt; Lehre von den Letzten Dingen: Eschatologie
Schiedsmann; Vermittler: † Mediator {vermittelnd: † mediatorisch}
Schiedsrichter: † Arbiter/Arbitrator {(Boxen): Umpire} {S.; Ringrichter: Referee} {S.; Punktezähler (Billard): Markör/Markeur}
Schiedsspruch; Gutachten (altröm. Zivilrecht): Arbitrium
schief; schräg: † oblique

schiefwinklig: loxogonal
schielen: Strabismus/Loxophthalmus {das Nachinnenschielen beider Augen: Konvergenz}
Schienenbein; Unterschenkelknochen: Tibia w
Schienung --> Ruhigstellung
Schiff ◇ größere Galeere: Galeasse/Galjaß w
Schiffahrtskunde: Nautik
Schiffsbugfigur aus Holz: Galionsfigur
Schiffsfracht: Kargo m / Fret
Schiffsgeschwader: † Eskader w
Schiffsmannschaft: † Equipage
Schiffsrumpf: Kasko m
schikanieren; bösartig bedrängen; bei der Arbeit schlecht behandeln: kujonieren --> mißhandeln
Schildbürger; Einfältiger: Abderit (abderitisch) --> Armleuchter --> Hohltier
Schilddrüse: Thyreoidea {S.nfunktionsstörung: Dysthyreose} {S.nüberfunktion: Hyperthyreoidismus/Hyperthyreose} {krankhafte S.nüberfunktion: Thyreotoxikose} {S.nunterfunktion: Hypothyreoidismus/Hypothyreose}
Schildkrötensuppe, unechte (aus Kalbskopf): Mockturtlesuppe
schillern, in Regenfarben: irisieren {in mehreren Farben schillernd (Stoffe): changeant (changieren)}
Schimmelpilzgiftstoff: Mykotoxin
schimpfen; plagen; prügeln; quälen: † kuranzen/koranzen {scharf tadeln: † jmdn. koram nehmen}
Schimpfwort; vulgäres Wort (auf to fuck bezogen): Four-letter-word
Schirm ◇ großer Regen- oder Sonnenschirm: En-tout-cas m
Schirmherrschaft: Ägide w / Patronat
Schlacht; Kampf: † Bataille
Schlachtgeschrei vorm Kampf (Germanen): Barditus/Barritus m / Bardiet s {Siegesmusik, Kampflärm oder Schlachtenlärm darstellende Komposition: Battaglia}
Schlaf betreffend: hypnagog[isch] {griechischer Gott des Schlafes: Morpheus} {schlafähnlich; hypnoseähnlich (Bewußtseinszustände): hypnoid} {schlafend; im Schlafe: in Morpheus Armen}
Schlafanzug für Damen mit Höschen und weitem Oberteil: Babydoll s
Schlafdrang, unwiderstehlicher, anfallartiger (krankhaft): Narkolepsie --> Schläfrigkeit --> Schlafsucht
Schläfen ◇ zu den S. gehörend: temporal
schlaff; starr; regungslos (Med.,Zool.): torpid (Torpor m / Torpidität) {Schlaffheit; Erschlaffung (Muskeln): Atonie}
schlaffe Haut, welke, runzlige: Geroderma s
Schlafkrankheit: Hypnosie/Trypanosomiasis/Nalanane/Nelanane
Schlaflied; Wiegenlied (engl.): Lullaby s
Schlaflosigkeit: Insomnie/Vigilia (vigil) {S.; Schlafstörung: Asomnie/Agrypnie}
Schlafmittel: Hypnagogum/Hypnotikum --> Drogensucht
Schläfrigkeit (krankhaft): Hypnosie {S.; Benommenheit (krankhaft): Somnolenz} --> Schlafdrang --> Schlafsucht
Schlafsaal (Klöster): Dormitorium
Schlafstörungen; Alpdrücken: Oneirodynia
Schlafsucht: Hypersomnie --> Schlafdrang --> Schläfrigkeit
Schlafunterricht ◇ Erziehung oder Unterricht im Schlaf oder einem ähnlichen Zustand: Hypnopädie
Schlafwagen (franz. Bez.): Wagon-Lit m
Schlafwandler; Mondsüchtiger: Somnambule w/m (Somnambulismus/Noktambulismus) --> Mondsüchtigkeit
Schlafzimmer; Zimmer: † Kubikel s {S. im altrömischen Haus: Cubiculum} --> Schlafsaal
Schlag ◇ stoßförmige Erschütterung (Med.): Iktus m {Haken (Boxen): Hook} {Aufwärtshaken (Boxen): Uppercut}
Schlaganfall; Gehirnschlag: Apoplexie {Anfall (Med.): Insult m / Insultation}
Schlagbaum: † Barrage w
schlagen ◇ kräftig verprügeln: † verkamisolen --> mißhandeln
schlagend --> treffend
Schlagersänger (engl. Bez.): Crooner m
Schlaginstrumentengruppe in einer Jazzband o.ä.: Perkussion w engl
Schlagstock ◇ Schulmeisterstock: † Bakel m
Schlagwortbildung: Kategorisierung
Schlagzeile; Überschrift (Zeitung,Anzeige etc.): Headline w
Schlagzeuger ◇ Trommler: Tambour
schlammig; sumpfig: limos/limös {im Schlamm lebend: limikol}
Schlange; lange Reihe: Queue w
schlängeln, sich; sich schlangenförmig bewegen (Bäche,Flüsse): mäandern/mäandrieren
Schlangenlinie: Serpentine
Schlangenmensch (Artistik): Kontorsionist
Schlangensätze ◇ Bandwürmer (systemat. Bez.): Zestoden
Schlangenverehrung, religiöse: Ophiolatrie
schlankwüchsig --> hager
Schlappheit ◇ leichter Kräfteverfall: Hyposthenie --> Kräfteverfall
schlau; klug; aufgeweckt; gewandt: vigilant
Schlauberger; Schalk; Kerl; Teufel (scherzh.): † Vokativus
Schlauer; andere raffiniert [aber harmlos] Übervorteilender: Filou m,s
Schlauheit; Durchtriebenheit: Finesse
schlecht behandeln --> mißhandeln --> schikanieren
schlecht, fast --> nicht besonders
schlechte Launen: Vapeurs {s. Laune; Gereiztheit (krankhaft): Dysphorie} --> schlechtgelaunt
schlechte Luft ◇ nicht atembar; zum Einatmen ungeeignet (Med.): irrespirabel
schlechter Geschmack im Mund: Kakogeusie {s. G. i. M.; abnorme Geschmacksempfindung: Parageusie}
schlechter Ruf: Diskredit m / Negativimage s {Anrüchigkeit: Hautgout m}
Schlechtes ◇ Ungünstiges; etwas Negatives: Negativum

schlechtgelaunt ◇ unpäßlich; nicht aufgelegt; in schlechter Verfassung: indisponiert (Indisposition) {mürrisch; verdrießlich: † maussade/moros} {mißvergnügt; unzufrieden: † malkontent}
schlechthin: † simpliciter {s.; im eigentlichen Sinne: katexochen}
schlechtklingend (Musik,Sprache): kakophonisch {s.e Lautfolge (Sprache): Kakophonie}
schleichend (Krankheiten) --> versteckt
Schleichwerbung (verhüllende Bez.): Product-Placement
Schleier für Frauen (Iran): Tschador/ Tschadyr m
Schleifen --> Abschleifen
Schleimer --> Kriecher
Schleimhaut: Mukosa w (Mukosen Mz)
schleimig ◇ leimartig; zähflüssig: viszid/viskos {s. (Med.): mukös} {s.-eitrig: mukopurulent} {bestimmter Schleimstoff der Drüsen; Hauptbestandteil des Speichels: Muzin}
schleimlösendes Mittel: Solvens s (Solvenzien Mz)
Schleimpilz; niederer Pilz: Mykomyzet m --> Pilz
Schlemmer; Vielfraß: Lukullus / † Komedo {jmd., der gern gut und viel ißt: Gourmand} {S.; dicker Prahlhans: Falstaff} {S.ei; Genußsucht; Schwelgerei: Sybaritismus} --> Vielfraß
schlendern; umherschlendern: flanieren --> spazierengehen
schleppend; lahm (Musik): zoppo {s.; sehr langsam (Musik): largo assai / largo di molto} {s.; zögernd (Musik): trascinando}
schleudern, in kreisförmiger Bahn: zentrifugieren
Schlichter --> Vermittler
schließen ◇ verschließen: okkludieren (Okklusion)
Schließen vom Einzelfall auf das Allgemeine und Gesetzmäßige: Induktion (induzieren) {aus dem Nichtvorkommen (von Belegen etwas schließen): ex tacendo / ex silentio} --> indirekter Beweis --> Schlußfolgerung
Schließmuskel; Ringmuskel: Konstriktor/ Sphinkter
schlimm ◇ voll entwickelt; stark ausgeprägt; rasch fortschreitend (Krankheit): florid {s.er als erwartet; ungünstig (Krankheitsverlauf): infaust}
Schlingen ◇ hastiges Essen (Med.): Tachyphagie
Schlittenhund (Hunderasse bei den Eskimos): Husky
Schloß; Burg; Palast: Alkazar/Alcàzar m {(engl. Bez.): Castle s} {S.; Herrenhaus; Landgut; Weingut: Château s}
Schlucht; Engpaß (insb. Alpen): Klause {S.; schluchtartige Rinne (Bergsteigekunst): Couloir m}
Schluckakt: Deglutition {schmerzhafte S.störung: Dysphagie}
Schluckauf (Med.): Singultus m
schlüpfrig; heikel: † skabrös {Schlüpfrigkeit; Schamlosigkeit: Frivolität} --> unsittlich --> verachtet sei wer Böses dabei denkt
Schluß --> Folgerung
Schluß; Anhang (musikal. Satz): Koda w {S. bildend: final} --> Anhang --> Monatsende --> Musikstückende
Schlüsselbein: Clavicula w / † Klavikel s
Schlußfolgerung; Ergebnis: Fazit s {S. aus dem Gegenteil: Argumentum e contrario} {S. zulassend; schlüssig: konkludent} --> Beweis --> indirekter Beweis
Schlußrede; Nachwort: Epilog m
Schlußstein; Gipfel; Abschluß: † Kolophon m
schmachtend (Musik): languendo/languente/languido
Schmachtlocke: Accroche-cœur s
schmackhaft, sehr: deliziös
Schmähschrift; Spottschrift: Pasquill s / Pasquinade w / Libell s (Pasquillant, Libellist) {S. oder Schmährede; Beleidigung: Invektive w} {S. [zur Zeit der Reformation und des Humanismus]: Famusschrift}
Schmähung; Verleumdung: † Malediktion --> verwünschen
schmaler Durchlaß --> verengte Stelle
schmälern; beeinträchtigen: derogieren --> stören
Schmalgesichtigkeit mit Langköpfigkeit: Leptoprosopie {abnorm schmalköpfig: leptozephal/leptokephal}
schmalwüchsig --> hager
Schmalzstück ◇ zu arg gefühlvolle Darbietung (Dichtung,Musik): Lyrismus --> rührseliges Stück
Schmarotzer [auf Tieren]: Epizoon s {(im Körperinneren): Entozoon s}
schmeicheln; liebkosen: † kajolieren/ karessieren
schmeichelnd; gefällig; gleitend; zart; spielerisch (Musik): lusingando --> schmachtend --> zärtlich
Schmeichler: † Flatteur (Flatterie) {S.; Kriecher: † Byzantiner (Byzantinismus)}
schmelzen; auflösen: dissolvieren {Verflüssigung eines festen Stoffes: Liquefaktion (liqueszieren)} --> Schneeschmelze
Schmerz: Algesie {krampfartiger S. (in Leib oder Organen): Kolik w} {lokal eng begrenzter S. ohne organische Ursache: Top[o]algie} {Maßeinheit für die S.empfindung: Dol s}
Schmerz; tiefstes Leid: Golgatha s
Schmerzempfindlichkeit: Algesie {(gesteigert): Hyperalgesie} {übermäßige S. der Haut (bei jeder Berührung): Haphalgesie}
Schmerzempfindungsstörung mit dem Empfinden von Schmerzreizen als angenehm (Med.): Paralg[es]ie
schmerzen ◇ plötzlich und heftig zu s. beginnen (z.B. bei Schwindsucht): lanzinieren
schmerzfrei (Körper[teil],krankhafte Prozesse): indolent
schmerzhaft; schmerzerfüllt: doloros/ dolorös
schmerzlich; klagend; betrübt; trauervoll (Musik): doloroso / con dolore {schmerzvoll; traurig (Musik): luttuoso}

Schmerzlosigkeit; Aufhebung der Schmerzempfindung: Analgesie/Analgie

Schmerzmittel: Analgetikum/Analgen/Anodynum / Anästhetikum / Antalgikum / Antineuralgikum {S.; Beruhigungsmittel: Sedativ[um]} {schmerzlindernd; lindernd, aber nicht heilend: palliativ (Palliativ[um])} {Schmerzausschaltung (z.B. Narkose): Anästhesie}

Schmerzstoffe (Kampfstoffe): Algogene

schmerzunempfindlich: indolent {Schmerzunempfindlichkeit (Nervenschädigung): Anästhesie} {verminderte Schmerzempfindung: Hypalgesie}

Schmetterlinge: Lepidopteren {Schmetterling (franz. Bez.): Papillon m}

Schmied, kunstfertiger (scherzh.): Hephäst

Schminken; Make-up (franz. Bez.): Maquillage

Schminkkoffer; Köfferchen für Schönheitsutensilien: Beauty-case s,m --> Täschchen

Schmöker; altes wertloses Buch: Scharteke w

schmoren ◇ etwas langsam in einer Flüssigkeit kochen lassen: mitonnieren

Schmuck --> Kleidungszubehör --> Wertsachen

schmücken: † ornieren {mit kunstvoll gefaltetem Stoff s.: drapieren}

Schmuckstück; Schmuckgegenstand: Bijouterie w / Bijou m,s {Schmuckstein aus Glas: Amause w} {Schmuckhandel; Edelsteinhandel: Bijouterie}

Schmuckwaren; Mode- und Putzwaren (Fächer,Tücher etc.): † Galanteriewaren/ Galanterien {Modewarenhändler: † Modist}

Schmuggelware: Konterbande w frz

Schmusen; Liebkosungsaustauschen; Pettingvorstufe (Heranwachsende): Necking

Schmutzangst --> Beschmutzungsangst

schmutzige Geschäfte ◇ man sieht es dem Geld nicht an, auf welche [unsaubere] Weise es verdient wird: non olet

schnarchen: *uvustridieren* {Schnarchkrampf: Rhenchospasmus}

Schnaufen --> Hecheln

Schneckengehäuse: Cochlea w --> Weichtiere

Schnee und Schneefall betreffend: nival {Eignung des Schnees zum Skifahren o.ä.: Före w}

Schneeballsystem; Verkaufsverfahren mit Gewährung von Ratenzahlung gegen die Verpflichtung vom Käufer, neue Kunden zu vermitteln: Hydrasystem

Schneeblindheit; Bindegewebsentzündung im Auge infolge UV-Strahlung: Niphablepsie

Schneelandschaft ◇ Gebiet mit dauernder Schnee- oder Eisbedeckung: Nival s

schneeliebend (kälteschutzbedürftige Pflanzen): chionophil

Schneemensch, legendärer (Himalaya): Yeti m

Schneemesser ◇ Gerät zur Aufzeichnung der Fallmenge fester Niederschläge, insb. Schnee: Chionograph m

Schneeschmelze; Eisschmelze (Gletscher, Inlandseis): Ablation

Schneesturm (Nordamerika): Blizzard

schneiden und zusammenkleben (Tonband,Film): cutten/cuttern engl

Schneider (engl. Bez.): Tailor {(franz. Bez.): Tailleur} {S.in; Näherin; Modistin (Paris): Midinette} {S.kleid oder S.kostüm: Tailormade s}

Schneiderkunst, modisch tonangebende (Rom,Paris): [Haute] Couture w {Modeschöpfer: [Haute] Couturier}

Schneidezahn: Inzisiv m (Inzisiven Mz) / Inzisivus m (Inzisivi Mz)

schnell; beweglich: † volubel {s.; sofort: a tempo} --> überschallschnell

schnell entstehend; blitzartig und heftig verlaufend (Med.): foudroyant

schnell; geschwind; behende (Musik): veloce {flink; behend (Musik): lesto} {s.; rasch (Musik): vite/vitement frz} {s.; heftig (Musik): con fuoco} {eilig; hurtig; sofort (Musik): tosto} --> beweglich --> hastig --> sehr schnell --> Tempoangaben

schnell; rasch; fortlaufend; ununterbrochen (z.B. Lektüre): kursorisch {rasches, Einzelheiten außer acht lassendes Lesen eines Textes zur Überblickverschaffung: diagonales Lesen}

Schnellboot ◇ Gleitboot: Hydroplan m

schneller werdend; lebhafter werdend (Musik): affrettando {sehr viel schneller (Musik): molto mosse} {etwas s. (Musik): più mosso} --> beschleunigend --> doppelt so schnell

Schnelligkeit ◇ Blitzesschnelle; Ungestüm: Rapidität {schnellste Gangart (Pferde): Karriere}

Schnitt; Drall (Ball,Kugel): Effet m,s

Schnittmenge --> Durchschnittsmenge

Schnupfen; Entzündung der Nasenschleimhaut: Koryza w {S.; Nasenkatarrh; Nasenschleimhautentzündung: Rhinitis} {Schnupfenmittel; Nasenmittel: Errhinum} --> Erkältung

Schnupftabakdose: † Tabatiere

schnüren; einschnüren: lacieren

Schnurrbart --> Oberlippenbart

schockierend; durch seinen geistigen Gehalt Entsetzen erregend: † horrend --> entsetzlich

Schokoladentäfelchen, kleines: Napolitain s --> Nußschokolade

schon der Definition nach: ex definitione

schon einmal gesehen ◇ Meinung, Gegenwärtiges schon einmal gesehen zu haben: Déjà-vu-Erlebnis --> Erinnern --> Wiedererkennen

schon immer --> früher

schön, stattlich erhaben: junonisch {blendend s.; [äußerlich] bezaubernd: glamourös} {lieblich: doux} {himmlisch: † zölestisch}

schöne Bewegung (Tanz) --> Bewegungsgestaltung

schöne Literatur --> Literatur

schonen; einrichten; sparen; sich selbst versorgen: † menagieren

schonend; bewahrend; erhaltend (Verlet-

zungsbehandlung nicht operativ): konservativ
schönes Mädchen im Paradies des Islam: Huri {Schönheit; schöne Frau: Beauté/Beauty w} --> anmutig
schöngeistig; literarisch: belletristisch {Schöngeist (oft spött.): † Belesprit m} --> Hirtendichtung
Schönheitspflästerchen oder -fleck (Wange): Mouche/Musche w
Schönling; schöner Jüngling: Hyazinth/Adonis/Apoll[o] --> Frauentyp --> Stutzer
Schönschreibkunst: Kalligraphie
Schonung ◇ Unmögliches zu leisten, kann niemand verpflichtet werden (röm. Rechtssatz): ultra posse nemo obligatur
schöpfen (Stil,Modestil etc.): kreieren [kre-ieren]
Schöpfer: † Kreator {S.; Gott; Weltordner: Nus/Nous m} {Weltenschöpfer; Weltenbaumeister: Demiurg}
Schöpfung; Erschaffung: † Kreation {Welt; geschaffene Natur: Natura naturata} {das Sechstagewerk der S.: Hexaemeron}
Schorf; Kruste (Med.): Crusta
Schottenrock, buntkarierter (für Männer): Kilt m
Schotter --> Straßenbelag
schräg; quer verlaufend: diagonal/transversal
schräg; schief: † oblique
schräg (Schrift): kursiv/italic
Schrägstrich; Querstrich: Virgel w
Schränkchen ◇ halbhohes Möbelstück mit Schubfachteil oder Vitrinenteil: High-board s
Schreck; Angstanfall (Med.): Pavor m {S.lähmung; S.starre: Kataplexie}
Schreckgestalt; Vogelscheuche: Popanz m {S.; kinderraubendes Gespenst (altgriech.): Lamia w}
schrecklich: † terribel {s.; erschröcklich: medusisch} {versteinernder Blick: Medusenblick} {s.; grauenvoll; furchtbar (Erlebnis,Mitteilung): † horribel (Horribilität)} {s.; unerträglich: infernal[isch]}
Schreiben als Therapie; Verarbeitung von Träumen und Erlebnissen durch Aufschreiben: Graphotherapie
schreiben (völlig eigenhändig): † holographieren
Schreibender; Vielschreiber: Skribent/† Skribler {(scherzh.): Skribifax} --> Schreibwut
Schreibfehler: Lapsus calami
Schreibkrampf: Cheirospasmus/Chirospasmus/Graphospasmus m / Mogigraphie
Schreibrichtung von links nach rechts: Dexiographie {S.swechsel in jeder Zeile: Bustrophedon s}
Schreibschrift: † Kurrentschrift
Schreibschwäche oder Leseschwäche: Legasthenie {Schreibstörung mit Vertauschung von Wörtern oder Silben oder Buchstaben: Paragraphie} {Unfähigkeit, Buchstaben oder Wörter richtig zu schreiben: Agraphie}
Schreibtafel; Merk- oder Notizbuch: Agenda
Schreibtischforschung (statist. Markt- und Meinungsforschung): Desk-Research s
schreibungsgleiches Wort --> aussprachegleiches Wort
Schreibweise; Schreibung: Graphie
Schreibwut: Graphomanie --> Schreibender
Schrift ◇ Abhandlung; Traktat: † Traité m {flüchtig zusammengeschriebene und nicht beachtenswerte schriftliche Arbeit: Elaborat} --> Schriftstück
Schriftensammlung ◇ gesammelte kleine Schriften: † Parergon s {Sammlung von Aufsätzen oder Bemerkungen o.ä. verwandten Inhalts: † Syntagma s}
Schriftsetzer; Umbrecher: Metteur
Schriftsteller: Literat / Homme de lettres {S.; Gelehrter: Literator} --> Autor
Schriftstellkunst --> Dichtkunstreich
Schriftstück: Skript[um] s / † Skriptur {Schriftstücksammlung; Drucksachensammlung: Konvolut s} --> Schrift
Schrifttum --> Bücherverzeichnis
Schriftzeichen; Buchstaben: Charaktere
Schriftzug; Linienführung: Duktus m
schrille Stimme --> hohe Stimme
Schritthalten --> Wachstumsgleichmäßigkeit
schrittweise; stufig; allmählich: graduell / † gradatim {s. Näherung an die exakte Lösung in wiederholten Rechenvorgängen (Math.): Iteration}
Schrittzähler: Podometer / Hodometer s
schrumpfen; schwinden (Med.): atrophieren {Schrumpfung; Zusammenziehung; Verkürzung (Med.): Retraktion}
Schublehre ◇ verschiebbarer Meßstabzusatz, der die Ablesung von Zehnteln der Einheiten des eigentlichen Meßstabes ermöglicht: Nonius m
Schüchternheit; Furchtsamkeit; Verzagtheit: † Timidität (timid) {Angst vor dem anderen Geschlecht: Heterophobie} {Menschenscheu: Exanthropie} {einwertig (Chemie): univalent} --> einsam
Schuft; Quäler: † Kujon
Schulanfänger: † Abecedarier/-darius/Abcdarier/-darius
Schuld abschieben ◇ der Wunsch, andere für die eigene Schuld o.ä. büßen zu lassen: Extrapunitivität
Schuld tilgen: deditieren
Schuld; Verschulden; Fahrlässigkeit: Culpa w {S.; Straftat: † Reat s,m {Mal; Schuldzeichen: Kainsmal/Kainszeichen} {altchin. Halsbrett zur Bestrafung und Kennzeichnung von Verbrechern: Kang m,s} {Überführung eines Angeklagten: † Konviktion (konvinzieren)} {[durch] meine Schuld!: mea culpa!}
Schuldbefreiung --> Rechtfertigung
schulden: † restieren {schuldig bleiben (z.B. Geld): † in saldo bleiben} --> Verschuldung
Schulden eintreiben oder pfänden: † exequieren
Schulden zahlen ◇ Gläubiger zufriedenstellen: † kontentieren {alle S. bezahlen (Wirtsch.): persolvieren} {abfallend; sich vermindernd (insb. Schul-

den): degressiv} --> Schuld tilgen --> Tilgung --> Umschuldung
Schuldenfristeinräumung (Zahlungsverzug): Indult m,s lat
Schuldenrückzahlung, falsche --> Ersatz
Schuldenrückzahlungsversprechen ◇ Gegenstand, z.B. Halm oder Stab, der beim Abschluß eines Schuldvertrags als Symbol dem Gläubiger übergeben und gegen Zahlung der Schuld zurückgegeben wird (hist.): Vadium
Schuldner, Waren auf Kredit bezogen habender: Debitor
Schuldverschreibung, festverzinslichte: Bond m
Schule und Leben --> nicht für die Schule
Schüler eines Meisters --> Nachahmer
Schüler ◇ jmd., der [im Rahmen einer praktischen Ausbildung] mit den Grundfragen eines bestimmten Tätigkeitsbereichs vertraut gemacht werden soll: Informand
Schüler oder Anhänger einer Lehre: Adept
Schülerchor --> Chor
Schülerheim, kostenfreies (zu einer Lehranstalt): Alumnat s {Zögling eines kostenfreien S.s: Alumne/Alumnus}
Schulfeier; Schulaufführung: † Aktus m
Schulkamerad; Altersgenosse; Zeitgenosse: † Koätan
Schulklasse; Jahrgang: † Zötus m
Schulmedizin ◇ Heilverfahren mit der Krankheit entgegengesetzt wirkenden Mitteln: Allopathie
Schulmeisterstock: † Bakel m
Schulterschmerz, [rheumatischer]: Omalgie/Omodynie
Schulterstück auf Uniformen: Epaulette w/ Epaulett s
Schundliteratur; literarisch wertlose [Unterhaltungs]literatur: Kolportageliteratur {anspruchslose, auf Kommerz angelegte Unterhaltungsliteratur: Trivialliteratur}
Schuppenflechte: Psoriasis
Schürzenjäger: † Suitier --> Frauentyp
Schüssel: † Patina {flache S.; Teller: Assiette}
Schüttelkrampf: Klonus m / Konvulsion / Myoklonie
Schutthaufen --> Trümmer
Schutz ◇ unter jmds. S. oder Leitung: unter jmds. Auspizien
Schutzanstrich: Firnis m
Schutzbegleitung --> geleiten
Schütze einer in gelockerter Linie kämpfenden Truppe: † Tirailleur
schützen; vor einem Übel schützen: präservieren {Stahl zum Schutz vor Korrosion o.ä. mit Oxyd- oder Phosphatschicht überziehen: atramentieren}
schützend --> Unheil
Schutzgeist eines Ortes: Genius loci {persönlicher S. (Parsismus): Frawaschi} {S.er von Haus und Familie (Rom): Laren Mz}
Schutzheiliger (ital. Bez.): Padrone {Schutzheiligtum (Haus,Stadt): Palladium}
Schutzherrschaft von mehreren --> gemeinsame Herrschaft
Schutzhülle für Atomreaktoren: Containment
Schutzimpfung (Pocken): Vakzination/ Vaccination
Schutzwache; Sicherheitswache: † Sauvegarde --> Geleit
Schutzwall ◇ Umwallung; Außenwerk (hist. Festung): Enceinte w frz --> befestigen
schwach; hinfällig: kachektisch {hinfällig; gebrechlich; verfallen: † kaduk} {geschwächt; unzureichend in der Funktion (Organ): insuffizient}
schwach...; unter...: hypo...
Schwäche --> Neigung
schwache Stimme --> dünne Stimme --> schwachstimmig
Schwäche; Unvermögen: Impotenz {leichter Kräfteverfall: Hyposthenie} {Gebrechlichkeit: Infirmität} {S.; Blutarmut; Kräfteverfall (aufgrund schwerer Krankheit): Kachexie} {krankhafte Muskelschwäche: Myasthenie} --> Schwächlichkeit
schwächen; lähmen (Med.): paralysieren
schwächer ◇ jmdm. unterlegen: inferior lat
schwächer werdend ◇ schwindend; verfallend (körperliche und geistige Kräfte): marantisch/marastisch --> Abnahme
Schwächlichkeit; Kraftlosigkeit: Asthenie {mangelnde Widerstandsfähigkeit des Organismus gegen schädigende äußere Einwirkungen: Intoleranz} --> Schwäche
Schwachsichtigkeit: Amblyopie
Schwachsinn; Intelligenztiefstand: † Fatuität {erworbener S. (Hirnschädigung): Demenz} {ererbter oder im frühen Kindesalter erworbener S.: Oligophrenie} {mittelgradiger S.: Imbezillität (imbezil[l])} {leicht schwachsinnig: debil} {Schwachsinniger (insb. durch Schilddrüsenunterfunktion): Kretin frz} --> Altersschwachsinn --> Jugendirresein
schwachstimmig; feinstimmig: mikrophonisch --> dünne Stimme
Schwägerschaft (gerichtl.): Affinität
schwammig: spongiös {(Gewebe,Entzündung): fungös} {s.; höhlenartig; buchtig (Med.,Biol.): lakunär}
Schwangerschaft: Gravidität/Gestation {schwanger: gravid[e]} {schwanger werden: konzipieren} {Schwangere: Gravida} {S.sbeginn; Empfängnis: Konzeption} {krankhafte S.sstörung: Gestose} {S. außerhalb der Gebärmutter: Extrauteringravidität} {[künstliche] Unterbrechung (Schwangerschaft, Geschlechtsverkehr etc.): Interruption}
schwanken; pendeln: oszillieren {s.; schweben; schwimmen: flottieren} {Wechsel; Schwankung; Schwanken: Fluktuation}
schwankend; leicht aus dem Gleichgewicht kommend; unsicher; schwach; leicht zu beeinflussen: labil {s. (Musik): vacillando} --> veränderlich

schwankungsunempfindlich betreffs Umweltfaktoren (Pflanzen,Tiere): euryök
Schwanz; Endstück (Organe etc.): Cauda w {in der S.region gelegen: kaudal}
Schwärmer; Träumer: Illusionist {S.; weltfremder Träumer: † Ideologe (ideologisch)} {S.; Unrealist; an den realen Gegebenheiten Scheiternder: Don Quichote/ Don Quijote / Don Quixote (Donquichotterie)}
Schwärmerei; Wunderglaube: Mystizismus {schwärmerisch; wirklichkeitsfremd; unerfüllbar: utopisch}
schwärmerisch; begeistert: enthusiastisch {s.; wild; zügellos: orgiastisch (Orgiast)}
schwarz --> grauschwarz
schwarze Flecken aufweisend (Haut): melanoderm (Melasma s)
Schwarze Magie; Zauberei: Nigromantie
Schwarzseherei; Mutlosigkeit; Hoffnungslosigkeit; Resignation (seelisch-geistig): Defaitismus/Defätismus
Schwarzweißmalerei ◇ Helldunkelmalerei: Chiaroscuro/Clairobscur s
Schwarzwurzel (Gemüsepflanze): Skorzonere
Schwätzer: Radoteur (radotieren)/ † Phraseur {S.; Klugscheißer: Räsoneur}
Schwatzhaftigkeit --> Geschwätzigkeit
Schweben, freies --> Schwerkraftaufhebung
schweben; schwimmen; schwanken: flottieren
Schwefel: Sulfur (S)
Schweifklammer: Akkolade
schweige! ◇ es schweigt (Anweisung, daß ein Instrument oder eine Stimme längere Zeit zu pausieren hat): tacet --> weg
Schweigen --> Geheimhaltung
Schweigen, plötzliches, allgemeines ◇ Generalpause (Musik): Vuoto s
Schweigepflicht; solidarisches Schweigen (Mafia): Omertà w
schweigsam ◇ einsilbig (Wörter): monosyllabisch
Schweinerei; Unflätigkeit; Zote: Cochonnerie (Cochon m)
Schweiß: Sudor m
Schweißabsonderung: Diaphorese {S.; Schweißbildung: Hidrose/Hidrosis} {übermäßige S.: Ephidrose/Hyperidrose/Hyper[h]idrosis} {verminderte S.: Hyphidrose} {übelriechende S.: Kakidrose/ Kakidrosis} {S.sstörung (zuviel oder zuwenig): Dyshidrose} {Schwitzen: Sud[or]ation} --> schwitzen
Schweißbläschen: Sudamen s (Sudamina Mz) --> Fieberbläschen --> Schwitzbläschen
schweißhemmendes Mittel: Anthidrotikum
schweißtreibend: diaphoretisch / hidrotisch (Hidrotikum/Sudoriferum)
schweizerisch: helvetisch {Schweizerische Eidgenossenschaft: Confoederatio Helvetica (CH)} {s.es Sprachelement (deutschsprachige Schweiz): Helvetismus}
schwelgen: luxurieren {schwelgerisch; üppig (Gerichte): lukullisch}
Schwellung --> Anschwellung
schwer deutbar --> unklar
schwer verdaulich: dyspeptisch
schwer verkäuflich: inkurant
schwere Geburt: Dystokie
schwerelos; leicht (Musik): con leggierezza
schwerfällig; schleppend; wuchtig; gedrungen (Musik): pesante {s.; zäh und beharrlich (Temperament): ixothym} {Schwerfälliger; Unkultivierter; Denkfauler: † Böotier (böotisch)} --> Dickhäuter
Schwerhörigkeit: Dysakusis {(nervös bedingt): Hypakusis}
Schwerkraftaufhebung; angeblich freies Schweben (spirit.): Levitation
Schwermut: Elegie (Elegiker) {(neurot. Störung): Lypemanie} {S.; Trübsinn: Blues m / Barythymie/Tristesse/Melancholie} {S.; Antriebslosigkeit: Athymie} {S.; Unzufriedenheit; Verdrießlichkeit: Dyskolie}
schwermütig; trübsinnig; eingebildet krank: hypochondrisch
Schwerpunkt (Physik): Baryzentrum
schwerwiegend [nachteilig]; wichtig: gravierend
Schwiegermutter (scherzhaft): Belle mère
Schwiele: Kallus m (kallös) / Tylom (Tylome Mz) {Auftreten von Schwielen: Tylose/Tylosis}
schwierig; problematisch; kritisch: neuralgisch {s.; schwer zu bewältigen: diffizil} {verwickelt; verworren; heikel; verfänglich: † intrikat} {unbildsam; unvervollkommnungsfähig: imperfektibel} --> unklar --> verwickelt
schwierige Lage; unangenehme Situation; Patsche: Bredouille
schwieriges Problem, fast unlösbar: gordischer Knoten
Schwierigkeit ◇ Unannehmlichkeit; Hindernis: † Kontrarietät
Schwierigkeiten überwinden, [mit Geschick]; vorsichtig zu Werke gehen; sich hindurchwinden: lavieren
Schwimmbecken; Tauchbecken (antikes Bad): Baptisterium
schwimmen; schweben; schwanken: flottieren
Schwindelgefühl ◇ ängstliches S. beim Anblick großer Höhen oder Tiefen: Bathophobie {Schwindelanfall; Ohnmachtsanfall: Skotodinie}
schwindeln: alfanzen {Schwindeln; Kniff (insb. Geld,Börse): † Tripotage}
schwinden; schrumpfen (insb. Med.): atrophieren {schwindend; verfallend (körperl. und geist. Kräfte): marantisch/marastisch}
schwindlig: vertiginös {Höhenangst; Höhenschwindel: Hypsiphobie}
Schwindsucht --> Auszehrung --> Rükkenmarksschwindsucht
Schwingung: Oszillation {S.; Beben; Erschütterung: Vibration} {S.; Wellenbewegung (Physik): Undulation}
Schwitzbad: Sudatorium
Schwitzbläschen; Lichtpocken: Hidroa Mz --> Fieberbläschen --> Schweißbläschen

schwitzen; ausdünsten: transpirieren --> Schweißabsonderung
Schwund; Gewichtsverlust (Auslaufen, Eintrocknen; Waren): † Kalo m
Schwung; Begeisterung (bei einer Tätigkeit): Verve w {S.; Lebendigkeit; Dynamik: Drive m} {Schwung[kraft]; Ungestüm: Impetus m} {S.; Feuer; Leidenschaft; Ekstatik; Lebhaftigkeit (Musik): Brio s (con brio / brioso)}
schwungvoll; rednerisch; mitreißend: oratorisch --> mit Schwung
Sechseck: Hexagon/Sexagon s
sechsteilig; sechszählig (z.B. bei Blüten): hexamer
Sechzehnersystem (Math.): Hexadezimalsystem
See ◇ im See vorkommend oder dort sich bildend (Lebewesen,Gesteine): lakustrisch
Seebildnis; [Seeschlachtbild]; Hafenbild; Küstenbild: Marine w
Seefahrtsangst --> Meeresangst
Seeklima: maritimes Klima
Seekrankheit: Nausea w
Seele (Philos.): Anima w {intellektuelle Seite des Seelenlebens: Noopsyche}
Seele und Leib, Wechselwirkung von (Philos.): Influxus physicus m
Seelenwanderung: Metempsychose
seelisch wirksam; auf die Psyche einwirkend: psychotrop
seelische Folter zur Erzwingung von Geständnissen oder zur Änderung von jmds. Haltung: Mentizid s
seelische Störung: Dysphrenie
seelisches Wohlbefinden; Glückseligkeit (Philos.): Eudämonie --> Gleichmut
Seeluftkurkunde; Meerwasserbadkunde: Thalassotherapie
Seemachtsbestreben: Marinismus
Seemann, erfahrener (Schiffsleitung): Nautiker --> Matrose
Seen --> Weltgewässer --> Weltmeer
Seepferdchen: Hippocampus m
Seeräuber[schiff]: Korsar {Seeräuber; Freibeuter: Kaper}
Seerose; Wasserrose: Nymphäa/Nymphäe
Seeschlacht (griech. Antike): Naumachie
Seestern ◇ Stachelhäuter (S.e, Seeigel, Seelilien, Seegurken, Schlangensterne): Enchinodermen
Seetiefenschicht: Hypolimnion
Segelohren --> Nase, zu große
Segelschiff, chinesisches: Dschunke w {Segelkriegsschiff: † Korvette} {Segelbootfahrt (Seemannsspr.): Törn m}
Segen --> Weihe
segnen; lobpreisen: benedeien {s.; weihen: benedizieren}
Sehen, das; Gesichtssinn: Visus m {Normalsichtigkeit: Emmetropie} {kleinster noch empfindbarer Sehreiz: Minimum visibile} {hohe Sehfähigkeit im fast Dunklen: *XL-Sichtigkeit*} --> Sehschwäche
sehenswert; ansehnlich: † spektabel
Seher; Zauberer: Merlin
Sehnenentzündung: Tendinitis {S.; Bänderentzündung: Desmitis} {Sehnenscheidenentzündung: Tendovaginitis} {Sehnenschmerz: Tenalgie}
Sehnerv: Optikus
Sehnsucht ◇ durch etwas nahes Ersehntes, aber doch nicht zu Erreichendes verursachte Qualen: Tantalusqualen
sehnsüchtig (Musik): nostalgico --> schmachtend
sehr; genug; recht; ziemlich (Musik): assai --> sehr; viel
sehr gut; vorzüglich; am besten: † optime {s. g. (zweitbestes Prädikat bei Doktorprüfungen): magna cum laude} --> glänzend --> vortrefflich
sehr langsam (Musik): lento assai / lento di molto / [di] molto adagio / adagio [di] molto
sehr [schädigend] (ugs.): infam
sehr schnell (Musik): très vite / [di] molto allegro / allegro [di] molto
sehr; viel (Musik): tanto --> sehr; genug
Sehschwäche; Erschöpfung der Augen (wegen Augenüberanstrengung): Kopiopie {Schwachsichtigkeit: Amblyopie} --> Tagblindheit
Sehstörung: Parablepsie {Zukleinwahrnehmung von Gegenständen: Mikropsie}
Sehweise; Art der Annäherung (wissenschaftl. Probleme): Approach m
Seidenspinnerei: † Filanda
Seife ◇ äußerlich anzuwendende Reinigungsmittel (Med.): Emundantia Mz
seihen --> Gesiebtes
Seil ◇ Zugelemente wie S. oder Kette o.ä. (Sammelbez.): Track m engl
Seilbahn ◇ Drahtseilbahn: Funikularbahn
Seiltänzer: Aerobat [a-ero-/äro-] {Gleichgewichtskünstler: Äquilibrist/Equilibrist}
Seinslehre (Philos.): Ontologie
seit früher --> früher
Seite (Buch,Blatt): † Pagina w (p./pag.) {S.nüberschrift (Buch): Kolumnentitel} {seitenweise zusammenzählen: † laterieren} {mit S.nzahlen versehen: paginieren}
Seitenangriff; Ablenkung: † Diversion
Seitenherausreißer --> Bücherzerstörer
Seitensprung; Abenteuer: Eskapade
Seitenstechen; seitlicher Rippenfellschmerz: Pleurodynie
seitlich; seitwärts [gelegen]: lateral
Sekretär: † Sekretarius {S.; Schreiber; Gehilfe (eines Gelehrten): † Amanuensis}
Sekt: Mousseux m
Sektenwesen ◇ religiöser Wahnsinn: Theomanie --> Glaubensfanatismus
selbst entstehend: autogen {s.ändig entstanden (Krankheiten): idiopathisch} --> selbsttätig
selbst machen ◇ Mach es selbst!: Do it yourself!
selbst; persönlich: in persona / personaliter
selbst versorgen, sich: sparen; einrichten; schonen: † menagieren --> selbstversorgend
selbständig ◇ für sich bestehend; ein Ganzes ausmachend: integral
Selbständigkeitsangst --> Unabhängigkeit
Selbstaufgabe, intellektuelle --> Verzicht

selbstbeeinflussend: autosuggestiv
Selbstbefriedigung, sexuelle: Ipsation/Ipsismus/Masturbation/Autobie {Lustgewinn ohne Partnerbezug; Narzißmus: Autoerotik w / Autoerotismus} --> Rückenmarkserweichung --> Selbstliebe
Selbstbeobachtung zwecks psychologischer [Selbst]erkenntnis: Introspektion --> Selbsterkenntnis
Selbstbeschleunigungsprozeß ◇ Beschleunigung einer Reaktion durch einen Stoff, der selbst während dieser Reaktion gerade entsteht: Autokatalyse
Selbstbestimmung[srecht], politisches: Autodetermination
selbstbewußtes Mädchen, junges (England,Nordamerika): Flapper m
selbstbezogen (Psychol.): zentrovertiert
Selbstbild ◇ Urteil von sich selbst (Gruppe,Person): Autostereotyp s
Selbstbildnis: Autoporträt s
Selbstdisziplin ◇ [selbstauferlegter] Zwang; Unbequemlichkeit; Unbehagen: † Gene w frz
Selbsterkenntnis (Philos.): Autognosie/Heautognomie --> Selbstbeobachtung
selbstgefällig; anmaßend; anspruchsvoll: prätentiös --> selbstherrlich --> Selbstvergötterung
Selbstgefühl; Ich; Identität (Psychol.): Proprium {Prozeß der Selbstwerdung und der Entwicklung des Bewußtseins der Verschiedenheit von anderen: Individuation/Individuierung}
Selbstgespräch (Literatur): Monolog
selbstherrlich: cäsarisch (Autokrat m)
Selbsthypnose: Autohypnose {Entspannung durch Selbstsuggestion: Couéismus}
Selbstliebe; Eigenliebe: Autophilie {S. (krankh.): Narzißmus (Narziß m)} {vorübergehende S. nach Liebesenttäuschung: sekundärer Narzißmus (Narzißt m)}
Selbstlosigkeit: Altruismus (Altruist) / † Tuismus
selbstmitleidig --> rührselig
Selbstmord: Suizid m,s (Suizidant/Suizident m) {ritueller S. durch Bauchaufschlitzen (Japan): Harakiri/Seppuku s} {S. durch Hungern: Apokarterese} {S.-neigung: Thanatomanie} {Selbstopferer im Interesse der Vernichtung des Gegners (japan. Kampfflieger): Kamikaze m}
selbsttätig; selbstwirkend: autodynamisch {s.; ursprünglich: autogen} --> selbst entstehend
Selbsttäuschung; leichter Selbstbetrug: † Mirage w
Selbstunterricht ◇ durch S. erworben: autodidaktisch (Autodidakt)
Selbstvergötterung: Idiolatrie
selbstversorgend; wirtschaftlich unabhängig: autark --> selbst versorgend
selbstverständlich; von selbst: eo ipso {unbestreitbar; nicht strittig: † indisputabel}
Selbstverstümmelung --> künstliche
Seligpreisung (altgriech.,biblisch): Makarismus (Makarismen Mz)
Seligsprechung: Beatifikation
Seltenes, etwas: Rara avis w
seltsam: † spektakulös {s.; grotesk; eigenartig: barock} {merkwürdig; bemerkenswert: † notabel} {s.er Vorfall; Abenteuer: Aventüre}
Seminar --> Kurs
Sendschreiben; Botschaft: † Missiv s / Missive w
Sendung: † Kommissorium
Senke --> Landsenke
senken; niederlassen: abaissieren
senkrecht; lotrecht: perpendikular/perpendikulär/vertikal {Senkrechte: Vertikale w} {rechtwinklig: orthogonal} {s.e Achse (Koordinatenkreuz): Ordinatenachse} {querlaufend; schräg: transversal}
Senkrechtstarter ◇ senkrecht startendes und landendes Flugzeug mit Ringflügel: Coleopter {S. (insb. Schlagersänger): Shooting-Star}
Sennhütte: Chalet s
Sensationsreporter; [aufdringlicher] Pressefotograf (scherzh. ital. Bez.): Paparazzo --> Journalismus, skrupelloser
Sensibilität ◇ Gefühlsansprechbarkeit eines Menschen: Affektivität
sentimental ◇ rührselig; weinerlich; mit zuviel Gefühl oder Selbstmitleid: larmoyant (Larmoyanz)
Sessel; Stuhl: † Chaise w {Klubsessel; bequemer S.: Lounge-chair m} {bequemer, lederner Polstersessel: † Bergere w frz}
seßhaft; ansässig: † sedentär
Setzer; Schriftsetzer: Typograph {S.; Umbrecher: Metteur}
Setzung --> unbeweisbarer Grundsatz
Seuchenausbreitung: Dissemination --> Epidemie
Sex im Auto: Autosex
Sex mit Kindern --> Kinderfixierung
Sexbesessenheit; krankhaft starkes sexuelles Verlangen: Erotomanie (Erotomane, Erotomanin) --> Erotiküberbetonung --> Geschlechtstrieb --> Liebeswahn --> sexuelles Verlangen
Sexfilm: Sexer m {S.; Porno; erotischer Film: Blue Movie m,s} {sexuelle Wünsche erregen: erotisieren/libidinisieren}
Sextechnik --> Liebeskunst
Sextett: † Sextuor s
Sexualität; geschlechtliche Fortpflanzung mit Ei und Samenzelle: Amphigonie {sexueller Befriedigungstrieb: Detumeszenztrieb} {Sexualverlangen; Begehren (Verhaltensforschung): Appetenz} {gegenseitiges Angeglichensein oder Einheitlichkeit [im Äußeren], so daß sexuelle Unterschiede zwischen den Geschlechtern undeutlich werden: Unisex m} {jmd., der viel über S. spricht, sie doch kaum praktiziert, oder der sexuelle Befriedigung aus dem Reden über S. zieht: Verbalerotiker} --> Berührungstrieb --> Ersatzbefriedigungsneigung --> Geschlechtsumwandlung --> Perversion --> Rollentausch --> Sexbesessenheit
Sexualpartnersuchen: Cruising
Sexualtrieb ◇ übersteigertes Wollustgefühl (Psychol.): Hyperhedonie {S. an-

regendes Mittel: Aphrodisiakum} {S. dämpfendes Mittel: An[t]aphrodisiakum} {neuerlich gesteigerter S. bei alten Männern: Johannistrieb} --> Alter und Sex --> Geschlechtstrieb --> Sexbesessenheit
sexuell --> Keuschheit betreffend
sexuelle Gefühlskälte: Anaphrodisie/Anerosie {(Frauen [insb. bezüglich Geschlechtsverkehr]): Frigidität} {s. Störung bei der Frau (insb. Orgasmusausbleiben): Dyspareunie}
sexuelles Verlangen; Begierde: Kupido w --> Begierde
sezieren; zergliedern (Leiden): anatomieren
siamesischer Zwilling ◇ mit einem Artgenossen zusammengewachsenes Lebewesen: Parabiont
sicher --> Gewißheit --> unbeirrbar
sicher; in Sicherheit: † in salvo {Sicherheit; Ort der Geborgenheit: Port m} {Sicherheit; Sorglosigkeit: Sekurität}
sicher; kräftig; fest (Musik): fermanente {Sicherheit im Auftreten; Nachdruck: Aplomb m frz}
sicher sein; beschlagen sein: firm sein {schlafwandlerisch; nachtwandelnd: somnambul}
Sicherheitsdenken ◇ Haltung, die zwischen zwei Möglichkeiten immer die sicherere wählt (Relig.,Philos.): Tutiorismus --> Abwarten --> Vorsicht
Sicherheitsleine gegen Sturzgefahr (z.B. Turnübungen): Longe w
Sicherung --> befestigen --> Festigung --> Fuge
sichtbar; wahrnehmbar (Krankheiten): apparent {s. und hörbar; zugleich: audiovisuell} {s. werden: sich manifestieren} --> offenbar --> von überall einsehbar
Sieben Freie Künste --> Grundwissen
sieben Jahre (Zeitraum): † Septennium
siebenarmiger Leuchter (Juden): Menora
Siebeneck: Heptagon s
Siechtum; Kränklichkeit: Morbosität --> Kräfteverfall
Siedlung: Kolonie
Sieg, müheloser hoher (Sport): Kantersieg
Siegel: † Cachet/Sigill s {S.kunde: Sphragistik}
Siegesmusik --> Kampf
Siegessymbol ◇ vierspänniger, offener Streit-, Renn- oder Triumpfwagen (röm. Antike): Quadriga
siegreich; erfolgreich: triumphant
sieh da!; da haben wir es!: voilà!
siehe!: † vide! (v.) / videatur! (vid.) {s. da!: ecce!} --> vergleiche!
siehe oben ◇ wie oben; wie vorher (Musik): ut supra (u.s.)
siehe unten ◇ wie unten: † ut infra (u.i.)
Signal ◇ Ereignis etc., welches den Aufbruch zu etwas Neuem ankündigt: Fanal
Signalhorn; Bügelhorn: Clairon s {reichverziertes S. (Mittelalter): Olifant m}
Signatur --> Bildunterschrift --> Künstlerunterschriftzusatz
Silbe, letzte: Ultima w
Silbenverdoppelung oder Wortverdoppelung (z.B. nana): Iteration
Silbenverschmelzung ähnlicher oder gleicher Silben (z.B. Weltverbesserin statt Weltverbessererin): Haplologie
silbenweise: † syllabisch
simulieren ◇ übertreiben von Krankheitserscheinungen: aggravieren/exaggerieren
singend (Musik): cantando {singbar; gesanglich: kantabel} --> ausdrucksvoll --> melodische Schönheit
Singgemeinschaft, kleine: Kantorei --> Volksliedersingen
Singstimme: Voce it
Sinn; Wortlaut; Inhalt; Haltung: Tenor [tenor] {S. oder Inhalt einer Aussage (Logik): Intension}
Sinnbild: Emblem s frz (emblematisch) {sinnbildlich; gleichnishaft: allegorisch}
Sinneseindruck; Empfindung; Wahrnehmung; Gefühlseindruck: Impression lat
Sinnesorgane ◇ Lehre von den S.n: Ästhesie
Sinnestäuschung; Trugbild (Psychol.): Phantasma s {der Wirklichkeit nicht entsprechende Sinnesempfindung (Med.): Dysästhesie} {Luftspiegelung in der Wüste: Fata Morgana w} --> Trugbild
sinnlich; erotisch-anzüglich (insb. weibl. Person): lasziv --> Begierde
sinnlich wahrnehmbare Welt: Mundus sensibilis m
sinnlos; nicht zusammenpassend (Worte,Satzteile, z.B. tragische Sonne): inkompatibel
sinnlose Arbeit, qualvolle, vergebliche: Danaidenarbeit/Sisyphusarbeit
sinnloses Gerede, verworrenes: Galimathias m,s
Sinnspruch; Denkspruch: Sentenz {S.; Ausspruch; Zitat: Apophthegma} {S.; Lehrspruch; Denkspruch (in Versform oder Prosa): Gnome w} --> Spruch
sinnvolles Wort; menschliche Rede (Philos.): Logos m
Sippschaft; Kaste; Klüngel: Koterie --> Familie
Sitten; Anstand: Mores Mz --> Brauch --> Gesetz
sittenrichterlich: † zensorisch --> christliches Hotel
sittenwidrige Absprache; geheime, betrügerische Verabredung: Kollusion (kolludieren)
sittlich richtiges Handeln: Eupraxie --> moralische
sittlich verfallend: morbid --> Entartung
Sittlichkeit, spießige; heuchlerische moralische Entrüstung: Moralin s (moralin[sauer])
Sittlichkeitsgöttinnen und Jahreszeitengöttinnen (griech. Antike): Horen
sittsam; bescheiden: † modest
Situationsangst: Kairophobie {S.; Platzangst; Bestreben zur Vermeidung bestimmter Orte (krankhaft): Topophobie}

sitzenbleiben in der Schule (verhüllend): repetieren (Repetent)
Sitzmöbel, gepolsterte (Gruppe): Klubgarnitur
Sitzung ◇ Tagung unter Ausschluß der Öffentlichkeit: Klausurtagung --> Einberufung
Skala ◇ Gradkreis; Teilkreis (Winkelmeßgeräte): Limbus m {S.; Tonleiter: Gamme w}
skandalös ◇ sittlich entrüstend; unmoralisch (z.B. Krieg[sverbrechen]): obszön
Skandalsammlung; Klatschgeschichten (Milieu,Epoche): Chronique scandaleuse
Skeptiker: Zetetiker/Aporetiker
Skizze; Entwurf; Modell: Maquette w {S.; erster schriftlicher Entwurf: Brouillon s} --> Geländezeichnung
Sklave; Leibwächter (orientalische Herrscher): Mameluck {Staatssklave im alten Sparta: Helot[e]} {Galeerensklave: Galeot}
Sklaverei: † Servitium {S.abschaffungsbewegung (England,Nordamerika): Abolitionismus}
Skulptur; geschnittener Stein: Glyphe/Glypte w --> Steinschneidekunst
Slang; Jargon; Gruppensprache: Argot s,m frz
Slapstick-Film: Groteskfilm
Slip: Cache-sex s {nur die Geschlechtsteile bedeckender Stoffstreifen mit einer Schnur um die Hüfte (insb. Stripteasetänzerinnen): G-String w,m}
Slum; Elendsviertel (Südamerika): Favela w
Snob; feiner Mann; Geck (iron.): Gent engl {S.gesellschaft: High-Snobiety} --> Stutzer
so ist es nun einmal!; da kann man nichts machen! (z.B. im Krieg): c'est la guerre! {so ist das [Leben] nun einmal!: c'est la vie!}
so ◇ nach Art und Weise: ad modum {eben dadurch: eo ipso}
Sockel; Fußplatte (Säulen,Statuen): Plinthe w / Postament
Sodbrennen: Pyrosis {magensäurebindendes Mittel: Antazidum} --> Magensäureüberschuß
Sofa, kleines: Causeuse {S. mit Rükken- und Seitenlehne: Kanapee s} --> Liege
sofort; schnell: a tempo {s. sich auswirkend; unverzüglich einsetzend; augenblicklich: instantan} {s.; keinen Verzug duldend: stante pede} {s.; augenblicklich; ohne Aufschub (bezüglich etwas, was ausgeführt oder geschehen soll oder wird): hic et nunc} --> Einleitung
sogenannt: † soi-disant
Sohn: Filius {russischer Kronprinz: Zarewitsch/Zessarewitsch} {nur männliche Nachkommen habend (Med.): arrhenotokisch}
Soldat ◇ Rekrut: † Tiro/Kantonist {griechischer, schwerbewaffneter Fußsoldat (Antike): Hoplit}
solidarisches Schweigen; Schweigepflicht (Mafia): Omertà w
Sommerfrische; Landaufenthalt: † Villeggiatur it
Sommersprossen: Epheliden
sonderbar; schwierig (Umgang): spinös --> nicht umgänglich
Sondergesetz: Lex specialis w {S., welches N.N. zur Wahrung bestimmter Interessen kurzerhand erläßt: Lex N.N. w}
Sonderrecht; Vorbehalt: Reservat s / Reservation
Sonne meidend (Pflanzen,Tiere): heliophob/photophob
Sonne ◇ zur S. gehörend: heli[aki]sch
sonnen, sich: † insolieren
Sonnenblume: Helianthus m
Sonnenbrille --> Brille
Sonneneinstrahlung auf die Erde: Insolation
Sonnenfinsternis oder Mondfinsternis: Eklipse
Sonnenheilbehandlung: Heliotherapie
Sonnenlichtmangel ◇ auf S. zurückzuführende Gesundheits- oder Leistungsstörung: Anheliose
sonnenliebend (Pflanzen,Tiere): heliophil / photophil
Sonnenschirm: † Parasol m,s {großer S.: En-tout-cas m}
Sonnenschutz außen am Fenster: Brisesoleil m
Sonnenstich: Heliosis/Insolation
Sonnenuhrstab: Gnomon m
Sonnenwende: Solstitium/Solstiz s
Sonntag: Dominica w
Sorgfalt; Genauigkeit; Ordnungsliebe: Akkuratesse {S.; höchste Genauigkeit: Akribie} {S.; Fleiß: † Diligenz}
sorgfältig erwägen --> prüfend untersuchen
sorglos; nachlässig; unachtsam: negligeant (Negligenz)
sorgloser Genießer: Phäake
Sorglosigkeit; Sicherheit: Sekurität
Sortiment --> Auswahl
SOS: † Come quick, danger! (CQD) {(internat. Funksprechverkehr): Mayday!}
Soße zum Eintunken von Happen, kalte: Dip m
Souterrain; Tiefparterre: Basement engl
sozial engagierter Journalist oder Literat, Mißstände aufdeckender (insb. USA Anfang zwanzigstes Jahrhundert): Muckraker
soziale Einordnung, mangelnde (verbunden mit Einsamkeit etc.): Anomie
soziale Ungleichbehandlung ◇ was dem [sozial] Hochstehenden erlaubt ist, wird beim [sozial] Niedrigen beanstandet: quod licet Iovi, non licet bovi
Sozialist, die sofortige revolutionäre Machtübernahme fordernder: Maximalist
Sozialstrukturlehre (betreffs Bevölkerungsdichte, Altersaufbau, Berufsstruktur u.ä.): Morphologie
sozusagen; gewissermaßen; gleichsam: quasi
Spalt; Riß: † Szissur {S.; R.; Furche (Haut,Knochen): Fissur} {S.; Öffnung (Muskeln,Knochen): Hiat[us] m}
Spaltbarkeit: Fissilität (fissil)
Spalte mit Zahlen oder Zeichen (Tabelle):

Kolonne {Druckspalte: Kolumne/Kolonne}
Spaltung: † Szission {S.; Auflösung in Teile: Desintegration/Desintegrierung} --> trennend --> Zerteilung
Spaltzunge: Glossoschisis [-s-chi-]
Spange; Nadel (bei frühgeschichtlichem Textil): Fibel/Fibula w
Spaniertum ◇ das Bewußtsein aller spanisch sprechenden Völker ihrer gemeinsamen Kultur: Hispanität/Hispanidad
spanische Wand; Ofenschirm: Paravent m,s
spanisches Sprachelement in einer anderen Sprache: Hispanismus
Spanne; Spielraum; Abstand: Marge w frz
Spanner; [heimlicher] Zuschauer bei sexuellen Handlungen: Voyeur
Spannmuskel: Tensor
Spannung ◇ spannungsgeladene Atmosphäre [wie im Western]: High-noon m
Spareinlage ◇ nutzlos gehortetes Geld: Juliusturm
sparen; sich schonen; selbst versorgen; einrichten: † menagieren {sparsame Wirtschaft; Haushalt: † Menage}
Spargel: Asparagus m
Sparpolitik, energische; wirtschaftliche Einschränkung: Austerity
Spaß machen; Possen reißen; närrisch sein: alfanzen (Alfanzerei)
Spaß ◇ Possenreißerei: Firlefanzerei {S.haftigkeit; Schelmerei: Bouffonnerie} {Spottreden; drollige Einfälle: Fazetien} {spaßig; scherzhaft: † jokos} {possenhaft: burlesk}
Spaßmacher ◇ Possenreißer: † Farceur {Possenreißer im ital. Theater: Bajazzo} --> Hanswurst
später; nachträglich: a posteriori
spazierengehen; lustwandeln: † ambulieren {Müßiggänger: Flaneur}
Spazierhut für Damen, kleiner, praktisch-sportlicher: † Trotteur
Spazierweg, überdachter: Hypodrom s
Speck, durchwachsener, leicht gesalzener, angeräucherter: Bacon m engl
Speiche; Daumenseitenunterarmknochen: Radius
Speichelvermischung von Speise [beim Kauen]: Insalivation {abnorme Speichelflußvermehrung: Ptyalismus/Salivation} {übermäßige Drüsenabsonderung: Hyperkrinie/Hypersekretion}
Speicherung --> Ansammlung
Speicherungsvermögen; Fassungsvermögen: Kapazität
Speise --> Brechmittel --> Lebensmittel --> mäßig; einfach
Speiseeis, mehrfarbiges: † Panaschee/Panaché s
Speisekammer: † Gardemanger m {S. oder Anrichte (Schiffe,Flugzeuge): Pantry w}
Speisekarte: † Menü s
speisen, [festlich]: dinieren {festlich tafeln: † bankettieren}
Speiseröhre: Ösophagus {S.nkrampf: Ösophagismus/Ösophagospasmus}
Speiseschrank; Kleiderschrank etc. (Antike): Armarium
Speisewagen (England): Diningcar m
Speisezimmer (England): Dining-room
Spektralzerlegung von weißem Licht: Dispersion
Spekulationsverträge: aleatorische Verträge {Spekulationsgeschäft (Börse): Agiotage (Agioteur m)}
spendabel; freigebig; ehrenhaft: honorig {Spendabilität; Freigebigkeit: † Munifizenz} {Weitherzigkeit; Freigebigkeit: Largesse frz}
Spende; kleiner Geldbeitrag: Obolus m
spendieren; bewirten; zahlen: † ponieren
Sperrfrist; Wartezeit (insb. Krankenversicherung): Karenz[zeit]
Sperrung; Abdämmung: † Barrage w
spezieller Begriff --> untergeordnet
Spezielles ◇ vom Speziellen zum Allgemeinen (Denkvorgang): Epagoge w
spezifisches Gewicht ◇ ein höheres s. G. aufweisend als eine andere Flüssigkeit (Flüssigkeiten): hyperbar
Sphärenmusik; himmlische Musik: Musica mundana / Musica celestis
Spiegeleier mit gebratenem Schinken (engl. Bez.): Ham and eggs
Spiegelung ◇ Lehre von der Lichtreflexion: † Katoptrik
Spiel; Kartenspiel: Jeu s
Spielbrett: † Zabel s {antikes Rechen- oder Spielbrett: Abakus m}
Spielender ◇ der Mensch als spielendes Wesen: Homo ludens
spielerisch; zart; gefällig; gleitend; schmeichelnd (Musik): lusingando --> anmutig
Spielleiter (Veranstaltungen) --> Organisator
Spielmann; fahrender Musikant (altfranzös.): Menestrel {(USA achtzehntes/neunzehntes Jahrhundert): Minstrel} --> umherziehend
Spielmannszugleiter; Leiter eines [uniformierten] Spielmannszuges: Tambourmajor
Spielmarke: Fiche w {S.n: † Dantes/Tantes Mz} {S.; Spielmünze: Jeton m}
Spielraum; Weite: † Latitüde {S.; Abstand; Spanne: Marge w frz}
Spielschulden --> Ehrenschulden
Spielstand; Spielergebnis: Score m
Spielunterbrechung --> Auszeit
Spielverlust, totaler: Matsch m
Spießbraten ◇ Gartenfest mit großem S. (Amerika): Barbecue s
spießbürgerliche Sittlichkeit; heuchlerische Entrüstung: Moralin s (moralin[sauer])
Spinne ◇ S.ntier: Arachn[o]ide m (Arachnologie)
Spirale ◇ in die Gebärmutter eingelegtes Pessar: Intrauterinpessar [-a-u-]
spitz ◇ zugespitzt; keilförmig: kuneiform [-e-i-] {scharf zugespitzt: akuminös} {s.bogig: ogival frz}
Spitze ◇ an der S. gelegen (Pflanzen): apikal
Spitzel ◇ Denunziant; gewerbsmäßiger Verleumder: † Sykophant --> Lockspitzel
Spitzen, [geklöppelte]: Dentelles --> Blumenmuster

Spitzenmann --> Hervorragender
spitzfindig Argumentierender; beredt einen Sachverhalt in der von ihm gewünschten [falschen] Weise darstellen Könnender: Rabulist/Jesuit {Haarspalter; Wortverdreher: Kasuist} --> Nörgler
Spitzfindigkeit, übertriebene (abw.): Scholastizismus {S.; scheinbare Weisheit: Sophistik}
Spitzkopf; Hochkopf: Akrozephale/Akrokephale {Turmschädel; Ausbildung einer abnorm hohen Schädelform: Turrizephalie}
spontanes Gedankensammeln mehrerer Personen zur Findung der besten Problemlösung: Brainstorming
Sportbeutel; Wanderbeutel (über die Schulter zu hängen): Matchbeutel/Matchsack
Sportdelegationsleiter: Chef de mission
Sportlehrer; Trainer; Betreuer: Coach
Sportler, junger, noch nicht zu Mannschaftskämpfen eingesetzter: Youngster --> Außenseiter
Sportorganisator (Veranstaltungen) --> Organisator
Sportwagen; offener Zweisitzer: Roadster
Sportwissenschaft; Lehre der Leibeserziehung und Bewegungstherapie: Gymnologie
spotten; scherzen: † raillieren (Raillerie) --> verachtet sei wer Böses dabei denkt
spöttisch: mokant {s.; sarkastisch: kaustisch} {beißend s.; satirisch: juvenalisch} {beißend s.; geistvoll; witzig: aristophanisch} {sich s. äußern; sich lustig machen oder abfällig äußern: sich mokieren}
Spottlieder ◇ Festlieder mit derbem Spott (Italiker): Feszenninen
Spottlust: † Mokerie
Spottreden; drollige Einfälle: Fazetien {Spottschrift; Schmähschrift: Pasquill s/ Pasquinade (Pasquillant)} {literarisch-satirisches Spottgedicht: Dunciade}
Sprache --> einsprachig --> zweisprachig
Sprache als Ausdrucksweise mit bestimmter Funktion: Funktiolekt {S. als grammatisches und lexikalisches System (Saussure): Langue w} {die gesellschaftsschichtspezifischen Unterschiede betreffend (Sprache): diastrat[isch]} {sinnvolles Wort; menschliche Rede (Philos.): Logos m}
Spracheigenheit; kennzeichnend-eigentümlicher Ausdruck der Sprechweise einer sozialen Gruppe: Idiotismus --> Jargon --> Sprachverhalten
Sprachengewirr, Ort mit: Babylon/Babel s
Sprachentalent ◇ jmd., der viele Sprachen beherrscht: Polyglotte w/m
Sprachfähigkeit ◇ Sprachlernfähigkeit; Sprachanwendekönnen; schlechthin Redetätigkeit (Saussure): Langage {Fähigkeit, [neue] Redesituationen zu bewältigen: kommunikative Kompetenz}
Sprachfehler ◇ Sprachhemmung durch Intelligenzstörung: Dysphrasie {Verlust des Sprachvermögens und -verständnisses aufgrund von Erkrankung des Sprachzentrums: Aphasie/Aphemie} {Unvermögen der [grammatisch] richtigen Satzbildung: Aphrasie/Dysgrammatismus/ Agrammatismus} {falscher Wortgebrauch oder Gegenstandsfehlbezeichnung oder Vorbeireden an einer Sache [aus Konzentrationsmangel]: Paralogie} --> Aussprachefehler --> Sprachfehler --> Sprechstörung
Sprachheilkunde: Logopädie
Sprachneuschöpfung; Wortneubildung: Neologismus {Sprachneuerer; Wortschöpfer: Neologe}
Sprachstil ◇ Einflechtung von unerwarteten und auffälligen Worten oder Redewendungen statt der bekannten: Aprosdokese {statt bekannter eingeflochtene unerwartete und auffällige Redewendungen oder Wörter: Aprosdoketa Mz (Aprosdoketon s)}
Sprachstörung: Lalopathie {S. durch Veränderung im Gehirn: Logopathie} {S. mit Lautverwechslung und -entstellung: Paralalie} {S. mit Verstümmelungen oder Versprechern oder Vertauschen von Wörtern oder Lauten (Med.): Paraph[r]asie/Heterophemie} {langsame, verwaschene Sprache: Bulbärsprache} --> langsames Sprechen --> Sprachfehler --> Sprechstörung --> Wiederholung
Sprachverhalten und Wortschatz sowie Ausdrucksweise einer einzelnen Person: Idiolekt m --> Spracheigenheit
Sprachwissenschaft: Linguistik
Sprechangst (z.B. beim Stottern): Lalophobie
sprechen --> miteinander reden
Sprecher; Vortragskünstler (insb. Kabarett): Diseur
Sprechfehler --> Aussprachefehler --> --> Satzbau --> Zungenkrampf
Sprechfehler ◇ das Sichversprechen: Lapsus linguae m
Sprechfunk: Telefonie
Sprechgesang: Parlando s {(Liturgie): Accentus m}
Sprechkunde; Sprechlehre: Laletik
Sprechstörung; Sprecherschwerung: Dysphasie {Sprechunfähigkeit; Unfähigkeit, artikulierte Laute zu bilden: Alalie} --> Sprachfehler
Sprechstunde (Arzt): Ordination
Spreizen (Finger, Zehen): Abduktion
Sprengkraft: Brisanz (brisant)
sprenkeln; mischen: melieren
Sprichwort: Proverb[ium] {S.; Denkspruch (griech. Antike): Parömie} {sprichwörtlich: proverbialisch/proverbiell}
Springkraut; Balsamine: Impatiens w
Sprit --> Brennstoffe --> Erdöl --> Treibstoffmangel
Spritzennadel: Kanüle {(für Drogeninjektion; Jargon): Gun w,s,m {Spritze in den Gesäßmuskel: interglutäale Injektion} {Spritze in den Muskel: intramuskuläre Injektion} {Spritze in die Vene: intravenöse Injektion} --> Injektion
Spritzer; kleinste Menge (Cocktails): Dash m

Spritzgerät zum Farbenzerstäuben (mittels Druckluft): Aerograph [a-ero-/äro-]
Spruch ◇ Ausspruch: Diktum s {Sprüchesammlung; Zitatensammlung berühmter Leute: † Ana w} --> Anekdotensammlung --> Sinnspruch
sprunghaft; unbeständig; ohne Ausdauer: † desultorisch --> stimmungsschwankend --> Wechselhaftigkeit
Sprungschanze oder Sprunghügel (Ski): Bakken m
Spule ◇ Garnspule in der [Baum]wollspinnerei oder auch Förderseilschmalspule im Bergwerk: Bobine w
Spülen; Abwaschen (Meßkelch etc.): Ablution
Spur; Fährte (Tiere): Allüre {Fußspur; Fußabdruck: Ichnogramm} {die Fährte wechseln: changieren}
Staat und Kirche --> Trennung von
Staatenblock; Machtblock: Monolith m
Staatenbund; städtischer Bundesstaat (griech. Antike): Koinon s
Staatenloser; Vaterlandsloser: Apatride w/m
staatliche Wirtschaftslenkung ◇ [unsystematisches] Eingreifen des Staates in die Privatwirtschaft: Interventionismus
Staatsangehörigkeit: † Indigenat/Inkolat s
Staatsarchiv: Ärar s
Staatsdienstprüfung (antik. Griechenland): Dokimasie
Staatsgebietunverletzlichkeit (Jur.): Integrität
Staatsgewalt, Rechtmäßigkeit einer: Legitimität {allmächtiger Staat (Hobbes): Leviathan m} {Staatsorientierung; ausschließlich auf das Staatsinteresse gerichtete Denkweise: Etatismus}
Staatskasse; Staat als Eigentümer des Staatsvermögens: Fiskus {S. (England): Exchequeur s engl}
Staatsrat; Ministerrat; Ratsversammlung; Beratung: † Konseil m
Staatsstreich; Putsch: Coup d'Etat --> Verschwörung --> widerrechtliche
Staatsvermögen; Staatsschatz: Ärar s / Domäne
Staatsvertrag: † Traité m / Traktat m,s
Staatswirtschaftslehre; Staatswissenschaft; Volkswirtschaftslehre: Kameralien {Lehre von der ertragreichsten Gestaltung der Kameralien: Kameralismus}
stabförmig (Biol.): rhabdoidisch
stabil --> schwankungsunempfindlich --> unbeeinflußbar
Stabreim; gleicher Anlaut: Alliteration {Redefigur mit aufeinanderfolgenden Wörtern ähnlichen Anfangs (z.B. rote Rosen reichen...): Homöarkton s}
Städtepartnerschaft zwischen Städten verschiedener Länder: Jumelage
Städtezusammenballung; aus mehreren Städten gebildete Riesenstadt: Megalopolis/Megalopole w
städtisch: munizipal {s.; in der Stadt üblich; für die Stadt charakteristisch: urban}
Stadtobrigkeit: † Munizipalität --> Dorfoberschicht
Stadtstreicher (insb. Frankreich): Clochard
Stadtverwaltung: Magistrat m / † Munizipium
Stahlbetonbauweise: Monierbauweise
Stammbaum (Tier- und Pflanzenzucht): Pedigree m engl
Stammeln: Dyslalie/Psellismus {S.; Stottern; mühsames Sprechen: Dysarthrie}
Stammesbewußtsein; Stammeswesen (insb. Afrika): Tribalismus
Stammesgeschichte des Menschen: Anthropogenese/Anthropogenie {mit der Fossilgeschichte des Menschen sich beschäftigende Wissenschaft: Palä[o]anthropologie} --> Evolution
stammesgeschichtlich; altertümlich: anzestral
Stammgast; ständiger Besucher: Habitué/ † Frequentant
Stammkapital (AG,GmbH): Nominalkapital
Stammwort; Wurzelwort: Etymon s
Ständchen: Serenade
Standesbewußtsein; Korpsgeist: Esprit de corps m
Standfestigkeit ◇ Beharrungsvermögen (Philos.): Vis inertiae w {unbekehrbar; unwandelbar: † inkonvertibel}
ständig; fortwährend: † perpetuell/perpertuierlich {s.; gewohnheitsmäßig: habituell} {s.; ununterbrochen: en suite}
ständig wechselnd (Bilder,Eindrücke): kaleidoskopisch
ständig wiederholt --> beharrlich
ständiger Vertreter in einem anderen Staat (zur Wahrnehmung wirtschaftlicher und handelspolitischer Interessen): Konsul
ständiges Reden --> Geschwätzigkeit
Standort im Gefüge ◇ Lage eines Organs in Beziehung zum Gesamtkörper: Holotopie
standrechtliche Erschießung von Soldaten, [massenweise]: Füsillade
Star, weiblicher --> Filmstar
stark; dick (Med.): crassus
stark, extrem (Mensch): herkulisch
stark; kräftig; laut (Musik): forte {(Steigerung): fortissimo} --> energisch
Stärke --> Lebenskraft
Stärke; Gewalt; Zwang: † Force w frz
Stärke, pflanzliche: Amylum
stärkend; kräftigend (Med.): tonisch (tonisieren) {s.; anregend; belebend (Med.): analeptisch} {s.; gegen Schwächezustände wirksam: antasthenisch} {Stärkungsmittel (Med.): Roborans s (roborierend)} --> anregend
starr; steif; fest (insb. Med.): rigid[e] {s.; schlaff; regungslos (Med.,Zool.): torpid (Torpor m / Torpidität)}
starr ◇ unveränderlich: anallaktisch {unbiegsam; unelastisch: inflexibel} --> stur --> Unduldsamkeit
starrer Gesichtsausdruck; fehlendes Mienenspiel (Med.): Amimie
Starrheit; Unbeweglichkeit als Geisteshaltung: Immobilismus {starrköpfig; eigensinnig: entetiert frz} {starrsin-

nig; widerspenstig; unbelehrbar: obstinat} {unbekehrbar; unwandelbar: † inkonvertibel}
Starrkrampf (Muskeln): Katalepsie
Start (Raketen,Flugzeuge): Take-off s
Startbahn; Landebahn: Runway w
Statist; Nebenrolle Spielender: Komparse {S.; stumme [Neben]rolle: † Figurant}
Statistiker: Actuary
statistische Abhängigkeit zweier Größen, Maß für die: Kovarianz {s.r Zusammenhang: Korrelation}
Statthalter: Generalgouverneur --> Verwalter
stattliche Dame, große [blonde] (scherzhaft): Walküre
Statut; Gesetz; Reglement: † Ustaw m
Staubblatt (Blüte): Stamen s (Stamina Mz)
Staubkrankheit: Koniose
Staublunge (Kohle): Anthrakose
Staunen ◇ Hervortreten des Augapfels aus der Augenhöhle (Med.): Exophthalmus {das Sich-nicht-Wundern; Verwunderungslosigkeit (Seelenruhebedingung; Philos.): Athaumasie}
Stauung; Stockung (Med.): Stase/Stasis
stechende Augen --> böser Blick
Stecknadel: Pin m
Steckschlüsselschloß: Bramahschloß
Stegreifrede; Stegreifspiel: Extempore s {aus dem Stegreif: ex tempore}
Stehenbleiben --> Treibstoffmangel
Stehltrieb ohne Bereicherungsabsicht (abnorm): Kleptomanie
Stehunfähigkeit (z.B. bei Hysterie): Astasie
steif; gemessen: zeremoniös {s.; umständlich: zeremoniell}
steigern; vorantreiben; beschleunigen: forcieren {bis zum Äußersten s.: maximieren/maximalisieren} {steigernd (sprachlich): komparativ}
Steigerung, stufige; Abstufung: Gradation {S. des Ausdrucks; Übergang vom weniger Wichtigen zum Wichtigeren: Klimax w}
Steilküsten (insb. Normandie): Falaises/Falaisen
Stein --> Fruchtkern
Stein (lat. Bez.): Lapis m {Stein im Schuh: *Kaligulapill* m}
Steinkohle --> Torf
Steinleiden; Steinbildung (innere Organe): Lithiasis {steinbildend (Med.): lithogen} --> Nierenstein
Steinschneidekunst: Lithoglyptik/Lithoglyphik {S.; Metallschneidekunst: Glyptik/Gemmoglyptik/ † Glyphik} {Skulptur der S. oder Metallschneidekunst: Glypte/Glyphe w} --> Gesteinsverarbeitung
Stelle; Platz; Ort: † Lokus m (Lozi Mz)
Stelle ◇ Ziffer hinter dem Komma: Dezimale w
Stellung; Dienst (Angestellte): † Kondition {angestellt sein: † konditionieren}
Stellungnahme --> politische Stellungnahme
Stellvertreter: Vize m {S.; Ersatzmann; Untervertreter: Substitut m}
Stempelschneider: Medailleur
Steno; Kurzschrift: † Brachygraphie
Sterbehilfe; Sterbeerleichterung (Schmerzlinderung, gezieltes Herbeiführen des Todes): Euthanasie {interdiziplinäres Forschungsgebiet, auf dem man sich mit den Problemen des Sterbens und des Todes befaßt (z.B. Untersuchung der Probleme des klinischen Todes und der Sterbehilfe): Thanatologie}
sterbend; todgeweiht (Med.): moribund {in den letzten Zügen [liegend]: in extremis} --> ersterbend --> hinsterbend
Sterbender --> Gesichtsausdruck
Sterblichkeit der Seele, Lehre von der: Thanatismus
Sterblichkeitsrate; Todesfallzahl im Verhältnis zur Gesamtpersonenzahl: Mortalität} {Sterblichkeit; Verhältnis Todesfälle - Erkrankte (Med.): Letalität} --> Todesstatistik
stereo ◇ zweikanalig (Tontechnik): bi[n]aural {klanglich unvorteilhaftes Sichvermischen beider Lautsprechersignale bei Stereo: Crosstalk m}
steriles Gehäuse für die zeitweilige Unterbringung von Patienten mit gestörtem Immunsystem: Life-island s
Sterilisierung ◇ Samenleiterdurchtrennung: Vasotomie {Samenleiterteilentfernung: Vasektomie}
Stern...; auf die Sterne bezogen: siderisch/sideral/astral {Fixsterne betreffend: stellar} {sternähnlich: asterisch} --> aufgehendes
Sternchen (*): Asteriskus {drei Sternchen anstelle des Verfassernamens: Asteronym s}
Sternenhimmel ◇ Kenntnis vom S., wie er dem bloßem Auge erscheint: Astrognosie
Sternfunkeln: Szintillation
Sternkatalog: Uranometrie
Sternkunde; Himmelskunde (exakte Wissenschaft): Astronomie
Sternschnuppe: Meteor m,s {sehr helle Feuerkugel: Bolid[e] m}
Sternverehrung: Astrolatrie
Sternwahrsagerei: Astromantie
Sternwarte: Observatorium
Stetigkeit; Beharrlichkeit; Unveränderlichkeit: Konstanz {S.; Lückenlosigkeit; Fortdauer: Kontinuität} --> lückenloser
Steuer; Lenkrad: Volant m frz
Steuer ◇ Warensteuer: † Impost m {Theorie, nach der Steuern gewissermaßen Versicherungsprämien für den vom Staat gewährten Schutz darstellen: Assekuranzprinzip}
Steuererklärung: † Fassion (fatieren)
Steuerhinterziehung ◇ Vergehen, welches besonders in gehobenen Gesellschaftsschichten häufig vorkommt (z.B. Bestechung oder S. oder ähnliches): White-collar-crime s
steuerpflichtig; zinspflichtig: † tributär
Steuerstreifen (Tabakwaren etc.): Banderole
Steuerzahler; Steuerpflichtiger: † Kontribuent {Steuern zahlen: † kontribuieren}

Stewardeß: Airhostess
Stichwort (Wörterbuch,Lexikon): Lemma s (Lemmata Mz) {lexikalische Einheit; Bedeutungseinheit; Wortschatzeinheit (Wörterbuch): Lexem s}
Stickerei: + Broderie (brodieren) {Stickmuster; Wirkmuster: Model/Modul m lat} {Stickrahmen: Tamburin s} {Stickrahmen; Sticktrommel: Tambur m}
Stiefmütterchen: Viola tricolor
Stielaugen --> Ochsenauge
Stier (span. Bez.): Toro m {S.kampf: Tauromachie} {S.kampf (span. Bez.): Corrida [de toros] w} {spanischer S.kämpfer: Espada m} {[berittener] S.kämpfer (span. Bez.): Toreador} {nicht berittener S.kämpfer: Torero} {rotes S.kämpfertuch: Muleta w}
Stift --> Studentenwohnheim
Stift ◇ antikes Schreibgerät aus Schilfrohr: Calamus m
stiften: + instituieren (Instituierung)
Stifter; Geber (insb. eines Buches): + Donator
Stiftung ◇ durch eine S. Begünstigter: Destinatar/Destinatär
Stiftung, [kirchliche]: Fundation
Stil; Ausdrucksweise (schriftlich,mündlich): Diktion
Stil; eigentümliche Atmosphäre: Kolorit s
Stilblüte ◇ Satzbauunebenmäßigkeit (Stil): Inkonzinnität
stilistisch vollkommen; mustergültig (insb. Redekunst): ciceronianisch
stillen; Milch absondern: laktieren (Laktation) --> Milchunterproduktion
Stilloser --> Kunstunverständnis
stillschweigend voraussetzen: präsupponieren (Präsupposition)
Stimmbandentzündung: Chorditis
Stimmbruch (Pubertät): Mutation {Über- oder Umschlagen der Stimme (Erregung, Pubertät): Paraphonie} {sich im S. befinden: mutieren}
Stimme --> dünne Stimme --> Gesangsstimme --> Stimmlosigkeit --> Stimmorgan --> stimmschwach
stimmen; abstimmen: votieren
stimmhaft (Sprache): sonor
stimmig; übereinstimmend: konkordant --> widerspruchsfrei
Stimmlosigkeit; Flüsterstimme (krankhaft): Aphonie {Stimmversagen; Stimmschwäche (bei gewohnheitsmäßiger Überanstrengung): Mogiphonie}
Stimmorgan im Kehlkopf: Glottis w
stimmschwach; feinstimmig: mikrophonisch
Stimmstörung (Heiserkeit etc.): Dysphonie
Stimmung --> Eigentümlichkeit
Stimmungsaufheller ◇ Hochstimmung erzeugendes Rauschmittel: Euphorikum
Stimmungshoch, ungewöhnliches; erhöhte Betriebsamkeit (Psychol.): Hyperthymie --> Hochstimmung
stimmungsschwankend; abwechselnd heiter und schwermütig (krankhaft): manisch-depressiv {regelmäßig extrem s. (Med.): zykloid} {extravertiert-gesellig s.: zyklothym (Zyklothyme w/m)} --> Launenhaftigkeit --> sprunghaft --> Wechselhaftigkeit
stimmungsvoll; gefühlvoll: lyrisch {allzu arg s.e oder gefühlvolle Darbietung (Dichtung,Musik): Lyrismus} --> rührseliges Stück
Stimmungswerte; Gefühlswerte; Unwägbarkeiten: Imponderabilien (+ imponderabel)
stinkend ◇ nicht atembar; zum Einatmen ungeeignet (Med.): irrespirabel
stinkend; verpestend: mefitisch/mephitisch {s.; übelriechend (Med.): fötid}
Stirnband: + Bandeau s
Stirnfleck (hinduist. Sektenzeichen): Tschitraka s
stockendes Sprechen --> lahme Sprache
Stockung; Stauung (Med.): Stase/Stasis
Stoff; Gegenstand (Dichtung): Sujet s
stofflich; sich auf einen Stoff beziehend; als Material gegeben: material {s.; materiell; körperlich (Philos.): hylisch}
Stoffmusterung --> Muster
Stoffwechsel: Metabolismus
Stoffzustand (fest,flüssig,gasförmig): Aggregatzustand
stolz; wild; heftig (Musik): fiero
stopfendes Mittel gegen Durchfall: Styptikum
stoppen --> Zeit messen
stören ◇ jmdm. in die Quere kommen; hintertreiben: konterkarieren {s.; jmdn. verlegen machen: genieren}
störend ◇ unangemessen; nicht gefällig: + inkonzinn {unausstehlich; unerträglich: + intolerabel} --> lästig
Störenfried ◇ Unwillkommener; Unliebsamer: + Urian
Störung im Ansatz ◇ Störung des gegnerischen Angriffs bereits im gegnerischen Verteidigungsraum (Eishockey): Forechecking
Störung; Unterbrechung: Interruption {leichte S. (Kernkraftwerke): Transiente} {S.; Verletzung (Körperglied,Organfunktion): Läsion}
Störung; Verwirrung: Perturbation {S.; V.; Beunruhigung: + Turbation (turbieren)} {S.; V.; Zerrüttung: Derangement} {Eingriff; Übergriff: Inkursion} {Überlagerung; Überschneidungserscheinung: Interferenz (interferieren)} --> Sand im Getriebe
Stoß; Schlag: Pulsion {stoßförmige Erschütterung (Med.): Iktus m}
Stottern, seelisch bedingtes: Psychoglossie {doppeltes Aussprechen von Lauten, insb. beim S. (fehlerhaft): Dittologie} {Angst vorm Sprechen: Lalophobie}
Strafanstalt --> Gefängnis
Strafbarkeit ◇ keine S. ohne Gesetz (bezüglich der Illegalität der Tat zum Tatzeitpunkt): nulla poena sine lege / nullum crimen sine lege
Strafe; Buße (Jur.): + Pön w {gewaltsame Maßregel: Dragonde} {ausgleichende, strafende, vergeltende Gerechtigkeit: Nemesis} {Härte; strafende Unnachgiebigkeit: katonische Strenge} {strafend: punitiv}
Straferlaß: Indulgenz {allgemeiner S.: + Generalpardon m} {Strafminderung: + Mitigation}

Strafgericht; Strafkammer: † Kriminalgericht {Strafprozeß: † Kriminalprozeß}
Sträfling: † Korrigend
Strafpredigt; Ermahnung: Epistel w {derbe S.: † Kapuzinade} --> Ermahnungsrede
strafrechtlich: † kriminal {s.e Untersuchung einer Straftat bezüglich ihrer Strafwürdigkeit: Quaestio juris w} --> Sachverhaltsuntersuchung
Strafrichter; Bürgermeister (Spanien): Alkalde
Strafstoß (insb. Eishockey): Penalty m
Straftat, schon rein von Amts wegen verfolgte: Offizialdelikt {S.en hervorrufend: kriminogen} {Straftäter; Übeltäter: Delinquent} {Straffälligkeit: Delinquenz}
Strafverteidiger: † Plädeur
Strahl...; Strahlung...: Aktino...
Strahlenbündel; büschelförmiges Gebilde (z.B. bei Feuerwerken): Aigrette
strahlenförmig; strahlig: radiär {(z. B. Blüten): aktinomorph} {s.; von einem Punkt ausgehend oder auf einen Punkt zulaufend: radial/homozentrisch}
strahlungsverursacht (z.B. Krankheiten): aktinisch
Strand (span. Bez.): Playa w {S. vor mehr oder weniger abgeschnürten Meeresteilen: Lido m} {S.zone; Küsten-, Uferzone: Litoral s (litoral)} {S.gut; Trümmer; Überreste: † Epave w} {sandliebend (Lebewesen): psammophil}
Strang; Zug: Trakt m
Straßenbelag aus Schotter mit Hohlraumfüllung aus Split und Grobsand: Makadam m,s
Straßenjunge; Gassenjunge; Bursche: † Gamin frz
Straßenrand, etwas erhöhter und befestigter: Bankett s / Bankette w
Straßenräuber, italienischer (histor.): Brigant
Straßenverzeichnis; Stationenverzeichnis (röm. Antike): Itinerar[ium]
Streben; Antrieb; zielgerichtete Aktivität: Konation (konativ)
streckbar; dehnbar; verformbar (Technik): duktil
Streich; Ungezogenheit: † Polissonnerie {mutwilliger S.; eigenwilliges Abenteuer; Seitensprung: Eskapade}
streichen!; es soll gestrichen werden (Korrekturanweisung): deleatur (del.) {s.; etwas tilgen: elidieren}
Streichholzschachtelsammeln: Phillumenie
Streit; Händel: † Demelee s {Zerwürfnis; Mißhelligkeit: † Brouillerie} {Umklammern und Festhalten des Gegners (Boxen): Clinch} {S.; Bestreitung; Anfechtung (Jur.): Kontestation († kontestabel)} --> entzweien --> Kampf --> Reibung
Streit um Worte; Haarspalterei (Philos.): Logomachie --> Haarspalterei
streiten ◇ in Konflikt geraten: † konfligieren
Streiterei, [kleinere]; Interessengegensätzlichkeit; Meinungsverschiedenheit; Bestrebungsunterschied: Querele
Streitgegenstand; Zankapfel: Erisapfel {Streitpunkte: Dissidien}
Streitgespräch; Wortwechsel; Meinungskollision: Disput m {[wissenschaftliches] S.: Disputation} --> wissenschaftliche Argumentationskunst
Streitschrift; Schmähschrift: Libell s (Libellist) {(politisch): Pamphlet s}
streitsüchtig --> rechthaberisch
streitsüchtige Ehefrau: Xanthippe --> Wütende
streng: disziplinarisch {s.; unnachgiebig: rigid[e]} {s.; hart (Maßnahmen): drakonisch} {überstreng; tadelsüchtig: hyperkritisch} {s.; unerläßlich: † de rigueur} --> intolerant
Strenge; Härte: † Severität {Unduldsamkeit; Engherzigkeit: Illiberalität} {Unbilligkeit; Härte: † Iniquität} {strenge Kälte: arktische Kälte} --> Gesetzesabweichung, erlaubte
strenges Recht, gesetzlich festgelegtes, bindendes: Jus strictum s
strenggläubig; rechtgläubig: orthodox
Streß, notwendiger, anregender, leistungswichtiger: Eustreß {S. bewirkender Faktor: Stressor} {Anpassungsreaktion (zum Beispiel S.) des Organismus auf krankmachende Reize: Adaptionssyndrom}
Streublumenmuster: Millefleurs s
streunend --> herumtreibend
Streuung (Licht): Diffusion {S. vom Mittelwert (Einzelwerte): Dispersion}
Strichführung (Kunst) --> künstlerische Formgebung
Strickbluse [für Damen]; Pullover: Jumper
striegeln (Pferde): kardätschen
strittig: disputabel --> Streit --> Streitgegenstand
Strohblume: Xeranthemum s / Immortelle
strohgelb: paille
stromaufwärts ziehen; treideln (Lastkähne): bomätschen
Stromausfall [in einer Stadt]: Blackout s,m
Stromschnelle: Katarakt m
Strömung --> Wärmetransport
Strömungswissenschaft der Flüssigkeiten (z.B. im Wasserbau): Hydraulik/Hydrodynamik
Struktur ◇ Faserung; Gewebe: Textur
Strumpfhose: Panty w
Stückkostenverringerung mit steigender Auflage: Degression
Student --> Mitstudent
Student höheren Semesters (USA): Fellow
Studentenleben (Brauch, Sitte, Regel): Komment m {[festlicher] studentischer Trinkabend: Kommers m}
Studentenverbindung: Korps s / Korporation
Studentenverzeichnis; Personenverzeichnis: Matrikel w
Studentenwohnheim: Burse w {kath. S.; Stift: Konvikt s (Konviktuale m)}
Studienbeginner; Abitur hinter sich Habender; „Maulesel": Mulus
Studierter ◇ Akademiker mit Titel: Graduierter

Studierzimmer, kleines; enger Raum: Klause

Studiumsanleitung zu einem Wissens- oder Arbeitsgebiet: Hodegesis/Hodegetik --> einführen

Stufe --> Niveau

stufenweise; abschnittweise: stadial {s.; schrittweise; allmählich: graduell/†gradatim} --> allmählich

Stuhl; Sessel: † Chaise w {Armstuhl; Lehnsessel: Fauteuil m}

Stuhlgang: Egestion --> Kot

Stummheit: Aphrasie/Mutität {absichtliche oder psychisch bedingte S. ohne organischen Defekt: Mut[az]ismus (Mutist m)} --> Taubstummheit

Stumpfsinn; völlige Regungslosigkeit (Med.): Stupor m {stumpfsinnig; benommen (Med.): torpid (Torpor m / Torpidität)} --> Unverstand

Stundenbuch; Gebetbuch (Kleriker): Brevier/Breviarium {(Laien): Horarium}

Stundung; Kreditfristverlängerung: Prolongation {S. (Wirtsch.): † Respit m}

stur ◇ starrköpfig; eigensinnig: entetiert frz {unbekehrbar; unwandelbar: † inkonvertibel} {Unbeweglichkeit als Geisteshaltung: Immobilismus}

Stürmer im Fußball (engl. Bez.): Forward

stürmisch; heftig; aufgeregt; wild bewegt: tumultuos/tumultuös {(Musik): tumultuoso} {s.; rasend; tobend (insb. Beifall): frenetisch} {s.; heftig; ungestüm (Musik): tempestoso} {s.; leidenschaftlich; entfesselt (Musik): con passione / appassionato} {s.; leidenschaftlich; wild (Musik): furioso} {s.; ungestüm; heftig (Musik): impetuoso/con impeto} {s.; wild; ungestüm (Musik): feroce} --> heftig

Sturzflut, nach heftigem Regen einsetzende (Spanien,Portugal): Avenida

stutzen (Pflanzen,Tiere): kupieren

Stutzer; Geck; Eitler: † Petit-maître {S.; selbstgefälliger, gutaussehender oder gewählt gekleideter junger Mann (iron.): Beau} --> Snob

Subjekt; Satzgegenstand (griech. Antike): Hypokeimenon s

Substantiv, Gegenständliches bezeichnender (z.B. Stuhl): Konkretum

Substanz; Unterlage; Verdinglichung; Vergegenständlichung: Hypostase/Hypostasie

Subtraktion ◇ Zahl, von der eine andere Zahl abgezogen wird; bei der S. die erste Zahl: Minuend

Suchen nach triebbefriedigenden Reizsituationen, ungerichtetes (Verhaltensforschung): Appetenz

Sucher (Fotoapparat): † Diopter s

Sucht --> Besessenheit --> Drogensucht

südlich; Süd...: † austral {s.e Lage; s.e Richtung: Meridionalität}

Sühne ◇ kultisch-feierliche Reinigung [durch Sühneopfer]: Lustration --> Reinigung --> Sündenvergebung

Summe; Gesamt[heit]: Total s {Schlußsumme einer Rechnung: Fazit s}

Sumpf...: Helo... {schlammlebend (Biologie): limikol} {sumpfig; schlammig: limos/limös}

Sündenbekenntnis, allgemeines (im Gottesdienst): Confiteor s {S.; Glaubensbekenntnis: Confessio w} {durch meine Schuld!: mea culpa!}

Sündenvergebung; Freisprechung: Absolution --> Reinigung --> Sühne

Suppe: † Potage w {Suppeneinlage in Form von streifig geschnittenem Gemüse oder Fleisch: Julienne w} --> Gemüsebeilage --> Kraftbrühe

süß wie Nektar; göttlich: nektarisch/nektarn --> lieblich --> zuckern

Süße[r]; Liebling; Schätzchen: Honey m

süßes Leben ◇ s. Nichtstun: Dolcefarniente s {süß ist's, nichts zu tun: dolce far niente} --> Jugend, elegante --> Müßiggängertum

Süßigkeit: † Douceur s --> nährwertarme --> Zuckerware

Süßkartoffel: Batate w

Süßwasser ◇ im S. lebend: limnikol/limnisch (Limnologie)

Symbolunverständnis; Unfähigkeit, Bildsymbole zu verstehen: Aneidylismus

Symmetrieebene des menschlichen Körpers: Medianebene {mit zwei Hälften symmetrisch (Tier- oder Menschenkörper, z.B. Gesicht): bilateral-symmetrisch}

Sympathie ◇ Neigung; Wohlwollen: † Affektion {S.kundgebung für einen Prominenten: Hos[i]annaruf} --> Anhänger

Synchronisieren, filmisches: Doublage

Syphilis: Lues (luetisch/luisch, Luiker)

T

Tabak: † Petum s

Tabak, mieser: Knaster {guter, in Körben gehandelter Tabak: † Knaster}

Tabelleneintragung; Einschreibung in eine Tabelle: † Intabulation

Tadel; Beschimpfung: Opprobration --> Maßregel

tadeln; bemängeln; rügen; beanstanden : monieren {jmdn. scharf tadeln: † jmdn. koram nehmen}

täfeln; mit Holz verkleiden: † boisieren {Zimmerdecke täfeln: kassettieren}

Tag lang, einen: † interdiurn

Tagblindheit; Sehschwäche der Augen bei Tag: Nyktalopie

Tagebuch; Erinnerungsbuch; Vormerkbuch: Diarium / † Memorial s lat

Tagebuch; Handbuch: † Manual[e] s

Tagebuch (Schiff): Logbuch

Tagebücher: Ephemeriden

Tagelohn ◇ gegen Tagegeld: diätarisch

Tagelöhner (Ferner Osten): Kuli

Tagesordnungspunkte ◇ Gesprächspunktaufstellung bei politischen Verhandlungen: Agenda w

täglich; je Tag: pro die [- di-e]

täglich (Med.): quotidian

tägliche Bedarfsgüter [ohne nennenswerte Preis- oder Qualitätsunterschiede bei verschiedenen Verkaufsstellen]: Convenience-goods

Tagundnachtgleiche: Äquinoktium

Takt schlagen oder angeben: taktieren

Taktart (mus.): Metrum {Taktschlag: Battuta/-te w}

Taktgeber (für Musik): Metronom s

Taktlehre der Musik: Metrik

taktlos; nicht verschwiegen: indiskret

Taktlosigkeit; Umgangsformenverstoß: Fauxpas m {Geschmacks- und Rücksichtslosigkeit: † Impietät}

taktvoll; feinfühlig: dezent (Dezenz)

taktvoll; zurückhaltend (Musik): con discrezione

Talent, geheimes --> Erbanlage

Talisman: Maskotte w

Tang; Braunalge: Phäophyzee

Tannenzapfen ◇ Zapfen der Nadelhölzer: Conus m (Coni Mz)

Tänzer --> Gruppentänzer

Tanzkunst; Lehre von der schönen und harmonischen Bewegung: Eukinetik

Tanzlehre, pantomimische: Orchestik

Tanzmeister --> Unterhalter

Tanzröckchen, kurzes; Ballettröckchen: Tutu s frz

Tanzschritt: Pas m frz

Tanzwahn; Verlangen, zu tanzen oder sich rhythmisch zu bewegen (krankhaft): Chor[e]omanie

Tapferkeit; Tugend; männliche Tüchtigkeit: Virtus w

Tapferkeit; Unternehmungsgeist: † Strenuität

Tarnung [politischer] Absichten (abw.) : Camouflage w frz

Täschchen; Beutel [für Näh- oder Toilettenutensilien etc.]: Necessaire s

Taschenbuch: Pocketbook s

Taschenspieler; Jongleur; Zauberkünstler: Manipulator/ † Prestidigitateur

Taschenspielerstück; Trick: † Legerdemain s

Taschenspielertrick; Zauberkunststück: Eskamotage (Eskamoteur)

Taschentuch; Ziertaschentuch: Fazelet/ Fazenet s

tastbar; fühlbar (Med.): palpabel (palpieren)

Tasteninstrument: Keyboard s {gesamte Tastatur: Tastiera w} {Taste (Orgel): Clavis w lat (Claves Mz)}

Tastsinn: Tactus m (taktil) {berührungsempfindliche Sinnesorgane: Tangorezeptoren/Mechanorezeptoren}

Tastsinn, Lehre vom (Psychol.): Haptik

Tastsinnausfall: Parapsis

Tateinheit; Erfüllung mehrerer strafrechtlicher Tatbestände einer Tat: Idealkonkurrenz

Taten; Handlungen: Acta Mz

Tatenlosigkeit, träumerische (als lethargische Grundhaltung): Oblomowerei

tätig; wirksam (Philos.): aktual

tätiges Wesen --> treibende Kraft

Tätigkeitsdrang; aktives Vorgehen: Aktivismus

Tätigkeitsfeld, vertrautes; [berufliches] Wirken als Aufgabe, der man gut gewachsen fühlt: Metier

Tatkraft; Tätigkeit; Bereitschaft zum Handeln (Aristoteles): Energeia [-eia] --> Schwung

Tatmotiv --> wem nützt es?

Tatort, Gerichtstermin am: Lokaltermin

Tätowierung: Tattoo m,s engl/ Tatauierung

Tatsache; feststellbares Ereignis: Faktum (Fakta/Fakten Mz) / Fakt s,m (Fakts/ Fakten Mz)

Tatsache; vollendeter Tatbestand: Fait accompli s

Tatsachen; wirkliche Dinge: Realien

Tatsache[nmaterial]: Fact m engl --> Sachverhaltsuntersuchung

tatsächlich [bestehend]: de facto

tatsächlich; in der Praxis: in praxi

tatsächlich ◇ in der Tat; in Wahrheit: † re vera

tatsächlich; wirklich: faktisch/ in facto/ † in effectu

Tatsächlichkeit; Gegebenheit; feststellbare Wirklichkeit: Faktizität

Tau, starkes; Drahtseil: Trosse w

Taubheit: Anakusis/Kophosis/Surditas

Taubstummheit: Surdomutitas {Taubstummensprache; Finger- und Gebärdensprache: Daktylologie}

Tauchstationbewohner: Aquanaut/Hydronaut

Taufbecken; Taufstein: Baptisterium

Taufe durch Untertauchen des Täuflings: Immersionstaufe

Taufkapelle: Baptisterium

Taugenichts; übler Bursche: Mauvais sujet s

Tauglichkeit; Geeignetheit: † Idoneität [- e-i -]

Taumeßgerät: Drosograph

Tausch (engl. Bez.): Truck m

tauschbar (Geld) --> austauschbar

täuschen; foppen: düpieren --> vormachen

täuschen; vereiteln: † frustrieren {auf Täuschung bedacht: † frustratorisch}

tauschen, Waren: barattieren/trokieren

Täuschung; Hintergehung: Delusion

Täuschung planen; sich zur Täuschung eines Dritten absprechen: kolludieren (Kollusion)

Täuschung --> Anpassung --> Nachahmung anderer Tiere

Täuschungen, formale --> Trugschlüsse

Tausend: Mille s lat (Mille Mz) {Anzahl oder Reihe von T.: † Chiliade}

tausendfach; tausendfältig: millenar

Tausendfüßer: Myriopode/Myriapode m

Tausendjähriges Reich (Johannis Offenbarung): Millennium {Erwartung des Tausendjährigen Reiches (christl.): Chiliasmus/Millenarismus}

tausendstel... (Maßeinheiten): Milli...(m)

Tauwetterperiode ◇ Zwischeneiszeit (Gletscherschmelze): Interglazial s/ Interglazialzeit

Taxi: † Taxameter s,m

Team; Gruppe: Unit w engl

technikbestimmt; durch die Technik verursacht: technoid {von den Kräften der Technik geformt (Philos.): technomorph}

Techniker ◇ der Mensch als zur Her-

stellung von Werkzeugen und technischen Hilfsmittel fähiges Wesen: Homo faber m
Technikherrschaft über Mensch und Umwelt (abw.): Technokratie
technische Ausdrucksweise: Technizismus
technischer Fachausdruck: Technizismus --> Fachausdruck
Tee ◇ Aufguß; wäßriger Pflanzenauszug: Infus[um] s
Teekoffein: Thein/Tein [- e-i -]
Teenager im Alter von 10-12 Jahren: Subteen m
Teezeremonie (jap.): Tschanoju/Chanoyu s
teigig; dickflüssig (Gastron.): pastos
Teilaufhebung; teilweise Außerkraftsetzung (insb. Gesetze): Derogation
Teilchenbeschleuniger: Akzelerator
teile und herrsche!: divide et impera!
Teilen (Math.): Dividieren/Division {erste Zahl; Zahl vor dem Divisionszeichen: Dividend} {zweite Zahl: Divisor }
teilen; verteilen: † partagieren
teilhaben; abbekommen: partizipieren
Teilhaber, [wirtschaftlicher]: Sozius/ † Associé
Teilkraft: Komponente
teilnahmslos; gleichgültig; unentschieden; unbestimmt: indifferent --> unbeteiligt
Teilnahmslosigkeit: † Abnegation
teilweise (bezügl. Vorhandensein): partiell/partial
Telegramm; Funknachricht: † Depesche
Telegrammstil --> Kurzfassungssucht
Teller; flache Schüssel: Assiette
Tempelsklave: Hierodule m/w [hi-ero -] {Tempeldiener im A.T.: Levit}
temperaturgleich (Wetterkunde): isotherm
temperaturunabhängig (Lebewesen) : eurytherm
Temperaturunempfindlichkeit ◇ Verlust der Temperaturempfindlichkeit (Med.): Thermanästhesie
Temperaturmessung (Wetterk.): Thermometrie
Tempo; Zeitmaß (mus.; ital. Bez.): Movimento s
Tempoangaben (Musik) ◇ schnell; lebhaft: allegro {nicht so schnell: allegro ma non troppo} {nicht allzu schnell: allegro ma non tanto} {mäßig schnell; mäßig lebhaft: allegretto} --> ruhig
Tempoangeber (Pferderennen): Pacemaker
Tempogestaltung, individuelle ◇ Lehre von der individuellen T. (mus.): Agogik
Tennisschläger: Racket s
Teppichwebekunst: Stromatik
Termin ◇ passender Zeitpunkt: † Idoneität [- e-i -]
Termin ◇ Zeitpunkt, bis zu dem etwas gilt oder ausgeführt sein muß: Terminus ad quem / Terminus ante quem {Frist[ablauf]; äußerster T.: Deadline w}
Termin ◇ Zeitpunkt, von dem an etwas beginnt oder ausgeführt wird: Terminus a quo / Terminus post quem
Terminkalender: Agenda w/ Kalendarium
Termiten (systemat. Bez.): Isoptera
Terrorist ◇ politischer Abenteurer; zu allem [verzweifelt] Entschlossener: Desperado
Test ◇ unverhoffte Überprüfung: Audit m,s engl
Testament --> letzter Wille --> Vermächtnis
Testamentmachender: Testator (testieren)
Testaufgabe; einzelne Aufgabe innerhalb eines Tests: Item m,s engl
Testnachricht; Versuchsmodell ö.ä., mit welchem die Meinung eines bestimmten Personenkreises ermittelt werden soll: Ballon d'essai m
teuer; kostspielig: expensiv
Teufel: Diabolus/Urian {oberster T.: Beelzebub} --> Zyniker
Teufel im Märchen: Hero-Trickster engl
Teufelskreis; Irrkreis: Circulus vitiosus
teuflisch: luziferisch
teuflisch; hinterhältig; listig: mephistophelisch
teuflisch; höllisch: infernal[isch] {höllische Verruchtheit; t.es Wesen: † Infernalität}
teuflische Bosheit: Diabolie
teurer Laden; Geschäft mit hohen Preisen (abw.): Apotheke
teurer Sieg; zu hoch erkaufter Sieg: Pyrrhussieg
Text, vorläufiger --> Handschrift
Textänderung ◇ spätere unberechtigte Einschaltung in den Text eines Werkes : Interpolation
Textauslegung, nach verborgenem Sinn suchende: Allegorese --> Buchstabenmagie
Textgestaltung; Bildgestaltung (Seite, Buch): Layout s
Textlücke: Lakune/Lakuna
Textsammlung (Handschriften,Gesetze): Kodex m
Textsammlung ◇ Sammlung von Aussprüchen oder kleinen Beiträgen berühmter Leute: † Ana w --> kritische Schriften
Textstelle; Textabschnitt: Passus {verdorbene T. bei alten Schriften: Korruptel w}
Textstück; ziemlich selbstständiges Redestück: Kontext
Theater betreffend; bühnengerecht: theatralisch
Theateragent; Konzertagent [im Auftrag des Künstlers]: † Impresario
Theaterrolle: † Rotulus m
Theaterstück, witziges --> witziges Bühnenstück
Theaterwandelhalle;-wandelgang: Foyer s
Theke (insb. in Reisebüros): Counter m
thematisch ◇ fraglich; in Rede stehend : (Jur.): † quästioniert (qu.)
themenbezogen; gegenstandsbezogen oder -spezifisch: topikal
theoretische Auswertung --> Schreibtischforschung
Theorie, bloße; eine der vielen Lehrmeinungen (abw.): Ismus --> Ideenloser
Thermalquelle: Therme w
Thronfolge: Sukzession
tief berühren; sehr betreffen; nachhaltig beeindrucken: *sekantieren*
tief --> abgrundtief

Tiefdruckgebiet: Zyklone w / Depression

tiefe Erniedrigung; Demütigung: kaudinisches Joch

tiefe Töne ◇ [unhörbarer] Schall unter 20 Hz : Infraschall

Tiefenschicht eines Sees: Hypolimnion {Tiefsee; T. der Ozeane: Bathysphäre}

Tiefkühltruhe ; Tiefkühlvorrichtung : Deep-freezer

Tiefland --> Landsenke

Tierangst (krankhaft): Zoophobie (zoophob)

Tierarzt: Veterinär (Veterinärmedizin)

Tierbändiger: Dompteur

Tierbuch (Titel mittelalterlicher Tierbücher): † Bestiarium

Tiergehege ◇ Freigehege; Raubtiergehege: Voliere w

tiergestaltig (Götter): theriomorph

Tierhaltungsanlage, [kastenförmige]; Aquarium oder Terrarium: Vivarium

tierisches Wesen (Charakter): Animalität

Tierkreis (Astronomie): Zodiakus (zodiakal) {bei der Geburt aufgehendes Tierkreiszeichen (Astrol.): Aszendent m}

Tierkunde: Zoologie [zo-o -]

Tierpräparatensammlung --> Gesteinssammlung

Tierschau; Tiergehege: Menagerie

Tierverbreitungskunde: Geozoologie/Zoogeographie [zo-o -]

Tierverehrungskult; Verehrung von Tiergöttern: Zoolatrie/Animalismus [zo-o -]

Tierwelt eines Gebiets: Fauna w

tilgbar: amortisabel

tilgen; etwas streichen: elidieren

Tilgung; Auslöschung: † Extinktion

Tilgung; Ungültigkeitserklärung: Mortifikation

Tilgung (Wirtsch.): Obliteration (obliterieren) { T. oder Zinszahlung zum Fälligkeitstermin: Antizipation } { T. einer Schuld nach langfristig vorgegebenem Plan: Amortisation }

Tischgenosse; Gast: † Konvive m

Tischgestell [für Gewürze etc.]: Menage

Titel ◇ Ehrenname; Amts-, Dienstbezeichnung: Titulus

Titel; Rang: † Charakter

Titel; Titelbild: Cover s (Coverboy, Covergirl)

Titelgebung; Betitelung; Überschrift: † Intitulation --> Benennung

Titelgeschichte: Coverstory

titellose Schriften: Anepigrapha Mz

Titelmädchen ◇ auffällig hübsch aufgemachtes Mädchen; Film-, Reklameschönheit: Glamourgirl --> Titel

Titelmusik --> Erkennungsmelodie

Titelträger ohne Funktionsausübung: Titular

toben; lärmen: haselieren --> tummeln

tobend, ausgelassen; wild begeistert: korybantisch

tobend; rasend; stürmisch (insb. Beifall): frenetisch

tobsüchtig; rasend (Med.): furibund { t.; erregt oder krankhaft heiter: manisch / † maniakalisch}

Tochtergeschwulst: Metastase

Tod; tödlicher Ausgang (Krankheit,Unfall): Exitus m --> vor dem Tode

Todesangst, krankhafte: Thanatophobie { T. oder Totenangst (krankhaft): Nekrophobie}

Todesfälle --> Sterblichkeitsrate

Todesgegenwart ◇ mitten im Leben sind wir vom Tod umfangen: media vita in morte sumus {Vorfall oder Gegenstand, der an den Tod erinnert: Memento mori s}

Todeskampf: Agonie --> Gesichtsausdruck Sterbender

Todesstatistik; Todesursachenlehre und -statistik: Nekrologie --> Sterblichkeitsrate --> Todesursachenlehre

Todesstrafe ◇ Vergeltung von Gleichem mit Gleichem (veralteter Strafrechtsgrundsatz): Talion w

Todestag eines Märtyrers; Heiligenfest: Natalicium

Todestrieb: Thanatos m

Todesursachenkunde (Med.): Thanatogenese --> Todesstatistik

todgeweiht ◇ in den letzten Zügen [liegend] (Med.): in extremis {sterbend; t. (Med.): moribund}

tödlich; verderblich (Med.): deletär

tödlich; zum Tode führend: letal {tödliche Menge (Strahlen,Stoffe): Letaldosis }

Toilette; Abort: † Kommodität

Toilette; Abort (verhüllend): Retirade w/ *Defäko-Center* s

Toilettenpapierpapprolle ◇ Aufrolltrommel für Papier: Tambour m (Tamboure Mz)

Toleranter; Duldsamer; jmd., der nicht allzu strenge Grundsätze hat (insb. bei Kulturbeurteilungen): Latitudinarier

Tolle ◇ Schmachtlocke: Accroche-cœur w

tollen --> toben --> tummeln

Tollkirsche: Belladonna

Tollwut: Lyssa/Rabies w {Tollwutangst (krankhaft): Lyssophobie}

Tomatenmark oder Tomaten zugeben (Gastronomie): tomati[si]eren

Tonart wechseln; in eine andere Tonart übergehen: modulieren

Tonband: Tape s,m engl

Tonbandaufnahme; Schallplattenaufnahme: Konserve

Tonbandgerät: Magnettongerät

Toningenieur: Operateur

Tonleiter: Gamme/Skala/ † Echelle w

Töpferware: † Poterie

Töpferwerkstatt: † Poterie

Torf ◇ Humuskohle; Ablagerung pflanzlicher Herkunft (Braun-, Steinkohle oder T.): Humolith m

Torheit; Narrheit; Tollheit: † Folie [foli̲e]

Torhüter im Ballsport; grimmiger Wächter (scherzh.): Zerberus

Torschütze, erfolgreicher: Goalgetter

Törtchen mit Obst- oder Cremefüllung und Mürbeteigboden: Tortelett s/ Tortelette w/ Tartelette w

tosend --> stürmisch

total ◇ vollständig; völlig; ganz: holotisch

Totenangst oder Todesangst (krankhaft) : Nekrophobie

Totenbeschwörer; Geisterbeschwörer (insbesondere Antike): Nekromant

Totenbeschwörung; Totenopfer: Nekyia w

{ T. zwecks Weissagung: Nekromantie/ Nekymantie }
Totenfeier --> Trauerrede
Totenklage; Klagelied; Trauergesang: Nänie w /Threnos m (Threnoi Mz) / Threnodie w [- odie]
Totenreich; Unterwelt (römische Sage): Orkus m {(griech. Sage): **Hades** m / Erebos/ -us m}
Totenschau --> Leichenöffnung
Totentanz: Danse macabre / Makabertanz
Totenverehrung; Ahnenkult: Manismus
Toter, wandelnder --> willenloser
totes Rennen; gleichzeitiges Durchszielgehen: Dead heat s
Tourenschreiber --> Drehzahlmesser
Tradition ◇ betontes Festhalten an eigenen Kulturelementen infolge deren Bedrohung durch eine überlegene fremde Kultur: Nativismus
träge; untätig; unbeteiligt: † inert
träger Mensch --> Dickhäuter
Trägergestalt an [vorspringenden] Bauteilen, kraftvolle: Telamon m,s (Telamonen Mz) / Atlant m / Atlas m (Atlasse / Atlanten Mz) {weibliche Figur: Karyatide}
Tragetuch; Dreieckstuch (für den Arm): Mitella
Trägheit ◇ das zeitliche Zurückbleiben einer physikalischen Größe hinter einer anderen, von der sie abhängt: Hysterese/-sis
Trägheit, körperlich-seelische: Lethargie
Trägheit; Langsamkeit (z.B. bei Körperorganleistung): Inertie
Trägheit ◇ zähes, schwerfälliges, beharrliches Temperament: Ixothymie
Trägheit --> Träumen
Tragik ◇ Ausweglosigkeit; Unmöglichkeit, in einer bestimmten Situation die richtige Entscheidung zu treffen: Aporie
tragische Rolle Spielender; Heldendarsteller: Tragöde m
Trainer; Sportlehrer; Betreuer: Coach
Traktat; Abhandlung: † Traité m
Trampen ◇ das Mitfahren oder Sichmitnehmenlassen: Lift m,s
Tramper; Anhalter: Hitchhiker
Tränenfluß: Epiphora w
Transport; Versendung; Beförderung: Transportation
Transportmaterial --> Leergut
Transportschiffe, indische: Galivaten
Transportunternehmen oder -organisation: Carrier m
Tratschbase --> Plaudernde
Traubenzucker: Dextrose/Glukose/† Glykose
Trauergedicht; Trostgedicht (Antike): Epikedeion s (-deia Mz) / Epicedium (-cedia Mz)
Trauergedichte [von Ovid über seine Verbannung]: Tristien
Trauergesang --> Totenklage
Trauerlied; Klagegedicht (engl. Bez.): Dirge s
Trauermarsch: Marcia funebre w it
Trauermusik ◇ Musik bei Begräbnisfeiern: Exequien/Obsequien Mz
Trauerrede; Totenfeier: † Parentation
trauervoll; betrübt; schmerzlich; klagend (Musik): doloroso / con dolore
Traumdeutung: † Oneiromantie
Träumen, tatenloses (als lethargische Grundhaltung): Oblomowerei --> Trägheit
Träumer; Grübler: Aerobat [a-ero -/ äro -]
Träumer; [weltfremder] Schwärmer: Illusionist / † Ideologe (ideologisch)
Traumland --> Paradies
traurig; betrübt (Musik): mesto {t.; ernst: funebre frz / funerale} {t.; klagend: lagrimando/lagrimoso/lacrimoso} {t.; schmerzvoll: luttuoso} {t.; wehklagend: lamentoso/lamentabile} --> trauervoll
traurig; düster: lugubre (Lugubrität)
traurig; trostlos (Zustand von etwas): desolat
traurigerweise ◇ es ist furchtbar, dies sagen zu müssen; Gott sei's geklagt: horribile dictu
Traurigkeit; Melancholie (neurot. Störung): Lypemanie --> Depression --> Trübsinn
Trauung; eheliche Verbindung (Jur.): † Kopulation
Treffen --> Verabredung --> Zusammenkunft
treffend; geistreich; witzig; pointiert; kurz: epigrammatisch
treffend schildern; kennzeichnen: charakterisieren
treffend; schlagend; überraschend: frappant (frappieren)
treffende Aussage, kurze und: Lakonismus
treffender Ausspruch, witzig-geistreicher: Bonmot s
Treffer in den absoluten Mittelpunkt der Zielscheibe: Mouche w
Trefferanzahl (Lotto,Sport): Score m
treibende Kraft; belebender Geist (bei Vorhaben etc.): Spiritus rector m
treibende Kraft; tätiges, wirkendes, handelndes Wesen (Philos.): Agens s
Treibenlassen; Duldung; Gewährung: Laisser-faire/Laisser-aller/ Laisser-passer s --> Disziplinlosigkeit
Treibstoff --> Brennstoffe --> Erdöl
Treibstoffmangel, Flugzeugstrahltriebwerksausfall durch: Flame-out m / Burnout s
Treibstoffzusatz --> Zusatzstoff
treideln; Lastkähne stromaufwärts ziehen: bomätschen
trennen; auflösen: dissoziieren
trennen; auseinanderziehen: distrahieren
trennen, Flüssigkeiten voneinander (mittels Verdampfen): fraktionieren
trennen; sich lösen; entfremden: dirimieren
trennend; durchschneidend; spaltend (Med.): dissecans
Trennung ; Auflösung (Med.): Dissolution
Trennung, gewaltsame; Zerreißung (Medizin): Divulsion
Trennung von Kirche und Staat fordernde radikale Einstellung: Laizismus
Treppe, an Schiffe oder Flugzeuge anzuschiebende: Gangway w

Treppengeländer; Gitterwerk: Treille w
treu ◇ einwertig (Chemie): univalent
treu --> gesetzestreu --> vertragstreu
Treue ◇ sexueller Verkehr nur mit einem Partner: Monogamie
Trick ◇ Kniff; Schwindel (insb. Geld, Börse): † Tripotage
Trick; Kunstgriff (Arbeitsweisentechnik): Finesse
Trick; Taschenspielerstück: † Legerdemain s --> Kartentrick
trickreich --> mit Schwung
Tricks oder Kniffe anwenden; Ränke schmieden: finassieren
Trieb (Med.): Nisus m {sexuelle Begiede: Libido w / Nisus sexualis} {sexualtriebdämpfendes Mittel: Anaphrodisiakum/Antaphrodisiakum}
Trieb --> Suchen, ungerichtetes
Triebfeder; Hauptsache: Nervus rerum m
triebhaft: animal[isch]
triebhaft zielgerichtet; zweckgeleitet (Verhalten): hormisch
triebhafter Mensch, sexuell: Libidinist
Triebhaftes; Es (Psychoanalyse): Alter ego s
Triebschwäche ◇ Geschlechtsdrüsenunterfunktion und Geschlechtsorganunterentwicklung: Hypogenitalismus --> Geschlechtsdrüsenunterfunktion
Triebstärke, krankhaft große (sex.): Aidoiomanie/Salazität {(speziell bei Männern): Satyriasis/Satyriomanie/Satyrismus/Gynäkomanie} --> Nymphomanie
triezen --> plagen
Trikot eines Sportlers: Jersey s
Trikot, enganliegendes, einteiliges, [ärmelloses] (Turnen,Ballett): Leotard s engl
Triller; Pralltriller; schneller Wechsel von Note und Nebennote: Mordent m it
Trinkbruder (dichter.); trunkener Schwärmer: Bacchant
Trinken ◇ Nahrungsaufnahme: Ingestion
trinken --> laßt uns trinken
trinkend ◇ beim Wein; beim Trinken: † inter pocula --> ausgelassen
Trinker (Med.): Potator {Trunksucht: Potatorium/Potomanie}
Trinkgelage, ausschweifendes: Bacchanal {Trinkabend in festlichem Rahmen (studentisch): Kommers m}
Trinkgeld; Almosen: Bakschisch s,m
Trinkgeld; Geschenk: † Douceur/Gratial[e] s
Trinkstübchen; kleine Weinstube: Buvette w frz
Trinkunlust ◇ abnorm niedriges Durstgefühl: Oligodipsie
Tripper: Gonorrhö[e] {T.bakterien: Gonokokken}
trocken; dürr; wüstenhaft (Boden, Klima): arid
trocken; eingetrocknet (Med.): xerotisch
trocken; herb: dry {extrem t.(Champagner): brut frz}
trockener Mund ◇ verminderte Speichelabsonderung: Oligosialie {Versiegen des Speichelflusses: Asialie/Aptyalismus}
trockenheitsliebend (Biol.): hydrophob/ombrophob {(speziell Bot.): xerophil}

Trocknung; Wasserentzug: Dehydratation
Trödel; Wertloses: Bric-à-brac s
Trommel: Cassa w / Tambour m (Tamboure Mz) {Trommler: Tambour}
Trommelfellentzündung: Myringitis
Trommelfelldurchstoßung zwecks Eiterableitung bei Mittelohrvereiterung: Parazentese/Myringotomie
Trompete (ital. Bez.): Tromba (Tromben Mz)
Tropfen ◇ flüssiges Arzneimittel: Liquor m (Liq.)
Tropffläschchen für Medizin: Guttiole
tropisch; Tropen...: äquinoktial
Troß; Nachschubtruppe: Train m frz
Trost; Beruhigung: † Konsolation
trostlos; traurig (Zustand von etwas): desolat
Trostschrift; -gedicht: Consolatio w --> Trauergedicht
trottelig: gaga
Trotz: † Bravade w
trotz besseren Wissens; in böser Absicht: mala fide
Trotzverhalten; ablehnende Grundhaltung (Jugendentwicklungsphase): Negativismus
Trübsinn; Schwermut: Barythymie --> Depression --> Traurigkeit
Trübung ◇ Nebelsehen; Wahrnehmen verschwommener Bilder infolge Trübung von Augenteilen: Nephelopsie {leichte Augenhornhauttrübung: Nubekula w}
Trugbild; Zauber; Wahngebilde: Phantasmagorie --> Sinnestäuschung
trügerisch: schimärisch
Trugschlüsse; formale Fehlschlüsse; Täuschungen: Fallazien --> Denkfehler --> falsche --> Fehlschluß --> Scheinbeweis --> Zirkelschluß
Trümmer; Schutthaufen: † Rudera Mz
Trümmer; Überreste; Strandgut: † Epave w
Trumpf (Karten): Atout s,m {Treffas : Baste w}
trunken --> ausgelassen
Trunksucht --> Alkoholismus
Truppen o.ä. entsenden, mit besonderer Bestimmung: konsignieren
Truppenspitze: † Tete w
Truppenunterkunft: † Kantonnement
Truppenverteilung, räumliche: Dislokation
Truthahn: Indian m dt
Tschechisch ◇ Wissenschaft der tschechischen Sprache und Literatur: Bohemistik
Tsetsefliege: Glossina palpalis
tu etwas! ◇ dich geht es an; du mußt selbst aktiv werden: tua res agitur
Tuba: Tenorbaß
Tüchtigkeit, männliche; Tapferkeit; Tugend: Virtus w
Tüchtigkeit; Tugend; Vortrefflichkeit; Fähigkeit zu Weisheit und Gerechtigkeit: Arete w
tückisch --> listig
Tugend --> Tüchtigkeit
tugendliche Haltung (kath.): guter Habitus
Tulpe: † Tulipan m / Tulipane w
tummeln; herumtummeln (Pferde): † karakolieren --> toben
tun --> handeln
Türhüter --> Wächter
türkisches Sprachelement in einer anderen Sprache: Turzismus
Turnanzug, einteiliger --> Trikot
Turnfest, internationales, wettkampffreies: Gymnaestrada w
Turnier; Ritterkampfspiel: Buhurt m --> Duell
Türvorhang: Portiere w
tut Buße!; kehrt um!: metanoeite!
typisch: signifikant
typischer Mensch ◇ Persönlichkeit mit für ihren Kulturkreis typischen Verhaltensweisen: modale Persönlichkeit
tyrannisieren; knechten; unterdrücken: knuten

U

U-Bahn (insb. Paris,Moskau): Metro w
Übelkeit; Unbehagen: Malaise w {Seekrankheit: Nausea w}
Übelnehmen ◇ Rachsucht; [heimlicher] Groll: Rankūne
übelriechend; verpestend; stinkend: mefitisch/mephitisch {(Med.): fötid}
Übeltäter; Unfugstifter: † Exzedent {Ü.; Missetäter: † Malefikant/Malefikus} --> Anstifter
über; auf dem Wege über: via --> mittels
über den ganzen Körper --> am ganzen Körper
über Geschmack läßt sich nicht streiten: de gustibus non est disputandum
überall ◇ allgegenwärtig: omnipotent {überall verbreitet (insb. Biol.): ubiquitär (Ubiquist)} --> an zwei Stellen gleichzeitig --> verstreut
Überanstrengung; Ermüdung: Defatigation
überbacken, Speisen heiß mit einer Kruste: gratinieren {überbacken sein: au gratin}
Überbein: Ganglion
Überbelastung --> Überlastung
Überbelichtung fotografischer Platten: Irradiation
Überbewertung --> Zugroßwahrnehmen
Überbleibsel; Anklang: Reminiszenz --> Rest
überblicksmäßig lesen --> rasch
überbrühen, kurz (Fleisch,Mandeln,Gemüse etc.): blanchieren
überdachter Platz (Tennis): En-tout-cas m
Über-das-Ziel-Hinausschießen; Bewegungsübermaß (Med.): Hypermetrie
Überdauerungsvermögen ◇ Fähigkeit niederer Tiere oder Pflanzensamen, scheinbar leblos längere Perioden ungünstiger Lebensbedingungen zu überstehen: Anabiose
über[einander]lagern (Fachspr.): superponieren
Übereinkommen auf Treu und Glauben, informelles [diplomatisches]: Gentleman's Agreement / Gentlemen's - s

Übereinkommen ◇ Form des erträglichen Zusammenlebens ohne Rechtsgrundlage: Modus vivendi m

Übereinkunft; Abkommen: Konvention {Ü.; vertragliche Abmachung: Stipulation} {Übereinstimmung von Wille und Absichtserklärung zweier Vertragspartner: Konsens[us] m} {übereinkommen; vereinbaren: akkordieren} --> Regeln

übereinstimmen; einig sein: + konsentieren {mit jmdm. oder etwas ü.: sich identifizieren mit jmdm. oder etwas} {mit etwas ü.; einer Sache harmonisch entsprechen: korrespondieren}

übereinstimmend: konkordant {ü.; dekkungsgleich (z.B. Ansichten): kongruent} {ü. (Meinungen, Ziele etc.): konvergent} {ü.; einstimmig: + konsonant} {sachlich ü.: + symphronistisch} {[sinngemäß] ü.: + konsensuell} {ü.; gleichliegend; gleichlautend; entsprechend: homolog} --> anpassen --> Einheit

Übereinstimmung: + Korrespondenz {Ü.; Einheit: Unität} {Ü.; Zustimmung: Consensus} {Ü. aller Menschen zu einer Anschauung o.ä. (die Richtigkeit jener Anschauung verdeutlichend): Consensus omnium} --> Binsenwahrheit

Überempfindlichkeit; Feinfühligkeit (Med.): Sensitivität {Ü. [der Gefühls- und Sinnesnerven]: Hyperästhesie} {[angeborene] Ü. gegen Stoffe und Reize (Med.): Idio[syn]krasie/Atopie} {überempfindlich; verschüchtert; verletzlich: mimosenhaft (Mimose w)} --> Abneigung --> Gehörüberempfindlichkeit --> Schmerzempfindlichkeit

Überentwicklung eines Körperteils: Hypertelie

Überfahrt: + Trajekt m,s

Überfluß; Üppigkeit: Opulenz {Ü.; Ü.; Reichlichkeit: Redundanz} {Ü.; Ü.; Überschwenglichkeit: + Exuberanz} --> Güter

überflüssig; müßig: akademisch

Überflüssiges --> Füllwort --> Zweckloses

Überflutung des Landes, völlige (durch großräumige Meeresausdehnung): Inundation/Immersion/Transgression {Zeiten, in denen die Meere das Festland eroberten (Erdgeschichte): thalassokrat[isch]e Zeiten} --> Überschwemmung

Überführung; Widerlegung (Jur.): + Konfutation {Ü. eines Angeklagten: + Konviktion (konvinzieren)}

Überfunktion (Organ): Hyperfunktion

Übergang; Übergehung: Transition

Übergangsform, fehlende (Evolution): Missing link s

Übergangslösung; vorläufige [politische] Regelung: Interim s {Übergangsregierung; vorläufige Regierung: Interregnum}

übergehen; zufallen (Recht, Sache): + devolvieren

Übergehung; Übergang: Transition

übergenau --> Buchstabengläubigkeit

übergeordneter Begriff; Wort, welches einem oder mehreren anderen Wörtern übergeordnet und allgemeiner bzw. weniger merkmalhaltig ist (z.B. Putzmittel zu Bohnerwachs oder Herdreiniger): Hyperonym/Super[o]nym s --> allgemeine Bedeutung

Übergewichtigkeit --> Dickheit

Übergriff; Eingriff: Inkursion

Übergröße --> Riesenwuchs

überhäufen; belasten; überladen: + obruieren

überheblich; eingebildet; hochnäsig; hochmütig: blasiert {ü.; vermessen; übersteigert; hochmütig: hybrid (Hybris w)} --> maßlos

Überholtes; durch Fortschritte o.ä. nicht mehr übliche Erscheinung: Anachronismus

überkleben, eine fehlerhafte Stelle in einem Buch mit einem richtig betexteten Deckstreifen: tektieren

überladen; belasten; überhäufen: + obruieren

überladen; verschnörkelt: barock

Überlagerung; Überschneidungserscheinung: Interferenz (interferieren)

überland...: + interurban...

Überlänge; Großformat (Zigaretten): King-size w,s

Überlastung; übermäßige Aufbürdung (z. B. Steuern): + Prägravation

überlegen; besser: superior {Überlegenheit: Prävalenz} {Überlegenheit; Vormacht: + Präpotenz}

überlegen; durchdenken; genau besehen: volvieren {ü.; sorgfältig von allen Seiten betrachten und untersuchen: ventilieren} {reifliche Überlegung: Rumination} {Überlegung; Beratschlagung: Deliberation}

Überlieferung, sich mit Göttern oder Dämonen oder mit der Weltentstehung o.ä. befassende (Sage, Erzählung etc.): Mythe w / Mythus / Mythos m

überlisten; hintergehen; umgehen: + zirkumvenieren (Zirkumvention)

Übermaß; Übertreibung: Exorbitanz

Übermut; frevelhafte Selbstüberheblichkeit [gegenüber der Gottheit] (Antike): Hybris w

Übernahme; Annahme: + Suszeption

übernatürlich: hyperphysisch {ü.; übersinnlich (Philos.): transzendent} --> übersinnlich --> Volksverdummung

übernehmen, etwas; fremde Anschauungen oder Ideale o.ä. unbewußt in die eigenen einbeziehen (Psychol.): introjizieren (Introjektion) --> verinnerlicht

Überprüfung, [unverhoffte]: Audit m,s engl

überragend: superlativ

überraschend; treffend; schlagend: frappant (frappieren)

Überraschung --> da haben wir die Bescherung!

Überraschungsschlag; überraschende, verwegen-erfolgreiche Unternehmung: Coup m --> Handstreich

überreden: persuadieren (Persuasion)

Überrest; Bruchstück: Fragment --> Rest

überschallschnell: supersonisch/transsonisch {Überschallgeschwindigkeit betreffend: hypersonisch}

Überschätzung --> Zugroßwahrnehmen
Überschlag; Berechnung: † Komputation
Überschlagen der Stimme (Erregung, Pubertät): Paraphonie
Überschneidungserscheinung; Überlagerung: Interferenz (interferieren)
überschreitend --> hinausgehend
Überschrift; Betitelung: † Intitulation {Ü. (Buchseite): Kolumnentitel} {Ü.; Motto (als Werkinhaltsangabe): † Lemma s} {Ü.; Schlagzeile (Zeitung, Anzeige etc.): Headline w}
Überschwemmung: † Exundation/Submersion {Ü.gebiete (nordamerik. Flüsse): Bottoms} --> Überflutung
überschwenglich; üppig: † exuberant {sich ü. benehmen: sich exaltieren} --> Über-das-Ziel-Hinausschießen
überseeisch: transmarin[isch]/transatlantisch
Übersehen ◇ Zukleinwahrnehmung von Gegenständen (Sehstörung): Mikropsie
übersetzen (Text): † vertieren
Übersetzer; Dolmetscher (Naher Osten): Dragoman
Übersetzung: Transduktion {Ü.; Übertragung: Translation († Translator)} --> Dolmetscher
Übersicht; Verzeichnis: Konspekt m {kurze Ü.; Schriftauszug: † Breviar[ium]} {vergleichende Ü.; knappe Zusammenfassung: Synopse/-sis} --> Bericht
übersinnlich: paranormal {ü.; außerweltlich: extramundan} {ü.; übernatürlich (Philos.): transzendent} {ü.e Wahrnehmung: Paragnosie} {ü.e Wahrnehmung; Gedankenlesekunst: Metagnomie} --> Erkenntnisunmöglichkeit --> übernatürlich
überspannt: exaltiert {ü.; überzogen: hypertroph[iert]/hypertrophisch {ü.; verschroben: exzentrisch} {sich ü. benehmen: † sentimentalisieren} {ü. handeln: † extravagieren}
übersteigert; riesig; übertrieben groß: gigantesk
Übersteigerungssucht; Bestreben, alles ins Riesenhafte zu übersteigern (z.B. Architektur u.a.): Gigantomanie {Ergebnis von Ü. und Riesenhaftigkeitswahn: Gigantismus} {übersteigert; hochmütig; vermessen; überheblich: hybrid (Hybris w)} --> maßlos
überstimmen; durch Stimmenmehrheit zwingen: majorisieren
überstreng; tadelsüchtig: hyperkritisch
Übertrag (Buchhaltung): † Transport (Transp.) {Ü.ssumme: † Latus s}
übertragen --> verkleinern
Übertragen eines Rechts; Verkaufen: Alienation --> abtretbar
übertragen, in eine andere Schrift übertragen (z.B. das Chinesische in eine lateinische Umschrift): transkribieren (Transkription)
übertragen; übersenden: transmittieren
übertragener Sinn --> bildlicher Ausdruck --> Umschreibung
Überträgerstoff (Med.): Transmitter m / Transmittersubstanz
Übertragung; Umformung: Transformation
übertreffen; überschreiten: † superieren
übertreiben; ausschweifen: † exzedieren
übertreiben ◇ übertrieben darstellen: outrieren {ü. (im Darstellen von Krankheiten): aggravieren} {Übertreibung: Overstatement} {Übertreibung des Ausdrucks (z.B. oberaffengeil): Hyperbel w (Hyperboliker, hyperbolisch)} --> verzerren --> Zugroßwahrnehmen
Übertreibung; Übermaß: Exorbitanz {vermessen; übersteigert; hochmütig; überheblich: hybrid (Hybris w)} --> gewaltig --> maßlos
Übertritt --> Kirchenwechsel --> Parteiübertritt
überwachen, polizeilich (Verbrecher, Verfassungsfeinde): observieren (Observation)
überwältigen; bedrücken: opprimieren
überwiegen: präponderieren {ü.; vorherrschen: prädominieren}
Überwindung --> Selbstdisziplin
überzeugen ◇ überreden: persuadieren (Persuasion) --> anschaulich beweisen
überzeugend --> offenkundig
überzeugender Grund --> erst recht
Überzeugung: Konviktion --> Verteidiger
Überziehungskredit: Dispositionskredit
überzogen; überspannt: hypertrophisch/hypertroph[iert]
Überzug (aus Kakao[butter] oder Zukker): Kuvertüre
übler Beigeschmack, an einer Sache anhaftender; hassenswerter Makel: Odium
übler Bursche; Taugenichts: Mauvais sujet s
übler Geruch (Med.): Fötor m
übler Geschmack im Mund: Kakogeusie
übler Vorsatz --> böser Absicht
üblich; landläufig; gebräuchlich: usuell {aus der Erfahrung; nach dem Brauch: ex usu}
üblich; unvermeidlich; regelmäßig dazugehörend (spöttisch): obligat
übrig sein: † restieren
übrigens: notabene (NB)
Übriggebliebener; Letzter: letzter Mohikaner / Letzter der Mohikaner
Übung[sstück]; Hausarbeit: Exerzitium {Übungsstück; Vortragsstück (Musik): Etüde}
Uferzone; Strand-, Küstenzone: Litoral s (litoral)
Uhr: † Horolog[ium] {U. mit zusätzlicher Stoppuhrfunktion: Chronoskop s} {extrem ganggenaue, transportable U.: Chronometer s} {Änderung der Ganggeschwindigkeit einer U.: Akzeleration} {gleichzeitiges Ablaufen von Uhren: Isochronismus} {gleichlaufend (U.en): synchron[isch]}
Uhrkette: Charivari s {kurze, verzierte U.; Uhranhänger: † Chatelaine w,s}
Ultimatum; Mahnung: Sommation
um den Mund herum [liegend] (Med.): perioral
um jeden Preis: à tout prix
um so besser: † tant mieux --> erst recht
um Verzeihung flehen: pater, peccavi sagen

umarmen; küssen: † embrassieren frz
Umbruch (insb. Zeitung): Mettage
umdrehen! (Druckanweisung für auf dem Kopf stehende Buchstaben): vertatur! --> bitte wenden!
Umfang; Ausdehnung: Extensi[vi]tät {U. (math. Figur): † Perimeter m} {U.; Umkreis; Ausdehnung; Ausmaß: Zirkumferenz} {umfangreich; massig; stark: voluminös}
umfassend; weitgespannt: universell --> ausgedehnt --> gesamt
Umfeld --> Hof
Umformung; Umwandlung; Umgestaltung: Transformation
Umfrage --> repräsentative --> verfälschte
Umgang; persönlicher Kontakt: Konnex m
umgänglich; leicht zu behandeln: traktabel {u.; nachgebend; fügsam; leicht zu behandeln: trätabel} {u.; verbindlich; freundlich; versöhnlich: konziliant} --> Gewandtheit
Umgangsform, erstarrt-offizielle: Etikette
Umgangssprache ◇ Spracheigentümlichkeit oder Sprechweise einer Gruppe oder sozialen Schicht: Idiom s --> Abkürzung --> Jargon --> Spracheigenheit --> vulgäre Art
Umgebung einer Gestalt in der Kunst (Licht,Luft etc.): Ambiente s
Umgebung; Gefolge: Entourage --> Hof
umgehen; hintergehen; überlisten: † zirkumvenieren (Zirkumvention)
umgekehrt: invers/invertiert/ vice versa (v.v.) {von hinten nach vorn zu spielen (Musik): al riverso / al rovescio} --> gegenteilig --> Rückwärtslesen --> vorwärts und rückwärts gelesen
umgestaltet; verwandelt; verzerrt: anamorphotisch
Umgestaltung; Verwandlung: Metamorphose w / Metamorphismus (metamorphosieren) {[von der Regierung in Gang gesetzter] gesellschaftlicher U.sprozeß: *Perestroika* w}
umherziehend; freilebend; biotopungebunden (Zool.): vagil {ruhelos umherirrend: ahasverisch} {Umherziehender; Spielmann; fahrender Student oder Kleriker im Mittelalter: Vagant}
Umkehr, innere; Buße: Metanoia
umkehrbar (naturwiss.-techn. Vorgänge): reversibel
umkehren; umstellen: invertieren
Umkehrschluß ◇ aufgrund eines Umkehrschlusses, eines Schlusses aus einem gegenteiligen Sachverhalt auf gegenteilige Folgen (Jur.): e contrario
Umkehrung; Umdrehung: Reversion {Umkehrfunktionsberechnung: Inversion}
Umklammerung ◇ unerlaubter Würgegriff (Ringen): Manschette
Umkreis; Ausdehnung; Umfang; Ausmaß: Zirkumferenz
Umlaufbahn (Satelliten,Raketen): Orbit m
umlaufen: † roulieren
umlaufend --> gängig
Umleitung; Umführung (Technik,Medizin): Bypass m
umrändert; von einem Hof umgeben (z.B. bei Augen): haloniert
Umriß; Umrißlinie; angedeutete Linienführung: Kontur w,m
Umsatz (Firmen): † Versur w
Umschlag: † Enveloppe w --> warmer Umschlag
Umschreibung mit anderen Ausdrücken: Paraphrase/ † Paraphrasis {U. eines Begriffes [durch eine seiner Eigenschaften]: Periphrase} {U.; übertragener Gebrauch (z.B. Hinz und Kunz für alle): Metonymie/Hypallage lat} --> Wortwiederholung
Umschrift schreiben --> übertragen
Umschuldung ◇ Aufhebung eines Schuldverhältnisses durch Schaffung eines anderen: Novation
Umschwung; entscheidender Wendepunkt (insb. im Drama): Peripetie --> Umgestaltung
umso besser: † tant mieux
Umstand; Beschaffenheit: † Zirkumstanz
umständehalber: † zirkumstanziell
umständlich; ausführlich: † peristatisch
umständlich; steif: zeremoniell --> Amtssprache
Umstandswort: Adverb (Adv.)
Umstellung; Vertauschung: Permutation {umstellen; umkehren: invertieren} {umstellbar; vertauschbar: kommutabel (kommutieren)} {umstell-, vertauschbar (Math.): kommutativ/permutabel}
umstoßen; ungültig machen: † invalidieren (Invalidation)
umstritten --> bestreiten
Umstülpung; Umlagerung (insb. Med.): Inversion
umstürzen; Unordnung schaffen: † renversieren
umwandeln; verwandeln: transmutieren
Umwandlung; Veränderung: Metabolismus {U.; Umformung; Umgestaltung: Transformation} {Umwandler (Technik): Konverter}
umwechselbar in fremde Währung: transferabel
umweglos --> direkter Weg
Umwelt, spezifische; das besondere Milieu --> Atmosphäre
umweltbedingt und nicht vererbt: peristatisch
Umweltbeziehungslehre (Lebewesen): Ökologie
Umweltforschung: Environtologie
Umweltverschmutzung ◇ Einwirkung von Schadstoffen, Lärm und Strahlen auf Lebewesen: Immission {Störung des ökologischen Gleichgewichts durch U.: Ökozid m,s}
umwenden: † vertieren
umwerben, jmdn.: jmdm. Avancen machen
umzingeln; [eine Festung] einschließen: zernieren
Umzug; festliche Demonstrationsfahrt: Korso m
Umzugsfreudigkeit ◇ Wohnsitzwechselhäufigkeit einer Person (Bevölkerungsstatistik): Mobilität --> umherziehend
Unabhängigkeit: † Independenz {U.; Freiheit: Libertät} {heimliche U.s-

angst bei Frauen: Cinderellakomplex} {U. [Gottes]; das reine Aus-sich-selbst-Bestehen: Aseität [-e-i-]} {wirtschaftlich unabhängig; selbstversorgend: autark}
Unabsetzbarkeit --> Monarchismus
unachtsam --> sorglos
unanfechtbar (Urteile): † irreversibel/inappellabel
unangekündigte Überprüfung: Audit m,s engl --> Klassenarbeit
unangemessen; nicht passend; nicht entsprechend: inadäquat {u.; mangelnd gefällig: † inkonzinn (Inkonzinnität)} {unangebracht; unpassend; unzweckmäßig: inopportun}
unangenehm; peinlich; lästig: genant {u.; p.; mißlich; in Verlegenheit bringend: fatal} {Ungünstiges; etwas Negatives: Negativum} {u.e Lage; Patsche; schwierige Situation: Bredouille} {das Erleben aller äußeren Eindrücke als u.: Dysästhesie}
Unannehmlichkeit; Hindernis: † Kontrarietät
Unanständiger: Cochon m --> Schamgefühl verletzend
unanwendbar --> nicht angezeigt --> unangemessen
unanzweifelbar; gewiß: axiomatisch {u. (da von maßgebender Seite): ex cathedra} {überlieferter Ausspruch Jesu (Theol.): Logion s}
unartikulierte Äußerung, unsinnige (bei Erkrankung des Sprachzentrums im Gehirn): Akulalie {Unfähigkeit, artikulierte Laute zu bilden: Alalie}
unaufdringlich; unauffallend: dezent (Dezenz)
Unaufmerksamkeit --> Konzentrationsschwäche
unaufschiebbar; dringend; eilig: urgent lat
unausgefüllt (Formulare,Schecks) --> leer
unausgeprägt; unvollkommen (Krankheitssymptom): fruste frz
Unausgewogenheit --> Mißverhältnis
unausstehlich; unerträglich: † intolerabel --> gehässig
Unausweichliches ◇ Liebe zum Unausweichlichen und Notwendigen: Amor fati m --> Schicksal
unbearbeitet; ungefärbt; natürlich: naturell/natural
unbedacht ◇ erst handelnd [und später denkend]: epimetheisch
unbedeutend; läppisch; nichtig: † futil
Unbedeutender; jmd., der als unwichtig angesehen wird (abw.): Nebbich
unbedingt: † par force
unbeeinflußbar (Med.): torpid (Torpidität) {gegen elektrische oder magnetische Felder u. (Meßinstrumente): astatisch}
Unbefangenheit ◇ Freimut; Offenheit; Natürlichkeit: † Ingenuität
unbefleckte Empfängnis (Maria): Immaculata conceptio / Conceptio immaculata w
unbefugt; nicht zuständig: inkompetent
unbegreiflich: inkomprehensibel
unbegrenzt; unbeschränkt: illimitiert {u.; beliebig, unendlich lange [sich fortsetzend lassend): ad infinitum / in infinitum}
Unbehagen; Übelkeit: Malaise w --> Unbequemlichkeit
unbehebbar; sich nicht ersetzen oder beheben lassend: irreparabel
unbeirrbar ◇ über exakte Kenntnisse verfügend und daher gegen Fragen gefeit: kapitelfest
unbekannt: obskur (Obskurität)
unbekannter Inhalt ◇ Systemteil, dessen innerer Aufbau und Ablauf erst aus seinen Reaktionen erschlossen werden muß: Black box w
unbekanntes Land: Terra incognita
unbelehrbar; starrsinnig; widerspenstig: obstinat {unbekehrbar; unwandelbar: † inkonvertibel}
Unbequemlichkeit; Lästigkeit: † Inkommodität {U.; [selbstauferlegter] Zwang; Unbehagen: † Gene w frz} {unbequem: † inkonvenient}
Unberechenbarkeiten --> Unwägbarkeiten
unberührt ◇ wie vorgefunden; in Originallage (archäol. Fundstücke): in situ
Unberührtheit: Virginität
unbescholten; makellos; unbestechlich: integer (Integrität) {Unbescholter; Ehrenperson: Honorität} --> Ehrenhaftigkeit
unbeschränkt; unbegrenzt: illimitiert
unbeschriebenes Blatt; Prägbares: Tabula rasa w
unbesetzt; offen; frei: vakant {freie, offene Stelle: Vakanz} {u. sein; leer stehen: † vazieren}
unbeständig: inkonsistent {u.; nicht feststehend: inkonstant} {u.; sprunghaft; ohne Ausdauer: † desultorisch} {Unbeständigkeit: † Volubilität} {Unbeständigkeit; Treulosigkeit: Athesie}
unbestechlich --> unbescholten
unbestimmt: indefinit {(Musik): indeciso} {u.; gleichgültig; teilnahmslos; unentschieden: indifferent} {u.; unbestimmbar (Philos.): indeterminabel} {u.; frei: nicht festgelegt (Philos.): indeterminiert}
unbestreitbar; nicht strittig: † indisputabel
unbeteiligt; träge; untätig: † inert
unbetontes Wort: Atonon (Atona Mz)
unbeweglich: immobil {schlaff; starr; regungslos (Med.,Zool.): torpid (Torpor m / Torpidität)} --> schwerfällig
unbeweglicher Gesichtsausdruck --> starrer
unbeweisbarer Grundsatz, als absolut richtig anerkannter: Axiom s
Unbewußtes ◇ die Schicht des Unbewußten, der Affekte und Gefühle betreffend: endothym --> unterbewußt
unbiegsam; unelastisch: inflexibel
und: et {Und-Verknüpfung (Aussagenlogik): Konjunktion}
und die Moral von der Geschicht' ist; diese Lehre ist aus der Geschichte zu ziehen: fabula docet

und so weiter: et cetera pp. (etc. pp.)
Undankbarkeitsklagen des Gekreuzigten über das Volk Israel (kath. Liturgie): Improperien
undenkbar; das Denken übersteigend (Philos.): metanoetisch
undeutlich; nicht ausdrücklich; mitgemeint: implizit
undialektisch (Marxismus): metaphysisch
Unduldsamkeit; Engherzigkeit: Illiberalität {unduldsam (Theorieverfechtung): doktrinär}
undurchdringlich: † impenetrabel {undurchbohrbar: imperforabel}
undurchführbar --> Wirklichkeitsfremdheit
undurchlässig; undurchdringlich (Med.): impermeabel
undurchmischt: amiktisch
undurchsichtig; lichtundurchlässig: opak (Opazität)
Unechtes: Talmi s (talmin) {unecht; fälschlich jmdm. zugeschrieben: apokryph} {unechtes Stück; minderwertige Nachbildung: Imitat s / Imitation}
unehelich; außerehelich (Kinder): illegitim
Uneigennützigkeit; Selbstlosigkeit: Altruismus (Altruist m, altruistisch) / † Truismus
uneinheitlich; aus Ungleichartigem zusammengesetzt: heterogen
Uneinheitlichkeit bei Verlautbarungen ◇ krankhafte Bildung zweier verschiedener Töne mit den Stimmbändern: Diphthongie
Uneinigkeit; Mißklang: Disharmonie/Diskordanz
Uneinordbares ◇ mehreren Literaturgattungen zuzuordnendes uneinheitliches Werk (ursprüngl. ein altgriech. Fabeltier): † Tragelaph m
uneinsehbar; unverständlich; [geistig] nicht erkennbar: † inintelligibel
uneinsichtig ◇ starrsinnig; widerspenstig; unbelehrbar: obstinat --> Unduldsamkeit
unempfindlich (Reize): anergisch/anenergisch/insensibel --> schwankungsunempfindlich
Unempfindlichkeit --> Dickhäuter
unendlich; im Unendlichen liegend (Philos): transfinit {Unendlichkeitslehre von Raum und Zeit: Infinitismus}
unendlich klein werdend, zum Grenzwert hin (Math.): infinitesimal
unendlich lange; beliebig und unbegrenzt [sich fortsetzen lassend]: ad infinitum / in infinitum
unentbehrlich; erforderlich; unerläßlich: obligat
unentscheidbar; zweifelhaft: aporematisch
unentschieden; gleichgültig; teilnahmslos; unbestimmt: indifferent
unentschieden; in der Schwebe: † in suspenso
Unentschieden ◇ totes Rennen; gleichzeitiges Durchszielgehen: Dead heat s
Unentschlossenheit: † Indetermination
unentwickelt; nicht sichtbar (Fotogr.): latent
unentwickelt; unreif (Med.): immatur
Unentwickeltheit (Organe): Neotenie
Unerforschtes; fremdes Wissensgebiet: Terra incognita w
unerfüllbar; schwärmerisch; unwirklich: utopisch
unerfüllte Liebe --> Unerreichbarkeitsqualen
unerhört ◇ schamlos; frech; Moralbegriffe verletzend (nicht nur das Erotische betreffend): frivol
unerklärbar; nicht begrifflich abgrenzbar: indefinibel
unerklärte Textstelle --> unlösbare Frage
unerläßlich: † indispensabel {u.; streng: † de rigueur} {u.; erforderlich; entbehrlich: obligat} --> notwenwendige Bedingung
unerledigte Sache oder Geschäft: Pendenz
Unermeßlichkeit: † Immensität --> weit
unerregbar, sexuell (Frauen): frigid[e]
Unerreichbares ◇ Gerade, an die sich eine Kurve ständig annähert, ohne sie je zu erreichen: Asymptote w
Unerreichbarkeitsqualen ◇ durch etwas nahes Ersehntes, aber doch nicht zu Erreichendes verursachte Qualen: Tantalusqualen
unersättlich: † insatiabel {Unersättlichkeit; Habsucht: Pleonexie} --> Gefräßigkeit
Unerschütterlichkeit; Gleichmut; Seelenruhe (griech. Philos.): Ataraxie
unersetzbar ◇ sich nicht ersetzen oder beheben lassend: irreparabel
unerträglich; schrecklich: infernal[isch] {u.; unausstehlich: † intolerabel} --> knochenerweichend
unerwartetes Wort --> auffälliges Wort
unerwünschte Person (diplomat. Dienst): Persona ingrata / Persona non grata
unfachmännisch ◇ nicht von Fachleuten zusammengestellt: juryfrei
Unfähigkeit; Unvermögen: Inkompetenz {Armutszeugnis: Testimonium}
unfair ◇ unfein; unredlich: † malhonett
Unfallschaden an Flugzeugen oder Schiffen oder Ladungen: Havarie/Haverei
unfaßlich; das Denken übersteigend (Philos.): metanoetisch
unfehlbar (da aus päpstlicher Vollmacht): ex cathedra {u.e päpstliche Lehrentscheidung: Kathedralentscheidung}{Unfehlbarkeit (Papst): Infallibilität (infallibel)}
unfein; unredlich: † malhonett
unfein; unzart: indelikat
Unflätigkeit; Schweinerei; Zote: Cochonnerie (Cochon m) {Verwendung von unflätigen Audrücken aus dem Harnbereich: Urolalie}
Unfreundlichkeit ◇ Feindseligkeit: Hostilität (hostil)
Unfrieden stiften; entzweien: brouillieren {Mißhelligkeit: † Brouillerie}
Unfruchtbarkeit (Med.): Infertilität
Unfug stiften: † exzedieren (Exzedent m)
Ungarisch ◇ Wissenschaft der ungarischen Sprache und Literatur: Hungaristik

Ungebildeter; nicht wissenschaftlich Gebildeter: Illiterat (illiterat) --> Laie
ungebleicht: ekrü
ungeboren: embryonal/embryonisch
ungebräuchliches Wort o.ä. --> auffälliges Wort
ungebunden; frei; zügellos: lizenziös
ungeeignet; ungelegen: importun --> unzweckmäßig
ungefähr; etwa: zirka (c.a.) / präterpropter {u.; angenähert: approximativ} {Näherungswert (Math.): Approximation}
ungefährlich ◇ keine Krankheiten hervorrufend (z.B. Bakterien): apathogen
ungefällig (Geschäftsverkehr): inkulant
ungefärbt; unbearbeitet; natürlich: naturell/natural
Ungeheuer; Drache (altoriental. Mythol.): Leviathan m {U. der griech. Sage (Mischung aus Löwe, Ziege und Schlange): Chimäre w}
ungehörig --> unschicklich
Ungehorsam, [militärischer]; mangelnde Unterordnung: Insubordination
ungeistig; verständnislos für geistige und künstlerische Dinge: banausisch
ungelegen; ungeeignet: importun {u.; unpassend: † inkonvenabel} {u.; zur Unzeit: † mal-à-propos} --> unzweckmäßig
ungemischt ◇ nicht durchmischt: amiktisch
ungenau abgegrenzt; zerstreut (Physik, Chemie): diffus
ungenau; unsorgfältig: inakkurat
ungenießbar machen; vergällen: denaturieren
Ungenießbares (Schlachttierteile): Konfiskat s
ungeordnet, gedanklich --> verworren
ungepaart (insb. Geschlechtszellen): azygisch
ungeprüft --> kurzerhand
ungerade (Roulettzahlen): impair
ungerechtfertigt --> unrechtmäßig
Ungerechtigkeit; Härte; † Iniquität --> soziale Ungleichbehandlung
ungesäuertes Brot: Azyma Mz
ungeschlechtliche Fortpflanzung: Monogenese/Monogonie {ungeschlechtlich sich fortpflanzend (Pflanzen): apogam/apomiktisch} {u. Lebewesenentstehung (Knospung etc.): Blastogenese}
ungesetzlich ◇ außerhalb des Gesetzes: praeter legem
ungestüm; stürmisch; wild (Musik): feroce --> heftig
ungesundes Klima aufweisend ◇ durch geographisch-meteorologisch-klimatische Bedingungen Krankheiten erzeugend: geopathisch
ungewappnet ◇ nicht kriegsbereit (Truppen): immobil (Immobilität)
Ungewißheit des Versuchsausgangs, Maß für die: Entropie
Ungeziefer --> kulturliebend (Tiere, Pflanzen)
ungezwungen --> anmutig --> formlos
ungezwungen; nach Belieben: † sans gêne
ungezwungen; vertraulich: familiär
Ungezwungenheit; Ungebundenheit: Laisser-faire / Laisser-aller / Laisser-passer s
ungiftig: atoxisch --> ungefährlich
Ungläubigkeit; Religionslosigkeit: Irreligiosität {Ungläubiger (islam. Bez.): Giaur} --> Gottlosigkeit
unglaublich ◇ kaum zu glauben: mirabile dictu {unbegreiflich: inkomprehensibel}
ungleich: inegal {u.; verschieden: different} {nicht übereinstimmend: disgruent} --> nicht übereinstimmend
ungleich behandeln --> ausnehmen
ungleich[artig]: inhomogen {ungleichartig; unvereinbar; sich widersprechend: disparat (Disparität)}
Ungleichheit: † Imparität {Mißverhältnis: Disproportion}
Ungleichmäßigkeit; Mißverhältnis: Ametrie {ungleichmäßig; unregelmäßig (Bewegungen): ataktisch (Ataxie)}
Unglück; Widrigkeit; Ungünstigkeit; Misere: Malaise w --> Unheil
unglückliche Freundschaft, unebenbürtige: Mesalliance
unglücksbringende Gabe: Nessusgewand
Unglückstag: Dies ater m
Ungültigkeit; Nichtigkeit: Nullität {Ungültigmachung: † Invalidation (invalidieren)}
Ungültigkeitserklärung; Tilgung: Mortifikation {U.; Zunichtemachung; Vernichtung: Annihilation} {[gerichtliche] U.: † Reszission} {U. (Urkunden): Amortisation/Kassation} {Vertragsklausel, die dem Gläubiger im Falle der Nichterfüllung der Verbindlichkeiten des Schuldners das Recht, vom Vertrag zurückzutreten, einräumt: kassatorische Klausel} {für ungültig erklären; aufheben: nullifizieren}
Ungünstiges; etwas Negatives: Negativum {Ungünstigkeit; Misere; Unglück; Widrigkeit: Malaise w} {ungünstige Bedingungen der Umwelt für Tier und Pflanze (extrem): Pessimum} {unerwartet ungünstig (Krankheitsverlauf): infaust}
Unhaltbarkeit zeigen --> Unsinnigkeit
unhandlich --> Buch --> schwierig
Unheil; Mißgeschick: Desaster s {U.; Untergang; Grauen: Apokalypse} {U. prophezeiende weibliche Person; Warnende: Kassandra (Kassandraruf)} {U. abwehrendes Zaubermittel: Apotropäum/Apotropaion (apotropäisch)} --> Katastrophe
unheilbar: inkurabel {u.; bösartig (Med.): perniziös} {u.; in seiner Funktion nicht wiederherstellbar (Med.): irreparabel}
unheilvoll; unglücklich: sinister {u.; von schlimmer Vorbedeutung: ominös} {u.es Vorzeichen; Warnungsruf: Menetekel s} --> Unheil
unheimlich; auf rätselvolle Weise bedrohlich (insb. Literatur): kafkaesk
Uniform: † Montierung {U.; Dienstkleidung: † Montur}
Uninteressiertheit; Verzicht auf eigene

Meinung: Indifferentismus m/ Indifferenz
Universität (lat. Bez.): Universitas litterarum w {(Kurzwort): Unität} {U.; Hochschule (in persönlichem Bezug auf den Studenten: Alma mater w}
Universitätsabgang ◇ [feierliches] Geleit für den die Universität verlassenden Studenten (histor.): Komitat s,m
Universitätsangestellter (Student): Famulant
Universitätskasse, Hochschulgebühren einziehende: Quästur
Universitätsviertel ◇ Hochschulviertel (Paris): Quartier latin s
Unkalkulierbarkeiten; Unwägbarkeiten: Imponderabilien († imponderabel)
unken; düstere Prophezeiungen machen (ugs.): menetekeln --> Unheil
unklar; verschwommen: diffus {unbestimmt: indefinit} {verwickelt; verworren; heikel; verfänglich: † intrikat} {u.; schwer deutbar; schwierig zu verstehen: kryptisch} {unentschieden; in der Schwebe: † in suspenso} {es ist nicht klar (jur. Sachverhalt): non liquet} --> uneinsehbar
unkompliziert ◇ umgänglich; leicht zu behandeln: traktabel
unkontrollierte Bewegungen ◇ Unvermögen, sinnvolle Bewegungen auszuführen (Gehirnstörung): Apraxie --> Über-das-Ziel-Hinausschießen
unkörperlich; körperlos (Philos.): asomatisch
Unkosten ◇ allgemeine Geschäftsunkosten: † Regiespesen
Unkrautvernichtungsmittel ◇ chemisches Pflanzentötungsmittel: Herbizid s
unkultiviert --> denkfaul --> kulturmeidend --> Kunstunverständnis
unlesbare Schrift[zeichen] (iron.): Hieroglyphen Mz {verderbte Textstelle (alte Schriften): Korruptel w}
Unliebsamer; Unwillkommener: † Urian
unlogisch; mit dem Verstand nicht faßbar: irrational/irrationell {widersprüchlich; in der Gedankenführung unsammenhängend: inkonsistent} --> unklar
unlösbare Frage; unerklärte Textstelle: Crux [interpretum] w --> unklar
Unlösbarkeit; logische Schwierigkeit eines Problems: Aporem s --> Ausweglosigkeit --> Rätselunlösbarkeit --> unklar
unlöslich (Chemie): insolubel
Unmenge; Riesenanzahl: Myriaden
unmeßbar: immensurabel
unmißverständlich seine Meinung, klar und: Fraktur reden
unmittelbar auftretend --> heftig
unmittelbar berührend --> brennend
unmöglich: † impossibel lat {u. zu Bewerkstelligendes: Quadratur des Kreises} {Unmögliches zu leisten kann niemand verpflichtet werden (röm. Rechtssatz): ultra posse nemo obligatur}
unmöglich sich Benehmender; jmd., der andere durch seine als unangebracht empfundene Offenheit verlegen macht oder sie schockiert: Enfant terrible s
unmoralisch; sittlich entrüstend (z.B. auch Krieg): obszön {u.; unsittlich (Philos.): immoralisch} --> unsittlich
unmündig; minderjährig: † minorenn
Unmündigkeit --> Volksverdummung
Unmusikalität: Amusie
Unnachgiebigkeit, hart strafende: katonische Strenge {hart; sehr streng (von einer Instanz ausgehende Maßnahmen): drakonisch}
unnatürlich; gekünstelt: manieriert (Manierismus) {geziertes Benehmen: † Minaudrie}
unnatürlich; gezwungen; gewaltsam; erzwungen: forciert
unordentlich; unsauber: † malproper {u.; zerzaust: derangiert}
Unordnung; Verwirrung: Desordre m {Zustand mangelnder sozialer Ordnung: Anomie} {Störung des geordneten Zusammenspiels (Muskeln,Empfindungen): Dissoziation} {U. schaffen; umstürzen: † renversieren}
unpaarig (insb. Organanordnung): azygisch
unpassend angezogen ◇ zu sehr feierlich gekleidet; allzu vornehm bekleidet: overdressed {allzu leger gekleidet: *underdressed*} {[höchst] feierlich; im Festgewand (scherzh.): in pontificalibus}
unpassend; unangebracht; unzweckmäßig: inopportun {u.; ungeeignet; ungelegen: importun} {u.; unangemessen; nicht entsprechend: inadäquat} {u.; ungelegen: † inkonvenabel} --> unschicklich
unpäßlich; nicht aufgelegt; in schlechter Verfassung: indisponiert (Indisposition) --> Unwohlsein
Unrealist --> Schwärmer
unrealistisch ◇ nicht wirklich gegeben; der Realität nicht entsprechend: kontrafaktisch
Unrecht ◇ Ungerechtigkeit; Härte: † Iniquität --> Beleidigung --> soziale Ungleichbehandlung
unrechtmäßig; unvorschriftsmäßig: illegitim {auf widerrechtliche Weise: † per nefas}
unredlich; unfein: † malhonett
unregelmäßig; ungleichmäßig (Bewegungen): ataktisch (Ataxie) {u.e Bewegung: A[r]rhythmie}
Unregelmäßigkeit: Obliquität {unregelmäßig wiederkehrend: antizyklisch} {zeitlich unregelmäßig: azyklisch}
unreif: embryonal/embryonisch {u.; nicht voll entwickelt (Med.): immatur} {Unselbständigkeit; Anspruch, versorgt zu werden: *Feed-me-Haltung*}
unrein; verboten (Speisen; jüd.): treife
Unruhe, körperliche; Erregtheit (bei Kranken): Agitatio {U. (z.B. bei Bettlägrigen): Jaktation} {Alpdrücken; unruhiger Schlaf: Oneirodynia} {unruhig; erregt: agitiert}
Unruhestifter; Ruhestörer; Aufrührer: Tumultuant / † Turbator
Unsachlichkeit; Abneigung gegen vernünftige sachliche Auseinandersetzung; Logikfeindlichkeit: Misologie

unsauber; unordentlich: † malproper
unschädlich machen, Gifte chemisch (z. B. durch Erhitzen): inaktivieren
Unschärfe --> Abweichung
unschicklich; grob; nicht feinfühlig: indezent {u.; unpassend; ungelegen: † inkonvenabel/inkonvenient} {Unschicklichkeit: † Indezenz}
unschön; unstimmig: dissonant
unselbständig sein ◇ die Meinung eines anderen nachbeten: jurare in verba magistri --> Meisters Worten folgen
Unselbständiger; von anderen abhängiger Mensch (abw.): Popanz m {Unselbständigkeit; Anspruch, versorgt zu werden: *Feed-me-Haltung*}
unser Herr, komm!: Maranatha!
unsicher --> schwankend --> Ungewißheit --> Urteilsenthaltung
unsichtbar: invisibel {unwahrnehmbar (Krankheiten): inapparent} {nicht wahrnehmbar (Philos.): imperzeptibel}
Unsichtbarbleiben des [kommentierenden] Sprechers [im Fernsehen]: Off s (Offstimme)
Unsinn: Nonsens m --> Spaß machen
Unsinn ◇ sinnloses, verworrenes Geschwätz: Galimathias m,s --> Koterbrechen --> sinnlos --> unartikulierte
Unsinnigkeit beweisen; Nichthaltbarkeit zeigen (Behauptungen): ad absurdum führen
unsittlich; schamlos; frech: frivol --> unmoralisch
unsolide; fragwürdig; zweifelhaft: dubios/dubiös
unsorgfältig; ungenau: inakkurat
unsozial --> soziale Ungleichbehandlung
unstandesgemäße Ehe (ungleiche soziale Herkunft der Partner): Mesalliance {Heirat einer Frau niederer Klasse mit einem höherklassigen Mann (Soziol.): Hypergamie} {Heirat einer höherklassigen Frau mit einem niederklassigen Mann (Soziol.): Hypogamie {unstandesgemäß (Ehe): morganatisch}
unsteigerbares Adjektiv: † Inkomparabile s (inkomparabel)
Unsterblichkeit: Immortalität {(Religion): Athanasie} {Lehre von der Seelenverewigung: Athanatismus} {Seelenwanderung: Metempsychose}
unsteter Mensch, flatterhafter: † Papillon m
unstimmig; unschön: dissonant {Unstimmigkeit; Mißklang: Disharmonie}
untätig; träge; unbeteiligt: † inert --> Träumen, tatenloses --> Unterlassungssünde
Unteilbares; Einfaches; Nichtzusammengesetztes (Philos.): Monade w {unteilbar: indivisibel}
unter dem Nagel befindlich (Med.): subungual
unter dem Stichwort: sub voce (s.v.)
unter den Hammer: sub hasta --> Versteigerung
unter der Haut befindlich: subkutan/subdermal/hypodermatisch
unter freiem Himmel; unüberdacht: hypäthral
unter Kontrolle halten --> Ausbreitungsverhinderung
unter...; schwach...: hypo...
unter sonst gleichen Umständen (Wirtschaftswiss.): ceteris paribus
unter uns: entre nous
unter Vorbehalt --> bedingt
unter Wasser befindlich oder sich vollziehend (Biol.,Med.): subaqual {u. W. lebend (Pflanzen,Tiere): submers}
Unterarm: Antebrachium s (Antebrachia Mz)
Unterbau; Grundbau: Substruktion {U.; Grundlage; Bestand; Mittel: Fundus m}
Unterbewertung --> Zukleinwahrnehmung
unterbewußt (Psychol.): subkonszient --> Unbewußtes --> unterschwellig
Unterbrechung ◇ [gedanklicher] Einschnitt: Zäsur
Unterbrechung; Störung: Interruption
Unterbrechung; Zwischenrede: † Interpellation
unterbringen; beherbergen: † logieren
unterbrochen; zusammenhangslos; aussetzend: diskontinuierlich
unterbrochener Geschlechtsverkehr zwecks Empfängnisverhütung: Coitus interruptus / Interruptus {Geschlechtsverkehr mit absichtlicher Vermeidung des Samenergusses: Karezza w}
unterdessen; einstweilen; vorläufig: ad interim (a.i.)
unterdrücken; zurückdrängen: supprimieren {u.; knechten; tyrannisieren: knuten} {u.d; hemmend: suppressiv}
Unterdrückter ◇ zu Unrecht Verfolgter oder Benachteiligter: Underdog {japan. Zwergbaum, der durch spezielle Behandlung niedrig gehalten wurde: Bonsai[baum]}
Unterdrückung; Bedrückung: Oppression lat (oppressiv)
Unterentwicklung (Gewebe,Organ): Hypoplasie {U.; Fehlentwicklung (Med.): Dysplasie} {unterdurchschnittliche Größenentwicklung (Gewebe,Organe): Hypotrophie}
Unterernährung: Hypotrophie
Unterführung (Straßen): Subway w,m
Unterfunktion (Organe): Hypofunktion
Unterfutter: Dublüre/Doublure
Untergang (Gestirn): Deszendenz
Untergang; Unheil; Grauen: Apokalypse --> Niederlage
Untergebener ◇ hochrangiger, treuer Gefolgsmann: Paladin
untergeordnet: inferior lat {u.er Begriff; Wort, welches einem anderem untergeordnet, differenzierter und merkmalreicher ist (z.B. Bohnerwachs zu Putzmittel): Hyponym s}
unterhalten, sich: diskurrieren / † konversieren
Unterhalter, lockerer, heiterer, [beruflich tätiger]: Entertainer {jmd., der bei gesellschaftlichen Veranstaltungen das Unterhaltungsprogramm arrangiert oder leitet; Tanzmeister: † Maître de plaisir}
unterhaltsame Plauderei: Causerie {[amüsanter] Plauderer: Causeur} --> Zusammenkunft

Unterhaltung ◇ Brot und Spiele (altröm. Volksbefriedungsmotto): panem et circenses
Unterhaltung; Gedankenaustausch: Diskurs m {U.; Plauderei (gesellig-leicht): Konversation} {U.; Plauderei; [öffentliches] Gespräch: Talk m engl (talken)}
Unterhaltungsfilm; Kino: Movie s
Unterhaltungsliteratur; schöngeistige, erzählende Literatur: Belletristik
Unterhaltungsmusik ◇ ursprünglich; anspruchslos (Musik): innocente it
Unterhändler zwischen verfeindeten Heeren: Parlamentär
Unterhose ◇ Miederhöschen: Panty w
unterirdisch (Fachspr.): subterran {u.; der Erde angehörend: chthonisch} {im Erdkörper liegend oder entstehend (Geol.): intratellurisch}
unterirdisches Gewölbe; Kultraum (Religion): Hypogäum {unterirdischer Hohlraum (Anlagen,Müllablagerung): Kaverne w} {unterirdische Gänge anlegen; Stollen anlegen: minieren}
Unterkiefer (Med.): Mandibula w {abnorme U.kleinheit: Mikrogenie} {U.unterentwicklung: Hypognathie} {U.zurücktreten; Vogelgesicht: Opisthogenie/Opisthognathie}
Unterkühlung --> Körperkälte --> Winterschlaf
Unterkunft ◇ Bleibe; Wohnung: † Logement
Unterlage; Substanz; Verdinglichung; Vergegenständlichung: Hypostase/Hypostasie
unterlassen; auslassen: † omittieren
Unterlassungssünde ◇ Begehung einer Straftat durch Unterlassung gebotenen Verhaltens: Omissivdelikt --> Gefahrenherbeiführung
unterlegen, jmdm.: inferior lat
Unterleib; Bauch: Abdomen s {U.sregion: Hypogastrium}
Untermiete: † Sublokation
unternehmen; versuchen; betreiben; arbeiten: † tentieren
Unternehmensberatung --> Expertengruppe
Unternehmenszusammenschluß für ein Projekt: Joint-venture s
Unternehmung: Entreprise w {eigenwillige, abenteuerliche U.; mutwilliger Streich; Seitensprung; Abenteuer: Eskapade}
unternehmungslustig: initiativ {Unternehmungsgeist; Tapferkeit: † Strenuität}
Unterredung; diplomatischer Meinungsaustausch: † Pourparler s {U.; Zusammenkunft (Monarchen): Entrevue w} {U. mit hochgestellter Persönlichkeit: Audienz}
Unterricht mit Frage und Antwort: Erotematik {nur zum Anhören bestimmt (Lehrer redet, Schüler hört zu): akroamatisch} {U.smethode; Lehre vom planmäßigen Unterrichten: Methodik} {U.skunde; Lehre vom Lehren: Didaktik}
Unterrock, knöchellanger: † Jupe w / Jupon m
unterschätzen: † depretiieren
unterscheiden; in besonderer Weise abheben: distinguieren {u.; abgrenzen (sprachl. Einheiten): diskriminieren}
Unterscheidung: Distinktion {unterscheidend: distinktiv/diakritisch}
Unterschenkel; Schenkel: Çrus s (Crura Mz) --> Schenkel...
Unterschied ◇ einen U. begründend oder darstellend: differential/-tiell
unterschiedlich; entgegengesetzt: divergent
unterschiedlich formuliert --> gleichbedeutend
Unterschiedsbetonung; Darlegung des Unterschieds zweier Dinge (Redekunst): Diaphora w
unterschlagen, Karten beim Kartenspiel: filieren {Unterschlagung; Wegnahme (Jur.): † Interzeption} --> Hinterziehung
unterschreiben; abzeichnen (insb. Vertrag[sentwurf]): paraphieren
Unterschrift --> Bildunterschrift
unterschwellig (Psychol.): subliminal --> unterbewußt
untersetzt; von gedrungenem und zu Fettansatz neigendem Körperbau: pyknisch
Unterstellung; Verdächtigung: Insinuation (Insinuant, insinuieren) --> Anschuldigung
unterstützen; behaupten: † soutenieren
Unterstützer ◇ Hilfsrakete; Zusatztriebwerk: Booster
Unterstützung; Beistand: † Soutien s {U.; Erleichterung: † Soulagement} {U.; Versorgung: † Sustentation}
untersuchen, prüfend: examinieren/† tentieren --> überlegen
Untersuchung; Aufspürung: † Indagation {U.; Nachforschung: † Investigation} --> Akte
Untersuchung; Beratung durch den Arzt: Konsultation
Untersuchungsführer: † Inquirent {Untersuchungsrichter (strenger): Inquisitor}
untertänig; ehrerbietig; demütig: † submiß (Submission) {sich jmdm. gegenüber übertrieben ergeben zeigend: devot} {u.; unterwürfig (abw.): subaltern} --> demütig
Untertauchen --> Überdauerungsvermögen
Unterteilung (Philos.): Subdivision
Untertreiben; das Herunterspielen: Understatement s
Unterwanderung, ideologische: Infiltration (Infiltrant/Infiltrator)
Unterwäsche (Damen): Dessous s {einteilige, enganliegende U. (mit angearbeiteten Strümpfen): Bodystocking/Bodysuit m} {das Knistern und Rascheln der eleganten weiblichen U. zu Beginn dieses Jahrhunderts: Froufrou m,s}
unterwegs: en route / on the road
Unterweisung: Präzeption
Unterwelt; Hölle: Inferno s {U.; grundlose Tiefe: Abyssus m} {U. (griech. Sage): Tartarus/-ros/Hades/Orkus/Erebos/-bus m} {zur U. gehörend: acherontisch}
unterwürfig ◇ demütig; niedrig: † hu-

mil (Humilität) {u.; übertrieben ergeben sich zeigend: devot (Devotion)} {u.; untertänig (abw.): subaltern} --> Kriecher

Untoter --> willenloser

untreu; vertragsbrüchig: illoyal

Unübertreffliches; Unvergleichliches: Nonplusultra s

unumkehrbar; nicht rückgängig zu machen (techn.,biol.,chem. Vorgänge): irreversibel

unumstößlich; unwiderlegbar; von schlagender Beweiskraft: apodiktisch

ununterbrochen: en suite {u.; in einem Akt: uno actu} {den folgenden Satz o.ä. unterbrechungslos anschließen (Musik): attaca} --> fortlaufend

unveränderlich: anallaktisch/invariabel {(math. Meßgrößen): invariant} {Unveränderlichkeit: † Immutabiliät} {Unveränderlichkeit; Beharrlichkeit; Stetigkeit: Konstanz}

unverändert; im gegenwärtigen Zustand: in statu quo --> unberührt

unveräußerlich: indisponibel {u.; nicht übertragbar: inalienabel}

unverbindlich; nicht umgänglich; unversöhnlich; kompromißlos: inkonziliant

unverdaulich: krud

unvereinbar; ungleichartig; sich widersprechend: disparat (Disparität) {Unvereinbares als belastende Aufgabe: Crux w} {Unvereinbarkeit [mehrerer Ämter in einer Person]: Inkompatibilität} --> sinnlos

unvergleichbar: † inkomparabel {u.; nicht im Vergleich meßbar: inkommensurabel}

Unvergleichliches; Unübertreffliches: Nonplusultra s

Unverheirateter; Junggeselle: † Agamist

unverkäuflich ◇ unveräußerlich: indisponibel {unveräußerlich; nicht übertragbar: inalienabel}

unvermeidlich; üblich; regelmäßig dazugehörend (spöttisch): obligat

unvermittelt zum Thema ◇ einleitungslos und ohne Umschweife zur Sache: in medias res

unvernünftig; vernunftwidrig: irrational

unverschämt; anmaßend: insolent {u. herausfordernd: impertinent} {Unverschämtheit; unbekümmert-dreiste Unverfrorenheit (abw.): Chuzpe w}

unversehens: ex abrupto

unversöhnlich; kompromißlos (insb. Politik): intransigent (Intransigent m) --> nicht umgänglich

Unverstand; Stumpfheit: Anoia w

unverständlich ◇ unbegreiflich: inkomprehensibel {u.; [geistig] nicht erkennbar: † inintelligibel} --> verworren

unverträglich (Arzneien,Blutgruppen): inkompatibel {Unverträglichkeit; Abneigung des Organismus gegen bestimmte Stoffe (Nahrungsmittel,Alkohol etc.): Intoleranz}

Unverwertbares ◇ Ausschuß (Kaffeebohnen): Triage w {Unverzehrbares (Teile von Schlachttieren): Konfiskat s}

unverzüglich; schnell; sofort: a tempo

unvollendbar; unbildsam: imperfektibel

unvollendetes Werk; Bruchstück: Torso m --> Konzept statt --> unvollständiges

unvollkommen; unausgeprägt (Krankheitssymptom): fruste frz

Unvollkommenheit ◇ Fehlbarkeit: † Fallibilität

unvollständiges Werk, [literarisches]: Fragment --> mangelhaft --> unvollendetes

unvorbereitet; ohne vorherige Kenntnis: a prima vista --> Klassenarbeit --> unangekündigte Überprüfung

unvorhersehbar; zufällig: † kasual --> Unwägbarkeiten

unvorschriftsmäßig; unrechtmäßig: illegitim

unvorsichtig --> sorglos

Unwägbarkeiten; Gefühls- und Stimmungswerte: Imponderabilien († imponderabel)

unwesentlich; nicht wesensmäßig (Philos.): inessentiell {u.; nur begleitend; nicht unterscheidend: konkomitant}

unwesentlich; zufällig: akzident[i]ell {zufällig; wirklich oder möglich, doch nicht [wesens]notwendig: kontingent}

unwichtig; unerheblich; belanglos: irrelevant {drittrangig (abw.): tertiär} --> begleitend, nur --> nichtig

Unwichtiger --> Unbedeutender

Unwichtigkeiten; Nichtigkeiten; Kleinigkeiten: † Minuzien

unwiderlegbar; unumstößlich; von schlagender Beweiskraft: apodiktisch --> intolerant

unwiederbringlich ◇ nicht zurückführbar; nicht wiederherstellbar: irreduktibel --> endgültig

Unwille; Entrüstung: Indignation

Unwillkommener; Unliebsamer: † Urian

unwillkürlich ◇ nicht dem Willen unterliegend (Nerven): vegetativ {ohne Willensmitwirkung nur durch Vorstellung ausgelöst (Bewegungen,Handlungen): ideomotorisch} --> Zuckungen

unwirklich; nicht real: imaginär

unwirksam; sich als Kraft nicht auswirkend: ineffizient {u. werden lassen durch Herauslösen aus einem Komplex: eliminieren}

Unwissenheit; Dummheit (abw.): Ignoranz (Ignorant m) {U.; Nichtwissen (Philos.): Agnosie}

Unwohlsein; Übelkeit; Unbehagen: Malaise w --> unpäßlich

Unwürdigkeit: † Indignität

Unzahl; riesige Menge: Myriaden

Unzeitgemäßes ◇ das unnormale Wiederauftreten von stammesgeschichtlich alten Merkmalen: Atavismus

unzertrennliche Freunde: Dioskuren {wie u. F.: wie Kastor und Pollux}

unzüchtig: priap[e]isch --> Wollust

unzufrieden; mißvergnügt: † malkontent {Unzufriedenheit; Schwermut; Verdrießlichkeit: Dyskolie}

unzulänglich; unzureichend: insuffizient --> Körper als Gefängnis

Unzuordbares --> Uneinordbares

unzurechnungsfähig; nicht bei Verstand: mente captus --> Schwachsinn
unzureichend; unzulänglich: insuffizient
unzusammenhängend: inkohärent --> konfus
unzuverlässig; wandelbar: proteisch (Proteus m) {Unbeständigkeit; Treulosigkeit: Athesie} {Unzuverlässiger: unsicherer Kantonist}
unzuvorkommend; ungefällig (Geschäftsverkehr): inkulant
unzweckmäßig; unangebracht; unpassend: inopportun --> ungeeignet
üppig; reichlich: opulent {ü. bezüglich Gerichte; schwelgerisch: lukullisch} {ü.; überschwenglich: † exuberant} {ü. vorhanden sein: luxurieren}
uralt: † ogygisch {u.er Mann: Methusalem}
Urbild: Präfiguration
Ureinwohner: Autochthone w/m
Urform; Urbild: Archetyp m
Urheber; Erfinder: Inventor
Urinieren --> Harnlassen
Urkunde; Freibrief: Charter w,m {U.nabschriften (Sammlung): Kopialbuch} {U.nlehre: Diplomatik} {Kraftloserklärung einer U.: Amortisation} {urkundlich: archivalisch}
Urlaub; Ferien: Holidays Mz {Sommerfrische; Landaufenthalt: † Villeggiatur it}
Urne; kleinerer Prunksarg (Archäologie): Larnax w
Ursache; Grund; Vorausgegangenes: Antezedens s / Antezedenz w {U.; G. (Jur.): Causa w} {nur eine U. habend; auf nur einen Grund zurückgehend: monokausal}
ursächlich; begründend: ätiologisch {u.; das Verhältnis Ursache-Wirkung betreffend: kausal (Kausalität)} {u.er Zusammenhang; Verküpfung von Ursache und Wirkung: Kausalnexus m} {logische Wenn-dann-Beziehung: Implikation} {ohne ursächlichen Zusammenhang: akausal}
Urschrift; Originaltext (Manuskript einer bekannten Persönlichkeit): Autograph m / † Autogramm s
ursprünglich: originär {u.; selbsttätig: autogen} --> Werden
ursprüngliches Wort --> Stammwort
Urteil, korrektes: Eudoxie
Urteil, richterliches: Sentenz {U.; Urteilsspruch: Verdikt s} {rechtskräftig entschiedene Sache: Res judicata w} {U.saufhebung (höhere Instanz): Kassation} --> Rechtsspruch
Urteil; Stimme: Votum s
Urteil von sich selbst (Gruppe, Person): Autostereotyp s
urteilen; entscheiden: dijudizieren
Urteilsenthaltung gegenüber Dingen über die nichts bekannt ist: Aphasie
Urteilskern; der entscheidende Teil des Urteils: Tenor [tenor]
urzeitlich; vorzeitlich; versteinert: fossil
Urzeugung [ohne göttlichen Schöpfungsakt] (Lebensentstehung auf der Erde): Generatio aequivoca / Generatio primaria / Generatio spontanea w {Annahme der ursprünglichen Entstehung der Lebewesen aus unbelebter Materie: Abiogenese/Abiogenesis}
USA; US-Regierung (scherzh.): Uncle Sam

V

Vater (engl. ugs. Bez.): Daddy
Vater und Sohn ◇ Wesensgleichheit von Gottvater und Gott Sohn: Homousie {Wesensähnlichkeit von Gottvater und Gottsohn: Homöusie}
Vaterland --> wo es mir gut geht
vaterländisches Gedicht: Bardiet s
Vaterlandsloser; Staatenloser: Apatride m/w
Vaterschaft: Paternität {Bestreiten der V. durch den Vater mit Hinweis auf Verkehr der Mutter mit mehreren Männern in der Empfängniszeit: Exzeptio plurium w}
Vaterunser: Oratio dominica w / Paternoster s
vegetarisches Essen: Vegetabilien {nur von pflanzlicher Nahrung lebendes Tier: Herbivore m} --> einseitig ernährend
Veilchen: Viola/Viole (Violen Mz)
Venenentzündung: Phlebitis
Venus als Abendstern: Hesperos/-rus m
Verabredung; Treffen (Freund mit Freundin): Date s
Verabreichung (Testmedikament): Applikation/Medizinierung
verabscheuen; verwünschen: detestieren {verabscheuungswürdig: detestabel}
verabscheuen; zurückweisen; entschieden ablehnen: perhorreszieren --> ablehnen
Verabschiedeter --> entlassen
verachten: abjizieren {v.; jmdn. geringschätzen: despektieren}
verachtet sei wer Böses dabei denkt (Hosenbandordenswahlspruch): honi soit qui mal y pense / honni - - - - - / honny - - - - -
verächtlich: abjekt {v.; wegwerfend: en canaille}
Verallgemeinerung: Generalisierung/Generalisation {gedanklich verallgemeinern; etwas zum Begriff fassen: abstrahieren (Abstraktion)}
veralten: antiquieren {v.; ungebräuchlich werden: † obsoleszieren} {das Veralten: Obsoleszenz} {veraltet; ungebräuchlich: obsolet († obsoleszieren)} {für veraltet erklären: antiquieren} {Verwendung veralteter Wörter oder alter Sprach- und Stilformen: Archaismus} {das gemeinsame Auftreten veralteter oder veraltender Wörter mit modernen: Kopräsenz}
Veraltetes; durch Fortschritte etc. nicht mehr übliche Erscheinung: Anachronismus --> Unzeitgemäßes
veränderlich; abwandelbar; schwankend: variabel {v.; wandelbar: mutabel} {v.; umstellbar; vertauschbar: kommu-

tabel (kommutieren)} {v.; umstellbar; vertauschbar (Math.): kommutativ}

verändern; abwandeln: modulieren {umwandeln; verwandeln: transmutieren} {Veränderndes; etwas, welches abschwächende oder verstärkende Wirkung hat: Modifikator}

Veränderung; Abwechslung; Vielfalt: Diversifikation/Diversifizierung

Veränderung; Änderung; Wandlung: † Mutation {V.; Umwandlung: Metabolismus} {V.; Abwandlung; Einschränkung: Modifikation} --> Verwandlung

Veranlagung; Empfänglichkeit (für Krankheiten): Prädisposition

veranlassen ◇ verursachen: † kausieren

veranschaulichend; erläuternd: illustrativ {einen Text veranschaulichen (mittels Fotos o.ä.): visualisieren} --> anschaulich machen --> Vergegenständlichung --> zeigend

veranschlagen; abschätzen: taxieren/taxen

Veranstalter; Agent; Unternehmer (Konzerte, Theater): Entrepreneur {V. (Konzerte, Sportwettkämpfe, Festivals): Promoter} --> Organisator

verantwortlich: † responsabel {v.; rechenschaftspflichtig: † komptabel}

Verantwortung abschieben --> Zuständigkeit

Verantwortungslast --> Trägergestalt

verarbeiten; anfertigen: † manufakturieren

verarbeiten ◇ angleichen; anpassen: assimilieren

verärgern --> erbittern

Verarmung; Massenarmut; Verelendung: Pauperismus

verarschen: *rektalisieren* --> verkohlen

verästelt --> verzweigt

Veräußerung; Entäußerung: Abalienation

Verballhornung: Mutimanie {verballhornen: ballhornisieren}

Verband --> Geschwader

Verbandanlegen: Fasziation {Verbandmull: Gaze w} --> Bindenverband

verbannen; ächten: proskribieren {Verbannung; Ausbürgerung: Expatriation/Expatriierung} {Verbannter: † Ablegat} {in Verbannung leben: † exulieren}

verbergen; bedecken: † kuvrieren {v.; verhüllen; verheimlichen: kaschieren/cachieren} --> Krankheiten --> Tarnung

verbesserbar: † korrigibel {verbessern (insb. Ackerboden): meliorieren} --> bearbeiten

Verbesserung; Berichtigung (insb. Texte): Emendation {V.; Besserung; Regelung: † Korrektion} {V. (insb. Ackerboden): Amelioration}

Verbeugung: Reverenz w / † Kompliment {V.; Diener: † Serviteur} {V.; demütige Ehrerweisung: Kotau m} {V.; demüter Fußfall: Proskynese/Proskynesis/Prosternation (prosternieren)} --> Kniefall

verbieten; verhindern: † prohibieren

Verbilligung --> Preisnachlaß

verbinden; vereinigen: amalgieren {v.; verknüpfen: nektieren} {v.; zusammenlegen: † jungieren}

verbindend: konjunktiv {v.; vereinigend: assoziativ}

verbindlich --> freundlich

verbindlich; verpflichtend; bindend: obligatorisch {Verbindlichkeit; Bürde; Last; Auflage (Jur.): † Onus s} {Verbindlichkeit; Verpflichtung (Wirtschaft): Obligo s} {persönliche Verpflichtung oder Verbindlichkeit (Jur.): Obligation}

Verbindung; Verflechtung; Zusammenhang: Konnex/Nexus m / † Kontextur {V.; Fuge: † Junktur} {wegen innerer Zusammengehörigkeit notwendige V. (Verträge,Gesetze etc.): Junktim s}

Verbindungsgang: Couloir m

Verbindungsstück (Rohrleitungen): Fitting

verblümen --> bejahender Satz --> schmücken

verborgen; versteckt; der Möglichkeit nach vorhanden, aber nicht offenkundig: latent (Latenz) {Verborgenbleiben einer Erbanlage: Kryptomerie} {unter der Erde reifend (Früchte): geokarp}

Verbot; Untersagung: † Interdiktion (interdizieren) --> einstweilige Verfügung

Verbotenes ◇ das von den Göttern Verbotene (röm. Antike): Nefas s {verbotene Zone; heiliger Bezirk (islam. Orient): Haram m}

Verbrauch (Wirtschaftsgüter): Konsum[p]tion {Verbrauchsgüter: † Konsumtibilien} {organisierter Schutz der V.erinteressen: Konsumerismus}

Verbrechen; Missetat: † Malefiz s {V. hervorrufend: kriminogen} --> Coup --> Straftat

Verbrecher; sich nicht an die Rechtsordnung Haltender: Outlaw {Gangster; Bandit: Mobster} {Übeltäter; Missetäter: † Malefikant/Malefikus} {V.bande (Amerika): Racket s} {Mitglied einer amerikan. Verbrecherbande: Racketeer m}

verbreiten ◇ unter das Volk bringen; bekanntmachen: † vulgarisieren {Verbreiter; Propagandist: Divulgator}

verbreiten; zerstreuen; fein verteilen: dispergieren {verbreitet; ausgestreut (Krankheiten oder Erreger in größerem Gebiet): disseminiert}

Verbreitungskunde (Tiere,Pflanzen): Arealkunde/Chorologie/Chorographie {Verbreitungswissenschaft (Tiere,Pflanzen): Biogeographie}

verbrennen ◇ absengen; abflammen: † flambieren {Verbrennung vierten Grades; schwerster Hitzeschaden: Karbonisation}

Verbrennung; Einäscherung (Leichen): Kremation

Verbrennung (Med.): Kombustion

verbünden: alliieren/föderieren {Verbündete: Konföderierte}

verbürgen, sich; für jmdn. eintreten; zwischen Schuldner und Gläubiger treten: interzedieren (Interzession)

Verdacht; Argwohn: † Soupçon m / Ombrage w {Vermutung: † Konjektur (konjizieren)} {Verdächtigung; Anschuldigung: † Insimulation} {verdächtig; bedenklich; anrüchig: ominös} {verdächtig; dunkel; von zweifelhafter Herkunft: obskur (Obskurität)} --> Unterstellung

verdammt!; potztausend!; allerhand!: † morbleu!

Verdammung; Verurteilung: † Kondemnation {verdammen; mit dem Kirchenbann belegen: anathematisieren} --> Verfluchung

verdampfen: vaporisieren {Verdampfung; Verdunstung: Evaporation}

verdauen: digerieren (Digestion) {Verdauungsstörung: Indigestion} {verdauungsfördernd: digestiv} {Verdauung förderndes Mittel und Appetitanreger: Stomachikum} --> Magen

Verdeck, abnehmbares ([Sport]wagen): Hardtop s,m

verdecken --> bedecken --> verschwinden lassen

verderben, jmdn. oder etwas: depravieren

verderbenbringende Gabe: Nessusgewand --> verhängnisvoll

verdeutschen; eindeutschen: germanisieren

Verdichtung (Gas o.ä. zu Flüssigkeit): Kondensation {verdichten: komprimieren}

verdicken --> eindicken

Verdienst --> Einkommen --> Lohn

Verdienst, das: Meritum (Meriten Mz) {verdienstlich: † meritorisch} {verdienen; sich verdient machen; wert sein: † meritieren} {V.adel: Meritokratie}

verdoppeln: dualisieren/duplizieren/duplieren (Duplikation)

verdrängen; verrücken: † deplacieren

verdreht; verwickelt: † kontort

Verdrehung; Verdrillung: Torsion (tordieren) {V.; gewaltsame Verrenkung (Gelenke etc.): Kontorsion}

verdreifachen: triplieren

Verdrießlichkeit; Unzufriedenheit; Schwermut: Dyskolie {Verdruß; Kummer: Chadrin m} {Verdruß; Überdruß: Ennui m,s (ennuyant)} {verdrießlich; mürrisch: † maussade/moros}

verdrillen; zusammendrehen; doppeln (Garne): dublieren

Verdunkelung, [plötzliche] (Kriegszeiten, Theaterszenenschluß, Stadtstromausfall): Blackout m,s

Verdunkelung; Verschleierung (z.B. Beweismaterial): Kollusion

verdünnen; auflockern: rarefizieren {Verdünnung (Medizin): Dilution (diluieren)}

verdunsten: evaporieren {Verdunstung; Verdampfung: Evaporation} --> Versikkerung

Veredelung; Verfeinerung: Raffinage {Metall mit Edelmetallüberzug: Dublee/Doublé s}

Veredelungsversuch ◇ Versuch, unedle in edle Stoffe zu verwandeln (insb. Mittelalter): Alchimie/Alchemie/ † Hermetik

Verehrung; Anbetung (allein Gott o.ä. zustehend): Latrie {V. [kathol. Heiliger]: † Veneration} {Menschenkult; gottähnliche V. eines Menschen: Anthro-

polatrie} {[als heilig] verehren: † venerieren} {antikes Traktat mit Lobpreisung von Göttern oder Helden: Aretalogie} --> Vergöttlichung
verehrungswürdig: † venerabel {v.; anbetungswürdig: † adorabel}
vereinbar, miteinander; zusammenpassend: kompatibel {v.; zusammensetzbar (Philos.): kompossibel}
vereinbaren; übereinkommen: akkordieren {Zeitpunkt des Wirksamkeitsbeginns einer Vereinbarung oder einer Bestimmung: ex nunc} --> Regeln
Vereinfachung bei Verkleinerung (Landkarten): Generalisation
Vereinheitlichung [von Unterschiedlichem]: Integration
vereinigen; verbinden: amalgieren {zusammenfließen; sich vereinigen: konfluieren} {v.d; verbindend: assoziativ} {Vereinigung; innere Verwachsung: † Koaleszenz} {Vereinigung; Verschmelzung: Fusion}
Vereinigung --> Betriebszusammenfassung
Vereinigung; Versammlung: † Kongregation {vereinigen (Religionsgemeinschaften): unieren}
Vereinigung; Versöhnung (Meinungen): † Konziliation
vereinsamt: desolat {Angst beim Umgang mit Menschen [als Folge von Isolierung] (krankhaft): Homilopathie/Homilophobie}
Vereinswechsel (Berufssportler): Transfer m
vereinzelt --> verstreut
vereiteln; täuschen: † frustrieren
Vereiterung: Purul[esz]enz --> Eiterung
Verelendung; Verarmung; Massenarmut: Pauperismus
verengte Stelle; enger Durchlaß; schmale Verbindung (zwischen Körperhohlräumen): Isthmus
Vererbung betreffend; erblich (Biol., Med.): hereditär {V.slehre des Menschen: Humangenetik} --> angeboren
verewigen; in die Länge ziehen: eternisieren
Verfahren; Handhabung (Technik): Manipulation {verfahren; zu Werke gehen: prozedieren}
Verfahrensweise: Modus procedendi {Lehre der V.n der Wissenschaften: Methodik} --> Art und Weise
Verfahrenswiederaufnahme (Jur.): † Reassumption
Verfall; Verminderung: Dekrement {V. eines sozialen oder [alternden] biologischen Organismus: Involution} {verfallend; sittlich verkommend: morbid}
verfallen; hinfällig; gebrechlich: † kaduk {körperlich v.: kollabeszieren} {verfallen; verkümmern: degenerieren} {verfallend; schwindend (körperliche und geistige Kräfte): marantisch/marastisch}
Verfallzeit (Wirtsch.): † Skadenz
verfälschen; fälschen: † falsifizieren
verfälschte Umfrageerhebung (z.B. durch Suggestivfragen): Bias s engl
verfänglich: † kaptiös {v.; heikel; verwickelt; verworren: † intrikat} {v.e Art zu fragen; v.er Trugschluß; Fehlschluß: † Kaption}
Verfasser (Schriftstück): † Konzipient {unter dem richtigen V.namen herausgebracht: autonym} --> Autor
Verfassung, körperlich-seelische; Widerstandskraft: Konstitution
Verfassung; Rechtsbestimmung; Satzung; Verordnung: Konstitution {V.; Grundgesetz; Satzung: Magna Charta} {V.surkunde; Grundgesetz: Charta}
verfassungsgebende Versammlung: konstituierende Versammlung /Konstituante/Constituante
verfassungsmäßig; an die Verfassung gebunden: konstitutionell {Verfassungsmäßigkeit: Legitimität}
Verfassungsschutz ◇ Gebiet der Chemie, das sich mit den Gärungsvorgängen beschäftigt: Zymologie
Verfaulung --> Vermoderung
Verfechter --> Anhänger
verfehlen; mangeln; fehlen: † mankieren
Verfehlung --> Verwicklungsursache
Verfeinerung; Verstädterung (Lebensstil o.ä.): Urbanisation
verfettet; fett[reich]: adipös {Verfettung (Med.): Steatose}
Verflechtung; Verbindung; Zusammenhang: Konnex/Nexus m {Einbeziehung einer Sache in eine andere: Implikation} --> Einbeziehung
Verflossene --> Geliebte
verflucht!; potztausend!; allerhand!: † morbleu!
Verfluchung; Kirchenbann: Anathem[a] (anathematisieren) --> Verdammung
Verflüssigung eines festen Stoffes: Liquefaktion (liqueszieren)
Verfolgter; Benachteiligter (zu Unrecht): Underdog
Verfolgung: † Persekution {V.; Beschattung: *Kalzetererie*} {Nachstellungen: † Insidien} {katholisch-staatliche Untersuchungen und Verfolgungen von Glaubensabweichlern (hist.): Inquisition} {Geheimbefehle der franz. Könige bis zur Revolution zur Verbannung oder Verfolgung: Lettres de cachet Mz}
Verfolgungswahn: Persekutionsdelirium --> Beobachtungsangst
verformbar; streckbar; dehnbar (Technik): duktil {verformen: konfigurieren} {Verformung (Med.): Konfiguration}
verfrüht auftretend (Med.): anteponierend
verfügbar: disponibel {(Wirtsch.): liquid[e]} --> vorrätig
verfügend; anordnend: dispositiv {behördliche V.; richterliche Anordnung: Dekret s}
Verführer; Frauenheld: Ladykiller / Don Juan --> Kindmann
verführerische Frau, schöne: Sirene {extravagante, charmante, ihren Partnern oft zum Verhängnis werdende v. F.: Femme fatale} --> Kindfrau
Verführung: † Seduktion (seduzieren) --> Verlockung
vergällen; ungenießbar machen: denaturieren

vergangene Zeiten!; das sind [leider oder zum Glück] längst vergangene Zeiten!: Tempi passati!

vergangenen Jahres: † anni praeteriti (a.p.)

Vergangenheit ◇ Anspielung auf Worte oder Geschehnisse in der V. (Stil): Allusion

vergänglich; zeitlich; weltlich; irdisch: † temporell

vergeblich; für nichts: † pro nihilo {v.; irrtümlich: frustran} --> sinnlose

Vergebung --> Sündenvergebung

Vergegenständlichung; Konkretisierung: Reifikation [re-i-] {V.; Verdinglichung; Unterlage; Substanz: Hypostase/Hypostasie} {Verwirklichung; V.: Konkretion}

vergeistigen: spiritualisieren {vergeistigt; überaus zart; erdentrückt: ätherisch}

Vergeltung: Retribution {V. von Gleichem mit Gleichem (veralteter Strafrechtsgrundsatz): Talion w} --> Gerechtigkeit

Vergessenheit; Vergessenheitstrank (dichter.): Lethe w

Vergeßlichkeit; Sprachstörung durch Gedächtnisstörung (insb. Worte): Logasthenie --> Gedächtnisschwäche

Vergewaltigung: Stuprum s (stuprieren) {Schändung; Verletzung: † Violation}

Vergiftung: Intoxikation {Vergiftung; Vergiftungserscheinung: Entoxismus} {V.; durch Gift hervorgerufene Krankheit: Toxiko[no]se/ Toxonose} {vergiftungsmäßig entstanden: toxigen/toxogen} {vergiftende Wirkung kleiner und fortgesetzt gegebener Dosen: Kumulation} {Vergiftungsangst (krankhaft): Toxophobie} --> Lebensmittelvergiftung

Vergißmeinnicht (Blume): Myosotis

Vergleich eingehen, mit jmdm.: † paziszieren

Vergleich; Gleichnis: Simile s

Vergleich (Philos.): Synkrise/Synkrisis {vergleichend (Philos.): komparativ} {V.spunkt; Gemeinsamkeit verschiedener verglichener Gegenstände (Philos.): Tertium comparationis} {vergleichen: † komparieren} {vergleichend; gegenüberstellend: kontrastiv} {Sprachen vergleichend: komparativ/konfrontativ} {V.; Richtigkeitsüberprüfung (Urschrift mit Abschrift): Kollation} {V.ssatz; einen V. enthaltender Satz: Komparativsatz}

vergleichbar: komparabel (Komparabilität) {v.; mit gleichem Maß meßbar (insb. Math.,Phys.): kommensurabel}

vergleiche!: confer! (cf./cfr./conf.)

Vergnügungsstätte oder Gartentheater o. ä.: Tivoli s

Vergnügungssucht --> Zerstreuungssucht

Vergöttlichung (Menschen,Dinge): Deifikation [-e-i-] {V. [lebender oder toter Herrscher]: Apotheose} --> Verehrung

vergrabener Schatz --> versenktes

Vergrößerung (Foto oder Fernsehbild): Blow-up s --> verkleinern

Vergütung; Entschädigung: † Remuneration {V. für schadhafte Warenteile: Bonifikation} {vergüten: † gratifizieren} {vergüten; entschädigen: † indemnisieren}

verhalten --> halblaut --> halbleise

verhaltenseigen; zur Gewohnheit geworden; charakterlich: habituell (habitualisieren)

Verhaltensforschung (Zool.): Ethologie {Verhaltensübereinstimmung zwischen Tierarten oder zwischen Mensch und Tier (angeboren): Homologie} {irrtümlich angenommene angeborene Vehaltensübereinstimmung zwischen Tierarten (insb. zwischen Tier und Mensch): *Homoplasie*}

Verhältniszahl; zugrundeliegendes Verhältnis (Math.): Modul m [modul]

verhandeln; heftig erörtern: diskurrieren {v.; unterhandeln: † traktieren} {Verhandeln (Wirtschaft): Bargaining}

Verhängnis; Geschick; Schicksal: Fatum {(griech. Philosophie): Heimarmene w} {V.; Zwang; Schicksal: Ananke w} {V.; Mißgeschick; peinliche Lage: Fatalität}

verhängnisvoll; folgenschwer; verderblich; üble Folgen nach sich ziehend: fatal --> unheilvoll

Verhärtung (Körpergewebe,Organe): Sklerose/Induration/Obduration {Verknöcherung: Ossifikation}

verhauchend --> hinsterbend

verheimlichen; verbergen; verhüllen: kaschieren/cachieren {(Krankheiten): dissimulieren}

Verheiratete --> Brautleute

Verherrlichung: Apotheose/Glorifizierung/ Glorifikation {lobrednerisch: panegyrisch}

verhindern; hindern; durchkreuzen: traversieren {v.; verbieten: † prohibieren} {v.; Einhalt gebieten: † inhibieren} {als hemmender Faktor in Erscheinung treten: intervenieren} --> Störung --> Verzögerungstaktik

verhöhnen; [schwer] beleidigen: insultieren (Insult m lat / Insultation)

verhören; [gerichtlich] untersuchen: inquirieren {verhörend; peinlich ausfragend: inquisitorisch}

Verhornung (insb. Haut): Keratose

verhüllen; verbergen; verheimlichen: kaschieren/cachieren {(Krankheiten): dissimulieren} --> beschönigende Umschreibung

Verhütung --> Empfängnis

verinnerlicht; innerlich: internal {Verinnerlichung von Werten; Zueigenmachung von Normen oder Auffassungen: Internalisierung/Internalisation / Inneration} --> übernehmen, etwas

verirrt; vom Ursprungsort weit entfernt: erratisch

verjagen; vertreiben: † expellieren

Verjährung (Jur.): Präskription/ † Inveteration {V.; Verfall: † Perem[p]tion} --> Ehrenschulden

verjüngen; kosmetische Hautoperation durchführen: liften (Lift m,s / Lifting s) {faltenbeseitigende Gesichtsoperation: Facelifting}

verkalken; Kalke bilden: kalzifizieren

verkappt; versteckt; ohne typische Merkmale verlaufend (Krankheiten): larviert

Verkauf; Veräußerung: Alienation {Veräußerung; Entäußerung: Abalienation} {[gebundenes Kapital in] Geld flüssig machen: mobilisieren/monetisieren / *pekunieren*} --> anbieten

verkäuflich ◇ handelsfähig (Waren,Wertpapiere): negoziabel

verkaufsförderndes Mittel (Verkaufsständer etc.): Dispenser {Gesamtheit der verkaufsfördernden Maßnahmen (Produktgestaltung,Werbung,Kundendienst): Merchandising}

Verkaufsleiter: Substitut m

Verkaufsstand im Kaufhaus, von allen Seiten zugänglicher, längerer: Gondel w --> Geschäftsraum

Verkaufstricks --> Werbung

verkehren, mit jmdm.; sich mit etwas beschäftigen: † versieren

Verkehrsdichte; Zustrom; Besucherzahlhöhe: Frequenz

Verkehrsnetz ◇ wirtschaftlich-organisatorischer Unterbau einer hochentwickelten Wirtschaft (z.B. V.,Kommunikationsmittel etc.): Infrastruktur

Verkehrspolizist, amerikanischer (ugs.): Cop

Verkehrssprache; Handelssprache (mehrere Länder umfassend): Lingua franca w

verkleben; zusammenballen (Med.): konglutinieren {Verklebung; Verwachsung (Med.): Konkretion} {Pillen mit Pulver bestreuen zu Verklebungsvermeidung: konspergieren}

Verkleidung --> Anpassung --> Nachahmung

verkleinern oder vergrößern, Flächenfigur (mittels eines Gitters): kratikulieren --> Vereinfachung

verkleinern; verringern: minimieren/diminuieren (Diminution) {verkleinernd (Wortinhalt): diminutiv/deminutiv} {Verkleinerungswort (Substantivableitung, z.B. Bierchen): Diminutivum s}

Verknöcherung: Ossifikation

verknüpfen; verbinden: nektieren {v.d; gedanklich verbindend: kombinativ}

verkohlen lassen: karbonisieren

Verkörperung: Inkarnation

verkrümmt; zusammengezogen; gelähmt: † kontrakt

verkümmern; verfallen: degenerieren {verkümmerte Organanlage (oder das völlige Fehlen von Organen): Agenesie}

verkünden ◇ etwas aller Welt mitteilen: etwas urbi et orbi verkünden --> Heroldsstab

Verkündigung (insb. Evangelium): Kerygma s

Verkürzung durch Wegfall des Anlauts (z.B. runter statt herunter): Aphärese/Aphäresis {Wegfall eines Auslauts oder einer Endsilbe (z.B. geb' statt gebe): Apokope w (apokopieren)} --> Kurzform --> Silbenverschmelzung

Verlag: Edition {V. mit Fliege: *Editiones muscarum* Mz}

verlagern ◇ [an einen anderen Ort] versetzen: † translozieren (Translokation)

Verlangen; Forderung; Wunsch: Desiderium {sinnliches V.; Begierde: Kupido w} --> Begierde --> schmachtend

verlängern --> in die Länge ziehen

verläßlich: reliabel

verlaufend; dauernd: durativ

verlaufende Farben ◇ mit v.n F. arbeiten: lavieren

Verlaufsbeurteilung, kritische (zum Abschluß einer Krankheit durch den Arzt): Epikrise

verlegen machen; jmdn. stören: genieren {[schlimme] Verlegenheit; mißliche Lage: Kalamität} {unangenehm-schwierige Situation mit sehr unklaren Lösungsmöglichkeiten: Bredouille} {Verlegenheit; Verwirrung; Hindernis: † Embarras m,s frz (embarrassieren)}

verleihen; bewilligen: † oktroyieren

Verleihungsurkunde --> Ernennungsurkunde

verleiten ◇ anstacheln; anregen: instigieren

verletzen; kränken: † froissieren

verletzlich; sehr empfindlich; verschüchtert: mimosenhaft (Mimose w) {v.; verwundbar (Organe nahe der Körperoberfläche): vulnerabel} {unwillig; entrüstet: indigniert}

Verletzung; Wunde (äußere Gewalteinwirkung): Trauma (Traumen / Traumata Mz) {(abschwächend): Blessur} {V.; Störung (Körperglied, Organfunktion: Läsion} {V.; Schändung: † Violation}

verleugnen; nicht anerkennen; in Abrede stellen: desavouieren

Verleumdung: Diffamation/Diffamierung {V.; Schmähung: † Malediktion} {V.; Schmähsucht: † Medisance} {schmähsüchtig: † medisant} {Verdächtigung; Anschuldigung: † Insimulation} {[ungerechtfertigte] Beschuldigung: † Imputation} {verleumderische Bosheit: Diffamie} {verleumden; für ehrlos erklären: † infamieren} {verleumderisch: † delatorisch} {Verleumder: † Kalumniant} {Verleumder; Beleidiger: † Injuriant} {Beleidigter: † Injuriat m} --> Anzeige --> Unterstellung

verliebt; zärtlich (Musik): amoroso/con amore

Verliebter ◇ schmachtender Liebhaber: † Seladon --> Unerreichbarkeitsqualen

Verlierer --> Besiegte --> zusammenbrechend

Verlies --> Gefängnis

Verlobungsgeschenke (Jur.): † Sponsalien

Verlockung ◇ Lockung; Reiz: Attrait m --> Verführung

verlöschend; ersterbend; ausgehend (Musik): estinguendo {v.; e.; verhauchend (Musik): espirando}

Verlust des Spiels, vollständiger: Matsch m {verloren haben (Spiel): bête sein}

Verlust von Erwünschtem --> Mangel

Verlust ◇ Zahlung ohne Aussicht auf Rückerstattung oder Gegenleistung: à fonds perdu

Vermächtnis; Vermächtniszuwendung durch Letzten Willen: Legat s (+ legieren) --> Erbe --> Letzter Wille
Vermännlichung (Frauen): + Defemination {(weibliche Individuen): Maskulinisierung} {(weibliche Tiere): Arrhenoidie} --> Mannfrau
vermehren: augmentieren {v.; zunehmen lassen; vervielfältigen: multiplizieren}
vermengen; verwirren: + konfundieren
vermenschlichen; menschliche Eigenschaften auf Nichtmenschliches übertragen: anthromorphisieren {Übertragung einer menschlichen Eigenschaft auf etwas Nichtmenschliches: Anthropomorphismus}
Vermerk; Merkzeichen: Notabene s {V.; Aufzeichnung; Einzeichnung: + Annotation}
vermessen; hochmütig; überheblich; übersteigert: hybrid (Hybris w) --> maßlos
Vermessungsingenieur: Topograph {Vermessungswesen; Erdvermessung: Geodäsie} {Landvermesser: Geodät}
vermieten; verpachten: + ablozieren (Ablokation)
vermindern; verringern; verkleinern: diminuieren (Diminution) {Verminderung; Verfall: Dekrement s} --> abfallend
Vermischen prinzipiell verschiedener Teile: Homogenisierung
Vermischtes; Allerlei: Diversa/Diverse Mz {V. (Aufsätze, insb. in wiss. Zeitschriften): Miszellen/Miszellaneen/Miscellanea} {Potpourri: Medley s}
vermitteln, [etwas]: + interponieren {v.des Element; Mittler; Mittelglied; Mittel: Medium}
Vermittler; Schiedsmann: + Mediator {V.; jmd., der in [Rechts]streitigkeiten [als Mittelsmann] sich einmischt: Intervenient} {Vermittlung eines Staates im Streit zwischen Mächten: Mediation} {Vermittlerstaat: + Mediateur} {vermittelnd; dazwischentretend: + interventiv/mediatorisch}
Vermoderung; Humusbildung: Humifikation/Humifizierung
Vermögensverwalter (ab Mittelalter): Viztum m
Vermögenswerte eines Unternehmens (Bilanz): Aktiva/Aktiven {Ausstattung mit V.n: Dotation}
Vermutung: + Konjektur (konjizieren) {vermuten; weissagen: augurieren}
Vernachlässigbares --> Belanglosigkeiten
vernachlässigen: negligieren (+ Neglektion)
Vernebelungstaktik ◇ falsche Beweisführung mit beweisfremden Argumenten: Heterozetesis
vernehmungsunfähig ◇ unfähig, als Zeuge aufzutreten: intestabel
Verneigung --> Kniefall --> Verbeugung
Verneinung; Ablehnung: + Negative w {(Aussage): Negation (negieren)} {dem Inhalt nach verneinder, doch der Form nach bejahender Satz: limitatives Urteil} {Methode, etwas durch V. zu bestimmen: Via negationis w} {V. aller Normen und Werte: Nihilismus} --> doppelte Verneinung
vernichten ◇ verdampfen: vaporisieren
Vernichtung; völlige Niederlage: Kannä/ Cannae s / kannensische Niederlage
Vernichtung; Zerstörung; plötzliche erdgeschichtliche Katastrophe: Kataklysmus
Vernichtung; Zunichtemachung; Ungültigkeitserklärung: Annihilation
verniedlichen; herunterspielen: bagatellisieren
Vernunft; Einsicht: Eubulie {vernünftige Beurteilung oder Erwägung: Räsonnement} {vernünftig reden oder Schlüsse ziehen: + räsonieren} {V.sherrschaft in der Gesellschaft: Logokratie} {Herrschaft der Vernunftbegriffe und vernünftigen [Rechts]verhältnisse: + Ideokratismus}
Vernunftwidrigkeit (Logik): Parologie {vernunftlos; vernunftwidrig: alogisch}
veröffentlichen; Bücher herausgeben: edieren --> zur Veröffentlichung
Verordnung --> Rechtsbestimmung --> verfügend
Verordnung (Arznei): Medikation/Applikation
verpachten: + lozieren {v.; vermieten: + ablozieren (Ablokation)}
Verpackung einer Ware: Emballage/Tara w (T/Ta) {verpacken; packen; einpakken: emballieren}
Verpflanzung --> Organeinpflanzung
Verpflegungswesen; Lebensmittelbeschaffung: Catering {Verpflegungspaket (Ausflug etc.): Lunchpaket} {Lebensmittel; Mundvorrat (Truppe): Furage} {Verpflegungsverantwortlicher der Fronttruppen im Zweiten Weltkrieg: Generalquartiermeister}
verpflichten ◇ jmd., der sich über die gesetzliche Dienstzeit hinaus verpflichtet (Militär): + Kapitulant (kapitulieren, Kapitulation)
verpflichten, [zu Dank]: + obligieren
verpflichtend; bindend; verbindlich: obligatorisch {sich schriftlich verpflichten: + reversieren} {persönliche Verbindlichkeit; Verpflichtung (Jur.): Obligation} {Verbindlichkeit; Verpflichtung (Wirtsch.): Obligo s} {Verpflichtungsaufhebung: Dispens m}
verprügeln, kräftig: + verkamisolen
verraten ◇ zutragen; einflüstern: insinuieren (Insinuant)
verräterisch; verleumderisch; anklägerisch: + sykophantisch
Verrechnung; Verrechnungsverfahren: Clearing {V.sbuchungen betreffend; Zahlungen betreffend: pagatorisch}
Verrenkung; Ausrenkung (Gelenke): Luxation {V.; gewaltsame Verdrehung (Gelenke etc.): Kontorsion}
verriegelt, dicht: hermetisch verriegelt
verringern; verkleinern: minimieren/diminuieren (Diminution) {v.; stufenweise abschwächen (milit. Mittel): deeskalieren}
Verruchtheit, teuflische; höllisches Wesen: + Infernalität
verrücken; verdrängen: + deplacieren

Verrücktheit; krankhafte Geschwätzigkeit und Albernheit (leichte Geistesstörung): Moria w {verrückt; nicht ganz dicht: † manoli} {verrückter Einfall; Kapriole: Gambade w}
verrufen; berüchtigt: † famos
verrutscht, endgültig ◇ nicht wieder in die normale Lage zurückzubringen (Brüche; Med.): irreponibel
Versagen ◇ plötzlicher, vorübergehender Ausfall von Funktionen (z.B. Gedächtnis): Blackout s,m
Versammlung: Assemblee w {(heimlich): Konventikel s} {V.; Vereinigung:† Kongregation} {versammeln; vereinigen: † kongregieren} {sich versammeln: sich reunieren frz} --> Zusammenkunft
Versandabteilung; Abfertigungsabteilung (Firmen): Expedition
Versandhandelsvertrieb von Waren: Mail-order w
Versäumnis; Unterlassung (z.B. bei Fristen): † Omission
Verschanzung: † Retranchement
Verschenksucht (krankhaft): Doromanie
Verschiebbares; Angelegenheiten oder Gedanken, mit denen man sich auch später beschäftigen kann: Cura posterior w
verschieden; ungleich: inegal/different/ † inäqual {ungleich[artig]: inhomogen} {v. gestaltet; anders gebildet (Chem., Phys.): heteromorph} {v.artig; vielgestaltig: polymorph} {unzusammenhängend: inkohärent} --> gleichbedeutend --> nicht übereinstimmend --> ungleichartig --> unterschiedlich
verschieden verwendbar; beliebig einsetzbar: fungibel
verschiedene Bedeutung des gleichen Wortes in unterschiedlichen Sprachsystemen (z.B. ätzend = sehr im Scenedeutsch und ätzend = angreifend, auflösend in der Chemiesprache): Heterosemie
Verschiedenes ◇ buntes Gemisch; Durcheinander: Mixtum compositum s {V.; Vermischtes; Allerlei (Bücher): Varia Mz} {V. (Aufsätze [in wiss. Zeitschriften]): Miszell[ane]en/Miscellanea}
Verschiedenheit: † Imparität {das Auftreten verschiedener Lebewesen in einem Tierstaat (Königin,Arbeiterin etc.): Heteromorphismus/Heteromorphie}
Verschleierung; Verdunkelung (z.B. Beweismaterial): Kollusion
Verschleppter --> Zwangsarbeiter
verschließen: okkludieren (Okklusion)
Verschlimmerung; Erschwerung (auch in bezug auf Krankheiten): Aggravation {V.; krankhafte Veränderung (Med.): Alteration} {V.; zeitweise Steigerung; Wiederaufleben (Krankheit): Exazerbation}
verschlossen, dicht: hermetisch verschlossen
verschlucken: devorieren
verschlungene Linienzeichnung (Wertpapiere,Metall,Holz etc.): Guilloche w
verschlüsseln: chiffrieren/encodieren/kodieren {Verschlüsseler (EDV-Gerät): Encoder}
Verschmelzung; Vereinigung: Fusion --> eindringen
Verschmelzung von Wörtern (z.B. Artikel mit Substantiv): Agglutination
Verschnitt (Weine): Cuvée w,s
verschnörkelt; überladen: barock {rankenförmige Verschnörkelung; Ornament: Arabeske (arabesk)}
verschnupft; erkältet: † enrhümiert
verschroben; überspannt: exzentrisch
verschüchtert; sehr verletzlich; empfindlich: mimosenhaft {überempfindlicher, leicht zu kränkender Mensch: Mimose w}
Verschulden --> Schuld
Verschuldung ◇ Finanzierung öffentlicher Investitionen o.ä. durch spätere Einkünfte: Deficit-spending s / Defizitfinanzierung
verschwenderisch: † sumptuös {Verschwendung[ssucht]: † Prodigalität}
verschwinden lassen, etwas hinter der Hand (Zauberkunst): palmieren --> wegzaubern
verschwommen; unklar: diffus {v. gefärbt; schattiert (z.B. Textilien): ombriert}
Verschwörung: Komplott s,m / Konspiration / † Konjuration {Verschwörer: Konspirateur / † Konspirant / Konspirator / Konjurator} --> Staatsstreich
Verse als Gedächtnisstütze: Versus memoriales Mz
Versehen; Fehlleistung; Schnitzer: Lapsus
versenden; abfertigen (Waren): spedieren
versenktes Schiffsgut, durch Boje gekennzeichnetes: Lagan/Ligan s engl
Versenkung; Nachdenken; Beschaulichkeit: Kontemplation --> Beschaulichkeit
Versetzung; Ortsveränderung: † Translokation (translozieren)
Verseuchung (schädliche, insb. radioaktive Stoffe): Kontamination
versichern; behaupten (Philos.): asserieren (Assertion)
Versicherung: Assekuranz {Versicherer: Assekurant} {Versicherter: Assekurat m}
Versickerung; Verdunstung (aufgrund eines Lecks): Leckage w frz {(franz. Bez.): Coulage}
versilbert, dünn (Münzen): tingiert
Verskunst; Verslehre: Metrik {Versmaß: Metrum}
versöhnlich; verbindlich; freundlich; umgänglich: konziliant {Versöhnung; Vereinigung (Meinungen): † Konziliation}
Versorgung; Unterstützung: † Sustentation
Versorgungswesen; Nachschubwesen (Truppe): Logistik
Verspottung: Delusion {auf geistreiche [nachahmende] Weise verspotten: persiflieren} {lächerlich machen; ins Lächerliche ziehen: travestieren} --> verhöhnen
Versprechen; Zusage: † Promission
Versprecher ◇ das Sichversprechen: Lapsus linguae
Verstädterung; Verfeinerung: Urbanisation

Verstand; Intellekt; Bewußtes; Geistiges: Nus/Nous m
Verständigung --> miteinander reden
Verständigungsmittel; Deutungsmittel: Interpretament
verständlich; klar: luzid {erkennbar; verstehbar; deutlich: transparent} {faßlich; begreifbar; verstehbar: Konzeptibel/komprehensibel} --> durchscheinend
Verständnis ◇ Fähigkeit, Gefühle anderer Menschen mitzuempfinden: Echothymie
verstärken: massieren
Verstauchung (Gelenke): Distorsion
verstecken; verbergen: † larvieren {horten (Geld,Edelmetalle): thesaurieren}
Versteckspiel: Cache-cache s
versteckt ◇ unsichtbar; nicht wahrnehmbar (Krankheiten): inapparent {v.; heimtückisch; schleichend (Krankheiten): insidiös} --> verborgen --> verkappt
verstehbar --> verständlich
Verstehen ◇ durch Gestik und Mimik angezeigtes Verständnis des [Gesprächs]-partners: Feedback s
Versteifung --> Erektion
Versteifung; Muskelstarre: Rigor m / Rigidität
Versteigerung: Auktion/Lizitation {(öffentlich): † Subhastation} {Meistbietender: Lizitant} --> unter den Hammer
versteinern (Geol.,Biol.): petrifizieren {versteinert; ur- oder vorzeitlich: fossil} {Versteinerungsstück (Pflanzen, Tiere): Petrefakt s} --> Gesteinssammlung
Verstellung; Heuchelei: Hypokrisie (hypokritisch, Hypokrit m)
Verstimmung; Übellaunigkeit; Gereiztheit (krankhaft): Dysphorie
verstopfen (Gefäße,Körperkanäle): obliterieren {Verstopfung der Blutgefäße: Embolie}
Verstopfung; Kotstauung: Koprostase/ Fäkalstase/Obstipation {an V. leiden: obstipieren}
Verstoßener --> Ausgestoßener
verstreut; da und dort; allenthalben: passim (pass.)
Verstümmelung; Absterben (Extremitätenbereich): Mutilation {verstümmeln: mutilieren}
versuchen: † entrieren frz / attentieren {v.; unternehmen; betreiben; arbeiten: † tentieren} --> Probieren
versuchshalber; probeweise: tentativ --> Testnachricht
versumpft ◇ schlammlebend (Biol.): limikol
Versunkenheit; Nichtmehrwollen (Religion): Kontemplation
versüßen: † adoucieren
Vertagung; Aufschub: Prorogation
Vertauschung; Umstellung: Permutation {V.; Wechsel; Änderung: † Changement frz} {vertauschbar; umstellbar; veränderlich: kommutabel (kommutieren)} {vertauschbar; umstellbar (Math.): permutabel/kommutativ}
Verteidiger einer bestimmten Anschauung, nachdrücklicher: Apologet (Apologie, apolog[et]isieren)
Verteidigung ausbauen --> befestigen
Verteidigung; Rettung: † Salvation
Verteidigungsbündnis: Defensivallianz {kettenartiger Verteidigungsriegel (Fußball): Catenaccio m} {Verteidiger (Fußball): Back m engl}
verteilen; austeilen: distribuieren (Distribuent m, Distribution) {v.; teilen: † partagieren}
verteilt ◇ feinverteilt (chem. Stoffe): kolloid[al] --> Auflösung
vertieft geschnitten oder gemeißelt o.ä.: diaglyphisch --> hohl
Vertiefung; Grube (Med.): Fossa/Fovea w {(klein): Fossula/Foveola w}
Vertrag, gegenseitiger (Jur.): Synallage w / Synallagma s {mündlicher Vertrag: Verbalkontrakt m} {fortgesetzter, wiederholter V.: † Konstitut s} {politischer V.: † Kompaktat m,s} {V. ausschließlich zugunsten einer Partei: leoninischer Vertrag} {V. abschließen: kontrahieren/ † paziszieren}
Vertragen ◇ Konfliktbeilegung: Liquidierung/Liquidation
verträglich (Med.) --> miteinander vereinbar
Vertragsabschluß (Wirtsch.): Bargaining --> Handgeld
Vertragsbedingungen; Art und Weise der Aus- und Durchführung eines Vertrages oder Beschlusses o.ä.: Modalitäten
vertragsbrüchig; untreu: illoyal
Vertragserfüllung: † Implement s --> Geldbuße
Vertragsergänzung: † Implement s
Vertragspartner: Kontrahent {Vertragsunterzeichner: † Signatar}
vertragstreu; redlich; anständig: loyal
vertragswidrig --> ordnungswidrig
Vertrauen: † Konfidenz
vertraulich; ungezwungen: familiär {Vertraulichkeit; Herzlichkeit; Freundlichkeit: Kordialität († kordial)}
vertrauliche Mitteilung: † Konfidenz {vertraulich; unter vier Augen: † tête-à-tête} {in vertauter Runde; in engem Kreis: en famille}
vertraut machen, sich: † familiarisieren
Vertraute: † Liierte w {V.r: † Liierter/ Konfident} {jmd., der mit bestimmten Gegebenheiten vertaut ist: † Konfident} {guter Freund; V.r: Alter ego s}
vertrautes Aufgabenfeld; berufliche Aufgabe: Metier
vertreiben; verjagen: † expellieren {v.; ausrotten: exterminieren} --> Hinauswerfen
vertretbar --> berechtigt
vertreten, jmdn.; aushelfen: † vikariieren {vertretungsweise; vorübergehend: kommissarisch}
Vertreter --> Werbevertreter
Vertreter, nachdrücklicher; Verteidiger (Anschauung): Apologet (Apologie)
vertrocknet; trocken (Med.): xerotisch
vertuschen --> idealisieren
verüben; begehen: † perpetrieren
Verunreinigung von Ware, Abzug wegen: † Gerbulur

verunstaltet; entstellt: deform {Verunstaltung; Entstellung: † Defiguration}
Veruntreuung ◇ Wegnahme; Unterschlagung: † Interzeption
verursachen: † kausieren
Verurteilung; Verdammung: † Kondemnation
vervielfältigen: hektographieren {v.; zunehmen lassen; vermehren: multiplizieren}
Vervielfältigungszahlwort (z.B. zehnfach, sechsmal): Multiplikativum
Vervollständigung: Integration {aus dem Teil auf die ganze Gestalt schließen: ex ungue leonem} --> Vorhersage
Verwachsung; innere Vereinigung: † Koaleszenz {Zusammenwachsen: † Konkreszenz} {V. (Med.): Symphyse} {V.; Verklebung (Med.): Konkretion}
verwahren ◇ aufbewahren: asservieren
verwahrlost ◇ heruntergekommen; verlebt: † dekrepit
Verwahrtes; Hinterlegtes: Depositum
Verwalter ◇ Richter; Gouverneur; Herrscher: Hakim
Verwalter (Stiftung): Kurator
Verwaltung; Führung: Gastion {V.; Regierung: Gouvernement / † Gubernium}
Verwaltungsbezirk (zivil oder militär.): Gouvernement / † Gubernium {(ehem. Ungarn): Komitat s,m} {hoher Verwaltungsbeamter (Spanien,Portugal): Corregedor/Corregidor} {V.sleiter (Ägypten): Mudir}
verwandeln; umwandeln: transmutieren
verwandelt; verzerrt; umgestaltet: anamorphotisch
Verwandlung; Umgestaltung: Metamorphose w / Metamorphismus m (metamorphosieren) {Umwandlung; Veränderung: Metabolismus} {Wahnvorstellung, in einen Werwolf o.ä. verwandelt zu sein (insb. Mittelalter): Lykanthropie/Lykomanie}
Verwandlung von Brot und Wein in Leib und Blut Christi (substantiell): Transsubstantiation {(ohne Substanzveränderung, laut Luther): Konsubstantiation} {Weihe zur Brot- und Weinverwandlung (kath.): Konsekration}
verwandt: affin
Verwandter: † Nepote {(in einer Seitenlinie): † Kollateralverwandter } {Blutsverwandtschaft: Kognation} {Verwandtschaft; Familie (abw. jidd. Bez.): Mischpoke/Mischpoche w} {Verwandtenbegünstigung: Nepotismus († nepotisieren)} --> männlicher Blutsverwandter
verwarnen; einen Verweis erteilen: † admonieren (Admonition)
Verwässerung: Emaskulation/Emaskulierung
Verwechslung einer Sache oder Person mit einer anderen; Ersatz: Quidproquo s --> Wortverwechslung
verwegen; kriegerisch; wild; grimmig: martialisch
Verweiblichung; Männlichkeitsverlust (Gefühle,Charakter): Eviration {(körperlich): Gynandrie/Gynandrismus} {verweiblichen durch Hormongaben: feminieren}
verweichlicht; genußsüchtig: sybaritisch {Verweichlichung: Emaskulation/Emaskulierung}
Verweigerungsrecht ◇ das Recht, die Erfüllung eines Anspruchs ganz oder teilweise zu verweigern (Jur.): † Interpellation
Verweis erteilen; verwarnen: † admonieren (Admonition) {scharf tadeln: † jmdn. koram nehmen}
Verwendungsverfügung; Einsatzverfügung: Disposition
verwerfen: abjizieren
Verwertung; Nutzbarmachung: † Fruktifikation/Fruktifizierung
Verwesung ◇ Umwandlung von organischer in anorganische Substanz: Mineralisierung {verwesen: putreszieren} --> Fäulnis
verwickelt; verdreht: † kontort {v.; verworren; heikel; verfänglich: † intrikat}
Verwicklungsursache in der altgriechischen Tragödie, Irrtum oder Sünde als: Hamartie {Verwicklungshöhepunkt vor der Katastrophe (antikes Drama): Katastase/Katastasis}
verwirklichbar; organisierbar; beschaffbar: organisabel
Verwirklichung; Vergegenständlichung: Konkretion {verwirklichen; verstofflichen: materialisieren}
verwirren: † embrouillieren {v.; vermengen: † konfundieren} {Verwirrung stiften: brouillieren}
Verwirrung; Störung: Perturbation {V.; S.; Beunruhigung: † Turbation (turbieren)} {V.; S.; Zerrüttung: Derangement} {V.; Unordnung: Desordre m} {V.; Verlegenheit; Hindernis: † Embarras m,s frz (embarrassieren)} --> Heraushelfer
Verwirrung, vorübergehende geistige; Benommenheit: Amenz/Amentia {sinnloses, verworrenes Gerede: Galimathias m,s} --> Gedankensprünge
verworren; schwer verständlich; ohne gedankliche Ordnung: abstrus --> Heraushelfer --> verwickelt
verwundbar --> verletzlich
verwunderlich ◇ kaum zu glauben: mirabile dictu
Verwunderungslosigkeit; Das Sich-nicht-Wundern (Philos.): Athaumasie
Verwundung; Verletzung (abschwächend): Blessur
verwünschen: † maledizieren/maledeien {v.; verabscheuen: detestieren} {feierliche Verwünschung; Fluch (kath.): Exsekration} {altgriech. Schmähverse od. Verwünschungsgedichte: Arai Mz } {altröm. Schmähverse oder Verwünschungsgedichte: Dirae Mz}
Verwüstung: † Vastation/Devastation {verwüsten; verheeren: † ravagieren}
Verwüstung; Vordringen der Wüste: Desertifikation
verzagt; mutlos: decouragiert
Verzeichnis; Übersicht: Konspekt m {al-

phabetisches V. (von Wörtern oder Sachen bezüglich Vorkommen oder Bedeutung an verschiedenen Buchstellen): Konkordanz}

verzeihen: † pardonieren {verzeihlich: † dispensabel/pardonabel} {Verzeihung: † Ignoszenz (ignoszieren)}

verzerren; übertrieben-komisch zeichnen: karikieren

verzerrt; verwandelt; umgestaltet: anamorphotisch

Verzerrung in der gezeichneten Darstellung eines Gegenstandes: Anamorphose {Sehstörung mit Gegenstandsverzerrung: Metamorphopsie} {verzerrte Meinungserhebung (z.B. durch Suggestivfragen): Bias s engl}

Verzicht auf die Inanspruchnahme eines Rechts: † Nonusus m {V.; Preisgabe; Abtretung; Aufgabe (Rechte oder Sachen, insb. Aktien und Seefracht): Abandonnement s / Abandon m} {V.; Erbschaftsverzicht: † Abstention} {verzichten (Forderungen): † desistieren}

Verzicht auf eigene Meinung in Glaubensdingen, verlangter (kathol.): Sacrificium intellectus s

Verzicht; Enthaltsamkeit (Med.): Karenz

verzichtbare Güter, lebensunnotwendige: Non-Essentials

verzichten: † renoncieren {v.; von etwas absehen: abstrahieren (Abstraktion)}

Verzichtender: † Resignant

verziert, eigenartig: † plateresk

Verzierung; Besatz: Garnitur {V.; eingesetztes Besatzteil; Blende (Schneidern): Inkrustation} {durch durchhängende, bogenförmige Pflanzen[teil]gewinde gekennzeichete V. (Gebäude,Buchkunst): Feston s} {rankenförmige V.; Ornament: Arabeske w (arabesk)}

Verzierung (mus.): Manier {melodische V.: Koloratur w / Melisma s}

Verzierungskunst: Ornamentik --> schmücken

verzögernd; aufschiebend: dilatorisch {Verzögerung (zwischen Beginn eines [wirtschaftlichen] Ereignisses und seinen Folgen): Lag m engl}

Verzögerungstaktik [im Parlament] (lange Reden, Fernbleiben etc.): Obstruktion {Verhinderung einer Gesetzesverabschiedung durch Marathonreden (amerikan. Senat): Filibuster s}

verzückt: seraphisch --> entzückt

Verzug --> Zahlungsverzug

Verzweifelter ◇ zu jeder Verzweiflungstat Entschlossener; politischer Abenteurer: Desperado {Verzweiflung: Desperation} {verzweifelt; hoffnungslos: desperat} --> zu allem Entschlossener

verzweigt; verästelt (insb. Nervenzellen): dendritisch {Verzweigung (Pflanzen): Ramifikation}

Vetter: † Nepote {V.nwirtschaft; Begünstigung von Verwandten: Nepotismus († nepotisieren)}

Videogerät ◇ Abspielgerät für aufgezeichnete und gespeicherte Fernsehsendungen: Teleplayer

Viehweidenabsperrung: Oxer m

viel; sehr (Musik): tanto --> reichlich

vieldeutig; dunkel; geheimnisvoll im Ausdruck: hermetisch

Vieleck: Polygon s {regelmäßiges V.: Isogon s}

vielfach ◇ tausendfach; tausendfältig: millenar {Vielfaches; Mehrfaches: † Multiplum} {mehrfaches Vorhandensein: Multiplizität}

vielfältig: multipel / † multiplex {Vielfalt; Abwechslung; Veränderung: Diversifikation/Diversifizierung}

Vielfarbdruck: † Polychromographie

Vielfraß; Nimmersatt: † Abyssus {V.; Schlemmer: Lukullus / † Komedo [ko-]} --> Dickheit --> Magengröße --> Schlemmer

vielgestaltig; verschiedenartig: polymorph

vielleicht; eventuell: eventualiter {als Möglichkeit: virtualiter}

Vielmännerei (Eheform): Polyandrie

vielsagendes Lächeln unter Eingeweihten, spöttisches: Augurenlächeln

Vielschichtigkeit (Psychol.,Soziol.): Multidimensionalität

vielseitig ◇ mehrseitig; mehrere Seiten betreffend: multilateral

Vielseitiger; nicht auf ein bestimmtes Interessengebiet Festgelegter: Generalist {vielfach bewanderter Gelehrter: † Polyhistor}

Vielsprachigkeit (Personen,Bücher,Gruppen etc.): Multilingualismus/Multilinguismus {vielsprachig [abgefaßt]: plurilingue}

vielteilig; vielzählig: polymer

Vielweiberei (Eheform): Polygynie

Vielzeller, echte (Tiere): Metazoen

vier Personen, [etwas zusammen tuende]: Quartett

vier Tage (Zeitraum): † Quadriduum/Quatriduum {vier Jahre (Zeitraum): † Quadriennium} {vierjährig wiederkehrende Veranstaltung (bildende Kunst, Film): Quadriennale}

Viereck: Quadrangel s (quadrangulär) / Tetragon s

Vierfüßer (Biol.): Tetrapode / † Quadrupede m

vierhändig (Musik): à quatre mains

Vierteiliges; aus vier Einheiten zusammengesetztes Ganzes oder Zahl: Quaternio m {Vierheit; das aus vier Einheiten bestehende Ganze (Philos.): Tetrade w} {vierzählig (insb. Botanik): tetramer}

vierteljährlich: † quartaliter

Viertelstunde --> akademisches Viertel

viertrangig; an vierter Stelle stehend: quartär

Vierundzwanzig-Stunden-Rhythmus aufweisend (Biol.): zirkadian

Vierzeiler (Gedicht): Quatrain s,m frz

violett ◇ lilarot: zyklam --> blauviolett --> hellblau --> lila

Violoncello: † Bassett m

Viruskrankheit: Virose {virusbedingt (Krankheiten): viral/virös}

Visitenkarte; Aushängeschild: Signet s

Vitamin: † Nutramin {V.mangelkrankheit: Hypovitaminose} {Schädigung des

Körpers durch V.überschuß: Hypervitaminose}
vogelfrei; geächtet; rechtlos; gesetzlos: † exlex
Vogelkäfig, großer: Voliere w
Vogelkunde: Ornithologie {Vogelwelt einer Landschaft: Ornis w}
Vogelmist, abgelagerter (Dünger aus Peru oder Chile): Guano m
Vögeln --> Geschlechtsverkehr
Völkerkunde: Ethnologie
Völkermord --> Massenmord
Völkername; Personengruppenname: Ethnikon s
Völkerrecht: Jus gentium s
Volkes Stimme ◇ das ist die öffentliche Meinung mit großem Gewicht, der Rechnung zu tragen ist: Vox popoli vox Dei
Volksabstimmung; Volksbeschluß: Plebiszit s {Volksentscheid: Votum s}
Volksfest, spanisches: Fiesta --> Festspiel
Volksführer; Vertreter der Anliegen des Volkes (röm. Antike): Tribun
Volksliedersingen ◇ [improvisiertes] gemeinsames V.: Hootenanny w,m,s
volkstümlich: demotisch {derbkomische Darstellung des Volkslebens: Bambocciade}
Volksverdummung ◇ Bestrebung, Menschen an Übernatürliches glauben zu lassen, um sie an selbständigem Denken zu hindern: Obskurantismus (obskurantistisch)
Volksverhetzer --> Aufrührer
Volksversammlung (Sparta): Apella w
Volkswirtschaftslehre: Nationalökonomie {V.; Staats- und Staatswirtschaftslehre: Kameralien}
Volkszählung: Zensus m --> Erhebung --> repräsentative
vollendeter Tatbestand; Tatsache: Fait accompli s
Vollendung; letzter Schliff: Finish s
voller Bauch studiert nicht gern: plenus venter non studet libenter
Völlerei; Genußsucht; Schwelgerei: Sybaritismus
völlig ◇ gänzlich; ganz und gar: totaliter
volljährig; mündig: † majorenn (Majorennität)
Vollkommenheit, christliche ◇ Lehre vom Streben nach vollkommenem Christentum: Aszese
Vollmacht: Epitrope/Prokuration {(unbeschränkt): Pleinpouvoir s / Carte blanche / † Plenipotenz} {V.; V.sbrief: † Kommissorium} {V.sschreiben: † Kommittiv s} {V.; Beglaubigungsschreiben: Kreditiv s}
Vollmond: Plenilunium --> Breitgesichtigkeit
vollständig: exhaustiv {v.; völlig; ganz: holotisch} {v.; ausführlich: in extenso} {v.e Ausspracheform beim langsamen Sprechen (z.B. erst einmal statt ersma): Lentoform} --> für sich bestehend
Vollstreckung --> Zwangsvollstreckung
vollzählig; in voller Versammlung: in pleno --> Nachzählen
Vollziehender; Ausübender; Durchführender: Exekutant
Volumen: † Volum s {volumengleich: isochor} --> ausmaßgleich
vom Beginn an --> von Anfang an
vom Blatt (Spielen oder Singen): prima vista
vom Dienst: † du jour
vom Tage der Ausstellung an (Urkunden): † de dato (d.d.)
vom Teil aufs Ganze schließen: ex ungue leonem
vom Wichtigeren zum weniger Wichtigen, Übergang: Antiklimax w
von allen Seiten beleuchten --> effektives Denken
von Amts wegen; amtlich: ex officio {v. A. w.; absichtlich; berufsmäßig: ex professo}
von Anfang an; bis auf die Anfänge einer Sache zurückgehend: ab ovo / ex ovo
von außen --> äußerer Anlaß --> außerhalb entstehend
von den Toten soll man nur gut sprechen: de mortuis ni[hi]l nisi bene
von der Seite; im Profil: en profil
von ... gemacht ◇ er hat es selbst gemacht (vor oder hinter der Signatur des Künstlers): ipse fecit (i.f.) --> gezeichnet von
von Gottes Gnaden: Dei gratia (D.G.)
von hinten nach vorn --> umgekehrt
von innen kommend; im Körperinneren entstehend; im Körper selbst (Krankheitserreger,Stoffe,Krankheiten): endogen
von oben nach unten entstanden (Ablagerungen,Sedimente): katogen
von Rechts wegen; rechtlich betrachtet: de jure
von selbst; an sich: per se {v. s.; selbstverständlich: eo ipso}
von überall einsehbar: panoptisch
von verschiedenen Seiten sehen; etwas unter verschiedenen Gesichtspunkten betrachten: amplifizieren
von vorn [gesehen]; in gerader Ansicht (Bildnisdarstellungen): en face
von vornherein; grundsätzlich: a priori {v. v.; kurzerhand; ohne Prüfung in der Sache: a limine} --> im voraus --> Störung im Ansatz
von weitem; aus der Ferne: par distance
voneinander abhängend: interdependent
vor allem; in erster Linie: prinzipaliter
vor aller Welt; öffentlich: coram publico
vor Christi Geburt: ante Christum (a. Chr.) / ante Christum natum (a.Chr.n.)
vor dem Essen (ärztl. Rezepthinweis): ante cibum
vor dem Tode: ante mortem
vorankommen; gutgehen; gedeihen: prosperieren
voranstellen; vorsetzen: präponieren
vorantreiben: dynamisieren {v.; beschleunigen; steigern: forcieren} {v.; beschleunigen; fördern: akzelerieren}
Voranzahlung durch den Käufer bei

Vertragsabschluß zur Bestätigung desselben: Arrha w --> Vorauszahlung
Vorausgegangenes; Grund; Ursache: Antezedens s / Antezedenz w {vorausgehen; vorhergehen: † antezedieren}
Voraussage; Vorhersage: Prädiktion --> Vorhersage --> Weissagung
voraussetzen; unterstellen: supponieren
Voraussetzung: Prämisse
Vorauszahlung: Pränumeration --> Voranzahlung
Vorbedeutung: Auspizium --> Name
Vorbehalt, geheimer (etwas Erklärtes nicht zu wollen; Jur.): Mentalreservation --> bedingt
vorbei ◇ es ist aus: ex est
Vorbeireden --> Sprachfehler
vorbemerken; vormerken: † pränotieren {Vorbemerkung; einleitender [Zeitschriften]artikel: Intro s}
Vorbereitungszeit; Probezeit: Stage w frz
Vorbestimmungslehre; Lehre von der ursächlichen Bestimmung allen Geschehens: Determinismus {Lehre vom Vorbestimmtsein des Menschenschicksals durch Gott (Calvinismus): Prädestinationslehre} --> vorherbestimmt --> Vorsehung
Vorbeter (Synagoge): Chasan
vorbeugend; verhütend: präservativ {Vorbeugungsmittel: Prophylaktikum}
vorbildlich; als Vorbild dienend: kanonisch {v.; mustergültig: † typisch} {v.; mustergültig; wie sich's gehört: comme il faut} {Vorbild: † Protypon s/ Protypus m} --> maßgebend
vordatieren: † antedatieren/postdatieren [beide Ausdrücke bedeuten auch rückdatieren!]
Vorderseite (Blatt,Buchseite etc.): Rekto s {(Münze,Medaille): Avers m / Face w frz} {orientalischer Teppich oder Wandbehang mit gleichem Aussehen vorn und hinten: Kelim/Kilim m}
vordringlich --> brennend
voreilig ◇ erst handelnd [und später denkend]: epimetheisch
Voreingenommenheit; Vorurteil; Befangenheit: Präokkupation
Vorfahr; Verwandter in aufsteigender Linie: Aszendent {V.enkunde; Ahnenforschung: Genealogie}
Vorfall; Ereigniseintritt: † Inzidenz --> Abenteuer --> Vorkommnis
Vorflur ◇ Vorhalle des altröm. Hauses: Vestibulum
Vorgaben (Sport): Odds {Vorgabe oder Behinderung gewähren (Sport): sich handicapen / - handikapen}
Vorgänger; Amtsvorgänger: † Antezessor
vorgaukeln --> vormachen
vorgeblich; [nur] dem Namen nach: nominell
Vorgeladener --> Gericht
vorgelassen werden ◇ darauf warten, v. zu werden (in jmds. Vorzimmer, um dessen Gunst zu erwerben): antichambrieren
Vorgeschichte (Krankheit): Anamnese
vorgeschobener Posten; Feldwache (hist.): Vedette w
vorgesehen; im voraus ernannt: designatus (des.) {zukünftig; baldig: in spe} --> vorherbestimmt
Vorgesetzter: Charge w {V.; Leiter (DDR): Natschalnik}
Vorgestelltes; Erdachtes: Fiktion (fiktiv)
Vorhaben; Absicht: Intention
Vorhalle (Theater,Konzertsaal): Vestibül s {(altröm. Haus): Vestibulum}
vorhanden ◇ vorrätig; greifbar; am Ort; hier (kaufm.): loco/loko (Lokoware) --> Güter
Vorhandschlag (Tennis etc.): Forehand w,m
Vorhang zum Bedecken der Türen und als Sonnenschutz in Säulenhallen (röm. Antike): Velum s {Vorhang zur Altartabernakelverhüllung: Konopeum}
Vorhaut des Penis: Präputium {V.bändchen; Verbindungsbändchen zwischen Eichel und Vorhaut: Frenulum} {V.-drüsenabsonderung: Smegma s} {V.-verengung: Phimose}
vorherbestimmt; wie geschaffen: prädestiniert --> Vorbestimmungslehre --> vorgesehen
vorherig ◇ im früheren Zustand: in statu quo ante
vorherrschen; überwiegen: prädominieren {v.des Merkmal: Dominante w} --> bestimmen
Vorhersage des Verhaltens einer Funktion in anderen Bereichen aufgrund ihres Verhaltens in einem bekannten Bereich (Math.): Extrapolation --> vervollständigen --> Voraussage
Vorhut (Armee): † Avantgarde
vorigen Jahres: † anni praeteriti (a.p.)
Vorkämpfer: Protagonist {mehrere V. (Literatur,Kunst): Avantgarde}
Vorkommnis; Fall: Kasus m (kasuell) --> kriegsauslösendes --> Vorfall
Vorladung vor Gericht: † Zitation {V.; gerichtliche Ankündigung oder Aufforderung: † Intimation} {[vor Gericht] vorladen: vozieren} {Beklagten vorladen: evozieren (Evokation)}
Vorläufer --> Heroldsstab
vorläufig; für jetzt: pro tempore (p.t.) {v.; vorbereitend: † präparatorisch} {v. feststellen oder -legen: präliminieren} {v.e Regelung; [politische] Übergangslösung: Interim s} --> einstweilen --> provisorische Regierung
Vorleben; frühere Lebensumstände: † Antezedenzien --> Vorgeschichte
Vorleser (orthodoxer Gottesdienst): Anagnost
Vorlesung; Vorlesungsstunde (Hochschule): Kolleg s
Vorliebe: Faible engl / † Tendre s / Tendresse/Prädilektion {Neigung; Hang: Inklination} {V. für etwas haben: † inklinieren}
vormachen! --> zeige
vormachen, jmdm. etwas; jmdm. etwas vorgaukeln; jmdn. täuschen: illusionieren
Vormachtstellung ◇ Übergewicht [eines Staates]: Präponderanz/Hegemonie {V. innehabend oder erstrebend: hegemonial}
Vormerkung (Wirtschaft): Nota w --> Notizbuch

vormittags: ante meridiem (a.m. engl) {Vormittagsveranstaltung; künstlerische Morgenunterhaltung: Matinee w} {morgendlich; früh: matutinal}

Vormundschaft: Tutel / † Kuratel w {Vormund: † Kurator} {Vormund; Erzieher (röm. Recht): Tutor}

Vorname --> Name

vornehm; edel: aristokratisch {v.; wohlhabend: patrizisch/patrizial} {v.; weltmännisch: † seigneural} {v.; erlaucht; glanzvoll: illuster} {v.; gepflegten Lebensstil führend: fashionabel/-ble} {v.; gepflegt auftretend sich abhebend: distinguiert} {v.; damenhaft: ladylike} {v.; höchst anständig: gentlemanlike} --> unpassend angezogen

vornehmer Gesellschaftskreis: Cercle m {Adel; vornehme Gesellschaft: † Noblesse} {berühmte, vornehme Persönlichkeit: † Notabilität} {weltgewandter, v. Mann: Grandseigneur}

Vornehmheit: † Notabilität {V.; gepflegter Lebensstil: Fashion w} {V.; edle Gesinnung: Noblesse} {vornehmes, exklusives Leben: Highlife s}

Vorprüfung [im Medizinstudium]: Tentamen s

Vorrang: † Prinzipat s,m / Präeminenz {V.; bevorzugte Stellung: Primat m,s } {V.; Vorteil: Prä s}

Vorrat; Lebensmittel (Truppe): Furage {Unterbau vorgeschichtlicher Wohnungen für die V.shaltung: Mardelle w}

vorrätig; greifbar; am Ort; hier (kaufmänn.): loco/loko (Lokoware)

Vorsatz --> Lebensregel

Vorsatz im vollen Bewußtsein der Tatfolgen und juristischen Verwerflichkeit: Dolus directus m {V. unter Inkaufnahme einer [unerwünschten] Folge einer Tat; bedingter Vorsatz: Dolus eventualis / Eventualdolus} {vorsätzlich; böse; arglistig (Jur.): dolos}

vorschlagen; beantragen: proponieren

Vorschlagen (Kandidat) --> Ernennung

vorschreiben; verordnen: präskribieren (Präskription) {v.d; Normen setzend (Sprache): normativ}

Vorschrift; Befehl; Einschärfung: † Injunktion (injungieren) {V.en; Regeln; Grundformen: Normalien} {V.enbefolgung; strikte Gesetzestreue; Paragraphenreiterei: Legalismus} {vorschriftsmäßig; nach den Regeln der [ärztlichen] Kunst: lege artis (l.a.)}

Vorschub leisten; behilflich sein: † subministrieren

Vorschuß (Geld): Avance w

vorsehen, für ein Amt: designieren {vorherbestimmen: prädestinieren}

vorsehen, sich; Vorkehrungen treffen: präkavieren

Vorsehung: Providenz --> Schicksal --> Vorbestimmungslehre

Vorsicht er kommt! --> Achtung

Vorsicht; Vorkehrung: Präkaution {V.smaßnahmen treffen; voraussehen: prospizieren} {Prinzip der Erstrebung eines zwar geringen, aber trotz möglicher ungünstiger Mitspielerreaktionen gesicherten Gewinns (Spieltheorie): Minimax-Prinzip} --> Abwarten --> Schwierigkeiten --> Sicherheitsdenken

vorsichtige Ausdrucksweise --> abschwächender Ausdruck

Vorsilbe: Präfix s

Vorsorgeuntersuchung, umfangreiche: Check-up s

Vorspann; Filmvorschau: Trailer

Vorspeise: Entree s {(italienische): Antipasto m,s} {Vor- oder Beispeise als Appetitanreger (warme oder kalte): Horsd'œuvre s} --> Appetithäppchen

Vorspiegelung; Täuschung: Mystifikation

Vorsprung; Gewinn: Avance w

Vorstadt (insb. Mittelalter): Suburbium {V. (Frankreich): Faubourg m} {große Fertighaussiedlung (Außenbezirke amerikan. Großstädte): Levittown w}

Vorstellung ◇ Vorgestelltes; Erdachtes: Fiktion (fiktiv) {V.swert; Gedankengebilde: Ideologem s} {V.; Möglichkeitsform der Aussage (z.B. mit wäre,sei): Konjunktiv m} {sich vorstellen; ersinnen; anschaulich machen: imaginieren} {von etwas Nichtexistierendem eine V. erzeugen: halluzinieren} {V.en erwecken; Erlebnisse wachrufen (Kunstwerkbetrachtung): evozieren (Evokation)} {durch V. ausgelöst (Psychol.): ideagen/ideogen} {vorstellbar; erdenkbar (Philos.): imaginabel} --> Einbildungskraft --> Gedankenverbindung

vortäuschen; unterstellen: fingieren {v.; vorspiegeln: † perludieren (Perlusion)} {Vortäuschung; Schein: Kulisse}

Vorteil; Gewinn: Avantage {V.; Nutzen: † Emolument lat} {V.; Vorrang: Prä s} {Zusammenleben von Organismen, bei dem nur ein Teil V.e hat [der andere aber keine Nachteile]: Metabiose}

vorteilhaft; günstig; geneigt: † favorabel

Vorteilserschleichung ◇ falsche Angaben zur V. (Jur.): † Obreption

Vortragskunst: Deklamatorik (Deklamator, deklamieren) {Vortragskünstler; Sprecher (insb. Kabarett): Diseur} {Predigttheorie und -geschichte: Homiletik}

vortrefflich; lichtvoll; leuchtend: luminös --> bravo!

vorübergehend; zeitweilig [auftretend]: temporär {(Krankheit[szeichen]): passager} {v., später wegfallend (Wirtschaft): transitorisch} {v.; vertretungsweise: kommissarisch}

Vorurteil; Voreingenommenheit; Befangenheit: Präokkupation {vorgefaßte Meinung; Vorentscheidung: Präjudiz s (Präjudize Mz)} {V. oder Vorstellung in einer Gruppe von einer anderen: Heterostereotyp s}

Vorwand; Lüge; Ausflucht: Finte {V.; scheinbarer Grund: Prätext m}

vorwärts!: en avant! {v.!; in Bewegung!; auf geht's!: allez!} {v.! (ital. Bez.): avanti!} {v.!; los!: allons!}

vorwärts und rückwärts gelesen den gleichen Sinn ergebendes Wort oder Satz (z.B. Rentner, Die liebe Tote - Beleid!): Palindrom s (anazyklisch)

vorwärtskommen; Erfolg haben (gesellschaftlich, beruflich): arrivieren (arriviert)
Vorwärtstreiben; Forttreiben: † Propulsion --> vorantreiben
Vorwegnahme: Antizipation/Präokkupation {vorwegnehmen (gedanklich): antizipieren} {vorwegnehmend; im voraus: † antizipando}
Vorwort; Einleitung; Vorbemerkung: Prolegomenon {Vorwort; Vorrede: † Prodromus} {V.; [kurz zusammenfassende] Einleitung (Veröffentlichung, Rede): Lead s} {V.; Vorbemerkung; einleitender [Zeitschriften]artikel: Intro s} {V. des Herausgebers ([Fach]zeitschr.): Editorial s} {Anfangsformel oder -worte einer Handschrift oder eines Frühdrukkes (Mittelalter): Incipit s}
Vorzeichen, gutes oder schlechtes: Omen (Omina Mz) {unheilvolles V.; Warnungsruf: Menetekel s}
vorzeitig; frühzeitig; zu früh (Med.): praecox {v.er Samenerguß: Ejaculatio praecox / Prospermie}
vorzeitlich; urzeitlich; versteinert: fossil --> altertümlich
Vorzimmer; Eingangsraum: Entree / † Antichambre s
vorzüglich; sehr gut; am besten: † optime
vorzugsweise: katexochen / † par préférence
Voyeurismus: Mixoskopie
vulgäre Art (Schreiben, Reden): Bathik --> Schimpfwort
Vulkanhöchsttätigkeit: Paroxysmus

W

Waagerechte, die: Horizontale w (horizontal) {waagerechte Achse im Koordinatensystem: Abszisse}
Wachheit des Bewußtseins, durchschnittliche: Vigilanz
Wacholder: Juniperus m
Wachs; Bienenwachs: Cera w
wachsam: † vigilant --> auf der Hut
Wachsbild; Wachsbildnerei: Zeroplastik/Keroplastik {Wachsgravierung: Zerographie}
wachsen --> anwachsen
Wachsfigurenkabinett oder Kuriositätenkabinett: Panoptikum
Wachssalbe: Zerat s
Wachstum --> Keimesentwicklung
Wachstumsgehemmter --> Niedriggehaltener
Wachstumsgleichmäßigkeit; mit dem Gesamtwachstum übereinstimmendes, gleichmäßig verlaufendes Wachstum von Organen oder Organkomplexen: Isometrie
Wächter; Bote (oriental. Gesandtschaft): Kawaß/Kawasse {grimmiger Wächter (Ballsporttorhüter, scherzh.): Zerberus} {scharfer Wächter: Argus}
Waffenausrüstung --> Bewaffnung
Waffengurt als Leibgurt: † Telamon m,s

wägbare Dinge; Kalkulierbares: Ponderabilien
Wagemutiger --> Leichtsinniger
wagen; unternehmen; sich einer Gefahr aussetzen: † periklitieren
Wagenrennbahn; Pferderennbahn (hist.): Hippodrom m,s
Wagnis; hohes Risiko: Vabanquespiel {wagemutiger Sprung (Artistik): Kaskade w}
Wahl; Abstimmung: Poll m
Wahl; Auswahl: Elektion {Wähler; Auswählender: Elektor}
Wahl; Ernennung: † Kreation
wählerisch; anspruchsvoll: delikat {auf bestimmte Nahrung angewiesen (Tiere, Pflanzen): stenophag} {nahrungsspezialisiert auf wenige Futterobjekte (Tiere): oligophag} {in der Ernährung auf eine Tier- oder Pflanzenart spezialisiert (Tiere): monophag}
Wahlfeldzug; Propagandafeldzug (durch Ziehen von Haus zu Haus): Canvassing
Wahlforscher ◇ wissenschaftlicher Erforscher des Wählens und Abstimmens: Psephologe
Wahlmöglichkeit --> freie Entscheidung
Wahlrecht ◇ politisches Stimmrecht: Suffragium
Wahlspruch: † Panier s
wahlweise; freigestellt: fakultativ
Wahn ◇ Zwangsvorstellung: Obsession
Wahnsinn; Geisteskrankheit: Insania (insan) {W.; Wahnvorstellungen: Phrenesie (phrenetisch)} {wahnvorstellungsbedingt; wunschbedingt; affektbedingt: katathym} {...wahn[haftigkeit]: ...manie} {tobsüchtig; erregt; krankhaft heiter: manisch / † maniakalisch}
wahrhaft; echt; aufrichtig: † veritabel {Wahrhaftigkeit: † Verazität}
Wahrheitsfreund: † Philaleth
wahrnehmbar; sichtbar (Krankheiten): apparent
wahrnehmbare Welt, sinnlich: Mundus sensibilis m --> erfahrungsunabhängig
Wahrnehmung ◇ bloße Reizaufnahme durch Sinnesorgane (Biol.): Perzeption {bewußtes Erfassen der W. und der Denkinhalte: Apperzeption} {hochgradig verfeinerte W.; außersinnliche W.: Kryptästhesie} --> Sinneseindruck --> Trübung
Wahrsagen; Hellsehen (in Trance o.ä.): Clairvoyance {Wahrsagekunst; Ahnung: Divination} {Wahrsagekunst; Seherkunst: Mantik} {Hellsehen durch Starren auf transparente Flächen: Kristallomantie} {W. mittels Wünschelrute oder geworfener Stäbe: Rhabdomantie} {W. mittels der Sterne: Astromantie} {W. mittels Zahlen: Arithmomantie} {W. mittels zufälligem Aufschlagen (insb. Bibel): Bibliomantie} {W. mittels Lufterscheinungen: Aeromantie [äro- / a-ero-]} {W. durch Deuten von Wasseroberflächenerscheinungen: Hydromantie} {W. durch Deuten von Linien und Figuren im Sand: Geomantie/Geomantik} {W. aus den Eingeweiden: Haruspizium} {Weissagung aus Tieropfern: Hieromantie/Hieroskopie} {das

Voraussagen des Lebensschicksals aus biologischen Gebilden (z.B. Handlinien etc.): Biomantie} --> Pendeln --> Weissagung
Wahrsager; Zauberer; Magier: Nigromant {Wahrsagerin: Sibylle} --> Bauchredner
Währung, ausländische: Valuta w (Valuten)
Währungssystem: Monetarsystem
Wald (als ökolog. Lebensraum): Arboreal s {Baumgarten zu Studienzwecken: Arboretum} {Garten zur Aufzucht von Forstpflanzen: Kamp m}
Wäldchen ◇ Lustwäldchen; kleine kultivierte Busch- oder Baumgruppe (ab der Renaissance): Boskett s
Waldhorn; Jagdhorn: Corno da caccia s
Waldrand; Feldrain: † Lisiere w
Wale (systemat. Bez.): Zetazeen
Wallfahrt nach Mekka: Hadsch m {Wallfahrer nach Mekka: Hadschi}
wälzen; rollen; wickeln: volvieren
walzenförmig: zylindrisch
wandelbar; veränderlich: mutabel --> gestaltwandelnd
Wanderbeutel --> Sportbeutel
Wanderbühne (scherzh.): Thespiskarren
Wanderung; Fußmarsch: Tramp engl/dt {Wandern und Bergsteigen: † Touristik (Tourist)} --> spazierengehen
Wanderung (Zugvögel, Völker, Menschen, Gruppen im sozialen Raum etc.): Migration
Wandkritzelei; Sprüherei: Graffito m,s (Graffiti Mz)
Wandler; Umwandler (Technik): Konverter
Wandlung; Änderung: † Mutation {Änderung der eigenen Weltanschauung (Philos.): Metanoia w}
Wandteppich: Tapisserie {W. mit eingewirkten Bildern: Gobelin m}
Wandverkleidung, untere (Holz, Marmor, Stuck): Lambris m frz
Wange ◇ zur W. gehörend: bukkal
wankelmütig; ruhelos: versatil
Wanzen (systemat. Bez.): Heteroptera/Heteropteren
Wappenkunde: Blason m {[von Hofbeamten im Mittelalter entwickelte] W.: Heraldik / † Heroldskunst} {Wappenschild: Blason m} --> Flaggenkunde
Ware, am Ort verfügbare: Lokoware
Warenabsatz: Placement
Warenangebot, schriftliches: Offerte
Warenballen; Frachtstück: Kollo s {kleiner W.: Ballot s frz}
Warenetikett mit Information über Material oder Herkunft o.ä.: Informative label[l]ing s
Warenhausabteilung: Rayon m
Warenlager; Auswahl; Sortiment: Assortiment
Warenprobe: Sample s
Warenrechnung; Lieferschein: Faktur/ † Faktura
Warensteuer: † Impost m
Warenverkauf; Ausschank: † Debit m frz
Warenzeichen (engl. Bez.): Trademark w
warmblütig (Vögel, Säuger): homöotherm
Wärme; Hitze (Entzündungssymptom): Calor m
wärmebeständig: thermostabil
Wärmebild --> Infrarotfotografie
wärmebindend (Physik, Chemie): endotherm
wärmedurchlässig ◇ Wärmestrahlen durchlassend (Glas, Eis etc.): diatherm
Wärmeheilbehandlung: Thermotherapie
Wärmelehre: Kalorik
wärmeliebend (Biol.): thermophil {(Pflanzen): megatherm}
warmer Umschlag um erkrankten Körperteil: Foment s / Fomentation w
Wärmestau im Körper bei hoher Außenhitze: Hyperthermie
Wärmetransport ◇ Mitführen von Energie oder Ladungen durch kleinste Teilchen einer Strömung: Konvektion
Wärmflasche ◇ wärmespeicherndes Gerät zur ärztlichen Wärmebehandlung (z.B. W.): Thermophor m
Warmhaltevorrichtung, elektrische oder feuerbeheizte (Gastron.): Rechaud m,s
warnen: † avertieren (Avertissement) {warnend: † prämonitorisch}
Warnungsruf; unheilvolles Vorzeichen: Menetekel s {Warnende; Unheil prophezeiende [weibliche] Person: Kassandra (Kassandraruf)}
warten --> vorgelassen werden
Wartezeit --> Sperrfrist
warzig: papillös/verrukös
was zu beweisen war: quod erat demonstrandum
Waschbecken; Waschschüssel: † Lavoir s
waschen, sich (ugs., scherzh.): hygienisieren
Wäschetrockner, elektrischer: Tumbler
Waschmittelstoffe, hauptsächlich wirksame: Builder Mz
Wasser und Land ◇ auf dem Land und zu Wasser sich bewegend oder lebend: amphibisch
wasserabstoßend; in Wasser unlöslich: hydrophob {w.e Zusätze in Stoffgeweben: Repellents}
Wasserangst --> Meeresangst
wasseranziehend und -aufnehmend (Chemie): hydrophil
Wasserauffindefähigkeit [über weite Distanzen hinweg] (Asseln, Schildkröten): Hygrotaxis w
Wasserbad zum Zweck der Speisewarmhaltung: Bain-marie s
Wasserbautechnik: Hydrotechnik --> Strömungswissenschaft
wasserbewohnend ◇ im freien Meer oder in großen Binnenseen lebend: pelagisch/ pelagial
wasserdicht: waterproof {w.es Material: Waterproof m} {w.er Anstrich: Goudron m,s}
Wasserdruckerzeuger --> Druckkessel
wasserentziehendes Mittel --> entwässerndes Mittel
Wasserfall: Katarakt m {[künstlicher] W.: Kaskade w}
Wasserfarbenmalerei unter Verwendung von Deckweiß und mit dickem Farbauftrag: Gouache/Guasch w
Wasserfloh: Kladozere w
Wasserflugzeug: Hydroplan m
wassergetrieben: hydraulisch

Wasserheilkunde; Wasserheilverfahren: Hydrotherapie/Hydropathie/Hydriatrie {Wasserheilkundiger: Hydropath}

wässerig: aquatisch

Wasserkopf: Hydrozephale/Hydrozephalus m

Wasserkraftwerk zur Stromerzeugung: Hydroelektrostation

Wasserkunde; Wissenschaft von den Arten, Eigenschaften und Verwendungsmöglichkeiten des Wassers: Hydrologie

Wasserlebewesenwissenschaft: Hydrobiologie {die Gesamtheit der aktiv sich bewegenden Wasserlebewesen (z.B. Fische): Nekton} {wasserlebend; dem Wasser angehörend: aquatisch} {wasserliebend oder im Wasser lebend (Tiere,Pflanzen): hydrophil} {in Seen vorkommend oder dort sich bildend (Lebewesen,Gesteine): lakustrisch}

Wasserleitung ◇ der wasserleitende Gefäßteil der Pflanze: Xylem s / Vasalteil

wassermeidend (Tiere,Pflanzen): hydrophob

Wassermelone: † Zitrulle

Wassermühle ◇ mit Druckwasser angetriebene Arbeitsmaschine: hydraulische Arbeitsmaschine

Wasserpflanze: Hydrophyt m

Wasserrose; Seerose: Nymphäa/-phäe w

Wasserscheu (krankhaft): Hydrophobie

Wasserstandsmesser: Hydrometer s

Wasserstoff: Hydrogen[ium] (H) {W.-bombe: Hydrogenbombe}

Wassersucht; Ödem: Hydrops m / Hydropsie (hydropisch)

Wasserträger[innen] (griech. Kunstmotiv): Hydrophoren

Wasserwaage, feine (z.B. astronom. Instrumente): Niveau s

wasserziehend; wasserbindend (chem. Stoffe): hygroskopisch

Wattebausch; Mullbausch (zum Aufsaugen von Flüssigkeiten; Med.): Tampon m

Webwaren; Wirkwaren: † Manufaktur

Wechsel (Geld): † Kambio m {gezogener W.: Tratte w} {W.übertragung[svermerk]: Indossament lat} {Wechselüberschreiber: Indossant/Indossent} {Diskont: Eskompte m}

Wechsel; Schwankung; Schwanken: Fluktuation { W. (Möglichkeiten,Dinge etc.): Alternanz/Alternation --> Vertauschung

Wechselbeziehung; Aufeinanderbezogensein (Begriffe): Korrelation {ein Begriff, der mit einem anderen in W. steht: Korrelat s}

Wechselgesang (liturgisch): Antiphon[e] / Antiphonie {(Fürbitte, Anrufungsgebet): Litanei}

Wechselhaftigkeit ◇ Unbeständigkeit; Treulosigkeit: Athesie {ruhelos; wankelmütig: versatil} {wandelbar; unzuverlässig: proteisch (Proteus m)} {zwischen extrem heiter und schwermütig schwankend: manisch-depressiv} {flatterhafter Mensch: † Papillon} --> Launenhaftigkeit --> stimmungsschwankend

Wechseljahre der Frau: Klimakterium s / Klimax w --> Männerkrise

Wechselkursfreigabe, Außenwertschwankungen einer Währung durch: Floating

wechseln; abwechseln; einander ablösen: alternieren

wechseln, Währung (inländische in ausländische): konvertieren

wechselnd; zeitweilig aussetzend: intermittierend --> bunt

wechselseitig; gegenseitig: mutual/mutuell (Mutualität) / reziprok

wechselwarm: poikilotherm {(Kriechtiere): heterotherm} {w.; wärmeunbeständig: thermolabil}

Weckruf, militärischer: † Reveille w

weg [damit]!; nieder!: à bas! {weg (Musik): via}

Weg; Methode (Philos.): Via w

wegfallen; aufhören: † zessieren

Weggang; Abzug; Parteiübertritt: Diszession

Wegmessung: † Zyklometrie {Wegmesser; Schrittzähler: Hodometer s}

Wegnahme; Entziehung: Ademption {W.; Unterschlagung (Jur.): † Interzeption}

wegstellen ◇ [an einen anderen Ort] versetzen: † translozieren (Translokation)

wegwerfend; verächtlich: en canaille

wegzaubern; heimlich verschwinden lassen (z.B. um ein Denksystem zu idealisieren): eskamotieren {etwas hinter der Hand verschwinden lassen (Zauberkunst): palmieren}

wehe den Besiegten!: vae victis!

wehklagend; traurig (Musik): lamentoso/lamentabile {seufzend; w. (Musik): sospirando/sospirante}

wehmütiges Gedicht; Klagelied: Elegie

Wehrdiensterfassung --> Rekruten

wehre den Anfängen!: principiis obsta!

Wehrfähiger, junger (griech. Antike): Ephebe

wehrlos ◇ nicht kriegsbereit (Truppen): immobil (Immobilität)

weiblich: feminin {w.e Eigenschaften beim Mann (körperlich,seelisch): Effemination} {w.e Form zu einer männlichen Personenbezeichnung bilden (z.B. Besetzerin zu Besetzer): movieren}

weibliche Urkraft, dunkle; empfangendes Prinzip (chin. Tao-Philosophie): Yin s

weibliches Geschlecht ◇ Symbol des weiblichen Geschlecht[sorgans]s (Indien): Yoni s

Weiblichkeitverlust --> Frigidität --> Vermännlichung

weich ◇ keinen Bestand habend: inkonsistent

weich; süß; lieblich; sanft (Musik): dolce {(Steigerung): dolcissimo}

Weichheit; Weichlichkeit (Malerei): Morbidezza

Weichmacher (Technik): Plastifikator

Weichtiere: Mollusken / † Malakozoen {W. mit einheitlicher Schale: Konchiferen} {Weichtierkunde: Malakologie/Malakozoologie}

Weichwerden; Zerfallen (unter Luftabschluß, z.B. Wasserleichen): Mazeration

Weigerung; Ablehnung; abschlägige Antwort: Refus/Refüs m

Weihe, liturgische (Priester,Altar etc.): Konsekration {Segen; Segnung; kath. Weihe: Benediktion (benedizieren)} {W.-gebet; Segensspruch: Eulogie}
Weihnachten, Fest und Brauchtum an (slawisch): Koleda w
Weihnachtsgeld ◇ zusätzliches [Arbeits-]entgeld zu besonderen Anlässen: Gratifikation
Weihrauch (Gummiharz): Olibanum s
Weihwasser ◇ mit W. besprengen: † aspergieren
Wein ◇ Lage; Wachstum (franz. Weine): Cru s --> Herkunft
Wein panschen ◇ Wein durch Zuckerzusatz verbessern: chaptalisieren
Wein trinken: [dem] Bacchus huldigen
Weinbrand; Branntwein: Eau de vie s,w {(engl. Bez.): Brandy} {W.verschnitt: Coupage w}
Weinduft; Weinbrandduft; Blume: Bukett/Bouquet s
Weinen ◇ Tränenfluß: Epiphora w
weinerlich; rührselig; mit zuviel Gefühl oder Selbstmitleid: larmoyant (Larmoyanz)
Weingeist: Äthylalkohol
Weingut; Landgut; Herrenhaus; Schloß: Château s
Weinkaraffe ◇ altgriechische Weinkanne mit Henkel: Oinochoe
Weinkunde; Weinbaukunde: Önologie
weinrot: bordeaux[rot]
Weinsammlung, kostbare: Vinothek
Weinschaumcreme: Chaudeau/Sabayon s / Zabaïone/Zabaglione w
Weinsorte ◇ Feststellung der Merkmale einer W.: Aromagramm
Weinstein: Cremor tartari / Tartarus m
Weinstube, kleine; Trinkstübchen: Buvette {Weinkeller mit Ausschank: Vinothek}
weise; klug: solonisch --> Tüchtigkeit
weiß...; hell...: leuko --> gelblichweiß --> grauweiß
Weissagung: † Vatizinium {rätselhafte, mehrdeutige W.: Orakel s} {Weissagen durch göttliche Eingebung: Theomantie} {weissagen; vermuten: augurieren} --> Wahrsagen
weiße Anstrichfarbe, gut deckende, lichtechte: Lithopone w
weiße Blutkörperchen: Leukozyten
weiße Flecken, runde (Haut): Leukoderma s / Leukopathie w / † Collier de Vénus s
weiße Haare ◇ das Weißwerden der Haare: Leukotrichie/Leukotrichose
weißlich; gelblich: ekrü
Weißwaren ◇ Produkte ohne Markennamen: Offbrands/No-name-Produkte
Weisung; Verhaltensregel: Direktive
weit; ausgedehnt; unermeßlich; öde: † vast
weit entfernt, vom Ursprungsort; verirrt: erratisch
weit verbreitet (Pflanzen,Tiere): eurytop/eurychor
Weite; Spielraum: † Latitüde
Weiteres; das Fernere; ein weiterer [Frage]punkt: † Item s lat
weitergeben; [mündlich] überliefern: tradieren
weiterhin ◇ desgleichen; ferner; ebenso: † item (it.)
weitermachen; ständig in gleicher Weise w.: perpetuieren
weitgespannt --> umfassend
Weitherzigkeit; Freigebigkeit: Largesse frz {Herzvergrößerung (Med.): Kardiomegalie}
Weitsichtigkeit; Übersichtigkeit: Hyper[metr]opie
Wellblech: bombiertes Blech
Wellenberg, sehr hoher: Kaventsmann
Wellenbewegung; Schwingung (Phys.): Undulation
Wellenlinien ◇ wellenförmige Linien zur Erschwerung der Fälschung (Wechsel, Schecks etc.): Azureelinien (azuriert) --> verschlungene
Welt; geschaffene Natur: Natura naturata {W.enschöpfer; W.enbaumeister: Demiurg}
Welt; menschenbewohnte Erde (nord. Mythol.): Midgard m
Welt; Weltall; Weltordnung: Mundus m {Lehre von der Entstehung und Entwicklung des Weltalls: Kosmologie}
Weltalter; Ewigkeit; langer Zeitraum: Äon m (Äonen Mz)
weltanschauliche Prägung, geistige: Couleur {Überzeugung: Konviktion} --> Lebenseinstellungswandel
Weltbeherrscher ◇ Christus auf einer Weltkugel thronend (Kunst): Kosmokrator
Weltbrand --> Atomkrieg
Weltbürger: Kosmopolit
Weltende ◇ Schrifttum über das W.: Apokalyptik
Weltfeindlichkeit ◇ mittelalterliche gnostische Sekte auf dem Balkan, die die Welt als Teufelsschöpfung verwarf: Bogomilen Mz
weltfremder Schwärmer; Träumer: † Ideologe (ideologisch)
Weltgewässer; die Wasserhülle der Erde (Grundwasser,Binnenseen,Meere): Hydrosphäre
Welthilfssprachenlehre: Interlinguistik/Pasilalie/Pasilogie
weltlich: säkular / † temporal {w.; auf das Weltganze bezüglich: † mundan} {w.; zeitlich; irdisch; vergänglich: † temporell} --> Gottlosigkeit
weltliche und geistliche Herrschaft ◇ Zusammenfallen der w.n und geistlichen Herrschaft: Cäsaropapismus
weltmännisch; weltgewandt; gebildet: urban {vornehmer Weltgewandter: Grandseigneur} --> elegant
Weltmeer, erdumfassendes (nord. Mytholog.): Midgardschlange
Weltraumforschung: Outer-space-Forschung
Weltraumkrankheiten; beim Weltraumflug drohende Krankheiten: Interplanetosen
Weltraumraketenstartplatz, sowjetischer: Kosmodrom s
Weltstadt: Metropole/Metropolis w
Weltuntergang --> Katastrophe
Weltweisheit: Kosmosophie

weltweit; weltumspannend: mondial {w.; umfassend: universal} --> alle Welt
wem nützt es?; wer hat Vorteil davon? (Tatmotivfrage): cui bono?
Wendepunkt; entscheidender Umschwung (insb. im Drama): Peripetie
Wendigkeit ◇ Leichtigkeit; Gewandtheit; Umgänglichkeit: † Fazilität
Wenfall; vierter Fall: Akkusativ m
wenig...: olig[o]... {geringfügig; w.: † minim}
weniger (Musik): meno
weniger wichtig; hinzukommend; nebensächlich: akzessorisch
wenn man vom Teufel spricht ist er nicht weit!: Lupus in fabula!
wenn zwei sich streiten freut sich der dritte: tertius gaudens duobus ligigantibus
Werbeagentur: Advertising Agency
Werbebroschüre; Broschüre [ohne Umschlag und Einband]: Booklet s
Werbefachmann ◇ Fachmann für Auswahl und Einsatz von Werbemitteln: Media-man {Fachmann für Werbeberatung: Kontakter}
Werbegeschenk, kleines: Gadget s engl
Werbegraphiker: Visualizer
Werbemelodie, kurz-einprägsame: Jingle m
werben, um ein Mädchen; den Hof machen: † sponsieren
Werbesendungsablehnung ◇ das Umschalten von Fernsehzuschauern bei Beginn einer Werbesendung: Zapping
Werbetrick ◇ Werbeelement als Neugiererreger: Teaser {etwas Ungewöhnliches und Auffallendes, welches die Aufmerksamkeit auf ein Produkt oder eine Werbeaussage lenken soll: Gimmik m,s}
Werbevertreter; Kundenwerber (z.B. im Buchhandel): Akquisiteur (Akquisiteurin)
werbewirksames Ausstellen von Ware: Display s
Werbewirkung; Stärke der Wirkung einer Werbemaßnahme: Impact m engl / Impakt m,s
Werbung; Reklame: Advertising --> Kundenwerbung --> verkaufsfördernde
Werbung um die Publikumsgunst mit bestimmten Redewendungen: Captatio benevolentiae
Werbungsbehauptung: Claim s
Werbungsterror ◇ Anwendung aggressiver Verkaufmethoden: Hard selling --> marktschreierisch
Werden; Entstehen; Ursprung: Genesis --> Entstehung
Werk (künstlerisches, literarisches, musikalisches): Opus s {kleines Werk: Opusculum} {herausragendes, außerordentliches Werk: Opus eximium s} {gesamtes Werk eines Künstlers: Œuvre s}
Werktag ◇ Wochentag im Gegensatz zu Sonn- und Feiertag (Liturgie): Feria w (Feriae Mz)
Werkzeugeinstellung: Adjustage
Wert --> Würde
Wert; Gegenwert: Valuta w {Gehalt; W.: † Valor m}
wert sein; gelten: † valieren {w. s.; sich verdient machen; verdienen: † meritieren}
Wertbestimmung; Schätzung: Taxe --> Bewertung --> Inhaltsangabe --> Schätzung
wertend: evaluativ {bewertend; nicht wertfrei (Wörter etc.): appraisiv}
Wertgegenstände ◇ Kostbarkeiten; Geschmeide: Pretiosen/Preziosen {W. und Wertpapiere Verwahrender: Depositär/Depositar} {Wertgegenstand [in kirchlichen Schatzkammern]: Zimelie w / Zimelium} --> Kirchenschatz
Wertlehre (Philos.): Axiologie {Wert[höhen]gefühl (Philos.): Ordre du cœur w}
Wertlosigkeit: Nullität {Wertloses: † Caput mortuum s} {Wertloses; Trödel: Bric-à-brac s} {Wertloses; Belanglosigkeiten; Bedeutungslosigkeiten: Quisquilien} {nichtig; gehaltlos: † frivol} {unedler Kern einer mit Edelmetall überzogenen Münze: Anima w}
Wertminderung einer Sache (Jur.): Deterioration/Deteriorierung {W. (insb. Münzen): Depravation} --> Kraft berauben
Wertneutrales; jenseits von Gut und Böse liegende Dinge: Adiaphora Mz
Wertpapier: † Valeur m (Valeurs Mz) {Anteilschein bei Investmentgesellschaften: Zertifikat s} {wertloses W.: Nonvaleur m}
Wertsachen; Schmuck; Wertpapiere: Valoren
Wertschätzung; [Be]achtung; Anerkennung: Ästimation
wertvoll ◇ glanzvoll; kostbar: splendid lat
Wesen; Art; Gattung: Genre s
Wesen (bei Husserl): Eidos s {W. eines Dinges; die Washeit (Scholastik): Quiddität} --> Endergebnis
Wesensverwandtschaft (Begriffe, Vorstellungen): Affinität
wesentlich: konstitutiv {w.; hauptsächlich: essentiell} {w.; unerläßlich; notwendig [als Teil] dazugehörend: integrierend} {Wesentliches: Essentials Mz engl} {w.er Bestandteil; wichtiger Zug: Konstituens s (Konstituenzien)} --> Kernstück
Weste: † Gilet s {ärmelloser Pullover: Westover}
Westen: † Okzident m
Westernheld: Westerner
Wetteifer: Emulation
Wetter --> Luftdruck --> Sonneneinstrahlung
wetterbedingt; klimabedingt: meteorotrop
Wetterfühliger, abnorm starker: Meteoropath/Zyklonopath {wetterbedingte Empfindlichkeit des Organismus (z.B. bei Luftdruckschwankungen): Biotropie} {Krankheitszustand durch Wetterfühligkeit: Meteorotropismus}
Wetterkunde; Klimakunde: Meteorologie
Wettkampf; Wettstreit: † Zertamen s (zertieren) {W.; Kampf (insb. Boxen): Fight} {Turnier; Ritterkampfspiel: Buhurt m} {sportlicher oder geistiger W. (griech. Antike): Agon m} {Wettkämp-

fer: Agonist} {Wettkampfkunde: Agonistik} {wettkampfmäßig; zum W. gehörend: agonal}
Wettschulden --> Ehrenschulden
wichtig; bedeutsam: relevant/signifikant/ † important lat (Importanz) {bedeutend; hauptsächlich; sehr w.: zentral}
wichtig; grundlegend; Haupt...: kardinal
wichtig; schwerwiegend [nachteilig]: gravierend
wichtig ◇ unerläßlich: † indispensabel {wesentlich; unerläßlich; notwendig [als Teil] dazugehörend: integrierend}
wichtiger Zug; wesentlicher Bestandteil: Konstituens s --> Gesichtspunkt
Wichtigtuer; sich ständig in Szene Setzender (abw.): Poseur
wickeln; rollen; wälzen: volvieren
wider besseren Wissens; in böser Absicht: mala fide
Widerlegung: † Refutation {W.; Gegenbeweis (Philos.): Elenchus} {wissenschaftliche W. (durch Gegenbeispiele): Falsifikation} {Überführung; W. (Jur.): † Konfutation} {widerlegen: † respondieren} {die Kunst des Widerlegens, des Beweisens und Überführens (Philos.): Elenktik} --> indirekter Beweis
widerlich; abscheulich; scheußlich: abominabel {verabscheuungswürdig; w.: detestabel} {ekelhaft; abstoßend: degoutant} {häßlich; abscheulich: † affrös}
widerrechtlich ◇ auf w.e Weise: † per nefas
widerrechtliche Inbesitznahme; Anmaßung der öffentlichen Gewalt; gesetzwidrige Machtergreifung: Usurpation (Usurpator)
widerrufen; [sein Wort] zurücknehmen: revozieren {Widerruf (Auftrag): Revokation}
Widersacher; Gegner: Antagonist
widersetzen, sich; widersprechen: opponieren {sich w.; sich heftig auflehnen: frondieren}
widersinnig; unlogisch; mit dem Verstand nicht faßbar: irrational/irrationell {ich glaube, weil es widersinnig ist (göttliche Offenbarung): credo, quia absurdum [est]}
widerspenstig; aufsässig: renitent (Renitenz)
widerspenstig; unbelehrbar; starrsinnig: obstinat
widersprechen; entgegnen; einwenden: † objizieren
Widerspruch einlegen; ein Rechtsmittel [gegen einen Bescheid] einlegen: † interponieren {Widerspruchsklage; Anfechtungsklage gegen Zahlungsbefehle oder Arrestbefehle o.ä.: Interventionsklage}
Widerspruch; Gegensatz (Philos.): Repugnanz {W. (Behauptungen bezüglich ein und derselben Sache): Kontradiktion} {W. in sich; W. je zweier gültiger Sätze: Antinomie} {Lehre von den Widersprüchen und ihren Ursachen: Antithetik}
Widerspruch nicht duldend --> intolerant
widersprüchlich: antinomisch {w.; in der Gedankenführung unzusammenhängend: inkonsistent} {Widersprüchlichkeit; Mißverhältnis: Diskrepanz} --> unvereinbar
Widersprüchlichkeit, [humorvolle] ◇ Zusammenstellung sich widersprechender Begriffe (z.B. ätzend gut): Oxymoron s
widerspruchsfrei (Logik): konsistent {Widerspruchsfreiheit; Stimmigkeit (Angaben bei Meinungsforschungen etc.): Consistency}
Widerstand; Gegenwehr: Resistenz --> Gegnerschaft --> hindern --> Verzögerungstaktik
Widerstandsfähigkeit: Resistivität {widerstandsfähig (Organismus oder Schädlinge): resistent} --> Krankheitserregergefährlichkeit --> Verfassung
Widerstreit; Gegensatz; Gegnerschaft; Widerstand: Antagonismus
widerwärtig; langweilig: † fastidiös --> gehässig
Widerwille; Abneigung: Aversion {(insbesondere gegen Essen): Fastidium}
widmen, sich einer Sache --> bearbeiten
Widmung: Dedikation (dedizieren) {besonderes Widmungsblatt im Buch: Dedikationstitel}
Widrigkeit; Misere; Ungünstigkeit; Unglück: Malaise w
wie es beliebt --> jeder nach seinem
wie klar zu erkennen; wie das Beispiel klar vor Augen führt: wie Figura zeigt
wie nachher --> siehe unten
wie oben; wie zuvor (Musik): come sopra
wie sich's gehört; mustergültig: comme il faut
wie vorgefunden --> unberührt
wie zuvor; wie oben (Musik): come sopra --> siehe oben
Wiederankommen --> Kreisverkehr
wiederauffrischend; neubildend: anastatisch
Wiederauftreten, erfolgreiches; Karriereneubeginn: Comeback s
Wiederbelebung; Erneuerung: Revival s engl {W. (Med.): Reanimation} --> Wiederherstellung
Wiedererkennen, dramatisches (Freunde, Verwandte in der antiken Tragödie): Anagnorisis
Wiedereröffnung; Erneuerung: † Instauration
Wiedererwachen aus einer Ohnmacht: Resipiszenz
Wiedererwerb: Rekomparation
Wiedergeburt durch Seelenwanderung: Palingenese
Wiedergutmachung ◇ Wiederherstellung des Zustandes vor Schadenseintritt (als Schadensersatzform): Naturalrestitution {W. eines Staates für einen anderen: Restitution} {wiedergutmachen; rückgängig machen: † redressieren}
Wiederherstellung: Repristination / † Reintegration/Rekonstitution w / Retablissement s (retablieren) {W.; Wiedererrichtung: Restitution} {wiederherstellen:

restituieren} {erneuern; wiederherstellen: † instaurieren} --> Aufmöbeln

wiederholen!; noch einmal von Anfang an! (Musik): da capo --> noch einmal

wiederholen, sich ständig (Gedanken, Redewendungen, Melodien; Psychol.): perseverieren --> echoen

wiederholend: iterativ

wiederholte Forderung, hartnäckig: Ceterum censeo s

wiederholter Vertrag, fortgesetzter: † Konstitut s

Wiederholung: Repetition --> sitzenbleiben

Wiederholung (mus.): Ripresa w (Ripresen Mz)

Wiederholung, überflüssige (z.B. weißer Schimmel): Tautologie/Abundanz w / Pleonasmus

Wiederholung von Sätzen oder Wörtern (Sprachstörung): Kataphasie {Sprachstörung mit Beschränkung des Wortschatzes auf einen Satz oder ein Wort: Monophasie} {Wiederholungssucht; krankhafte Wiederholung desselben Satzes oder Wortes (Med.): Palilalie/Iteration / Verbigeration} {Erlösungssuche durch ständige Formelwiederholung (Buddh.): Mantajana s} --> Wortanfangswiederholung --> Wortwiederholung

Wiederholungszeichen; Auslassungszeichen (~): Tilde w

wiederkäuen: ruminieren

wiederkehrend; zurückkommend: anabatisch {regelmäßig w.: zyklisch}

Wiedersehen ◇ Meinung, etwas schon erlebt zu haben: Déjà-vu-Erlebnis --> Wiedererkennen

Wiedertäufer: Anabaptist

wiedervereinigen; versöhnen: † reunieren [re-ü-] {[politische] Wiederversöhnung: Rapprochement}

Wiederverschlimmerung (Krankheit): Rekrudeszenz

Wiegenlied: Berceuse w {(engl. Bez.): Lullaby s}

wild begeistert; ausgelassen tobend: korybantisch {w.; verwegen; grimmig; kriegerisch: martialisch} {w.; leidenschaftlich (Musik): furioso} {w.; stürmisch; ungestüm (Musik): feroce} {w.; stolz; heftig (Musik): fiero} {heftig; ungestüm; stürmisch (Musik): impetuoso / con impeto}

wilde Ehe: Konkubinat

wilde Flucht (Truppe): Deroute w {w. F. einer in Panik geratenen Rinderherde: Stompede w}

wilde Frau --> Wütende

Wilde ◇ zügellose Horde: eine Rotte Korah

Wildheit --> Zügellosigkeit

Wildragout ◇ Ragout von Hasen und Kaninchen: Civet s

Wille (Philos.): Thelema s {W.nslehre: Thelematismus/Thelematologie/Thelismus} {W.n betreffend; willensfähig (Philos.): voluntativ} {philos. Lehre, nach der der W. die seelische Grundfunktion darstellt: Voluntarismus} {Anschauung, nach der der W. das innerste Wesen der Welt ist: Panthelismus}

willenloser Mensch ◇ eigentlich Toter, der seinem Erwecker zu Willen ist: Zombie

willensbestimmt (Psychol.): volitional

Willenserklärung; Beschluß; Verwaltungsanordnung: Act m engl

Willensfreiheit (Philos.): Liberum arbitrium / Arbitrium liberum s {W.slehre; Theorie der Unbestimmbarkeit der Handlungsmotive: Indeterminismus}

willensmäßig: thelistisch

Willensschwäche; Willenlosigkeit; Entschlußunfähigkeit: Abulie/An[en]ergie {krankhafte W.: Hypobulie} {W.; Fehlgerichtetheit des Willens: Dysbulie} --> Wunsch

Willensstärke --> Antriebsstärke

willentlich; gewollt (Psychol.): volitiv

Willkommener; gern Gesehener: Persona grata w {(Steigerung): Persona gratissima w} {willkommen heißen: † komplimentieren}

Willkürherrschaft: Despotie

willkürlich; nach Ermessen: arbiträr

Wimper; feines Haar: Zilie {W.ntuschebürste oder -stift: Mascara m}

Wind aus den Segeln nehmen ◇ einem anderen Segelschiff den Fahrtwind durch Vorbeifahren an jenem nehmen: bekalmen

Wind, seichter ◇ milder [Süd]westwind (dichterisch): † Zephir/Zephyr

Windbestäubung: Anemogamie

Winde; schweres Takel (Seemannsspr.): Gien s engl

Windhose ◇ Wirbelwind in Form von W.n oder Wasserhosen: Trombe w

windmäßig entstanden (Geologie): äolisch

Windpocken: Varizellen

Windrichtungsanzeiger: Anemotropometer {Windrichtung wechseln; umlaufen; umspringen (Seew.): mallen}

Windstille, völlige: Kalme w {Windstillen (insb. in Äquatornähe): Doldrums}

Windwissenschaft: Anemologie

Winkel ◇ zu einem W. gehörend; Winkel...: angular {W.halbierende: † Mediane} {W.messung; Winkelfunktionenlehre: Goniometrie} {winkeltreu (z.B. bei Landkarten): isogonal}

Winkelzüge --> Machenschaften

winterlich; Winter[monate] betreffend: hibernal/hiemal {dreijähriger schrecklicher Winter (german. Weltuntergangssage): Fimbulwinter} {Klima in Zonen mit hauptsächlich festem Niederschlag: nivales Klima}

Winterschlaf, künstlich herbeigeführter: Hibernation/Hibernisierung {die zum künstlichen W. nötige Unterkühlung: Hypothermie}

winzig: mikroskopisch/liliputanisch {ohne Vergrößerung nicht erkennbar (Gesteinsbestandteile): kryptomer} {anklingend; nur andeutungsweise vorhanden; kaum feststellbar: atmosphärisch}

wir wollen sehen!; nun, laßt einmal sehen!: voyons!

Wirbellose: Evertebraten/Invertebraten

Wirbeltiere: Vertebraten
Wirbelwind in Form von Wasser- oder Windhosen: Trombe w / † Typhon m lat
Wirbelzwischenraum ◇ im W. liegend: intervertebral {Wirbelentzündung: Spondylitis}
wirken; tun; tätig sein; handeln: agieren
wirklich; tatsächlich: faktisch / in facto / † in effectu
Wirklichkeit, feststellbare; Tatsächlichkeit; Gegebenheit: Faktizität
Wirklichkeitsfremdheit ◇ [Hang zur] W.; Flucht vor der Realität in eine Scheinwelt: Eskapismus {wirklichkeitsfremd; unerfüllbar; schwärmerisch: utopisch}
Wirkmedikament (kein Placebo): Verum s
wirksam ◇ eine bestimmte Wirkungsweise in sich habend: operant {w.; tätig (Philos.): aktual}
wirksam, in kleinsten Mengen (Chemie): oligodynamisch
wirksamer Stoff; krankmachender Faktor: Agens s
Wirkstoff, biologischer (Enzym, Hormon, Vitamin): Ergon s {aus einem einzigen W. hergestellte Arznei: Monopharmakon}
Wirkungsbereich; Reichweite: Aktionsradius
Wirkungskraft; Hauch: Aura w
wirkungslos; sich als Kraft nicht auswirkend: ineffizient
Wirkungslosigkeit von Medikamenten ◇ nachlassendes, durch Steigerung der Dosis nicht ausreichendes Reagieren des Organismus auf wiederholt verabreichte Arzneimittel: Tachyphylaxe
Wirkungsverstärker (Arzneizusatz): Adjuvans (Adjuvanzien/-tien/Adjuvantia Mz)
wirkungsvoll --> auffallend --> effektvoll
Wirkware: Trikotage
wirr; ohne erkennbaren Sinn (abw.): kariert --> konfus
Wirtin; Hausfrau; Herrin (ital. Bez.): Padrona
Wirtschaft, auf Einkommen mit ausschließlich eigener Arbeitsleistung beruhende: auterge Wirtschaft
Wirtschaftender ◇ der ausschließlich von wirtschaftlichen Zweckerwägungen geleitete Mensch: Homo oeconomicus
wirtschaftliche Entwicklung --> Sparpolitik
Wirtschaftsboß; Großkapitalist: Tycoon {wirtschaftlicher Machtinhaber (z.B. Konzernherr): Magnat}
Wirtschaftsflaute; Stockung im Wirtschaftsleben: Engorgement
Wirtschaftsforschung --> Erhebung
Wirtschaftslenkung, staatliche: Dirigismus
Wirtschaftssachverständiger: † Ökonomist
Wirtschaftsverbrechen ◇ häufig in gehobenen Schichten vorkommendes Vergehen (Steuerhintergehung, Bestechung): White-collar-crime s
Wirtschaftsverwalter eines Klosters: Cellerar[ius]
Wirtschaftswissenschaft: Ökonomie/-mik
wißbegierig; neugierig; [nach]forschend: inquisitiv --> Wissensdrang
Wissen, vielseitiges: † Polymathie (Polyhistor m) {Allwissenheit (Gott): Omniszienz}
Wissenschaftlerabwanderung ins Ausland: Brain-Drain m
wissenschaftlich: akademisch/szientifisch
wissenschaftlich Wertloses ◇ durch Zusammentragen von Unverarbeitetem entstandene [wertlose] Schrift: Kompilation
wissenschaftliche Argumentationskunst und Technik des Redestreits: Eristik {in mündlichen Diskussionen entwickelte und gelöste wissenschaftliche Streitfrage (Scholastik): Quästio[n] / Quaestio}
wissenschaftliche Darstellung zu einem einzelnen Thema (gedruckt): Monographie
wissenschaftlicher Abriß --> Abriß
wissenschaftlicher Sachbearbeiter (Museen, Bibliotheken): Kustos/Kustode
wissenschaftliches Gespräch (Fachleute): Kolloquium
Wissenschaftseinführung ◇ Einführung in eine Wissenschaft (Antike): Isagoge w
Wissenschaftsgönner --> Kunstgönner
Wissenschaftsunvermögen ◇ wir wissen es nicht und werden es auch nicht wissen (Welträtsel): ignoramus et ignorabimus
Wissenschaftsverfahrensweise, Lehre der: Methodik {auf die Aufstellung von Gesetzen oder Auffindung von Gesetzmäßigkeiten zielend: nomothetisch}
Wissenschaftszweig; Spezialgebiet: Disziplin
Wissensdrang: † Philomathie --> wißbegierig
Wissensgebiet; Arbeitsgebiet, auf dem jmd. heimisch sich fühlt: Domäne
Witterung ◇ Säugetier mit guter W.: Makrosmat m
Witz ◇ etwas Humorvolles: Humoristikum {drollige Einfälle; Spottreden: Fazetien Mz}
witzig: äsopisch {w.; fein; elegant: attisch} {geistreicher Witz: attisches Salz} {w.; geistreich; pointiert; kurz; treffend: epigrammatisch} {w.; geistvoll; beißend spöttisch: aristophanisch} {treffender, witziger Ausspruch: Bonmot s}
witziges Bühnenstück, kleines, geistreiches: Blüette/Bluette
wo es mir gut geht da ist mein Vaterland: ubi bene, ibi patria
woanders entstanden --> fremd
Wochentag im Gegensatz zum Sonn- und Feiertag (Liturgie): Feria w (Feriae Mz)
Wöchnerin (Med.): Puerpera
wogend --> anschwellen
wohin gehst du? (Petrusfrage an Christus): quo vadis?
wohl oder übel: nolens volens
Wohlbefinden; Heil; Gedeihen: † Salus w --> Gesundheit --> Glückseeligkeit
wohlerzogen; nett; fein: † gentil
Wohlgefallen --> Geschmack
wohlhabend; vornehm: patrizisch/patrizial

Wohlklang, sprachlicher; Wohllaut: Euphonie
wohlriechend: balsamisch {w.; köstlich: ambrosisch}
wohlschmeckend, sehr: deliziös
Wohlstand; Blüte: Prosperität {W.; Gedeihen: Flor m} {in Blüte; im Wohlstand: in floribus}
Wohltat: † Benefiz s {W.; Begünstigung: † Benefizium}
Wohltätigkeit; Mildtätigkeit; Nächstenliebe: Karitas w {Sammler für wohltätige Zwecke: † Kollekteur} {W.sstiftung (Jur.): † Pium corpus s} {W.sveranstaltung; Ehrenveranstaltung (zugunsten eines Künstlers oder für einen wohltätigen Zweck): Benefiz s / Benefizvorstellung} {Künstler, zu dessen Gunsten eine W.sveranstaltung abgehalten wird: Benefiziant}
Wohlwollen; freundliche Gesinnung: Goodwill m {W.; Neigung: † Affektion} {wohlwollend; leutselig: jovial} --> geneigt
Wohneinschränkung --> Hausarrest
wohnhaft bei: care of (c/o)
Wohnpartei; Familie ([Miets]haus): Parte w
Wohnsiedlung, moderne: Lokation
Wohnsitz; Wohnhaus: Domizil {Wohnung; Bleibe: † Logement} {Wohnstätte; Wohnraum; Wohnplatz: Habitat s engl} {Wohnung; Kleinwohnung: Flat s engl} {W.-wechselhäufigkeit einer Person (Bevölkerungsstatistik): Mobilität}
Wohnungseinrichtung; Zimmereinrichtung: Meublement / † Ameublement
Wohnwagen für Reisen: Caravan m {Fahrzeuganhänger (insb. W.): Trailer}
Wolken betreffend: nephisch {Wolkendichtemesser: Nephometer s}
Wollgewebe, leichtes: † Nonpareille w
Wollust ◇ übersteigertes W.gefühl (Psychol.): Hyperhedonie} {wollüstig: orgastisch} {wollüstig; Begierde erwekkend: voluptuös} {Zügellose; genußsüchtige Frau: Messalina}
Wort, selbstständiges --> Stichwort
Wort, sinnvolles; menschliche Rede (Philos.): Logos m
Wortanfangswiederholung ◇ Häufung von gleichen [Anfangs]lauten in aufeinanderfolgenden Wörtern (unschön): Tautazismus --> Stabreim
Wortende verkürzen (z.B. ich lauf' statt ich laufe): apokopieren (Apokopie) --> Sammelbezeichnung
Wörterbuch: Diktionär/Dictionnaire s,m / Lexikon s {Lexikonverfasser; Wörterbuchschreiber: Lexikograph}
Wörterherkunftslehre: Etymologie
wortgewandt ◇ zur w.en Rede gehörend: † forensisch {Wortverdreher; spitzfindig Argumentierender: Rabulist} --> Beredsamkeit
Wortkargheit ◇ knappe, prägnante Ausdrucksweise: Brachylogie/Breviloquenz {aus nur einem Wort bestehend (Sätze): holophrastisch} {einsilbig (Wörter): monosyllabisch} --> Knappheit --> mit dürren Worten
Wortkenntnisse: † Verbalien
Wortlaut; Inhalt; Sinn; Haltung: Tenor [tenor] {wortlautwidrig: contra legem} --> gesetzeswidrig
wörtlich: verbaliter {wörtliche Äußerung: † Verbale s (Verbalien Mz)} --> buchstäblicher --> wortwörtlich
Wortregister --> Verzeichnis
wortreich: † verbos (Verbosität) --> Wortschwall
Wortschatz: Vokabular / † Vokabularium {Wortschatz einer Sprache oder Fachsprache: Lexik w} {W. und Ausdrucksweise sowie Sprachverhalten einer einzelnen Person: Idiolekt m} {hochentwikkelter W. einer Person: elaborierter Code} --> Fachwortschatz --> Wortkenntnisse
Wortschöpfer; Sprachneuerer: Neologe {Wortneubildung; Sprachneuschöpfung: Neologismus} {Wortschöpfung aus einer bestimmten Situation heraus: † Okkasionalismus} {aus einem Schreib- oder Aussprachefehler entstandene Wortschöpfung: Ghostword}
Wortschwall; [Rede]schwulst (abw.): Bombast m --> wortreich
Wortspiel: † Calembour[g] m (Calembourdier m) {[witziges, sophistisches] W.: Quibble s} {Zusammenstellung lautähnlicher Wörter mit unterschiedlicher oder gegensätzlicher Bedeutung: Annomination}
Wortstellungslehre (Satzbau): Topologie {W.; Satzstellungslehre: † Topik w} {Wortstellungsabweichung von der Norm (z.B. „Das unpersönliche Reflexivum erweist in der Tat noch zu Zeiten der Ohnmacht wie der Barbarei als Kulmination und integrales Kriterium kritischer Theorie sich" Henscheid-Adorno): Hyperbasis w / Hyperbaton s}
Wortstreit; Wortwechsel: Diskurs {W.; Haarspalterei (Philos.): Logomachie}
Wortumformung (zwecks Wohlkang, Metrik etc.): Metaplasmus
Wortumstellung (z.B. denkschwach für schwachdenkend): Anastrophe
Wortursprungslehre: Etymologie
Wortverbindung, feste (z.B. Tod und Teufel): Konsoziation
Wortverdoppelung oder Silbenverdoppelung (z.B. nana): Iteration
Wortverdreher; Haarspalter: Kasuist --> spitzfindig
Wortverschmelzung: Blend m,s / Univerbierung --> Abkürzung --> Verschmelzung
Wortverwechslung ähnlich klingender Wörter zweier verschiedener Sprachen oder innerhalb einer Sprache: Interferenz
Wortverzeichnis mit Erklärung: Glossar / † Glossarium
Wortwiederholung ◇ erläuternde Begriffswiederholung durch Verwendung eines anderen, gleichbedeutenden Wortes (Redekunst): Metaphrase {W. oder Wortgruppenwiederholung im Satz (Redekunst): Iteration/Gemination/Epanalepsis/Epanalepse} {W. zu Beginn aufein-

anderfolgender Sätze o.ä.): Anapher/Anaphora/Epanaphora} --> Wiederholung
wortwörtlich; ganz genau: † verbotenus {buchstabengläubig; am Wortlaut klebend (abw.): talmudistisch} --> eigene Worte --> wörtlich
Wortwurzel --> Stammwort --> Wortursprungslehre
Wucherer (z.B. auf dem Eintrittskartenschwarzmarkt): Agioteur --> teurer Laden
Wucherung (Med.): Vegetation {W. durch Zellvermehrung: Proliferation} {stark wuchernd (Med.): exuberans} --> Auswuchs
wuchtig --> mächtig
Wulst: Torus m (torisch)
Wulstlippen ◇ starkes Vorspringen der Lippen (Med.): Procheilie
Wunde; Verletzung (äußere Gewalteineinwirkung): Trauma (Traumen/Traumata Mz)
Wunder; Gebetserhörung (insb. Wallfahrtsorte): Mirakel s († mirakulös) {Lehre von den Wundern (Theol.): † Thaumatologie} {W.gläubigkeit; Schwärmerei: Mystizismus}
wunderbar ◇ himmlisch: † zölestisch --> großartig
Wunderdinge: † Mirabilien
Wunderheilung; Wunderkur (Gesundbeten etc.): sympathetische Kur
Wundermittel; Allheilmittel: Panazee w {Geheimmittel; W.: Arkanum} {wunderheilender Stein oder Gefäß mit Christi Blut darin (Artussage u.a.): Gral m}
wundern ◇ das Sich-nicht-Wundern (Philos.): Athaumasie
Wundertäter (griech. Heiligenbeiname): Thaumaturg
Wundheilung: Intention
Wundinfektion verhindernd: antiseptisch
Wundliegen; Druckbrand: Dekubitus
Wundmal: Stigma s
wundschorfig (Med.): impetiginös
Wundsein; Hautentzündung durch Reibung von Haut auf Haut: Intertrigo w
Wunsch; Forderung; Verlangen: Desiderium
Wunsch, nicht zur Tat werdender; zögerndes, kraftloses Wollen (Philos.): Velleität [-e-i-]
wunschbedingt --> Wahnsinn
Wunschbrief --> Beschwerdebrief
Wünschelrutengängertum --> Wasserauffindefähigkeit
wünschenswert: desiderabel
Wunschland --> Paradies
Würde; hoher Rang; Wert: Dignität --> Rang
Würdenträger (kath.): Dignitar/Dignitär {kath. Amtswürde: Dignität}
würdevoll; feierlich: pastoral {(Musik): maestoso} {w.; erst; gemessen: gravitätisch} {[steife] Würde: † Gravität} {feierlich-hoheitsvolle Weise der Ausführung von etwas: Grandezza w} --> feierlich
Würdigung, begeisternde; Loblied: Dithyrambe w / Dithyrambus m
Würfel: Kubus (kubisch) {gewürfelt (Kunst): tesselarisch} {die Eins beim Würfeln: As s} --> die Würfel sind gefallen
Würgegriff, unerlaubter (Ringen): Manschette
Würgeschraube --> Halsband
wurmförmig (Biol.): vermikular {(Med.): vermiform}
Wurmkrankheit (Eingeweidewürmer): Helminthiasis/Helminthose {Fadenwürmer (Spulwürmer, Trichinen): Nematoden} {Mittel gegen Fadenwürmer: Nematozid s}
Wurmmittel: Anthelminthikum (anthelminthisch)
Wurzel (Pflanzen): Radix w (Radizes Mz) {Wurzelstock; Speichererdsproß: Rhizom s}
Wurzel ziehen (Math.): radizieren {Zahl, aus der die W. gezogen werden soll: Radikand}
Wüste, Vordringen der: Desertifikation --> trocken
Wüstenfuchs: Fen[n]ek
Wüstling; Ausschweifender: Libertin[er] {Geiler; Lüsterner: Faun (faunisch)}
Wut; Raserei: Furor m {plötzlicher Wutanfall (Med.): Raptus m (Raptus Mz)} {rasend; tobsüchtig: furibund} --> Gallensekret
wütend; hitzig: furios
Wütende; böse Frau: Furie/Megäre/Mänade/Bacchantin --> Kampfwütiger --> Streitsüchtige

Z

zäh; beharrlich; schwerfällig (Temperament): ixothym
zähflüssig; leimartig: viszid/viskos
Zähigkeit ◇ Beharrlichkeit; Ausdauer: Assiduität --> Überdauerungsvermögen
Zähigkeit; Zugfestigkeit; Reißfestigkeit: Tenazität
zahlen ◇ Zahlung leisten; Auftrag ausführen: effektuieren
zahlen ◇ zuzahlen: arrosieren
zahlenmäßig darstellen; mengenmäßig ausdrücken: quantifizieren
zahlenmäßig; der Zahl nach: numerisch
Zahlenmystik: Numerologie {Zahlenwahrsagerei: Arithmomantie} {Buchstabenmagie; Z.: Kabbalistik}
Zahlenrätsel: Arithmogriph m
zahlreich besuchen; häufig aufsuchen: frequentieren
zahlreich; häufig: † frequent
Zahlung vor Fälligkeitstermin: Antizipation
Zahlung --> geschenkt
Zahlungen betreffend; Verrechnungsbuchungen betreffend: pagatorisch
Zahlungsanweisung --> Geldanweisung
Zahlungsaufschub --> Aufschub
Zahlungsbedingungen, Erleichterung von: Fazilität
Zahlungseinstellung --> Bankrott
zahlungsfähig: solvent/liquid[e] (Liquidität) / † solvabel

Zahlungsirrtum ◇ aufgrund eines rechtsgrundlosen Z.s geleistet: indebite {irrtümliche Zahlung ohne Rechtsgrund : † Indebitum}
Zahlungsunfähigkeit; akuter Mangel an flüssigen Geldmitteln: Illiquidität {zahlungsunfähig: illiquid/insolvent/ † fallit} {Zahlungsunfähiger: † Fallit}
Zahlungsunfähigkeit ◇ Schuldnervermögenslage, die die Gläubiger nicht ausreichend befriedigen kann: Insuffizienz
Zahlungsverzug; [Weisungs]verzug: † Mora/More w
Zahlungswilligkeit --> guter Ruf
Zahlwort: Numerale s --> Vervielfältigungszahlwort
Zählzwang (krankhaft): Arithmomanie
Zähmung und Züchtung von Wildtieren und -pflanzen: Domestikation
Zahn: Dens m (Dentes Mz) {zahnbedingt; von den Zähnen ausgehend: dentogen}
Zahn ◇ Schlußbißstellung: Okklusion
Zahn ziehen: extrahieren
Zahnbelag: Plaque w
Zähneknirschen; Zähnemahlen außerhalb des Kauaktes (abnormal): Bruxomanie {nächtliches Z.: Bruxismus}
Zähnevorstehen, schräges: Prosodontie
Zahnfleischentzündung: Gingivitis/Ulitis
Zahnfleischschwund, nichtentzündlicher: Parodontose / † Paradentose
Zahnheilkunde: Dentologie/Odontologie
Zahnkrone aus Porzellan oder Kunstharz: Jacketkrone engl-dt
Zahnlücke, angeborene (insb. zwischen Schneidezähnen): Diastema s
Zahnschmerz: Dentagra s / Dentalgie / Odontalgie
Zahnstocher: *[Inter]dentalrhabdoid* s
Zahnzwischenraum betreffend; zwischen den Zähnen gebildet oder liegend: interdental
Zankapfel; Gegenstand des Streits: Erisapfel
zanken --> plänkeln
Zäpfchen (Arznei): Suppositorium
Zapfen (Nadelhölzer): Conus m (Coni Mz)
Zapfenstreich (engl. Bez.): Tattoo s
zart; anmutig: sylphidenhaft {lieblich : doux}
zart; dünn (Med.): tenuis lat / tenue lat
zart; spielerisch; gefällig; gleitend; schmeichelnd (Musik): lusigando --> zärtlich
zart, überaus; erdentrückt; vergeistigt : ätherisch
zart; zerbrechlich: fragil lat {etwas fein oder dünn; z.: hypoleptisch}
zartfühlend --> behutsam
Zartgefühl: Delikatesse
zartgliedrig; fein; zierlich: grazil (Grazilität)
zärtlich; liebenswürdig; lieblich (Musik): vezzoso/amabile
zärtlich; schmeichelnd; liebkosend (Musik): carezzando/carezzevole
zärtlich; verliebt (Musik): amoroso/con amore
zärtlich; zart (Musik): teneramente/con tenerezzo --> zart; spielerisch
Zärtlichkeit; zärtliche Liebe: † Tendresse --> Schmusen
Zauberer; Seher: Merlin
Zauberer; Wahrsager; Magier: Nigromant
Zauberkünstler: Illusionist {[berufsmäßiger] Z.: Magus/Magiker}
Zauberkünstler; Gaukler (Indien): Fakir
Zauberkünstler; Taschenspieler; Jongleur: Manipulator
Zauberkunststück; Taschenspielertrick : Eskamotage (Eskamoteur)
Zaubermittel gegen Unheil: Apotropäum/ Apotropaion s (apotropäisch)
Zaubertrank; Liebestrank: † Pharmakon s --> Heiltrank
Zauderer: † Kunktator
Zaun; Einfriedung (deutschamerikanische Bez.): Fenz w (Fenzen Mz)
Zehe: Digitus m (Digiti Mz) --> Nagelbildung
Zehn Gebote: Dekalog m
zehn Jahre (Zeitraum): Dezennium
Zehn ◇ Satz oder Serie von zehn Dingen (Stücke, Tage, Jahre, Bücher etc.): Dekade
Zehnersystem (Math.): Dezimalsystem / dekadisches System
Zehntausend (Anzahl): Myriade w
zehnteilig; auf die Zahl Zehn bezogen: dekadisch
Zeichen; stilisierte Abbildung eines Gegenstands: Ikon s (Ikone Mz)
Zeichen --> Schandmal
Zeichenerklärung am Rande von Abbildungen oder Karten: Legende w
Zeichenlehre; Theorie der Zeichen (Philosophie, Sprachwiss.): Semiologie/Semiotik
Zeichensprache (Taubstumme, Gehörlose): Daktylologie (daktylieren)
zeichnen --> abzeichnen
Zeichnung; Plan; [Web]muster: Dessin s
zeige was du kannst, hier; jetzt gilt es!: hic Rhodus, hic salta!
Zeigefinger: Index (Indexe/Indizes Mz)
zeigen; beweisen: dokumentieren
zeigend; veranschaulichend; dartuend: ostensiv
Zeigestock ◇ Schulmeisterstock: † Bakel m
Zeit messen, [mit der Stoppuhr]: timen
Zeiteinteilung bei der Abstimmung verschiedener gleichzeitiger Handlungen: Timing
zeitgemäß; auf dem neuesten Stand: up to date
Zeitgenosse; Altersgenosse; Schulkamerad: † Koätan
zeitgenössisch; gleichzeitig: kontemporär
zeitlich; vergänglich; irdisch; weltlich : † temporell
zeitliche Abfolge: Chronologie
zeitliche Einordnung ◇ irrtümliche Einordnung eines Ereignisses in eine zu späte Zeit: Metachronismus --> falsche zeitliche
zeitliche Steuerung (Technik): Timing
Zeitmaß; Tempo (mus.): Movimento
Zeitpunkt bestimmen [für eine Handlung o.ä.]: timen
Zeitpunkt, passender: † Idoneität [-e-i-]
Zeitrechnung: Chronologie
Zeitschriften; regelmäßig erscheinende

Schriften (z.B. Z. oder Zeitungen): Ephemeriden/Periodika (Periodikum/Periodicum s) --> Regenbogenpresse
Zeitteilung (bei gemeinsamer Benutzung eines Großcomputers durch verschiedene Benutzer): Timesharing
Zeitung ◇ Anzeiger (Name franz. Zeitungen): Moniteur
Zeitung (iron.): Gazette
Zeitung --> Regenbogenpresse --> Zeitschriften
Zeitungen, sensationell aufgemachte, großauflagige: Boulevard-Presse
Zeitungsbeitrag, regelmäßiger; ständiger Zeitschriftenbeitrag (Journalist,Prominenter): Kolumne
Zeitungsherausgeber ◇ Herausgeber oder Geschäftsführer einer Zeitung oder Zeitschrift: † Gerant frz
Zeitungsverkäufer (Frankreich): Kamelott
zeitweilig [autretend]; vorübergehend: temporär
Zelle (Med.): Cella/Zella w
Zelle ◇ Wissenschaft von Aufbau und Funktion der Zellen: Zytologie
Zellulose: Lignose
Zeltmission: Campmeeting
Zementfußboden mit verschiedenfarbigen Steinchen: Terrazzo m
Zenitgegenteil ◇ Fußpunkt: Nadir m
zensiert (lat. Formel, die besagt, daß ein Buch nicht gedruckt werden darf): damnatur
zensierte Buchausgabe (Kürzung religiös, politisch oder sittlich anstößiger Stellen): Editio castigata w {für den Schüler bearbeitet (bei von anstößigen Stellen gereinigten Klassikerausgaben): ad usum Delphini / in usum Delphini} --> Index --> streichen! --> Textänderung
Zensuraufhebung ◇ es steht nichts im Wege (kath. Unbedenklichkeitserklärung für Druckerzeugnisse etc.): nihil obstat --> Druckerlaubnis
Zentral...: gnomonisch
zerbrechlich; zart: fragil lat
Zerbrechlichkeitenkiste --> Glastransportkiste
zerbrochen (Botanik): diffrakt
Zeremonienanweisungsbuch, katholisches : Caeremoniale s
Zerfall --> Auflösung --> Persönlichkeitszerfall --> Weichwerden
zerlaufen ◇ breiartig (Med.): atheromatös
zerlaufende Farben --> verlaufende Farben
zerlegbar; löslich; auflösbar: dissolubel
zerlegbar; zum Wiederaufbau geeignet: demontabel
zerlegen; auflösen [in Bestandteile]: atomisieren/dekomponieren/ † fragmentieren
zerlegen, kunstgerecht (Fleisch,Geflügel): tranchieren --> zerteilen
Zerreibung --> Pulverisierung
Zerreißung; gewaltsame Trennung (Medizin): Divulsion
zerrissen --> zwiespältig
Zerrüttung; Störung; Verwirrung: Derangement
zersetzend, geistig; zerstörend: dekompositorisch {ideologische Unterwanderung: Infiltration (Infiltrant/Infiltrator)}
Zersetzung organischer Substanz durch Mikroorganismen, chemische: Biolyse w
Zersplitterung --> Zerstreuung
zerstäuben --> verbreiten
Zerstäuber: Atomiseur/Atomizer {zusammendrückbarer Behälter mit Röhrchen, in dem Wasser emporgetragen und ausgespritzt wird (z.B. bei Parfümzerstäubern): Heronsball}
zerstören; angreifen (Gesteine,Körpergewebe etc.): korrodieren (Korrision, korrosiv) --> auflösen --> zersetzend
zerstörend; auflösend: dialytisch
Zerstörung: Destruktion {Verwüstung; Verheerung: † Devastation}
Zerstörung einer Festung: † Demolition
Zerstörung --> Randale
Zerstörung (Gewebe) --> Geschwüre --> Zerreißung
Zerstörungswut: Vandalismus
zerstreuen: distrahieren {verbreiten; z.; fein verteilen: dispergieren}
zerstreut; feinverteilt: dispers
Zerstreuung: † Distraktion
Zerstreuung; Unaufmerksamkeit; Konzentrationsschwäche: Aprosexie
Zerstreuung; Zersplitterung; Auflösung; Verteilung: Dekonzentration
Zerstreuungssucht; Vergnügungssucht (insb. nach einer gewollten Abkehr von bestimmten Gewohnheiten): Eskapismus
zerstückeln; Leichen sezieren: anatomieren
zerteilen ◇ Fleisch sauber zuschneiden und von Haut und Fett befreien: † parieren --> zerlegen
zerteilt --> feinzerteilt
Zerteilung; Spaltung (Organ- oder Gewebeoperation): Diszission
Zerwürfnis; Mißhelligkeit: † Brouillerie
zerzaust; völlig in Unordnung: derangiert
Zettel; Briefchen: † Billett
Zettelkasten; Kartei: Kartothek
Zeugen vorschlagen oder benennen (Gericht): † laudieren
Zeugenaussage --> Bezeugung
Zeugnis; Gutachten: † Attest --> Beglaubigung
Zeugnis (Jur.): Testimonium
Zeugungskraft: Generativität {männliche Z.: Virilität}
Ziegenleder: Chevreau s / Maroquin m
Ziegenpeter --> Mumps
Ziehen; Zug[kraft]: Traktion
Ziehenlassen ◇ Drogenextraktgewinnung durch Z.: Mazeration
Ziel; [End]zweck (Philos.): Telos s
Ziel erreichen; Erfolg haben: reüssieren
Ziele, hochgesteckte: Ambitionen
Zieleinlauf --> Kopf-an-Kopf-Rennen
zielen; nach etwas sehen: visieren
Zielgerät aus Lochblende und Zielmarke: Diopter s

zielgerichtet; triebhaft zweckgerichtet (Verhalten): hormisch
zielgerichtet; zweckbestimmt: intentional/-nell --> Streben --> Zweckgerichtetheit
Zielgerichtetheit ◇ Lehre von der Z. und Zielstrebigkeit aller Entwicklung (Philos.): Teleologie
ziemlich; sehr; genug; recht (Musik): assa
Zierbildchen --> Illustration
Zierde; das Beste; Glanz: Fleur w
Zierfigur; Kleinkunstwerk: Bibelot m frz
Ziergegenstände, kleine (insb. aus Porzellan): Nippes Mz / Nippsachen
zierlich; fein; zartgliedrig: grazil (Grazilität)
Ziertaschentuch: † Fazelet/Fazenet s
Ziffer: Chiffre w
Ziffer hinter dem Komma: Dezimale w
Ziffer; Stelle (elektron. Anzeige): Digit s engl
Ziffern und Buchstaben enthaltend (EDV-Zeichenvorrat): alphanumerisch
ziffernmäßig --> zahlenmäßig
Zigarette, fabrikmäßig hergestellte [und nicht selbstgedrehte]: † Aktive w
Zimmer, enges; kleiner [Studier]raum : Klause
Zimmer mit Frühstück (anglo-amerik. Bez.): Bed and Breakfast
Zimmer; Schlafzimmer: † Kubikel s
Zimmer --> Empfangszimmer
Zimmereinrichtung; die Ausstattung eines Innenraumes: Interieur s {Wohnungseinrichtung; Z.: Meublement} --> Einrichtung
Zimt: Zinnamom s
Zinsen: † Interessen (nur Mz)
Zinsen als Gegenwert für Konsumverzicht (Zinstheorie 19.Jh.): Abstinenztheorie
Zinsesverzinsung: Anatozismus
zinspflichtig; steuerpflichtig: † tributär
Zirkelschluß: Circulus vitiosus --> Denkfehler --> falsche --> Fehlschluß --> Scheinbeweis --> Trugschlüsse
Zirkuszelt; Zirkuskuppel: Chapiteau s
Zirrhose: Granularatropie
Zischlaut; Reibelaut: Sibilant
Zitat ◇ Ausspruch: Diktum s {Zitat; Sinnspruch; Ausspruch; Sentenz: Apophthegma} {Z.; Bibelzitat: Allegat s }
Zitatensammlung mit Aussprüchen berühmter Leute: † Ana w --> Anekdotensammlung
Zitronat: † Zedrat
zittern; beben; schwingen: vibrieren
Zittern; rhytmische Zuckungen einzelner Körperteile (z.B. Augenlider, Lippen): Tremor m
zitternd; bebend (Musik): tremolando (trem.)
Zitze der Säugetiere: Mamma (Mammae Mz)
Zögern; Zaudern: Häsitation --> Wunsch
Zögern ◇ Zaudernder: † Kunktator
zögernd; schleppend (Musik): trascinando { z.; langsamer werdend (Musik): tardando }
zögernd sich entwickelnd; sich nur langsam bildend (Krankheit[ssymptom]): tardiv
zollfreier Laden (Flughafennähe etc.): Duty-free-Shop
Zollfreiheit; Abgabefreiheit: Franchise w frz
Zoo ◇ Tierschau; Tiergehege: Menagerie
Zoom ◇ Gummiobjektiv mit veränderlicher Brennweite: Transfokator
zottenreich (Darmschleimhaut): frondos
zu: ad { zu Punkt 9: ad 9 }
zu allem Entschlossener; Verzweifelter; Heruntergekommener: katilinarische Existenz --> Verzweifelter
zu bedenken geben; erinnern: *souvenieren*
zu diesem Zweck gemacht: ad hoc
zu Ehren: in honorem
zu fein gekleidet; allzu vornehm angezogen: overdressed
zu früh auftretend (Med.): anteponierend
zu gleichen Teilen: halbpart {(ärztliche Rezepte): ana partes aequales (āā / āā. pt. aequ. / ana)}
zu [je]; je; für: à
zu sehr; zu viel (Musik): troppo
zu zweit (Musik): a due
Zubehör: † Appertinenzien Mz
Zubehör; Anhängsel: Annex m {Anhaftendes; Z.: † Adhärens s}
Zubehör; Ausrüstung: Paraphernalien Mz
Zubehör ◇ Ergänzung: Komplement s
Zubehör; Zugehörigkeit: Pertinens s (Pertinenzien Mz) / Pertinenz (Pertinenzen Mz)
Zubehör --> Gebrauchsgegenstände
Züchtigung: † Kastigation
Züchtung und Zähmung (Wildtiere und Wildpflanzen): Domestikation
zuckend, krampfartig: konvulsiv[isch]
Zucker im Harn, Ausscheidung von: Glykosurie
Zucker (lat. Bez.): Sa[c]charum s
Zuckerguß: Glace/Glasur w --> Überzug
Zuckerkörner, kleine farbige: Nonpareille w
Zuckerkrankheit: Diabetes mellitus m {Insulinbildungsschwäche mit folgendem Blutzuckerüberschuß: Hypoinsulinismus}
zuckern, Wein zu seiner Verbesserung: chaptalisieren
Zuckerware; Zuckermasse [mit Zugabe von Farb- und Geschmacksstoffen]: Fondant m
Zuckungen ◇ Reizzustand des Körpers mit Muskelzuckungen und unwillkürlichen Bewegungen: Hyperkinese/Hypermotilität
Zuckungen; rhythmisches Zittern einzelner Körperteile (z.B. Augenlider, Lippen): Tremor m
Zuckungen; Schüttelkrampf (Muskeln): Klonus m
Zueignung --> Widmung
zuerkennen; zusprechen: adjudizieren
zuerst: † pro primo
Zufahrt; Zugang: † Avenue w
Zufall; Schicksal; Glück: Tyche w
Zufall ◇ Ziellosigkeit; Zwecklosigkeit (Naturkräfte): Dysteleologie
zufallen; übergehen (Recht, Sache): † devolvieren
zufällig ◇ durch Zufall: † per accidens

zufällig; nebenbei auffallend: † inzident
zufällig; nicht voraussehbar: † kasual
zufällig; unwesentlich: akzidentiell/ -tell
zufällige Auswahl treffen [aus einer gegebenen Elementargesamtheit] (Statistik): randomisieren
Zufälliges; das nicht notwendig einem Gegenstand Zukommende (Philos.): Akzidens s
Zufälligkeiten; Unwägbarkeiten: Imponderabilien († imponderabel)
zufallsabhängig; gewagt: aleatorisch
Zufallsglaube; Anschauung der Welt als zufallsbestimmt (Peirce): Tychismus {Lehre der zufälligen Entstehung und Entwicklung der Welt: Kasualismus}
Zufluchtsort: Refugium
Zufluchtsort; Ruheort: Buen Retiro s
zufriedene Gemütsverfassung, heitere: Eukolie --> Heiterkeit
zufriedenstellen, Gläubiger: † kontentieren
Zuführung --> Anbringung
Zug; wesentlicher Bestandteil: Konstituens s
Zug; Ziehen Zugkraft: Traktion
Zug --> Haschischzigarettenzug
Zugabe; Anhängsel: † Mantisse
Zugabteil; Abteil: † Kompartiment
Zugang; Erwerb: Akzession --> Zufahrt
Zugänglichkeit: Akzessorität
Zugeben, scheinbares --> Zugestehen
Zügel anziehen ◇ scharfes Zügelanziehen (Reiten): Arrêt m
zügellos; frei; ungebunden: lizenziös
zügellos; haltlos: dissolut (Dissolution) --> schwärmerisch
zügellos; leichtfertig; ausschweifend; locker: libertin (Libertinage)
zügellose Horde: eine Rotte Korah
Zügelloser ◇ Ausschweifender; Wüstling: Libertin[er] {zügellose, genußsüchtige Frau: Messalina}
Zügellosigkeit: Libertinismus
Zügellosigkeit; Gesetzlosigkeit: Athesmie
zugeordnet (Math.) --> zusammengehörend
zugespitzt --> spitz
Zugeständnisse; Entgegenkommen: Konzessionen
zugestehen; erlauben; einräumen: konzedieren
Zugestehen, scheinbares; einstweiliges Einräumen (Redekunst): Epitrope w
zugetan --> geneigt
Zugfestigkeit; Zähigkeit; Reißfestigkeit: Tenazität
zügig (Musik) --> Feuer --> schnell
zugleich tun; parallel zu etwas anderem tun; eine Handlungen begleiten: kontrapunktieren
Zugroßwahrnehmen (Größenwahrnehmungsstörung, z.B. bei Hysterie): Makroästhesie { Z. als reine Sehstörung: Makropsie/Megalopsie }
Zuhälter (Jargon): Maquereau/Mac/Louis
Zuhörerkreis; Kreis; fröhliche Runde: Korona
Zuhörerschaft: Auditorium
Zukleinwahrnehmung von Gegenständen (Sehstörung): Mikropsie
Zukunft ◇ die Z. wird es zeigen: qui vivra, verra
zukünftig; baldig: in spe
Zukunftswissenschaft: Futurologie
Zulaßbarkeit: Akzessorität
zulassen; erlauben: † permittieren
zum Beispiel: † par exemple (p.e.) / per exemplum / verbi causa (v.c.) / verbia gratia (v.g.)
zum Beispiel ◇ beispielshalber: exempli causa (e.c.)
zum Gebrauch (ärztl. Rezepte): ad usum (ad. us.)
zum laufenden Kurs (Börse): al corso
zunehmend --> anschwellend --> vervielfältigen
Zuneigung; Anhänglichkeit: † Attachement
Zunge: Glossa w (lingual)
Zungenkrampf: Glossospasmus m
Zungenlähmung: Glossoplegie
Zungenlaut: Lingual[laut] m/ † Lingualis w
Zungenreden, religiös-ekstatisches: Glossolalie/Glottolalie --> Fremdsprache
Zungenschmerz: Glossodynie/Glossalgie
Zunichtemachung --> Ungültigkeitserklärung
zuordnen; zusprechen (z.B. ein Bild einem Meister): addizieren --> zusprechen
Zuordnung; Bestimmung: Determination
zur Folge haben: implizieren
zur Hälfte (Gewinn- oder Verlustteilung): a metà --> halbe-halbe
zur Kenntnis: ad notam
zur Last gelegt, als Verstoß oder Vergehen: inkriminiert
zur Rede stellen: † koramieren
zur Sache [gehörend]: ad rem
zur Schau gestellt, auffällig; zum Vorzeigen berechnet: ostensibel --> prahlend
zur Schau stellen; darstellen: exponieren
zur Unzeit; ungelegen: † mal-à-propos
zur Veröffentlichung; zum Veröffentlichen: ad publicandum
Zurechnungsfähigkeit; geistige Gesundheit: Imputabilität
zurechtweisen: ramassieren --> Meinung sagen
zurechtweisend; bessernd: † korrektiv
Zurechtweisung; Berichtigung: † Rektifikation
zurichten, übel: ramassieren
zurückbleibend (Rest,Rückstände): remanent
zurückdrehen (Technik): revolvieren
zurückerstatten: restituieren
Zurückforderung --> Rückgabeklage
zurückgehend --> leiser und langsamer
zurückgezogen lebend --> höhlenbewohnend
zurückgreifen; auf etwas Bezug nehmen: rekurrieren (Rekurs)
zurückgreifen, auf Früheres: regredieren
zurückhalten, sich; sich mäßigen: † sich menagieren
zurückhaltend ◇ bescheiden; sittsam: † modest
zurückhaltend; taktvoll (Musik): con discrezione
zurückhaltend --> behutsam

Zurückhaltung; Mäßigung: † Kohibition w/ Moderamen s --> Gleichmut
Zurückhaltung; Reserviertheit: Distanz --> Urteilsenthaltung
Zurückhaltung ◇ Schüchternheit; Furchtsamkeit; Verzagtheit: † Timidität (timid)
Zurückhaltungsfähigkeit (z.B. bezüglich Harnblase): Kontinenz
zurückkommend; wiederkehrend: anabatisch
zurücknehmen: † abrogieren
zurückschrecken: abhorreszieren/abhorrieren
zurückschreiben; schriftlich antworten: † reskribieren
zurückstellen; einordnen (insb. Akten): † reponieren
Zurückversetzen in niedere Position [wegen Ehrverletzung]: Degradation
zurückweichen: † retrozedieren
Zurückweichen ◇ Rückwärtssprung im Boxen: Backspring m --> zurückziehen
zurückweisen: † repassieren
zurückweisen; verabscheuen; entschieden ablehnen: perhorreszieren
Zurückweisung; Mißbilligung (Jur.): † Reprobation
zurückzahlen; ersetzen: † refundieren (Refusion) --> Rückzahlung
zurückziehen sich [eiligst] (Truppen) : retirieren --> zurückweichen
Zusage; Versprechen: † Promission
zusagen; gefallen; passen; annehmbar sein: konvenieren
zusammenarbeiten: kollaborieren
zusammenballen: agglomerieren {verkleben; z. (Med.): konglutinieren}
Zusammenballung; Gemisch: Konglomerat / Konglutinat --> Ballung
zusammenbrechend; unheilvoll ausgehend (Niederlage): *debakulös*
Zusammenbruch: Desaster/Fiasko s
zusammenfallend; deckungsgleich (z.B. Ereignisse): koinzident (Koinzidenz)
zusammenfassen; anhäufen: ramassieren
zusammenfassender Begriff --> übergeordneter Begriff
Zusammenfassung: Konzentrat / † Komplexion
Zusammenfassung (Artikel,Buch etc.): Summary s
Zusammenfassung, knappe; vergleichende Übersicht: Synopse/Synopsis
Zusammenfassung; kurzer Auszug: † Abrégé s
Zusammenfassung --> Redeschluß
zusammenfließen; sich vereinigen (z.B. Blutgefäße): konfluieren
zusammengedrängt; eng; dicht: † kompreß
zusammengehörend; einander zugeordnet (Punkte,Geraden etc.): konjugiert
Zusammengehörigkeit ◇ inhaltliche Kombinierbarkeit sprachlicher Einheiten (z.B. groß mit Garten, nicht aber schrill mit Rennen): Kollokation
zusammengesetztes Wort aus gleichwertigen Begriffen: Additionswort/Dwandwa s --> Mischbildung
zusammengestelltes Bild; Klebearbeit: Collage
Zusammengetragenes --> wissenschaftlich Wertloses
zusammengewachsen (Med.): symphytisch
zusammengezogen; verkrümmt; gelähmt: † kontrakt
zusammenhaltend (insb. Physik): kohäsiv
Zusammenhang; Beziehung: Rapport
Zusammenhang, umgebender: Kontext
Zusammenhang; Verbindung: Konnex m {Verflechtung; Z.; V.: † Kontextur}
Zusammenhang; Verbindung; Verflechtung: Nexus m
zusammenhängend: komplex/kohärent (Kohärenz)
zusammenhangslos: inkohärent {unterbrochen; aussetzend; z.: diskontinuierlich} --> konfus
zusammenklingen; mitklingen: konsonieren
Zusammenkunft; Beratung (Politiker,Wissenschaftler): Kolloquium
Zusammenkunft, [heimliche]: Konventikel s
Zusammenkunft mit Unterhaltungsprogramm: Jamboree s
Zusammenkunft; Unterredung (Monarchen): Entrevue w
Zusammenleben ◇ Form des erträglichen Zusammenlebens ohne Rechtsgrundlage: Modus vivendi m
zusammenlegen; verbinden: † jungieren
zusammenpassend; miteinander vereinbar: kompatibel
zusammenpressen: komprimieren
zusammensetzbar; vereinbar (Philos.): komposibel
zusammensetzend: synthetisch/homothetisch
zusammenstellen, gedrängt: magazinieren
Zusammenstellung; Zusammensetzung [von Dingen] aus Einzelteilen: Komposition
Zusammenstellung; Zusammentragen [wissenschaftlicher] Quellen: Kompilation
Zusammenstoß; Begegnung: Encounter m/s {Feindberührung; Z.: Rencontre s}
Zusammenstoß (z.B. Fahrzeuge o.ä.): Karambolage {(bes. Interess.): Kollision}
Zusammenwachsen: † Konkreszenz
Zusammenwirken verschiedener Faktoren oder Kräfte (Politik): Konzert
zusammenwirkend; mitwirkend: synergetisch
zusammenzählen (Wirtsch.): totalisieren
zusammenziehbar (z.B. Muskeln): kontraktil
zusammenziehen (Med.): restringieren
Zusammenziehung: Striktion (stringieren) { Z. (Muskel): Konstriktion (konstringieren)}
Zusatz; Mischung (z.B. Metalle): Alligation
Zusatz; Nachtrag: † Hypomnema s (Hypomnemata Mz)
Zusatzlaut, eingeschobener ◇ Sproßvokal (z.B. bei fünef statt fünf) zwischen zwei Konsonanten: Anaptyxe w {eingeschobener Konsonant (z.B. das t bei wissentlich): Epenthese/-sis}
zusätzlich auftretend (z.B. bezüglich einer Krankheit, die zu einer anderen hinzukommt): interkurrent/interkurrierend
zusätzlich; nachträglich: additional

Zusatzstoff in geringer Menge, die Eigenschaften eines chem. Stoffes deutlich verbessernder (z.B. in Treibstoff): Additiv[e] s

Zuschauer --> an das Publikum

Zuschuß; Beihilfe: † Adjutum

zusprechen; zuerkennen: adjudizieren --> zuordnen

zuständig; maßgebend; befugt: kompetitiv/kompetent

Zuständigkeit oder Befugnisse o.ä. übertragen: delegieren

Zustandsverbesserung --> Linderung

zustecken --> einflüstern

zustehen; gebühren: † kompetieren

zustimmen; beipflichten: assentieren / † adhärieren {jmdm. laut z.: akklamieren}

zustimmen; beitreten: akzedieren

zustimmend unterstützen, jmdn.; beipflichten: sekundieren

Zustimmung; Bejahung; Bekräftigung: Affirmation

Zustimmung; Einwilligung: Konsens[us] m

Zustimmung; Einwilligung [durch mitentscheidende Instanzen]: Plazet s {Genehmigung; Z.: † Fiat s}

Zustimmung; Übereinstimmung: Consensus

Zustimmungsausruf --> Bewunderungsausruf

Zustrom --> Besucherzahlhöhe

Zutat: Ingrediens s (Ingredienzien Mz) / Ingredienz w (Ingredienzen Mz)

Zutat zur Speise (insb. Kräuter und Gewürze): Fourniture w frz

zutragen; einflüstern: insinuieren (Insinuant)

Zutritt; Eingang: † Ingreß m

Zutritt verboten!: off limits!

Zuverlässigkeit; Echtheit; Glaubwürdigkeit: Authentizität/Authentie

Zuversichtlichkeit auch unter widrigen Umständen: Keep-smiling s

zuvorkommen: prävenieren († Prävenire s)

Zuwachs; Betrag, um den eine Größe zunimmt (Math.): Inkrement s

zuwachsen; anwachsen: † akkreszieren

Zuweisung (Geld,Produktivkr.,Material): Allokation

zuwider: contre cœur

zuzahlen: arrosieren

Zwang; Gewalt; Stärke: † Force w frz

Zwang; Nötigung: † Kompulsion/Kompulsation (kompulsiv)

Zwang; Schicksal; Verhängnis: Ananke w

Zwang von außen gehorchende Motivation (Strafen etc.): extrinsische Motivation

zwanglos; gelöst: relaxed

Zwanglosigkeit: Degagement (degagiert)

Zwangsarbeiter, ausländischer, verschleppter: Displaced person (D.P.)

Zwangsarbeiter ◇ Galeerensklave: Galeot

Zwangslage: Dilemma

Zwangsneurose; Zwangsvorstellung oder -zustand: Anankasmus/Obsession/Ideé fixe (Anankast, monoman[isch])

Zwangsvollstreckung ◇ durch Z. erfolgend: exekutorisch

zwangsweise; notgedrungen: par ordre du mufti

Zwanzigstes Jahrhundert (Kunst): Novecento s

Zweck; Endzweck; Bestimmung: Destination

zweckbestimmt; zielgerichtet: intentional/-nell

zweckgeleitet; triebhaft zielgerichtet (Verhalten): hormisch

Zweckgerichtetheit ◇ Lehre, nach der alles Geschehen irgendwie zweckbestimmt und zielstrebig ist (Philos.): Finalismus

Zweckgerichtetheit --> Zielgerichtetheit

Zweckheirat --> Geldheirat

Zweckloses ◇ Merkmal ohne erkennbaren biologischen Zweck: Atelie

zweckmäßig: akkommodabel --> angebracht --> eigens zu diesem Zweck

zweckmäßig Denkender ◇ der Mensch als ausschließlich von wirtschaftlichen Zweckerwägungen geleitetes Wesen: Homo oeconomicus m

zweckmäßiger Gebrauch: † Applikatur

zwei Monate ◇ Zweimonatszeitraum als Teilzeitraum: Bimester s

zweideutig --> Doppelsinn --> mehrdeutig --> verachtet sei wer Böses dabei denkt

Zweideutigkeit: † Duplizität

Zweideutigkeit; Doppelsinn; Mehrsinn: Amphibolie (amphibol[isch]) --> bejahender Satz

zweieiig (Zwillinge): dizygot

Zweierbeziehung ◇ Paarverhältnis (Soziologie): Dyade w

Zweiersystem (Math.): Dualsystem/ Binärsystem s / Dyadik w

zweifarbig: dichromatisch/bichrom (Bichromie)

Zweifel ausdrückend: dubitativ

zweifelhaft; fraglich; nur angenommen: hypothetisch

zweifelhaft; unsolide; fragwürdig: dubios/dubiös

zweifelhafte Herkunft --> dunkel

Zweifelsfall: Dubium (Dubia/Dubien Mz) {in den unsicheren Bereich zwischen zwei Entscheidungsmöglichkeiten fallend: marginal}

Zweifler; Skeptiker: Aporetiker

zweifüßig: biped[isch] (Bipedie/Bipedität)

zweigestaltig: dual --> doppelt

Zweigniederlassung --> Filiale

zweihändig: bimanuell {für zwei Hände (Klavier): à deux mains}

zweihäusig (Botanik): diözisch /heterözisch

Zweiheit: Dualismus/Dualität (dual)

Zweijahreszeitraum: Biennium

zweijährig stattfindend: biennal {Ausstellung oder Schau, die alle zwei Jahre stattfindet: Biennale}

Zweikampf, studentischer: Mensur {studentische Verabredung zum Z.: Kontrahage} --> Duell

zweikanalig (Tontechnik): bi[n]aural

zweipolig: bipolar

zweiseitig: bilateral

zweisilbig: † bisyllabisch

Zweisitzer, offener (Sportwagen): Roadster

zweisprachig; in zwei Sprachen [geschrieben]: bilingue/bilinguisch
zweisprachig; zwei Sprachen beherrschend: bilingual (Bilingu[al]ismus/Bilinguität)
zweiteilig; aus zwei Einheiten bestehend: binar[isch] / binär
zweiteilig; zweigliedrig (Chemie, Med.): dimer
zweiter Fall; Wesfall: Genitiv/Genetiv (Gen.)
zweiter Preis: † Akzessit s
Zweitschrift; Abschrift; Zweitausfertigung: Duplikat/Duplum s
zweiwertig (Chemie): bivalent
zweizeilig; zweireihig: † biserial
Zwerchfell: Diaphragma s {Zwerchfellbruch: Hiatushernie}
Zwergwuchs: Nanismus/Nanosomie/Mikrosomie (pygmäisch/negrillisch)
Zwiebel: Zipolle
Zwiebel; Pflanzenkunde: Bulbus m
zwiespältig; voneinander abweichend: diskrepant
zwiespältig; zweigestaltig: janusköpfig
Zwiespältigkeit --> Doppelwertigkeit
Zwilling: Gemellus (Gemelli Mz) / Geminus (Gemini Mz)
zwingend; befehlend; bindend: imperativ
zwingend; bündig; streng (Philos.): stringent
Zwinger, lockerer --> Gehege
Zwirn aus verschiedenfarbigen Garnen: Mouliné m {aus mehreren [verdrillten] Fasern bestehend: multifil}
Zwischenfall --> Begebenheit
Zwischenform, fehlende (Evolution): Missing link s
Zwischenfutter, steifer Baumwollstoff als: Bougram/Bougran m
Zwischengericht: Entree s {leichtes Z.: Entremets s} {Zwischemahlzeit; Imbiß: † Kollation (kollationieren)}
Zwischengeschoß; Halbetage: Entresol s
zwischenmenschliche Beziehungen, Psychologie der: Interpsychologie
Zwischenraum; Leerstelle zwischen geschriebenen Wörtern: Blank s engl
Zwischenraum [zwischen Organen]: Interstitium {in den Zwischenräumen liegend: interstitiell}
Zwischenruf oder -rede; Unterbrechung: † Interpellation
Zwischenspiel (Drama, ernste Oper): Inmezzo s
Zwischenspiel, musikalisches: Divertissement/Divertimento {(Orgelmusik): Interludium} {kleines musikalisches Z. [zur Publikumserheiterung] im 16.Jh.: Intermedio/Intermedium s}
Zwischentöne ◇ Nebenklang; Mißklang: Paraphonie
Zwischenzeit: Interim s
Zwitter (Mensch, Tier, Pflanze): Hermaphrodit (Hermaphrod[it]ismus/ Ambisexualität) {menschlicher Z.: † Gynanthropos m} --> Geschlechtermischung
Zwölfersystem (Math.): Duodezimalsystem
Zwölffingerdarm: Duodenum
Zwölftonmusik: Dodekaphonie
Zylinder, zusammenklappbarer: Chapeau claque m
Zyniker ◇ seine Überlegenheit auf zynisch-teuflische Weise zur Geltung Bringender: Mephisto m

Empfehlenswertes Schrifttum

Einen Überblick über alle gegenwärtig lieferbaren, mit Fremdwörtern sich befassenden deutschsprachigen Bücher erhält man in jeder Buchhandlung im »Verzeichnis der lieferbaren Bücher (VLB)«.

LEXIKA

Das Fremdwörterbuch (Der große **Duden**, Bd. 5) ^{4}1982 32,—.
Bearbeitet von Wolfgang Müller u. a. [zwar nicht ganz die Conditio sine qua non, aber doch das Nonplusultra: unbedingt empfehlbar]

Der kleine Duden — Fremdwörterbuch ^{2}1983 11,80
[für dieses und das folgende Wörterbuch gilt: keine allzu hohe Informationsdichte, gut und billig]

A. M. **Textor:** Auf deutsch. Das Fremdwörterlexikon ^{3}1981 7,80
[s. o.]

Deutsches Fremdwörterbuch 7 Bde. 1913—1984 1824,—
Begonnen von H. Schulz, fortgeführt von O. Basler und später von Mitarbeitern des Instituts für deutsche Sprache (A. Kirkness u. a.) [monumentales Werk mit Schwerpunkt nicht so sehr auf hoher Fremdwortanzahl als auf ausführliche Artikel (Erstzitat etc.) zu den Fremdwörtern; sollte in guten Bibliotheken zu finden sein]

TRAKTATE, ESSAYS UND AUFSÄTZE

P. **Braun** (Hg.): Fremdwortdiskussion 1979 19,80
[23 Autoren beleuchten in 21 wissenschaftlichen Aufsätzen verschiedene Aspekte der Fremdwortthematik; besonders hingewiesen sei auf die Beiträge von A. Kirkness: »Zur Lexikologie und Lexikographie des Fremdworts« und Theodor W. Adorno: »Wörter aus der Fremde« sowie W. Müller: »Fremdwortbegriff und Fremdwörterbuch«]

L. **Mackensen:** Traktat über Fremdwörter 1972 vergr.
[leicht zu lesende, wissenschaftlich fundierte Abhandlung über Geschichte und Funktion der Fremd- und Fachwörter]

K. **Tucholsky:** »Die hochtrabenden Fremdwörter« (1930)
in »Drei Minuten Gehör« (z. B. in Ges. Werke, 1961) [Tucholsky bricht in einer 3seitigen Antwort auf einen Leserbrief der »Weltbühne« auf lesenswerte Weise eine Lanze für den Fremdwortgebrauch]